法国史

（修订版）

陈文海 著

国别史系列

THE HISTORY OF FRANCE

人民出版社

阿维农岩洞壁画（2 万年前）

韦辛杰托里克斯雕像

伏地的高卢士兵（公元 2 世纪）

中世纪前期君主的王冠（公元 6-11 世纪）

克洛维受洗（公元 5 世纪末）

巴黎大学公章（13 世纪）

巴黎圣母院（13 世纪中叶建成）

猎人、猎狗与贵妇（14 世纪）

圣巴托罗缪节大屠杀（1572 年）

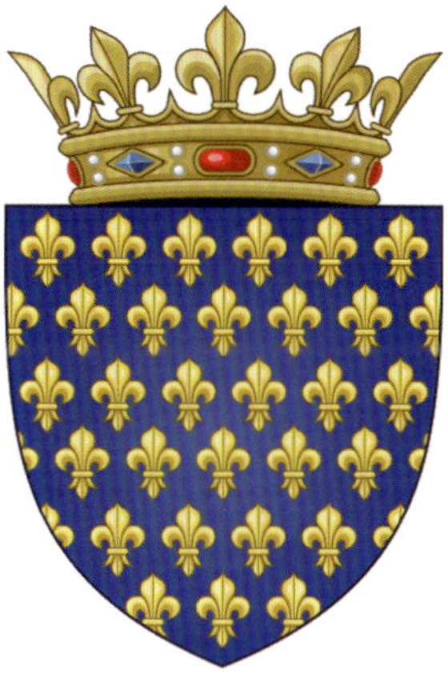

中世纪后期王室徽章（纹章）（1）

中世纪后期王室徽章（2）

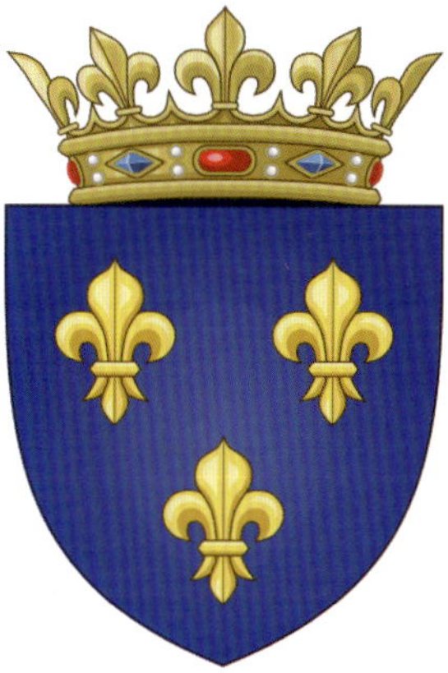

中世纪后期王室徽章（3）

中世纪后期王室徽章（4）

近代早期王室徽章

拿破仑一世的徽章

拿破仑三世的徽章

维希政权的徽章

黎塞留三面像（17 世纪）

马札然（17 世纪）

路易十四及其家人（想象画，17 世纪）

凡尔赛宫镜厅（17 世纪晚期建成）

夸张的头饰（18 世纪）

贵妇礼服（18 世纪）

正在探讨莫里哀喜剧的贵族沙龙

孟德斯鸠（18 世纪）

伏尔泰（18 世纪）

卢梭（18 世纪）

狄德罗（18 世纪）

革命人民栽下“自由树”（18 世纪末）

“最高主宰”崇拜（1794 年）

拿破仑一世（19 世纪初）

皇后约瑟芬（19 世纪初）

拿破仑兵败滑铁卢（1815 年）

路易十八（19 世纪）

查理十世（19 世纪）

路易 · 菲力浦（19 世纪）

安格尔的《泉》（19 世纪中叶）

戴高乐

密特朗

曾经关系密切的希拉克（左）和萨科奇（右）

萨科奇与第三任妻子布吕尼

奥朗德

让－马克·艾罗

修订说明

这本《法国史》最初出版于2004年,2006年又重印了一次。时隔近十年之后，人民出版社决定再版该书。应出版方之约，我对该书作了全面修改和调整。修订内容主要集中在如下几个方面。

一是改错:《法国史》第一版印出来之后不久，我便发现书中存在一些大大小小的错漏。在这次修订过程中，我对全书作了逐字逐句的排查，结果又发现一些新的问题。对于这些新老问题，我利用这次修订的机会，对之作了一一修正。

二是纠偏:该书从第一次印刷到现在，已过去多年。在此期间，学术界又已取得诸多新的成果，同时，我本人对书中某些问题的认识也有一些变化。因此，在这个新的版本中，对某些问题的表述可能和老版本有着较大的差别。

三是调整:出版社对全书篇幅有所限制，因此，我对原版《法国史》中的某些内容作了一些精简，并对个别章节的结构稍作调整，但叙史脉络不会因此而受损。另外，为配合文字上的变动，正文中的配图及卷首彩图也都作了较大幅度的更换。

四是补充:为了方便读者拓展阅读空间，新本《法国史》增加了较为丰富的文献信息，有兴趣的读者可借此加深对相关问题的认识。此外，对于2004年之后这一段法国历史，我也利用这次修订之机，一并予以补上，时间截止到2012年大选。

陈文海

2013年8月15日

目　录

前言

翻阅各国历史，只要稍加留意，便会多多少少碰到一些让人无法豁然释怀的矛盾或背离。有的似是而非，有的似非而是；有的昨是而今非，有的则昨非而今是。法国的历史亦莫能外，关于这一现象，我在动笔撰写本书之前就已有了种种感受。

按照多年因袭的传统，在具体描述一国历史之前，似乎都要将该国的基本状况向读者作一客观交代，我国现有的几部法国通史著作均有这样的做法。当年阅读这些通史著作的卷首真言，并未觉得它们有丝毫之不妥，因为它们提供了有关法国的一些最基本最明确的概念。有了这些概念，法国的历史长河也就自然而然地在既定的范围内由远古流到当代，当然也就顺理成章地流到包括我在内的广大读者的记忆之中。

然而，当我自己转变角色，由读者转变为作者，并也准备在开篇序言中对法国的ABC作一简明而客观的陈述之时，我却陷入一种无法排遣的知识困境，因为在我打算向读者介绍的有关条目中，并没有那么多言之凿凿的客观，也没有那么多盖棺论定的不变。即使有些事物是以“客观”或“不变”的形态出现的，但其内涵却包容着许许多多、各式各样的变数，这就使得我在落笔时很难遽下断语。不过，作为全书的引子，把一些相对客观的基本事实略作说明似乎还是必要的，尽管在这样做的时候我的心中并无十分的把握。

就如“沙皇”一词的来源一样，“法国”一词也有着鲜明的中国文化之色彩，它是由“France”（法兰西）首写字母的音译加上一个“国”字而成。根据如今通行的释义，“法兰西”意为“自由”或“勇敢”。这是法国人经常引以自豪且广为宣传的一种解释，也是所有对法兰西文明怀有好感（至少不是排斥）之人乐于接受的一种解释。然而，若从源流上看，不论是“自由”还是“勇敢”，它们都是多年演绎的结果。就目前材料来看，“法兰西”一词源于拉丁语的“法兰西亚”（Francia），意即“法兰克人的国度”。至于“法兰克人”

(Franci，Frank）一词的含义，最早对之作出解释的是成书于公元7世纪、由"弗莱德加"①撰写的《弗莱德加编年史》。该书列举了有关"法兰克"的多种释义，其中比较重要的有两种。一种意见认为，"法兰克"源于日耳曼语，原意是"franc"（其原始含义是"免纳贡赋的"），即法兰克人从未卑躬屈膝地向别人交税纳赋。在中世纪，这一说法在用来与东邻神圣罗马帝国进行斗争的过程中曾显得铿锵有力，但在法国国内却给王室政府制造了难题，因为国人动辄会以"免纳贡赋"（franc）为口号来抵制王室的苛捐杂税。正因如此，王室的御用文人开始将"franc"的引申含义"自由"搬到了前台。到中世纪中后期以后，"自由"也就成为法国人时常高举的一面大旗。《弗莱德加编年史》提供的另一种解释认为，"法兰克"的原始含义是"野蛮"或"残忍"。在中世纪中前期，这样的释义毫无疑问不会引起人们的青睐，但是，当百年战争爆发以及对英斗争的不断加剧，这一原本让人恐惧的释义却出现转机，经过简单的加工即变成"对恶魔的野蛮"或"对敌人的残忍"，再稍加变换也就成了"勇敢"、"无畏"，法兰西人因此又多了一个美名。此外，自中世纪以后，法国人还经常把"法兰西"与"甜美"、"虔诚"、"井然有序"及"浪漫"等颂词联系在一起，不过，这已不是"法兰西"一词的词源释义了。②

法国人的生活空间在历史上曾经出现过反反复复的扩展与收缩，边界问题在很长一段时期里曾经是检验法国人"爱国热忱"的一个重要尺码。如今，法国本土的格局已基本稳定，形成了一个面积约50万平方公里的大致呈六边形的总体框架，成为欧洲西部国土面积最大的国家（东、西两个德国在20世纪90年代初的合并并未改变这一格局，统一后的德国面积约为35.7万平方公里）。③这个"六边形国家"（l'Hexagone）有三条边线面临海洋，西北隔英吉利海峡（拉芒什海峡）与英国相望，西面为浩瀚无际的大西洋，东南濒临地中海。三条临海边线总长约

① "弗莱德加"（Frédégar）是文艺复兴时期（15、16世纪）西欧学者为中世纪早期三位（亦说两位）佚名编年史家合起的一个名字。也有学者坚持认为，"弗莱德加"所指只有一位编年史家，《弗莱德加编年史》是由一个人编写而成的。有关"弗莱德加"的学术争论，详见J.M. Wallace-Hadrill, trans., *The Fourth Book of the Chronicle of Fredegar with its Continuation*, London: Thomas Nelson and Sons Ltd, 1960, pp. xvi–xxv。

② 参阅 Erik Inglis, "Image and Illustration in Jean Fouquet's 'Grandes Chroniques de France'", *French Historical Studies*, No. 2 (Spring, 2003), pp. 185–224。关于"法兰克"一词的原始含义，除了以上所述的几种解释之外，还有一种"实物指代说"，即，"法兰克"原本是日耳曼一个部落经常使用的一种武器名称（francisca，大致可译为"斧形标枪"），该部落即因这种武器而得名为"法兰克人"。参见 A. C. Murray, *From Roman to Merovingian Gaul: A Reader*, New York: Broadview Press Ltd, 2000, p. 1。

③ 如果将海外省和海外领地包括在内，法国的陆地总面积约为67.5万平方公里，位居全球第41名。

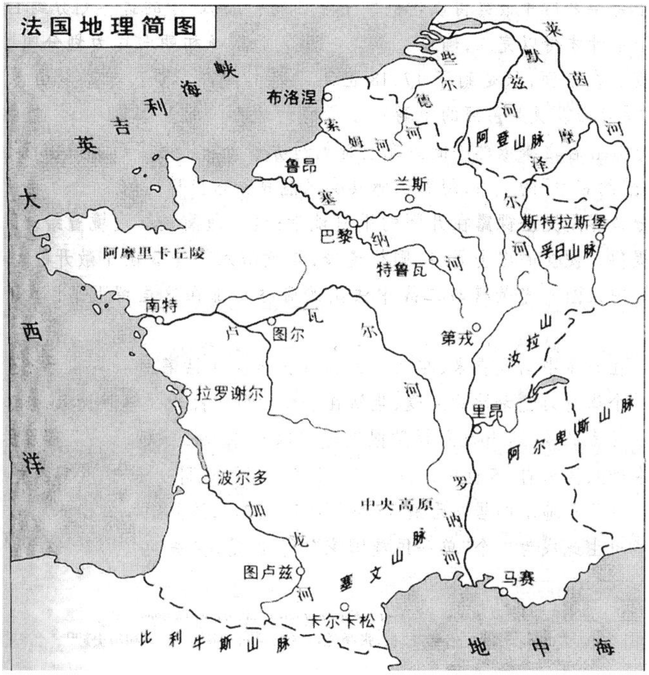

为 3000 公里。[①] 然而，这一本应给法国提供无限机遇的漫长海岸线在历史上却未能尽显风采。13 世纪时，法王腓力二世(Philippe II, 1180—1223 年在位)曾伤心地声称：“法国人不懂得向外发展。”甚至到了 18 世纪上半叶，仍然有人感慨：“法国的海船”只出现在“绘画作品中”。[②] 这种说法虽然并不完全属实（亚洲、非洲、美洲也留有法国人的诸多行迹），但它毕竟表达了法国人当年的一种心态，一种与荷、西、葡、英等国发达的航海业相比自愧不如的焦虑心态。法国人之所以在海洋上少有建树，按照布罗代尔的说法，是因为历史上的法国人“对陆地的迷信远胜一切！”[③] 的确，六边形国土的三条陆地边线是在与竞争对手推拉了千余年之后才最终得以确定的。在西南，与西班牙的边界划分到 17 世纪下半叶才得以完成，从而确立了以比利牛斯山顶峰和朝向作为划分国界的依据。在东面，只是到了十七八世纪才逐渐形成以阿尔卑斯山 (Alpes)、汝拉山 (Jura)、孚日山 (Vosges) 以及莱茵河的上游一小段作为边界线的基本格局，不过，随后的分分合合之事依然不断。东北部的边界线是法国各条边界线中最不具“天然约束力”的一条，阿

① 用“六边形”来指代法国，这也只是到了现代才最终形成的一种说法。关于法国的地理形状，历史上曾有多种说法，如圆形、正方形、五边形、六边形、八边形等，最后才基本统一为“六边形”这种说法。参阅 Nathaniel B. Smith, “The Idea of the French Hexagon”, *French Historical Studies*, No. 2 (Autumn, 1969), pp. 139–155; Peter Sahlins, “Natural Frontiers Revisited: France’s Boundaries since the Seventeenth Century”, *The American Historical Review*, No. 5 (Dec., 1990), pp. 1423–1451。

② Alin Guillerm, *La Pierre et le Vent. Fortifications et marine en Occident*, Paris: Arthuad, 1985, p. 166.

③ ［法］费尔南·布罗代尔著，顾良、张泽乾译：《法兰西的特性·空间和历史》第 1 卷，北京：商务印书馆 1994 年版，第 266 页。

登山脉（Ardennes）其实只能算是地势稍高的丘陵，而余下的部分边界则完全裸露在开阔的平原地带。这种通衢式的东北边境曾给法国君王提供了便捷的出击通道，同样道理，它也给入侵者提供了敞开的大门，一战中法国的光荣碑与二战中法国的耻辱柱都在这里留下了恒久的印记。

在许多中国人看来，在法兰西这片土地上生活着什么人似乎完全不是一个尚有讨论余地的问题，生活在法兰西的当然就是法兰西人，当然就是法兰西民族（这里我们暂且把古老的法国犹太人以及自近现代以来流入法国的移民及其后裔排除在外），因为自15世纪末开始，"共同的经历、共同的历史、共同的文化"已使这片土地上的居民形成了"共同心理状态"，法兰西民族由此形成，法兰西也由此成为一个"单一民族国家"。[①] 但是，在法国人那里，这个命题却成了问题。法国著名实证主义史学家瑟诺博斯（Seignobos，1854—1942年）在19世纪早期就已下过断论："法国人是一种杂种民族；并没有法兰西种族，也没有法兰西典型。"[②] 在论述法国的多样性特征时，布罗代尔也毫不留情地指出："分裂在法兰西大厦根深蒂固，统一却只是一个躯壳。"他还援引其他一些学者的话来为自己的观点作注解，例如："法兰西不是个步调一致的国家"，"它在行进中像是四蹄不按同一节拍移动的一匹马"；这样的群体不仅没有互信，而且还以内讧见长，"与其说法国会打仗，不如说它擅长打内战。除1914年外，法国从未经历过一场长期的、真正的爱国主义战争[③]。……这个最以武功自诩的民族历次进行的战争几乎无一不夹杂着内战的成份。1939—1945年的战争显然是如此，大革命和帝国时代，圣女贞德的抗英斗争和勃艮第的战乱，亨利四世登基、'神圣同盟'和黎塞留掌权，也都同样是如此。甚至在1870年，也还有过一个秘密地或公开地希望本国统治者失败的派别"；"法兰西犹如一盘散沙"。[④] 如此看来，占法国总人口约81%的法兰西人是否能够真正构成一个"民族"就成为一个疑问了。退一步讲，即使"法兰西民族"的存在得到承认，法国人也不会认为自己的国家是一个"单一民族国家"，因为法国的四境六边居住着一系列的少数民族：北有佛拉芒人，西有布列塔尼人，东有阿尔萨斯人，

---

① 参见朱寰主编：《世界上古中古史》下册，北京：高等教育出版社1997年版，第81页。

② ［法］瑟诺博斯著，沈炼之译：《法国史》上册，北京：商务印书馆1964年版，第36页。

③ 可惜的是，法国人心目中唯一值得自豪的这场战争（1914—1918年）在我们的教科书中也被视为帝国主义国家之间的一场"狗咬狗"的战争。

④ ［法］费尔南·布罗代尔著，顾良、张泽乾译：《法兰西的特性·空间和历史》第1卷，北京：商务印书馆1994年版，第94页。

西南有加泰隆人和巴斯克人，南有科西嘉人。而且，这些少数民族与中央政权之间也一直存在着各种各样的矛盾，即便到了21世纪的今天，比利牛斯山两侧的巴斯克人仍在联手要自由，地中海上的科西嘉人仍在积极闹独立。与民族问题密切相关的还有许多方面，如语言、文化、宗教等等，如果按照与上述同样的思路对这些层面进行剖解，"统一的法兰西大厦"就将变得更为体无完肤。

多年以来，让法国学术界乃至整个法国社会一直心神不宁的还有一个老问题，即人口问题，因为它不仅仅是简单的数据统计方面的事情，更重要的是这些数据背后所隐含的一系列社会、经济乃至文化等各个方面的矛盾和冲突。根据2012年1月1日法国公布的统计数据，如果将四个海外省（拉丁美洲的瓜德罗普 Guadeloupe、马提尼克 Martinique、法属圭亚那 Guyane française；非洲的留尼汪 Réunion）计算在内，法国总人口约为6535万。这样一种人口规模对于法国而言究竟是意味人口过剩还是人口不足？美国学者海恩（Haine）认为，"从国土规模和自然资源来看"，法国人口显然偏少，这个"六边形国家""可以轻轻松松地养活7500万人"。[①] 且不论海恩的观点是否能够成立，法国国内的状况终究是另一番颇为不同的景象。自20世纪70年代中期尤其是自80年代以来，法国的经济形势一直未有根本的好转，失业人口一直高居西欧各国前列。在此背景下，"人口过剩论"以及由此而衍生出来的种族主义和排外思潮成为一些右翼人士特别是极右势力高鸣的主旋律，渔民家庭出身的"国民阵线"（Front National）领袖让－马利·勒庞（Jean-Marie Le Pen, 1928年生）更是成为这一旋律的经久不衰的主唱。虽然勒庞在1974、1995、2002和2007年的总统选举中最终败北，但他仍然表示"决不退休"，他还要为法国人民"谋幸福"，要争取把来法国"抢饭碗"的外来移民赶回老家去。[②] 这里有一个数据或许能从另外一个侧面反映法国的问题。法国的东邻德国2012年初的人口统计数字约为8180万，而其国土面积仅为35.7万平方公里。相比之下，德国的"人口过剩"似乎更为严重，但是，德国的种族主义和排外情绪却并没有法国那样强烈。有人认为，法国的这种状况与二战后法国政府及社会对本国法西

① W. Scott Haine, *The History of France*, Westport, CT: Greenwood Press, 2000, p. 3.

② 2011年，让－马利·勒庞已是83岁高龄。2011年1月16日，他的女儿马丽娜·勒庞（Marine Le Pen，1968年生）以67.65%的得票率当选为国民阵线新一任主席，老勒庞则出任该党的名誉主席。2012年4月，女承父业的马丽娜·勒庞参加了法国总统竞选并获得17.9%的有效选票。因此，尽管老勒庞已经退居二线，但"勒庞"的名字还将长久地游荡在法兰西人的社会政治生活之中。参阅"FN: the new president elected by the members!" *Front National*, 16 January 2011。

斯主义的清算采取遮遮掩掩、欲说还休的态度有着无法否认的联系。

如果说国名、地理、民族及人口等诸如此类的“小问题”尚且无法向读者作一个明确交代的话，那么，要想用三言两语对法兰西这个国家作一既让法国人满意又让非法国人认可的评论就更是无可企及。尽管法国人本身对自己的祖国也有着各式各样的评判，但总体而言，自尊自豪却是其主流特征。法国近代著名的批判现实主义作家福楼拜（G. Flaubert，1821—1880）有言，法国人是“宇宙中的拿摩温”。19 世纪法国建筑大师维奥莱-勒迪克（Viollet-le-Duc，1814—1879）声称，“统一的高卢”“可以向老天发起挑战”。戴高乐则宣称，“法国的命运照亮宇宙”。法国前总统吉斯卡尔·德斯坦（Giscard d’Estaing）的父亲对法国的一草一木都情有独钟，甚至对一些无足轻重的东西都要赋予满腔的爱国情愫，他曾写道：“法国制造出来的东西总是新颖别致。新式长统靴式样大方、无可指责：它可使踝骨感到舒适，紧裹小腿，有着军靴的风格。这使它有点像短裙女郎脚上的深统皮靴，把它和女装联想在一起，对地球上最文雅的人民来说是很迷人的。”①

然而，许多外国人却并不认同法国人的自我感觉，而且他们的评论也根本不考虑法国人“是否介意”。英国文学家莎士比亚（Shakespeare，1564—1616）曾将法国比作“狗窝”。英国散文家、诗人兼剧作家约瑟夫·埃迪森（Joseph Addison，1672—1719）曾说，法国“以其轻浮的作风带坏了欧洲其他国家”。美国作家马克·吐温（Mark Twain，1835—1910）对法国的感觉也不见得更好，他曾有言：“法国既没有冬天和夏天，也没有道德。如果没有这些缺陷，它会是一个可爱的国家。”② 不仅如此，甚至就连法兰西的国鸟“高卢雄鸡”也成了外国人讥笑的对象：“高卢公鸡除了吵吵嚷嚷、赶走对手之外，还是一只不会下蛋，同时也是一毛不拔的‘铁公鸡’。”③ 由此看来，不论何种评判，只要带

---

① ［法］奥里维埃·托德著，郑苏春等译：《吉斯卡尔·德斯坦传》，北京：新华出版社 1983 年版，第 12 页。

② 参见［法］菲奥那·邓肯（Fiona Duncan）主编，冯海颖等译：《法国》，北京：中国水利水电出版社 2001 年版，第 2 页。

③ “高卢雄鸡”（Le Coq gaulois）的来源与古罗马帝国有关。古罗马人将当时住在今天法国这个地方的人称为高卢人（Gallus），而“gallus”这个拉丁词语还有另一层含义，即“公鸡”。在中世纪中前期，似乎并没有多少人刻意要把高卢人（法兰西人）与公鸡联系在一起。大约从 14 世纪以后，这种联系才日渐普遍。尽管法国人赋予“高卢雄鸡”以警惕、勇敢等品质，但它也的确给法国人带来一些尴尬：公鸡毕竟是家禽，与狮子（英国）、雄鹰（德国）相比，其形象肯定算不上很好。

有感情色彩，就必然不能获得左右逢源之功效。或许只有采用地理学家式的中性语句才能躲过指责：法兰西就是一个地处欧洲大陆西端的有着悠久历史的国家。不过，这种不痛不痒的陈年老调又有什么意义呢？

20世纪80年代以前曾经到处流行的黑白照片或许能够为我们提供某些启迪：底片与正片都是对生活的记录，但是，若从正片去追本溯源就会发现，黑的原来是白的，白的原来是黑的；从底片出发去考察它的最终产品，结论也是一样。当然，黑白照片的“启迪”对历史本身是毫无价值可言的，对于逝去的陈年旧事，从历史存在来说，黑的永远是黑的，白的也永远是白的。只是在历史学的认知领域，黑白倒错现象才有其存在的空间，这或许正是人类社会以及人类对社会的认知水平不断向前发展的一种标志，也或许正是历史学本身得以存在下去的理由之一。历史需要不断的重新认识，前人对历史所作的黑白判定也需要人们不断地对之加以重新甄别。中国历史是这样，法国历史也是这样。

第一章

史前时期与古代高卢

（远古—公元 5 世纪）

作为一部法国通史，首先要面对的就是法国的历史究竟应从何时算起的问题，它不仅涉及史观问题，而且可以反映出人们对法国古史的态度。在 19 世纪中叶以前，亦即史前史学科在法国本土取得实质性成果之前，各种法国通史类著作在处理上古时期的历史时大都带有明显的宗教或神话传说之色彩，要么将法国历史的开端与特洛伊战争后特洛伊难民西迁联系起来，要么将法国人的始祖与基督教《圣经》中所言的洪水过后人类之新始祖诺亚（Noé）联系起来，或者干脆避而不谈。①19 世纪中叶以后，随着考古学的逐步发展，人们对法国史前史的认识有了根本变化，其突出体现是以考古材料取代了宗教神话传说。

不过，对于史前史乃至高卢史在法国文明发展历程中的地位，法国以及西方其他一些国家的学者仍然存在较大的分歧。法国学者福沙尔（R. Fossaert，1927 年生）认为："如同上帝羔羊一样神秘莫测的高卢与我们的国家几乎没有关系，我国没有经历洪荒时代。"② 美国学者克拉普顿（E. Knapton）亦认为：法国的史前史只不过是能够满足一下考古学家的"好奇心"而已，它与法国后来的历史几乎没有任何关联。③1958 年，法国史学家乔治·杜比（G. Duby，1919—1996）和

① 参阅陈文海：《共同先祖的虚拟与民族国家的初造——中世纪中后期法兰西人的"同宗意识"刍论》，载《世界民族》2002 年第 2 期，第 8—19 页。

② Robert Fossaert, *La Société, II. Les Structures économiques*, Paris: Seuil, 1977, p. 447.

③ Ernest John Knapton, *France: an interpretive history*, New York: Charles Scribner's Sons, 1971, p. 8.

罗贝尔·芒德鲁（R. Mandrou，1921—1984）合作写成《法兰西文明史》一书，该书直接从公元1000年写起，对于此前的法国历史一概不予涉及。[①]20世纪90年代，英国历史学家罗杰·普莱斯（Roger Price）应剑桥大学出版社之邀撰写一部《简明法国史》，该书对9世纪以前的法国史内容也未予讨论。[②]

相比较而言，法国年鉴学派史学家布罗代尔（F. Braudel,1902—1985）的观点或许更能让人接受，他认为："不能说史前史不是历史，不能说在高卢之前不存在高卢，在法国之前不存在法国，高卢和法国的许多特征要由罗马征服前几千年的历史作出解释。"[③]法国史学家德·贝蒂埃(G. de Bertier de Sauvigny, 1912 生)等人也指出，虽然说"法兰西"这个国名是在公元843年以后才出现的，但是，在此之前，这片独具特色的地理文化区域就一直存在着，一波又一波的先民在这里留下了自己的物质痕迹和文化印记；因此，要想研究法国历史，首先就要对这片土地上存在过的各种古代文明有一概观性认识，它们"已经成为法兰西人的躯体和灵魂的组成部分"。[④]因此可以说，自人类在今日法国这片土地上开始出现之日起，其活动就已与后来的法兰西文明结下了难以割断的因果关系，否则，今天的法国人也就没有理由为在法国境内发现史前岩洞壁画而倍感自豪了，法国政府也就没有必要以拯救法兰西文化遗产的名义对本国的史前遗迹善加保护了。

第一节　史前时代与远古居民

根据人类学和考古学的通行说法，包括法国在内的欧洲并不是人类的发源地，但这对法国的古老和悠久并未构成太大的威胁，远古人类的流动迁徙使得法国这片土地上在极为久远的年代就留下了人类活动的印迹。法国前后相继经历了旧石器时代、中石器时代、新石器时代、铜石并用时代、青铜时代和铁器时代这

① Georges Duby et Robert Mandrou, *Histoire de la Civilisation Française*, Paris: Max Leclerc et Cie, 1958.

② Roger Price, *A Concise History of France*, Cambridge: Cambridge University Press, 1999, 2005.

③ ［法］费尔南·布罗代尔著，顾良、张泽乾译：《法兰西的特性·人与物（上）》，北京：商务印书馆1995年版，第7页。

④ Guillaume de Bertier de Sauvigny and David H. Pinkney, *History of France*, Illinois: The Forum Press, Inc., 1983, p. 5.

一完整的发展过程。不过，在这一发展链条中，新阶段对旧阶段的更新取代往往不是由原有居民自身完成的，一股又一股的外来人口为远古法国的前进提供了巨大的推动力。

一、旧石器时代的居民及其文化

法国旧石器时代的起止时间与欧洲地质学上所谓冰期的活动及最终消失的时间大致相当，即大约200万年前至1万年前。在这一漫长的寒冷时代，有过多次的相对温暖时期，这就给原始人类的生存和活动提供了最基本的条件。在中央高原[①]的上卢瓦尔省（Haute-Loire），考古学家发现了距今约180万年的希雅克遗址（Chilhac），其中残存有人工打制的简单石器，这是目前所知法国境内乃至整个欧洲最早的人类活动遗迹。此外，在同一地区还发现了距今约100万年的人类活动遗址。在法国东南角的滨海阿尔卑斯省（Alpes-Maritimes），还出土了距今约95万年的打制石器和骨雕。不过，除了这些粗糙的器具之外，目前尚未发现属于同一时期的人类骨骼化石。

法国境内最早的人体骨骼化石首先发现于西南边境的东比利牛斯省（Pyrénées-Orientales），该化石是一原始人下颚，距今约40—50万年。20世纪70年代，在东比利牛斯省首府佩皮尼昂市附近的山村陶塔维（Tautavel），考古工作者又发现了一副完整的古人头盖骨，距今约10—15万年，由于其具有一定的典型性，因此这一时期生活在这一地区的原始人类也就被称为陶塔维人（homme de Tautavel）。陶塔维人脑容量已接近1100立方厘米，据估计已有初步的语言表达能力。他们过着群居的狩猎生活，大约20人组成一个群体。陶塔维人尚未懂得用火，因此只能生吃猎来的动物；而且他们还有噬食同类的习俗，据认为这与其礼仪或丧葬有一定的关系。[②]

与欧洲其他地方一样，大约从10万年前（亦说30万年前）开始，法国出现更先进的原始人类尼安德特人（Néandertals，简称尼人，其生活遗迹首先发现于今德国境内的尼安德峡谷 Néander，故名）。尼人脑容量达1600立方厘米，说话

---

① 中央高原并非位于法国“中央”，而是位于法国南部，与阿尔卑斯山的纬度大致相同。因此，中央高原往往又被称为南方高原。

② Lisa Neal, *France: An Illustrated History*, New York: Hippocrene Books, 2001, pp. 11–12.

时的语言已比较清晰。他们已经懂得用火，会用兽皮制作衣服，其劳动工具有了较大改进，知道在石器上安上木柄，并会打造简单而粗糙的石刀和梭镖。尼人是欧洲最早实行墓葬的古代人类，从其越来越多的随葬品（工具、饰物及动物等）中可以推断，尼人已经有了来世观念。从大约4万年前开始，尼人渐趋衰落，到3.5万年前则全部消失。至于尼人衰败的原因，目前尚无明确的结论，不过，多数学者倾向于认为，尼人的最终灭绝与他们无法及时适应日趋寒冷的气候有着密切的关系。①

于3.5万年前取代尼人的新型远古人类在体质特征方面与现代人已无太大差别，其骨骼化石最初在1868年发现于法国西南部多尔多涅省（Dordogne）的克罗马尼翁（Cro-Magnon），克罗马尼翁人（homme de Cro-Magnon，简称克人）因此得名。克人的物质生活已比尼人有了较大的改进，其猎取动物时已有较大的选择性。克人的劳动工具也更趋精细和复杂，甚至出现了绳索和渔网，但其中最为重要的进步是在旧石器时代临近结束时（大约1万年前）弓箭的发明，不过，这一发明的结果却是双重的，因为弓箭不仅可以用来射猎动物以果腹，而且也可用来射击敌人以攻防，显然，后一功能在未来的岁月里占据了主导地位。

如果说克人为了生存或生活得更好而创造出的这些器具还能够为人们所理解、所接受的话，那么，他们所具备的非凡的艺术创造力则是现代人类未曾料想过的。从19世纪下半叶到20世纪初的约半个世纪的时间里，法国的一些考古学家和考古爱好者在法国东南部和西南部发现了一些精致的雕刻作品和岩洞壁画，他们认为这些艺术品应当出自旧石器时代末期的克人之手。但是，当时包括学术界在内的社会主流意见却对这一观点持否定和嘲笑的态度，甚至有人认为这些发现纯属骗局。② 在这些文明人看来，早期人类尚属没有开化的野人，除了狩猎、吃饭和繁衍后代以外，他们绝对没有雅兴更没有能力去绘画雕刻。只是到了20世纪初以后，随着年代测定技术的渐趋成熟，学术界才逐步接受了克人艺术这一

① 参阅 Ian Gilligan, “Neanderthal Extinction and Modern Human Behaviour: The Role of Climate Change and Clothing”, *World Archaeology*, No. 4 (2007), pp. 499–514。

② 在考古学界，这类骗局似乎并非特别鲜见，由法国古生物学家、人类学家皮埃尔·德·夏尔丹(Pierre de Chardin, 1881—1955) 参与其事的英国直立人化石骗局即为一例。20世纪初，英国考古学界在德·夏尔丹等人的协助下在英国本土寻找史前人类骨骼化石，1912年终于获得重大“发现”。但后来的检测结果却证明，他们所“发现”的古人牙齿是经过手工加工的，头骨是一位现代人的，下颚骨则是一只猩猩的，而且，为了显得逼真，这些骨骼都经过了仿古染色处理。

虽匪夷所思但却毋庸置疑的事实。

克人的艺术作品主要分为两大类，即雕刻和绘画。他们的雕刻作品初期以动物雕像为主，如长毛象、驯鹿、鸟类、河鱼等等，雕刻用的原料包括石头、象牙、鹿角甚至还有烧过的黏土。从大约2.5万年前起，开始出现人体雕刻。克人的人体艺术品多以女性形象出现，其中最为著名的是所谓的"维纳斯小雕像"（Venus figurines），这些"维纳斯"们大都丰满有余、营养过剩，其突出特征是丰乳、粗腿和肥臀，这种夸张的形象明显体现了远古人类对生殖繁衍的重视。①

对现代人类来说，更具震撼力的是克人的岩洞壁画，它具有水平高、数量多、分布广的特点，在法国西南部和东南部均有发现，其中影响最大的是1940年9月由4个十几岁的男孩在多尔多涅省拉斯科岩洞（Lascaux）偶然发现的数百幅壁画，内容涉及公牛、独角兽、黑马和红鹿等，后经证实，拉斯科岩洞壁画均为史前时期克人的艺术杰作。1994年12月，人们又在法国南方古城阿维农（Avignon）附近发现了一个距今约2万年前的大型岩洞壁画群，画面上有着栩栩如生的犀牛、黑豹、猫头鹰等动物形象。法国一位岩石艺术家在初次看到如此精美且保存完好的克人艺术品时说："我忍不住掉下泪来，就好像你来到阁楼里，发现了一幅达·芬奇的绘画作品一样。"1995年1月，法国政府宣布，在拉斯科洞穴的东南方附近又发现了一个新的克人洞穴群，它有可能是迄今为止发现的规模最大的克人洞穴艺术宝库。

远古人类的这些创作行为并不是一种"纯艺术"活动，其作品也不是"为艺术而艺术"的结果。他们的创作活动大都带有实用之目的，例如："维纳斯小雕像"可能是当时流行的生殖崇拜仪式上的一种道具，岩洞壁画上的动物有可能是某个原始部落的图腾，或者也有可能是通过描绘狩猎场面来传递某些狩猎技术，如此等等。② 然而，在大约1万年前，随着最后一个冰期的消失，旧石器时代渐趋终结，以克人为代表的这种狩猎型文明走入困境，其岩洞壁画艺术也走到了尽头。从艺术史角度看，这是个遗憾，但从人类发展历程来看，这却是个进步。

---

① Steven Ungar, "Phantom Lascaux: Origin of the Work of Art", *Yale French Studies*, No. 78 (1990), pp. 246–262.

② Steven J. Mithen, "To Hunt or to Paint: Animals and Art in the Upper Palaeolithic", *Man*, No. 4 (1988), pp. 671–695.

二、气候转折与新石器时代

冰期的结束意味着气候转暖，也意味着远古人类的生活环境将发生重大变化。从大约1万年前开始，冰盖向北方急剧退却，融化的冰川造成洪水泛滥，原先的海岸地带因海平面的抬升而变成一片汪洋。欧洲大陆开始为莽莽森林所覆盖，大量的动物亦随着气候的变化而向北迁徙。原始人类面临着两难的选择，要么尾随其熟悉的食物源北上，要么留下来去适应变化了的环境。留下来的这批原始人类最终生存下来，开始了一段艰难的过渡与适应时期，亦即考古学上的中石器时代，时间大约从1万年前一直延续至公元前5000年左右。在此时期，原始人类付出了惨重的代价，人口急速减少，生活亦变得更为艰苦。不过，在这一苦难岁月中，法国这片土地也透露出一些新的气息。弓箭的杀伤力虽然较大，但因动物数量的锐减，狩猎活动还是愈发困难，于是，植物食品的比重逐渐变大，从公元前6000年左右起，野生植物及其果实的采集与存储开始日益重要起来，而这距离原始农业的出现已经只有一步之遥。① 另外，公元前6000年前后，绵羊的饲养已从东方传到法国南部的地中海沿岸，在随后的一两千年，又相继传到法国西南部的阿奎丹地区（Aquitaine）以及西部的布列塔尼地区（Bretagne）。可以说，在中石器时代，法国已经出现初步的畜牧业。

当法国的原始居民仍在中石器时代徘徊之际，大约从公元前5000年起，外来的新石器文化开始渗透进来，由此开启了法国的新石器时代，其结束时间约为公元前2500年。新石器时代的一个根本特征是由原来的采集狩猎型经济转向农耕饲养型经济，原始人类开始由食物采集者转变为食物生产者，这是原始人类的一大飞跃。

外来新石器文化对法国的渗透是从两个不同的方向在两个不同的地区分别进行的。首先是南部地区：公元前5000年左右，来自海外的新石器文化开始在地中海沿岸登陆，当地原有居民缓慢适应了这一新的文明。人们逐步走向定居，逐水草而居的游牧生活渐渐退居次要地位，绵羊和山羊的养殖有了更大的发展。这一地区的陶器制品独具一格，其上通常嵌有“鸟蛤”之类的甲壳（cockle shell,

---

① 参阅 David W. Frayer, “Body Size, Weapon Use, and Natural Selection in the European Upper Paleolithic and Mesolithic”, *American Anthropologist*, No. 1 (1981), pp. 57–73。

Cardium)，因此考古学上一般以“鸟蛤陶文化”(Cardium Pottery Culture 或 Cardial Culture) 来指代这一地区的新石器文化。其次是北部地区：这里的新石器文化起步稍晚，大约在公元前 4500 年左右，来自中欧多瑙河流域的移民越过莱茵河，随后数百年中又逐步西徙而进入法国腹地。这些移民已是完全“农业化”的农民群落，他们轻而易举地将原有的采集狩猎型居民排挤到荒野老林中去。这些新来者在法国北部垦田开荒，种植小麦和大麦，并饲养猪牛等家畜。其陶器制品上通常带有独特的纹饰，因此这一时期这里的文化一般被称为“印纹陶文化”(Stamped Pottery Culture)。

卡纳克巨石阵

在新石器时代的法国，除了南北两大文化区之外，在西部地区（特别是布列塔尼地区）还并行着一种非南非北、奇特壮观的“巨石文化”，其遗迹一直保存至今。这些巨石有多种呈现形态，如单体立石、单列立石、多列立石、环形立石以及由多块巨石构建成的墓穴状的石棚（dolmen, 音译为“多尔门”）。巨石的高度各有不同，最高者超过 20 米。在法国，最为有名的巨石阵（Alignement de la Pierre）位于布列塔尼半岛莫尔比昂省（Morbihan）的滨海小镇卡纳克（Carnac）附近。卡纳克巨石阵共有巨石 2935 块，排成平行的 13 行，每行长度均约 6.5 公里。①

关于巨石文化的创造者，多年以来人们曾提出过多种多样的甚至是极为离奇的猜想和假设，如东方人、凯尔特人、罗马人、北欧矮神、外星人，甚至有人认为这些巨石建筑是魔鬼的创造物。据现代检测技术测定，这些巨石建筑大约形成于公元前5000年至公元前3000年之间，从而排除了其创造者为东方人的可能(因为东方巨石建筑的历史晚于这一时间)，至于其他说法，或不攻自破，或无稽可循。关于这些巨石的功能，解释更是五花八门，如天象台、公共墓地、祭坛、神殿，甚至有人认为它们是古代计算工具、牛栏、投票站、“不明飞行物”(UFO)

① 关于布列塔尼卡纳克巨石阵的发现，详见 F. S. Tremlett, “Notes on Stone Circles in Brittany”, *The Journal of the Anthropological Institute of Great Britain and Ireland*, Vol. 13 (1884), pp. 143–148。

的标示物或地球磁场的开关盒等等。[①] 且不论这些争论的最终结果如何，巨石文化属于新石器时代已是无可置疑的事实。

这样，在新石器时代前期的法国，就已形成了以中央高原为界标的各具特色的南、北、西三大文化区。如果说新石器时代的这种文化区域与后来法国的文化区域结构还没有什么直接关联的话，那么它也至少表明，以中央高原为相对屏障的地形结构在法国历史上曾长期发挥影响，法兰西文明的区域性特征在其历史发展进程中将一再得到体现。

从公元前 3500 年开始的约 1000 年时间里，法国的新石器文化继续发展，且速度大为加快。生产工具日益精巧细腻并呈多样化特征，脱粒、磨面等工具已经问世。地区间的交流渐趋频繁，北方制造的生产工具和陶器制品在南方常有发现，同样，南方的物品在北方也屡见不鲜。在此期间，农业在生活中的地位已经相当稳固，谷物种植面积不断扩大。村落的规模也在扩展，其数量日渐增多。这表明，在经历中石器时代的磨难之后，新石器时代的人口有了较大增长，法国这片土地上的原始先民已经具备向更高阶段发展的条件。

三、金属时代与原始社会的瓦解

工具层次是生产力发展水平的重要标志，金属工具的使用必然使得生产效率和社会物质财富大大超越石器时代的水平，对财富的占有与渴望也就自然地使原有的社会平衡失去其存在的基础，社会分化势在必然。从公元前 2500 年左右起，法国开始这一转变历程，在外来先进文化的推动下先后经历了铜石并用时代和青铜时代，并于公元前 700 年左右进入更为先进的铁器时代。

法国的铜石并用时代（亦称“黄铜时代”）历时约 700 年（公元前 2500 年至 1800 年）。据推测，黄铜器具首先是由中欧地区的移民辗转经由意大利北部和伊比利亚半岛而传入法国的。公元前 2500 年左右，法国南部地区已经出现一些黄铜冶炼基地，随后又不断向北方延伸。但是，由于本身属性方面的原因，黄铜在生产领域中的使用较为有限，石器工具在此时期仍占主导地位。根据考古材料分

① 参阅 Ellen Badone, “Ethnography, Fiction, and the Meanings of the Past in Brittany”, *American Ethnologist*, No. 3 (1991), pp. 518–545。

析，来自中欧地区的黄铜文明传播者在法国并未形成强大的势力，他们不仅未能对原有居民造成冲击，反而逐渐融入到当地社会。

公元前1800年左右，源于中东及中欧的青铜（铜锡合金）冶铸技术传入法国南部地区，法国由此进入青铜器时代。青铜因其具有脆性较弱、韧性较强的特点而在生产上拥有较为广泛的应用价值，生产工具的青铜化于是成为一种趋势，青铜饰品和青铜器皿也日渐增多。经过数百年的发展，在青铜器时代中前期，法国已经形成3个规模庞大的青铜冶炼及青铜器制造中心，即南方的罗讷河（Rhône）流域、西部的大西洋滨海地区以及东部的阿尔萨斯地区（Alsace）。

青铜冶铸业的兴起及发展带来了一系列重要的社会经济后果。首先，商业交往日益活跃，三大青铜冶铸中心的产品从剑矛刀斧等武器到手镯别针等生活用品在法国全境均有广泛的流通。其次，生产工具的更新速度加快，青铜工具已普遍应用于生产，石器工具逐步退出历史舞台。第三，劳动分工趋于明确，形成了身份相对稳定的农耕者、矿工、工匠、商人和武士等阶层，从而促进了社会分化和等级制度的初步形成。在这一新型社会结构中，战功卓著的男性武士成为社会尊崇的对象，进而也就成为在社会中占据统治地位的上层人物。①

在青铜时代中期，即大约公元前12世纪前后开始，法国的青铜文明出现一次重大的社会文化震荡与转折，而这种现象的出现亦与外来移民的冲击密切相关。公元前13世纪后半期，东南欧早期奴隶制文明（迈锡尼文明，Mycenaean Greece）陷入严重危机，战争接连不断（包括特洛伊战争），当地居民纷纷外迁，其中有一部分经中欧进入今天的法国境内。这批新移民的人数虽还无法确定，但其在社会文化方面的影响力却是显而易见的，其中最为重要也是最为明显的表现是此后数百年中法国境内丧葬方式的变化。法国原有居民此前一直沿袭死者入土的土葬方式，但新移民带来的却是化尸为灰的火葬方式，他们将死者骨灰装入瓮坛中，然后集中安放于一个公共墓地。这种被称为“瓮场文化”（Urnfield Culture）的社会生活习俗具有很强的渗透力，它波及到除西部沿海地区以外的法国3/4地区。当然，这种“瓮场文化”并没有完全取代原有的社会生活方式，在某些地区，火葬与土葬长期处于并存状态。这表明青铜时代的法国已是一个多种文化同时存在且相互渗透的色彩斑斓之世界。

① 参阅 Margaret Dunlop, “Lines of Cultural Communication in Bronze Age France”, *Geographical Review*, No. 2 (1939), pp. 274–290。

与以前反复出现的情形类似，在青铜时代末期，一股外来的移民浪潮又将法国推向另一个发展阶段。大约在公元前 700 年，铁器作为新时代的象征而由移民带入法国境内，法国由此进入铁器时代。在随后 200 年左右的时间里，法国中南部地区逐渐被这些移民所占领。他们带来了一系列铁制农具和铁制武器，其中为他们所普遍使用的铁制大砍刀比当地原有居民惯常使用的青铜匕首有着无可比拟的优越性，而且他们还组建了西欧大地上最早的骑兵。从这些移民的墓葬中可以看出，其社会等级的区分已相当森严，首领人物的墓穴及随葬品奢华丰富，而普通人的随葬品一般只有简单的兵器（以剑为主）。但是，这些移民并没有在法国形成坚不可摧的一统天下，从小亚细亚福西亚城（Phocaea）迁徙而来的爱奥尼亚人（Ionians）于公元前 600 年左右在地中海沿岸建起了希腊殖民城市马赛利亚（Massilia，马赛的前身），迦太基人（Carthaginians）和伊达拉里亚人（Etrusci）也时常从南方进袭骚扰。

关于铁器时代初期从中欧迁徙来的这批移民与后来法国的关系，学术界尚无统一的认识。有人认为他们属于原始凯尔特人（Proto-Celts），与后来法国人有真正的人种血缘关系的人类群体就此出现。也有人认为，他们并不是真正意义上的凯尔特人，他们的语言属类目前还无法作出明确的判定。① 对于这一问题的是非曲直，在这里只能搁置不论，但有一点是明确的：从公元前 500 年前后起，从中欧又有一批新移民以强劲之势涌入法国境内，而这批新移民在当时就已被称为凯尔特人，他们与后来法兰西人的亲缘关系已属有章可循。因此，就目前研究结果来看，将这批新移民视为法兰西人的直接先祖应当说是比较有把握的，也是疑义最少的。

第二节 “独立”时期的高卢社会

公元前 500 年以后大约一千年的时间里，法国的历史是与凯尔特人紧密联系在一起的，而这一千年的历史又以公元前 1 世纪中叶为界分为两个时期，即所谓

① 参阅 T. G. E. Powell, “Celtic Origins: A Stage in the Enquiry”, *The Journal of the Royal Anthropological Institute of Great Britain and Ireland*, No. 1/2 (1948), pp. 71–79。

的“独立”时期（公元前500年至公元前1世纪中叶）和“罗马化”时期（公元前1世纪中叶至公元5世纪）。凯尔特人这个名称往往会给人造成一些误解，即认为它是一个单一人种的称呼。实际上，从人类学角度而言，并不存在凯尔特人人种。凯尔特人只是在语言文化、物质生活及宗教信仰等方面具有某些共同特征的众多部落群体的总称。从公元前7世纪起，他们广泛分布于中部欧洲的广大地区。在随后大约400年时间中，他们向西、南、东等方向迅猛扩张，成为其南邻罗马人的一个巨大威胁。

在这一长达几个世纪之久的移民浪潮中，从公元前500年前后起，相继有几批凯尔特人先后进入今天法国的东部、南部和北部地区并成功地定居下来。对于这部分移民，当时的希腊人并未觉得他们有什么特别之处，因此仍一视同仁地将之统称为凯尔特人。但是，罗马人却将阿尔卑斯山西北一侧的这片土地称为高卢（又称“山外高卢”或“外高卢”）①，相应地，生活在这个地区的居民也就被称为高卢人。② 为行文简洁明确起见，在法国领土范围内（当然只是大致范围），我们不再使用“凯尔特人”这一宽泛的称呼，而一律称之为“高卢人”。

关于高卢人的历史，特别是有关公元前1世纪中叶高卢被罗马人征服以前的历史（即所谓的“独立”高卢时期），在很长时期内一直处于半隐半现的状态，其原因在于“独立”时期的高卢人没有自己的文字记载，人们只能根据古代希腊罗马人的相关记载去粗略地了解古代高卢人的社会生活，而由于各个方面的原因，这些来自外部的记载和评述不可避免地带有浅陋甚至偏见之特征。③ 只是从19世纪中叶开始，随着考古学的兴起和不断完善，古代高卢人的真实面目才得以逐步显现出来。

---

① 与“山外高卢”或“外高卢”相对应，罗马人又将意大利北部波河流域这片地区称为“山内高卢”或“内高卢”。

② 关于“高卢人”（英文 Gaul，法文 Gaule）名称问题，这里采用的只是一种相对比较通用的简单化表述。实际上，关于“高卢”这个名称的来源及含义，学术界从未取得过一致意见。对于阿尔卑斯山西北一侧这片土地上的居民，古代罗马人称之为“加利亚”（Gallia）或“加拉提亚”（Galatia）。人们通常认为，法语中的“高卢”（Gaule）一词便是由拉丁语“加利亚”（Gallia）演变而来的，因此，人们往往也会将拉丁语中的“加利亚”翻译为“高卢”。参见 J. F. Drinkwater, *Roman Gaul: The Three Provinces, 58 BC-AD 260*, London & Canberra: Croom Helm, 1983, p. 1。然而，有些语源学家认为，二者之间没有任何关联。他们认为，“高卢人”是日耳曼人创造出来的一个称谓，用指今日法国这片土地上的那些凯尔特人，其含义是“外邦人”或“罗化人”（“罗马化之人”）。另有学者认为，“高卢人”这一名称是由诺亚之孙高梅尔（Gomer）这个名字演变而来的。关于这个问题，可参见 Albert Sjögren, “Le nom de ‘Gaule’”, *Studia Neophilologica*, Vol. 11 (1938/39), pp. 210–214; John Koch, *Celtic Culture: A Historical Encyclopedia*, ABC-CLIO, 2006, pp. 775–776。

③ 关于古典作家对包括高卢人在内的凯尔特人的记载，可详见 John Collis, *The Celts: Origins, Myths & Inventions*, Gloucestershire: Tempus Publishing Ltd, 2003, pp. 13–26。

众多的考古材料表明，古代高卢人的文明程度比人们通常想象中的要先进许多。

一、"独立"时期的高卢社会构造

罗马人所说的高卢其面积稍大于今天的法国，除法国而外，还包括比利时、卢森堡，瑞士大部，北意大利西部，以及荷兰、德国的一部分（莱茵河左岸的那部分地区），其总面积大约 60 余万平方公里。生活在这片土地上的居民虽然被我们统称为高卢人，但他们实际上并没有形成为一个统一的整体，整个高卢均处于部族割据与相互攻伐的动荡状态。由于地盘易手频繁，加之新部族不断涌进，这一时期的高卢究竟存在过多少个各自为政的部族集团很难有一精确的统计，一般认为高卢中北部有 60 多个，加上高卢南部则有 90 个左右，而其中又分解为 300 个左右相对独立的小部族。且不论其具体数目到底有多少，有一些部族的历史还是相对比较清楚的。

在高卢中部：阿维尔尼部族（Arverni，领土位于今奥弗涅 Auvergne 境内）在公元前 3 世纪左右盛极一时，根据罗马人的记载，该部族的首领极为奢华，曾坐在战车上将大量的金币抛向空中赏赐给臣民。在公元前 3 世纪早期，阿维尔尼人还曾向东征讨，一直打到巴尔干半岛的希腊腹地。在高卢西部：维内蒂部族（Veneti，领土位于今莫尔比昂省 Morbihan 境内）善于航海，他们控制了大西洋沿岸的海上贸易。在高卢北部：昂比安人（Ambiani，领土位于索姆河 Somme 下游地区）一度控制了塞纳河以北的广大地区，亚眠（Amiens）这个城市名称即由该部族名演化而来。同在高卢北部的巴黎西人（Parisii）则在今天的巴黎周围立稳了脚跟，巴黎的名称亦由该部族之名而流传下来。在高卢中东部：埃杜伊人（Aedui，领土位于今勃艮第境内）控制了联系南北高卢的主要通道，而且自公元前 2 世纪起便正式宣布自己是"罗马人民的兄弟和盟友"，罗马人后来对高卢的征服与埃杜伊人的合作是密不可分的。在南部高卢：早在高卢人的势力到达前的公元前 6 世纪，希腊人已捷足先登，马赛利亚（马赛）、尼斯（Nice）、昂蒂布（Antibes）[①] 等城市及其周围地区已先于北方地区受到希腊罗马生活方式的影响。

---

① 参阅 A. L. F. Rivet, *Gallia Narbonensis: with a chapter on ALPES MARITIMAE*, London: B. T. Batsford Ltd., 1988, pp. 239–242。

在随后几个世纪中，这一地区仍将作为一个繁荣的经济文化中转站和集散地，源源不断地将高度发达的地中海文明传入整个高卢地区。高卢社会的开放性和兼容性特征已初步形成。

虽然说高卢地区在政治上没有统一，但从总体上看，各个部族之间却有着相似的社会结构和生活习俗，生产技术和文化艺术也逐渐走向协调，其语言也有着源头上的同一性。因此，与南方的罗马人世界以及北方的日耳曼"蛮族"相比，高卢地区还是能够显现出相对鲜明的区域性特征，也就是皮埃尔·米盖尔所说的"有组织的无政府状态"。① 在高卢各个部族中，政治权力和经济权力主要掌握在军事贵族手中，他们往往拥有众多的门客和扈从并常年豢养一批亲兵。居于特权地位的还有名曰"德罗伊德"（druide）的僧侣祭司阶层，他们不仅是宗教活动的组织者，而且还是各种案件及民事纠纷的审判官和仲裁人，同时也是知识的传播和传承者。② 处于社会下层的是普通农民以及部分手工业者，他们虽有自由的身份，但其处境已趋于恶化。另外，在部分地区已经出现了奴隶。可以说，高卢社会已经开始向阶级社会过渡，其中与文明世界邻近的中南部高卢在这一方面体现得更为明显。

军事征战是高卢人生活中的重要组成部分，他们不仅在高卢本土相互征讨，而且还向外部世界连年用兵。正因如此，希腊罗马人著作中的高卢人形象大都是令人生畏、残忍嗜血的狂暴战士。从他们的有关描述中，我们可以看到，高卢士兵在性格、作战特点以及庆祝胜利的方式等方面有着鲜明的与众不同之处。希腊地理学家兼历史学家斯特拉波（Strabo，大约生于公元前58年，卒于公元21—25年之间）为我们留下一段精彩的文字：高卢人"性格轻浮，胜利时傲气凌人，而失败时又垂头丧气。他们习惯轻佻，但某些习俗又表明在他们的秉性中有凶悍野蛮的一面"；"战斗之后，他们把杀死的敌人的头颅挂在马脖子上，像战利品一样带回来钉在家门口"；有时"他们把显赫人物的首级保存在香柏油里，并且骄傲地向外人炫耀，即使有人付重金，也不肯出售"。斯特拉波还写道，高卢人"嗜好战争，容易动武，不过也很单纯，没有恶意。如果激怒了高卢人，他们就会不顾一切，直奔敌人"。高卢战士还有赤裸身体上战场的习俗，据称这样做是为了祈求神灵的庇佑。他们拥有一副"天生的大嗓门，他们可怕的歌声与叫喊漫天飞

① ［法］皮埃尔·米盖尔著，蔡鸿滨等译：《法国史》，北京：商务印书馆1985年版，第20页。

② 参阅 W. Winwood Reade, *The Veil of Isis; or The Mysteries of the Druids*, London: Charles J. Skeet, 1861, pp. 49–56。

扬”，“他们喊着、跳跃着、唱着歌敲打着盾牌投入了战斗，这是他们古老的习俗，目的是为了恐吓对手”。①

需要注意的是，高卢人这种勇敢大胆、斗志昂扬、勇往直前的气概与后来社会中推崇的爱国爱家精神是有着很大区别的，他们往往没有固定的主人，谁给的待遇高他们就效忠于谁。他们不仅在高卢境内频繁地更换主人，而且还接受埃及人、迦太基人甚至罗马人的雇佣。因此，近代法国历史学家米什莱（J. Michelet，1798—1874）曾经写道，“谁想找到盲目的勇敢和廉价的鲜血，只要收买高卢人就行了”。② 高卢士兵这种缺乏固定主人的现象实际上是高卢社会群雄割据的直接反映，同时也可以说是公元前 1 世纪中叶高卢之所以被罗马迅速征服的重要原因之一。

不论战场上的声势有多么波澜壮阔，也不论高卢全境的政治军事局势有多么风声鹤唳，经济活动一直没有停止而且还在不断进步。从希腊罗马作家的记述以及近年来的考古材料中可以看出，高卢的农牧业、手工业以及商业均已相当繁荣。在农牧业方面：高卢人的农业耕作技术在许多方面已经超过了罗马人，他们已经懂得使用轮犁（铁铧犁）并知道石灰泥能够肥田。大麦、小麦和黍米的种植面积不断扩大，其中大麦已被大量用于酿造啤酒。马牛羊猪的养殖也相当普遍。在矿冶及手工业方面：高卢的铁矿蕴藏比较丰富，因而在南北各地都有炼铁以及加工制造铁器的手工工场，匕首、短剑以及各种各样的生活用品（如犁、镰、锯、斧、钳、剪等）不仅供应高卢本土，而且还远销周边各地。另外，高卢人制作的手镯、别针等装饰品也享有很高的声誉。在商业方面：高卢已经出现了较为活跃的商业交换活动，陆运、海运与河运均已存在。由于贸易的发展，从公元前 3 世纪起，高卢人开始铸造金币和银币，先是模仿希腊人的钱币，但不久，其钱币图案的选择就变得随心所欲了。③ 由于商业、手工业的发展以及居民防御的需要，这一时期的高卢已经开始出现城市的雏形，虽然古罗马作家西塞罗（Cicero，公元前 106—前 43 年）声称“再没有比高卢城市更丑陋的了”，但再丑陋的城市毕竟也是城市，后来法国的许多城市如图卢兹（Toulouse）、奥尔良（Orléans）、讷韦尔（Neuville）以及索恩河畔的沙隆（Chalon）等都是从这些“丑陋”的城市

① ［美］戴尔·布朗主编，任帅译：《凯尔特人：铁器时代的欧洲人》，北京和南宁：华夏出版社与广西人民出版社 2002 年联合出版，第 68—70 页。

② Jules Michelet, *Histoire de France*, Paris: A. Lacroix, 1876, I, p. 12.

③ 详见 Miranda J. Green, ed., *The Celtic World*, London and New York: Routledge, 1996, pp. 176–281。

中脱胎而来的。①

二、“独立”时期高卢人的日常生活

高卢人的世界是多姿多彩的，除了战争和生产之外，还有着许多看似平常但却永远也不可能从历史中真正抹去的日常生活，对这一层面的关注，其意义并不亚于对战争场面的渲染。在“独立”高卢时期，希腊罗马作家就已对高卢人的日常生活表现出浓厚的兴趣，如果将其记载中的感情因素剔除，我们还是多多少少地可以窥视出高卢人日常生活中的某些侧面。从18世纪启蒙运动时期开始，法国人对古代高卢爆发出无法遏止的热忱，访幽探古活动在四处展开。从19世纪中期开始一直到20世纪，科学成份日益提高的考古学成果又从多个角度展现出高卢人的日常生活，而且其中某些发现还印证了古代希腊罗马作家的有关记载。

高卢人的服装具有鲜明的特色，既注重款式又注重色彩，男子的“束腰半长上衣染得五颜六色，裤子是个被称为‘臀布’的东西。他们披着的条纹无袖外套，上面有许多不同颜色的小块，冬天的外套用蓬松的粗布制成，而夏天外套是由光滑的衣料做的”。女子服装的款式与男子不同，她们主要穿长衫和带袖外套。高卢人的染料完全取自自然界的植物和浆果，将其挤榨加工之后，就可以根据不同的需要而调制成各种色彩的染料。结合近年来的考古材料可知，高卢人的纺织和染色工艺已相当成熟。与服装相连的是高卢人对饰品的嗜爱，斯特拉波有这样的记载：高卢人“满身是金首饰，脖子套着金项圈，胳臂和手腕上戴着金环，他们的首领穿的是颜色鲜艳，绣有金线的衣服”。斯特拉波的这些描述在考古学上得到了证实。在这一时期的墓葬中，的确发现了令人眼花缭乱的项链、胸针、手镯、戒指以及腰带等等诸如此类的精美饰品。由于高卢人的这种服饰打扮与“文明世界”的人们殊然不同，因此，希腊罗马人往往讥之为“奇装异服”。② 不过，中世纪以后风行欧洲的法国时装(巴黎时装）有时也会招致正统人士类似的评判。

高卢人的食品结构也是人们感兴趣的话题之一。小麦很久以来就是高卢人的主要食品来源。古植物学家研究后发现，这一时期的小麦不仅产量较高（与中世

① 参阅 John Collis, “The first towns”, in Miranda J. Green, ed., *The Celtic World*, London and New York: Routledge, 1996, pp. 163–168。

② 参见 I. M. Stead, *The Gauls: Celtic antiquities from France*, London: British Museum, 1981, p. 17。

纪时的水平没有多少差异)，而且其蛋白质的含量是现代品种小麦的两倍。除小麦之外，高卢人的农作物食品来源还有燕麦、黑麦、荞麦、扁豆和豌豆等，而且他们已经掌握了粮食储藏技术。高卢人并非是素食群体，广泛发展起来的养殖业以及物种万千的大自然为他们提供了比较丰富的另类食品。牛奶是高卢人的重要营养来源之一，而且他们已经掌握了制作奶酪的方法。[①] 牛的饲养在高卢较为普遍，牛肉也就自然成为餐桌上的常见食品，据考古学家的分析，在高卢人的肉类消费中，牛肉所占比例可能超过 50%。高卢人的另一重要肉食品种是猪肉，这与高卢地区养猪业的发达是分不开的。高卢人认为，在一些重大庆典或宴会上，如果没有机会尽兴饱食猪肉，那将是莫大的遗憾。高卢人不仅消费鲜猪肉，而且还将猪肉腌制储存起来。腌肉不仅利于长期存放，而且风味也是别具特色，正因如此，高卢腌肉还成了罗马市场上的畅销货。除了牛肉、猪肉以外，飞鸟、游鱼等野生动物也是高卢人并不陌生的佳肴，古代作家曾有记载：高卢人喜欢吃烤鲑鱼，有时会加点盐和醋，甚至还会洒上一点孜然，这样就有了“异国风味”。

高卢人的集体聚宴也体现出豪放的特色，古典作家曾就此作过不少描绘。高卢人聚餐时，“身边是燃烧着的火炉，上面有大锅和烤肉架，锅里有大块大块的肉。他们把最好的一块肉奖励给勇士们”。高卢人的吃肉方式“既整洁又勇猛，两只手拿起整个动物腿，咬开肉，难撕开的部分就用腰上挂着的、套在鞘里的小匕首割开”。“他们吃的时候，胡子就和食物缠到一起，喝酒时酒就顺着胡子流下来，就像一个过滤器”。对于高卢人的这种宴饮风格，希腊罗马人觉得无法接受，在他们的笔下，高卢人只不过是一群暴饮暴食、只知享乐的野蛮人，是一群喝了本地啤酒又喝罗马葡萄酒的醉鬼。不过，高卢人的狂饮暴嚼或许只是其形象的一个方面，当时的高卢社会对其成员的个人形象还是有着一些约束规范的，有些部族甚至规定，年轻人如果身体过于肥胖，超过了标准体形，就要被处以罚款。对于这些规范，我们或许也可以从反面来理解，即，正是由于高卢人的狂饮暴嚼，才有了肥胖问题，也才有了相关的约束规范。[②]

如果说高卢人在饮食上倾向于豪放不羁的话，那么他们在情感世界方面也显示出某种放浪形骸的特征。一方面，高卢社会在形式上已经遵循着一夫一妻

---

① 法国有句谚语：“一天没吃到奶酪，就像整天没见到阳光。”如此看来，现代法国人挥之不去的“奶酪情结”似乎并非无源之水，古代高卢人就已为之打下了基础。

② 关于古典作家对凯尔特人（包括高卢人）的描述，详见 David Rankin, “The Celts Through Classical Eyes”, in Miranda J. Green, ed., *The Celtic World*, London and New York: Routledge, 1996, pp. 21–33。

制。在这种婚姻制度下，夫妻双方均拥有财产权，其实现方式是：一个男人结婚的时候，他要从自己的财产中拿出一部分相当于妻子带来的嫁妆的数目，把这两部分放在一起，其收益单独放在一边。两人中谁活得更长，谁就能得到两人的财产，还包括多年积累的利润。但是，这种财产权并不表明高卢是一个男女平等的理想社会，因为在高卢，丈夫有权决定妻子儿女的生与死。[①] 另一方面，高卢人似乎能够在相当程度上摆脱一夫一妻制的束缚，男人如此，女人也是这样。古典作家曾经描述过高卢男子的某些“奇怪”举动：“虽然他们的妻子很漂亮，他们却很少注意，倒是对拥抱男人有种奇怪的热情。[②] 他们习惯于躺在铺着兽皮的地板上，与同睡者打情骂俏。最奇怪的是他们丝毫不顾自己的良好形象，就对他人献出童贞，而且他们并不以此为耻，反而认为如果别人拒绝了他们的自由献身，那就是瞧不起他们。”高卢女子的开放程度也是让罗马人吃惊不已的。据说有一位罗马妇女对一位高卢女子极度不检点的婚外行为提出指责，但这位高卢女子毫无羞涩地进行了反击，她说：“我们用一种更好的方式满足自然需求，这比你们罗马妇女强多了，因为我们是大方地和最棒的男人结交，而你们则放荡地同最低级的流氓偷偷幽会。”[③]

高卢女子

① 关于高卢女性的地位，参见 H. D. Rankin, *Celts and the Classical World*, London and Sydney: Areopagitica Press, 1987, pp. 245–258。

② 对于男子同性恋现象，古代希腊罗马的作家们并不应当感到奇怪，在他们自己所处的“文明世界”，这种现象也并不是什么新鲜事。在今天的法国，同性恋亦已得到法律的认可，而且，公开的同性恋政治家贝特朗·德拉诺埃（Bertrand Delanoë，1950 年生）还于 2001 年成功当选巴黎市市长，2008 年又成功连选连任，任期至 2014 年结束。

③ 参阅［美］戴尔·布朗主编，任帅译：《凯尔特人：铁器时代的欧洲人》，北京和南宁：华夏出版社和广西人民出版社 2002 年联合出版，第 95—129 页。

三、"独立"时期高卢人的宗教文化

欧洲大陆及不列颠岛上的所有凯尔特人在宗教信仰上有着相对的一致性，他们都信奉一种被称为"德罗伊德教"（druidisme）的原始宗教。但是，在不同的地区，德罗伊德教有着不同的流派，信奉的神灵也有较大差别。据研究，这种已经充分发展了的原始宗教在欧洲有两大传播中心，一个是不列颠岛，另一个就是高卢。与其他凯尔特人地区一样，德罗伊德教在高卢人的精神生活乃至日常生活中发挥着其军事首领或政治领袖所无法取代的导向作用。

德罗伊德教并没有一个公认的最高宗教领袖，宗教事务以及与宗教相关的活动是由德罗伊德僧侣（druides）共同完成的。对于"德罗伊德"这个词，中国学者的传统解释是"巫师"或"占卜者"。不过，这一释义应该说并不全面。按照西方学者的解读，"德罗伊德"的原始含义可能是指"知识渊博的人"或"掌握有关橡树知识的人"（橡树是高卢人心目中的神树）。前文已述，这一时期的高卢人没有自己的文字，德罗伊德们自己对此的解释是：将文化知识附诸文字是有违神的意志的。[①] 因此，包括习俗、法规、信仰以及各种知识等等与本部族有关的一切智力产品都是由德罗伊德通过口耳相传、牢记于心的方式代代传承下来的，而以此方式去完成"学业"据称大约需要20年的时间。[②] 正是由于对知识的垄断，他们在高卢社会中的地位才是不可动摇的，他们才成为集祭司、判官和教师等多种职能于一身的特权阶层。不仅如此，就连何时播种、何时开镰、何时放牧等农事活动也要由这些僧侣确定具体的日期，军事首领发动征战之前也要由他们敲定一个最佳日期。

作为一种原始宗教，德罗伊德教当然具有一些与后来的基督教颇为不同的原始特征，其主要表现在两个方面。第一，宗教神灵的无序性。在德罗伊德教中，各种神灵各自为政，它们既没有尊卑层次之分，也没有明确的职守之别，每个部族都有权推出自己信奉的神灵，这种情况实际上是高卢社会政治现实在宗教领域

---

① 罗马人占领高卢后，随着拉丁文字的引进，德罗伊德僧侣还是发现了文字在知识储存和文化交流方面的巨大功用，于是也就不理会什么"神的意志"了，僧侣们在这一时期用拉丁文书写的各种各样的文书即是其"叛逆"的明证。

② 参阅 Anne Ross, "Ritual and the Druids", in Miranda J. Green, ed., *The Celtic World*, London and New York: Routledge, 1996, p. 430。

的反映。第二，宗教神灵的自然性。在高卢社会，各式各样的自然物或动植物都有可能成为这部分或那部分高卢人崇拜的对象，如太阳、月亮、山峰、森林、树木、河流以及牛、马、猪、羊、鹿、鹤、蛇、天鹅、鸬鹚和鲑鱼等等。[①] 让人难以琢磨的是，许多动物在高卢人的心目中都有神圣的色彩，但这并没有妨碍高卢人对这些动物鲜美肉体的大肆消费和咀嚼。另外，高卢人宗教神灵的这种自然性并不是绝对的，只能说它是非常接近于“自然神论”，因为在德罗伊德教中也有一些“人神”，这些“人神”多以猎手或铁匠的形象出现，这种情形在一定程度上反映了高卢社会当时的崇尚目标：优秀的猎手是活力、勇猛和敏捷的象征，而铁匠在整个高卢时期乃至以后很长一段时期里都一直被视为具有神秘力量的人。

德罗伊德教的基本教义是宣扬灵魂不灭，一个人的肉体死亡之后，其灵魂或生活于冥间，或转移到另一躯体中继续生活，因此，人不必畏惧死亡。关于德罗伊德教的教义，恺撒在《高卢战记》一书中曾有这样的描述：德罗伊德僧侣们“第一要反复论证的信条是灵魂不灭，人的死亡不过是灵魂从一个身躯转入另一个而已。他们认为这一条信条能摆脱人们的畏死之心，大大增加他们的勇气。此外，他们还有许多别的理论，探索星象和它们的运行、宇宙和大地的形体、事物的本质、不朽之神的能力和权力等等，把它们传授给青年们。”[②] 对于德罗伊德教“轮回”观念的来源，学术界曾有各式各样的推测和论证。有人认为这一观念直接来源于佛教，因为在凯尔特时期，曾有来自印度的佛教徒在西欧传教。也有人认为，德罗伊德教的轮回观念与佛教并无直接关系，在上古印欧文化中，很多地方均有生命轮回之类的说法。[③]

且不论其来源究竟如何，这种生命轮回观念对高卢人的生活态度终究具有重要影响，它培育了高卢人面对死亡的乐天风格，而且这种风格在中世纪乃至近代法国民间社会中仍然留下深深的烙印。不过，高卢人虽然相信灵魂不死并视肉体死亡为坦途，但他们并不会厌弃今世的生活，甚至说他们非常珍视今世的生活，其突出表现就是在身患疾病之时，他们会虔诚地去寻医问药，而不会视死如归地坐等肉体的腐烂和灵魂的“轮回”。在今天法国中部克勒蒙费朗市（Clerment-Ferrand），有一口当年高卢人崇奉的“神泉”，守护这眼神泉的女神被视为能够治疗各种眼疾的回春妙手，而且信徒们在这里献出的供品大都是眼睛的形象。今天

① 详见 Miranda Green, *Animals in Celtic Life and Myth*, London and New York, 1992, pp.92–127。

② ［古罗马］尤里乌斯·凯撒著，任炳湘译：《高卢战记》，北京：商务印书馆 1979 年版，第 140 页。

③ 参见 Isaac Bonewits, *Bonewits's Essential Guide to Druidism*, New York: Citadel, 2006。

正在采药的德罗伊德僧侣

的研究人员对这里的泉水进行检测后发现，它的确含有大量具有治疗功效的矿物质。再如，在西方社会广为流传的德罗伊德僧侣爬上橡树用“金镰刀”砍采寄生木的故事也有着明显的问药色彩，据说只要所有程序规范，砍下来的寄生木就可以成为包驱百毒的解药。虽然说它充满着巫术迷信色彩，但它毕竟表明高卢人不愿无谓死去的正常心态。

德罗伊德教是高卢各部族共同的宗教信仰，但在这一共同性的背后却是部族间连绵不断的战争，高卢人似乎乐于维护他们那种没有国家、没有国王的社会。然而，到了公元前1世纪中叶，四分五裂的高卢社会终究被纳入到一个统一的管理体制之中，不过，主宰者并不是高卢人自己，而是来自南部地中海世界的罗马人。

第三节 “罗马化”时期的高卢新局面

从公元前1世纪中叶起，高卢进入所谓的“罗马化”时期，从名义上说，这一时期一直持续到公元476年西罗马帝国正式灭亡时为止。从形式上看，“罗马化”时期与前一阶段“独立”时期最明显的差别在于：“独立”时期的高卢独立但不统一，而“罗马化”时期的高卢则是统一但不独立。“罗马化”时期虽然已是一千多年前的陈年旧账，但在法国人特别是法国知识分子的心目中，这段历史却一直是颇受瞩目的特殊时期，其重要性并不亚于随后出现的这个王朝那个王朝。

一方面，这一时期是法国历史上最为重要的转折点之一，法兰西文明的最基本要素（古典文明、基督教文明以及日耳曼“蛮族”文明）在此时期相继登台。另一方面，这一时期征服者与被征服者之间错综复杂的关系一直是法兰西民族情感中难以弥平的一块心结，因为在罗马人征服过程中，高卢既有“抵抗英雄”又有“合作模范”（“合作”一词或许是法国人最不愿听到的词语之一），正是由于它与大约两千年后第二次世界大战期间的法国有着某些表面上的相似性，“罗马化”时期的这段历史也就不可避免地带有一些微妙的色彩。和我们一样，法国许多史学家也认为这种无原则的时空连线既不恰当也无意义，然而，他们毕竟忘不了这段历史。

一、罗马对高卢的征服与平定

罗马对高卢的征服通常是以公元前58年恺撒大举进兵所谓“长发高卢”(Galia Comata，Long-haired Gaul)① 作为开始标志的，但实际上，在此之前的几百年中，罗马人与高卢人已经有过多次的军事对垒。公元前2世纪初，罗马人经过3次战争（分别发生于公元前197年、194年和191年），控制了阿尔卑斯山意大利一侧至波河以北的这部分高卢人土地，罗马人依其地理位置而称之为“山内高卢”或“内高卢”（Gallia Cisalpina）。此后，罗马军队就可以从这里出发，通过阿尔卑斯山南端与地中海之间狭窄的陆上通道而进入高卢最南端的地中海沿岸地区。经过公元前125—118年之间的军事斗争，罗马最终成功地在这里建立了隶属于罗马的一个行省（Provincia）②，后称纳尔榜南锡斯（Narbonensis）或纳尔榜高卢(Gallia Narbonensis)③，罗马的行政管理体制以及生活方式随即在这里推广开来。

纳尔榜高卢被纳入罗马世界这一事实对于罗马人60年后北上征服整个高卢地区具有重要意义。首先，罗马人对高卢人的语言、风俗、习惯以及高卢人的优点和弱点有了比较透彻的了解，这就为后来的全面征服行动提供了良好的心理准备。其次，纳尔榜高卢在军事上具有特殊的战略意义，它一方面拥有平缓的沿海平原，另一方面又占据了罗讷河这一北上高卢最为重要的通道，因此，这里已经成为罗马人长驱直入北方高卢的基地。有了纳尔榜高卢这一连接地带，“外高卢”

---

① “独立”时期的高卢人习惯于留长发、蓄胡须，因此，留短发的罗马人将之称为“长发高卢人”，其居住地也就成为“长发高卢”。不过，不要以为留长发就一定是蓬头垢面的形象，现代法国出土了为数不少的“独立”高卢时期的镊子、剃刀和手镜，这表明当时的高卢人似乎还是比较注意面部修理的。后来涌入高卢的日耳曼各部落也有留长发的习惯，这也反映在对他们的称呼上，例如，在法兰克人建立的墨洛温王朝，其国王往往被称为“长发国王”。

② 拉丁文的“Provincia”（行省）一词在当地方言中变成了“Provence”。从中世纪一直到当代，法国东南端的这一地区一直被称为普罗旺斯（Provence），从“上普罗旺斯阿尔卑斯省”这个名称中也可看出罗马人留下的“行省”痕迹。

③ 纳尔榜（Narbonne）是这一地区西南部的一个城镇的名称。

的其余地区（即所谓的“长发高卢”）也就自然落入罗马人的视野之中。

根据罗马人的划分，这片尚未纳入罗马世界的化外地区可分为三个部分：阿奎丹高卢（Gallia Aquitania），位于比利牛斯山与加龙河之间，是三部分中面积最小者；鲁格敦高卢（Gallia Lugdunensis，亦称凯尔特高卢 Gallia Celtica）①，位于加龙河与塞纳河之间，面积最大；比尔及高卢（Gallia Belgica，亦译为“比利时高卢”），位于塞纳河与莱茵河之间，面积居中。在这三个部分中，鲁格敦高卢的居民是比较“纯粹”的高卢人，阿奎丹的居民则是高卢人与当地原有居民伊比利亚人（Iberians）融合的产物，比尔及高卢的居民中则含有较多的日耳曼人成份。②虽然各地之间存在诸多差别，人们一般还是将这三个地区以及纳尔榜地区统称为高卢。

从罗马在几个世纪中形成的扩张传统来说，将富庶的高卢地区纳入罗马世界只能说是个时间早晚的问题。而从高卢内部结构来说，数十个各自独立的部族特别是有像埃杜依人这样与罗马保持“盟友加兄弟”关系的部族的存在，则为罗马人的行动提供了一个契机。公元前 58 年，占据高卢中东部的埃杜依人受到其东邻埃尔维特人（Helvetii）的骚扰，同时日耳曼人也越过莱茵河进袭高卢。于是，埃杜依人出于自保的需要而向罗马人“兄弟”求援。罗马遂派著名军事统帅恺撒出兵高卢，埃尔维特人很快被击溃，日耳曼人亦被迫退回莱茵河对岸。但是，完成援助任务的罗马军队并没有返回罗马，而是就地驻守高卢中东部地区。

罗马人的这一做法引起高卢大部分部族的不安，比尔及高卢试图联合高卢全境各部族进行抵抗，但未及正式行动，比尔及高卢便被恺撒的军队于公元前 57 年征服。恺撒随后又进一步采取军事行动，于公元前 56 年由北至南相继征服了西部的布列塔尼地区和西南部的阿奎丹地区。公元前 55—公元前 54 年，恺撒又在高卢东北方向对日耳曼人展开清剿，基本确定了莱茵河作为高卢东部边界的地位。在此时期，恺撒还试图从高卢西北部出发远征不列颠，但因军事困难而未果。至公元前 53 年，整个高卢已基本被罗马军队征服。

罗马在高卢的统治并不稳固。公元前 52 年，在阿维尔尼部落的年轻贵族韦辛杰托里克斯（Vercingétorix，公元前 82—前 46 年，其名字的字面含义为“勇士之王”）的策动和率领下，高卢全境出现了反抗罗马统治的斗争，此前一直追

---

① 鲁格敦（Lugdunum），即如今的里昂，其名称源于凯尔特神灵“鲁格斯”（Lugus，其字面含义是“光亮”），“鲁格敦”的意思是“鲁格斯山丘”或“鲁格斯高地”。

② 关于“长发高卢”的区域划分，可参见尤里乌斯·恺撒：《高卢战记》，第 1 卷，第 1 节。

随罗马的埃杜依人此时亦幡然悔悟而加入到反罗马的行列。韦辛杰托里克斯治军严酷，“犯了严重过失的，要处以火刑或各种极刑；犯了轻罪，就要割掉犯人的耳朵或挖去一只眼睛，然后遣送回去，以儆效尤。”① 韦辛杰托里克斯的英勇果敢终究未能挽回高卢的败局，公元前 52 年 9 月阿莱西亚（Alesia，位于高卢中部）之战的失利标志着高卢最终成为罗马的属地，韦氏也就地投降。② 按照古希腊传记作家普鲁塔克（Plutarch，公元 46—120 年）的说法，韦辛杰托里克斯在起兵抗罗之时是意气风发，在兵败投降之时也照样是“威风凛凛”。据称，韦辛杰托里克斯骑着装饰华丽的高头白马，从受困之城出来之后，先是在恺撒的营地四周驰骋了一阵，然后来到正襟危坐的恺撒面前，卸下铠甲，毫无顾忌地坐在了恺撒的脚面上，直到被罗马士兵拖走为止。③ 然而，在恺撒的《高卢战记》一书中，韦辛杰托里克斯的形象则颇为谦卑，其投降之举亦无什么风采可言。不过，既然他已经是投降，后人却还要去考究他“投”得体不体面、“降”得威不威风，似乎有点是在顾左右而言他。然而，在西方文化传统中，不论干什么事情，“体面”似乎显得超乎寻常的重要。

在罗马统治的最初一个多世纪中，高卢依旧处于动荡不安、充满血腥的状态之中，出于各种原因、抱有各种目的的反抗活动仍然此起彼伏，其中，公元 21 年的民众起义波及到高卢中北部地区，公元 68 年的武装暴动甚至一度造就了一个独立的“高卢王国”，公元 70 年高卢北部边境日耳曼人发动的起义以极快的速度向南方蔓延。④ 不过，这些斗争或骚动无一不是以失败告终，而且它们在当时的高卢社会政治生活中已经日益处于无足轻重的地位，因为许多高卢贵族早已开始与罗马方面合作，竭力协助罗马在高卢地区推行和传播罗马式的文明，罗马

---

① ［法］皮埃尔·米盖尔著，蔡鸿滨等译：《法国史》，北京：商务印书馆 1985 年版，第 28 页。

② 韦辛杰托里克斯被关押 5 年之后，于公元前 46 年被罗马方面勒死。19 世纪以后的法国史学家们往往将韦氏奉为法国史上的爱国英雄。19 世纪时的法国皇帝拿破仑三世和 20 世纪时的维希政权首脑贝当等人也都对韦氏深表敬意，将之视为拯救国家于苦难的民族英雄。拿破仑三世还在阿莱西亚战役旧址建起一座 7 米高的韦氏雕像。且不论这三个人政治生涯的性质有如何的不同，一个表面上的“雷同”还是不能不引起某些善于联想之人的兴致：韦辛杰托里克斯是“大义凛然”地投降，拿破仑三世是“为了数千万法国臣民的幸福”而投降，贝当则是“坚决留在法兰西、甘当法兰西人民的挡箭牌”而“忍辱负重”地做了傀儡。参阅 Michael Dietler, "'Our Ancestors the Gauls': Archaeology, Ethnic Nationalism, and the Manipulation of Celtic Identity in Modern Europe", *American Anthropologist*, No. 3 (1994), pp. 584–605。

③ 参见 J. Raleigh Nelson,"Dramatic Incidents in the Conquest of Gaul", *The School Review*, No. 8 (1896), pp. 617–624。

④ J. F. Drinkwater, *Roman Gaul: The Three Provinces, 58 BC-AD 260*, London & Canberra: Croom Helm, 1983,pp. 40–50.

人的生活风气和文化风格以不可阻挡之势由南向北推进。及至公元 70 年起高卢社会开始相对稳定以后，罗马文明的传延更是畅通无阻，此即所谓的高卢“罗马化”。

罗马的征服活动的确为高卢开创了一个与前世迥然有别的新局面，但是，有如用“希腊化”一词来描述亚历山大大帝所征服地区的变革并不完全恰当一样，用“罗马化”一词来概括公元前 1 世纪中叶至公元 5 世纪的高卢也不见得十分贴切。首先，罗马文明在高卢的如火如荼并不表明高卢原有文化的彻底烟消云散，实际上，在高卢立足的罗马文明在许多方面都融合了高卢原有的一些文化特征。其次，在这一时期，高卢出现的某些新动向与罗马文明本身并没有什么实质性联系，基督教文明的兴起是这样，日耳曼“蛮族”的到来也是如此。不过，既然“罗马化”一词已经约定俗成，这里也就只好照用了。

二、罗马文明的引进与融合

罗马文明是一种已经充分发展了的在社会、政治、经济、文化等方面已经相当成熟的奴隶制文明，以失去独立为代价的高卢人在统一的罗马世界中充分吸纳了罗马在物质和精神方面创造的文明成果，使高卢社会发生了一次重大飞跃。其中最具本质意义的是高卢社会形态的转变，即由原来的原始社会解体阶段最终进入奴隶制时代，奴隶制生产方式开始在高卢全境逐步推广开来，罗马式的大地产（大庄园）及中小地产遍布各地，奴隶劳动日益普遍。但要注意的是，在“罗马化”时期的高卢，还存在着大量的非奴隶身份的自由劳动者，他们或自营或租佃，由此与奴隶劳动一道共同构成高卢奴隶制生产方式的基础。除此而外，罗马文明还在其他许多方面对高卢社会带来了广泛而持久的影响。

建立一套适合高卢特点的行政管理体制，是罗马对高卢进行有效统治的基本前提。罗马征服高卢以后，并没有在其全境实行强制性的军事统治，而是在各个方面利用高卢原有的亲罗马（至少不敌视罗马）人士进行管理。[①] 公元前 27 年，开创帝国政制的罗马元首屋大维（Octavianus，公元前 63—公元 14 年）对整个

① 关于罗马对高卢地区实现的“绥靖”政策，可详见 J. F. Drinkwater, *Roman Gaul: The Three Provinces, 58 BC-AD 260*, London & Canberra: Croom Helm, 1983, pp. 17–30。

高卢作出明确的区划，将之分为两类共四个行省：最南部的纳尔榜行省属元老院行省，由罗马元老院负责管理；其余三个行省为元首行省，直接受元首（即后来的皇帝）统辖，它们分别是阿奎丹行省、鲁格敦行省和比尔及行省，各行省由元首委任总督进行治理，其治所分别是桑特（Saintes）①、鲁格敦（即里昂，公元43年以后开始大规模扩建）和兰斯(Reims)。这一行政格局一直维持到公元2世纪，其后政区趋于细化。

在公元最初几个世纪当中，里昂以其特殊的地理位置而居于高卢的政治中心之地位，罗马的一些重大决策也是经由这里而传向高卢各地的，因此人们一般将里昂视为罗马化高卢的都城。不过，当高卢东北边境形势动荡、日耳曼人威胁增大之时，高卢的政治军事中心也曾北移至摩泽尔（Moselle）河畔的特雷沃(Treverorum，或称特里夫斯 Treves)，这里曾被称为高卢的第二都城。② 在行省之下，罗马当局基本保留了“独立”高卢时期各部族的地界范围，形成了总数约90个左右的次级行政区域。

罗马对高卢的统治采取集权与分权相结合的方式。行省总督由罗马方面委任，这体现了集权的特色。另一方面，在地方行政上则通常采用选举制，地方政府享有一定的内部事务自主权。另外，高卢本地贵族和参加罗马军队的高卢自由民都可获得罗马公民身份，他们可以享受与帝国其他地区一样的法律保障。通过这样一种行政管理体制，高卢人初次体验到了政治上的统一，也初次接触到了统一的法律规范，这对长期处于“无政府状态”的高卢人来说不啻是一次振聋发聩式的启蒙。当然，掺杂在这一体制中的地方自治传统也为中世纪法国的封建割据提供了一个前期样板。

罗马文化对高卢地区的覆盖与罗马政治体制在高卢的推广是相伴而行的，其突出表现在语言方面。“独立”时期高卢人使用的一直是一种只有语音而没有文字的原始语言，因此，从本质上说，它无法适应文明世界的需要，这也就给已经相当完善的拉丁语提供了传播基础。拉丁语是罗马世界的官方语言，是政府、军

---

① 桑特，位于今天法国滨海夏朗德省（Charente-Maritime）中部地区。后来，阿奎丹行省的治所改迁到交通条件更为优越的波尔多（Bordeaux）。

② 特雷沃，今称特里尔（Trier），今属德国，位于莱茵兰—普法尔茨州的西部，这里也是马克思的出生地。在“罗马化”高卢时期，特里尔属于高卢领土，后随领土变迁而转归德意志。我国的有些法国史著作将特里尔（特雷沃、特里夫斯）的“罗马化”时期古建筑视为“今日法国的文化名胜”，似有不妥，而且德国人可能也不会同意。关于特里尔的历史，可参见 Edith Mary Wightman, *Roman Trier and the Treveri*, London: Rupert Hart-Davis, 1970。

队及商界的通用语言。高卢上层社会及其子弟通过与罗马人的交往以及学校教育等方式逐步接受了拉丁语，其中以南部纳尔榜高卢的接受程度为最高。随后，拉丁语又在普通民众中渐趋传播。在这一过程中，拉丁语在高卢不可避免地要受到“本土化”的淘洗，高卢人原有的口头语言以各种形式浸透到拉丁语的语言结构及词汇之中，这种经过改造了的拉丁语后来成为中世纪法语的重要渊源之一。

除语言而外，罗马人的宗教信仰也进入高卢人的生活之中。由于罗马人和高卢人都信奉多神的原始宗教，因此，双方对对方的信仰都能够持宽容态度，两种多神教也就自然地融于一体。关于这一现象，从现存于兰斯博物馆的一尊三神石雕中可以得到明显的体现，在这幅作品中，头上长鹿角、手中握钱袋的高卢财神端坐中间，而其两侧则分别站着罗马的商业之神墨丘利（Mercurius）和太阳神阿波罗（Apollo）。

在建筑风格方面，罗马文明也给高卢输入了让人耳目一新的宜人之风，各类巨型建筑气势恢宏，各种石雕廊柱蔚为壮观。另外，高卢人在吸收罗马建筑艺术精华的同时也融入了自身的创新精神，例如，在建造大型露天剧场时，他们突破了罗马传统的圆形剧场结构，而将其中 1/4 左右的面积改为舞台，这样就使演员基本上可以直接面向观众，舞台效果大为提高。[①]

交通状况的明显改善也是罗马文明在高卢传播的具体体现。公元前 2 世纪末至公元前 1 世纪前期，先期纳入罗马统治之下的纳尔榜高卢已经仿效罗马风格在沿海周围修筑了宽阔的罗马式大道。征服高卢全境以后，罗马人的筑路技术迅速全面推广开来，以原有小道为基础而修筑的以鲁格敦（里昂）为中心的罗马式大道将高卢各地更紧密地联系在一起，鲁格敦与罗马之间也修筑了一条翻山越岭的阿尔卑斯大道。这些道路平均宽度约为 5 米，最宽处可达 7 米以上。道路沿线每隔 25 公里就设有一处驿站，每隔 1500 米就设有一个里程碑和路标。这一密集而先进的公路网的建成不仅有利于军队调遣、人员往来和物资交流，而且有利于维护罗马国家的统一和城市中心地位的加强。从长远看，这一公路网也是罗马文明赠予法兰西的一份厚礼，它不仅在中世纪时期继续发挥功用，而且其线路在今天法国公路网格局中仍然依稀可见。

如果说“独立”时期高卢的雏形城市尚嫌“丑陋无比”的话，“罗马化”时

① 参见 Paul MacKendrick, *Roman France*, London: G. Bell & Sons, 1971, pp. 91–126；张泽乾：《法国文明史》，武汉：武汉大学出版社 1997 年版，第 98—100 页。

期则进入了高卢城市发展的新时代。从公元1世纪早期开始，在城市建设方面，高卢的“土木工程遍地开花”。[①] 至公元5世纪时，高卢已有100多座城市。它们大都仿照罗马城市的布局，一方面，城市规划整齐有序，街道多呈笔直的南北或东西走向；另一方面，城市的基础设施和配套设施亦令后人称奇，每个城市都建有剧场、浴室和竞技场，城市的供水设施也相当先进。其中最为有名的是位于地中海沿岸尼姆城附近的罗马式引水渠“加尔桥”(Pont du Gard)[②]，该水渠拔地而起，每天可从约50公里外的水源处向尼姆市供水约2万立方米，并分流至市内的公共澡堂、喷泉和私人住宅。[③] 这一时期高卢城市人口并不是很多，当时最大的城市鲁格敦大约有居民8—10万人，尼姆和图卢兹等城市约有5万人，众多中小城镇的人口一般保持在1000—5000人之间。虽然说城市居民在高卢总人口中的比例不是很高[④]，但是，高卢的城乡格局已经初步建立，城市以其有别于乡村的特殊功能而成为高卢各地的政治、经济、文化、宗教或军事中心。

加尔桥

另外值得一提的是巴黎这个城市的兴起问题。巴黎是以塞纳河河心小岛西岱岛（Île de la Cité，意为“城岛”）为中心逐步扩展而成的。公元3世纪以前，这里虽已有人居住，但它还是一个比较荒凉的渔村。[⑤] 从公元3世纪初开始，西岱

① ［法］费尔南·布罗代尔著，顾良、张泽乾译：《法兰西的特性·人与物》（上），北京：商务印书馆1995年版，第62页。

② 加尔桥位于今天法国南部的加尔省，1985年被联合国教科文组织定为“世界文化遗产”。

③ Philippe Leveau,“La cité romaine d’Arles et le Rhône: La romanisation d’un espace deltaïque”, *American Journal of Archaeology*, No. 3 (Jul., 2004), pp. 349–375.

④ 关于城市人口在高卢总人口中的比例，学术界并无一致的看法，而且各种观点之间差别极为悬殊，有人认为这一比例可达20%，见 Robert Fossier, *Histoire sociale de l’Occident médiéval*, Paris: Armand Colin, 1970, p. 51。也有人认为，其比例大概在10%左右，见［法］费尔南·布罗代尔著，顾良、张泽乾译：《法兰西的特性·人与物》（上），北京：商务印书馆1995年版，第67页。

⑤ 对于在追本溯源方面有着特别爱好的某些读者来说，这种高度简单的概括似乎有搪塞之嫌。对巴黎发展史上的“渔村时期”有兴趣者，可参阅钟纪刚编著：《巴黎城市建设史》，北京：中国建筑工业出版社2002年版，第1—5页；Collin Jones, *Paris: Biography of a City*, London: Allen Lane, 2004, pp. 1–10（该书有中文译本可供参考。科林·琼斯著，董小川译：《巴黎城市史》，长春：东北师范大学出版社2008年版）。

岛上的人烟渐趋稠密，被称为吕岱斯（Lutece，意为“沼泽地”或“水中屋”）的岛上村落开始在这里向大型化扩展，并初步具备了城市的某些特征。到公元4世纪时，吕岱斯已经成为一个壁垒森严、充满活力的岛上小城。与此相伴，从3世纪开始，在塞纳河南岸（即左岸）地区，罗马风格的城市建筑如公共浴室、剧场、广场和竞技场纷纷建成，南北向的几条主干道已通过新建的石桥而与西岱岛联为一体。但是，在塞纳河北岸（即右岸）地区，城市化的迹象尚未显露，在此时期，这里还是一片荒芜的沼泽地带。据考证，大约在公元360年左右，罗马当局正式将吕岱斯城易名为巴黎(此名源于高卢部族“巴黎西人”)。① 由于“罗马化”时期高卢的经济重心在南方（都城里昂亦位于南方），因此，地处北方的巴黎其发展程度是有限的。只是在地中海文明终结、经济重心北移之后，巴黎的地位才真正开始提高。

罗马文明为高卢及后来法兰西留下的遗产是厚重的，其世俗英雄主义精神将在随后一代又一代人身上得到淋漓尽致的体现。不论后来的基督教以多么顽强的毅力在高卢及法兰西发展自己的势力，它都未能取得像在日耳曼地区那样的成功，罗马文明中非宗教的实用精神、现世精神在各个层面以各种方式存留下来。至于这一现象对高卢及未来法兰西的影响是好是坏，法国史家结论不一。有人为高卢的“罗马化”感到庆幸，认为它为法兰西进入先进的拉丁文明世界奠定了基础。有人则将之视为法兰西民族的灾难，罗马的征服就是强盛的“法兰西”的毁灭，因为“法兰西文明”的独特演变方式正是由于罗马的征服而宣告了终结。对于这种争论，似乎没有十分的必要去确定孰是孰非，因为它涉及到民族情绪这一见仁见智的问题。

三、基督教文明的潜入与日耳曼“蛮族”的渗透

基督教在高卢的兴起与日耳曼“蛮族”向高卢的入迁本来似乎应该是风马牛

① 关于巴黎这个名称，还有一种说法，即巴黎（Paris）得名于特洛伊王子帕里斯（Pâris）。法国人曾长期以特洛伊人的后裔自居，所以，这种说法亦显得头头是道。有趣的是，在《荷马史诗》中，帕里斯把金苹果献给爱神与美神阿佛洛狄特（Aphrodite），为此不惜触怒天后赫拉（Hera）和智慧女神雅典娜（Athena）。这不免引人遐想：帕里斯宁愿放弃权力与智慧，也要选择爱情与美貌，这是不是法国人浪漫性格的一个起源？

不相及的两类历史现象，这里将之捏在一块，主要是出于加强对比度的考虑。二者在本质上与罗马古典文明都是大相径庭的，它们都是高卢“罗马化”时期出现的“非罗马化”现象。但愿这样的归类不会引起迷惑或误会。

基督教首先是作为下层民众的一种信仰而于公元1世纪初在西亚巴勒斯坦地区初步发展起来的，随后它便开始向四周拓展并渗入罗马世界。在罗马境内，早期基督教的传教士们为了传播其一神观念，竭力劝使其信徒摒弃多如繁星的罗马神灵，同时也要求他们破除对俗世凡胎的罗马皇帝的信仰。这种情况显然是与罗马的多神崇拜及帝国权威格格不入的。因此，在基督教诞生后的最初几个世纪中，罗马帝国对之一直持排斥的立场，也正因如此，许多信念坚定的传教士要么被罗马砍了头，要么被罗马喂了狮子。这也正是基督教早期历史上的圣人英雄多是“殉教者”的缘由。

与罗马帝国其他地区一样，基督教在高卢的传播史也是以多灾多难作为其开端的。根据考古材料，马赛地区早在公元64年就已出现了殉教者。到了公元2世纪六七十年代，高卢的政治及交通中心鲁格敦已经成为基督教秘密传教活动的重要基地，传教者及信徒基本上都是外来的希腊人或是讲希腊语的东方其他地区人士，在这里，有不少基督徒因秘密活动的暴露而成为罗马的刀下冤魂（当然也就成了基督教方面的“殉教者”，其中有不少因此而成为基督教徒所崇奉的“圣徒”saints)。但是，罗马的禁绝政策并无成效。到公元3世纪中叶，高卢南北各地的许多城市如阿尔勒（Arles)、图卢兹、兰斯以及吕岱斯（巴黎）等地都出现了基督教秘密组织并形成了处于地下状态的主教区，不过，殉教者也随之日益增多，其中最为著名的、对后世法国的政治宗教文化影响最为深远的当数巴黎首任主教圣德尼(Saint Denis）的殉教事迹。

手捧自己头颅的圣德尼

虽然圣德尼的殉教过程被基督徒渲染得近乎荒诞无稽，但考虑到它在法国民众中的刻骨铭心，在这里也有必要对之略加“渲染”。大约在公元261年，圣德尼及其信徒被罗马当局捕获，然后被扔到饿狮面前，但狮子却拒绝吞食他们。于是，罗马当局用砍头的方式结束了他们的生命，其行刑地点就在今天巴黎北部的蒙马特尔（Montmartre）高地。[①]然而，第二天，以圣德尼为首的几名殉教者却神奇地站了起来，他们手捧自己的头颅来到小溪边。将头颅上的血污洗净之后，他们继续捧头北行约8公里，然后倒地。其倒毙的地方后来就被定名为圣德尼（Saint-Denis），如今已成为巴黎重要的卫星城。[②]

随着基督教在罗马帝国的进一步传播，社会中上层人士的入教人数逐渐增多而且在教会中逐步取得领导地位，他们改变了早期基督教对罗马政权的敌视态度，转而与之妥协并和平共处，基督教由此获得了向世界性和大众性宗教转变的基本条件。313年，罗马皇帝君士坦丁颁布《米兰敕令》，宣布基督教在帝国境内享有合法地位。392年，罗马当局进一步规定，关闭一切非基督教的神殿庙宇，基督教由此成为唯一得到官方认可的宗教，实际上也就成了罗马帝国的国教。行政当局态度的转变使得基督教在高卢地区的发展大为加快，传教活动在城市渐趋步入正轨，主教区在各地正式建立。在帝国政权的庇护下，教会上层特别是各地主教的势力迅速增强，他们一方面成为指导普通信徒走向天堂的引路人，同时也成为帝国政权与普通民众之间的精神纽带。[③]

虽然说基督教在高卢获得了自由发展的空间，但是对于高卢民众的皈依程度和转变速度，似乎还不能作过分乐观的估计。基督教在高卢的传播是从城市开始的，汪洋大海般的农村长期处于基督教势力之外的化外地区。农村居民信仰的依旧是“独立”时期流传下来的田野之神、山泉之神，天鹅雄鹰仍然是他们求吉卜凶时的灵验圣物。可以想见，对于这些多神观念根深蒂固的“乡民野夫”，采取强制改宗的措施显然是难以收到良好效果的。于是，深谙民众心理的基督教神

① 法语中的“Montmartre”（蒙马特尔）就是由拉丁语“Mons Martyrum”（殉教者山、圣德尼殉教地）演变来的。

② 圣德尼的殉教场景及其捧头北行的场面在今天巴黎的许多宗教建筑中都可看到，例如巴黎圣母院正门两侧的圣母圣徒群雕中对此就有着力表现。在中世纪大部分岁月中，法国王室一直将圣德尼奉为守护神。在大革命之前，圣德尼教堂也一直是法国王室成员的死后墓葬地。拿破仑时代，路易十六的尸骨也被移葬于此。圣德尼教堂的建立最初是为了纪念被砍头的圣德尼，而该教堂的辉煌也随着路易十六的被砍头而宣告结束。参阅陈文海：《试论中世纪法国王室的“圣德尼崇拜”》，载《世界历史》2008年第1期，第41—58页。

③ 参见 Michele Renee Salzman, *The Making of a Christian Aristocracy: social and religious change in western Roman Empire*, Cambridge, Mass: Harvard University Press, 2002, p. 84, p. 127, pp. 197–198。

父们运用了和平演变这一虽费时但却有效的策略：村民们的传统圣地如森林、高山、泉眼、山洞、河源等等均予以保留，但在这些地方却建起了基督教的教堂，树起了基督教的圣像和十字架。在这一过程中，图尔主教马丁（Martin de Tours，约316—约397年，死后被信徒奉为圣徒并广受崇拜）发挥过颇为重要的作用，他曾利用教师和医生的身份来到农村，帮助普通民众解决疾病、恶劣天气以及农业歉收等难题，由此逐步拉近了基督教会与普通民众的距离。① 基督教就是在这样一种环境下在高卢农村缓慢前行的，正如布罗代尔所言，“高卢民众自愿投入它的怀抱，尚需等待更长的时间。”② 实际上，即使到了中世纪，一些与基督教信仰相悖的旁门左道在法国农村也从未绝迹。

在基督教发展较早的高卢城市，信仰的净化也不是一件轻而易举的事情，除了传统的多神信仰而外，“罗马化”时代的诸多虚糜的生活娱乐设施如温泉、剧场、竞技场、别墅等对许多新入教者来说仍是一种难以割舍的钟情之物，这种既爱又恨、欲罢不能的矛盾心态与基督教要求的一心向主显然是不相容的。因此，从4世纪晚期起，基督教会将源于东方的修道生活引进到了高卢，以虔诚修炼为特征的修道院开始在高卢的城市或荒郊野岭安家落户。但是，对于已经习惯于昔日生活的高卢人来说，弃绝尘念是一种痛苦而艰难的历程。这里可以举一例加以说明。出身元老家族的乌尔比古斯（Urbicus）在出任克勒芒（Clément）主教之后，按教会习惯而休掉结发妻子，但是，这位前妻夜里还是去敲主教房门并喊道：“主教呀！你还要睡多久？你还得多久才肯打开这些紧闭的门？你为什么不肯理睬你的妻子？你为什么对于保罗写的‘你们仍要同房，免得撒旦引诱你们’这项训诫充耳不闻？”其结果就是，这位主教让她进了屋，多日的“清白”毁于一夜，一个女儿亦因此于十个月之后降临人世。③ 事实上，从当时乃至中世纪时代的许多文献资料中可以看出，对于普通信徒甚至是力图守身如玉的修士修女来说，在禁欲与纵欲之间的泥潭中挣扎徘徊并不总是十分罕见之事。但不论如何，基督教在高卢的出现与传播终究使高卢人的心智发生了大角度的转折，基督教将成为日后法兰西文明的重要组成部分之一。

---

① 参见 Raymond Van Dam, *Leadership and Community in Late Antique Gaul*, Berkeley: University of California Press, 1985, pp. 125–126。

② ［法］费尔南·布罗代尔著，顾良、张泽乾译：《法兰西的特性·人与物》（上），北京：商务印书馆1995年版，第77页。

③ 格雷戈里著，寿纪瑜、戚国淦译：《法兰克人史》，北京：商务印书馆1981年版，第33页。

除基督教文明之外，给“罗马化”时期的高卢铸上非地中海文明烙印的还有来自高卢东北方向的处于原始社会解体时期的日耳曼“蛮族”各部落。在19世纪以前的诸多史学著作中，甚至在今天某些人的想象中，日耳曼“蛮族”在高卢的出现及随后对高卢罗马政权的摧枯拉朽似乎是一种突发事件，日耳曼人似乎就是撒旦派来的“天降神兵”。今天的史学已彻底修正了这一以黑云压境、横祸飞来为特征的日耳曼神话。对于日耳曼各部落在高卢地区的发展历程，大致可以公元3世纪罗马帝国出现全面社会经济危机为界分为前后两个时期。

如前文所述，公元前1世纪中叶罗马对高卢进行全面征服的一个重要促发因素就是日耳曼人对高卢东部边境的侵袭。此后约半个世纪的时间里，罗马政权仍一直试图像征服高卢那样去武力攻取莱茵河对岸的日耳曼人地盘，但是，在性格强悍、民风纯朴的日耳曼人面前，罗马军团竟显得无能为力。因此，公元9年，再次兵败日耳曼的罗马军队终于退回到莱茵河的高卢一侧，由此在日耳曼和高卢之间开始了以莱茵河为界标的长期的尔攻我防格局。公元1世纪晚期，罗马帝国在高卢东部及东北边境构筑长约300公里的防御工事，以图切断日耳曼人可能借以入侵的通道。[①] 不过，在局势相对和缓时期，日耳曼人还是可以通过各种方式和平地进入高卢境内，他们中有些人已在罗马式的大地产上安身劳作，与高卢人长期生活在一起，进而融合无迹。有些日耳曼人则在罗马军队中当兵，其中有些人甚至担任军官并获得罗马公民的身份。但是，一旦罗马帝国出现某些不稳定的迹象，被挡在边境之外的日耳曼人便会以暴力的方式一路扫荡而来。162年，成批的日耳曼人强行涌入高卢最北部地区。174年，另一批日耳曼人又侵入了高卢东部阿尔萨斯地区。虽然说武力入侵时有发生，但总体来说，在这一时期，和平入居还是日耳曼人进入高卢境内的主要途径。

从公元3世纪开始，包括高卢在内的整个罗马帝国境内，奴隶制生产方式陷入严重危机，社会动荡不安，民众起义随处可见。258—273年，高卢一度出现一个独立于罗马政权之外的“高卢帝国”。从269年起，名曰“巴高达运动”[②] 的奴隶、隶农大起义更是席卷高卢全境。可以说，到这一时期，罗马帝国的“整个体制已处于急剧衰亡的状态，帝国正在断气，帝国的力量正日益逼近一种完全可

① 在莱茵河边境构筑防御工事的传统将长期延续，甚至到了20世纪上半叶，法国军事家们仍未能够跳出这一“俗套”。事实证明，再宽再长再坚固的防御工事也并不总是能够起到真正拒敌的效果，其关键原因在于：防御工事是死的，而防御工事对面的人却是活的。

② 巴高达（Bagaudae），高卢土语，意为战士、战斗者。

笑的无足轻重的状态"[①]，罗马政权对高卢已经失控。正是在罗马高卢的内部已经开始崩溃的前提下，从3世纪中叶起，在征战过程中组合而成的几个强大的日耳曼人部落联盟开始掀起一次又一次的入侵浪潮。253年，法兰克人（Franks）和阿勒曼人（Alamanni）突破高卢的莱茵河防线，侵袭高卢东部的半壁江山。275年，又有数支日耳曼人在高卢东部大行其道。此后的高卢东部边境已无真正的防线可言，日耳曼人的入迁更是便利无阻。到了公元5世纪初，日耳曼人再次掀起西迁浪潮。

对于这一西迁浪潮，法国历史学家米盖尔有一段精彩描述："公元406年12月31日夜里，祸从天降"；"所有的日耳曼民族携妻带子，赶着牲畜，越过了莱茵河。这是一次真正的大迁徙，一种无法阻挡的滚滚人流"；"在帝国门户外簇拥的人群并不是来抢劫的。他们是'既来之则安之'，再也没有回去的希望"。[②] 米盖尔的表述在某些方面有些夸大其词。"祸从天降"一说似乎表明罗马政权的覆亡全是日耳曼人惹的"祸"，实际上，罗马帝国本身已是一具久病不死的残喘之躯。说"所有的日耳曼民族"都越过了莱茵河，这显然只是为了渲染事态的严重性，否则，如果我们当真的话，今天德国的日耳曼人又是从何而来的？

当然，米盖尔的话并未完全失真，来到高卢的日耳曼各族的确没有再返回故地的打算。418年，西哥特人（Visigoths）以图卢兹为中心建立西哥特王国，占据高卢西南部地区。457年，勃艮第人（Burgundians）以鲁格敦（里昂）为首都建立起勃艮第王国，占据高卢东部地区。与此同时，在高卢中北部地区，法兰克人已基本扫清了帝国政权残留的政治军事势力，但他们尚未立即正式建立自己的政权。不过，当476年西罗马帝国正式灭亡之时，整个高卢已经处于日耳曼各支力量的控制之下。高卢由此进入一个新的发展时期，古典文明、基督教文明、日耳曼文明以及高卢土著文明将在一个新的条件下组合融会。

① ［法］基佐著，沅芷、伊信译：《法国文明史》第1卷，北京：商务印书馆1993年版，第62页。

② ［法］皮埃尔·米盖尔著，蔡鸿滨等译：《法国史》，北京：商务印书馆1985年版，第45页。

第二章

法兰克人的统治及衰变

（5 世纪晚期—10 世纪末）

西罗马帝国的崩溃和日耳曼“蛮族”的入侵带来了西欧大陆政治格局的新变化。在高卢境内，从 5 世纪晚期至 10 世纪末，当地居民经历了法兰克人长达大约 500 年之久的政治统治，其中包括大致以昔日高卢版图为基础的墨洛温王朝（la dynastie mérovingien，481—751）和领土急剧膨胀而后四分五裂的加洛林王朝（la dynastie carolingienne，751—987）[①]。与“罗马化”高卢所引发的争论类似，对于这 500 年历史，西方学术界也存在着许多剪不断、理还乱的恩恩怨怨。围绕各种枝节问题的争论有许多至今尚无定论，这自不必说。居于一切问题之统领地位的、恐怕永远也不会得出“标准答案”的核心问题是罗马因素、基督教因素和日耳曼因素这三种成份在“法兰西文明”形成过程中所占份额的问题。

从中世纪后期开始，法兰西、德意志以及罗马教廷三方即已就这一问题展开

① 布罗代尔写道：“随着加洛林王朝的征服和扩张，高卢像是穿了件大而无当的衣服而显得无所适从”。见［法］费尔南·布罗代尔著，顾良、张泽乾译：《法兰西的特性·人与物》（上），北京：商务印书馆 1995 年版，第 98 页。加洛林王朝是从法兰克王国东北部地区发展起来的，这里保留了更为浓厚的日耳曼色彩。而且，加洛林王朝建立后，其政治中心一直保持在这个地区（而该地区的相当一部分如今已归属德国）。因此，穿“大而无当”衣服的似乎是以日耳曼地区为中心的加洛林王朝（其首都位于今天德国的亚琛 Aachen），而高卢更像是一件披在加洛林王朝身上并使之“无所适从”的衣服。可以认为，在以日耳曼地区为中心的加洛林王朝时期，高卢已经被“边缘化”了。在当时的环境下，这件处于“边缘”地位的不合身的“衣服”势必要经历一个剥离的过程，其结果就是高卢（法兰西）的重新独立。

无休无止的口诛笔伐。到了近代特别是19世纪时，系统全面的论战性著作更是层出不穷。粗略地说，德国方面的史学家大都认为，对“法兰西文明”贡献最大的是日耳曼因素，只是在日耳曼人进入之后，高卢人才懂得什么是自由，也只是在此之后，高卢人才懂得如何去尊敬妇女和爱护妇女。对古罗马文明情有独钟的那些学者则认为，在“法兰西文明”中，成份最多、最为持久的因素来自于罗马社会，“罗马化”时期的高卢不论在语言文化和建筑风格上，还是在管理体制和法制建设上，都承袭了无法统计的罗马元素。而基督教会方面则坚持认为，对“法兰西文明”的形成功劳最大的当然是教会，因为在这一文明中，有哪个地方找不到基督教的烙印？至于法国国内，观点流派则较为复杂，有的偏执一端，有的折衷调和。

关于这些争论，虽然无不以学术研究的面貌出现，但它们当中很难避免民族色彩或感情色彩。实际上，在法兰克人的两个王朝时期，罗马因素、基督教因素和日耳曼因素均以各自不同的方式融入到高卢人的社会政治乃至日常生活之中，而且相互渗透之势日益明显，很难分出各自的份额。另外，在这个由多种元素混杂而成的“法兰西文明”之中，原有的高卢土著文化因子也是不容忽视的，其乐天、世俗、豪放、不拘小节等等文化秉性也都无一例外地糅合进了新诞生的“法兰西文明”这一综合体系之中。正是因为有了这一原始元素，法兰西文明才会有别于同受罗马、日耳曼和基督教三大因素影响的西欧其他各支文明。因此，关于三大因素在法兰西文明中各占多少的百分比计算工作可以休矣。真正值得关注的历史现象应当是：古典文明终结后，西欧大陆是旧的，但西欧世界却是新的，这一新世界究竟新在何处？

第一节　墨洛温王朝时期的社会变革

除去众多匆匆而过的过境部落或部落联盟不论，真正在高卢地区安家落户的日耳曼“蛮族”主要是西哥特人、勃艮第人和法兰克人三大集团。在这三大集团中，虽然西哥特人和勃艮第人在较早时间里就分别在高卢西南部和高卢东南部立足建国，但其存在时间都不长，相继为北方的法兰克人所征服。① 虽然说被征服后的西哥特人所在地和勃艮第人所在地都还保留了强烈的地方分离色彩，但这些地方在政治上毕竟已沦为法兰克人的附属，为高卢这片土地冠以新名称的终究是法兰克人。几个世纪以后，不论是西欧本土还是西欧以外的世界，人们往往将高卢这片土地（特别是卢瓦尔河以北地区）的一切人等均统称为“法兰克人”，中东地区的人们甚至将所有西欧人都泛称为“法兰克人”。② 可以看出，法兰克人进入高卢之初的人数虽然不是很多（约 8 万人，而勃艮第人和西哥特人则分别各有 10 万人），但其威力却是巨大的，其酵母式的扩散力是其他各“蛮族”所不可比拟的。因此，法兰克人当之无愧地应当成为我们追溯这 500 年法国文明史的引路人，且不论其引出的文明是优是劣、是喜是忧。

一、法兰克王国的创建

法兰克人（Franks）并不是一个具有共同血统的统一族群集团，它只是罗马世界对当时生活在高卢东北方向的众多日耳曼部落的统称。据现代学者研究，被称为“法兰克人”的各自独立的日耳曼部落或部族至少有 10 余个，到公元 3 世纪初，分散的法兰克人部落开始逐渐聚合为几个较大的部落联盟。这些部落联盟虽在风俗习惯及语言等方面具有某些相似性，但其差异仍是可以明显判别出来的。可以认为，后来加洛林帝国的分裂与此不无关联。

在这些所谓的法兰克人当中，比较强大者有两支，他们于公元 400 年左右已经到达高卢的东北边境。一支生活于莱茵河下游中段地区（位于今德国境内），当时他们尚未越过莱茵河，因其生活区域滨临莱茵河，因而这一族群被称为滨河法兰克人（即“里普阿尔法兰克人”，Ripuarian Franks）。沿莱茵河继续西下，则

① 西哥特王国（Visigothic Kingdom，418—714）是建立最早的“蛮族”王国，其领土最初包括高卢西南部和伊比利亚半岛大部。公元 507 年，在普瓦提埃附近的武耶（Vouillé），由克洛维率领的法兰克军队打败西哥特人，西哥特王国随后失去在高卢西南部的领土。参阅 Roger Collins, *Visigothic Spain, 409–711*, Oxford: Blackwell Publishing, 2004。勃艮第王国（Burgundian Kingdom，约 457—534）存在时间较短，534 年被法兰克王国兼并。参阅 John Michael Wallace-Hadrill, *The Barbarian West, 400–1000*, London: Hutchison, 1967。

② 从公元 5 世纪一直到公元 13 世纪早期，法国君主的正式称号都是“法兰克人的国王”（法文 Roi des Francs，英文 King of the Franks），腓力二世（Philippe II Auguste，1180—1223 年在位）以后，君主头衔才改称“法兰西国王”（法文 Roi de France，英文 King of France）。另外，从中世纪一直到今天，有不少法国人都把自己的子女起名叫作“弗朗索瓦”（François，男子名）或“弗朗索瓦丝”（Françoise，女子名），其含义也都是“法兰克人”。

进入莱茵河末梢地段，然后就是北海，在这里生活着另一支法兰克人，活动区域大致相当于今天荷兰南部至比利时北部一带，因其滨临北海而被称为滨海法兰克人（即“撒利安法兰克人”，Salian Franks），而法兰克王国的历史正是由这一支法兰克人开始启动的。① 关于滨海法兰克人的特征及性格，当时有这样一段记载：“散开的棕红色头发，从头顶垂到额头，而后颈却裸露着”；“剃光的脸上有几绺能梳理的稀薄汗毛，就算是胡须了。缝得紧窄的衣服贴着战士瘦长的大腿，一条宽腰带紧束着腰身”；“他们的爱好就是打仗”，“万一遇到寡不敌众时，只有死亡才能使他们倒下去，要他们恐惧是办不到的”。

5 世纪中叶，滨海法兰克人与罗马高卢方面保持着一种相对友好的关系，他们时常以“同盟者”的身份进入北部高卢的腹地，与摇摇欲坠的罗马当局共同进行一些军事行动。451 年，据称一位名曰墨洛温（墨洛维，Merovech）的部族领袖率滨海法兰克人与罗马军队一起在巴黎盆地的广阔范围内抗击来自东方的匈奴人（Huns）。② 这一事件在未来法国历史上一直具有一种特殊的历史意义。当然，其特殊历史意义的产生主要并不是源于滨海法兰克人的鼎力相助，而是在这一抵抗活动中产生了一位具有“神奇力量”的年轻女子圣热纳维埃芙（Sainte Geneviève，约 420—约 512）。此女是高卢的一位虔诚的基督教徒，她不仅帮助巴黎成功地抵御了严重的自然灾害，而且还将巴黎民众团结起来与罗马军队及日耳曼盟军一道击退了“令人作呕”的匈奴人，最终使巴黎获救。因此，巴黎人对热纳维埃芙感恩戴德，将之视为圣女，并把她供奉为巴黎的庇护圣徒（守护神）。③

① 关于法兰克人名称，详见 Walter Copland Perry, *The Franks, from Their First Appearance in History to the Death of King Pepin*, London: Longman, Brown, Green, 1857, p. 48。另外，从公元 7 世纪开始，“撒利安法兰克人”这种称谓便渐被废弃，因为到这个时候，该支法兰克人已成为当地的支配性政治势力，其称谓由此简化为“法兰克人”。参见 D. P. Blok, *De Franken in Nederland*, Holland: Bussum, 1979, p. 17。

② 墨洛温（Merovech）是早期法兰克史中的半神话人物，至于是否真有其人，学术界一直存有争议。公元 7 世纪出现的《弗莱德加编年史》列举了有关墨洛温身世的多种传说，如：墨洛温是海神尼普敦（Neptuni）之子；墨洛温是法兰克第一位君王法拉蒙（Pharamond）之妻与海怪（海鱼）所生；如此等等。见 Fredegar, *Chronicle of Fredegar*, III, 9。

③ 热纳维埃芙于 512 年去世后被葬在今天巴黎的先贤祠附近。1755 年，大病不死的法王路易十五在痊愈后为感怀巴黎守护神的“关爱”，遂决定为之建造一座宏伟的教堂并亲自为教堂奠基。工程耗时 35 年，至 1790 年方告完工。而此时，誓与旧传统、旧习俗彻底决裂的大革命正忙得热火朝天。圣热纳维埃芙这位巴黎守护神根本没有来得及进驻这座崭新的教堂，其遗骸便被她拯救并保护过的巴黎子民以欢呼叫啸般的昂热激情扔进了滔滔向前的塞纳河。随后，这座新教堂改名为“先贤祠”（Panthéon），成为供奉法国伟人棺椁的纪念堂。关于圣热纳维埃芙崇拜，参见 Moshe Sluhovsky, *Patroness of Paris: Rituals of Devotion in Early Modern France*, Leiden: Brill, 1998。

"墨洛温"之子希尔德里克一世（Childeric Ier，生卒年440—481，457年或458年继位为王）担任部落首领期间，滨海法兰克人继续与残存的罗马军队合作，打退了试图侵入北部高卢的西哥特人。到希尔德里克一世去世时，滨海法兰克人占领的区域已向南扩展至图尔奈（亦译图尔内）附近。① 滨海法兰克人与罗马残余势力合作的结果是颇可回味的，因为这种合作并未能够使得罗马在北部高卢起死回生，相反，它却有助于滨海法兰克人实力的壮大和所占地域的扩展。

481年，年仅15岁的克洛维（Clovis，拉丁化的名字写作Ludovicus，后来的法语写作Louis，生卒年466—511）继其父希尔德里克一世而成为部落首领，开始了滨海法兰克人建国立业、开疆拓土的新时代，与罗马残余势力合作的历史宣告结束。一般认为，法兰克王国的历史由此肇端，中世纪"法国"的第一个王朝墨洛温王朝（481—751）亦因此而正式诞生。②486年，克洛维率领滨海法兰克人并联合周边一些同盟部落向南出击，在苏瓦松（Soissons）附近摧毁了盘踞在高卢北部地区的罗马残余势力西阿格里乌斯（Syagrius，430—487）的独立王国。西阿格里乌斯逃往南方的西哥特王国，但对克洛维心存畏惧的西哥特人却将他"引渡"给了克洛维，克洛维不久将之秘密处死。继攻克苏瓦松及周围地区之后，克洛维又引兵西南。女英雄热讷维埃芙虽然再次组织巴黎民众进行抵抗，但最终未获成功，巴黎还是变成了克洛维的都城，整个塞纳河流域几乎全部成为克洛维的天下。

在征战过程中，克洛维的权势有了较大发展，王权的某些方面开始初步萌生。之所以说它是初步萌生，从世人熟知的"苏瓦松花瓶"（或称"苏瓦松金杯"）故事中可以得到说明。当时的法兰克人在攻城略地的同时，还保留着大肆劫掠物品然而以抽签方式分配战利品的部落习俗，其军事领袖（虽然已被称为"国王"）也只是抽签者中的平等一员。有一次，法兰克士兵抢走了一个教堂（可能是兰斯教堂）里的一只据称是美丽绝伦的广口大花瓶。掌管该教堂的该地主教请求克洛维将这个花瓶还给教堂。由于受到抽签习俗的制约，克洛维只能回答说："如果我抽签抽中了那只瓶子的话，我一定满足主教的愿望。"在分配战利品时，克洛

① 图尔奈（Tournai），位于今天比利时境内，距法国边境不远，是比利时的重要交通枢纽之一。注意不要将比利时的这个城市与法国城市图尔（Tours）相混淆。图尔位于法国中部偏西的卢瓦尔河上，如今是安德尔－卢瓦尔省（Indre-et-Loire）首府。

② 关于法兰克王国的起始时间，有人认为应从486年克洛维取得苏瓦松战役胜利并占据巴黎盆地算起，而在此前，克洛维只是一个部落领袖，是"王"而不是"国王"。另外，克洛维开创的王朝之所以取名"墨洛温"，一般认为是为了纪念克洛维的祖父墨洛温这个半神话人物。

维试图越权，他要求在获得属于自己的战利品之外再拿到那个花瓶。明白事理或深谙形势的士兵均表示赞同，但有一个士兵却坚决反对，他说："除了你自己抽中的那份东西以外，这只瓶子你一点也拿不到手！"说着，他便举起自己的战斧砍向那个花瓶。[①] 克洛维对这名士兵的辱上举动一直记于心间。第二年，在例行军队检阅时，克洛维以武器佩戴不当为由用自己的战斧将那名战士当众劈死，同时声称："你在苏瓦松的时候就是这样对待瓶子的。"这一事件表明，克洛维作为法兰克人的首领，他还不能破除分配战利品的原始习俗；但作为法兰克人的军事领袖，他却可以诛罚任何一位军纪不整的士兵，而克洛维正是通过这种军政暴力逐步树立起了自己的权威。可以说，此时的克洛维正处于由部落领袖向君主转变的过渡时期。

在法兰克王国形成及扩张的过程中，克洛维及其士兵对基督教的皈依具有里程碑意义。当时的滨海法兰克人仍然信奉原始的自然神灵和众多的罗马诸神，这与已经日益基督教化的高卢社会显然不相适应。[②] 要想真正地、全面地征服高卢，精神上的让步或融合是一种必然趋势。一系列看似偶然的事件最终促成了这一攸关之举。493 年，克洛维的使节在勃艮第王国无意之中看到了年轻、优雅而聪明的王族公主克洛蒂尔德（Clotilde，475—545），克洛维不久便将之娶为王后。而这位年轻的王后是一个虔诚的正统基督教徒，她不断地劝使克洛维放弃那种"既不能帮助自己，也不能帮助别人"的原始信仰，而要他改信全知全能的上帝，王后有这样一段令人神往的游说词：上帝能够"使太阳普照大地，用星辰缀饰天穹，用游鱼填满流水，用动物填满陆地，用飞鸟填满天空。他一点头，就使地上缀满了果实，树上缀满了苹果，葡萄枝上缀满了葡萄，一片美好景象"。然而，在很长一段时间里，克洛维对这一"美好景象"仍然无动于衷。直到 496 年滨海法兰克人与高卢东部边境的阿勒曼人交战失利之时，克洛维才在"突然间"改变了自己对基督教的排斥态度，因为他发现，自己一直崇奉的神灵根本不理会法兰克军队的狼狈处境。克洛维转而向耶稣基督求援，奇迹果然出现：阿勒曼人或转身溃逃，或就地投降，克洛维神奇般地获得了胜利。

---

① 有人认为，这名士兵"当场把瓶子用战斧砍碎"。这一说法可能不太准确。根据格雷戈里的说法，那名士兵虽然有砍向瓶子的举动，但后来克洛维还是"拿起那只瓶子，把它还给主教的使者"。当然，对这一事件之细节所作的猜测可能毫无意义，因为后来的史学界对此事件的真实性曾表示过不少的怀疑。参见格雷戈里著，寿纪瑜、戚国淦译：《法兰克人史》，北京：商务印书馆 1981 年版，第 81—83 页。

② 参见 William M. Daly, "Clovis: How Barbaric, How Pagan?" *Speculum*, No. 3 (1994), pp. 619–664。

以上这些无稽乱语当然不足为信，但它却表明克洛维在皈依基督教的过程中经历了一个较长时期的踌躇和选择历程，因为改变信仰毕竟是人生中的一件大事。496 年圣诞节，在兰斯大主教圣雷米（Saint Rémi，约 437—533）的主持下，克洛维及其手下的 3000 多名军人在寒风凛冽但却气氛庄严的兰斯城接受了基督教的洗礼。克洛维皈依基督教这一“善事”对教会和法兰克人双方都产生了重大影响。一方面，因罗马帝国崩溃而失去政治依靠的教会终于找到了志同道合（最起码在初期或在表象上是如此）、信仰一致的世俗君主。另一方面，滨海法兰克人开始得到教会的大力支持，而且与普通的高卢民众也有了共同的宗教语言，这对于法兰克人之所以能在短期内征服高卢大部分地区不能不说是一个重要的因素。而继续信奉基督教异端派别的勃艮第人和哥特人则显然处于一种被动境地，挨打溃败的结局完全可以未卜先知。①

皈依基督教并不意味着回头是岸、放下屠刀，在克洛维身上，信仰上帝与征伐行动是并行不悖的，因为他要讨伐和征服的全部都是与正统基督教水火不容的异端。在这一过程中，克洛维除了使用武力征服这一常规手段之外，他最常用的方法就是施展政治计谋以达目的。克洛维在统治末年力图将其东邻滨河法兰克人的领土夺归己有。当时滨河法兰克人的领袖是西吉贝尔（Sigibert）。克洛维暗中派人向西氏的儿子说：“你的父亲已经年迈，而且跛了一只脚。他要是死了，他的国家，连同我们的友谊，按照权利所归，就要落到你的手里。”王子果然依计而将其父害死。但随后不久，这位王子亦被克洛维的密使用双刃战斧砍死。事情发展至此，克洛维方才公开露面，他来到滨河法兰克人居住地并召集众人，然后声讨王子害父的不义之举。至于王子本人的暴死，克洛维则显出一脸无辜的样子：“为谁所害，我可不得而知。所有这些事情，我完全没有参与，因为我不忍叫自己的亲族去流血，我认为这样做是一件罪恶勾当。”失去首领的滨河法兰克人于是在“欢呼喝彩”声中转归克洛维麾下。

能征善战、工于计谋且信奉基督的克洛维在征服过程中已拥有各种有利形势，其拓土行动也以惊人的速度取得了惊人的战果。500 年，勃艮第王国的大

---

① 格雷戈里将克洛维的受洗定在 496 年，但后世有许多学者特别是英、德、美等国的学者认为此说不可信，有人认为克洛维皈依基督教的时间应是 498 年或 506 年，还有人认为应是 508 年。如果克洛维皈依基督教的时间真的是在 506 年或 508 年的话，有关克洛维皈依基督教会之后所获得的这样或那样的优势就成了天方夜谭了。参见 Danuta Shanzer, “Dating the baptism of Clovis: the bishop of Vienne vs the bishop of Tours”, *Early Medieval Europe*, Issue 1 (1998), pp. 29–57。

部分土地转归克洛维，勃艮第人已龟缩于边角一隅。507—508年，克洛维在教会的支持下又将西哥特人基本赶出了高卢。到511年克洛维去世（大约46岁）时止，法兰克王国已经统一了高卢大部地区。① 在随后的约半个世纪时间里，克洛维的后继者们在原有基础上继续扩张，

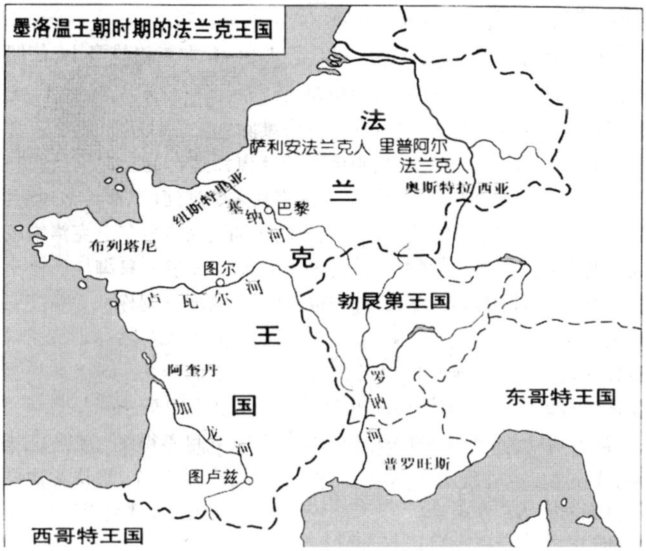

墨洛温王朝时期的法兰克王国

534年彻底降服勃艮第人，536年又占领了东南沿海的普罗旺斯地区。至此，在原高卢地区，只有两小块土地尚未被纳入法兰克王国的版图：一块是今天的朗格多克地区，该地继续受西哥特人控制；另一块是西部的布列塔尼半岛，这一地区被6世纪时来自不列颠的凯尔特人占据，他们带来了在高卢本已绝迹的凯尔特语，并带来了保有更多原始风格的凯尔特文化，从而使得这一地区在未来相当长的时期里一直与法国主流社会保持一种若即若离的边缘关系。

另外，值得注意的是，墨洛温王朝初期的国王们除了在高卢地区艰苦经营以外，他们还积极向东挺进，将巴伐利亚（Bavaria）、图林根（Thüringen）等日耳曼地区变成了自己的保护地，就连最为顽固的北部日耳曼“蛮族”萨克森人（Saxons）每年也要向法兰克国王们奉献500头牛作为友好的象征。因此，到6世纪中叶，除去伦巴德人（Lombards）的意大利以及其他一些小块土地之外，高卢与其东面的日耳曼地区已经形成一个相对松散的整体，也正因如此，可以说，未来加洛林王朝查理大帝所取得的丰功伟绩绝不是万丈高楼平地起，然而，有关

① 克洛维死后，其形象逐渐变得神圣起来，最终被法国人奉为“圣徒”。详见陈文海：《从“蛮族”首领到“圣徒”国王——论克洛维在中世纪法国的形象及演绎》，载《史学集刊》2006年第6期，第34—43页。另外，1996年，法国政府曾举行大规模的“克洛维受洗1500周年”纪念活动并邀请教皇约翰·保罗二世（John Paul II，1978—2005年在位）参加相关仪式，结果引发一场长达几个月的政治风波。详见Susan Terrio, “Crucible of the millennium? The Clovis Affair in contemporary France”, *Comparative Studies in Society & History*, No. 3 (1999), pp. 438–457。

查理大帝的神话却过于深入人心了。

二、法兰克王国内部的法律关系

法兰克王国是克洛维及其后人通过征服和兼并等方式而建立起来的一种补丁式的区域组合，在这个总的区域内，各“蛮族”集团均不同程度地保留着具有自身特色的文化特征，即使他们在政治上被滨海法兰克人所征服，但其固有的文化特征也并未随之消失。同时，由于法兰克王国在政治上具有明显的原始性，它并不存在一种能够贯彻全境的统一的行政管理制度，因此，各“蛮族”集团根据自身需要而创设的各种制度和规范即便在这些“蛮族”被纳入法兰克王国政治版图之后也不会就地消亡，而且，有些“蛮族”集团甚至在归属法兰克王国之后还会制定符合本地区需要的制度和规范。因此，我们很难把法兰克王国视为一个有机的整体，而多头并存的法律结构便是当时法兰克王国社会政治格局的集中写照。

与古代世界各国一样，法兰克王国远远不是一个法制国家，但它有着自己的法律，而且是各种各样的法律，滨海法兰克人拥有《撒利克法典》(*Lex Salica*)，滨河法兰克人拥有《里普阿尔法典》(*Lex Ripuaria*)，勃艮第人拥有《勃艮第法典》(*Lex Burgundionum*)，曾经占据高卢西南部、后被驱逐出去的西哥特人拥有《西哥特法典》(*Lex Visigothorum*)。除去这些日耳曼“蛮族”法律之外，还有“罗马化”时代的“遗民”土著高卢人所使用的罗马法。①

然而，在我们所见到的大多数相关论著或教科书中，《撒利克法典》似乎不约而同地都被描述成法兰克王国法律规范中的重中之重，似乎了解了《撒利克法典》，就可以洞悉法兰克王国的法律面貌。实际上，这是一个离题万里的误会。5世纪末时，经过一段时期发展的滨海法兰克人估计也就在10万人左右；而根据布罗代尔的说法，当时高卢总人口大约在500万至600万之间。② 也就是说，滨海法兰克人在高卢总人口中的比例不超过2%，移居到高卢的其他日耳曼“蛮族”在总人口中的比例也不会高出很多，占总人口绝大多数的仍是“罗马化”了

---

① Michel Rouche, “The Early Middle Ages in the West”, in Paul Veyne, *A History of Private Life: From Pagan Rome to Byzantium*, Cambridge, Mass.: Belknap Press, 1987, pp. 421–422.

② ［法］费尔南·布罗代尔著，顾良、张泽乾译：《法兰西的特性·人与物》（上），北京：商务印书馆1995年版，第87页。

克洛维“口授”《撒利克法典》

的高卢土著人。因此，单凭滨海法兰克人的一项《撒利克法典》，无论如何也是无法廓清法兰克王国法律状况的总体面貌的。在这里，我们可以对各“蛮族”法律作一简略的分析。

首先看滨海法兰克人的《撒利克法典》。一般认为，该法典最初形成于克洛维统治末年，即507至511年之间的某个时期。① 在此时期，选自法兰克各部落的4位具有较高文化素养的显贵人物伊索加斯（Hisogast）、阿罗加斯（Arogast）、撒利加斯（Salegast）和伊多加斯(Hidogast)② 对滨海法兰克人口耳相传的习惯法进行了汇集和整理，讨论并最终确定了滨海法兰克人在日常社会生活中所应遵循的基本法律准则，共65章，此即《撒利克法典》。作为刚刚迈进阶级社会的滨海法兰克人的法律规范，《撒利克法典》体现出一系列较为原始的特征。

第一，法典涉及面虽广，但却混乱如麻。该法典几乎涵盖了社会生活中的一切问题，包括政法、民法、刑法以及民事诉讼、刑事诉讼和农村裁判权，但是，所有内容都是不加区别地混排在一起。19世纪法国史家基佐对这一现象曾作过形象的比喻：“如果我们把各不同法典的各不同条款写出来，每一条款单独写在一张纸上，把它们一起投在一只缸里，当每条条款出现时就把它们拉出来，那末，机遇给它们安排的秩序和混乱情况同它们在萨利克法中混乱的情况，其差别是很小的。”③

① Christoph Hinckeldey ed., John Fosberry trans., *Criminal Justice through the Ages: From Divine Judgement to Modern German Legislation*, Rothenburg: Mediaeval Crime Museum, 1993, p. 7.

② “加斯”（gast）意为“客人”，“伊多加斯”（Hidogast）意为“居住在伊多（Hido）这个地方的客人”，余者类推。关于这4个人的名字，不同的史书往往有不同的说法。这也正说明了《撒利克法典》初期历史的模糊性，也正是这种模糊性为中世纪后期法国人对该法典的曲意引申提供了空间。参见陈文海：《“撒利克法典”在法国中世纪后期的复兴和演化》，载《历史研究》1998年第6期，第107—120页。

③ ［法］基佐著，沅芷、伊信译：《法国文明史》第1卷，北京：商务印书馆1993年版，第229页。

第二，法典以刑事法规为主，但在条例的制定上缺乏概括性。不同版本的《撒利克法典》其条文数目不尽相同[①]，这里以"408条版本"为例。在408个条款中，343条属于刑事条款，涉及其他问题的只有65条。可以看出，该法典的最主要目标在于抑制和惩治犯罪。在343条刑事条款中，有74条涉及动物偷窃罪：20条涉及偷猪，16条涉及偷马，13条涉及偷牛，7条涉及偷羊，4条涉及偷狗，7条涉及偷鸟，7条涉及偷蜜蜂。这种事无巨细的编撰方式表明，当时的法兰克人在法律的制定上还没有足够的抽象概括能力，还只能采取头痛医头，脚痛医脚的方式处理有关犯罪。因此说，该法典与其说是"法典"，还不如说它是一部判例汇总。

第三，法典在处罚方式上具有温和性，但在定罪方式上却具有原始性。对于犯罪的自由人而言，《撒利克法典》的处罚相当宽松，不仅没有酷刑，而且连坐牢的规定也没有。法典规定的最主要处罚方式就是交纳"和解费"，即罪犯可以向受害人或其亲属交付一笔和解补偿金，这样就可以大事化小、小事化了。当然，受害人或其亲属可以拒绝接受这笔钱，那么，接下来就只能采取人身报复这一武力解决方式。法典列举的定罪方式是多种多样的，也是离奇荒唐的，如神裁法、搏斗法以及宣誓法。以宣誓法为例：被告人在接受审判时，如有一定数目的亲属、邻居或朋友（数目不等，有6人、8人、9人、12人、50人、72人，有些案例中达100人）前来众口一词地证明被告人是无辜的，那么，被告人也就可以"清白"了。法官们对本族民众的诚信看来是深信不疑的。因此，克洛维在日复一日的杀人之后所宣称的"我不知情"、"不是我干的"等等诸如此类的表白也就是可信之词了，因为他要找几个人去为自己作证并不困难。可以想见，对于深受罗马法影响的土著高卢人来说，《撒利克法典》这样的法律显然是不可接受的。

要想对《撒利克法典》有一更加全面的认识，还必须参照法兰克王国其他"蛮族"的法律，其中主要是《里普阿尔法典》和《勃艮第法典》。[②] 滨河法兰克人被克洛维纳入法兰克王国政治框架中之后仍然保持相当大的独立性，他们依旧遵循本族的习惯法。正因如此，被兼并一个多世纪以后，即7世纪前期，滨河法兰克

① 《撒利克法典》有406、407、408以及420个条款等多种不同版本。如果把法兰克王国以后出现的各种增补本也算在内的话，条文数目差异就更大了。《撒利克法典》全文，可详见 Katherine Fischer Drew, *The Laws of the Salian Franks*, Philadelphia: University of Pennsylvania Press, 1991。

② 西哥特人虽制定了相当完备的法律，但他们几十年后便被赶出了高卢，西哥特法对西班牙的影响较大，故这里不作讨论。

人在本族习惯法基础上编成了《里普阿尔法典》。与《撒利克法典》相比，《里普阿尔法典》有一些明显的不同。第一，政法和民法在整个法典中的比重明显增多。例如，在含有227条条款的那个版本中，与政治及民事有关的条款占113条，这说明社会生活和公共秩序的管理趋于复杂和成熟。第二，有关王权的条文增多且明确化。该法典赋予国王以一系列特权，如"任何背叛国王者将丧失其生命，其一切财产悉被没收"；又如，"一个依附于国王领地的人，不管他是罗马人还是自由人，都不能成为判处死罪的对象。"这与当年克洛维连一个花瓶都不能自由处置的状况显然形成鲜明的对比。第三，教会的特权有了更多、更明确的规定。在这部法典中，教会的权利往往是与国王的特权并列的，即国王拥有的特权，教会也同样拥有。这就表明基督教会在滨河法兰克人社会中的地位已经比较高了。滨河法兰克人的居住地后来成为法兰克王国东部奥斯特拉西亚（Austrasie）的重要组成部分，也是后来加洛林王朝的根据地，因此，《里普阿尔法典》在其后的两三个世纪中一直具有较强的活力。①

与前两部法典相比，《勃艮第法典》显示出更为系统、更为完善的法律特性。该法典最初出现于5世纪六七十年代，后经多次增补，于6世纪30年代最终定型。从其内容来看，这部法典具有两个比较明显的特点。第一，刑事处罚的手段呈现多样化趋势。除了"和解费"这种拿钱赎罪的惩处方式之外，该法典还规定了各种体罚方式以及各种精神羞辱法，在这里我们还看到了类似于日后"威尼斯商人"所玩的那种惩罚把戏，例如：一人偷窃猎鹰，如被告发，有两种惩处方式可供选择，一是让猎鹰从窃贼身上啄掉6盎司肉，二是让窃贼向猎鹰主人支付6个索里达② 的罚金。第二，该法典在民事诉讼和公民权方面的规定已较为完备。在该法典中，有关继承、遗嘱、婚姻、契约等方面的条文几乎占全部条文（354条）的一半。虽然说《勃艮第法典》编撰而成之日也是勃艮第王国家破人亡之时，但是，这部法典并未失去效用，不仅当地的勃艮第人继续使用之，而且后来加洛林王朝的各种法规也在多方面吸收了《勃艮第法典》的某些内容。③

以上对法兰克王国各"蛮族"法律所作的分析实际上是一种简单化的做法，

① 关于《里普阿尔法典》的具体条文，详见 Theodore John Rivers, *Laws of the Salian and Ripuarian Franks*, New York: AMS Press, 1986, pp. 171–214。

② 索里达（Solidus），古罗马金币，为"蛮族"国家所沿用。

③ 关于《勃艮第法典》的具体条文，详见 Katherine Fisher Drew, trans., *The Burgundian code: book of constitutions or law of Gundobad*, Philadelphia: University of Pennsylvania Press, 1972。

为了叙述方便我们将各法典中体现出的罗马法因素暂时撇开了。现在我们再按相反的顺序对这一问题作一考察。首先是《勃艮第法典》：从结构及内容组成上看，该法典与罗马法有着许多惊人的相似，甚至某些条文是从罗马法中全盘照搬。而且，该法典将勃艮第人与土著高卢人（当时仍被称为“罗马人”）置于同等的法律地位，在民事或刑事上均一视同仁。其次是《里普阿尔法典》：该法典已较为明确地受到罗马法的影响，它也接受了罗马法的某些条文，例如，它规定滨河法兰克人可以按照罗马法中的相关条款释放自己的奴隶。最后是《撒利克法典》：该法典受罗马法的影响最小，如果说有影响，那也只能是表面性的，如法典用拉丁文写成，法典中有关罚金的规定是以罗马货币单位来计算的，实际上，这些只能算是罗马文化对之产生的一般性影响，与是否受罗马法的影响还不是一回事。

从三部法典与罗马法的关系中，我们可以得出一个动态一个静态两个结论。从静态（地理方面）来看，勃艮第人原来在东方的居住地与东罗马帝国接近，受罗马法的影响较深，故其法典更多地体现了罗马法的特征，而滨海法兰克人和滨河法兰克人则因与罗马帝国相距较远而所受影响相应减弱。从动态（时间方面）来看，滨河法兰克人经过一个多世纪的发展，已经更多地接触到了罗马法的内容，因而其法典也就比《撒利克法典》更明显地体现出罗马法的影响。另外，罗马法对法兰克王国的影响并不仅仅表现为罗马法对各“蛮族”法律的渗透，更为重要的是，它还是占法兰克王国人口绝大多数的土著高卢人所普遍使用的法律。因此，在法兰克王国时期，其法律关系呈现出明显的二元特征，“蛮族”法受到罗马法的多重影响，而罗马法在施行过程中也不可避免地带上某些“蛮化”的烙印。[①] 正是这种多重格局铸就了中世纪法国法律制度混乱无序的状况，如果再加上无处不在的教会法，这种无序状态就更是雪上加霜。

三、生产方式新特点与经济重心的北移

如果说法律关系在法兰克王国内部出现的变化还具有表层性的话，那么，更深层次的变革则出现于经济领域，其主要表现在两个方面，一是生产方式出现根

① 参见 Ernst Levy, “Reflections on the First ‘Reception’ of Roman Law in Germanic States”, *The American Historical Review*, No. 1 (1942), pp. 20–29。

本转变，二是经济重心逐渐由南向北转移。经济领域中这两个方面的变化不仅奠定了中世纪法国社会经济格局的基础，而且对中世纪以后的法国也产生了持久的影响。

一般来说，生产方式在法兰克王国呈现的根本转变就是指封建制的诞生，就是指具有人身依附关系的个体小生产的出现。① 这种生产方式并不是法兰克王国的凭空创造，从源头上看，它有两个基本来源。一个来源是罗马方面：罗马帝国晚期，随着奴隶制的危机日益加剧，劳动力结构开始出现变化，强制性的奴隶劳动逐步让位于相对和缓的个体小生产。与帝国其他地区相似，罗马统治下的高卢地区也经历了这种变化，在这里，劳动力的构成主要有这样几类。一是隶农（科洛尼，coloni），他们一般是承租土地并向土地主人交纳地租，其身份是自由人或半自由人，但他们的迁徙自由已开始受到越来越多的限制。② 二是授产奴隶，他们的奴隶身份不变，但其劳动方式、存在方式都有变化，他们可以建立家庭并从事以家庭为单位的小生产，其经济地位类似于隶农。三是独立小农，他们拥有自己的小块土地并独立从事生产。此外，奴隶劳动虽不占主导地位，但并未绝迹，而且还将长期存在。以上这种情况表明，奴隶制大生产在高卢已经走向末路，以小生产为特征的新的生产方式已初具雏形。

小生产的另一个来源是日耳曼"蛮族"方面：日耳曼人在入侵高卢之前已经出现了奴隶制初步萌芽，但与充分发展、极端残酷的罗马奴隶制度不同，刚刚懂得在生产领域采取人身奴役的日耳曼人对奴隶的控制相对宽松，这些奴隶可以娶妻生子，可以独立耕作，但是要向土地主人交纳一定数量的地租。与这种"初级奴隶制"同时并存的还有日耳曼人的农村公社，在公社中，土地所有权归集体，但经营权归农户。尽管农户在生产过程中存在各种协作，但他们从事的实际上也还是一种个体小生产。

处于奴隶制晚期的西罗马帝国与处于阶级社会初期的日耳曼"蛮族"虽然分

① 西方学者通常以人与人之间的法律关系（以自由民的农奴化为主要标志）以及国家的割据与否作为判断"封建制"产生与否的标准，其中，经典性的著作是法国著名史学家马克·布洛赫（按照法文读音，应译为"布洛克"）的《封建社会》，见［法］马克·布洛赫著，张绪山等译：《封建社会》，北京：商务印书馆2005年版。依此标准，封建制在法兰克高卢的产生是8世纪以后的事情。甚至有学者认为，直到10世纪以后，法国才真正进入"封建时代"（即割据时代）。这种区分标准并不可取，它忽视了人身关系和政治割据赖以存在的根本基础——个体小生产。关于"封建"概念问题，可参阅翟宇：《西方封建概念的流变》，载《云南师范大学学报》2011年第1期，第92—99页。

② 参见 A. H. M. Jones, "The Roman Colonate", *Past & Present*, No. 2 (1958), pp. 1–13。

属两个不同的社会发展阶段，但其土地经营方式在这一时期却呈现出某些相似的特征，二者之间的兼容并包应当不是难于上青天的事情，而日耳曼“蛮族”的入侵恰恰为二者的结合及发展提供了一个既合乎逻辑又合乎史实的起始点。在帝国晚期高卢地区出现的新型生产关系的基础上，日耳曼“蛮族”的到来从多个层面促发了这种新型生产关系的确立，对此可以从两个方面来理解。

其一，从“蛮族”入侵者的内部来看：在征服高卢的过程中，各“蛮族”将占领的土地赏赐或分封给本族上层人物和士兵，这些土地新主人往往采用高卢地区已经较为流行的且他们本身已并不陌生的经营方式进行地产的管理，不论其地产规模有多大，但其最终形式仍旧是小生产。

其二，从“蛮族”入侵者面对的高卢现状来看：以隶农、授产奴隶为主要劳动者的小生产虽然已在高卢自发地产生出来，但是帝国当局出于维护既定制度的需要却竭力限制其发展，4—5 世纪帝国颁布的名目繁多的旨在限制隶农迁徙的法令即是明证。因此，帝国政权本身已经成为小生产发展的制约性障碍，而日耳曼“蛮族”的入侵恰恰是起到了摧毁帝国政权、扫除制约性障碍的作用。且不论“蛮族”入侵的本身动机如何，其客观结果就是使小生产摆脱了上层建筑的桎梏，从此，小生产在高卢得以合法地存在并不断向前发展。

小生产只是就法兰克王国时期的最终劳动形式而言的，其依托形式是各式各样的，最为重要的是土著高卢贵族和日耳曼上层占有的大中型地产，这类地产的总体状况可描述为“大土地占有，小土地经营”，以这些土地为基础逐渐形成相对封闭的庄园经济管理体制，在庄园内劳动的主要有雇工、佃农和农奴，有些庄园还拥有数量不等的奴隶。[①] 除大中型地产之外，法兰克王国还存在着大量的自由农民小土地所有制，但是，随着封建关系的日趋复杂化，自由小农的“自由”地位不断遭到侵蚀，他们经营的小土地也越来越快地转到了大地产主的名下，于是他们也就成为在各个方面受领主控制的依附农民。在墨洛温王朝的法兰克王国时期，封建制度的各种关系还处在形成和磨合阶段，封建制的某些典型特征要到更晚一些时候才能更为明显地体现出来。不过，作为封建制最根本的特点，个体小生产和人身依附关系这两个方面已经在法兰克王国深深扎根，至于其他这样那样的特征可以说都是在此基础上的延伸和演化。

① 关于庄园体制，可参阅马克垚：《西欧史学界对庄园制度的研究》，载《世界历史》1981 年第 5 期，第 70—73 页。

与罗马帝国盛期活跃的贸易活动相比，法兰克王国时期的高卢社会显然呈现出一种相对封闭的自然经济特征，人员流动与贸易往来明显失缺原有的冲力。但是，对于这一时期高卢社会经济的封闭性和自然性，不应作绝对化理解。在法兰克王国时期，不论是入居的日耳曼"蛮族"，还是原先的土著高卢人，中上层社会与外部世界的经济贸易联系从未中断，本庄园乃至本地区生产不了的各类奢侈品仍通过各种途径流入中上层社会的家庭之中。即使是处于社会底层的普通民众，他们的日常生活也不是与外部经济世界完全脱离联系的，他们之间仍然存在着一些简单的商品交换。① 正是由于经济交往、贸易活动和商旅往来的继续存在，我们才得以看出，法兰克王国的经济重心开始逐步由南方转移到北方。

经济重心的转移是一个较为缓慢的过程，而且，它只是指重心的变换，而不是指整个经济的大搬迁。在5—6世纪，以地中海为引力中心的高卢贸易活动仍然保持较强的活力，马赛、纳尔榜和波尔多等南方城市与东部地中海地区继续有着频繁的贸易往来，高卢的小麦及其他生活用品大量地运往东方，东方的胡椒、香料、药材、丝绸以及拜占廷的金币也源源不断地运往高卢。来自东方的商人在高卢北上南下、风尘仆仆，他们一方面向高卢上层社会推销布匹、药材和香料，另一方面又在当地收购奴隶、金锭及其他特产。在地中海经济继续存在的前提下，这一时期高卢的经济生活绝非死水一潭。罗马帝国时期遗留下来的城市、乡镇、农村和庄园之间的联系网络依然发挥效用，作为商品集散地和交通枢纽的集镇数目有所增加，农产品集市贸易也较为活跃。

然而，大约从7世纪开始，在高卢地区贸易总量及总体活力未曾出现明显变化的情况下，经济重心却悄无声息地移到北方。② 原先兴旺繁荣的地中海沿岸城市如马赛和阿尔勒（Arles）等等渐趋走向平静，曾为高卢第一都城的南方重镇鲁格敦（里昂）也随之归于平淡。与此同时，在高卢最北部地区，以不列颠、北海、斯堪的纳维亚半岛以及波罗的海为活动半径，贸易活动却取得蓬勃的发展。

① 参阅 Howard L. Adelson, "Early Medieval Trade Routes", *The American Historical Review*, No. 2 (1960), pp. 271–287。

② 关于经济重心北移的原因，西方学术界长期争论不休。比利时史家亨利·皮朗（Henri Pirenne, 1862—1935）在《穆罕默德和查理大帝》(*Mahomet et Charlemagne*, Paris: Alcan, 1937）一书中认为，地中海经济衰退，其根源在于穆斯林对地中海周围的占领和封锁，因此，经济重心只能移往别处。而布罗代尔则将地中海经济的衰落归诸所谓的"经济长周期"，似乎这个周期发展到了一定时候就应该如此，是命中注定，是活该倒霉，是风水轮流转。详见［法］费尔南·布罗代尔著，顾良、张泽乾译：《法兰西的特性·人与物》（上），北京：商务印书馆1995年版，第81—97页。

从7世纪前期开始，以巴黎北面小镇圣德尼为中心的商品交易活动日益兴盛，进而发展成为真正具有国际影响的大型交易会。它不仅吸引着来自不列颠和北欧各地的商人，而且高卢南方及地中海沿岸各国的商人也不辞路远络绎来此。关于这一现象，比利时中世纪史专家利奥波德·热尼科（Léopold Genicot，1914—1995）在20世纪40年代就已敏锐地捕捉到了，其结论是："高卢北部在七世纪时就出现了相当活跃的贸易浪潮，八世纪时它已成为法兰克王国中最活跃的经济地区。"[①] 经济重心的这一转移一经出现，便具备了不可逆转的长期效应，"曾是高卢最落后、最野蛮、最不开化的"整个北方地区最终成为"对整个法国发号施令"的最高权威，而巴黎盆地将成为这一最高权威的中心地带。[②]

四、法兰克王国的无序状态与势力重组

高卢经济重心的北移是在地中海经济衰落的前提下出现的一种自发现象，来自国家或政府的推动性力量在这里并没有多少明显的体现，这不仅是因为经济变迁具有其相对的独立性，而且也因为当时并没有一个严格意义上的国家能够推行积极的经济干预政策。由克洛维开创的法兰克王国虽然在名义上被称为一个国家，但实际上它并不具备一个统一国家应当具备的基本规范，在克洛维511年去世以后，根深蒂固的法兰克人原始习俗随即将所谓的法兰克王国推入分崩离析的状态之中。导致法兰克世俗政治社会混乱无序的原因有多种多样，其中表现突出的主要有两个方面。

首先是法兰克人的传统继承制度：当时的滨海法兰克人尚未形成明确的国家观念，更不存在国家主权不可分割等诸如此类的国家概念（实际上，这类复杂抽象的政治概念只是到了近代以后才出现）。在法兰克人的传统观念中，克洛维东伐西讨、南征北战得来的广阔领土与一个普通家庭所拥有的几间房屋、几头牲畜在本质上并没有区别，它们都是一份家业，只不过前者是一份大家业而已。按照法兰克人的习俗，一家之主死后，其产业要由诸子平分秋色。正因如此，克洛维

---

① Léopold Genicot, "Aux origines de la civilisation occidentale, Nord et Sud de la Gaule", *Miscellanea L. Van der Essen*, 1947, p. 98.

② ［法］费尔南·布罗代尔著，顾良、张泽乾译：《法兰西的特性·人与物》（上），北京：商务印书馆1995年版，第91—92页。

死后，法兰克王国立即被当作家业或战利品由其4个儿子瓜分豆剖，四人按其驻地名称而分别获得梅斯王(Roi de Metz)、奥尔良王(Roi de Orléans)、巴黎王(Roi de Paris）和苏瓦松王（Roi de Soissons）的称号。①

在随后的岁月里，法兰克王国领土的分与合继续循着“见者有份”的游戏法则不断循环，到6世纪中叶时，形成纽斯特里亚（Neustrie，西北)、奥斯特拉西亚（Austrasie，东北)、阿奎丹（Aquitaine，西南）和勃艮第（Bourgogne，英文Burgundy，东南）四大王国，但各王国的主人、边界、面积以及重要性等方面均如长流之水，日新月异。6世纪下半叶，纷争不已、诛杀不断的法兰克高卢最终演变为三大区域，即东部的奥斯特拉西亚、东南部的勃艮第和西部的纽斯特里亚，即便如此，三个小王国在政治上也不存在任何的稳定性和连贯性，边界仍在不停地变更，权力中心仍在不停地易人，三个王国之间的攻伐斗争更是从未间歇。

其次是法兰克王室长期奉行的无条件赏赐制度：在征服高卢的过程中，法兰克国王将占领的大片土地以“战利品”的方式赏赐给亲兵、官吏以及掌握精神权力的教会，从而形成遍布高卢各地的大地产。征服高卢以后，王室除了继续以各种名义将公有土地赏赐给有功有德之人而外，还在王宫及全国各地设立多种职位，对功臣亲信大封爵位。法兰克王室的这种滥赏滥封基本上是一种不附带任何条件的纯而又纯的“礼物”，一旦将礼物送出去，就没有理由将之收回，而且对于受礼人对礼物的处置及管理方式也无权指手画脚。正是由于这种无条件赏赐惯例的存在，在法兰克王国很快就形成了一种王室根本无法驾驭的贵族政治，社会政治生活中的权力几乎完全分散在各级各层贵族及拥有封地的大领主手中，甚至国王的废立也由贵族把持。

国家观念的阙如和王权观念的原始性必然带来法兰克王国政治生活的纷争和社会秩序的混乱。在克洛维去世后的一个多世纪中，除了一些由偶然因素（如王位合法继承人只剩一个，或在相互攻伐残杀中取得压倒性优势，或某位国王个人政治手腕比较高明等）促成的短暂统一之外，整个高卢长期处于一种杂乱无章的

---

① 梅斯（Metz）位于今法国东北边境的摩泽尔省。需要解释的是四王国对领土的分割方式：四人首先将北部高卢一分为四，各取其一，这里是法兰克人早期征服的土地，可以说是他们的根据地，他们的都城均设在这一带也就不足为怪。然后，他们又将其父后期征服的南方土地均分，亦各取1/4。因此，四王国各自所辖领土有很大一部分是以“飞地”形式出现的，领土交错现象严重，由此而产生的领地争斗也就难以避免。关于克洛维死后四王国的具体所辖范围，目前并不是非常明确，其大致情形可参见［法兰克］格雷戈里著，寿纪瑜、戚国淦译：《法兰克人史》，北京：商务印书馆1981年版，第106页。

状态之中。从639年起，也就是在稍有作为的国王达戈贝尔一世（Dagobert Ier，629—639年在位）去世以后，墨洛温王朝就再也没有出现过一位能够控制局势的强权国王，每一位国王几乎都毫无例外地成为权贵手中的玩偶，他们实际上已经成为法兰克王国政治生活中的点缀品。① 这种状况一直持续到墨洛温王朝的结束，史称“懒王”② 时期（639—751）。

关于“懒王”的境遇，艾因哈德有过一些虽然简单但却颇能说明问题的描述：“懒王”“除了国王的空洞称号以外，什么都没有了”；“他披着长发，垂着长须，惯于坐在宝座上面，扮演着统治者的角色，他倾听来自任何地方的使节的陈词，在他们离去的时候，向他们说一说别人教给他或者命令他回答的词句，好像是出于自己的意旨似的”；“除了宫相凭自己的高兴许给他的不可靠的生活费以外，他自己只有一处收入很微薄的庄园，此外一无所有”；“无论到什么地方去，他都乘坐一辆车子，车子由两只牛拉着，一个牧人赶着，颇具乡村风味”。③

坐着牛车走乡串户的“懒王”们过着悠哉游哉的虚君生活，这似乎是一幅无为而治、难得糊涂的桃源景色，其实不然。在这一看似平静的表层之下，在法兰克王国的外部和内部正在孕育着两支性质迥异的势力，一支是在精神世界伸张权力的罗马教皇，另一支是在世俗领域积聚力量的奥斯特拉西亚宫相。这一天一地两种势力将在特定的时空相互接近并将联手结束有名无实的墨洛温王朝。关于罗马教皇的发迹史以及教皇在意大利的权力扩张历程，在这里不拟详述，但有一点是必须要明确的，即：在6—7世纪，罗马教皇在意大利的权势已经有了较大发展，他们不仅在精神上享有垄断地位，而且在世俗事务方面也拥有与普通世俗官员相似的行政权威。教皇的这种特殊地位与基督教世界其他地区的主教形成了强烈的反差，这也就给教皇权威向意大利以外地区的渗透提供了一个基本前提。④

作为墨洛温王朝的最终掘墓者，宫相实力的渐趋增大是法兰克王国历史上最

---

① 参阅 Patrick J. Geary, “Central Politics: Kings, Their Allies and Opponents”, *French Historical Studies*, No. 3 (1996), pp. 757–763。

② “懒王”（rois fainéants，英文直译为 lazy kings，但通常译为 Do-Nothing Kings）这一汉译名称虽然形象但并不准确。“懒”是一种天性，“懒王”之谓似乎表明这些国王真的是“懒散成性”，真的是天生不愿干活。实际上，墨洛温王朝的这些国王们只是由于自己的昏庸无能以及贵族势力的坐大才失去了统治权力，即使不“懒”，他们也掌握不了实际权力。

③ ［法兰克］艾因哈德著，戚国淦译：《查理大帝传》，北京：商务印书馆1979年版，第5—6页。

④ 详见［法］基佐著，沅芷、伊信译：《法国文明史》第2卷，北京：商务印书馆1995年版，第85—87页。

具震撼性的篇章之一。宫相的最初名称是“王室总管”(majordome)，不久这一名称便简化为“总管”(major）并进而演化为“宫相”(maire)。[①]在法兰克各独立王国，既然存在宫廷，就必然要设立总管宫廷庶务的宫相，因此，宫相是各王国都有的一种官职，由于其地位比较特殊，其权势也日渐显赫，他们不仅控制着王室的大小事务，而且往往还成为军队的最高首领。在各小王国中把持宫相要职的各家族中，实力最强、势力最盛的是奥斯特拉西亚的丕平（Pépin）家族。从7世纪30年代末开始，丕平家族一直世袭占有奥斯特拉西亚宫相职位，直至墨洛温王朝被该家族彻底推翻时为止。在担任宫相的最初几十年间，丕平家族的权势还主要局限在奥斯特拉西亚一地。到丕平·德·埃尔斯塔（Pépin de Herstal，635或645？—714）出任宫相期间（680—714），该家族的势力已经几乎扩展至高卢全境，特别是在687年挫败纽斯特里亚宫相以后，丕平家族实际已经成为法兰克王国的无冕王族。715年，埃尔斯塔的私生子查理·马特（Charles Martel，生卒年688—741，715—741年任宫相）[②]继为宫相，他一方面平定境内各小王国的反叛骚乱，同时又对东北边境的日耳曼人和来自南方的阿拉伯穆斯林入侵者展开斗争，于732年在图尔（Tours）之战中击溃来犯的阿拉伯军队，阿拉伯帝国对西欧的征服行动得到遏制，法兰克王国的国内和边境局势由此稍显安定。

“铁锤”查理

为了建立一支能够做到令行禁止的强大军队，查理·马特大力推行前世已有零星存在的采邑制度（feoff system，“采邑”的原意是“恩赏”)。和从前那种无条件赏赐制度不同，采邑制是一种有条件的土地占有制，接受采邑之人必须为主人提供相应的兵役及其他服务，上下之间结成领主（lord）与附庸（vassal）的关系。领主有责任保护附庸，附庸要宣誓为领主效忠（homage)。如果附庸不能

① “宫相”的全称为“maire du palais”(英文 Mayor of the Palace)，其意仍是“宫廷总管”。

② “马特”(Martel）是查理在732年打败来犯的阿拉伯军队之后获得的绰号，意为“铁锤”，谓其果敢勇猛。对于查理·马特（铁锤查理）的出生时间，过去存在不少争议，但目前已取得基本共识。参见 Paul Fouracre, *The Age of Charles Martel*, London: Longman, 2000, p. 55; Ian Littlewood, *France*, London: Rough Guides, 2002, p. 34。

履行职责，其采邑就要被收回。起初，采邑只能终身占有，不得世袭，如果领主或附庸有一方死亡，双方关系即告终止。领主或其继承人如果愿意继续从前的关系，或者附庸之子要继承采邑，都必须重新履行受封仪式（investiture）。不过，这些规定后来逐渐弛废，到9世纪时，采邑开始变为世袭领地，但仍以服骑兵役为条件。①

查理·马特的采邑制度改革对法兰克王国乃至整个西欧的历史发展均有重要影响，它确立了以土地和服役为基本条件的臣属关系。采邑制推行之后，中小封建主都要服兵役，从而奠定了中世纪骑士制度的基础。这次改革对欧洲中世纪社会关系的形成亦起到重要作用，国王、大封建主、中小封建主之间层层分封的模式，就是由采邑制确定的。且不论查理·马特的采邑改革为后来法国的封建割据留下了多么严重的后遗症，就当时而言，它毕竟在一定程度上改善了法兰克王国的混乱状况，结果也使得以查理·马特为首的丕平家族（即后来的加洛林家族）的地位有了空前提高。②

丕平家族在法兰克王国境内发展和巩固权力的同时，与境外罗马教皇的联系也开始日益密切。两大势力相互接近的媒介是罗马教廷在日耳曼人中进行的宣教活动。在7、8世纪，罗马教皇曾派遣大批传教士进入异端盛行的日耳曼地区以宣扬正统基督教教义。这些传教士大都来自不列颠岛，他们要前往日耳曼地区，一般都要穿越法兰克王国。因此，他们有必要取得已经信奉正统基督教的法兰克王国实权人物宫相的支持。时常为边境日耳曼人所困扰的宫相们对罗马教皇及其传教士的这一事业理所当然地采取了积极合作态度，因为它不仅可以使日耳曼人躁动不安的“野性”得到软化，从而使之走上“文明”之路，并减少对法兰克王国的威胁，而且，传教士们在日耳曼人与罗马教皇之间穿梭往来，也可给宫相们带来各种有价值的信息。正是通过这一渠道，将在世俗领域掌握政权的宫相和将在宗教领域主宰精神的教皇终于相遇。“为了完成他们之间的联盟，并使其结出丰硕的果实，他们双方唯一缺少的是一个机会。这个机会不久就出现了。”③

从教皇方面来看：从7世纪末开始，北面的伦巴德人和南面的穆斯林不断侵

---

① 参阅 Ian Wood, *The Merovingian Kingdoms, 450–751*, London and New York: Longman, 1994, pp. 273–275。

② 参阅 Carl Stephenson, “The Origin and Significance of Feudalism”, *The American Historical Review*, No. 4 (1941), pp. 788–812。

③ ［法］基佐著，沅芷、伊信译：《法国文明史》第2卷，北京：商务印书馆1995年版，第94页。

袭或骚扰罗马，罗马教皇无力自卫。教皇曾向东罗马皇帝请求军事援助，但无果而终。739年，教皇格里高利三世（Grégoire III，731—741年在位）转而求助于双方关系已日益密切的查理·马特，但由于查理·马特当时正疲于应付境内的各种问题，同时也由于他不愿与曾经协助自己打败穆斯林的伦巴德人立即反目，查理·马特没有即刻应允教皇的请求。直到741年，查理·马特才允诺帮助教皇摆脱伦巴德人的威胁，但未及履行诺言他便匆匆去世。不过，双方合作已见端倪。从宫相方面看：741年，查理·马特的儿子矮子丕平（714—768）[①]继承宫相职位。虽然说宫相实力强大，但他毕竟生活在"懒王"的阴影之下。要想名正言顺地行使权力，矮子丕平就必须从幕后走向台前，就必须要把王冠由"懒王"转归自己。

按照法兰克人的习俗，国王可以由贵族"推举"产生。751年，矮子丕平召集法兰克贵族，在苏瓦松依照旧例上演了一场推举国王的戏剧，丕平在欢呼声中摇身一变而由宫相转化成为国王，墨洛温王朝毫无抵抗地退出了历史舞台。但是，由贵族们"推举"出来的这种国王显然缺少权威性和神圣性，他的存在名义上仍然要依赖于贵族们的拥护。为使王冠获得某种"神授"的色彩，矮子丕平在推举活动前就已与教皇方面进行过秘密磋商。752年3月，也就是在矮子丕平已经履行国王职权数月之后，教皇的代表同时也是丕平本人的朋友、美因兹（Mainz）大主教圣卜尼法斯（Saint Boniface，672—754）又在苏瓦松按照宗教仪轨为丕平举行了加冕礼。经过这一系列活动，既得到贵族"拥护"又具备神圣色彩的加洛林王朝终于宣告诞生。[②]然而，让矮子丕平料想不到的是，他虽然将自己的王冠涂上了神圣色彩，但他却把世俗政权引上了一条与罗马教权长期纠缠不清的漫漫长路，中世纪中后期乃至近现代西欧的众多政教问题莫不导源于此。

---

① 矮子丕平（Pepin the Short），法文写作 Pépin le Bref，741—751年为宫相，751—768年为国王，是加洛林王朝的第一位君主。关于丕平的绰号"le Bref"（"the Short"）究竟应该如何理解，史学界存在不同意见。对于丕平的身高问题，未见有文献明确提及。有学者认为，丕平的这个绰号与其身高没有关系，其含义应该是指"短发"，与此前墨洛温王朝君主们的通用别号"长发国王"（Long-haired kings）相对。因此，"矮子丕平"实际上应为"短发丕平"。由于"矮子丕平"这个说法在中文著作中流行已久，在本书中，使用的还是"矮子"这个传统译法。参见 Paul Edward Dutton, *Charlemagne's Mustache: And Other Cultural Clusters of a Dark Age*, New York and Basingstoke: Palgrave Macmillan, 2008。

② 关于"加洛林王朝"（Carolingian Dynasty）这一名称中"加洛林"（Carolingian）一词的起源，西方学术界有不同的观点，有人认为这个名称源于该王朝最为杰出的君主查理大帝（Charlemagne，拉丁文写作 Carolus Magnus）。不过，比较通行的说法是："Carolingian"源于中世纪拉丁语"karolingi"，含义是"查理的后代"，"查理"（Charles）在拉丁文中写作"加洛路斯"（Carolus）；而这里的这个"查理"指的是为该家族的强盛奠定重要基础的查理·马特（Charles Martel）。

第二节 加洛林王朝的扩张与裂变

墨洛温王朝结束以后，在政治上对高卢地区行使统治权的加洛林王朝依然来自法兰克人，高卢仍是法兰克人的天下。但是，与前王朝有所区别的是，新王朝兴起于法兰克王国的东北部奥斯特拉西亚，这里一直是滨河法兰克人的主要聚居地，其好战尚武的传统仍无明显的消弱。在这种传统氛围中孕育出来的加洛林王朝自然形成了有别于前王朝的统治风格，武力征伐与开疆拓土自然成为它热衷并追求的重要目标。正因如此，历史造就了加洛林王朝的扩张，也造就了广达100余万平方公里的加洛林帝国，从而使原先的法兰克王国这片土地沦为庞大帝国下的“二级单位”。

然而，这一强拉硬扯出来的帝国并不存在一种强有力的聚合剂，随着强权人物的去世以及诸子均分家产习俗的继续施行，帝国的统一很快化为乌有，高卢这块古老的土地重新获得了相对独立的地位。且不论加洛林王朝在多么大的程度上奠定了未来德意志和意大利的基础①，该王朝对高卢来说似乎只能算是一段插曲，一段“车辚辚马萧萧”之后旋即归于平淡的插曲。当然，这只是从政治地理角度来看待高卢（未来的法国）这一段历史的，它并不意味着对加洛林王朝所作所为的否定，至少可以说，加洛林王朝在一定程度上遏止了西欧文化的衰退，而且为后世西欧的“欧洲一统”之梦及其实践提供了或多或少的精神来源。

一、领土的短暂膨胀以及向传统地域的回归

在加洛林王朝开创者矮子丕平统治时期（751—768），法兰克王国的疆界基本维持原有格局，只是在比利牛斯地区和日耳曼人南部聚居区稍有扩展。在此期间，对未来的欧洲影响最为深远的历史性事件是法兰克王国与教皇联盟的继续和

① 加洛林王朝的历史特别是加洛林帝国时期的历史在德国历史和意大利历史中都占有一席之地，其中，德国人对这一段历史尤为重视，他们一般都是将查理大帝视为德意志文明史的开创者。

发展。教皇的职责范围原本是在精神领域，但是教皇们早已深刻体会到，没有世俗权力、没有固定领土的精神控制权是乏力的。为了改变这一状况，罗马教廷于753年前后伪造并堂而皇之地公布了一份名曰《君士坦丁赠礼》的文件，其中宣称：公元4世纪时，罗马帝国皇帝君士坦丁（Constantine，272—337）决定将罗马城及整个帝国西部交由教皇治理，他本人则迁居帝国东部。[①]

有了这一舆论准备之后，754年初，教皇斯蒂芬二世（Stephen II，752–757年在位）亲自前往法兰克王国首都巴黎，向矮子丕平倾诉自己在伦巴德人骚扰下的各种困境。对第一次由教皇代表举行的加冕礼感到不够隆重的矮子丕平恰好利用这一机会，让教皇本人在巴黎以北的圣德尼教堂为自己举行了更为体面的第二次加冕礼。为了使得自己的后继者也能沾上神圣的色彩，矮子丕平于是敦请教皇为他的两个王子也同时举行了国王加冕礼，一位是时年12岁的查理（742？—814，即后来的查理曼）[②]，另一位是年仅3岁的卡洛曼（Carloman,751—771，即后来的卡洛曼一世）。

通过这一合作，教俗关系由此更形密切。为巩固这一关系，754年和756年，矮子丕平先后两次出兵意大利，最终打败伦巴德人并迫使之将其侵占的意大利中部地区割让给罗马教皇，史称“丕平献土”（La donation de Pépin），影响无穷的教皇国由此形成。768年，矮子丕平去世，临终前，他将国土一分为二，交由其两个儿子分别治理，长子查理领有北部地区，次子卡洛曼一世领有南部地区。按照历史文献所说，卡洛曼一世性格非常暴躁，他与兄长查理的关系虽在表面上比较和谐，但实际上一直比较紧张，两人都认为自己才是法兰克王位的唯一正宗的继承者，到最后，双方几乎达到兵戎相见之地步。[③]771年，年仅20岁的卡洛曼一世便离开人世，其领土于是悉归查理。查理的辉煌业绩由此正式拉开帷幕，其人亦以“查理曼”（Charlemagne，意为“伟大的查理”）或“查理大帝”之名而遗响至今。

查理曼（768—814年在位）从768年与其弟共治算起至814年以皇帝身份

---

① 《君士坦丁赠礼》（*Donation of Constantine*）这份“文件”在古代通常被称为《君士坦丁诏令》（*Constitutum Constantini*）。它最早公布在约847—852年间出版的《伪伊西多尔教令集》（*Pseudo-Isidorian Decretals*）之中。在11—15世纪，这份伪诏一直是教皇声称自己应享有更多教俗权利的依据。15世纪中叶，意大利人文主义语言学家罗伦佐·瓦拉（Lorenzo Valla，1407—1457）揭穿了罗马教廷的这一骗局。参见米辰峰：《瓦拉批驳“君士坦丁赠礼”的学术得失》，载《史学月刊》2006年第3期，第98—103页。

② 关于查理曼的出生年份，史学界存有争议，有741、742、747、748年等多种说法。

③ Russell Chamberlin, *The Emperor Charlemagne*, Stroud: Sutton Publishing Ltd, 2004, p. 44.

查理曼

去世为止，在位时间长达47年。[①] 关于查理曼的生活风格，曾长期担任其侍从秘书的艾因哈德（Einhard，约775—840）出于感恩戴德之情而写过不少溢美词句，但在有意无意之中，也留下了查理曼作为“常人”一面的某些细节。按照艾因哈德的描述，查理曼“躯体高大而强壮，身材颀长”，但是，“他的鼻子比一般的大些”，“颈部有些粗短，身材有些肥胖”；“他的声音清晰”，但是根本不像人们想象中的“那样洪大”；“他很健康”，但从810年起，他的“一只脚也跛了”；他在饮食方面节制有度，平日只吃4道菜，但是“猎人们常常带来的放在烤叉上的烤肉则不包括在内”；他对母亲“尊敬备至”，从未与她“发生任何争执”，但他却把“奉母命娶来的”妻子休掉，为此与母亲不愉快了一场，此后他又相继迎娶了4位王后，另外还有4位姬妾；他对子女[②] 也是精心呵护，只要在家，他就与他们一同进餐，出游的时候也要带着他们同行，但是，他却不让女儿们出嫁，“既不许配给本族人，也不许配给外国人”，原因在于做父亲的“不能够离开她们”，结果是，深锁闺阁的女儿们难免红杏出墙，惹出了许多“丑闻秽事和品德有亏的瑕疵”，不过，查理曼本人对此却毫不在意，“视若无睹”。[③]

关于查理曼的民族特质，基佐有这样的评判：“他居住在德国；他在战争中，在国民议会中，在他家族的内部，他的行动像一个德国人；他的个人的天性，他的言语，他的仪表风度、他的外形、他的生活方式都是日耳曼的”。最后，基佐得出一个显然是在揶揄德国人的结论：查理曼“除了思想抱负而外，完完全全是一个德国人。”[④] 应当说，基佐的评论并不完全是出于民族的偏见，它在相当程度上反映了查理曼的治国取向。可以认为，查理曼对未来德意志的影响要远远大于

① 查理曼在其47年君主生涯中，768—800年为“法兰克人的国王”；800—814年为“罗马人的皇帝”(Imperator Romanorum)，同时还保留着“法兰克人的国王”的头衔。

② 据统计，包括婚生和私生在内，查理曼共有15个子女，其中7个儿子，8个女儿。

③ ［法兰克］艾因哈德著，戚国淦译：《查理大帝传》，北京：商务印书馆1979年版，第22—27页。

④ ［法］基佐著，沅芷、伊信译：《法国文明史》第2卷，北京：商务印书馆1995年版，第127页。

对未来法兰西的影响（尽管法兰西的历史书中少不了他）。

查理曼掌秉国政近半个世纪之久，此间也是法兰克领土急剧膨胀时期，而这一膨胀与军事征讨是联系在一起的。据统计，在这一时期由查理曼亲自率领或由其儿子、将军率领的大规模军事讨伐行动中，有明确记载的达53次[①]，此外还有多次小规模军事行动。在查理曼亲率或遥控的这一系列战事中，最艰巨、最费时、最残酷的是对生活在莱茵河下游至易北河（Elbe）之间萨克森人的征服活动，从772年开始，经过18次远征，直到804年才最终降服萨克森人。在征服过程中，萨克森人一再揭竿反抗，于是查理曼采取严厉的屠杀政策，在782年，一次便处死4500名“不忠”的萨克森人。完成征服以后，查理曼强令一部分萨克森人移居高卢和意大利，以减少其原聚居地内部重新滋事的可能。在查理曼军事行动中，对中世纪文学影响最大也是失真最为严重的是778年对西班牙穆斯林战争中发生的一个小小的军事插曲：同样信奉基督教的一伙巴斯克人（Basques）乘查理曼军队溃败之机袭击了其殿后部队，殿后部队司令官罗兰（Roland）战死。这本是基督徒之间的一场内讧，但几个世纪以后出现的英雄史诗《罗兰之歌》（*Chanson de Roland*）[②]却将之改造得面目全非，基督徒巴斯克人变成了穆斯林阿拉伯人，罗兰也成了捍卫基督的英勇斗士。经过数十年的征战，查理曼治下的领土有了惊人的扩展，除意大利部分地区以及西班牙以外，易北河及多瑙河以西的西欧大陆几乎全部纳入查理曼的控制之下，从表面上看其威势似乎并不亚于昔日的西罗马帝国。

既然外形上已经具备了帝国的气势，那么建立帝国就只是一个程序问题了。查理曼对帝国及皇帝这两个概念并不陌生。一则是因为他与现实存在的拜占廷（东罗马）帝国曾在相当长的时期内保持着密切的往来，而且他还决定将自己的长女嫁给年幼的拜占廷皇帝君士坦丁六世（Constantine VI，生卒年771—797，780—797在位），并于781年在罗马举行订婚大典，当事人双方及查理曼均参加了这一盛典，不过，查理曼最终还是将女儿留在了身边。二则是因为古代罗马帝

① 有些著作将这53次军事行动全部视为“扩张”战争，似有不妥，例如，查理曼的第一次重大军事行动（53次战争之一）是769年对阿奎丹叛乱的平定，而这一地区在名义上说属于法兰克王国，因而此次行动不应算在“扩张”之列。另外，不要误认为查理曼每次都会事必躬亲地参加战争行动。据统计，在这53次战争中，确凿无疑由查理曼亲自挂帅的有23次（即使如此，这也是一个不小的数目），由查理曼的儿子或将军率军征战的有16次，另有14次统率者不明（估计大多数不是查理曼本人）。查理曼除了打仗之外还做了其他大量工作，如果每次战争都要亲自上阵，恐怕就是真正的“一生戎马倥偬”了。

② 该作品有中文译本，杨宪益译：《罗兰之歌》，上海：上海译文出版社1981年版。

国的概念还长久地留在西欧人的记忆之中。在没有称帝之前，查理曼就已听惯了各种各样将他比作古代帝王之类的颂词，例如，罗马教皇阿德利安一世（Hadrian I，772—795年在位）在778年所写的一封信中这样称颂查理曼："一位新的君士坦丁，他接受上帝的统御，他是最崇信基督的帝王"。799年，效力于查理曼的一位宫廷文士在一首诗歌中更为明确地展示出查理曼的帝王气概：查理曼的都城亚琛（Aachen）就是"未来的罗马"，而查理曼本人则是"欧洲之父"、"世界首脑"、"顶峰"、"灯塔"，甚至是"奥古斯都"。① 至此，称帝已经是只欠东风了。

查理曼称帝的细节似乎已是尽人皆知，这里只略加描述。799年4月，教皇利奥三世（Leo III，生卒年750—816，795—816年在位）被教廷一些敌对贵族以突袭的方式捕获并关押起来，其罪名是买卖教职、滥立伪誓以及与人通奸等等。利奥三世还遭到挖眼、割舌、毁容的威胁，但不久被人暗中解救出来并于7月逃到查理曼的宫廷之中。10月，查理曼派特使护送教皇回到罗马，特使们在罗马逮捕了那些阴谋分子后又将之押解到查理曼宫廷听候审判。时隔一年之后，即800年11月23日，查理曼带着这批已经驯服了的前阴谋分子抵达罗马，教皇在罗马城外约19公里处恭候着查理曼的光临。12月23日，查理曼召集罗马的教俗官员以及随行的法兰克人开会，为利奥三世洗清罪名。会间，与会者"一致"要求查理曼接受皇帝的名号，而查理曼则"极其谦逊地"答应了他们的请求。12月25日，即圣诞节这一天，查理曼前往罗马圣彼得大教堂做弥撒，利奥三世"出其不意地"将皇冠戴到了查理曼的头上，并尊其为"罗马人的皇帝"。这一筹划已久的瞬间动作其意义不可低估，它既意味着教俗联盟的最终完成，同时也预示着教俗双方将在未来的岁月里展开长期的权力斗争。

围绕查理曼800年称帝一事，史学界还存在许多悬而未决的争论，其中一个问题就是如何解释艾因哈德在《查理大帝传》中写下的下述几句话：查理曼"最初非常不喜欢这种称号，他肯定地说，假如他当初能够预见到教皇的意图，他那天是不会进教堂的，尽管那天是教堂（教会）的重要节日"。② 有人认为，查理曼之所以不愿让教皇为他加冕，主要是担心教皇有朝一日会利用这一事件来要挟皇帝，因为教皇既然有权加冕，当然也就有权去冕。实际上，当时的教皇政权相对于世俗政权来说仍处于相当软弱的状态，可以说教皇仍是查理曼控制下的襁褓

① ［英］P.D. 金著，张仁译：《查理大帝》，上海：上海译文出版社2001年版，第73页。

② ［法兰克］艾因哈德著，戚国淦译：《查理大帝传》，北京：商务印书馆1979年版，第30页。

中的婴儿，查理曼还不会太多地去预想教皇变为强人以后的政教关系。似乎可以认为，艾因哈德之所以有以上的描述，主要是想让读者注意一下这位英雄人物是多么的谦逊而已，因为中世纪的人们普遍认为谦卑应当是统治者必须具备的首要美德。① 不论怎么说，查理曼毕竟接受了皇帝称号，而且还要将之传给自己的儿子。②

虽然说法兰克王国因查理曼称帝而变成了加洛林帝国，但是，从当时的直接效应来看，这一名称的改变并没有给帝国结构及其运行机制带来什么实质性的变革。法兰克人还将按固有的传统继续走下去，只要皇帝的儿子不止一个，分家析产的惯例还将延续。在这一方面，查理曼既可悲又幸运。查理曼虽有 7 个儿子，但属于婚生的（有继承权）只有 4 个，而在这 4 个人中，长子“驼背”丕平（Pépin le Bossu，769—811）因 792 年试图谋反而遭贬黜，811 年死于修道院；次子“年少者”查理（Charles le Jeune，772—811）于 811 年去世；三子丕平（Pippin，原名卡洛曼 Carloman, 777—810）于 810 年去世。因此，在查理曼晚年，唯一能够继承帝位的就只剩下四子虔诚者路易（Louis le Pieux，778—840）。813 年 9 月，时常为病痛折磨的查理曼在首都亚琛为虔诚者路易加冕③，使之成为共治皇帝。4 个月之后，即 814 年 1 月 28 日，查理曼因胸膜炎而病逝于亚琛。其墓志铭高度概括了他的一生：“在这座坟墓之下，安息着伟大的信奉正统宗教的皇帝查理，他崇高地扩大了法兰克人的国家，隆盛地统治了四十七年。”④

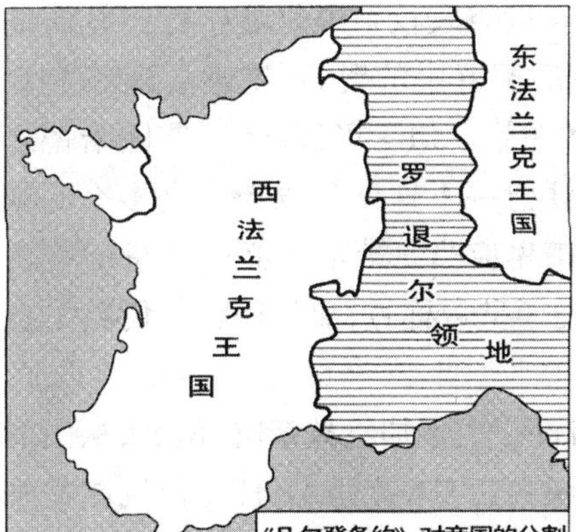

《凡尔登条约》对帝国的分割

虔诚者路易（813—840 年在位）虽然独自继承了加洛林帝国，但这位生

① 英国学者 P.D. 金举过一个颇为有趣但类比并不一定恰当的例子：在今天英国议会下院，新当选的议长按惯例总是要故作矜持地推让一番，说一些“实不敢当”、“受之有愧”之类的话，但最后还是要以“却之不恭”为由而不得不接受众人的信任。参见［英］P.D. 金著，张仁译：《查理大帝》，上海：上海译文出版社 2001 年版，第 80 页。

② 详见 Richard E. Sullivan, ed., *The Coronation of Charlemagne: What Did It Signify?* Boston: D. C. Heath and Company, 1959。

③ 罗马教皇于 816 年重新为之举行加冕仪式。

④ ［法兰克］艾因哈德著，戚国淦译：《查理大帝传》，北京：商务印书馆 1979 年版，第 32 页。

性软弱的君主偏偏养育了急于瓜分家产的4个儿子，在其似有若无的二十余年统治时期，诸子之间混战不断，甚至虔诚者路易本人也成为儿子们手中随意摆弄的玩物。840年，一直主张“以宗教道德治理国家”、试图将宫廷整肃得有如修道院一般的虔诚者路易带着理念的幻灭而去世。此后，剩下的3个儿子（次子丕平838年已经去世）继续为地盘而厮杀。843年8月，经过漫长的讨价还价，三方终于在凡尔登签订了以领土分割为基本内容的《凡尔登条约》（*Traité de Verdun*）。根据这个条约，秃头查理（Charles le Chauve，823—877）[①]获得罗讷河、索恩河及默兹河以西的土地，即西法兰克王国（Francie occidentale）；日耳曼人路易（Louis le Germanique，805—875）获得莱茵河以东的领土，即东法兰克王国（Francie orientale）；二者之间的长条形地带归承袭皇帝称号的长兄罗退尔（Lothaire，795—855）所有，即中法兰克王国（Francie médiane）。

关于《凡尔登条约》的意义，近现代以来的种种历史著作乃至政治著作都有几乎一致的结论，即该条约的签订奠定了近代法兰西、德意志和意大利三国的基础。有的法国史著作更明确地认为，《凡尔登条约》的签订标志着加洛林帝国就此“退出了历史舞台”。《凡尔登条约》的重要意义当然不容否认，但也不宜夸大其词。关于这一问题，有两点值得注意。第一，《凡尔登条约》对未来德、意两国的意义要大于对未来法兰西的意义。在此前的数百年中，高卢这片土地虽然不断地处于四分五裂状态之中，但是，相对于周围其他地区而言，高卢仍然是可以感触到的相对统一的整体，《凡尔登条约》只是对这一既定事实的承认。而高卢以东地区的大部分土地只是在查理曼统治时期才被纳入“文明”的轨道，仅半个世纪以后，它们就获得了独自发展的机会。第二，《凡尔登条约》的签订并不意味着加洛林帝国立即退出历史舞台。从理论上说，该条约是在帝国的框架内缔结的，虽然三方各领一隅，但对外还是拥有统一旗号的。从实践上说，《凡尔登条约》后的三方土地也并不是永远不可合并的，881—887年，来自东部王国的胖子查理（Charles le Gros，生卒年839—888）仍以皇帝的名义将统一

---

① 从已知材料来看，最早把这位查理称为“秃子”的文献出现于公元869年前后，这时的查理还活在人世。但是，现代学者却对查理的这一绰号提出不同的解释，他们认为，没有材料可以确证查理是秃子。对于“秃子”一词的含义，目前有两种比较流行的解释。一种意见认为，用“秃子”指称查理，只是一种挖苦和调侃，查理的体毛太浓太重，相比之下，其头发就显得稀疏很多。另一种意见认为，查理在其早年没有获得属于自己的小王国，因此，这里的“秃子”应该是一种比喻，是说他在土地方面“光秃秃的一无所有”。参见 Janet Nelson, *Charles the Bald*, London: Longman Publishing Group, 1992, p. 13。

的加洛林帝国重现在世人面前。[1]皇帝的头衔也并未随《凡尔登条约》的签订而永久落在罗退尔一方，条约签订后，皇帝头衔仍在三方中间轮流周转，西法兰克王国的秃头查理也在875—877年间戴上了加洛林帝国的皇冠。因此，从一定意义上说，《凡尔登条约》签订后，不论帝国和皇冠是多么名不副实，但它还是像幽灵一样时隐时现地存在于各支加洛林小王朝的政治生活之中，只是到962年德意志的一支与加洛林王朝毫无瓜葛的势力从罗马教皇处取得皇帝称号以后，西法兰克加洛林小王朝的帝国梦才最终破灭，而这时，加洛林余势在西法兰克的崩溃已为时不远。

单就西法兰克王国而言，《凡尔登条约》签订后的政治局势并不好于条约签订前。西法兰克王国出现伊始，秃头查理就没有能够行使统一的君权，在其境内，阿奎丹和布列塔尼完全处于王权控制之外。此后，随着领地制度的进一步发展，各地的领主或官员纷纷取得包括独立地位在内的各种世袭特权，西法兰克的割据现象愈演愈烈。与此同时，西法兰克王国四周及内地又遭受到连续不断的外族入侵，其中影响最大的是北欧诺曼人（Norsemen）[2]的入侵和劫掠。

早在墨洛温王朝晚期，亦即公元8世纪的时候，诺曼人就已在西欧沿海地区进行掠夺活动。9世纪后期，他们对西法兰克王国北部和西部沿岸的袭击规模日渐增大，频率也日趋变繁。至900年左右，在首领罗洛(Rollo，846—931)的强力经营下，诺曼人已在塞纳河下游谷地，即在西法兰克王国的土地上，获得永久性据点。911年，西法兰克国王“天真汉”（傻瓜）查理三世（Charles III le Simple，898—923年在位）与罗洛签订《埃普特河畔圣克莱尔条约》(*Traité de St. Clair-sur-Epte*)，塞纳河河口地区及附近大片土地成为查理三世送给罗洛的封地（这个地方不久便以“诺曼底公国”之名而闻名史册），

于格·卡佩

① Simon MacLean, *Kingship and Politics in the Late Ninth Century: Charles the Fat and the end of the Carolingian Empire*, Cambridge: Cambridge University Press, 2003, p. 70.

② 诺曼人（Norsemen），亦称“维京人”（Vikings），意为“掠夺侵略峡湾附近地区之人”，过去常被称为“北欧海盗”。

查理三世还将自己的女儿嫁给罗洛，罗洛则皈依基督教并对查理三世宣誓效忠。[①] 查理三世在权斗中被废黜之后，罗洛也随即解除了对西法兰克王国的效忠，诺曼底开始成为游离于西法兰克王国之外的“独立王国”。诺曼底公国的出现在西欧历史上具有重大影响，在随后几百年中，英法之间的王位纷争以及领土纠纷等等问题无不与诺曼底有着千丝万缕的联系。

处于内外交困的加洛林王朝到10世纪时已毫无实力可言，甚至连王位也一再被强权贵族夺去。987年5月，年仅20岁的加洛林王朝末代国王“懒人”路易五世（Louis V le Fainéant，生卒年967—987，986—987年在位）死后无嗣。虽然路易五世的叔父试图继承王位，但西法兰克王国的教俗贵族却全力推举具有较高声望的法兰西公爵于格（Hugh，duc de France，生卒年约940—996）出任国王。987年7月，于格正式登上西法兰克的王位。由于于格兼领一个修道院，而罗马化时期在高卢大力传教的圣马丁的“法衣”（cape，即举行宗教仪式时穿的无袖长袍）据称就保存在这个修道院，因此，于格在其去世多年之后开始获得“卡佩”（Capet是“cape”一词的音变）这一绰号[②]，他所建立的这一王朝后来也就被称为卡佩王朝（la dynastie capétien, 987—1328）[③]，真正接近现代疆域概念的“法国历史”由此开始。

二、社会立法活动与文化相对复苏

对于法国历史而言，加洛林王朝的意义并不仅仅是使它享受过一段庞大帝国的荣耀，也并不仅仅是使它最终又能退回到原先地域范围内独立发展，同样值得重视的是，加洛林王朝在社会规范方面以及对文化衰退的遏止方面也取得了比前世墨洛温王朝更丰富、更有价值的成果。另外，加洛林王朝时期的许多社会文化现象(特别是在法规方面）在帝国分裂前和分裂后呈现出较为明显的差别，因此，

---

① A.J. Holden, *Le Roman de Rou de Wace*, Paris: Éditions A. J. Picard, 1970, p. 54.

② 关于“卡佩”（Capet）的含义，学术界并无一致意见。除了上文所说的这一解释之外，还有人认为，“卡佩”的含义应该是“帽子”、“首领”或“头领”等等。另需说明的是，“卡佩”这个绰号只是在12世纪才附加在“于格”这个名字后面的。参见 Elizabeth M. Hallam, *Capetian France, 987–1328*, London and New York: Longman, 1980, pp. 330–331。

③ 1328年，卡佩王朝直系断嗣。在随后数百年中出现的瓦洛亚王朝、波旁王朝、复辟王朝以及七月王朝实际上都是当年卡佩王朝延伸出来的王室支系，正因如此，人们往往把上述这些王朝统称为“卡佩王朝”。

通过对它们的分析，我们也可以较为明确地把握当时社会的演化走向。

首先看加洛林王朝时期的立法活动。立法活动的频率是王朝权力机构是否具备活力和较强社会干预力的重要标尺之一。据统计，在加洛林王朝时期遗留下来的法规中，属于矮子丕平的有 5 种，属于查理曼的有 65 种，属于虔诚者路易的有 20 种，属于秃头查理的有 52 种，随后几位国王制定的法规急剧减少。例如，天真汉查理只制定过 3 种法规，而西法兰克王国加洛林王朝的最后半个多世纪中竟然没有留下一项立法。当然，立法数目的多少并不能从本质上反映王朝权威的大小，而且这些数字有时还会产生误导。要真窥其貌，必须考察其内容。在这里，我们以王朝盛期查理曼立法为主要考察对象，然后将之与帝国分裂后秃头查理立法作一简略比较。

与法兰克王国各个时期颁布的法规一样，查理曼颁布的法规也通称为“章程”①。查理曼即位之初就已开始有关的立法活动，但在 800 年称帝之前的 30 多年中，立法数量相对较少。而在称帝后的十余年中，查理曼在立法方面投入的精力不亚于他在军事征服方面所作的努力，归在他名下的 65 种“章程”中，有大约 3/4 是在这十余年中制定完成的。查理曼的目标很明确，就是要在社会政治生活的各个方面都能制定出可以通行全境的法律规范。查理曼的立法内容庞杂，涉及面广，除少数几个例外，每一种“章程”中几乎都同时含有多个主题，例如，789 年颁布的一个“章程”共有 34 个条款，其中道德法规 3 条，政治法规 5 条，刑事法规 18 条，民事法规 3 条，宗教法规 5 条。

查理曼立法的一个显著特征是将道德规范纳入立法范畴之内。例如，789 年章程中规定：“不犯偷盗，不结非法之婚，不作伪证，这是我们经常告诫你们的，也是上帝的法律所告诫的”。794 年章程规定：“每一个人都应宽厚待人”。806 年章程规定：贪欲“是万恶之源，因此，应小心加以避免”。虽然说道德问题在法律上往往难以界定，但是将之以规劝或警示的形式纳入法律规范之中应当说能够起到熏染增进民众道德责任的作用，正如基佐所言，“如果没有这种责任观念的支持，如果没有人类意志的自由合作，社会既不能维持也不能在和平中发展。”②

① 墨洛温王朝和加洛林王朝所颁法规（特别是查理曼制定的那些法规）通常都被称为“章程”(capitulary，拉丁文写作 capitularium)，这是因为，每一份法规都是由若干“章”(capitula，即英文中的 chapters）组成，这里的“章”相当于“条”(articles)。关于查理曼制定的“章程”，可参阅 P. D. King (tr.), *Charlemagne: Translated Sources*. Kendal, 1987；该书收录了查理曼晚年制定的几份“章程”。

② ［法］基佐著，沅芷、伊信译：《法国文明史》第 2 卷，北京：商务印书馆 1995 年版，第 143 页。

查理曼立法的另一个显著特征是试图通过来自中央的权威在全国实施统一的社会生活规范。其中比较典型的是794年试图在全境推行粮食最高限价的章程："任何人，不论是教士还是俗人，不论是在旺季还是在淡季，都不得以超过最近按蒲式耳规定的价格出售粮食，即：1蒲式耳燕麦1个但尼尔①；1蒲式耳大麦2个但尼尔；1蒲式耳黑麦3个但尼尔；1蒲式耳小麦4个但尼尔。"但是，查理曼立法的统一性并不是绝对的，它往往是在统一性之下留有许多灵活性的成份，例如，在语言使用方面，查理曼并不强行要求统一，794年章程规定："任何人都不要认为，向上帝祈祷只能用三种语言②，因为上帝是被人们用各种语言来赞美的"；但另一方面，查理曼又提出了一个最基本的语言标准，即："说教任何时候都应说得使普通人都能完全听懂。"

除了以上两个特征以外，查理曼的立法在婚姻家庭、司法审判、社会治安以及行政管理等方面都有一些富有帝国特色的规定。当然，查理曼立法中也有一些仅具局部功能且较为奇特的规定，如808年的一个条款规定：如果有人将某个犯罪分子隐藏在皇宫中，那么"就要强制他把这个犯罪分子扛在肩上带到公共场所，并在那里像犯罪分子那样被绑在柱子上"。不过，这类具有特定区域的规定在查理曼立法中并不多见。

然而，以帝国一统观念为基础的查理曼立法随着帝国的分裂而迅速失去效力，用一句史家们不一定全面认可但却颇能说明几分问题的话来说，查理曼的这些法规"好像是一种突然从蒙昧状态的黑暗之中冒出头来的流星，又突然消失和熄灭在封建制度的黑暗之中"。③843年帝国分裂之后，西法兰克王国的秃头查理面临的已是封建领地四处崛起的局面，原先的帝国法规已经失去存在的基础。秃头查理在位的35年间（843—877），归在他名下的章程虽多达52种（共529个条款），但就其内容来看，它们已与查理曼的法规有了天渊之别。

首先，在秃头查理章程中，政治法规和临时性法规大大增加。据统计，在529个条款中，政治法规为259条，临时性法规为193条，而道德法规只有2条，民事法规只有4条。而在查理曼法规的共1150个条款中，政治法规为273条，临时性法规为12条，其比例相对较小；道德法规为80条，民事法规110条，

① 蒲式耳（Bushel）为容积单位，1蒲式耳约等于36.37公升。但尼尔（denier）是从古代罗马时期开始使用的一种小额银币。

② 西方学者认为，这里所说的"三种语言"可能是指希伯来语、希腊语和拉丁语。

③ ［法］基佐著，沅芷、伊信译：《法国文明史》第2卷，北京：商务印书馆1995年版，第98页。

"秃头"查理

其比例相对较高。秃头查理章程内容出现的变化并不表明西法兰克王国的道德水准提高了，也不表明这里的民事纠纷减少了，而只能说明被封建割据、政局动荡所困扰的立法者已无暇顾及"无关大局"的道德问题和民事问题，临时性法规的急剧增多更是反映了立法者陷入头痛医头、脚痛医脚的疲于奔命之境地。

其次，在秃头查理章程中，有一些章程虽然表面上仍打着查理的旗号，但其实际内容与查理本人的思想却毫无关联。在这些章程中，有的是教会人士要求国王设置教职和保护教会的请求书，有的是教会人士呈交的治国意见书，如此等等，而这些请求书和意见书都被当作章程予以颁布，可见这一时期的立法已有多种源头。而查理曼的章程则与此不同，它们均是由查理曼本人发出的，查理曼一直是各种章程的制定者和中心人物。

除上述两点之外，秃头查理章程还有一些与前不同的特征，例如，调停性和规劝性的法规增多，地方性和区域性的法规增多，等等。所有这一切都充分表明，9 世纪中叶以后，西法兰克王国的王权已逐步淹没在多头政治和地方势力的汪洋大海之中。至于加洛林王朝最后几十年的立法空白，其原因更是不言自明：国王在自己的直接领地之外已无任何实际权力，颁布任何全国性的章程都只能是梦人呓语，没有约束力的国王当然也就不用费心去制定什么章程了。

接下来再简略考察一下加洛林王朝时期的文化复苏情况。既然出现"文化复苏"，那么，在此之前就必然存在过"文化衰退"。从 5 世纪西罗马帝国衰亡至 8 世纪中叶加洛林王朝建立之前的这数百年间，高卢的文化生活的确显示出与古典希腊罗马文化截然不同的特征，宗教文化在社会生活的各个领域几乎都取代了原有的世俗文化，教会学校取代了世俗学校，与宗教密切相关的课程取代了与信仰上帝无关的古典世俗课程，甚至某些在社会生活中颇为有用的课程也遭到排斥。例如，6 世纪末，有人在高卢南部一家教会学校讲授语法学，但此举却受到教皇格里高利一世（Grégoire Ier，590—604 年在位）的尖锐指责，他说："一张专供赞美上帝用的嘴竟为赞美朱庇特而开，这是不适当的。”① 连语法都可以不要的时代，其文化状况当然可想而知。

对于这一时期的“文化衰退”，有两点应当引起注意。首先，这种“文化衰退”及宗教文化的泛滥不应完全归因于教会的专横和权威，因为当时的教会仍然是软弱和混乱的。宗教文化之所以甚嚣尘上，除了教会人士的勤勉说教这一原因之外，更重要的还应当看到罗马帝国衰亡后出现的混乱苦难、各类社会关系的解体以及传统政治道德的崩溃等诸如此类的客观环境。其次，这种“文化衰退”并不意味着当时的人们已经没有智力活动，而只能说当时人们的智力活动以和过去不同的方式出现罢了。在这里，我们可以抄上几句当时的布道词。例如，“如果内部行将崩溃，那么到老远的国外去征战还有什么意义呢？一个人尽在自己葡萄园的四周掘呀垦呀而让园内长满荆棘和矮树丛，人们对这样的人会有什么议论呢？”又如，“一个人难道仅仅靠说话就能打扫其污秽的屋子吗？难道无须劳动、无须流汗，一天的工作就能完成吗？”

另外，即便在墨洛温王朝时期，也曾出现过一些重要的史学著作，其中，最为重要的有 3 部。一是格雷戈里（538—594）的《法兰克人史》(*History of the Franks*)：该书从“上帝创世”写起，终止于公元 591 年，即，该书涵盖法兰克王国早期的历史。二是以“弗莱德加”（Frédégar）之名传世的《弗莱德加编年史》(*Chronicle of Fredegar*)：公元 7 世纪上半叶，法兰克王国先后出现 6 部以法兰克人为叙述对象的编年史著作。后世学者（15、16 世纪）编了一个“弗莱德加”这样的名字，并将这 6 部编年史归在他的名下。对于这 6 部编年史，后世学者将之组合为 4 卷本史书，其中，前 3 卷（包含 5 部编年史）基本上是对已有史书的转抄和摘录，而第 4 卷（即第 6 编年史）则是作者的原创。正因如此，《弗莱德加编年史》第 4 卷便具备了特殊的史料价值，其涵盖的时间范围是公元 584—642 年。后人对墨洛温王朝中期历史的了解，主要就是有赖于这一著作。三是佚名作者的《法兰克人史纪事》(*The Book of the History of the Franks*)：该书出现于公元 8 世纪前期，642 年之后数十年的墨洛温王朝史又借此书得以补上。

加洛林王朝的文化复苏正是在前朝“文化衰退”的基点上展开的，而这一复苏的起点又是与查理曼的身体力行和广纳贤才连结在一起的。查理曼本人对文化知识有着特别的爱好和追求。根据艾因哈德的记载，查理曼曾花费很多的精力和

① ［法］基佐著，沅芷、伊信译：《法国文明史》第 2 卷，北京：商务印书馆 1995 年版，第 4 页。

时间去学习修辞学、辩论术以及天文学，而且他还努力学习写字。[①] 且不论他最终到底有没有学会写字，其导向终究是明确的。查理曼不仅热衷于学习知识，而且还会别出心裁地运用所学的知识，其突出的表现是他把一年 12 个月依次定名为冬月、泥月、春月、复活节月、快乐月、耕作月、割草月、收获月、风月、葡萄收获月、秋月和圣月。[②]

查理曼及其顾问们充分意识到民众文化水准的低下状况并为此采取挽救措施。788 年的一份章程中提到：必须恢复因“祖先的疏忽和不关心”而几乎完全消失的“学术研习的风气”；“不能容忍在敬神的礼拜和宗教课程中出现文理不通、语法错误的情况”，必须“改革这些课程”。在另一份章程中，查理曼要求：对于一切“愿意和能够学习的人”，要“按照各个人的能力，在各种文科知识方面予以教育”。查理曼的这一法令并非一纸空文，事实表明，在所辖境内的各主教区和各大修院里的确恢复了相对系统的学术研究，一种易于辨认和书写的新字体（被称为“加洛林小书写体”）在知识阶层中迅速流传开来，修订和誊抄古代典籍已经形成一股颇为壮观的潮流。

查理曼对文化人士也表现出异常的推崇。与查理曼保持密切联系的学者不仅来自境内各地，而且还来自西班牙、不列颠等境外地区，其中最为著名的是英格兰人阿尔昆（Alcuin，约 732—804）。782 年，阿尔昆应邀来到法兰克，在查理曼的支持下，他在校正古代文献手稿、恢复教育机构以及改进教学方法上均有出色建树。值得一提的是他在查理曼授意下开办的“宫廷学校”，在这里，阿尔昆经常采用一种奇特的智力训练方式。例如，在一次由查理曼之子提问、由阿尔昆作答的对话中有如下这样一些内容。“问：舌头是什么？答：抽打空气的鞭子。”“问：生命是什么？答：幸福者的快乐，不幸者的痛苦，对死的等待。”“问：什么是人？答：死神的奴隶，一个过路的旅客，一个自己住所里的客人。”“问：白天是什么？答：叫人们去劳动的呼喊声。”“问：什么东西能使苦的东西变成甜的？答：饥饿。”“问：人们永远不会厌倦的是什么东西？答：得利。”如此等等。[③]

由查理曼开启的这场文化复苏运动曾被近代以后的西方学术界称为“加洛林

① 遗憾的是，查理曼“对这项陌生的工作开始得太晚了，因之几乎没有什么进展”。见［法兰克］艾因哈德著，戚国淦译：《查理大帝传》，北京：商务印书馆 1979 年版，第 28 页。

② 这一创举很容易使人想到近一千年后大革命时期的历法改革，二者或许不无关联。

③ 关于这次“智力对话”，详见［法］基佐著，沅芷、伊信译：《法国文明史》第 2 卷，北京：商务印书馆 1995 年版，第 162—167 页。

文艺复兴”，但最近一个世纪以来，这一名称又遭受到各种各样的非难，因为它与几个世纪以后中世纪临近结束时的那场“文艺复兴”完全不能相提并论。实际上，如今的人们也都清楚地认识到，将中世纪结束时的那种文化复苏运动称为“文艺复兴”也不贴切，它也不能准确反映那一时代的本质内容。从查理曼本人及其他文化人士的实践活动中可以看出，这一时期文化复苏的最根本特征在于挽救而不在于创新，人们在文化方面的各种努力大都属于基础性的工作。但是，这种基础性工作对未来社会的作用是不容否认的。在这一方面，文化显然显示出一种与其他许多社会现象不同的延续能力。

正因如此，加洛林帝国分裂之后，文化复苏仍然能在既定的轨道上继续向前迈进。在秃头查理的西法兰克宫廷里，来自境内外的学者文人仍像以往那样受到君主的青睐。在全国各地的修道院中，缮写校订工作仍在继续，基础教育仍在进行。[①] 这里仅举一例来说明当时的文化氛围。西法兰克王国建立之初，不列颠著名神学家、哲学家兼诗人约翰·司各脱（John Scot，815—877）[②] 应邀来到秃头查理的宫廷并担任宫廷学校的主管，此后他为西法兰克的文化进步做了不少有益工作。[③] 有一次，秃头查理与约翰·司各脱共同进餐，二人面对面坐在餐桌前，席间，喜欢卖弄学问的秃头查理为了戏弄自己的客人而向之提出一个辞韵方面的问题：“是什么把‘Scot’（指约翰·司各脱）和‘sot’（意为白痴或酒鬼）隔开了？”约翰·司各脱立即答道：“就是这张餐桌。”西方文化史上的这则轶事不仅反映了约翰·司各脱的机智超人，也反映了统治者的文化旨趣，同时也反映了当时思想文化氛围的相对宽松。正是在这种氛围中，西法兰克的文化仍在继续积累，为行将到来的卡佩王朝时期法兰西文化的勃兴奠定了一个虽不够坚实但仍算丰厚的基础。

---

① 参阅 Rosamond McKitterick, “Charles the Bald (823–877) and His Library: The Patronage of Learning”, *The English Historical Review*, No. 1 (1980), pp. 28–47。

② 即“苏格兰人约翰”，当时的苏格兰实际相当于今天的爱尔兰。

③ John Scotus Erigena, *The Age of Belief*, Anne Freemantle, ed., Mentor Books, 1954, pp. 78–87.

第三章

领土聚合与城乡社会生活

（10 世纪末—15 世纪中叶）

充满悲欢离合的法兰克人 500 年政治统治结束以后，自 987 年开始，法国历史又进入另一个大约 500 年之久的锻造历程，一幅蕴含丰富的历史长卷由此展开画轴：人口急剧上升，但是一场肆虐的黑死病之后，喧嚣吵嚷的市场街道归于寂寞无语；向大自然索取耕地的垦荒运动在各地展开，但不久，新垦土地再次荒芜；来自西欧各地的学生来到巴黎大学接受知识的熏陶，但是后来巴黎大学却因与英国人、勃艮第人合力杀害贞德而沦为保守势力的代名词；在文学作品中，骑士道德成为温文尔雅、忠诚守信的象征，但在实际生活中，骑士们的粗鲁猥琐却从未真正销声匿迹；此外还有遍布各地、直冲云霄的大教堂，还有丽衣贵族们的策马狩猎，如此等等。然而，纵使这幅画卷景象万千，纵使这一切景象都是这一时期法国历史不可或缺的组成部分，但是，相比之下，在这一时期的社会百态中，对未来法国影响最大、意义最为深远的应当是法兰西国家由割据走向统一以及与此相伴而生的民族国家观念的初步形成。只是有了这个相对统一的国家和相应的民族观念，法兰西在以后的岁月中才能以独立且独特的姿态展现于世界舞台。

第一节 以王权为中心的国土归并历程

卡佩王朝建立之初的10世纪末，法国的政治格局可以说是一幅色彩斑斓的马赛克镶嵌图。一方面，国王的权力仅限于被称为法兰西岛（Île de France）① 的王室领地之中，这是一个以巴黎为中心的极不规则的长条形地带，南北长约240公里，东西最宽处约80公里，其总面积不足3万平方公里。另一方面，这一时期的法国在名义上却拥有约45万平方公里的国土。在法兰西岛四周，存在着一系列虽奉卡佩王朝为宗主但却享有独立地位的大封建领地，其中规模较大、实力较强的主要有：北面的佛兰德尔伯国（Flanders），西面的诺曼底公国（Normandie）②、布列塔尼伯国（Bretagne）和安茹伯国（Anjou），西南的阿奎丹公国（Aquitaine），东南的图卢兹伯国（Toulouse），东面的勃艮第公国（Bourgogne）③以及东北的香槟伯国（Champagne）。因此，王室领地法兰西岛已经成为在独立领地包围下的名副其实的“孤岛”。

对于王权低靡、诸侯纷起的局面，后世历史学家有过许多深透的分析，如，国王只是众多大封建主中的首席，只是“在众兄弟中排行老大”（first among equals）；人们只认同于教会和自己的直接领主，他们似乎根本不在意还有什么法兰西国王和法兰西国家；或者说，人们首先认可自己是朗格多克人、勃艮第人、阿奎丹人，如此等等，然后才会说自己是法国人。这类描述无疑有其真实的一面，但是，对于这种目中无王的现象，也不宜作漫无节制的挖掘和渲染，否则就

---

① 从可考的文献资料来看，在整个卡佩王朝时期，尚未出现“法兰西岛”（Île de France）这一说法，只是到了1387年（瓦洛亚王朝早期），文献中才首次提及“L’Île-de-France”（“法兰西岛”的旧式拼写法）。至于“法兰西岛”中“岛”字的含义，一直没有明确的结论。一般认为，这里所谓的“岛”，大致是指由瓦兹河（Oise）、马恩河（Marne）与塞纳河（Seine）等三条河流围圈起来的那一片土地。

② 诺曼底公国是这一时期极为活跃的一支力量。1066年，诺曼底公爵威廉（1028—1087，即“征服者威廉”，William the Conqueror，Guillaume le Conquérant）征服英国。作为英王，他与法王平起平坐。作为公爵，他又是法王的附庸。正是这种亦主亦仆的二元身份导致了英法两国的长期纷争。

③ 843年《凡尔登条约》签订以后，原勃艮第地区被一分为二，形成东、西两个勃艮第。西勃艮第归属秃头查理的西法兰克王国，称勃艮第公国，其首府为第戎。东勃艮第归属罗退尔的中法兰克王国，称勃艮第伯国，首府为贝藏松，后来勃艮第伯国改称弗朗什－孔泰（Franche-Comté），直至1678年才由路易十四将之纳入法国版图。

很难解释法国为什么能够以王权为中心最终完成了国家统一。王权不论如何弱小，它终究有着一般封建主所不可能拥有的神秘且神圣的色彩，其感召力也是其他任何势力所无法企及的。而且，王室在行使这一特殊权力的过程中也会通过各种途经从理论上对王权的特殊性加以强化和完善，从而使一切势力（不论其愿意与否）都要归顺到王权的麾下。这种王统理论的形成不仅有助于法兰西国家由分裂走向统一，而且对于统一后法国君主制度的进一步发展也具有不可忽视的奠基意义。

法兰西王统理论在其发展过程中逐渐形成了一系列颇具约束力或影响力的原则，如王位世袭原则、长子继承原则、女性及母系亲属不得为王原则以及王权独立性原则（即王权不受制于外部力量特别是不受制于教会）等等。这些原则的付诸实施不仅使得法国王位的传承能够以比较平和的方式绵延下去，而且也使得法国封建王朝在维护王权独立乃至国家独立方面能够拥有比较锐利的理论武器，同时它还为法国王权的继续发展创设了神秘且神圣的氛围和情境。因此，有理由认为，法兰西国家围绕王权而出现的领土和政治上的统一并不是偶然的，它是王权理论及其实践的必然结果。①

对于中世纪法国来说，由封建割据到政治统一是一个漫长且不断出现反复的过程。如果从卡佩王朝最初几位君主的徒劳尝试算起，到 15 世纪晚期最后一个大型独立领地布列塔尼的归并，其间历时长达约 5 个世纪之久。法国的政治统一并不是单纯依靠军事征服或军事占领来完成的，甚至说，军事行动并不是法国得以完成统一的最主要手段。在领土归并过程中，法国王室除了采取必要的军事征服措施之外，它更多的是借助于继承、联姻等非军事手段。正因如此，领土的转移和归并呈现出较大的不确定性，一份婚约可以将数万平方公里的领地以嫁妆的名义纳入王室的控制之下，而一纸离婚协议书又可在顷刻之间将此前的成果化为乌有。当然，随着王室威信的日益提高和王室实力的不断增强，不论是通过军事手段豪夺来的领土，还是通过继承、联姻手段巧取来的产业，其对王权的向心趋势从总体上来说还是在不断强化的。

---

① 关于中世纪法国王统理论的详细内容，可参见陈文海：《试论中世纪中后期的法兰西王统理论》，载《世界历史》1999 年第 1 期，第 49—56 页。该文另见彭小瑜、高岱主编：《外国史读本》，北京：北京大学出版社 2006 年版，第 260—272 页。

一、王领内外的惨淡经营（10世纪末—12世纪晚期）

即便在王室领地之内，最初几代的卡佩国王也是处于一种捉襟见肘的无奈境地，除了一顶具有几分神秘色彩的王冠之外，很难找到一种能与周围大封建主相抗衡的东西。这时的卡佩君主一无固定的住所，今天住在巴黎，明天就有可能搬到奥尔良；二无常设的行政机构，国王走到哪里，由少量随从组成的“政府”也就跟到哪里；三无固定的财政收入，为了过上比较体面的王家生活，甚至国王本人也会极不体面地亲自参与打家劫舍、拦截商旅。更令这些“三无”国王窘迫的是，王室领地之内也是纷扰不宁，关卡林立，障碍重重。王权这种令人沮丧的状况毫无疑问制约了卡佩王朝早期诸王的行动，因此，在这一时期，王室的主要活动是内向的，即主要就是在法兰西岛这片不大的领地内苦心经营自己的王家事业。

首先是巩固王位的归属权并逐步神化王权。987年，取得王位刚刚几个月的开国君主于格·卡佩就将时年15岁的儿子罗贝尔（Robert，即未来的虔诚者罗贝尔二世，996—1031年在位）立为王位继承人。虔诚者罗贝尔二世为保证能有男嗣继承王位，先后离弃了两位只会生育女儿的王后。其第三位王后为之生了4个儿子，继承权的归属于是又成为一个问题，经过残酷的宫廷争斗，长子继承制得以确立（如果长子早亡，则由次子继之，余此类推），这就确定了王位的有序传承。更为重要的是，通过涂油礼①和加冕礼，从11世纪初开始，卡佩国王们已经具备了其他任何人都不具备的神奇力量和神秘色彩，国王成为包治百病（特别是淋巴结核病）的神医。按照流行的说法，国王用圣水给盲人洗脸，盲眼即可复明；国王划一十字，就能使伤口愈合。②

其次是结束王领境内的动荡局面以稳定社会经济秩序。从胖子路易六世（Louis VI le Gros，1108—1137年在位）开始，王室的权威有了初步的发展。根

---

① 涂油礼源于克洛维受洗的传说。据称，克洛维皈依基督教并接受洗礼时，上帝派遣一名天使（化身为鸽子）送来装有上等香油（圣膏油）的“圣油瓶”（la sainte ampoule），用圣油涂身的克洛维由此神圣起来。“圣油瓶”中的香油用完之后，瓶子会自动重新注满香油。这一神话故事最初只是偶尔流传于民间，到了13世纪后期，圣德尼修道院修士普里玛（Primat）将这一神话纳入《法兰西大编年史》（*Grandes Chroniques de France*）。此后，“圣油瓶”变成了法兰西王权的重要标志之一。

② 关于法国国王的“神医”身份，可详见 Marc Bloch, *Les Rois Thaumaturges*, Paris: Gallimard, 1983。马克·布洛克的这部经典著作（其中文译名各式各样，笔者觉得，将之译为《神医国王》可能较为合适）至今尚无中文译本。

“胖子”路易

据路易六世的密友苏热尔（Suger，生卒年1081—1151，1122—1151年间任素有“王家档案馆”之称的圣德尼修道院院长）所写的《路易六世传》记载，这位国王既好色又贪食无厌，年纪轻轻之时已是大腹便便，因此获得“胖子路易”这一绰号，到40多岁时已无法爬上马背；路易六世经常脸色苍白，据说原因在于其继母投放慢性毒药催他早死。[①] 虽然如此，路易六世的政绩还是不可抹杀的。在苏热尔的竭力辅佐下，路易六世初步敉平了横行乡里的中小领主和不听差遣的大封建主，王室领地内的社会秩序稍显安定，各地的经济联系亦稍有起色。路易六世去世以后，苏热尔又一以贯之地辅佐新王路易七世（Louis VII，1137—1180年在位）。在苏热尔的建议下，路易七世决定将巴黎作为永久性的首都，王宫迁徙不定的历史从此结束。

虽然说卡佩王朝最初几位国王的活动以内政为主，但这并不排除他们在适当的时候到王室领地之外去展现一下王者的风采。1004年，勃艮第公爵死后无嗣，虔诚者罗贝尔二世便以国王的身份兼领勃艮第公爵头衔。1016年，罗贝尔二世将勃艮第公爵头衔授予长子亨利（1008—1060，即后来的法王亨利一世，1031—1060年在位）。1032年，已经继承了父亲王位的亨利一世又将公爵头衔让与其弟。但是，到了11世纪晚期，勃艮第又从王室领地中分离出去。1124年，内部尚未稳定的路易六世却将视野伸出了国外，他试图动员法兰西全体贵族以与东邻德意志开战，其意在于夺取东部边境的土地，但最终未果。[②]

卡佩王朝早期诸王在王领之外一切活动中，最富戏剧色彩的是路易七世的婚姻及其得失。在其父王路易六世生前斡旋下[③]，路易七世成年后迎娶阿奎丹公国

① 详见 Suger, Abbot of Saint Denis, *The Deeds of Louis the Fat*, trans., Richard Cusimano and John Moorhead, Washington, DC: Catholic University of America Press, 1992。

② 参见黄春高：《“国王们都有长长的手臂”——法国路易六世时期的王权》，载《历史研究》2006年第2期，第114—137页。

③ 路易六世为儿子撮合成功这桩婚事，意味着阿奎丹将被并入儿子的领地。路易六世在听到联姻成功的消息之时，“高兴得几乎说不出话来”。参见 Alison Weir, *Eleanor of Aquitaine*, London: Jonathan Cape, 1999, p. 22。

女继承人埃莉娜（Aliénor d'Aquitaine，1122？—1204）为后，按照惯例，阿奎丹公国将作为随嫁品而带入卡佩王室。这一联姻使得王室领地一夜之间成为王国境内最大者。1147年，路易七世参加由教会发起的第二次十字军东征，埃莉娜伴驾随行。在中东期间，埃莉娜与自己的叔叔雷蒙（Raymond）偷偷地同枕共眠。回国之后，路易七世以"近亲结婚违反条规"（两人的"亲等"相隔四代）为由于1152年与埃莉娜离婚。仅仅一个多月之后，对离婚并不介意的埃莉娜便转嫁给对其艳史同样并不介意的、比自己至少小9岁的表弟诺曼底公爵亨利（而这两个人是相隔三代的近亲），同时也将阿奎丹公国这份彩礼从法国王室手中收回并转给了诺曼底公爵亨利。[①] 一度膨胀的王室领地由此重新退缩到原有的水准；诺曼公爵亨利的领地则大大扩展，而且亨利又于1154年继承英国王位，建立了金雀花王朝（普兰塔日奈王朝，Plantagenet），英法之间的关系更趋复杂。

二、王室领地的全面扩展（12世纪晚期—14世纪早期）

经过约两个世纪的伸张，到12世纪晚期，卡佩王朝已初步改变原先的那种落魄形象，王权的威慑力和向心力有了较为明显的增强，王室领地的物质力量以及与周边地区的经济交往也有了较大长进。正是有了这样的基础，在卡佩王朝后期，以王权为中心的法兰西国家在统一的征程上又迈出重要一步。在此过程中，卡佩王朝先后出现3位在政治上颇有作为且在性格上也别具特色的君主，即：以武功和狡黠著称的腓力二世（腓力·奥古斯都，Philippe II Auguste）、以信仰虔诚闻名的路易九世（圣路易，Saint Louis）以及以贬损教会而名垂后世的腓力四世（美男子腓力，Philippe IV le Bel）。

腓力二世（1180—1223年在位）正式继位时年方15周岁，据称他曾试图学习中世纪西欧的标准语言拉丁语，但却未见成效，结果就是一口地地道道的北方土语一直伴随着他走进坟墓。对于法兰西民族语言的成长来说，腓力二世的这一缺憾或许并非坏事。腓力二世虽然缺乏语言天赋，但在内政外交方面却大显其能。在中央，他将原有的御前会议改组为两个常设机构，一个是专门负责政治事

① 埃莉娜是唯一一位既做过法国王后又做过英国王后的女人，其具体年龄存疑。按照13世纪后期出现的一份家谱所载，1137年春，埃莉娜13岁。Ralph V. Turner, *Eleanor of Aquitaine*, New Haven: Yale University Press, 2009, p. 28。

“奥古斯都”腓力二世

务的国王参政院（Conseil du roi），另一个是专门处理司法问题的高等法院（Parlement），王室政府的办事效率由此大为提高。在地方，腓力二世向辖区各地委派拥有司法、财政、行政权的地方大法官（在北部称“巴伊”，bailli；在西部和南部称“塞内夏尔”，sénéchal），这类官员领取定期薪俸且由国王直接任免，中央集权的趋势由此渐强。[①] 与此同时，腓力二世还在法国开创了对财政事务进行系统管理的先河，并在王宫设立了档案署。此外，腓力二世对首都巴黎的扩建改造也倾注了大量精力，卢浮宫（Louvre）初步建成，前代国王下令开工的巴黎圣母院（Notre-Dame de Paris）尚在精雕细琢之中，西欧学术中心巴黎大学也初具雏形。

为腓力二世赢得更大声誉的是他在开拓王室领地方面所取得的辉煌业绩。腓力二世当政之初，王室的直接领地仍局促于法兰西岛，而王权的进一步发展势必要打破这一界限。在西面：法国的大片土地都处于英国控制之下，为瓦解英国人在这里的统治，腓力二世施展各种虽不光明磊落但却极有成效的手段，促成金雀花王朝内部纷争不已。英王亨利二世在位（1154—1189）时，法国方面唆使其子理查（狮心王）反叛之。理查在位（1189—1199）时，法方又怂恿其弟约翰倒戈。“失地王”约翰在位（1199—1216）时，法方又收买其侄子与之为敌。通过这一系列措施并辅以军事征服，到 1204 年前后，法兰西岛以西的诺曼底、曼恩（Maine）、安茹（Anjou）和普瓦图（Poitou）等地均已被纳入王室领地之内，英国在大陆的领地仅剩阿奎丹一隅。

在北面：佛兰德尔伯国具有很强的离心倾向，实际上它已处于独立状态且与英国保持密切的往来。英国“失地王”约翰对于失却在法国的大片领地一直于心不甘，于是联合佛兰德尔伯爵以及神圣罗马帝国皇帝等反法势力与腓力二世再次展开军事争夺。1214 年 7 月，双方在布汶（Bouvines）[②] 进行决战，法国方面最

① 参见陈文海：《权力之鹰：法国封建专制时期督办官制度研究》，长春：吉林大学出版社 1999 年版，第 35—36 页。

② 布汶位于今法国北方省首府里尔市（Lille）附近。

终获得胜利，并乘胜追击，直至攻克英国首都伦敦。佛兰德尔由此成为法国王室的领地，腓力二世也因此获得“奥古斯都”的尊号。不过，佛兰德尔的问题并未最终解决，它与英国方面的联系（特别是经济方面的联系）一直没有切断。

在南方：图卢兹伯国具有“准”王国的独立色彩，而且这里的宗教问题也远比其他地区复杂。在这里，自 12 世纪中期起，源于东南欧的非正统基督教派别纯洁派① 开始流传并得到伯国政权的支持。这一异端以“阿尔比地区”② 为中心，故又得名“阿尔比派”。1209 年，教皇英诺森三世（Innocent III，1198—1216 年在位）号召基督教世界对之进行十字军征讨。腓力二世深感此时贸然介入这一有多重势力插手的军事行动不合时宜，因此他本人没有亲自出马，而只是默许北方的大小领主（包括国王的儿子路易即未来的路易八世）参与讨伐行动。在腓力二世时期，图卢兹地区的阿尔比派教徒虽大量死于非命，但与正统教会的抗衡并未消失，图卢兹伯国与法国王室仍然保持分离状态。路易八世（Louis VIII，1223—1226 年在位）继位以后，法国王室才在国王的亲自主持下正式出兵图卢兹，但路易八世亲征不利，在围攻图卢兹时身染重病，未及返回巴黎便客死途中，年仅 39 岁。因此，南方问题仍未彻底解决。

“圣徒”路易九世

为卡佩王朝的历史留下厚重一页的另一位国王是路易九世（1226—1270 年在位）。路易九世即位时年仅 12 岁，因此由其母布朗茜（Blanche）担任摄政。路易九世成年后，在国政方面，依然倚重其母，

① 该教派认为，罗马基督教会已经腐朽堕落，因此，必须改造教会，并引导信仰走向“纯洁”（catharos）。该派别在基本教义方面与正统基督教亦有重要区别。正统基督教认为，世界万物不论好坏均是由上帝一手创造的。纯洁派则认为，上帝只创造了美好的东西，那些邪恶的东西则是魔鬼撒旦所为。参见 René Nelli, *Dictionnaire des Hérésies méridionales*, Toulouse: Privat, 1968, pp. 91–92。

② 国内学术界普遍的观点是，“阿尔比派”（Albigeois）之所以得名，是因为纯洁派的最重要据点是在法国南部阿尔比城（Albi，位于图卢兹东北，今为塔恩省首府）。据西方学者研究，这种看法并无事实依据。阿尔比城的异端并不比其他南方城市多，其城市地位在纯洁派历史中也并不特殊。在法语中，“Albigeois”还表示从高卢时期就已存在的一个地区概念，指中央高原南部高卢人的聚居地，此即“阿尔比地区”，其范围大致包括后来的阿尔比主教区和卡斯特（Castres）主教区。

直至她1252年去世为止。因此，路易九世在位时间虽长达44年，但实际主政仅18年。虽然说路易九世在治理国家方面有过不少出色的业绩，如实行旨在遏止封建主混战的“国王四十日”和平制度、加强王室政府对地方的巡查和监控、提高王室法庭地位使之成为最高上诉法庭以及改革币制促进货币统一等等，但是，使他声名远播的主要是其虔诚的“圣徒”形象。

路易九世恪守宗教仪轨，而且对圣物的崇奉达到近于痴狂的程度。他不惜花费重金，从拜占廷皇帝那里购得据称是耶稣当年使用过的物品，如荆棘冠、圣矛以及耶稣受难时的十字架残片等等，而且专门建造了闻名后世的小圣堂（Sainte-Chapelle）以供奉这些圣物。路易九世常以慈善家的面目出现在公众生活之中，他曾下令创办盲人救济院，曾给穷人洗脚，给病人送饭，还亲自探望麻风病患者。路易九世奉行苦行精神，能够长期斋戒以求醒智，而且其衣着朴素，夏天一身黑，冬天一身灰。有时他也会表现出一些古怪的幽默感，他曾不止一次地向那些衣着华丽的朋友们送去通常是苦行僧才穿用的粗布衬衣。

与心善手软的“慈父”形象相映成趣的是，路易九世在政治生活中表现出鲜明的两重性特征。一方面，他对正统基督教以外的一切非正统信仰或异端均持排斥甚至绝不宽容的态度。他认为征伐邪恶的穆斯林是其义不容辞的分内之责，于是先后在1248年和1270年两次率领十字军劳师远征，但均以失败告终。第一次远征兵败被俘后，他交纳了50万锂赎金方才获释，第二次远征时则因染病而命丧突尼斯。他对法国南部的阿尔比异端残余势力亦毫不留情，曾协助罗马教会在法国各地广设异端裁判所并将拒绝悔改的异端分子送上火刑柱。他对犹太教也是充满了厌恶之情，曾竭力劝使犹太人皈依基督教，对于抗拒者则强令他们佩戴黄色“轮形符号”作为其身份标志。对于犹太人的放贷取息行为，路易九世也曾下令严惩，认为犹太人的这类劣迹“搞穷了我的王国”。①

另一方面，路易九世在基督教世界内部却又到处宣扬和解精神，甚至在其前辈国王们苦苦追求的领土问题上也是如此。图卢兹伯国的大部分土地是在路易九世冲龄时期通过条约形式转归法国王室的（1229年），这与路易九世本人无直接关系，而其他一些领土谅解则体现了路易九世的风格。例如，他与西班牙半岛上的阿拉冈（Aragon）国王达成协议，即法国方面放弃对巴塞罗那（Bacelone）和鲁西永（Roussillon）等地的宗主权，而阿拉冈方面则彻底放弃对图卢兹伯国的

① ［法］雅克·勒高夫著，许明龙译：《圣路易》，北京：商务印书馆2002年版，第686页。

权力要求。1259年，路易九世又与英国方面签订领土和约，根据此约，英王除了保有阿奎丹（吉耶讷，Guyenne）之外还获得利穆赞（Limousin）、佩里戈尔（Périgord）、凯尔西（Quercy）以及圣通日（Saintonge）等原属英王但后被腓力二世等人夺占的领地；作为交换条件，英王承认自己是路易九世的附庸，并完全认可路易九世对诺曼底、安茹和普瓦图的占有权。

对于路易九世在领土问题上的上述做法，其同时代人以及后世史学家曾发表过许多不满的言辞，但是似乎应该认为，不应将路易九世的行为与近现代国家观念中的“卖国卖土”问题简单等同起来，而应从他当时的政治理念来看待这一现象。在他看来，君主的权力和威望并不仅仅取决于其国土的规模，更重要的是取决于附庸的数量以及附庸本身的重要程度。关于这个问题，勒高夫曾有精到的评论，他认为，封建制和君主制虽然分属于两种不同的理论，遵循的也是两种不同的逻辑，但二者并不是对立关系，在历史和现实中，它们是相辅相成的，是可以融合在一起的，而路易九世则是“体现这种奇特融合的最优秀法国国王”。[①] 另外，路易九世在领土问题上也并不是那种无原则的退让主义者，他仍是“最有效地为扩张国土而努力工作的国王之一”，他“决不放过一个缔结有利的条约和通过漂亮的手段获得额外领土的机会”。[②] 例如，布洛涅（Boulogne）、皮卡尔迪（Picardie）、韦芒杜瓦（Vermandois）、瓦洛亚（Valois）、奥佛涅（Auvergne）等地都是他在位时期通过和平方式转到王室领地之中的。

路易九世的虔信精神及其实践在其在世时即已博得社会民众的普遍敬仰，因此在他去世后不久，人们就自发地称之为“圣徒”并纷纷前往他的墓地进行祈祷。1297年，教皇卜尼法斯八世（Boniface VIII，1294—1303年在位）正式通谕封授路易九世为“圣徒”。值得补赘几句的是，作为法国历代君王中唯一一位得到天主教会正式认定的“圣徒”，路易九世并不是一位天生的“圣徒”，他的信念转化及坚定主要是其成年以后的事。据记载，青少年时代的路易九世热衷于将王宫摆满豪华的家具，喜欢穿着鲜艳精美的服装。他不爱读书，却爱打猎、放鹰及各种娱乐活动。甚至有人指控他具有调情放荡的劣迹，直至其母亲为之娶了妻子，他才收心安定。然而，正是这样一位浪子少年最终却成了天主教世界的“楷模”。[③]

---

① ［法］雅克·勒高夫著，许明龙译：《圣路易》，北京：商务印书馆2002年版，第696—697页。

② ［法］基佐著，沅芷、伊信译：《法国文明史》第三卷，北京：商务印书馆1997年版，第280页。

③ 参阅 Jennifer R. Davis, “The Problem of King Louis IX of France: Biography, Sanctity, and Kingship”, *Journal of Interdisciplinary History*, No. 2 (2010), pp.209–225。

“美男子”腓力四世

路易九世之后的卡佩王朝还有 6 位国王先后继位，其中对后世法国历史影响最大的是腓力四世（1285—1314 年在位）。由于其兄长早死，腓力四世以幼子的身份于 1285 年继承其父的王位，时年 17 岁。腓力四世性格孤僻，沉默寡言，但身材高大，长相英俊，因此人称“美男子腓力”。然而，腓力四世又以残暴而名闻当时与后世，法国南部的帕米耶（Pamiers）主教贝尔纳·塞赛特（Bernard Saisset，1232 —1314）有言：腓力四世“既算不上人，也算不上兽，他只是一尊雕像而已。”

在国土归并方面，腓力四世又取得一些进展。1284 年，他迎娶香槟伯国及那瓦尔王国（Navarre）女继承人约安娜（Joan de Navarre，1273—1305），从而使王权在法国东部有了较为稳定的基础，同时又使法国与西南方的那瓦尔王国产生了数百年难以割断的联系。[①] 腓力四世又与英国方面进行了长达十余年的纷争，但是，在腓力四世统治期间，英王在法国西南部的领地依然未能纳入法国王室控制之下。一直处于若即若离状态的北方重地佛兰德尔也是腓力四世长期耿耿于怀的焦点地区之一，1300 年对之讨伐成功以后，腓力四世旋即对佛兰德尔居民实行重税政策。1302 年，佛兰德尔贵族及城市平民掀起暴动，并且击败了前来镇压的法国骑士团。1304 年，腓力四世再次派兵讨伐，佛兰德尔被迫屈服，但貌合神离的状况并未就此结束。

虽然说腓力四世在领土归并方面取得了一些成果，但后世历史学家对此似乎并不热心，人们倒是更为关注腓力四世对金钱的钟爱以及为获得金钱而采取的手段。长期频繁的军事行动必然需要有足够的经费作为支撑，但是，不健全的税收体制使得腓力四世无法通过正常的渠道获得财政支持，因此，他干脆求诸一些

---

① 那瓦尔王国（Royaume de Navarre）位于比利牛斯山脉南北两侧西隅，是由当地巴斯克人建立的国家，最初形成于 9 世纪早期。腓力四世娶约安娜以后，约安娜继续保留那瓦尔女王头衔。1305 年约安娜死后，那瓦尔王位由法国王室兼领。卡佩王朝于 1328 年结束后，那瓦尔王位转到腓力四世之弟路易的后代之手。此后，法国与那瓦尔王国在两国王位问题上经常出现纠纷。1513 年，那瓦尔王国南部地区被卡斯提（Castile）国王征服，随后被并入西班牙。1589 年，那瓦尔国王亨利三世（Henry III）继承法国王位（称亨利四世），两国关系更加密切。1620 年，那瓦尔王国并入法兰西，其作为国家的历史就此终结。参阅 Bascle de Lagreze, *La Navarre française*, Paris: Imprimerie nationale, 1881。

非常渠道。1306 年，腓力四世首先将目光瞄准因经营有方而拥有巨额财富的犹太人，这些犹太人被剥夺全部财产之后立即被驱逐出境。随后，来自意大利的伦巴德银行家们也遭到同样的命运。1307 年，腓力四世又向圣殿骑士团发起进攻，骑士团成员被冠以滥施巫术、生活淫荡以及信奉异端等罪名，其中有 36 人在这一年被严刑拷打致死。1310 年，又有 67 名成员被判有罪并被烧死在火刑柱上。1312 年，教皇克勒芒五世（Clement V，1305—1314 年在位）正式下令取缔圣殿骑士团，骑士团财产除了少量划归教会外，大部分归腓力四世占有。①

此外，为了广开财源，腓力四世还颁布了一系列旨在禁止"奢华"生活方式的法令。1294 年的一项法令曾规定：普通自由民不论男女均不得穿皮衣，均不得佩戴任何金银首饰或珠宝饰品；公爵、伯爵、男爵一年中新做的服装不能超过 4 套，他们的夫人也不能超出这一限定；儿童一年中只能做一套新衣服；不论何人，正餐均不得超过两菜一汤，而每盘菜里只能有一块肉②。对于违反上述规定者，法令制定了明确的罚款金额(依地位高低分别处罚 100 锂、50 锂、25 锂不等)；为了有效贯彻此类法令，腓力四世还明文规定，全社会成员均有权告发违规者，违规案一经查实，告发者即可获得罚款的 1/3 作为酬金。且不论这类规定是否合理，它毕竟表明法国王权有了明显的发展，它的触角已经伸展到社会生活的各个方面。

在腓力四世为金钱而采取的各种行动中，最具影响的是他对教会所奉行的强硬政策。在腓力四世以前的数百年间，教会与世俗政权之间的关系虽不像西方某些教会史学家所说的那样"晴空万里"，但其总体关系毕竟是以合作和互相吹捧为主。然而，随着民族国家观念的初步萌生，罗马天主教会的霸权观念开始受到质疑并遭到挑战，法国在这一方面表现得尤为激进。13 世纪末，为了筹措战争经费并为了满足王室各种日益增大的财政需求，腓力四世下令向一直享有各种免税特权的法国教士开征俗世什一税，此举遭到以天主教世界首脑自居并以教权至上论为最高宗旨的教皇卜尼法斯八世（1294—1303 年在位）的强烈抨击和抵制，教俗之间的矛盾由此彻底公开化并日趋走向激烈。这一矛盾的进一步发展最终导

---

① 关于圣殿骑士团之所以惨遭"灭门"的原因，学术界有不同看法。有学者认为，腓力四世镇压圣殿骑士团，并非出于钱财方面的考量，而是腓力四世的宗教狂热和宗教偏执使然。参见郭建淮：《论腓力四世镇压圣殿骑士团的真正原因》，载《东北师大学报》2008 年第 4 期，第 73—80 页。

② 肉块的大小没有规定，看来还有一定的回旋余地。参阅［法］基佐著，沅芷、伊信译：《法国文明史》第 3 卷，北京：商务印书馆 1997 年版，第 310 页。

致两个重要后果。[①]

首先，教会的威势急转直下。为了激起法国人的反教会情绪，腓力四世先是在舆论上对卜尼法斯八世展开道德方面的讨伐，指责他是一位谋害前任教皇的篡位者，而且据称这位教皇还说过一句让全体法国人无法忍受的羞辱性话语，即他“宁可做一条狗也不愿做一个法国人”。随后，腓力四世派遣掌玺大臣诺加莱（Nogaret，1260—1313）南下意大利，在教皇驻地阿那尼（Anagni）将卜尼法斯八世捕获并大加凌辱。尽管教皇随即被其支持者营救出狱，但受尽侮辱、惊魂难定的他还是旋即忧愤而死。此后，罗马教皇的影响及声誉江河日下。1305年，在法王的操纵之下，波尔多大主教贝尔特朗·德·高特（Bertrand de Goth，1264—1314）这位地地道道的法国人被扶上教皇御座，称克勒芒五世。1309年，一直唯法王之命是从的克勒芒五世将教廷所在地由罗马迁往教廷在法国南部的“飞地”阿维农（Avignon）[②]。在此后的近70年时间里，被称为“阿维农之囚”（1309—1378）的教廷一直具有浓厚的法国色彩，此间教廷委派的134名阁员中，法国人占113名，这就保证了法籍教士对教皇职位的垄断权。被打上“法国制造”的烙印之后，教廷对天主教世界的号召力已趋向虚无。从世俗国家的发展趋势来说，以维持神权一体化为己任的教廷的衰败实属必然。

其次，法国的政治结构出现新变化。在与教皇卜尼法斯八世的斗争中，为了制造一种全民授权、全民支持的氛围，腓力四世于1302年3月23日至4月10日在巴黎圣母院召开了由神职人员、世俗贵族和富裕市民代表参加的国务会议。[③]三个阶层的代表分别拟订了一封致教皇的谴责信（实际上也就是挑战书），腓力四世对卜尼法斯八世的斗争也由此得以大张旗鼓的展开。对于这次会议在法国历史上的地位，后世历史学家往往给予格外的重视，认为它是法国“三级会议”（Etats Généraux）的始祖，而且是法国由割据君主制转向等级君主制的标志。[④]实际上，在13世纪中叶的路易九世时代，王室政府就已开始不定期地召集或邀请有一定社会地位的市民代表参与王室的国务会议，他们与高级僧侣及世俗贵族一

① 参阅 Elizabeth A. R. Brown, “Taxation and Morality in the Thirteenth and Fourteenth Centuries: Conscience and Political Power and the Kings of France”, *French Historical Studies*, No. 1 (1973), pp. 1–28。

② 阿维农今为法国南方省份沃克吕兹省（Vaucluse）的首府。

③ 有些法国史著作认为三级会议的会期“一般只有一天”，此说有误。1302年的“三级会议”显然就大大超出了这一期限。在法国历史上，没有任何一次三级会议是在一天之内开完的。

④ 参阅 Joseph R. Strayer, “Philip the Fair: A ‘Constitutional’ King”, *The American Historical Review*, No. 1 (1956), pp. 18–32。

道就王室政府关注的问题进行讨论。因此说，腓力四世并不是邀请第三等级（以市民为代表）参加国务会议的第一人，只不过是在他统治时期这种会议开得稍微频繁一些。

三级会议的经常召开在法国政治史上具有重要意义，它表明城市自由民的社会地位和经济实力已经达到了令上层社会不能忽视的程度，同时它也表明在当时的社会政治生活中已出现了建立法制政府或民意政府的朦胧政治观念。但是，法国的三级会议与英国的议会有着极为悬殊的差别，它并不像英国议会那样是由王室会议演化而成，而完全是一个处在王室政府之外的临时性组织。在王室征税问题上，三级会议也没有真正的发言权，因而也就无法像英国议会那样通过对金钱的逐步控制而获得与国王讨价还价的地位。从三级会议的实际历史中可以看出，国王通常只是在遇有重要的战争或和平问题以及遇有重要的外交问题时才召集此类会议，而包括立法工作在内的王室政府的其他事务则与三级会议无关，在这里，国王的权威居于至上的地位。三级会议从未形成相对固定的组织程序、会议程序，甚至连每隔多少年开一次之类的最基本的规章也不存在。可以说，自三级会议诞生之日起，法国就走上一条与英国不同的政治路途，18 世纪末法国的政治动荡在这里已经埋下一条草灰蛇线式的慢性导火索。

三、领土的离散与再次回收（14 世纪前期—15 世纪中叶）

腓力四世以后的一个多世纪里，法国的领土及疆界继续处于不断变动之中。与前几个世纪稍有不同的是，已经完成约 70%领土归并进程的法国王室在这一时期的最主要竞争对手基本局限于英国王室这一具有特殊身份的政治势力。英法之间的领土纷争由来已久，自 1066 年诺曼底公爵威廉征服英国之日起，这一纷争就一直没有断绝。虽然英王以法王附庸身份在法国大陆领有的土地不断萎缩，但一直没有彻底丧绝。在 14 世纪初，英王仍然领有法国西南部的吉耶讷和加斯科尼（Gascony）以及英吉利海峡沿岸的蓬蒂约（Ponthieu）等小片土地。① 对于这些土地，法国王室力图将之完全收回，而英国王室则试图将之永久占领，而且

① 当时英国王室领有的吉耶讷和加斯科尼大致相当于今法国西南大西洋沿岸的滨海夏朗德省（Charente-Maritime）、吉伦特省（Gironde）、朗德省（Landes）以及大西洋岸比利牛斯省（Pyrénées-Atlantiques），蓬蒂约大致相当于今法国加来海峡省（Pas-de-Calais）和索姆省（Somme）两省毗邻地带。

还希望能够恢复已被剥夺的领地。可以说，这种矛盾是英法王室长期冲突的最主要原因。

在这一矛盾中，也夹杂着一些经济方面的因素，其焦点主要集中在佛兰德尔方面。佛兰德尔毛纺织业比较发达，其生产原料主要来自英国，因此，佛兰德尔成为英国羊毛出口的重要市场，因而也就成为英国养羊业持续发展的重要保障之一。但是，佛兰德尔在政治上却隶属于法国王室，而法国王室除了对之采取重税政策之外，还在鲁昂、亚眠、兰斯等地积极发展毛纺织业以与佛兰德尔竞争，其结果也就必然影响到英国的经济利益，两国矛盾由此进一步复杂。不过，对于经济因素在两国王室矛盾中的分量不宜估计过大，它在中世纪王朝竞争中只能居于从属地位。

英法矛盾激化的直接原因是卡佩王朝的绝嗣。腓力四世共有四个儿子，其中，幼子罗贝尔（Robert，1297—1308）童年而亡。1314 年，腓力四世去世，其王位先后由尚在人世的三个儿子继承。①1328 年，卡佩王朝的末代国王查理四世（Charles IV，1322—1328 年在位）未留男嗣而死，英国国王爱德华三世（Edward III，1327—1377 年在位）以前国王外甥的资格要求兼领法国王位。法国三级会议从《撒利克法典》有关条文中引申出一条“女性及母系后裔无权继承王位”的原则并据此拒绝英王的要求，同时推举腓力四世之弟查理（瓦洛亚伯爵）的儿子腓力继承王位，称腓力六世（Philippe VI，1328—1350 年在位），由此开创了瓦洛亚王朝（la dynastie des Valois，1328—1589）。

英王既然失去了法国王位兼领权，作为吉耶讷、加斯科尼及蓬蒂约等地的领有人，他就必须以附庸的身份向新任法王宣誓效忠。1329 年 6 月，爱德华三世前往亚眠大教堂，按照既定的程式跪在腓力六世面前完成了附庸效忠宣誓仪式②。然而，两国王室均无意真正履行这种已经略显过时的封君封臣规范，法王希望能将英王彻底地赶出大陆，而英王也没有真正放弃对法国领土及王位的觊觎。因此，效忠仪式之后的英法两国依旧各怀心事，纷争不断。

---

① 卡佩王朝最后十余年的王位继承问题比较复杂，严格来说，除了腓力四世的三个儿子之外，还有一个短命的约翰一世。其沿革顺序是：路易十世（Louis X）、“遗腹子”约翰一世（Jean Ier le Posthume）、腓力五世（Philippe V）和查理四世（Charles IV）。

② 有的法国史著作将这次仪式视为“加冕礼”，此说不妥。作为国王，英王爱德华三世和法王腓力六世在地位上是同等的，法王没有资格为英王“加冕”，实际上，英王爱德华三世 15 岁时（1327 年）已经加冕登基。1329 年在亚眠大教堂举行的这次活动是按照中世纪封君封臣仪轨进行的。爱德华之所以一身骑士打扮地跪在法王面前宣誓效忠，是由其作为附庸这另外一重身份决定的。

1337年5月，法王腓力六世终以英王违反封臣义务为借口，下令收回英王在加斯科尼的领地。作为回应，英王爱德华三世随即向佛兰德尔发起进攻。双方的矛盾由此正式转化为公开的军事冲突，以法国瓦洛亚王朝为一方，以英国金雀花王朝（安茹王朝）为另一方，长达一个多世纪的英法百年战争（1337—1453，共116年）由此拉开帷幕。尽管这一长期的军事对峙及攻防被后世史家称为“百年战争”，但实际上，双方真正处于交战状态的时间并不长，而且，除了少数几次战役之外，战争的规模也并不太大。英国方面在一次战役中能够投入的兵力最多也就是1万多人，法国方面的情形也与之类似。不过，由于战事全部在法国本土进行，因此，百年战争对法国社会经济造成的破坏以及给法国民众带来的心理上的恐慌比较严重，相反，英国方面却因在法国土地上不断劫掠而变得稍稍富有起来。

在这一百多年的时间里，大大小小的矛盾和冲突不计其数，在这里仅就一些标志性的事件作一勾勒。1340年，法国组织一支由200艘大小船只组成的舰队准备进攻不列颠，但未及出海便被横渡海峡而来的英军击溃。随后不久，英王爱德华三世便在佛兰德尔立足，始称“英格兰和法兰西国王”，并将英法两国王室徽章合而为一。[①]1346年，以步兵为主的英军在亚眠西北方向的克勒西（Crécy）大败由骑士组成的法国军队，法军损失1500多人，而英军损失仅40余人。[②]1347年，英军占领加来城（Calais），在此之后的两个多世纪中，加来将一直由英方控制。从1348年开始，黑死病（鼠疫）在西欧蔓延，短短几年，法国人口便减少大约1/3，法王腓力六世亦未能逃脱这一厄

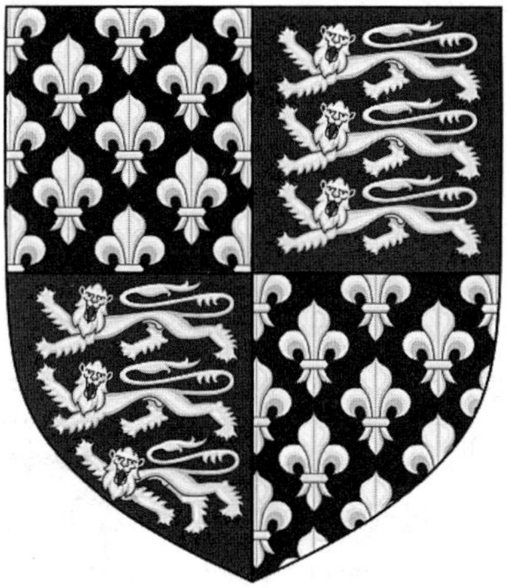

狮花一体的英国王室徽章（纹章）

① 英国王室徽章原为狮子图案，法国王室徽章为百合花图案。英王将狮子徽章辟出一半的面积（左上角和右下角）而将百合花纳入其中。狮花一体的英国王室徽章一直保持到1801年（具体的图案和格局有多次变化）。关于法国王室徽章，详见陈文海：《中世纪法兰西王室徽章研究：百合花象征主义的神学渊源及内涵》，载《历史研究》2000年第5期，第128—137页。

② 关于中世纪战争导致的死亡人数，各种材料往往有不同的说法，甚至有着极为巨大的悬殊。比如，这次克勒西战役，有的材料认为，双方战死人数合计超过1万。

运。[①]1356 年，法王约翰二世（Jean II，1350—1364 年在位）亲自率军征讨再次来犯的英军，但在普瓦提埃（Poitiers）却被英国王太子爱德华（1330—1376）[②]所率英军击败，法王本人及大批随从被俘并被押解至伦敦。此后，法国国内陷入严峻的社会政治危机，1358 年先后爆发以巴黎市长（provost）艾田·马赛（Etienne Marcel，？—1358）为首的巴黎市民起义和被称为“扎克起义”[③]的以吉约姆·卡尔（Guillaume Cale，？—1358）为首的农民暴动，前者要求限制王权并定期召开三级会议，后者则提出了“消灭一切贵族”的口号，但这两次起义均以失败告终。

在法国社会秩序初步稳定之后，法英两国开始和谈。1360 年 5 月，双方签订《布雷蒂尼条约》（*Traité de Brétigny*）[④]，据此条约，英国放弃对法国王位的要求，但英王在法国的领土却向东、向北大大扩展，且英王对这些土地拥有完全的主权。对法国而言，这实际上是一个割地条约。条约签订以后，法王约翰二世留下人质并缴纳担保金之后获得假释并返回巴黎，但他还必须要定期交付大量赎金。由于无力偿付赎金，信

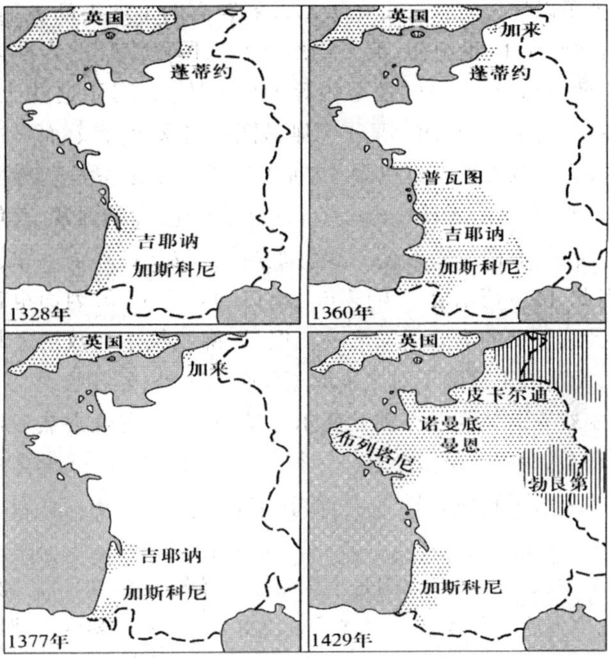

① 参阅 Robert S. Gottfried, *The Black Death: Natural and Huamn Disaster in Medieval Europe*, London: Macmillan, 1984, pp. 51–52。另，关于这次瘟疫给当时法国王室政府财政带来的影响，可参见 John B. Henneman, Jr., “The Black Death and Royal Taxation in France, 1347–1351”, *Speculum*, No. 3 (1968), pp. 405–428。

② 王太子爱德华因其披甲为黑色而被称为“黑太子”（the Black Prince），1376 年先于其父王爱德华三世而死。

③ “扎克”（Jacques，法文音译为“雅克”）是法国上层社会对普通农民的贬称，意为“乡巴佬”。“扎克起义”（Jacquerie）并不是 1358 年这次农民暴动的专称，以后的农民暴动往往也被称为“扎克起义”。

④ 布雷蒂尼是巴黎南面的一个小城，位于今埃松省境内。

守“骑士道德准则”的约翰二世于1364年重返伦敦囚牢，不久病死。其遗体后被隆重地运回巴黎，并葬于圣德尼修道院。查理五世（Charles V，1364—1380年在位）继位以后，法国军队在有着“布列塔尼之鹰”美誉的著名将领杜·盖斯克兰（Du Guesclin，1320—1380，布列塔尼人）的率领下展开反攻，逐步收复了大部分被割让出去的土地。到1380年查理五世去世时，英王在法国领土上只剩下几个设防据点。值得注意的是，查理五世时期英法斗争的性质已经有了变化，它已不再是封君封臣之间的领地纠纷（根据1360年和约，英王占有法国领土，但不再举行封臣对封君的效忠仪式），而是两个王室、两个国家之间的领土斗争。

查理六世（Charles VI，1380—1422年在位）继位以后，法国享受了十余年的和平，英法关系相对平静，法国与周边国家特别是与神圣罗马帝国亦保持较为融洽的关系。然而，1392年，年仅24岁的查理六世突然患上间歇性疯癫病，王权从此失控，法国开始出现互相倾轧、争权夺利的两大封建主集团，一个是以国王之弟奥尔良公爵为首的奥尔良派①，另一个是以勃艮第公爵为首的勃艮第派。为了壮大自己的实力，两派最初均试图与英国结盟，但英国最终选择了勃艮第派。就在这一时期，英国的主战派在国内重新占据优势地位。1413年，对重返欧洲大陆一直念念不忘的亨利五世（Henry V，1413—1422年在位）登上英国王位。1415年，亨利五世率军在诺曼底登陆，在勃艮第派保持中立（这种中立实际就是意味着对英国的支持）的情况下，英军在加来城东南不远处的阿让古尔（Agincourt）击败法国军队。随后，亲英的勃艮第派控制了巴黎，朝三暮四、唯强者尊的巴黎民众立即倒向勃艮第派一边，四处遭受追杀的奥尔良派（阿马尼亚克派）于是挟持年仅12岁的王太子查理（1403年生）②撤往南方，以布尔日（Bourges）③为基地继续与北方对抗。

在随后几年中，勃艮第派左右着法国王室，经常处于疯癫状态的国王查理六世已经成为傀儡。另外，王后本人已经承认王太子查理并非国王的亲生骨肉，而是国王疯癫时期她与他人私下风流的结晶。在勃艮第派的穿梭下，法国王室在

① 1407年11月，奥尔良公爵被勃艮第公爵刺死于巴黎。此后的奥尔良派又推举奥尔良公爵的岳父阿马尼亚克伯爵（Armagnac）为首领，因此该派又被称为“阿马尼亚克派”。

② 这个王太子是法王查理六世的第五个儿子。查理六世的前四个儿子先后做过王太子，但均早死，且未留下后代。因此，小查理得以继为王太子。参见 John A.Wagner, *Encyclopedia of the Hundred Years War*, Westport: Greenwood Press, 2006, p. 89。

③ 从地理位置上说，布尔日位于法国的正中心地带，今为谢尔省（Cher）的首府。

1420年5月24日与英国王室签订《特鲁瓦条约》(*Traité de Troyes*),其中规定,查理六世有生之年继续在位,但承认英王亨利五世为其合法继承人,同时,亨利五世将娶法王之女凯瑟琳(Catherine,1401—1438)为后。1422年,英王亨利五世和法王查理六世相继病死,亨利五世与凯瑟琳所生的不满周岁的婴儿亨利依据《特鲁瓦条约》而被宣布为英法两国国王。于是法国出现南北分立局面,南方是奥尔良派支持的王太子查理的"布尔日法国",北方是勃艮第派支持的在英国控制下的"巴黎法国"。这种互不承认对方为合法政权的状况必然要以南北统一作为其最终归宿,完成这一使命的是具有捍卫法兰西、拯救民族危亡色彩的南部政权,而这一使命的完成又是与贞德这一特殊人物紧密联系在一起的。

几年对峙以后,1428年,英国军队南下围困南方政权控制下的奥尔良城,这里是南北政权的交界地带,如果这一防线被突破,南方的形势必将恶化。正是在这一关键时刻,来自法国东部边境地区的农家少女贞德(Jeanne d'Arc,英文写作 Joan of Arc,1412—1431)辗转多日之后终于见到陷于绝望之中的王太子查理。她声称自己是受上帝之遣前来拯救法兰西的,别无他途的王太子抱着侥幸的心理授命贞德率军驰援奥尔良。一身男装打扮的贞德冲锋陷阵,南方军队随之士气大振,1429年5月终使奥尔良城转危为安。贞德继续北进,1429年7月攻占兰斯,在她的敦请和护卫下,王太子在这里加冕即位,称查理七世(Charle VII,后世一般仍以其父王去世之日作为查理七世继位的起点,即1422—1461年在位)。1430年春,贞德在北方的一次军事行动中失利而被勃艮第军队俘获。

按照惯例,查理七世完全可用金钱赎回贞德,而且勃艮第人的的确确向查理七世提出了拿钱赎人的建议,但查理七世竟毫无反应。然而,英国人却慷慨地以1万锂的价格将贞德买下,然后又任用法国人来审判贞德。贞德最终被冠以女巫、异端、累犯、背教者以及偶像崇拜者等罪名,而且,这些指控得到了占领区神学家特别是巴黎大学神学家们的集体认准。1431年5月30日,被强行戴上纸做高帽(上面写有贞德的各种"罪行")的贞德被烧死在鲁昂城(Rouen)的老

贞德

市场广场。[①] 贞德死后，以查理七世为首的南方政权继续展开收复国土的斗争，为国内问题所困扰的英国人已呈明显的守势，眼看英方大势已去的勃艮第派终于从英国人的怀抱中走了出来而在1435年与奥尔良派暂归于好。此后，法国的光复进程大大加快，至1453年，法军彻底收复英军占领下的西南地区，双方的军事行动由此趋于平息，断断续续进行了一个多世纪的百年战争虽未签订最终和约但实质已经宣告结束。[②]

虽然说此时的法国尚未完全统一，但其面貌已经发生较大变化。历史的实际发展进程表明，在中世纪中后期，法国人在同宗意识的养成、语言文化的价值定位、民族形象的设计、民族空间的衍生以及民族情感的培育等方面已经取得一定的进展，以王权为中心的民族向心力已呈逐渐增强之势。[③] 法国人已经初步意识到自身与其他民族的不同之处，例如，在15世纪上半叶，巴黎高等法院曾明确颁文规定，法国人与英国人所生子女在法国不得享有任何继承权。尽管这种规定显得不那么宽怀大度，但它毕竟从一个侧面反映出法国人的民族意识。因此，从总体格局和大体趋势来看，法兰西民族观念在中世纪中后期已初具雏形。虽然在

---

① 贞德之死让人浮想不断，同样让人深思的是贞德死后的一系列追思之举。1449年收复鲁昂之后，曾经冷眼旁观的查理七世却热心地下令重审贞德案，并决定摘掉贞德的“女巫”之帽。此后，那些参与审判贞德或对贞德之死欢呼雀跃之人也摇身一变，他们开始竞相颂扬贞德的丰功伟绩。近代以后，贞德仍时常被人记起。1894年，法国有人建议将奥尔良解放日（5月5日）定为国庆节，以纪念贞德的功勋，但因教权派反对而未果。1909年，梵蒂冈教廷宣布贞德已经升天。1920年，教廷又进一步追认贞德为“圣徒”。然而，这一切对于年仅19岁便死于火刑柱上的贞德又有何实际意义？参阅 H. Ansgar Kelly, “The Right to Remain Silent: Before and After Joan of Arc”, *Speculum*, No. 4 (1993), pp. 992–1026。

② 百年战争结束后，英国方面仍保留对加来城的占有权。1558年，加来最终被法国收回。

③ 参阅陈文海：《共同先祖的虚拟与民族国家的初造：中世纪中、后期法兰西人的“同宗意识”刍论》，载《世界民族》2002年第2期，第8—19页；陈文海：《民族语言·民族文化·民族国家：法国中世纪后期语言文化的民族化进程探析》，载《世界历史》1997年第6期，第49—57页；陈文海：《民族形象·民族空间·民族情感：中世纪后期法兰西民族观念形成轨迹探析》，载《世界民族》1998年第4期，第53—63页。一般的法国史著作在讨论这一时期的“民族国家”问题时，通常是围绕法兰西这一政治实体展开的。然而，民族或民族国家之类的问题实在是一汪浑水，人种学中的民族、民族学中的民族、社会学中的民族、政治学中的民族等等互有关联但又迥然有别的概念往往被杂乱地纠合在一起，对王朝国家、国族国家、民族国家等等概念的不同诠释更是将相关问题推进了不见天日的深渊。关于法兰西民族国家的形成时间，有人认为是在中世纪中后期（这是法国学术界的主流观点），有人认为是在法国大革命时期，还有人认为是在法兰西第三共和国时期。出于“投机取巧”，本书将视角由“实体”转向“观念”。有学者指出，“陈文海先生用民族国家观念的形成代替了民族国家的形成，断言发生在中世纪中晚期”；同时，从沈炼之的《法国通史简编》和笔者的《法国史》中得出判断，“法国是近代民族主义的发源地，研究法国史的学者对民族国家的理解应当是比较清晰的，但混乱状况仍然未能避免”。见秦海波：《从西班牙历史看“民族国家”的形成与界定》，载《世界历史》2008年第3期，第28—37页。需要说明的是，“近代民族主义”与“民族国家观念”是相差甚远的两个概念，如果将二者混在一起，“混乱状况”可能将继续无法“避免”，甚至会更加“混乱”。

某些方面它还显得稚嫩，其发展历程也显得艰难曲折，但是其发展方向却是明确的。随着绝对君主制的进一步演化以及资本主义经济制度的产生，法兰西民族观念将在原有基础上又有新的发展和完善。

至于说在这种相对统一的民族观念支配下还存在着某些不尽协调的因素，这实则是一种正常的历史现象。不论从历史上看还是从现实中看，世界上任何一个民族（哪怕是纯而又纯的民族）的民族观念都不是绝对整齐划一的。在同一民族内部，地区的差异和所属社会阶层的不同等多种因素都有可能导致人们对某些具体问题的认识出现某些差别，但这只是存在于统一性之中的多样性，它与民族观念中的精神主旨并无原则性的冲突。因此，在考察民族观念问题时，不仅要对某些细枝末节进行深入挖掘，更要从总体原则和主流原则出发来把握其发展脉络，否则，对民族观念问题就不可能有一客观的认识。对于法兰西民族观念问题，我们似乎亦应作如是观。

第二节　城乡社会的改造与变迁

以王权为中心的领土归并运动使得法国的政治地理在中世纪临近结束时逐渐显现出近代格局。同样不可忽略的是，从 10 世纪到 15 世纪中叶这一时期，法国的自然景观和人文景观也出现了前所未有的巨大变化，它不仅给今天法国各地留下了难计其数的充满中世纪韵味的古迹遗存，而且也给近现代法兰西民族的精神风貌以及整个法兰西文明留下了无法抹却的烙印。

一、垦荒运动与庄园生活

对荒地的开垦并不是这一时期新出现的历史现象，自农业生产诞生之日起，垦荒就一直没有断绝过。但是，在上古及中世纪早期，这种垦荒行为往往具有零星色彩，它从未形成一股壮观的风潮。然而，从 11 世纪前后起，法国的人口一直呈高速增长之势，据估计，1100 年前后法国总人口约为 620 万，1328 年前后则增至2000万左右，即在两个多世纪时间里人口增加了两倍多。人口的激增很快就使得原有耕地的承载能力达到极限。[①] 大约从11世纪中叶开始，在许许多多僧俗贵族的支持和参与下，向大自然开战以索取土地的行动步伐逐渐加快，到12世纪前后达到高潮，从而形成一股垦荒大洪流，法国著名农村史专家、年鉴学派创始人之一马克·布洛克（Marc Bloch，1886—1944）曾恰如其分地将这一时期称为“大拓荒时代”（11—14世纪）。[②]

垦荒运动的组织者成份比较复杂，其中，既有封建领主，又有修道院修士，有时国王本人也亲自出面组织垦荒工作。当然，真正挥舞锄镐垦荒的体力劳动基本上是由农民及农奴完成的。为了招募垦殖大军，组织者往往采取“生拉硬骗、广为鼓吹、慷慨许诺”等手段，甚至连小偷和逃犯也在招募之列。获取新耕地的途径多种多样，例如，有的是将沼泽地带、河岸地带进行改造，甚至还有填海造田之类的壮举，这类情形主要发生在佛兰德尔以及法国西南部大西洋沿岸地区；有的是将荒无人烟、杂草丛生的荒地进行翻新，当年的许多编年史著作都为后人描绘了“农民们用犁锄与荆棘、茅草以及漫山遍野和根深蒂固的各种杂草作殊死搏斗的场景”。对后世法国自然景观影响最大的垦田方式是对森林的大面积砍伐。据布罗代尔估计，这场为获取农田而展开的“毁林运动”使法国的森林面积至少减少一半。[③] 不过，在这里我们似乎无法也没有必要对当年毁林者“环保意识”的欠缺进行不切实际的责难和非议，因为要让他们由伐木英雄自觉地转化成护林模范或植树英才只能是现代观念下的臆想。随着乡村空地的逐渐减少，从13世纪初期起，垦荒运动的速度与规模渐趋放缓。到14世纪中叶，垦荒工作基本绝迹。

在这种遍地开花的垦荒运动新景观中，法国乡村居民的生活方式也呈现出多

① 参阅 J. C. Russell, “A Quantitative Approach to Medieval Population Change”, *The Journal of Economic History*, No. 1 (1964), pp. 1–21。

② 关于马克·布洛克对“大拓荒时代”的描述，可详见其经典之作《法国农村史》，商务印书馆1991年版，第19—32页。近年来，有不少学者认识到，人口压力问题不足以解释整个“大拓荒”现象。比如，法国著名史学家乔治·杜比认为，贵族是荒原荒地的主人，他们可以通过“出售”垦荒权和开发权来增加收益，因此，大领地所有者乐于支持农民的垦荒活动。参见 Georges Duby, *Rural Economy and Country Life in the Medieval West*, Pennsylvania: University of Pennsylvania Press, 1998, p. 145。关于垦荒运动，还可参阅毕道村：《论中古西欧垦荒运动的主要动因》，载《湖北师范学院学报》1993年第1期，第67—73页；郑崧：《欧洲中世纪盛期拓殖运动的社会经济意义》，载《浙江师大学报》2000年第5期，第38—41页。

③ ［法］费尔南·布罗代尔著，顾良、张泽乾译：《法兰西的特性·人与物》（上），北京：商务印书馆1995年版，第118—119页。

样化色彩。在这里，既存在着法律身份完全自由的、以小块土地维生的小农，也生活着许多虽有自由身份但却没有土地的人群，如牧民、伐木工和烧炭工等等。但是，在这一时期，特别是10—13世纪，法国乡村居民典型的生活和栖息场所是庄园，乡村居民的主体是农奴。按照美国史家汤普逊的说法，庄园是包括法国在内的中世纪西欧“社会结构中主要的和正规的组织细胞”，“庄园制度的性质与范围，是理解中世纪时代经济社会史的关键”。[①] 与乡村居民身份具有多样化特征一样，庄园的构成也并不是整齐划一的，有的是完整一体的，也有的是分散于各地的，而且庄园的规模也是悬殊各异，大则上千亩，小则几十亩。不过，我们还是可以对比较典型的庄园作一概观性描述：在庄园的中心地带是庄园主的宅邸，主宅的构造不尽相同，有的是普通平房，有的则是比较坚固的城堡。主宅附近一般都会设有教堂、磨坊、榨汁机以及公用炉灶等设施。再往外围则是农奴或农民的简易房舍、耕地、草场、森林以及荒地。在庄园体制下，即便在其最为典型时期，为庄园主耕作土地的也不完全是农奴，当时已有不少领主倾向于把相当一部分土地交给自由农民耕种，或收取实物地租，或收取货币地租。[②]

与自由农相比，农奴的处境要低下许多。在庄园中，农奴没有什么权利可言，如果没有庄园主的许可，农奴不得擅自迁往他处。农奴所要承担的义务多如牛毛。除了在自己的份地上辛勤劳作之外，农奴每个星期还要花1—3天的时间到领主自营地上干活，收获季节还要为领主提供额外劳役。农奴向领主缴纳的地租也分实物和货币两种，而且农奴还有“有偿使用领主磨坊、烤炉的义务”，即必须到领主的磨坊中加工面粉，必须到领主的榨汁机上做果汁或果酱，必须到领主的面包房烤面包，如此等等。农奴在继承份地或结婚时也要向领主缴纳一笔特别费用。此外，领主狩猎娱乐时可以自由驰骋在农奴的庄稼地里，农奴无权阻止。农奴的主要食品原料有小麦、大麦、燕麦、豌豆、蚕豆、苹果、梨和葡萄等，主要饮品有啤酒、葡萄酒和苹果汁等，主要肉食品是猪肉（不过量不大）。农奴一般也饲养一些家禽，但其产品大都不是自己消费，而是将之拿到附近集市上出售，得来的货币一部分交给领主，一部分用来购买食盐之类的生活必需

---

① ［美］汤普逊著，耿淡如译：《中世纪社会经济史》，北京：商务印书馆1963年版，第358—360页。

② 关于中世纪庄园的组织结构、土地分配、耕作方法和地租形态等问题，齐思和在半个多世纪以前撰写的《西欧中世纪的庄园制度》一文至今仍有重要的参考价值。见齐思和：《西欧中世纪的庄园制度》，载《历史教学》1957年第7期，第33—40页，第56页。

品。①

庄园主及其家庭成员的生活则是另一番景象。在这一时期，以各级大小庄园主及其男性家庭成员为载体的骑士制度在法国有了较为充分的发展，12 世纪前后为其繁荣时期。在基督教教义和道德信条的影响下，骑士制度开始有了一定的规范，以诚信、守义、勇敢、谦卑以及敬重女性为主要内容的骑士道德准则在社会上逐渐流传。虽然说骑士制度对法国的社会风尚产生过一定的影响，但其更大的影响却是体现在当时的文学作品之中。在这一时期流行的骑士文学中，骑士制度被完全理想化，骑士也都被描绘成为剑胆琴心的完人。②

在现实生活中，这些领主骑士们的形象实际上要灰暗许多。他们热衷于军事打斗，仿佛除了与敌人开战之外，任何别的事情都不能使他们心满意足。12 世纪时的一位法国人有这样一段自白："当我听到交战双方'冲啊！杀啊！'的呐喊声，当我听到无人乘坐的战马在混战中的嘶鸣声，当我听到'救命！救命啊！'的呼叫声，当我看到有人倒下去……以及被系有鲜艳三角旗的长矛刺中肋部的死者时，我才吃得香，睡得沉，酒也喝得痛快"。③ 即使社会实在处于安定无事状态，领主骑士们也不会甘于寂寞，他们往往要通过模拟战争或马上比武等方式来再造军事氛围。对于领主骑士们这种无事生非的尚武好斗倾向，教会曾经出面干预，发起了旨在禁止私战的"上帝和平"运动。而且，教会也曾下令严禁马上比武这类拿性命开玩笑的暴力游戏，并规定在马上比武中被杀的骑士不得在圣洁的公墓中下葬。但是，教会的规劝基本上是一纸空文，战争、比武、决斗并没有实质性的减少。④

当然，领主骑士们的生活并不完全局限于军事活动，捕狐狸、抓野猪、捉牡鹿、打飞鸟等诸如此类的狩猎或鹰猎活动也是他们日常生活中的重要内容。他们也会时常设宴招待四方来客，席间还有小丑杂耍之类的表演以助酒兴。走乡串

① 关于中世纪庄园生活，可参阅[法]P. 布瓦松纳著，高小斯译：《欧洲中世纪的劳动与生活》，北京：商务印书馆 1985 年版。

② 参阅 T. N. Bisson, "Nobility and Family in Medieval France: A Review Essay", *French Historical Studies*, No. 3 (1990), pp. 597–613。

③ Warren Hollister, *Medieval Europe: a short history*, New York,: John Wiley & Sons, 1978, p. 135. 译文参见［美］沃伦·霍莱斯特著，陶松寿译，陶松云校：《欧洲中世纪简史》，北京：商务印书馆 1988 年版，第 158 页。该汉译本中，误译的情况比较严重，阅读时需小心。

④ 11 世纪中叶，法国南方的一些教会组织曾将一年中的 4/5 时间定为休战期。13 世纪时，法王路易九世也曾提出受害人 40 天内不准报复的和平制度。但是，暴力并未因此退隐。

户、浪迹天涯的行吟诗人经常成为领主们的嘉宾，因为他们不仅可以给领主带来文化上的娱乐消遣，而且还可以给相对封闭的庄园带来外部世界的各种新闻和小道消息。需要一提的是，领主们也并不是完全不事正经的游手好闲分子，他们不仅要主持领主法庭，而且还要经常花费不少的心思去规划管理自己的地产乃至整个庄园。

二、中世纪城市与市民生活

庄园并不是中世纪法国的唯一景致，而且它也不是有些人想象中的那样完全与世隔绝的孤岛，同样，生活在庄园里的农民或农奴也并不都是听天由命、安分守己、任凭领主摆弄的温顺羔羊，否则，在这一时期遍布法国各地的城镇以及城镇居民就真的是天外来客了。虽然说城市的普遍繁荣是这一时期法国存在的客观事实，但围绕中世纪城市问题而引发的各种争议却无休无止。① 在这里，我们无法对这个一波未平、一波又起的既老又新的问题作全面的论述，而只能就其中的一些基本方面略加总结。

首先是中世纪法国城市的渊源问题：比较古老的传统观点认为，古代城市在中世纪初期基本上已不复存在，中世纪的城市"是由获得自由的农奴重新建立起来的"。现代研究表明，这种传统观点只有部分正确性。在中世纪初期，的确有一部分城市逐渐荒芜甚至被废弃，但这远远不是城市命运的全貌。而且，古代遗留下来的城市也并未全都成为与商业完全不相干的行政中心或主教驻节地。但是，对古代城市的重视也不能矫枉过正。应当看到，古代留存下来的城市毕竟有限，只是从 10—11 世纪开始，法国才出现兴建城镇的浪潮。② 据法国史学界从词源学和语义学方面的考证，今天法国的 3.8 万多个大大小小的市镇中，大约有一半是中世纪的产物。另外，说中世纪的这些城市是由"农奴重新建立起来的"也不完全确切，实际上，许多封建领主甚至包括国王本人都是兴建某些城镇的潜心

① 关于法国中世纪城市，可参阅勒高夫等人主编的《中世纪城市》一书，该书对中世纪城市的起源、性质以及分布情况均有详细讨论。Jacques Le Golf, et al. eds., *La Ville médiévale*, Paris: Seuil, 1980。也可参阅亨利·皮伦纳（亨利·皮朗）:《中世纪的城市》，北京：商务印书馆 1985 年版。亨利·皮朗的中世纪城市起源理论具有重大影响，但在最近几十年，其权威性受到较多的质疑。

② 参阅刘景华:《关于西欧中世纪城市起源的各种学说及其评析》，载《长沙电力学院学报》1994 年第 2 期，第 82—86 页。

策划者和积极参与者。

其次是中世纪法国城市与乡村的互动关系问题：有人认为中世纪法国城市的发展先于乡村的发展，有人则认为是中世纪法国乡村的发展带动了城市的发展。实际上，这里主要是一个看问题的视角问题。如果把视野限定在古代遗留下来的那些城市，则当然可以说这些城市的存在先于中世纪乡村经济的发展。但也要注意到，如果法国乡村社会在中世纪最初几个世纪一直停滞不前，如果从农业经济中挤不出一点“剩余产品”，那么中世纪法国的绝大多数城镇将失去赖以存在的基础。当然，人们也可以找出一些例外，比如，在11、12世纪前后，由于远程贸易、国际贸易的发展，一些港口城市和商埠城市得以发展，它们的产生与壮大似乎与法国内地农业经济的进步与否没有多少直接联系，但这种类型的城市毕竟占少数。因此，从总体上看，农业经济的发展应当是城市普遍繁荣的重要前提。如果缺少这一前提，中世纪法国能一下子冒出那么多的“新城”、“年轻城”和“自由城”则是不可想象的。不过，也不要夸大这一时期法国的“城市化”程度，据估算，90%以上的人口仍生活在乡村，可被称作市民的还不足总人口的10%。而且，城市的规模也很有限，大都只有5000至10000人。中世纪巴黎人口达到10万（亦有人认为是20万）左右，但这是仅有的一个例外。

再次是法国中世纪城市的性质问题：有人认为，中世纪城市自诞生之日起就是封建社会内部的一种异质因素，市民阶层自出现之日起就成为领主阶层、骑士阶层的对立面。实际上，这是一种具有理想化色彩的判断。中世纪城市及其最初的市民几乎毫无例外地都是产生于乡村世界，都是产生于封建关系仍然相当牢固的封建领地，而且许多城市都是在封建领主的授权或认可前提下建立的。应该承认，中世纪的城市仍然是封建社会的有机组成部分，这一时期的城市不论它获得了何种地位和优惠，它终究还是要为领主或王权提供各种封建义务，城市的生产仍然是一种简单的小商品生产。正如此，有学者说，中世纪城市乃是“领主的女儿”。[①] 但是，城市中的生活方式、劳动风格以及生产门类终究与乡村社会有着迥异的格调，城市经济的进一步发展和市民阶层的进一步分化终将会为法国的社会经济结构带来不可忽视的变化。[②]

---

① Michel Kaplan, et al. eds., *Le Moyen Âge, XIe-XVe siècles: premier et second cycle universitaire*, Rosny: Bréal, 1994, p. 169.

② 参阅沈芝：《试论西欧中世纪城市市民社会的构成》，载《山西师大学报》2008年第6期，第58—61页。

另外值得细加关注的还有中世纪法国城市自治问题：以商业和手工业为主要特征的城市生活与乡村世界明显存在着许多客观差异，商业和手工业的发展（哪怕是小范围、小幅度的发展）必然要求城市突破封建领地、封建庄园的种种限制。但是，封建领主对城市不仅拥有所有权，而且拥有管辖权，领主往往采用与管理庄园相同或相似的方式对城市进行控制和盘剥，因此，市民们逐渐产生脱离封建领地的愿望，由此也就产生了中世纪城市自治运动。[①]

如果以今天的法国版图作为考察范围，那么，城市自治运动从 10 世纪下半叶就已开始初步出现，康布雷（Cambrai）[②] 等北方城市已经与自己的领主展开了争取自治权利的斗争，但这些地方在当时仍属德意志“罗马皇帝”的领土。如果以当年法国的实际版图为考察范围，法国的城市自治运动则应从 11 世纪中叶前后算起，在这一时期，勒芒（Le Mans）以及圣康坦（St. Quentin）[③] 等城市也先后发起自治运动。法国的城市自治运动在 12 世纪左右达到顶峰，出于获取金钱及博取市民支持等方面的考虑，这一时期的法国王室也常常越出王室领地而授予王领之外的城市以自治特许状，从而形成了王权与城市结盟这一为后世史学家常挂嘴边的经典话题。但是，随着王室领地的不断扩展以及王权的不断强化，城市与王权的关系开始逐渐由结盟转化为从属关系。因此，从 13 世纪开始，当王领之外的一些城市仍在为自治权而斗争时，已经纳入王室领地之内的那些自治城市却无可奈何地交出了来之并不容易的自治权。到 15 世纪时，享有自治权的城市已经屈指可数，城市自治运动已成明日黄花。[④]

在中世纪城市中，市民的身份并不是完全一致的。从总体而言，大多数人在住进城市以后便获得了自由的身份，同时也就摆脱了领主对他们的庄园式奴役，但是也有许多例外情况。例如，在波尔多市，如果市民在城外买了一块带有奴役条件的“问题”土地，那么他就相应成为对这块土地有管辖权的领主名下的农奴，但他也不会因此而丧失波尔多市民的资格，因而他拥有的是一种双重身份。又如香槟地区的一些城市规定，只要农奴能在城市里平安地度过新婚之夜，那么他就可以摆脱农奴身份，但他却并不能因此而获得该城的市民资格，因而这类人便陷

① 金志霖：《试论西欧中世纪城市与封建主的关系》，载《历史研究》1990 年第 4 期，第 155—169 页。

② 康布雷今为法国北方省的一个城市，是该地区比较重要的铁路和公路枢纽之一。

③ 勒芒为今法国萨尔特省（Sarthe）首府。圣康坦位于今天法国埃纳省（Aisne）境内。

④ 参阅符松涛：《论西欧中世纪城市与封建主政治关系的变化》，载《青海师范大学学报》2008 年第 4 期，第 74—77 页。

入了一种非驴非马、虽有自由却无权利的尴尬境地。[①]

不过，就总体来看，在10—13世纪这一阶段，市民内部的地位差别并不太大，市民的分化也不明显，市民作为一个集体有着较强的协作精神，当时的许多城市自治特许状都明确要求同一城市的市民"在正义需要时，互相信赖、互相支持、互相帮助和互相协商"，"每个人都能在必要时像保全自己兄弟一样保全他人"。吕城（Rue）[②]居民们的誓约更是明确规定："一听到有人呼喊'公社'（即自治城市），大家必须马上集合，去援助发出呼喊的人"；不论白天还是黑夜，只要听到报警的钟声，人们就必须立即拿起武器，到市长面前集合。[③]但是，到了14、15世纪时，市民的内部分化已经表现出来，其中绝大多数成员开始从中分离出去，成为城市平民。市民这一名称虽然继续沿用，但它已失去原来的含义，而开始成为富裕市民的专用名称。也正是从这一时期开始，"市民"才可以比较恰当地与"资产者"等同起来，由这些"市民"构成的群体也就形成了最初的资产阶级。

中世纪法国城市的基本构造具有鲜明的时代特色，四周为城墙，中心有广场，此外还有市政府、市议会以及大市场，市民住宅则散落城内各地，城市功能分区尚不明确。教堂往往是中世纪城市的标志性建筑，它通常都是建在城市的中心广场。颇能体现早期资产者或市民竞争精神的是，兴建的教堂一个比一个高。例如，始建于1150年前后的桑利斯（Senlis）[④]大教堂已经高达前所未有的18米。1163年开始动工的巴黎圣母院不甘落后，建成后的高度为35米。博韦（Beauvais）[⑤]大教堂始建时间较晚（1247年），但高度却是后来居上，竟达48米。

在这一时期，城市的公共服务机构及社会福利设施已经初具规模。例如，在13世纪初，人口仅8000余人的小镇厄城（Eu）[⑥]即拥有两家普通医院和一家麻风病院。在亚眠，有5家规模较大的普通医院和一家麻风病院，在郊区还设有3家收容所或济贫院。中世纪城市的房屋多以木架结构为主，而且人们惯常使用草秸

---

① 参阅朱明：《城市的空气不一定自由——重新审视西欧中世纪城市的"自由"》，载《史林》2010年第2期，第47—56页。

② 吕城位于今法国索姆省（Somme）西北角。

③ ［法］雷吉娜·佩尔努著，康新文等译：《法国资产阶级史》，上海：上海译文出版社1991年版，第22页。

④ 桑利斯位于今法国北部瓦兹省（Oise）的东南部。

⑤ 博韦位于瓦兹省西部，今为该省首府。

⑥ 厄城位于今法国滨海塞纳省（Seine-Maritime）北端。

作为房顶材料，因此火灾频率较高。随着时代的发展，几乎所有城市都对房屋建材的选择作出了新的规定，例如，南方城市大多要求用瓦盖顶，中部城市大多要求用石板盖顶。但是，火灾的威胁并未能从根本上受到遏止，因而各地的城市对防火均格外重视。例如，马赛的城市规章要求：一旦火警钟声敲响，每一个身体健康的人都要带上水桶赶往事发地点参加灭火；为了防火于未燃，每家都必须在门口常备一桶水以备不测。

中世纪城市居民的法律身份虽然出现了变化，但是他们那种世世代代以农维生的传统并不会因为他们一脚迈进城门而被统统割舍，因此这一时期的许多城市居民仍多多少少带有农民的一些色彩，许多市民在乡下仍然拥有自己的田产或饲养场。圣康坦等城市甚至规定，每年的三月和八月为"农假"时间，以便市民回乡播种和收割；在乡下没有地产的市民也同样可以享受"农假"，他们可以利用这段时间下乡拾柴或打草，然后运回城内归自家使用。中世纪城市本身也具有某些田园色彩，特别是那些新建城市更是如此。由于当时的城市人口并不密集，因此城市中通常都有大量的空闲地块，市民们既可以在这里种一些瓜果蔬菜，也可以在这里饲养一些猪、牛、羊、鸡等家畜或家禽，因此，在城市的大街小巷，猪羊横冲、牛马直撞、鸡鸭啼鸣乃是司空见惯的常事，给城市交通和卫生造成不少麻烦，甚至影响人身安全。例如，1131年，在巴黎街道上狂奔乱跑的猪群惊吓了国王"胖子"路易六世的长子腓力（Philippe，1116—1131，1129年加冕为"共治国王"）乘骑的马匹，15岁的腓力从惊马背上摔下惨死。不少城市对牲畜扰民的问题曾作出不少限制性规章条例，例如，13世纪初的马赛曾经规定，禁止市民将猪放到街上乱跑，违者罚款，不过，罚款的方式比较特别，即按照猪在街道上留下的脚印数目罚款，每个猪脚印罚款1奥波尔（obole）。①

中世纪城市对手工制造业的管理极为细致，其突出特点是专业化分工相当严格，每一个行业的生产过程都要分为若干道工序，而且每道工序各自独立，不得越权。② 以皮革业为例：皮革加工匠只能埋头于清理加工一张又一张的牛皮，而

---

① 中世纪法国的货币相当混乱，不同时期不同地方的货币换算值也不相同。其大致情况是：1埃居（écu）约等于3锂（livre），1锂约等于20苏（sou），1苏约等于12锝（denier），1锝约等于2奥波尔（obole）。埃居和锂均属于记账单位，没有货币实体。1埃居大约相当于1040—1650克白银，1锂大约相当于380—550克白银。货币的购买力在不同时期也有很大差别，这里仅举一例供参考比较：13世纪末，一只羊的平均售价约为80锝。

② 参阅 R. H. Hilton, "Medieval Market Towns and Simple Commodity Production", *Past & Present*, No. 6 (1985), pp. 3–23。

无权擅自做鞋。制鞋匠只能一心一意地做鞋，而无权私自加工牛皮。补鞋匠只能专事补鞋，而不能随意为自己做鞋。为保证专业分工的有效贯彻，相关的监督措施也就显得异常需要。各个工序虽是分散于各个小作坊中完成的，但这些小作坊一般要相对集中在某一区域[①]，而且劳作要在靠近窗户的地方进行，这样，邻居就可以轻而易举地观测到其中的一举一动。与此同时，各个城市几乎每年都要选举各个行业的行会师傅，这些人均是本行业的行家里手，他们经常对本行业所属作坊进行挨家挨户式的监察，以保证各作坊照章行事并确保产品质量。此外，各种城市规章还对手工产品的价格作出详细的规定。例如，在马赛，做一件女式大衣，手工费不得超过16锝。在图卢兹，加工一箱面粉所得的利润不得超过4个锝。各城市对工匠的工作时间也有严格的限制，几乎所有城市都禁止工匠加夜班（磨坊主等特殊行业工匠例外），而且，在节日和星期天，工匠必须停工休息。在某些城市，已经有了“暑假”这一概念，如果工匠本人愿意，在炎热的八月，他们可以申请休假。[②]

中世纪城市的市场准则亦富有自身的特色，其最明显的表现在于重视小买主或个体消费者的利益。许多城市规章都规定，应当切除或尽量减少中间商（二道贩子）的盘剥，产品应尽量由生产者直销给消费者。例如，马赛市规定，渔夫必须将打来的鱼（体积较大者）运到市场直接卖给顾客，只有小鱼可以在渔港就地出售；鱼贩子只有在中午以后才有权收购海货，即便如此，他也不得在市场就地转手，而必须拿到其他地方去出售。不少城市规章还禁止卖主宣传自己的产品，甚至还有一些颇为奇特的规定，例如，卖主不得以突然擤鼻涕或打喷嚏等种种不适宜的方式来吸引顾客的注意力。另外，中世纪许多城市对商品的质量和成色也有堪称严格的监督。在马赛，有些面包商采用投机取巧的方式获取非法利润，即在每块面包价格不变的情况下降低面包的重量。因此，1283年，在马赛当局主持下，6名市民和一名计算专家对不同档次面包（精粉面包、半精粉面包和全麦面包）的价格及重量均作出精细的规定。关于中世纪市民的生活水准，后世许多研究者持比较乐观的态度，甚至有人认为他们的收入是相当可观的。但是，“身在此山中”的中世纪市民却很少对自己生活击节称好，相反却是为后人留下了不

① 今天巴黎的一些街道名称仍能使人联想到中世纪小作坊集中的情形，如“刀剪作坊街”、“玻璃作坊街”以及“羊皮纸作坊街”等等。

② 参阅 Alfred Kieser, “Organizational, Institutional, and Societal Evolution: Medieval Craft Guilds and the Genesis of Formal Organizations”, *Administrative Science Quarterly*, No. 4 (1989), pp. 540–564。

少怨气冲天的词句。诗人克雷蒂安·德·特鲁瓦（Chrétien de Troyes，约1135—1183）曾以《制呢女工的哀怨》为题写道："永远是衣不遮体，又脏又破；永远是食不果腹，又渴又饿"。

最后，有必要对商人这一特殊群体在中世纪法国社会中的形象作一简单的描绘，在这一方面，与城市同步繁荣的市民文学为我们提供了许多鲜活的诗句。从总体上说，与教会对待商业及商人的态度一样，世俗的法国社会对之也是既爱又恨，爱恨交加。一方面，社会物质生活不可能与商业及商人完全脱离，人们在某些方面和某些时候总是难免要通过商人来获得某些商品，因此，社会对商人的褒扬并不缺乏。例如，当时就有这样的诗句："任何国家都离不开商人，他们历尽千辛万苦，从各地运来短缺的商品"；"他们童叟无欺，惹人喜爱，受到了真诚和衷心的赞美"；"愿上帝保佑商人们逢凶化吉，好运长交"。但是另一方面，商业和商人又总是与利润联系在一起的，因此，在许多人的眼里，商人又成了贪得无厌的恶棍，他们认为，商人一旦听到"利润"二字，其赚钱的欲望就不会满足；而为了增加利润，商人又会毫不犹豫地在质量或分量上弄虚作假。中世纪市民文学中的有关描述可以说是随处可见，兹举数语："正直，当为资产者的金科玉律：他们怎能这样做生意？不是缺斤少两，便是掺假弄虚"；"无论是买是卖，他们总要坑人……他们样样作假，不论是分量、账目还是尺寸"；高利贷者的形象更为恶劣，这种人即使行将就木，仍然念念不忘自己的钱袋："救救我吧，快把我的钱袋拿来，把那个最大的放在我的身旁，连同我的尸体一起埋葬。"①

三、文化品位的演绎与大学生活

中世纪法兰西的城市和乡村在社会结构、经济生活以及人员流动等方面一直处于不断的变革之中，同样，文化层面上的法兰西在这一时期也绝非是暮气沉沉的一汪混水，更不是某些传统史学所描绘的那种"不曾沐浴"的龌龊形象。可以说，在这几百年中，法兰西的文化风格也一直处在波浪相逐的变革洪流之中，不论是文学艺术、学校教育还是建筑理念、服装服饰，其风格特征在许多方面都给

① 详细内容可参阅［法］雷吉娜·佩尔努著、康新文等译的《法国资产阶级史》上册，上海：上海译文出版社1991年版，第一章至第十二章。

人们留下了可以明确感知的变化。在这里，我们可以选择其中的几个侧面略加描述和分析。

第一，文学风格的多样化。中世纪的法兰西首先是一个乡村色彩浓郁的以封建领主、军事贵族为主导政治势力的社会，在此基础上，法兰西土地上又镶嵌着星星点点、荧光闪烁的城市风景。因此，其文学作品也就明显地分为贵族文学和市民文学两大类型。在贵族文学中，最先兴起的是有中世纪英雄史诗之称的“武功歌”（Songs of Heroic Deeds ）。11 世纪及 12 世纪前期，武功歌在法国北方贵族阶层中广为流行，到 14 世纪前后，武功歌这种题材趋于没落。留存至今的武功歌大约有 80 多部，其中约有 30 部是以查理大帝及其先辈作为铺陈对象的，最为有名的是《罗兰之歌》（11 世纪末）、《查理曼朝圣记》（*Pèlerinage de Charlemagne*，12 世纪初）和《赛斯纳人之歌》（*Chanson de Saisnes*，1200 年前后）。与美国早期西部电影类似，武功歌通常充满战斗气息，其主人公一般都不近女色、尚武勇敢，对主人无比忠诚，对同伴无比友爱。①

与风格粗犷的北方不同，从 12 世纪中叶起，温暖湿润、富庶舒适的法国南方开始盛行细腻曼妙、浪漫色彩浓厚的由行吟诗人（troubadours）创作并吟咏的抒情诗（lyric poetry）。这种抒情诗注重内心世界的刻画，而且大都以男情女爱作为吟咏的主题。不过，这里所咏叹的情爱多是那种偏离正轨的非常情调，既有渴望占有但又不着边际的男单相思，也有梦想被占有但却无缘相见的女单相思，当然还有私自幽会、缠绵难断但又害怕阳光的地下情人。在南方抒情诗的影响下，从 12 世纪下半叶开始，唱惯了大江东去的法国北方也逐渐变得小桥流水起来，以礼貌文雅、温柔体贴、敬重贵妇（大都同时也是情妇）为特色的传奇文学（romances，骑士文学）开始博得贵族阶层的喜好，其中比较有名的是出现于 13 世纪早期的《玫瑰传奇》（*Roman de la Rose*）。这部作品结构复杂，曾被后人喻为“中世纪挂毯”。②

市民文学是随着中世纪城市的普遍繁荣而逐步兴起的，它既有鲜明的市井特色，同时也有丰富的表现形式，戏剧即是其中的重要形式之一。这一时期的戏剧

---

① 参阅 Grace Frank, “Historical Elements in the Chansons de Geste Historical Elements in the Chansons de Geste”, *Speculum*, No. 2 (1939), pp. 209–214。

② 《玫瑰传奇》分上、下两卷。上卷的作者是吉约姆·德·洛利思（Guillaume de Lorris），该卷以“玫瑰”象征贵族女子，描写一个诗人爱上玫瑰而受环境阻碍的故事。洛利思死后，民间诗人让·德·梅恩（Jean de Meung）续成下卷，该卷叙述诗人在理性和自然的帮助下，终于获得“玫瑰”的芳心。参阅 Charles Dahlberg, “Love and the *Roman de la Rose*”, *Speculum*, No. 4 (1969), pp. 568–584。

也可分为多种类型，如圣经故事剧：这种戏剧取材于圣经故事，演出时的舞台通常分成高中低三层，以代表天堂、尘世和地狱，但这种戏剧已不同于中世纪早期那种刻板、呆滞、严肃的宗教剧，它已将市民生活中的许多喜剧因素和滑稽因素融入进来。此外还有以圣徒生平为主要内容的奇迹剧以及以拟人化为表现手法来抑恶扬善的道德剧，在这些戏剧中，演员通常都是忙里偷闲的普通市民。市民文学的另一种表现形式是故事诗。故事诗一般比较短小，但通常带有幽默感和讽刺味道。在这里，宣扬禁欲主义的僧侣成了肆无忌惮的纵欲狂，以精明著称的商人却被更"聪明"的人拐跑了妻子，如此等等。市民文学还有一种重要的体裁，这就是将社会上形形色色的现象以动物形象表达出来并加以褒扬或鞭挞的寓言诗，其中流传最广、影响最大的是有关列那狐（Renart）斗智斗勇的寓言诗，以列那狐为主题的作品种类很多，后世往往将之统称为《列那狐传奇》。

第二，建筑风格的飘逸化。在欧洲建筑艺术史上，罗马式建筑和哥特式建筑拥有不可磨灭的历史地位，虽然从名称上看这两种建筑风格均与法兰西没有关联，但实际上它们都是首先产生于法国然后又向周边地区扩散的。① 罗马式建筑流行于 11 世纪至 12 世纪前期，其风格受到古代罗马和中世纪早期拜占廷建筑艺术的双重影响，同时也融入了法国人自身对建筑艺术的思索、追求与实践。因此可以说，在法国破土而出的罗马式建筑是综合与创新相结合的产物。罗马式建筑的主要特点是厚实的墙壁、粗大的支柱、圆形的屋顶、窄小的窗户以及半圆形的门窗拱顶。中世纪遗留下来的这类建筑以教堂为主，如法国南方阿尔勒市的圣特罗菲姆大教堂（St. Trophime）和图卢兹市的圣塞尔南大教堂（St. Sernin）以及法国北部的拜约大教堂（Bayeux）② 等等。这种风格的教堂在艺术上给人以严谨统一的感觉，而且，其厚重坚固的建构和光线暗淡的内观均能充分显示出普世基督教会具有无法抗拒的力量，同时显示出天国世界的神秘与超世。

从 12 世纪中叶开始，法国的建筑艺术逐步向"哥特式"风格转变。最初，人们只是对罗马式建筑作一些技术层面上的改进，但最终却汇聚为对建筑结构的整体性改造。建筑风格的这一转变原因较为复杂，其中既有俗世对建筑设施舒适

---

① "罗马式"（Romanesque）和"哥特式"（Gothic）这两个名称都是文艺复兴时期意大利学者首先创造出来的，他们认为，11—12 世纪前期的欧洲建筑风格源自古典罗马，故称之为"罗马式"；而从 12 世纪中叶到他们所处的 15 世纪，欧洲的建筑风格是由意大利北部的哥特人发明的，故称之为"哥特式"。实际上，这两个名称均不确切，"罗马式"建筑的艺术源泉并不限于古典罗马，"哥特式"建筑的首创之功也与哥特人毫不相干。

② 拜约位于今法国卡尔瓦多斯省（Calvados）西部。

程度要求的提高，也有教会对神秘主义观念的自我更新，同时还有建筑设计者们的艺术追求。最早的哥特式建筑是1137年由法王路易六世的挚友苏热尔主持开工的圣德尼大教堂，在随后的几个世纪中，同一建筑风格的大教堂在各地相继涌现，其中比较有名的如巴黎圣母院、沙特尔大教堂（Chartres）、兰斯大教堂、亚眠大教堂及博韦大教堂等等。

哥特式建筑的特点有很多，如墙壁薄、支柱细、门窗大、光线足以及门窗上部为尖形拱顶，还有绚丽多姿的彩色玻璃窗、大大小小的宗教人物小雕像、教堂的大门一般都是朝西开，如此等等，但最为突出的也是让人一见难忘的特点则是其高耸入云、挺拔飘逸的尖塔，有人曾形象地描绘说，这种建筑“仿佛要摆脱地球的引力，不受俗世的束缚，升往天国一般”[①]。到了14、15世纪，哥特式建筑在追求飘逸、美观方面似乎已经走火入魔，只要房顶上的空间许可，就要尽可能多地给它戴上一顶顶尖尖的“帽子”并饰以各种复杂的图案。其结果就是，一座建筑的上方往往冒出无数个高低不齐、参差错落的尖塔，仿佛一大堆干柴被点燃后冒出的一道道火苗，正因如此，后期哥特式建筑通常又被称为“火焰哥特式”（gothique flamboyant）建筑或“火焰式建筑”。[②]

第三，服饰风格的奇异化。这一时期的服饰文化通常也被分为罗马式时期和哥特式时期两个发展阶段。在11、12世纪的罗马式时期，教俗两界的审美观有着较大差异。宗教神学追求的是一种苍白无力、愁容满面的形象，而在世俗文化观念中，男性美的标志是宽阔的肩膀、坚定的双腿和刚毅的面容，女性美的标准是金发碧眼、黑眉细腰。这种审美标准体现在服饰上也就必然有着平稳的特点，离奇浮夸的服饰很难找到消费市场。但是，13世纪以后，与建筑风格一样，法国人的服饰也出现翻天覆地的变化，其特点是追求挺拔、修长、轻盈和优雅，甚至开始朝着奇装异服的方向发展。

关于这一前一后两个时期法国人的具体穿着打扮，这里不拟细述，我们只需援引当时留下的一段文字即可窥知其中的大概。14世纪中叶，法国在与英国的战争中一败再败，引起国人普遍不满。关于法国失败的原因，一位编年史家这样写道：“上帝因为我们的罪过而降灾祸于我们，因为法兰西人的虚荣心太大，衣服不成体统，各种连衣裙从一个极端走向另一个极端。某些人穿的连衣裙，像齿

① ［美］沃伦·霍莱斯特著，陶松寿译：《欧洲中世纪简史》，北京：商务印书馆1988年版，第293页。

② 参阅赵克仁：《哥特式建筑及其宗教文化内涵》，载《世界宗教文化》2003年第3期，第47—49页。

形破布的样式，非常短，以至于一弯腰，站在后面就能见到里面的裤子。裤子很瘦，没有别人帮忙就无法穿上。另有一些人，如妇女，穿长长的打出很多褶子的连衣裙，裤子的一半同另一半不一样，袖子拖到地面，这些人与正派人物相比仿佛是小丑。所以毫不奇怪，因类似的轻率，超过了所有的限度，上帝就以灾祸——英吉利国王惩罚我们。”① 由此不难想象，当时法国人的服装是多么的新潮，多么的前卫。

到了 15 世纪前后，法国人尤其是法国贵族阶层的服饰更趋复杂精细，甚至可以说达到了近乎疯狂的程度。各式各样的紧身衣、长达 50 厘米甚至 70 厘米的尖头鞋、气球形状的袖子以及鸡冠状的帽子成为时髦男人的时髦风尚。在正式场合，他们的服装上还经常挂着银铃，甚至挂上数百枚叮当作响的硬币。不过，在色彩的运用上，当时的法国人似乎还没有发展到漫无节制的地步，人们最喜欢用的颜色有两种，即红色和白色。而黄色代表敌意，或许正因如此，当时的法国人很少使用这种颜色。

第四，教育风格的深层化。在 10 至 11 世纪前后，以教区学校和大教堂学校为主体的教会学校在法国的教育系统中仍然占据主导地位，这些学校所讲授的内容也当然与宗教神学有着紧密的联系，但随着古典著作传播范围的逐渐扩大，教会学校的教学内容也开始越来越多地向非宗教方向发展。11 世纪时曾任沙特尔地区主教的英籍哲学家、神学家兼史学家索尔兹伯里的约翰（John of Salisbury，1120—1180）就是这一新式教育思想的代表人物之一，他曾写道：“假如上帝当初没有为尘世之人提供文字的话，那么，艺术将枯萎，法律将消失，宗教礼仪将无存，甚至连语言的正确使用也要泡汤。假如没有作家们的作品，那么，有谁还会知道亚历山大们和恺撒们？有谁还会推崇斯多噶学派和逍遥学派？……除此而外，痛苦中的慰藉、贫困中的欢乐、富裕中的简朴等等也都是通过文字来传递的”。因此说，教会学校的教学也并不是亘古不变的，它也要随着时代的发展而作出相应的调整。

随着城市的繁荣和市民对知识要求的提高，初级水准的教会学校已越来越不适应社会的需求。因此，从 12 世纪前后开始，在一些较大的城市中出现私立学校，其中最为有名的是由著名哲学家和神学家皮埃尔·阿伯拉尔（Pierre Abelard，1079—1142）在巴黎创办的私立学校，它曾吸引众多的年轻人到此求学。

① 王松亭：《西方服饰史》，长春：吉林美术出版社 1993 年版，第 43 页。

阿伯拉尔之所以名扬欧洲并流芳后世，最主要的原因在于他的学术观点及学术成就。在有关“共相”(universal，普遍，一般）和“殊相”(particular，特殊，个体）关系的论战中，阿伯拉尔倾向于认为，共相寓于殊相之中，通过思考，人们的认识可以从殊相上升到共相。另外，阿伯拉尔还著有《是与否》(*Sic et Non*）一书，力图证明《圣经》、教父作品、宗教会议文件及教皇谕令之间是矛盾迭出、不足为信的。阿伯拉尔的观点经常遭到正统派的围攻，但阿伯拉尔周围的学生却是越聚越多，西方学者甚至认为他是将欧洲各地学生召唤到巴黎的第一位法国学者。

使阿伯拉尔声名远播的还有另外一层原因，这就是他那震撼人心的情感历程和悲惨绝伦的个人遭遇。阿伯拉尔在巴黎教书时，与年轻女子埃洛瓦兹（Heloise）热恋并私定终身。埃洛瓦兹的叔父却收买暴徒将阿伯拉尔阉割，这对情侣从此永远分离，双双发誓隐修。此后两人仍有书信往来，已经担任女修道院院长的埃洛瓦兹继续表露出其永恒的爱情，但阿伯拉尔则闭口不言此事。1142 年阿伯拉尔死于克吕尼（Cluny）修道院之后，该修道院的院长还给埃洛瓦兹写了一封感人至深的信，声言大慈大悲的上帝终有一日“会将他送还与你”。1166 年，阿伯拉尔与埃洛瓦兹的通信集在巴黎正式刊行，并引起强烈反响。[①] 阿伯拉尔是中世纪西方哲学家中最具个性、最具传奇色彩的人物之一。1877 年，他俩的遗骸被移至巴黎拉雪兹神父公墓（Cimetière du Père-Lachaise）合葬，其爱情故事亦成为文艺创作长久不衰的主题。20 世纪 80 年代，他们的爱情故事以《天堂窃情》（*Stealing Heaven*，1988 年）为名被好莱坞搬上了银幕。

阿伯拉尔与埃洛瓦兹

继阿伯拉尔之后，巴黎的私立学校和学生人数继续增多，巴黎的教师们还成立了同业公会。1200 年，腓力二世颁发特许状，承认巴黎教师的这一自治组织。一般认为，这

① 阿伯拉尔与埃洛瓦兹的通信集有中文译本。[法] 蒙克利夫编，岳丽娟译：《圣殿下的私语：阿伯拉尔与爱洛依丝书信集》，桂林：广西师范大学出版社 2001 年版。

是巴黎大学诞生的标志。不过，这个教育机构正式使用“大学”（universitas）① 这一名称是在几年之后的 1208 年。② 巴黎大学是法国的第一所高等学校，在随后的一个多世纪中，法国各地又先后创办了十余所大学，其中比较著名的有 1223 年创办的图卢兹大学、1289 年创办的蒙彼利埃大学和 1305 年创办的奥尔良大学。大学的兴起是中世纪法国在这一时期出现的重要社会文化现象，它集中反映了法国社会在此前几个世纪中的不断进步以及新的社会物质环境对人们知识水准要求的不断提高。

与传统的教会学校相比，中世纪大学具有一些明显的特点。首先，中世纪大学具有广纳百川的开放性：当时并不存在划片招生的规定（现代法国却有这种规定），因此，对学生入学没有生源地的限制，甚至也没有国别的限制。不过，当时的上层社会对大学并不信任，因此，进入大学学习的多为市民和中小封建贵族的子弟，间或也有一些贫家子弟。其次，中世纪大学一般规模较大：大学一般采取集体授课制度，其容纳能力有着较大的弹性，因此，和教会学校相比，大学里的学生人数大为增加。而且，每所大学都有一支专业化的教师队伍，这就改变了原先那种“门门都教、样样不精”的全科式教师队伍状况。

中世纪大学的课程设置已经比较齐全，教学机构大都由文学院（博雅学院，大致相当于后来的“本科学院”）、神学院、法学院和医学院这四个部分组成。从层级上来说，文学院级别最低，其从事的是基础课通识教育，但在整个大学中，文学院的地位却最高。很多大学都规定，大学校长的人选必须来自文学院，其他学院的教师则没有资格出任校长。文学院有权开除不符合学校要求的师生，而且不必征求其他几个高级学院的意见。相反，高级学院如要开除师生员工，则必须由四大学院组成的联席会议作出决定方可实行。文学院的学业一般要在 5—6 年之内完成，其课程沿袭由古代希腊罗马传承下来的“博雅七艺”（Seven liberal arts）。和上古时期的情形相似，“七艺”教学分为两个档次，即相当于初级水平的“三艺”（Trivium，包括文法、修辞和辩证法三门学科）和相当于中级水平的“四艺”（Quadrivium，包括几何、天文、算术和音乐四门学科）。学生修完“三艺”

① “universitas”系拉丁文，其原意是社团、协会或行会，各行各业的自治组织均可称为“universitas”。到了 14 世纪中叶以后，“universitas”成为欧洲高等学校的专用词汇，汉译为“大学”。

② 关于巴黎大学（Université de Paris）诞生的时间，学术界有不同的观点，除了 1200 年这一说法之外，还有人认为是在 1160—1170 年之间，亦有人认为是在 1150 年。参见 C. H. Haskins, *The Rise of Universities*, New York: Henry Holt and Company, 1923, p. 292。

后可获学士学位（相当于预科毕业），在此基础上再修完“四艺”后可获硕士学位。硕士学位是对从教者的最低学位要求，即只有获得硕士及硕士以上学位者方有资格做教师。获得硕士学位以后，学生还可继续攻读博士学位，当时可授予博士学位的学科有神学、法学（主要是教会法）和医学等。

在中世纪法国大学中，地位最高、影响最大者当数巴黎大学，而巴黎大学中最具实力的学科又是宗教神学。1257 年，对巴黎大学神学研究水平颇为推崇的神学家、国王路易九世的朋友兼私人忏悔神父罗贝尔·德·索邦（Robert de Sorbon, 1201—1274）捐资建造房舍专供从事神学研究和学习的师生使用，由此形成巴黎大学下属的“索邦学院”（Collège de Sorbonne）。索邦学院影响甚大，因此，人们通常便以“索邦”（La Sorbonne）指代巴黎大学。① 当时的巴黎大学已经具有广泛的国际声誉，欧洲各地的著名学者云集于此。例如，以致力于实验科学而著称的英国学者罗哲尔·培根（Roger Bacon，约 1214—1294）在巴黎大学从事研究和执教达 7 年，不过，在返回英国之后，他却满腔愤怒地谴责法国人对科学的排斥和敌视。再如，以《神学大全》（*Summa Theologica*）一书而引发非议但又传名后世的意大利学者托马斯·阿奎那（Thomas Aquinas，约 1225—1274）断断续续在巴黎大学执教近 30 年。在这里，我们无法详细列举在巴黎大学出现过的名人，但从下面几句当时留下来的颂歌中，便可窥晓巴黎大学在人们心目中的地位：“整个天空就是羊皮纸，整个海洋就是墨汁，所有的星辰就是巴黎大学的大师们”。曾在巴黎大学受过教育的教皇英诺森三世（Innocent III，1198—1216 年在位）则将这所大学称作“为整个世界烤面包的炉子”。②

与教师一样，巴黎大学的学生也是来自于西欧各国。当时的课堂教学基本上是安排在上午进行。巴黎圣母院的晨钟敲响以后（早上 5、6 点），学生们开始吃早餐，然后前往分散在城内不同街区的教室。教室里没有课桌和座椅，设备好一点的教室可能会配备一些简陋的长凳，但在不少教室中，学生只能席地而坐，膝

① 以神学研究著称的“索邦学院”也被称为“索邦神学院”。“索邦神学院”在法国大革命期间被取缔，1808 年拿破仑下令予以恢复，1882 年被彻底关闭。另外，在中世纪，随着巴黎大学的发展，其下属的学院数目越来越大。拉什道在《欧洲中世纪大学》（Hastings Rashdall, *The Universities of Europe in the Middle Ages*, Oxford: Clarendon Press, 1895）中指出，在中世纪时期，巴黎大学大约出现过 70 个学院。1968 年“五月风暴”之后，巴黎大学被拆分为相互独立的 13 所大学。参阅 Jean-Louis Leutrat, *De l'Université aux Universités*, Paris: Association des Universités de Paris, 1997。

② 参见［美］罗伯特·E. 勒纳等著，王觉非等译：《西方文明史》，北京：中国青年出版社 2003 年版，第 342—346 页。

盖上放着书板供记笔记使用。听课认真、勤于学习的学生不在少数，但也存在不少“自由派”学生。从当时巴黎大学留下来的许多布道式训文（似乎有点像后来的“问题通报”或“整改建议”之类的东西）中可以看出这一点。有些学生跳跃性极强，不断地从一个教室窜到另外一个教室，几年之中几乎从未完整地听过一门课程。靠近窗户的学生往往会将更多的目光集中在窗外，仿佛路上的行人是他们要研习的对象。有些学生一个星期只听一两次课，即便如此，到了课堂上还要闭目养神。有些学生专门选听深奥的教会法课程，其原因并不完全是出于对知识的渴求，而是因为这类课程往往是到上午 9 点才开课。老师也不是学生顶礼膜拜的偶像，如果教学无方，他也难免会被热血青年们轰下台，甚至会受到学生扔过来的小石块的洗礼。

学生的课余生活显得更加多彩一些。有些学生会回到自己的住处自修，但也有不少学生会跑到城外的草地旷野上进行一些诸如赛跑、跳远之类的运动，在有河流的地方还可以尽情地游泳。学生们也经常会就一些感兴趣的问题组织辩论会，但是，当问题辩到不可收拾之时，辩论会有时就会演变成为体力上的较量。到了晚上，小酒馆成为不少学生喜欢光顾的地方，但是在这里，学生与学生之间、学生与市民之间乃至学生与小酒馆老板之间也并不都是一种和平共处的关系。

学生的学习和生活费用均需自理。有少数学生会在课余时间外出挣钱，但靠打工得来的这一点钱远远不足以维持生计和学业。有的学生在一个晚上就会把一个星期挣来的钱喝个精光。因此，费用的主要来源还是要靠家中父母，而学生向家里要钱时也会罗列出许多让人不信不行的理由。当时有一位学生写了这样一封情真意切的家书：“城市生活费用高昂，需要花钱的地方很多：我必须要租房子，购买日用品，还有许多其他事项需要开支，在此无法一一列举。为此请求父亲大人大发慈悲，给予支援，以便我能够完成这一已经有了良好开端的学业。”然而，有些家长对自己的儿子在学校里的表现并不满意，有一位父亲给他的儿子去信说：“最近我听说你的生活不很检点，贪图玩乐，不事攻读，别人专心读书时，你却胡乱地弹吉他。”① 但是，这一类学生并不愿意伤父母的心，在毕业离校时，为了显示自己有些学问，他们会将几年之中攒起来的厚重精美的教科书打包

① C. Warren Hollister, *Medieval Europe: a short history*, New York: John Wiley & Sons, 1978, p. 255. 译文参见［美］沃伦·霍莱斯特著，陶松寿译：《欧洲中世纪简史》，北京：商务印书馆 1988 年版，第 301 页。

随带，“就这样，他们扛着充满智慧的书袋和空空荡荡的脑袋回到了父母身边”。[①]

从中世纪巴黎大学走出来的毕业生中，也有许多出类拔萃者甚至是旷世英才，其中最为有名的当数以诗歌著称的弗朗索瓦·维永（François Villon，1431—1463 年以后），有人认为他是文艺复兴之前法国最伟大的抒情诗人，也有人认为他是整个法国历史上最伟大的诗人。不过，在巴黎大学的毕业生中，维永的经历或许可以归入“另类”。他是一个孤儿，由一名姓维永的教士抚养成人，后进巴黎大学读书，于 1452 年获硕士学位。3 年之后，他在一次斗殴中刺杀一名教士，于是被逐出巴黎。重返巴黎后，他又混迹街头且不时行窃，结果又被逐出巴黎。在随后几年中，维永流浪四方，其间又因各种劣迹而数度入狱。1461 年，进进出出于监狱的维永又被扔进位于卢瓦尔河畔的墨恩城堡（Meung）的附属地牢。在这里熬过 5 个月之后，被恰巧路过这里的刚刚登基的法王路易十一（Louis XI，1461—1483 年在位）赦免出狱。1463 年，维永又因斗殴而被判死刑，后改判放逐。此后，维永终于销声匿迹，不知所踪。

维永虽然一生麻烦不断，其创作诗歌的热情却从未减退，正是在这种动荡的生活环境中，他先后完成了使之名垂后世的《小遗言集》（*Petit testament*）和《大遗言集》（*Grand testament*）。维永是与街头生活联系在一起的，因此，其诗作具有浓厚的贫民窟味道，在诗中，他时常会使用一些常人无法理解的、但其街头伙伴一看便懂的行话隐语。维永的诗歌几乎全部包含有一种时刻不离的死亡意识，这一点从其作品的名称即可感知出来，十几年中创作的诗歌全被命名为“遗言”。此外，维永的诗作中时常流露出一种对生活和生命无可奈何的悲哀，其中有一句诗成为多愁善感之人不断援引的佳句，这就是：“去年的白雪，如今在何处？”[②]

巴黎大学的“另类”毕业生维永

① Ernest John Knapton, *France: an interpretive history*, New York: Charles Scribner's Sons, 1971, p. 83.

② 关于维永的创作及思想，可参阅 Roger Dragonetti, “Le Contredit de François Villon”, *MLN*, No. 4 (1983), pp. 594–623; Evelyn Birge Vitz, “Symbolic ‘Contamination’ in the *Testament* of François Villon”, *MLN*, No. 4 (1971), pp. 456–495。

第四章

君主制的绝对与相对

（15 世纪中叶—1789 年）

大约从 15 世纪中叶起，法国王权开始进入一个长达三个多世纪的所谓的“绝对主义”时期或“绝对君主制”时期。[①] 这种政治形态是自中世纪即已形成的王统理论及其实践的自然延伸，同时，这种自然延伸而来的王权又不可避免地带上资本主义因素初步萌生而留下的经济烙印。可以说，百年战争以后在法国逐步形成的绝对君主制就是在商品经济相对发展但这一发展又不是非常充分的条件下而形成的一种政治统治形式。法国绝对君主制的历史轨迹并不是一个线性历程，它经历过一系列的曲折和反弹。不过，从总体上看，和此前相对软弱的中世纪王权相比，绝对君主制时期的法国社会政治还是呈现出以下几个新的特征。

首先，统治阶层的人员构成出现变化：资产者通过捐买官职而跻身于贵族行列，同时也就成为统治集团的重要组成部分，传统的军事贵族在实际政治权力架构中逐渐退居次要地位。其次，国家的行政管理体制出现变化：封建割据、地方

① 从语源学来说，“绝对主义”（absolutisme）这一抽象的政治术语其历史较为短近，它诞生于 18 世纪末的法国大革命时期，用指此前数百年间法国王权的行使状况和存在方式。尽管如此，“绝对权力”（pouvoir absolu）之类的说法在中世纪和近代早期的很多著作中却是常见的。参见 Richard Bonney, *The Limits of Absolutism in ancient régime France*, Aldershot: Variorum Press, 1995, I, p. 94。另外，“绝对主义”和“绝对君主制”（monarchie absolue）一般专用于近代早期的西欧社会，我国学术界传统上将之译为“专制主义”和“专制君主制”，这种译法不甚妥帖，因为它在汉译名称上使得独具西欧特色的这种政治理念或政治形态混同于另具特色的东方社会的“专制主义”或“专制君主制”。在论及东方形态的专制主义时，西方学者通常使用的是“despotisme”（英文“despotism”）。

分权、城市自治的现象渐趋萎缩，除了新近并入法国领土的周边一些“自治”省份之外，地方权力越来越多地向中央转移。再次，王权本身的地位出现变化：在中央集权的管理体制下，君主或打着君主旗号的寡头集团开始拥有越来越大的权威，教会、司法机构（特别是巴黎高等法院）以及社会精英阶层对王权的牵制力或反抗力逐渐弱化。在此过程中，王室御用文人一方面详尽阐述“君权神授”理论，另一方面又充分挖掘罗马法中有关王权的法理条文，竭力强调君主的绝对权威。正是在上述基础上，在王权理论方面就出现了“绝对”观念，以这一观念为支撑的君主制也就成了“绝对君主制”。

虽然说“绝对君主制”这一名称已约定俗成，但学术界对绝对君主制的认识却经历了一场翻天覆地的变化。在绝对君主制尚未覆亡的18世纪中叶，启蒙思想家们便对现存的政治制度展开猛烈攻击。在他们那里，和“绝对君主制”相对应的术语是“旧制度”（ancient régime），而这个“旧制度”就是天生长有专制魔爪的邪灵，就是一个无处不在的恶神。在大革命之后的很长一段时期中，绝对君主制仍被当作一种暴政而受到谴责，其中贵族历史学家托克维尔（Tocqueville，1805—1859）的一段评论颇具代表性：“最专制的政府也能够与某些最民主的形式结合在一起，乃至压迫人还要摆出若无其事的可笑样子。”①

从20世纪70年代开始，西方史学界在绝对君主制研究领域掀起反思浪潮，进而得出结论：法国历史上并不存在所谓的绝对君主制，绝对主义只不过是一个人为的神话。在反思派学者中，具有代表意义的是英国历史学家罗杰·梅塔姆（Roger Mettam）。他认为，“强大的君权只是一种假象，它是瓦洛亚王朝后期、波旁王朝前期的国王和大臣们精心培育勾勒出来的”，路易十四的“太阳王”形象亦是“那些技艺娴熟的大批宣传鼓动家们自己创造出来的”。对于一些坚持传统观点的“顽固分子”，罗杰·梅塔姆教授则毫不客气地讥讽他们是“无知”之人。② 尽管如此，围绕“绝对君主制”的学术争论仍无消减的迹象，按照英国著名史家理查德·鲍尼（Richard Bonney）的说法，在法国“绝对君主制”问题上，史学界已“几乎没有任何的共识”。③ 既然如此，我们在这里似乎也就不宜对绝对

① ［法］托克维尔著，冯棠译：《旧制度与大革命》，北京：商务印书馆1992年版，第90页。

② 详见 Roger Mettam, *Power and Faction in Louis XIV's France*, New York: Blackwell Publishers, 1988, pp. 13–44。

③ Richard Bonney, *The Limits of Absolutism in Ancient Régime France*, Aldershot: Variorum Press, 1995, I, p. 114.

君主制这个问题下什么结论性判断。

不过，在对法国绝对君主制的发展历程进行具体描述之前，还是有必要阐明几点基本看法。首先，不应将“绝对君主制”中的“绝对”简单地绝对化：这里的“绝对”只能是指理论上对“绝对”的鼓动和实践上对“绝对”的趋近，但这种趋近永远也不可能达到“绝对”的终极点。其次，不宜以其他性质的极端政治形态作为参照系来判定“绝对君主制”的存在与否：这里的绝对君主制是相对于中世纪的封建割据君主制和等级君主制而言的，因此，不能拿它和东方专制体制以及 20 世纪集权主义进行简单的对比，更不能因为诸如此类的对比而简单地否定绝对君主制在理论和实践上的历史存在。最后，不应无视绝对君主制的阶级基础而漫谈君主制的“绝对”与否：作为统治阶级的代表，法国国王不仅不会对贵族特权发起全面进攻，反而要从多方面予以保护，封建贵族毕竟是其政治统治的阶级基础，路易十四本人就曾自称是法兰西王国的“第一贵族”。世界上并不存在那种把自身赖以立足的法统和基础砸得稀巴烂的理想化的“绝对君主制”，一切的“绝对”都只能从相对的意义上去理解。

另外还应认识到，和后世林林总总的“民主制度”类似，在“绝对君主制”问题上，当朝的政治理论与政治实践也同样不可能做到一一对应。“绝对主义”的政治理论可以光芒万丈、照遍四野，但是，在绝对主义的政治实践中，又必然会遇到各式各样的阻碍因素，而且，既有前世遗留下来的传统羁绊，也有当朝君主自己造就的新式难题，其中，伴随法国绝对君主制始终并对绝对君主制构成持久性影响的一个难题便是鬻官制度（Vénalité des offices）。[①] 在数代君主的放纵和大力支持下，鬻官制度已经成为近代早期法国社会政治生活中的一种制度化、秩序化、覆水难收的“乱象”典型。撇除其他各种制约因素不论，仅鬻官制度这一点，就足以让绝对君主制时期的君主们无法顺利地完成“权力绝对化”的政治构想。不过，这并没有妨碍这一时期绝对主义政治理论家对君主绝对权力的论证和渲染，也没有妨碍这一时期法国王权利用各种机会和各种场合对自身绝对权力的展示和装饰。正是基于对法国绝对君主制这种理论上的绝对坚挺与实践上的相对疲软的深刻领悟，美国著名历史学家佩雷斯·扎哥林（Perez Zagorin，1920—2009）主张将绝对君主制这种政治形态称作“相对的绝对主义”（relative

① 关于绝对君主制时期的法国鬻官问题，详见陈文海：《法国封建专制时期的鬻官制度》，载《华南师范大学学报》1996 年第 5 期，第 116—121 页。

absolutism)。[①]

第一节 绝对君主制的曲折与动荡

不论绝对君主制在理论和实践上存在多大距离，作为有别于王权相对软弱的封建割据君主制和等级君主制的一种新型君主政体，其历史存在还是应当得到确认的。但是，在法国绝对君主制的起步时间问题上，学术界并无一致的认识。[②]笔者认为，判断绝对君主制何时起步的重要标准之一应是君主政体之下中央集权体制萌芽与否，而不应将权力是否真正统属于某一君主个人作为判断标准。关于这一点，博丹（Bodin，1530—1596）以及格劳秀斯（Grotius，1583—1645）等西方近代早期的政治思想家已有清楚的认识，他们认为，“绝对权力的执掌者是一个男人还是一个女人，是一个会议还是一个集体，并不影响专制的性质”。[③]按照这一判断标准，可以认为，法国的绝对君主制最初萌生于英法百年战争的最后阶段，即15世纪30年代，正是从这一时期起，法国的君主政体才开始真正地在禁锢君权发展的中世纪樊篱上打开了一些缺口。不过，萌芽与确立毕竟还是两个不同的概念。从历史发展进程中可以看出，15世纪30年代至16世纪末的一个多世纪里，法国的绝对君主制几乎一直挣扎在曲折与动荡的旋涡之中，集权与反集权的争斗也几乎一直萦绕着法兰西这片土地。

---

① Perez Zagorin, *Rebels and Rulers, 1500–1600*, 2 vols, Cambridge: Cambridge University Press, 1982, Vol. I, p. 91.

② 一般认为，法国“绝对君主制”的起点是百年战争临近结束时的15世纪中叶，终点是大革命爆发时的1789年。也有学者认为，法国的绝对君主制始于1610年，而此前的大约100年是个过渡性的“文艺复兴君主制”阶段，在这个“羞羞答答”的过渡时期，中世纪的地方分权遗风尚未消散，君主在行使权力过程中也有诸多顾忌。参阅 J. Russell Major, *From Renaissance Monarchy to Absolute Monarchy: French Kings, Nobles & Estates*, Baltimore: The Johns Hopkins University Press, 1994。

③ 参见陈文海:《权力之鹰:法国封建专制时期督办官制度研究》，长春:吉林大学出版社1999年版，第21页。

一、从国内统一到对外征伐

查理七世

百年战争晚期，法国人的民族情绪空前张扬，爱国勤王成为时代的主旋律，王权的伸张也就自然具备了较为坚实的社会基础。正是在这种形势下，法王查理七世（Charles VII，1422—1461 年在位）在王权发展上取得了其先辈们梦寐以求而不得的战果，其中最为重要的是征税权和常备军。在查理七世以前，赋税的征收通常具有临时性质，国王军队的组成也一直保持中世纪的传统，即国王仍然采取领主召集附庸服兵役的方式组建临时性的军队，其结果就是：国王有难时东拼西凑，战事结束时一哄而散。抗英斗争为法王扭转这一局面提供了契机。为了筹建并供给一支常备军，法国贵族会议于 1439 年批准王室在全国范围内征收军役税（taille）[①]。此例一开，即成定制，它并未随着百年战争的结束而被取消。法国王室从此拥有一项不受其他势力制约的直接征税权和一支不受附庸钳制的正规军队。随着时间的推移，军役税也不再是只能用于军队的专项赋税，国王及其政府可依所需而将之用于各种目的。

在查理七世时期，法国王室对本国天主教会的控制也有新的发展，其典型事件就是查理七世于 1438 年 7 月 7 日颁布了具有深远意义的《布尔日国务诏书》（*Pragmatique Sanction de Bourges*），其中规定：在信仰问题上，“公会议”（General Council）的权威高于教皇，公会议每隔十年应该召开一次；法国教会实行内

---

① 军役税的征收体制较为复杂，但总体来说，军役税基本上属于平民税，农民是主要纳税人，僧侣、贵族、军人、大学师生、司法长官和许多其他官员都享有豁免权，一些特权城市（villes franches，如巴黎）亦免交军役税。有的学者根据读音将“taille”（军役税）译为“达依税”，这种音译方式具有较大的模糊性，故不足取。还有人将“taille”译为“人头税”，亦不准确。真正的“人头税”（capitation）是在路易十四统治晚期出现的，该税种于 1695 年初创，1701 年确立，包括世俗贵族和教会人员均需缴纳此税（如不愿缴纳，亦可花巨额资金购买免税权）。参阅 Michael Kwass, “A Kingdom of Taxpayers: State Formation, Privilege, and Political Culture in Eighteenth-Century France”, *The Journal of Modern History*, No. 2 (1998), pp. 295–339。

部自治，有权选举本国主教；法国教会拥有司法裁决权，其成员不得擅自将有关案件上诉至罗马教廷；法国教会停止向罗马教廷缴纳宗教赋税。这些条款后来被称为“高卢人的自由”。查理七世颁布这一诏书的真正意图并不在于让法国的天主教会实现自治，而是要把从教皇那里收回的权力转归法国国王：教士虽不再向教皇纳税，但却要向国家纳税；主教和其他高级教士不再由教皇委任，而改由从法兰西王国内的高级官员中遴选。可以说，这是法国王权强化的一个重要表征，也是法国走向政教合一的一个危险信号。不过，在查理七世时期，法国王室政府的军事机器和财政机构规模都很有限，对全境实行真正的绝对统治并不现实，因此，王国境内各自为政的局面尚无大的改观。

“市民式国王”路易十一

为法国王权带来更多新时代气息的是路易十一（Louis XI，1461—1483 年在位），人们通常认为他是法国历史上第一位“市民式国王”。路易十一下巴尖细，有点驼背，平时几乎总是穿着一身灰色衣服，戴着一顶脏兮兮的帽子，其形象有如小店铺的掌柜，毫无君王派头。路易十一服饰简朴，甚至有人认为，“他的坐骑连同他那一身打扮，不值 20 法郎”。此人在性格上也颇为怪异，既奸诈残忍又虚伪圆滑，而且极为迷信算命先生和江湖郎中。[①] 其父查理七世在位时，他就不断制造事端，但得到其父一再宽宥。不过，父子关系最终还是破裂，路易逃到了勃艮第公国的宫廷中过了几年流亡生活，但这并未妨碍他以王太子的身份继承王位。掌权之后的路易十一可以算得上是一位勤政而新潮的国王，他大量任用资产者担任重要官职，而且极为关注王国的经济发展，甚至亲自参与经济政策的制定。与此同时，他在加强王权方面也有新的举措，如取消或削减城市自治特权，设立受制于王权的市政府；加大税收征管力度并增加税额，扩充王室政府的财力；严惩贵族的叛乱活动，强化臣民对君主的效忠意识。不过，在路易十一的政治生涯中，对后世法国影响

① 对于此人的性格，当时人就有评论认为，他在制造阴谋方面具有高超的技能，而且，在他那里，阴谋是一环套一环，就像蜘蛛网一样环环相扣。正因如此，路易十一后来得到一个绰号，叫作“万能蜘蛛”(l'Universelle Aragne)。参阅 Adrianna E. Bakos, “The Historical Reputation of Louis XI in Political Theory and Polemic during the French Religious Wars”, *The Sixteenth Century Journal*, No. 1 (1990), pp. 3–32。

最大的行动是对勃艮第的打击与肢解。

勃艮第问题一直是缠绕法国王室的一个大患，此前的数百年间，勃艮第虽数度被纳入法国王室版图之中，但每一次都是以再度游离而告终。路易十一当政初期，勃艮第的政治版图已经相当辽阔，从北方的莱茵河流域断断续续地一直延伸至南方的罗讷河上游地区，其情形颇似843年三分天下时的“中部王国”。1467年，大胆查理（Charles le Téméraire，1433—1477）继其父位而成为勃艮第公爵，他的首要目标就是要占取香槟、洛林以及阿尔萨斯等地，以使勃艮第南北各地联为一体，从而建立一个独立的勃艮第王国。路易十一随即组建联盟与之对抗，其盟员包括神圣罗马帝国皇帝、洛林公爵以及瑞士各州。1477年1月5日，大胆查理在南锡（Nancy）兵败被杀。勃艮第的立国梦从此破灭，但法国并未随之获得勃艮第的土地，因为它又与神圣罗马帝国展开了对勃艮第遗产的争夺。1482年12月，双方签订《阿拉斯条约》(*Traité de Arras*)，北部的皮卡尔迪和东部的勃艮第公国（注意不要将之与更东一点的“勃艮第自由伯国”混为一谈）由此真正成为法国的领土。[①] 此外，路易十一在其统治末年又通过各种和平手段将王国境内的多个大大小小的封建领地收归王室所有。至其1483年去世时，真正处于王权控制之外的大封建领地仅剩布列塔尼一地。路易十一晚年患有动脉硬化等疾病，因此基本过着深居简出的生活。

路易十一以后的70余年时间里，法国的社会、经济、文化及宗教生活均出现了许多新的变化，农业及手工业呈现较大活力，文艺复兴的春潮四处涌动，宗教革新的思潮渐起波澜，甚至在远洋探险方面法国也在步葡萄牙、西班牙的后尘而小有收获。不过，在这一时期出现的各种大事中，历时久远而收益无多的意大利战争 (Guerres d’Italie，又称“法意战争”，Franco-Italian wars) 显得尤为突出，它断断续续进行了60余年（1494—1559），是国土统一后的法国对外攻掠的初次尝试。

开启意大利战争的是路易十一的独生子查理八世（Charles VIII，1483—1498年在位）。查理八世继位时年仅13岁，他天资平庸，体弱多病，因此由其姐姐和姐夫辅政。在其姐姐的撮合之下，查理八世于1491年与布列塔尼女继承人安娜（Anne）结婚，布列塔尼由此转归法国王室，法国的统一大业至

① 参阅 Philippe de Commynes, *The Universal Spider: The Life of Louis XI of France*, translated and edited by Paul Kendall, London: The Folio Society, 1973, pp. 189–238。

此完成。随后不久，法国走上对外扩张的道路，其首要目标就是经济文化富庶昌盛而政治版图四分五裂的意大利。1494 年，查理八世亲率 4 万军队翻越阿尔卑斯山，随即占领米兰，1495 年 2 月又南下占领了那不勒斯。查理八世要想保住已有的战果并非易事，问题的复杂性在于此时的意大利并非是意大利人的意大利，其北部多在神圣罗马帝国控制之下，而南部又基本处在阿拉冈（Arogon）控制之下，查理八世的举动必然引起这两大势力的不安。1495 年，神圣罗马帝国和阿拉冈联合意大利各邦组成反法同盟，查理八世战败之后逃回法国，刚刚夺占的土地随即化为乌有。1498 年 4 月 7 日，查理八世在自己的城堡中打网球，不小心撞上了低矮的石制门楣，导致脑颅破裂而身亡，时年 28 岁。查理八世没有留下后代，而且，他本人也是瓦洛亚王朝的最后一位直系传人。

继承王位的是瓦洛亚家族的支系传人奥尔良公爵路易，此人是查理八世的堂叔，继位后称路易十二（Louis XII，1498—1515 年在位）。① 为了保证王室对布列塔尼的占有权，路易十二继位后不久便与原配夫人离婚而娶寡居的堂侄媳妇、前国王之妻安娜为后。此后，路易十二重新开始在意大利的冒险活动，1499 年占领米兰，1500 年占领那不勒斯。但与前任国王一样，路易十二的赌博亦以失败告终，所占土地不久即尽失无遗。路易十二与安娜只生有一女，因此，法国王位在 1515 年又传给了路易十二的侄子（也是女婿）弗朗索瓦一世（1515—1547 年在位）。②

弗朗索瓦一世是 16 世纪前后法国最为杰出同时也是野心最大的一位国王。继位当年（1515 年），他就重新攻占米兰公国。1516 年，他又迫使罗马教皇接受《波伦亚教务专约》（*Le concordat de Bologne*），据此规定：法国所有的大主教、主教及修道院院长的人选均由法王提名，然后由教皇履行委任仪式；法国国王有权获得教会的经济收益；罗马教廷在法国教会中的司法权受到严格限制。这一专

① 在法国王朝世系表中，路易十二这一代一般称“瓦洛亚—奥尔良支系”（Valois–Orléans Branch）。一般法国史著作通常将路易十二视为查理八世的“表弟”或“堂弟”，此说有误。第一，路易十二比查理八世大 8 岁，前者生于 1462 年 6 月 27 日，后者生于 1470 年 6 月 30 日。第二，两人都是查理五世（1364—1380 年在位）的后代，但此二人并非属同一辈，路易十二是查理五世的曾孙，而查理八世则是查理五世的玄孙。

② 弗朗索瓦一世所在家族也是瓦洛亚家族的一个支系，在法国王朝世系表中，从弗朗索瓦一世开始的这个瓦洛亚支系王朝通常被称为“瓦洛亚—昂古莱姆支系”（Valois-Angoulême Branch，1515—1589），弗朗索瓦一世的父亲是昂古莱姆伯爵，该王朝支系由此得名。

约是1438年《布尔日国务诏书》的深化，政教合一的趋势由此更形明确。[①] 最能体现弗朗索瓦一世政治野心的是他从1517年起竭力谋取神圣罗马帝国的皇位，但终因财力不济、贿赂不力而落选。1519年，神圣罗马帝国的皇位转归来自奥地利哈布斯堡家族的西班牙国王查理。这一结果也就意味着法国在意大利的军事角逐将受到西班牙和奥地利两大势力的对抗。1525年，弗朗索瓦一世在帕维亚（Pavia，位于米兰城南面）兵败被俘并被押解至马德里。为了重获自由，他答应放弃对意大利的领土要求，同时放弃对勃艮第公国的管辖权。但是，获释后的弗朗索瓦一世旋即公开废止这一约定并重新用兵意大利。

弗朗索瓦一世去世后，王位由次子（长子早死）继承，此即亨利二世（Henri II，1547—1559年在位）。亨利二世的妻子是来自意大利的凯瑟琳·德·美第奇（Catherine de Médicis，1519—1589），但国王却长期宠信比自己年长19岁的情妇迪娅娜·德·普瓦提埃（Diane de Poitiers）。在对待意大利战争问题上，亨利二世继承其父的政策。不过，这时的“意大利战争”已经名不副实，因为法国与哈布斯堡家族的西班牙、奥地利之间的争斗已经明显地偏离意大利这一地区，角逐的中心已经转移到法国东北部至莱茵河之间那一片纷争如麻的是非之地。在经过一系列的拼杀之后，以“机会主义者”著称的亨利二世在1559年适时地与西班牙签订了结束长期冲突的《卡托—康布雷济条约》（*Traité de Cateau-Cambrésis*）[②]，条约规定：法国放弃对意大利的一切领土要求；作为补偿，法国获得梅斯、土尔（Toul）和凡尔登3个主教辖区。[③] 与此同时，亨利二世又展开积极的婚姻外交，将自己的女儿嫁给西班牙国王，又将自己的妹妹嫁给萨瓦（Savoie）公爵。为庆祝这一皆大欢喜的结局，1559年6月30日，年方40且精力充沛的亨利二世特地举办一次传统的比武大会并亲自披挂上阵，结果被对手（亨利二世自己的卫队首领）误伤，长矛刺入其眼里并穿透脑颅，十天之后不治而死。

对于长达60多年、历经4代君王的意大利战争，有些学者似乎颇为倾心，认为它不仅为法国带回了文艺复兴新风尚，还促进了法国与周边地区的经贸往

① 参见 Frederic J. Baumgartner, “Henry II’s Italian Bishops: A Study in the Use and Abuse of the Concordat of Bologna”, *The Sixteenth Century Journal*, No. 2(1980), pp. 49–58。

② 卡托—康布雷济位于今法国北方省东南部，当时属于尼德兰，归哈布斯堡家族的西班牙控制。

③ 当时这3个主教区均在法国境外，且各不相连，但其战略地位重要，它们与法兰西王国的主体部分相距不远，而且位于法德之间的重要通道线上。在随后的几个世纪中，梅斯、土尔和凡尔登将一再成为人们关注的热点。

来，而且还增强了法兰西国家的凝聚力，促进了法兰西民族情感的成长。[①] 对于这类谀词，实在不必恭维。通过侵略战争来达到发展本国经济文化的做法毕竟不是什么值得推崇的事情，和平的环境可能会更加有利于文化与经济的发展与交流。可以说，意大利战争是法国王室不自量力的劳民伤财之举，其最为“积极”的成果或许就是它在国境线上又发现（或者说制造）了一个比英国更为凶狠难缠的敌人，这就是哈布斯堡王朝。

二、从信仰新潮到宗教战争

当法国君主及其军队还在意大利冲锋陷阵、荣辱交替的时候，从 16 世纪早期开始，法国国内的宗教领域也兴起了体现新时代特色的革新浪潮，传统的天主教会受到越来越严重的挑战。法国宗教领域中的反传统现象之所以得以形成，有两个基本因素值得重视。一是法国一直存在着植根深远的“异端”势力，对正统天主教不满的异端教派自中世纪开始以来虽历经磨难但从未完全消亡。二是法国境外(主要是意大利）的人文主义思潮通过各种途径为一部分法国人了解和接受，直接促使这部分法国人的宗教观念与体现人性的世俗精神紧密结合起来，从而与传统的天主教思想产生背离。

但是，法国的新教思想、新教势力以及新教在国内的传播力度都远远不能与同时期的德意志相提并论。其原因并不在于法国人的思想保守（实际上法国人的“破旧立新”精神远在德意志人之上)，而在于法国王权相对充分的发展以及法国王权对本国教会的直接控制。因此，法国的新教传播呈现出这样一种局面：当新教的斗争矛头直接指向罗马教皇时，法国王权会持默许甚至同情的态度；但是，当新教的炮火由教皇转移到天主教会的具体礼仪及基本信条之时，已经成为法国天主教会实际首脑的国王也就自然会对新教采取排斥的立场；当然，当对外斗争需要之时，王权有时还会对新教采用亦拉亦打的双面政策。因此，法国王权与宗教信仰之间的关系大致可以归结为一个可能会惹怒法王在天之灵的公式：信仰事小，王权事大。[②]

---

① 参阅 Guillaume de Bertier de Sauvigny and David H. Pinkney, *History of France*, Illinois: The Forum Press, Inc., 1983, pp. 85–112。

② 从正面来理解，法国王权的行事准则就是把“国家利益”放在首位，就是“政治高于宗教”。参见王加丰：《法国宗教战争与欧洲近代政治思想的产生》，载《世界历史》2000 年第 5 期，第 59—66 页。

在1598年新教取得合法地位之前，新教思想一直被作为异端而处于地下或半地下状态，正统教会的禁止或镇压一直没有停止，但由于王权一度存在暧昧态度，新教思想在16世纪早期所处的环境还是相对宽松的，一批具有人文精神的学者及宗教界人士开始在巴黎及其周边地区甚至在里昂等地活跃起来。1512年，人文主义学者勒费弗尔·德·埃塔普尔（Lefèvre d'Etaples，1455—1536）率先在西欧世界提出与罗马天主教会传统说法相左的"信仰得救"学说，同时他还极力鼓吹《圣经》对纯正信仰的重要价值。[①]1515年，人文主义学者吉约姆·布里索内（Guillaume Briçonnet，1472—1534）出任莫城（Meaux）[②]主教，他的主教宅邸随即成为研究和传播宗教新观念的中心，主教辖区内普通民众的反传统情绪也被空前调动起来。

与此相呼应的是，境外特别是在德意志地区出版的宣传新宗教思想的书籍或小册子也通过商贸交往或其他途径而被带入法国。当此类书籍被查禁以后，印刷商和普通商贩们就将之藏在木桶、草捆或其他大件物品之中以走私的方式偷运至法国境内。1519年，巴塞尔的著名印刷商约翰·弗罗邦（Johann Froben，1460—1527）秘密告知马丁·路德：有600册相关书籍正在运往法兰西途中。他还向路德解释说："它们将在巴黎出售，甚至在索邦神学院（巴黎大学）都会有人阅读之。"[③]新教思想的星星之火似有燎原之势。

然而，法国并没有真正出现新教的春天，从16世纪20年代中期开始，法国王权对新教思想的态度就变得半阴半晴起来。一方面，新教思想仍在不断地传播而且偶尔还会得到王室的有限支持。1532年，为了对抗罗马教皇以及神圣罗马帝国皇帝，弗朗索瓦一世积极与德意志各新教诸侯结盟。为了显示自己的诚意，弗朗索瓦一世甚至还故作姿态地特许新教徒鲁塞尔（Roussel）在王宫公开布道。另一方面，官方或正统教会对新教徒的镇压却在不断升温。1525年，莫城的新教团体被强行解散，其领导人勒费弗尔·德·埃塔普尔等人被迫逃往德意志境内的新教诸侯国中避难。在法国各地，搜捕新教徒的活动随即展开，有些新教徒被抓以后，先被割去舌头然后处死，这样就可以使他们在受刑

① 参阅Henry Heller, "The Evangelicism of Lefèvre d'Étaples: 1525", *Studies in the Renaissance*, Vol. 19, (1972), pp. 42–77。

② 莫城位于今塞纳－马恩省（Seine-et-Marne）北部。

③ 参阅Richard G. Cole, "Reformation Printers: Unsung Heroes", *The Sixteenth Century Journal*, No. 3 (1984), pp. 327–339。

时无法再放声吟咏新教赞美诗。但是，新教徒的活动并未就此停止。1534—1535年，新教徒在巴黎和奥尔良等城市到处张贴宣传宗教革新的标语告示，其中有些措辞非常激烈，甚至将教皇、枢机主教、主教、教士以及天主教会其他所有僧侣统统描绘成贻毒四方的“害人虫”。以巴黎大学为首的传统势力立即号召对新教徒进行镇压，半年之中仅在巴黎一地就有80名新教徒被处以火刑。

卡尔文

1540年是法国新教发展史上的关键性一年，正是在这一年，宗教改革家让·卡尔文（Jean Calvin，1509—1564）亲自将自己的《基督教原理》一书由拉丁文译为流畅易懂的法文。卡尔文1509年生于法国北方小镇努瓦永（Noyon）[①]，1532年左右开始接受新教思想，从此经常受到拘捕之威胁。1534年，他逃到境外城市巴塞尔，就是在这里，体现其新教思想精髓的拉丁文《基督教原理》于1536年3月正式出版。也就是在1536年，卡尔文迁居日内瓦，在这里开始了他那既震荡人心又让人毛骨悚然的新教实践。卡尔文的宗教改革思想与路德教有许多相似之处，他也主张信仰得救，但他特别强调“先定论”（Predestination），即从创世之日起就有“选民”和“弃民”之分，任何人都无法改变自己的命运，如果一生表现出色且诸事顺利，则说明他是“选民”。卡尔文还反对唱歌跳舞，反对演戏和赌博，甚至禁止人们穿着漂亮衣服，对于违规者，多以火刑结束其生命。因此，有人作出这样的评判：“卡尔文是新教的教皇，日内瓦是新教的罗马”。卡尔文虽身在境外，但其在法国本土的影响却日益增大，随着《基督教原理》一书的一版再版（到卡尔文1564年去世为止，此书的法文本共出了26个版本或译本）和广泛流传，卡尔文宗在法国的信徒不断增多，其中，上层社会的贵族占有相当的比例。据卡尔文本人晚年的估计，法国当时的新教徒（俚语俗称“雨格诺教徒”，

① 努瓦永位于今瓦兹省东北端。

Huguenots)[1] 约为 30 万人，约占其总人口的 2%。

雨格诺教徒的人数虽不是很多，但其声势却不可低估。因此，法国王室和正统教会对之的全面封杀行动不断加快步伐。1540 年，弗朗索瓦一世颁布《枫丹白露敕令》(*Edit de Fontainebleau*)，下令对新教徒进行严格审判，以维护信仰的纯洁。1543 年和 1544 年，巴黎大学的神学家们两次颁布禁书目录，卡尔文和路德等人的著作遭到焚毁。1545 年，国王又下令对普罗旺斯地区的新教徒发起进攻，24 个村庄被烧为灰烬，约有 3000 人被处死。1546 年，在小小的莫城，有 61 名新教徒被捕，其中 14 人经受酷刑后被活活烧死，余者被处以鞭刑并遭囚禁。亨利二世统治时期，对新教徒的追杀行动仍在不断升级。即便如此，新教仍继续发展。1555 年，巴黎出现组织严密的新教教会。至 1559 年，全国已有约 40 个类似的新教组织，就在这一年，在卡尔文的倡议下，全国性的“新教牧师大会”在巴黎召开，这标志着法国的新教徒已经有了相对统一的组织。在亨利二世暴死前夕，宗教对立与政治纷争已经使得法国社会处于山雨欲来风满楼的动荡之中，以宗教名义进行的权力之争不久就将演变为军事对抗，此即永载法国史册的“宗教战争”(Guerres de religion，1562—1598)。[2]

宗教战争时期的一个关键人物是亨利二世在世时一直无声无息的王后凯瑟琳·德·美第奇。亨利二世死后，王位相继由其 3 个儿子承袭：长子弗朗索瓦二世（François II，1559—1560 年在位）15 岁继位，一年多后亡故；次子查理九世（Charles IX，1560—1574 年在位）继位时年仅 10 岁，他身体虚弱，精神也不稳定，24 岁时死于肺结核；三子亨利三世（Henri III，1574—1589 年在位）23 岁继位，但他性喜奢华，治国无方，38 岁时被人刺杀。可以说，1559 年之后的 30 年中，母后凯瑟琳几乎就等于法国的最高统治者。凯瑟琳虽然是教皇克勒芒七世（Clement VII，1523—1534 年在位）的侄女，但她并无强烈的宗教信仰，在她身

---

① “雨格诺教徒”(Huguenot) 这一名称的具体涵义并不明确，其中有一种观点认为，这个单词是由两个单词组合而成。一是“Hugues”（于格，Besançon Hugues，1532 年去世），此人是当时日内瓦的一名宗教领袖和政治人物，他主张日内瓦和瑞士结成邦联。二是“Eidgenosse”，德语单词，意为“同党”、“党羽”或“同盟者”。“Hugues”和“Eidgenosse”两个词组合，便成为“Huguenot”。也有人认为这一名称源于一个民间传说中的神秘人物，即专门在夜间出没的“雨贡王”(le roi Hugon)。参阅 Janet G. Gray, “The Origin of the Word Huguenot”, *Sixteenth Century Journal*, 14 (1983), pp. 349–359□George Lunt, “Huguenot: The origin and meaning of the name”, *New England Historical & Genealogical Register*, Boston, 1908/1911, pp. 241–246。

② 在西方历史著作中，这场战争一般被称为“宗教战争”，但有些时候，也称“雨格诺战争”(La guerre des Huguenots，英文 Huguenot Wars)。

上倒是体现出相当明显的马基雅维里式的精神风格，她的首要目标是秩序与和平，而不是宗教统一。为达到目的，她经常采取折衷妥协的方略，但必要时也会不惜诉诸武力。她的这种刚柔相济的作风在宗教战争中一再表现出来。[①]与此相映成趣的是，在这场以宗教斗争为名的武装对抗中，有不少贵族亲王也没有将自己的宗教信念视为不可移易的天条，其中最为有名的是终将成为波旁王朝开国君主的亨利四世，出于形势的需要，他可以在新教和天主教之间东倒西歪。虽然正统派教会说他“厚颜无耻”，但他并不介怀。了解了宗教战争中的这一特征，这场战争的本质也就洞若观火。

参与这场争权夺利之战的可分为两大集团。一方是天主教集团，其首领是法国王室以及吉斯（Guise，亦译“介斯”）和蒙莫朗西（Montmorency）这两个与王室有着姻亲关系的大家族，而这两个家族实际上又是一直与王室明争暗斗的离心势力。另一方是新教集团，其首领主要有孔代家族（Condé）和波旁家族（Bourbon）[②]两大势力以及海军上将加斯帕尔·德·科里尼（Gaspard de Coligny，1519—1572）等人。关于战争的详细经过，许多教科书均有描述，在这里我们只作简略交代。1562年1月，在母后凯瑟琳的主持下，王室颁布容忍新教存在的《普瓦西敕令》(*Edit de Poissy*)[③]，其中规定，在一些指定的地方，雨格诺教徒拥有公开举行宗教仪式的自由。这一敕令基本上是一纸空文，1562年3月，吉斯公爵的军队在第戎西北的瓦西镇（Vassy）突然袭击正在做礼拜的雨格诺教徒，杀死20多人(有些史书说死者约为300人)，内战由此正式爆发。[④]在随后的几个月中，雨格诺教徒在南方攻占了不少城市。

1563年3月，母后在卢瓦尔河畔的王室行宫昂布瓦斯（Amboise）再次颁布敕令（即《昂布瓦斯敕令》，*Edit de Amboise*），承认新教徒的信仰自由。此后，雨格诺教徒乘势扩展地盘并加强攻势。1568年9月，王室宣布废除此前颁布的

① 参阅 R. J. Knecht, *Catherine de' Médicis*, Harlow, Essex: Addison Wesley Longman Limited, 1998, pp. xi–xiv。

② 波旁家族的先祖可追溯至卡佩王朝的路易九世，而当政的瓦洛亚王朝又是卡佩王朝的支系，因此，当瓦洛亚王朝绝嗣以后，经过复杂的排位追序，波旁家族将成为王位的拥有者。1562年，波旁家族的新教领袖安托万·德·波旁（Antoine de Bourbon，1518—1562，拥有那瓦尔国王头衔）去世，年仅9岁的儿子亨利·德·波旁（Henri de Bourbon，即未来的法王亨利四世，此人是路易九世的第十代传人）继承那瓦尔国王头衔，成为新教集团名义上的首领之一。

③ 普瓦西在巴黎西南，位于今伊夫林省（Yvelines）北部。

④ 关于瓦西镇武斗究竟是由哪一方挑起的，雨格诺教徒和吉斯公爵双方各执一词，如今已成悬案。详见 R. J. Knecht, *The French Wars of Religion, 1559–1598*, Pearson Education Limited, 2010, pp. 34–35。

一切宗教宽容敕令，进而展开对雨格诺教徒的新一轮围剿，但新、旧教的对峙局面并无根本改观。1570 年 8 月，凯瑟琳在巴黎西面的王室另一行宫圣日曼（St. Germain）又一次颁布敕令（即《圣日曼敕令》，*Edit de St. Germain*），雨格诺教徒重获信仰自由，并且首次获得几个由他们自己直接控制的设防安全区。母后试图进一步促进两派和解，于是将自己的女儿马格丽特・德・瓦洛亚（Margaret de Valois）嫁给年轻的那瓦尔国王亨利，婚礼于 1572 年 8 月 18 日在巴黎举行。但是，天主教方面的其他首领不满于母后的政策，他们派人刺杀前来参加亨利婚礼的另一新教领袖科里尼，结果引发雨格诺教徒的激愤和骚乱。在此情形下，凯瑟琳毫不迟疑地放弃和解政策，下令对聚集于巴黎的雨格诺教徒进行清洗，导致一场约 3000 名雨格诺教徒被杀的屠戮惨剧。这一事件发生于 1572 年 8 月 23 日深夜至 24 日凌晨，因 8 月 24 日为圣徒巴托罗缪的忌日，故史称"圣巴托罗缪节大屠杀"（Massacre de la Saint-Barthélemy）。① 在这一事件中，那瓦尔国王亨利被迫改信天主教，但几年之后又重返新教阵营。然而，屠杀并不能解决问题，反而使矛盾愈演愈烈。1576 年 5 月，王室只得又颁布旨在和解的《博略敕令》（*Edit de Beaulieu*）②，宣布为"圣巴托罗缪节大屠杀"的死难者平反昭雪，给予雨格诺教徒在全国各地（巴黎除外）举行宗教活动的自由，并且给予他们更多的设防城市。事实证明，这一敕令又是一张废纸。

到了宗教战争后期，所谓的宗教信仰之争几乎已经完全让位于政治斗争和王位之争。吉斯公爵亨利与国王亨利三世公开分道扬镳，天主教集团一分为二，他们与新教领袖那瓦尔国王亨利展开错综复杂的拼杀或交易，史称"三亨利之战"（War of the Three Henries，1587—1589）。1588 年，亨利三世密谋刺杀了吉斯公爵亨利。在此期间，那瓦尔的亨利也曾多次表达过对宗教宽容的诉求，他曾给三级会议写信，呼吁让天主教和新教共生共存，认为这是"把民众重新团结起来为上帝服务的唯一真正有效的方法"。③1589 年，亨利三世本人又被一名叫作雅克・克勒芒（Jacques Clément）的多明我会修士刺杀，瓦洛亚王朝终结。于是，那瓦尔国王亨利依据 1584 年已经达成的协议而以波旁家族传人的身份继承王位，

---

① R. J. Knecht, *The French Wars of Religion, 1559–1598*, Pearson Education Limited, 2010, pp. 43–52。巴托罗缪（Bartholomew），耶稣的"十二使徒"之一，生活于公元 1 世纪。其去世日期一般认为是 8 月 24 日；但在法国北部的康布雷等城市，人们却将之定在 8 月 25 日。在中世纪及近代，西方天主教世界通常将圣巴托罗缪视为从事与皮革有关工作之人的守护神。

② 博略位于今法国南方的埃罗省（Hérault），在蒙彼利埃市的东北方向。

③ Henri IV, *Les plus belles letters*, présentées par Philippe Erlanger, Paris: Calmann-Levy, 1962, p. 55.

称亨利四世（Henri IV，1589—1610 年在位），从而开创了历时约 200 年之久的波旁王朝（1589—1792）。

亨利四世继位后的最初几年，混战仍然持续不断，为天主教阵营所控制的首都巴黎一直拒绝亨利四世入城。为了早日结束纷争局面，1593 年 7 月，亨利四世再次决定放弃新教信仰，并在圣德尼大教堂宣誓重归天主的怀抱。据称，对于自己的改宗行为，亨利四世曾说过这样一句话："用一次弥撒换得一个巴黎，很值。"[①]1594 年 3 月，亨利四世终以国王的身份进驻巴黎。此后几年中，亨利四世凭借自己的军事实力和政治威望逐步稳定了全国的局势。正是在这种相对和缓的形势下，亨利四世于 1598 年 4 月 30 日颁布了著名的《南特敕令》（*Edit de Nantes*），其主要内容包括：天主教为国教；雨格诺教徒拥有信仰自由；雨格诺教徒可以公开举行宗教仪式（巴黎周围地区除外）；雨格诺教徒拥有与天主教徒同等的权

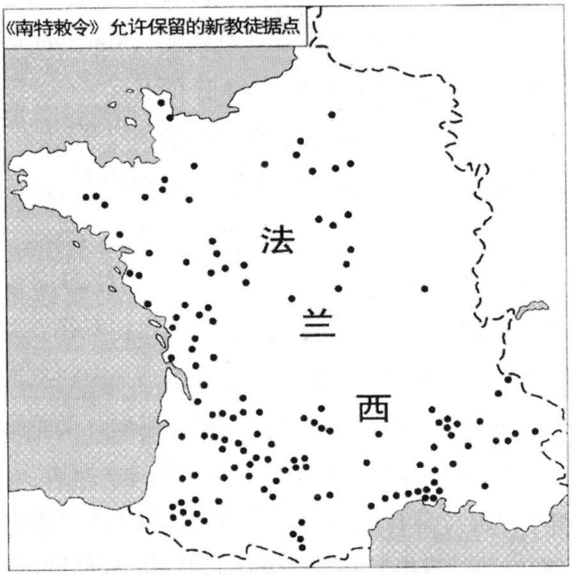

亨利四世

① 这句话的原文是"Paris vaut bien une messe"（英文"Paris is well worth a Mass"）。数百年来，这句话一直被当作是亨利四世的名言而流传。不过，有学者认为，亨利四世并未说过这样的话。据研究，亨利四世放弃新教信仰而改宗天主教之后，新教徒非常恼怒，于是编了这么一句话并将之归在亨利四世的名下。详见 Guillaume de Bertier de Sauvigny and David H. Pinkney, *History of France*, Illinois: The Forum Press, Inc., 1977, p.167。

利，可以担任一切公职；为保证自身的安全，雨格诺教徒保留约200个设防城市；等等。[①] 至此，长达30余年的宗教战争终于结束。尽管说《南特敕令》中的有关条款（特别是有关设防城市的规定）为后来的法国留下了隐患，但就当时来说，它毕竟使得这个多难的国家获得了难得的和平。

三、从百废待兴到秩序重建

由宗教战争所引发的社会政治危机是在波旁王朝的开国君主亨利四世统治时期逐步得到化解的，法国社会的秩序重建与经济复苏也是在亨利四世统治时期逐步得以实现的。在完成这些辉煌业绩的过程中，亨利四世本人所具有的富于人情味的、充满戏剧色彩的人生经历也给这一时期的法国历史留下了永久的烙印。尽管他有着这样那样的陋习，尽管他至死也未能改掉疯狂追逐女色的老毛病，但他在法国人心目中的地位却是高大的，有些学者甚至认为，亨利四世“是惟一一位至今仍真正活在法国人民心中的法国国王”，“他是长处和短处兼而有之的法国的化身”。[②]

亨利四世1589年继承法国王位时年方36岁，他精力充沛，酷爱巡游，今天还在南方重镇里昂，过两天后就有可能突然出现在东北边陲的梅斯。亨利四世对繁琐无聊的宫廷礼仪心存厌烦，有时还会故意戏弄那些循规蹈矩的老古板。有一次，对站相、坐姿、声调乃至眼神都有严格规定的西班牙王室派遣使节面见亨利四世，正当训练有素的使节按照规定的仪轨尽情表演时，亨利四世出其不意地起身换了一个座位，使节的表演陷入尴尬的停顿。不仅如此，亨利四世还有更为不拘小节的生活记录：他甚至当着外国使节的面，趴在地上背着自己的两个孩子嬉戏。

亨利四世的一大爱好是打猎，为了能够猎得尽兴，他有时会接连几天不回王宫，至于寝地的选择则是随遇而安，或睡在灌木丛中，或睡在地沟里。亨利四

---

① 《南特敕令》是在早前几份和解方案的基础上细化而成的，该敕令由4份文件构成，包括92条一般条款、56条秘密条款和两份王室授权书，详见R. J. Knecht, *The French Wars of Religion, 1559–1598*, Pearson Education Limited, 2010, pp. 127–130。

② Ernest John Knapton, *France: an interpretive history*, New York: Charles Scribner's Sons, 1971, p. 151；[法] 米歇尔·卡尔莫纳著，曹松豪等译：《黎塞留传》上册，北京：商务印书馆1996年版，第72页。

世的另一爱好是赌博，甚至有人说他“天天都赌”。有时他的赌运极为糟糕，随身携带的钱远远不够支付赌债，于是就会通知财政总监苏利公爵①（duc de Sully, 1560—1641）前来清账。亨利四世的情感世界亦是尽显本色。1599 年 12 月，他终于同在宗教战争时期结缘的马格丽特·德·瓦洛亚离婚。1600 年 4 月，他又迎娶来自佛罗伦萨的马丽·德·美第奇。虽然这位新王后为他生了 6 个孩子，但她并不是亨利四世倾注感情的最佳人选。亨利四世既有数位正式的情妇，又有众多的露水情人。被刺身亡的前几个月，已经五十余岁的亨利四世还迷上了年仅 14 岁的名门之女夏洛特·德·蒙莫朗西（Charlotte de Montmorency）。为了能够神不知鬼不觉地与夏洛特幽会，亨利四世曾打扮成遛狗人、砍柴郎或流浪汉，甚至还在眼睛上贴上一块膏药以改变自己的容貌。亨利四世既放纵自己，同时也放纵别人。当时有人认为，“法国国王的宫廷简直就是个妓院”。

关于亨利四世的个人生活，他本人留下的一段反击性的自白可以说是一个比较全面的个人总结：“有人怪寡人过分喜欢建筑物和豪华的工程，也有人指责寡人过分喜欢打猎，喜欢玩狗和玩鸟，还有人指责寡人过分喜欢打牌、掷骰子和其他赌博；更有人指责寡人过分喜欢盛宴、筵席和甜食；还有人指责寡人过分喜欢聚会、喜剧、舞会、舞蹈和购买戒指……然而，朕也要说明白，所有这些并不过分，与其受到指责，倒不如受到称赞。此外，朕也要让这些人看到，情妇、爱情、猎狗、飞鸟、赌博、赌场、建筑物、盛宴、筵席以及其他形形色色的娱乐和消遣，朕均可弃绝，但朕绝不会失去能赢得荣誉和光荣的任何机会。”②

在亨利四世当政之初，法国能够赋予他的“荣誉和光荣”实在少得可怜。当时的法国实际上已经处于崩溃的边缘。政治上的动荡自不必说，1589 年已经继位的亨利四世 5 年以后才得以加冕，而且加冕仪式不是在法国王室的传统加冕地兰斯大教堂（仍然控制着兰斯城的反对派根本不让他踏足兰斯），而是在虽有名气但无名分的沙特尔大教堂。经济上的悲惨无序也是让人触目惊心。农田荒芜，贸易剧减，手工业急速衰退。经济困苦的一个直接后果就是乞丐成群，匪帮横行。1596 年的某一天，在巴黎的一处公共墓地（穷人经常栖身于此），王室官员

① 苏利公爵本名马克西米连·德·贝蒂纳（Maximilien de Béthune），只是到了 1606 年才受封为苏利公爵。但此名一出，其旧名一般便不再被后人提及。其封地苏利（Sully）面积不大，位于今天法国的卢瓦雷省（Loiret）。

② ［法］米歇尔·卡尔莫纳著，曹松豪等译：《黎塞留传》上册，北京：商务印书馆 1996 年版，第 94 页。关于亨利四世在个人英雄形象塑造方面的做法，可参阅 Edmund H. Dickerman, Anita M. Walker, “The Choice of Hercules: Henry IV as Hero”, *The Historical Journal*, No. 2 (1996), pp. 315–337。

竟发现有大约8000名乞丐。大法官帕斯基埃（Pasquier，1529—1615）曾说："一个人如果沉睡了40年以后再醒来，那么他毫无疑问将会说，他看到的'不是法兰西，而是法兰西尸骨'。"亨利四世本人在1596年时也曾悲叹道："与继续活下去并在更长时期里去忍受这个国家的苦难相比，去死倒显得更为容易一些。"正是在这种"生不如死"的局面下，亨利四世开始了艰难的重建工作。

在政治方面，亨利四世的首要目标是稳定社会秩序。他深知金钱的魔力，因此他先后花费3200万锂巨资将崇拜金钱的反对派首领收买过来。与此同时，亨利四世又把一大批不太驯服的贵族笼络到王宫，这一做法的基本意图很明显：与其让他们在自己的领地或辖区策划阴谋，倒不如把他们请到首都，封其一些虚名，许其一些恩惠，这样既满足了他们的名欲利望，同时也使得外省局势能够得到相对缓和。但是，收买笼络并不是亨利四世对付不驯贵族的唯一手段，必要时他也会采取令人胆寒的强硬政策。例如，比荣公爵（duc de Biron，1562—1602）是亨利四世的密友，曾英勇抗击入侵的西班牙人，因此先后受封为海军上将（1592年）、元帅（1594年）和勃艮第总督（1595年）；但后来他却与西班牙及萨瓦公国密谋反对亨利四世，1602年阴谋败露后被捕，随后以叛国罪被斩于巴士底狱。

此外，在行政方面，亨利四世也作出一些重要的调整，其中最为显著的是将以前成员混杂、内讧不断的国王参政院（Conseil du Roi）分解为国务会议（Conseil d'Etat，该机构既有行政管理权，又有行政司法权，因此又被译为"行政法院"）和财政会议（Conseil des Finances）等几个分支机构，在这当中，国务会议又处于核心地位，由它负责处理内政和外交大事，其成员一直限定为12人，而且将王室宗亲一律排除在外。在加强中央对地方的控制方面，亨利四世因袭前世已有零星出现的做法，向各地派遣被称为"督办官"（intendants）的特殊专员，"负责处理暴乱事件，保证税收，或核查某些特殊的民怨"。[①] 不过，派遣督办官尚未成为一种定制，他们仍是出使一方、事毕还朝并随即卸任的临时性官差。亨利四世在社会政治秩序的重建方面取得了一些成效，但对此也不应盲目抬高，鬻官制度、税收制度以及司法制度等方面的顽疾在相当程度上制约着王权的发展，国家的混乱状况并未得到全面的遏止。据估计，仅1607年，法国就有大约4000名大

① 陈文海：《权力之鹰：法国封建专制时期督办官制度研究》，长春：吉林大学出版社1999年版，第74页。

大小小的贵族死于决斗。

在经济建设方面，亨利四世虽然说几乎是一窍不通，但他却幸运地拥有一位精于此道的得力干将苏利公爵。苏利出身于新教家庭，从少年时代起就跟随比自己年长6岁的那瓦尔国王亨利三世（即后来的法王亨利四世）走南闯北。1596年，年方36岁的苏利跻身于"国务会议"，成为其中最年轻的成员。1598年，他又被委任为"财政会议"的首脑，次年正式获得财政总监称号。[①] 苏利与亨利四世的关系非同寻常，前者直言敢说，后者宽怀大度。苏利不仅是亨利四世在治理国家方面的主要支柱，而且也是其家庭生活的穿梭者和挡箭牌。国王与马格丽特离婚之事，苏利出力不小；国王与马丽·德·美第奇缔结姻缘，苏利也有奔走之功。可惜，国王与马丽的婚后生活并不愉快，据说两人几乎"天天都要吵架"，于是苏利又不得不担当起和事老的重任。有一次，怒火中烧的王后振臂要打国王，恰巧在场的苏利赶忙插到两人中间，但王后却顺势哭倒在地，并呼天喊地地说苏利对她下了狠手。苏利是军人出身，他对那些"穿长袍和舞文弄墨之徒"一直心存蔑视，在他看来，那些人整天忙的只不过就是"布道、唠叨、装腔作势、要笔杆和盖章"。不过，在实际工作中，苏利终究还是要想方设法利用这些"手握羽毛笔、专爱讲废话"之人的一技之长。

苏利对当时法国经济生活的领导是多方位的，而且得到亨利四世的全力支持。首先，王室政府将发展农牧业视为一切经济活动的重中之重。苏利曾说过一句传诸后世的经典名言："耕地和牧场是哺育法兰西的双乳，是真正的秘鲁金矿和宝藏"。[②] 为了促进农牧业的发展，王室政府多次颁布有关保护农业、农民、农田以及林业和牧业的法令法规，而且将农学家奥利维埃·德·塞尔（Olivier de Serres，1539—1619）的名著《农书》（*Théâtre d'Agriculture*）向全社会大力推荐。《农书》涉及内容广泛，是一本名副其实的农业知识大全，而且其写作风格通俗易懂，注重实用。《农书》第一版发行于1600年，至亨利四世1610年去世为止，又先后再版至少5次，据称即使在当时法国最偏远的地区也都有该书流传。[③]

其次，在制造业和贸易方面，王室政府采取鼓励措施，并提出一些颇有见地

---

① 除财政总监一职外，苏利还兼有其他多种职务，如总路政官、炮兵总管、要塞总监、巴士底总管、建筑总监以及普瓦图总督等，其职权涵盖范围大致相当于今天的经济、财政、运输、环境、设备、国防以及文化等部门。

② 当时的西欧社会普遍传言，南美洲的秘鲁拥有取之不尽、用之不竭的黄金和各种宝藏。

③ Hugh Johnson, *Vintage: The Story of Wine*, New York: Simon & Schuster, 1989, p. 122.

的经济思想。1601 年，政府委派新教徒出身的著名经济学家拉斐玛（Laffemas，1545—约 1612）负责全国制造业的组织管理工作，同时开始为丝织业、制毯业、亚麻业、陶瓷业、玻璃制造业以及铁器制造业等行业提供补助、贷款及免税等多种优惠。但是，苏利明确反对无限制扩大丝绸及丝绒等奢侈品生产的倾向，他为此曾提醒亨利四世：这种倾向“只会让您的臣民喜尚奢华、懒散好闲和没有节制的花销”。在鼓励制造业发展的同时，王室政府也认识到商业贸易的重要性。1602 年、1604 年和 1607 年，法国分别同德意志汉萨同盟（Hanseatic League）、英国及西班牙签订了商贸条约，1608 年又在北美洲建立了魁北克殖民地（Quebec）。

为了促进经济特别是贸易的发展，王室政府不断加大对基础设施的投资，道路和桥梁的状况均有明显改善，驿栈的数目也大大增加，而且还出现了深得商旅青睐的长途班车，其中条件较好的是由巴黎定期发往亚眠、奥尔良和鲁昂等城市的公共马车，车票价格由政府统一制定，车主不得擅自更改。[①] 在王室政府进行基础设施建设的过程中，值得一提的是工程招投标制度的广泛使用。在各路投标人报价之前，先由招标人点燃一支大蜡烛。到蜡烛燃尽时，谁报价最低，谁就算是中标。这种招投标制度对于降低成本和压缩开支当然有一定的作用，但往往也会出现这样一种情况，即：投标人为获得项目而故意将报价提得很低，中标以后在施工过程中则不断要求追加经费。法国中部的布里亚尔运河（Canal de Briare）工程即属于这种情形，1604 年承包人投标时的开价为 60 万锂，但到 1610 年时国家已耗费约 75 万锂，而且工程还远远未完工（直到 1642 年才最后竣工）。[②]

苏利及亨利四世的经济政策取得了较为积极的成果，民众的生活有了一定的改善，对外经济交往有了较大活力。但是，在这里必须提醒读者要消除一个被许多人长期信以为真的误解。人们一般认为，到亨利四世晚年，法国王室政府不仅清偿了所有债务，而且还有一笔不小的盈余（具体数字说法不一，如 1200—1300 万锂、4000 万锂等等）。实际上，亨利四世时期的王室政府根本没有能力清偿所有债务，1598 年国债为 3.5 亿锂，1610 年（即亨利四世去世之年）国债仍有大约 2.2 亿锂。国库盈余的这一美好现象实际上是苏利等人施展各种手段勉

① 参阅 D. J. Buisseret, “The Communications of France during the Reconstruction of Henri IV”, *The Economic History Review*, No. 2 (1965), pp. 267–277。

② 布里亚尔运河是法国最古老的运河之一，全长 57 公里。参阅 David Jefferson, *Through the French Canals*, London: Adlard Coles Nautical, 2009, p. 275。

为其难争取来的一个结果，其基本做法是：与债权人重新谈判，胁迫他们推迟索债日期；由政府颁布法令，将原来的 8%—10% 的年利率强制下调至 6%。正因如此，有人认为苏利等人的这种行为是一种“耍赖的做法”。不过，这种“耍赖”还是有成效的，它使得必须立即偿还的到期债务大大减少，王室府库才因此有了“盈余”的可能。

在法国国内局势相对平稳的同时，西欧世界的总体格局则显得并不太平。一方面，哈布斯堡家族的影响日渐扩展，除了西部沿海地带以外，法国的其他边境地区几乎全都处在哈布斯堡家族（由西班牙和奥地利两支组成）的威胁之中。另一方面，亨利四世本人也没有能够超凡脱俗，他也曾试图获取神圣罗马帝国的皇位，但最终未果。为了与天主教的神圣罗马帝国（哈布斯堡王朝）一争高下，亨利四世于 1610 年初率领以天主教为国教的法兰西走上了与德意志各新教诸侯国结盟的道路。按照计划，亨利四世将兵分三路从西南部、东部和东北部向外出击，而且他本人将亲自挂帅出征，时间定在 1610 年 5 月 19 日。然而，未及启程，亨利四世便于 1610 年 5 月 14 日下午被狂热的天主教徒弗朗索瓦·拉瓦亚克（François Ravaillac，1578—1610）所刺杀。[①] 亨利四世的惨死是个悲剧，但客观上却使得法国从一场迫在眉睫的大规模混战中摆脱出来。黎塞留后来曾有评判：“在其生命的最后几个月中，亨利四世简直就是在蒙着眼走路。”[②]

四、文化生活的新风采

15 世纪后期至 16 世纪是法国君主政体从中世纪走出来以后所经历的第一个重要的锤炼时期，同时也是法国跨进近代社会门槛之后所经历的第一个重要的文化繁荣阶段，此即法国的文艺复兴时期。作为当时波及整个西欧的文化新浪潮的一个组成部分，法国文艺复兴的产生是多种因素综合作用的结果，它既受惠于新文化运动起步较早的意大利以及西北欧地区已经形成的人文主义思潮，同时也得

① Pierre de l'Estoile, *Journal pour le règne de Henri IV*, Paris: Gallimard, 1960, p. 84.

② 在对亨利四世被刺事件的研究方面，最为有名的著作之一是法国史家罗兰·穆尼埃的《刺杀亨利四世》（Roland Mousnier, *L'Assassinat d'Henri IV, 14 mai 1610*, Paris: Librairie Gallimard, 1964）一书。穆尼埃认为，从当时的舆论氛围以及社会氛围来看，当时的法国存在许许多多“潜在的拉瓦亚克”，这些人都在寻求机会以刺杀国王。

益于法国本身所固有的注重博学、突出怀疑和擅长讥讽等文化传统；它既得到新时代更为繁盛的物质财富的滋养，同时它也得到包括法国王室在内的新时代不同社会阶层的支持。① 在新文化的庇护者中，最为有名的是国王弗朗索瓦一世，他不仅将王室行宫枫丹白露（Fontainebleau）变成了一个远近闻名的艺术中心，而且还将意大利文化巨匠达·芬奇请到王室另一行宫昂布瓦斯（Amboise）长住。法国的文艺复兴虽然也是有声有色，但有一个现象多少让人觉得有些悲哀，这就是：中世纪时期一度意气风发的巴黎大学自百年战争开始便成为守旧势力的中心，到文艺复兴时期，人文主义的春风仍然吹不进这座壁垒森严的古董式建筑。

法国文艺复兴时期的文化成就是多方面的，这一时代造就的人才也是难计其数的。首先值得介绍的是具有博学色彩的人文主义学者吉约姆·比代（Guillaume Budé，1467—1540）。比代曾担任巴黎市长，作为弗朗索瓦一世的密友，他曾数次以外交使节的身份出访意大利各邦国，对古典学术的兴趣也由此得到加强。比代的研究领域广泛，而且成绩斐然，其有关罗马法、希腊语以及古钱币的论著在当时乃至在后世都有很大影响。在他的请求之下，弗朗索瓦一世于 1530 年专门设立了以研究拉丁语、希腊语和希伯来语为中心任务的“三语研究院”（Collegium Trilingue，后改称“法兰西公学”Collège de France），这一机构将在法国上层文化生活中发挥持久的影响。同样是在比代的建议下，弗朗索瓦一世创建了枫丹白露图书馆，后来，这个图书馆搬到巴黎，而该图书馆便是后来法国国家图书馆（Bibliothèque Nationale）的前身。比代治学勤奋刻苦，在其在世时就已流传着这样的说法：比代经常犯有头痛病，为了能够继续其研究工作，他就将烧得灼热的铁块放到脑袋上来“以痛治痛”；在举行婚礼的那一天，比代决定“只看”3 个小时的书，余下的时间将用于应酬和陪伴新娘。②

在文学领域，这一时期的法国也出现了不少体现新时代人文精神的文化名人。其中，最为重要的是弗朗索瓦·拉伯雷（François Rabelais，约 1494—1553），其长篇小说《巨人传》系列（*Gargantua*，由五部作品组成，但第五部的作者是否是拉伯雷尚有争议）是一部以当时法国社会为批判对象的讽刺性杰作。作品中的主人公、父亲卡冈都亚（Gargantua，亦译“高康大”）和儿子庞大固埃（Pantagruel，亦译“胖大官儿”），以及作品中描绘的理想境地“特廉美”修道院

① 参阅 Henry Hornik, “Three Interpretations of the French Renaissance”, *Studies in the Renaissance*, Vol. 7 (1960), pp. 43–66。

② 参阅 D. McNeil, *Guillaume Budé and Humanism in the Reign of Francis I*, Geneva: Librairie Droz, 1975。

(Thélème，在这里，没有围墙、没有僧袍，但是却有游泳池、有女服务员，口号是“干你想干的事”)，等等，已经成为后人耳熟能详的典型角色和典型环境。

蒙田

继拉伯雷之后，法国的诗歌创作在理论和实践方面也呈现出蓬勃发展之势，其杰出代表是以杜贝莱（du Bellay，1522—1560）以及龙萨（Ronsard，1524—1585）等7位诗人所组成的创作团体“七星诗社”(Pléiade)。该团体的突出特点是：捍卫法语在文学创作中的主导地位，主张创作具有法国特色的民族文学；但是，维护民族特性并不等于盲目排外，因此，“七星诗社”的成员们主张应从古代希腊罗马的文学作品中充分吸收有益的成份，从而使得法国的诗歌语言达到更高贵更典雅的境界。除小说、诗歌以外，为这一时期法国文学增添特殊光彩的还有散文，其代表人物和代表作品分别是曾任波尔多市市长的蒙田（Montaigne，亦译蒙台涅，1533—1592）和他的3卷本著作《随笔集》(*Essais*)。蒙田以怀疑论著称，他认为，“只有怀疑才能判断和论定”。蒙田虽然主张对一切事物都要多加思量、多加考究，但他对生活的态度却是恬静而乐观的。他说：“我热爱生活”，“我全身心地接受它并感谢大自然为我而造就的一切”，“每个人自己创造自己的命运”。

在政治学领域，纷争不已的16世纪法国也造就了一批思想敏锐的人文主义学者，其中对后世影响最大的是法学家、政治哲学家、曾任图卢兹大学法学教授的让·博丹（Jean Bodin，约1530—1596），其代表作是1576年用拉丁文出版的《论共和国》(*De Republica*)①。该书有两大引人注目之处。第一是地理环境论。他认为，在国家特征或民族特性形成过程中，地理特点、气候条件以及总体环境通常起着具有决定意义的作用。② 第二是王权绝对论。在学术界，人们一般都是将博丹视为“王权绝对主义”的倡言人，因为在著作中他的确坚持认为君主的权威应当是“绝对的”。正因如此，法王亨利四世对博丹及其《论共和国》一

① 该书于1606年被译为英文，书名为“*The Six Books of a Commonweale*”(《共和六书》)。

② 参阅 Marian J. Tooley, “Bodin and the Mediaeval Theory of Climate”, *Speculum*, No. 1 (1953), pp. 64–83.

直十分推崇。但如果细加分析，就会发现，博丹的“绝对论”是有特定含义的，它是指不应该还有其他人能够凌驾于君主之上。了解了这一点，我们就可以理解博丹在同一本书中提出的看似矛盾实则不然的王权有限论了。博丹认为，王权虽是“绝对的”，但它必须遵循三大基本原则而不得践踏之：一是不可违背神灵法和自然法，二是不可违背一个国家中最根本的法律规范或习惯法，三是不可随意剥夺臣民的财产权。①

让·博丹

在这一时期的法国文化领域，除了人文主义文化这一主旋律之外，还有许多与之没有多少直接关联的文化现象。例如，以神秘莫测为基本特征的堪称“国粹”的占星术在这一时期取得了空前绝后的“成就”，其典型代表就是恐吓人类达数百年之久的算命先生诺斯特拉达姆士（Nostradamus，亦译“诺查丹玛斯”，1503—1566）以及他那本旷世奇书《百诗篇》（*Centurie*，亦称《预言书》*Les Propheties*，中国人通常称之为《恐怖大预言》）。诺斯特拉达姆士生于普罗旺斯，其本行是医学，1533 年获医学博士学位（与拉伯雷是同学）。诺斯特拉达姆士在医学方面有不少建树，也提出过许多在当时看来是相当难得的见解，如：不能饮用生水，多吸新鲜空气，保持被褥干净。诺斯特拉达姆士的说法也有不少荒唐之处，例如，他有一个特殊的配方：将多种草药研成细末，然后混入“一个三天之内没有吃过大蒜、洋葱、酸醋、酸葡萄汁的人的唾液”，就可制成神奇的化妆品。

诺斯特拉达姆士

使诺斯特拉达姆士声名远播的是其根据星相观测而作出的各种预言，如凯瑟

① 参阅 Wm. A. Dunning, “Jean Bodin on Sovereignty”, *Political Science Quarterly*, No. 1 (1896), pp. 82–104。

琳·德·美第奇的3个儿子将先后为王，亨利二世将在比武场上毁目惨死，那瓦尔的亨利将继承法国王位，如此等等。诺斯特拉达姆士在世时即以其“神奇”而深得王室宠信并成为西欧诸国王公贵族竞相追逐求卦的偶像。诺斯特拉达姆士死后，其形象更趋神化，对其《百诗篇》的诠释和解读甚至成为一个名利双收的行当。从20世纪80年代开始，西方社会的一些“诺迷”更是掀起了一股席卷全球的解读高潮，他们“发现”，生活在400多年以前的诺氏已经预言了20世纪的一系列重大事件，如飞机的诞生、希特勒的出现、原子弹在广岛的爆炸、苏联的解体、海湾战争的爆发，等等。他们还“发现”，诺氏曾经预言地球将在1999年面临一场大劫难。然而，让这些诠释家们沮丧的是，地球至今仍在转动，而且转得还算正常。就在诺迷们热火朝天地在诺氏预言书中寻章摘句的时候，西方学术界也对诺氏的那些“神奇预言”展开历史调查，结果发现，几乎所有“应验了的预言”都是后人的附会。[①] 不过，这似乎并没有挫伤诺迷们的探究兴致。2001年9月11日，美国发生恐怖分子劫持飞机撞毁纽约世贸中心事件。随后不久，诺迷们便展开探究行动，据称在诺氏的预言书中又找到了相关印证。

第二节　绝对君主制的繁盛与虚饰

亨利四世的猝死暂时遏止了法国王室政府全面出击、对外动武的盲目规划，但这一悲剧性事件并没有改变法国王权的发展方向。从1610年起的大约半个世纪时间中，以王权为旗号的集权制度虽然屡遭挫折甚至出现国王及其支持者被迫狼狈逃窜的局面，但是，王权在曲折中终究还是得到了进一步的伸张。1661年以后的二三十年时间里，王权的力度达到了法国君主政体史上的最大值。然而，国家祸福系于一人的这种体制很快便显示出其巨大的漏洞和弊端，君主的光荣与伟大最终只能演变为国家的不幸与灾难。

① 参阅 Peter Lemesurier, *Nostradamus, Bibliomancer: The Man, the Myth, the Truth*, Pompton Plains: New Page Books, 2010。

一、"影子"王权的曲线发展

17 世纪法国的君主制已是一种比较成熟的政治体制。不论政局如何动荡，也不论国王本人的命运是如何的不测，"国不可一日无君"以及"国王驾崩，国王万岁"① 的世系永续观念却是不可移易的。正因如此，1610 年和 1643 年，不足 9 岁的路易十三和未满 5 岁的路易十四在不知王权为何物的状态下先后坐到了御椅之上。这两位儿童国王在成年之前是没有执政能力可言的，代行国政的只能是拥有摄政头衔的王太后或其他实权人物。由于国王本人的性格、强权人物的政治技巧加之其他各种复杂的因素，两位国王即使在成年以后也没有能够立即以独掌天下的形象出现在政治舞台上，路易十三一生如此，路易十四在 23 岁之前也是这样，只是到了 1661 年以后，王权形象才出现根本变化。正是基于这一特点，我们借用"影子内阁"这一现代政治术语，将 1610—1661 年的法国王权称为"影子王权"。②

路易十三

在路易十三（Louis XIII，1610—1643 年在位）继位后的最初几年间，控制法国政权的是年轻而守寡的王太后马丽·德·美第奇（1610 年时只有 27 岁）。马丽虽然早已是法国人，但其作客异乡的情绪并未完全消失，因此，她选择了一批来自故乡的意大利人作为自己依靠的心腹，其中最为得宠的是宫廷女侍加莉加伊（Galigaï，1571—1617）及其丈夫孔契尼（Concini，1575—1617）。在孔契尼夫妇的鼓动下，王太后随即与先夫亨利四世眼中的头号敌人西班牙展开和解外交，双方约定，法王路易十三将娶西班牙国王之女安娜（即"奥地利的安娜"，

① "国王驾崩，国王万岁！"（"Le Roi est mort, vive le Roi!"）是在法国君主更替之际，由一名"法兰西重臣"宣布的一句套话，以表明王权的连续性。这一做法始于 1422 年查理七世继位之时，前半句指此前在位的国王已经去世，后半句则用于祝福新的国王万寿无疆。

② "影子"国王形象是相对于那些掌握更多实权者而言的，它并不意味着国王就是完全任人摆布的傀儡。这里所说的"影子王权"和现代西方政治中"影子内阁"（法文"cabinet fantôme"，英文"Shadow Cabinet"在野党组建的"预备内阁"）那种以批评执政党为主要能事的形象有根本不同。

Anne of Austria，1601—1666）为后，王太后的女儿伊丽莎白将嫁给西班牙王位继承人。在国内，被当权者蔑称为“白胡子老头”的开国元老们或因不满或遭排挤而相继退隐，年方50出头的苏利即是其中之一。王太后及孔契尼操纵朝政的几年中，法国社会依旧混乱无序。在王公贵族的压力下，王室政府被迫于1614年10月27日至1615年2月23日召开三级会议。由于各等级的代表相互攻讦，各不相让，会议无果而终。[①] 这次三级会议虽以徒劳无功而收场，但在法国历史上却有着特殊的标志性意义。它是三级会议长期“休会”的开始，而且这一“休”就是175年（直到1789年才重开三级会议），法国社会各阶层的正常的泄怨渠道就此被堵死。虽然这一景象通常被视为法国王权强大的一个表现，但就法国历史的发展走向来说，这却不能不说是一个可怕的征兆。

孔契尼的横行霸道很快引致朝廷上下的不满。1617年，在年仅16岁的国王路易十三的策划下，孔契尼在卢浮宫连遭3枪而亡。孔契尼的尸体当夜即被下葬，但第二天，却又被富有战斗精神的巴黎民众从墓穴中拖出来，施以死后绞刑并乱刀分尸，然后付之一炬。孔契尼被击毙之后，其妻加莉加伊被控为“女巫”并被处死，王太后被软禁，不久即被安置在卢瓦尔河畔的布卢瓦（Blois）。一身轻松的路易十三曾不无欢欣地说道：“现在朕终于是国王了！”但实际上，在随后的四年中，国王又将实权交给了自己的心腹、御鸟监总管（亦译“驯鹰长”，Grand Falconer）吕伊纳公爵（duc de Luynes，1578—1621）。在此期间，王太后从软禁地布卢瓦出逃并与国王军队展开周旋，孝道之心未泯的路易十三最终决定与母后言归于好。1621年，吕伊纳病死。不久，一直在夹缝中艰难跋涉的黎塞留终于显山露水，登堂入室。

在法国历史上，既是枢机主教又有公爵头衔的著名政治家黎塞留（Cardinal-Duc de Richelieu，1585—1642）是一个毁誉参半的人物。黎塞留出身于贵族家庭，1607年获主教头衔，时年22岁。几个月之后，他参加巴黎大学（索邦神学院）组织的论文答辩会，出色的答辩和论文的无懈可击使之立即获得了博士学位。第二天，黎塞留主动向校方提出担任巴黎大学校务委员的要求，无人对此提出异议，于是黎塞留轻易地获得了这个荣衔，而且，他在后来还做了巴黎大学的挂名校长。就在论文答辩前两天，黎塞留就将自己的博士论文通过拐弯抹角的途径呈送给当时

① 关于1614年三级会议，参阅 J. Michael Hayden, “Deputies and Qualites: The Estates General of 1614”, *French Historical Studies*, No. 4 (1964), pp. 507–524。

的国王亨利四世，并在附带的信件中流露出对早日飞黄腾达的渴望："如幸受录用，则重报王恩。"可惜，这位年轻人的急切心情并未引起国王的兴趣。

获得神学博士学位后的黎塞留曾打算撰写一部鸿篇巨著，因为没有这么一本东西，就很难得到当时知识界的接纳，不会写书就等于没有学问。但黎塞留的身体一直不好，终其一生的偏头痛、惊厥症及其他多种疾病最终迫使他放弃了这一想法。不能做学问就应该去当官，因此，仕途的发展成为其首要目标。1614年，黎塞留作为教士等级的代表参加了三级会议，因持维护王室权威的观点而引起王太后马丽的关注，随后即被擢升为孔契尼手下的国务秘书，但其韬光养晦的谨慎风格使他没有落得与孔契尼相同的命运。当国王决定将母后软禁于布卢瓦以后，黎塞留便成为双方均可接受的调停人和联系人而随母后一同前往布卢瓦。尽管此间问题不断，尽管不甘寂寞的黎塞留一度不辞而别跑到了教皇辖地阿维农，但是，作为国王与母后之间的纽带，黎塞留的作用终究无可取替。1622年，37岁的黎塞留获枢机主教头衔。1624年，他又入选国王参政院，成为实际上的首相。在此之后的18年中，尽管他还会遇到一些挑战甚至是危在旦夕的挑战，但其地位仍是不可动摇的。①

黎塞留之所以能够在法国宫廷这一群雄逐鹿的是非之地立稳脚跟，固然与其特殊的治国才能密不可分，但他的工于心计的处世原则也是同样不可忽视的。在其尚未踏进宫廷大门的1610年，黎塞留就已为自己将来在宫廷中的行为举止订立了若干准则，此即让后人称奇的《自用宫廷行止守则及警言》②，其中，有这样几条很能引起我们的注意：为让君主关注自己，必须在君主路经之处侍立，但次数不能过多，以免讨嫌；要看准风向，不要在君主生气的时候跟他说话；对善神恶神都得烧香，为的是求得善神保佑而恶神不降祸；言语和文字均要十分谨慎，不到万不得已之时，就不要乱发言论，也不要落笔成文，因为有些事一旦出口或落笔，就将无法挽回；如果听到一个鲜为人知而又寓意不俗的典故，回家之后应将之认真记下来，以备将来有机会派上一用；最好不要吃请，在饭桌上会浪费时间，谈话内容又容易分散，"给了肚子一小时，结果一整天精神受到折磨。"

---

① 关于黎塞留的发迹史，可详见[法]米歇尔·卡尔莫纳著，曹松豪、唐伯新译：《黎塞留传》上下册，北京：商务印书馆1996年版，Joseph Bergin, *The Rise of Richelieu*, Manchester: Manchester University Press, 1997。

② [法]米歇尔·卡尔莫纳著，曹松豪、唐伯新译：《黎塞留传》上册，北京：商务印书馆1996年版，第129—132页。有人认为这篇奇文乃后人假托黎塞留之名而炮制出来的一篇伪作。即便如此，此文亦不失其应有的价值，我们可以将之视为后人对黎塞留处世原则所作的淋漓尽致的总结。

在黎塞留实际主政的这一时期，法国的政治局面的确出现了较大的变化。首先，雨格诺教徒的设防城市最终被剥夺，“国中之国”的隐患终于消除。依据1629年的《阿莱敕令》(*Edit de Alès*)，雨格诺教徒依旧拥有完全的信仰自由。[①]这或许是黎塞留政治生涯中最值得称道的业绩之一，它既解决了王室政府与雨格诺集团之间长期对峙乃至相互攻伐的问题，同时也保证了雨格诺教徒的信仰自由和人身安全。其次，离心倾向严重和目无法规的大小贵族受到严厉制裁。1631年，强调国家利益至上的黎塞留终于同自己的恩人王太后分道扬镳，一直滋事扰君的王太后及其幼子加斯东（Gaston）被迫逃往境外，王太后至此再也未能回到法国（1642年死于德国的科隆）。出于稳定社会秩序的考虑，王室政府还下令：除边境地区以外，贵族城堡一律拆除；而且，严禁拿生命当儿戏的决斗之风。但有些人特别是一些年轻人对禁止决斗的有关规定置若罔闻，有人还特意跑到黎塞留官邸的窗前进行决斗，结果被黎塞留送上了绞刑架。再次，中央对地方的控制有所加强。为防止地方势力的发展，黎塞留规定行省总督必须定期调动换防，同时他还沿袭并扩大督办官（intendants）的使用范围，使之成为中央政府下派的直接听命于中央的有效代理人。[②]此外，法国政府于1630年建立起严格的出版审查制度，一年后又创办了反映政府意志的官方报纸《法兰西报》(*Gazette de France*)。对于黎塞留在治国方面取得的成就，路易十三曾由衷地表示感激：“你一天所做的事比其他人一个星期所做的事还要多”。

在政治领域以外的其他方面，黎塞留的表现相对来说要逊色许多。对于事关生计的农业生产，黎塞留显得无能为力。最具讽刺意味的是，著名农学家奥利维埃·德·塞尔家族的庄园在1628年竟遭到王室军队无情的劫掠。对于苦难农民的反抗活动，黎塞留的应对办法非常简单，就是镇压。他在《政治遗嘱》(*Testament Politique*，1624年)[③]中曾写道：“所有政治思想家都一致认为，如果民众活

① Perez Zagorin, *Rebels and Rulers, 1500–1660*, Cambridge: Cambridge University Press, 1992, Volume II, p. 18.

② 详见陈文海：《权力之鹰：法国封建专制时期督办官制度研究》，长春：吉林大学出版社1999年版，第70—98页。

③ 关于这部书的真伪问题，学术界尚有争议。因此，出自该书且为我国读者熟知的“我的第一个目标是使国王崇高，我的第二个目标是使王国荣耀”（“My first destination was the grandeur of the king, my second goal was a state power.”）这句话的真实性也就存疑了。参见 Armand Jean du Plessis, Cardinal et Duc de Richelieu, *The Political Testament of Cardinal Richelieu*, trans., Henry Bertram Hill, Madison: University of Wisconsin Press, 1964。

得太舒适安逸，那就无法让他们履行自己的义务。”至于工商业，黎塞留有过一些美好而天真的设想，他曾以典型的重商主义论调阐述了自己的观点：法国本身物产丰富，得天独厚，“如果我们懂得如何发挥大自然赋予我们的这些优势，我们就能从那些希望获得我国产品的人手中赚来金钱，因为这些商品对他们来说是非常必需的；而我们将很少考虑去购买他们的商品，因为那些东西对我们用处不大。”① 然而，实际结果并不像他想象的那样乐观，法国的产品并没有达到人见人爱的水准，更没有达到黎塞留臆想的那种外国人离了它就活不了的程度。以与地中海东岸地区（即利凡特，Levant）的贸易为例：1624 年的贸易额为 1500 万锂，而到了 1648 年却只剩 700 万锂。

在海外殖民方面，黎塞留也曾采取一些鼓励措施，向一些殖民团体颁发了特许状，其触角伸及加拿大、西印度群岛、马达加斯加岛、非洲大陆以及东印度群岛等地，但是，黎塞留政府对殖民地的兴趣似乎并不浓烈，例如，1627 年曾计划在 15 年内向北美圣劳伦斯河流域（Saint Lawrance）殖民 4000 人，但截止到 1642 年，总共才去了 200 人。黎塞留政府真正感兴趣的是在欧洲大陆谋求均势并在适当的时机扩张势力。在黎塞留的导演下，法国终于直接卷入“三十年战争”（1618—1648）的后半段战事之中。1635 年，一名法国传令官在一名号手的陪同下出现在西属尼德兰首府布鲁塞尔。在大庭广众之下，传令官宣布了法国国王的意图，扔下宣战书后便策马而去。在这场颇具韵味的古典式宣战仪式之后，法国便与西班牙等国展开实地拼杀。未等打出结果，黎塞留便因肺炎而于 1642 年 12 月去世，煊赫一时的黎塞留时代宣告结束。② 几个月之后，即 1643 年 5 月，几乎一直生活在黎塞留政治阴影下的国王路易十三也离开人世；与此同时，路易十三那一未满 5 周岁的儿子、乳名为“迪厄多内”（Dieudoné，意为“天赐之礼”）的小路易登上王位，此即路易十四。③

送走了老摄政、老枢机、老国王之后，法国又迎来了新摄政奥地利的安娜

① 参阅 Franklin Charles Palm, “Mercantilism as a Factor in Richelieu’s Policy of National Interests”, *Political Science Quarterly*, No. 4 (Dec., 1924), pp. 650–664。

② 黎塞留本人虽无直接传人，但其家族仍后继有人。他的曾侄孙（承袭黎塞留公爵头衔）1748 年当上了元帅。这位元帅的孙子（亦袭黎塞留公爵衔）在 19 世纪早期的复辟王朝时期两度出任首相。1952 年，黎塞留家系最终绝裔。

③ 关于路易十四究竟是不是路易十四的儿子，西方学术界有不同意见。英国史学家安东尼·列维（1929—2004）坚持认为，路易十四是路易十三之妻和马札然的私生子。详见［英］安东尼·列维著，陈文海译：《路易十四》，北京：人民出版社 2011 年版，第 17—52 页。

(1601—1666)、新枢机马札然（Mazarin，1602—1661）和新国王路易十四。尚处幼年的路易十四还只是挂名的“影子”国王，因此，在这里，我们还要将注意力集中在掌握实权的马札然身上。与其前任黎塞留的处境不同，马札然与这位新的王太后一直保持着密切关系，当时就有许多人认为他们二人已经秘而不宣地结了婚。与黎塞留那种虽骨瘦如柴但性情刚烈的形象不一样，马札然是以满脸红光、谦卑柔和的面目呈现在人们面前的。曾与马札然一起共事的另一位枢机主教雷斯（Cardinal de Retz，1614—1679）[①] 写道：“他没有任何欲望，他深感遗憾的只是枢机主教的尊严使他不能如愿地在众人面前谦卑屈从。”然而，这是一种假象，它只是马札然用以服人的一种手段。

后世研究者认为，马札然并不是“没有任何欲望”，而是地地道道的“贪得无厌”；也不是真正的温和谦恭，而是实实在在的口是心非。然而，或许正是由于这样一种特殊的人格，马札然才博得了王太后特殊的垂青，才获得了首相这一特殊的权力。不过，对马札然的评价也不必过于绝对，应当将人品与业绩分而论之。他虽然出生于意大利，而且直到 1639 年才加入法国国籍，但他对法国的治理并未懈怠。在对少年国王路易十四进行培养和教育方面，他和王太后密切合作，倾注了大量的精力。在树立法国在欧洲世界中的地位方面，马札然亦是颇费心机。

黎塞留给马札然留下的并不是一个太平的法国。在对外事务方面，“三十年战争”仍在断断续续的进行，奥地利以及西班牙等国仍然希望在战场上与法国、瑞典等国一决高低。1648 年，法国军队取得决定性胜利，不仅占领了巴伐利亚，而且还向奥地利首都维也纳挺进。四面楚歌的奥地利哈布斯堡王朝被迫让步，于 1648 年 10 月与法国、瑞典等国签订了《威斯特伐里亚和约》（*Treaties of Westphalia*）。依据这一和约，神圣罗马帝国境内的所有邦国均享有独立主权，拥有帝国皇帝虚衔的奥地利哈布斯堡家族遭受重创。同时，和约确定了法国对梅斯、土尔和凡尔登三地的所有权，法国还从哈布斯堡家族手中接管了阿尔萨斯地区的部分土地。《威斯特伐里亚和约》对于法国来说具有重大意义，它不仅标志着法国对神圣罗马帝国实行肢解政策的成功，而且使得法国领土范围首次跨越了莱茵河。

---

① 雷斯本名是让－弗朗索瓦－保尔·德·贡迪（Jean-François-Paul de Gondi），此人在 17 世纪法国政治生活中颇为活跃，并以“政治小丑”之形象载于史册。详见［英］安东尼·列维著，陈文海译：《路易十四》，北京：人民出版社 2011 年版，第三章和第四章（第 53—125 页）。

但是，让法国不得安宁的是，西班牙并未参与《威斯特伐里亚和约》的签订，法西之间的战争一直持续到双方均已精疲力竭的1659年。根据这一年签署的《比利牛斯和约》，法国永久收回了法王查理八世在15世纪末割让出去的鲁西永等地，并在北部边境地区获得了一系列具有战略意义的城镇。和约还规定，西班牙国王之女马丽—泰蕾兹（Marie-Thérèse，1638—1683）将嫁给法王路易十四，法国王室为此可获200万锂的巨额财礼（不过，最终并未兑现），但其前提是马丽—泰蕾兹必须放弃西班牙王位继承方面的一切要求。马札然的这一外交努力使得法国和西班牙的紧张关系暂时缓和下来。虽然说路易十四几年之后便以条约中规定的财礼没有到位为借口发动了对西班牙的战争，但这一责任不能归诸已经作古的马札然。

在国内政局方面，马札然从黎塞留那里继承来的也不是一个有法有度的盛世。在黎塞留铁拳下一度蛰伏的失势大贵族又苏醒过来，曾被黎塞留告知"不要多管闲事"的各高等法院（特别是巴黎高等法院）又开始对王室政府指手画脚起来，在黎塞留时期一直此起彼伏的民众抗税斗争到此时也未见减少。因此，在理论上已相当"绝对"的"绝对君主制"在实践中还要碰到不少麻烦，甚至出现让太后、首相及国王丢盔卸甲的尴尬局面，其中最为严重的一场遭遇就是所谓的"投石党运动"（Fronde，音译"福隆德运动"）。[①]"投石党运动"从1648年爆发，到1653年方告平息。其前半段（1648—1649）的滋事主角是巴黎高等法院以及在它鼓动下的外省高等法院；在后半段（1650—1653），造反运动的组织者主要是对马札然掌权不满的一些王室宗亲。[②] 在整个动乱期间，各地民众特别是巴黎民众的盲从与尚武精神得到了充分调动，巴黎市区一度街垒遍布，人声鼎沸。法国王室以及马札然曾两度逃离首都。到1653年，造反派出现内讧，马札然在惊慌不定之中稀里糊涂地拣回了一场胜利。这场动乱对法国王室的影响不容忽视，

---

① "Fronde"一词是当时巴黎民间的土话或俚语，是指当时巴黎少年儿童经常玩的一种弹弓，他们将小泥块或小石子搭在弹弓上，可以用之击打树上的小鸟。拿"Fronde"这种弹弓玩的人被称为"Frondeur"，可译为"玩弹弓的人"，或意译为"麻烦制造者"、"捣蛋鬼"。当时的法国王室政府之所以将这一场动乱称为"Fronde"，意在表明这场动乱并没有什么可怕的，它只是一场"儿戏"。但是，在汉语中，将"Fronde"译为"投石党运动"之后，其原有的韵味就荡然无存了。

② 将投石党运动分为"高等法院投石党运动"和"贵族投石党运动"两个阶段，这是史学界的传统观点。但是，安东尼·列维认为，"不应把福隆德运动区分为两个不同的类型"，"在福隆德运动的各个阶段，各式各样的上层贵族与巴黎高等法院之间一直保持着或分或合的关系。"详见［英］安东尼·列维著，陈文海译：《路易十四》，北京：人民出版社2011年版，第110页。

因为自此以后，路易十四再也提不起对巴黎的兴趣，他转而开始在巴黎周围的几个王室行宫中轮流居住（后来干脆在凡尔赛另建新都，再也不回巴黎），亨利四世当年对巴黎表现出的一往深情就此在波旁王室中烟消云散，而巴黎民众对王室政府的归属感也因此而渐趋淡薄。1661 年 3 月，马札然去世，年轻的路易十四终于开始了大权独揽、统治一切的亲政时期（1661—1715）。

二、“太阳王”的辉煌与暗淡

路易十四

1661—1715 年的法国史是以“路易十四时代”之名而载入史册的。尽管这一命名失之片面且有盲目崇拜之嫌，或者说，尽管路易十四的辉煌形象有着不少人工雕琢的虚饰成分，但它毕竟在一定程度上反映出路易十四在这段历史中的特殊地位。如本章开篇所言，在过去几十年中，西方学术界对传统学术观点进行了大刀阔斧的解构，路易十四时代存在的各种弊端、漏洞以及各种与强大表象相左的东西被一一挖掘并展示出来。不过，由路易十四本人及其臣下共同协作而加固起来的法兰西君主制大厦并未就此在人们的心目中彻底坍塌，路易十四的独特魅力也没有因此而彻底丧失。有鉴于此，在这里有必要对路易十四的个人特征作一简略的交代。

首先，强调君主的中心地位。在马札然去世的当天，路易十四就召集大臣训话并发表一份著名的宣言：“此前朕一直乐于将国事管理权委托给已故枢机主教，现在，应当由朕自己行使统治权了”；“大法官先生，朕请求并命令你，除了应朕谕令而外，不得在任何律令上盖章”。路易十四后来口述了一部《回忆录》，其中对自己在国家管理乃至花钱方面的绝对权威作了这样的描述：“如果事先没有知会于朕，那么，四位国务秘书便不得签署任何文件，这一规定也同样适用于财政总监。朕手中有个记录本，财政部的一切情况全都记录在这个本子里，每件事都有非常简要的说明，朕只要扫一眼，就可以知道现有的资金状况，就可以知道已经花了哪些钱，而且也可以知道哪些项目需要安排支出。也就是说，不论是什么项目，只要事先没有列在这个本子里，那么，财政部就一分钱也不能花。”①

其次，重视君主的光辉形象。路易十四一生都在营造一种能让全民景仰的王者气派和典雅风范，晚上就寝（coucher）和早上起床（lever）均是一种复杂而宏大的仪式，通常有数十人乃至上百人在场，而有资格充当贴身男仆的只能是大贵族。国王就餐是另一种“国家级”礼仪，来自各地的穿着得体的仰慕者可以获准观摩国王那一优雅的用餐过程。遇上过路女子，路易十四总会举起帽子向其致意，帽子举的高度依所遇女子社会地位高低而定。在其临终时，他还对周围之人所作的服侍礼貌地表示感谢，同时还声称因为未能更好地酬劳他们而感到很难过。

再次，塑造君主的勤政典范。路易十四在国政上的勤勉程度是法国历史上其他君主所不可比及的。1686 年 11 月，他刚做完一次痛苦的肛瘘切除手术之后，当天晚上就去主持国王参政院的会议，其间脸上汗滴如注。第二天，他仍坚持会见外国使节，在场的人发现，国王病痛难忍，脸部几近变形，人们几乎无法相信这就是名震远近的路易十四。

在关注路易十四为自身的“太阳王”(roi du soleil）形象进行精雕细琢的同时，也不应忽视其充满情调的私人生活。路易十四情妇众多，具体数目连国王自己也很难有准确的统计，其中有许多都是属于昙花一现的“露水情人”(écartades)。为了能与一位名叫拉莫特—乌当古尔小姐（Mlle de la Mothe-Houdancourt）的侍女幽会，路易十四曾经翻墙爬房。后来，为了防止路易十四爬窗户进入侍女们的房间，女管家曾派人在窗户上安装了栅栏。在早年，路易十四先后与拉瓦莉埃小姐（Mlle de La Vallière)、蒙特斯庞夫人（Mme de Montespan）保持长期的人所共知的秘密关系，她们分别为国王生了 5 个和 6 个长期没有名分的子女。②1683 年王后马丽—泰蕾兹死后，路易十四旋即与比自己大 3 岁的曼特侬夫人（Mme de Maintenon）秘密结婚。这就是既勤政威严又浪漫风流的一代名君路易十四。

路易十四亲政时期共历 54 年，就是在此期间，法国的君主制经历了由盛而

① ［英］安东尼·列维著，陈文海译：《路易十四》，北京：人民出版社 2011 年版，第 204—205 页。

② 路易十四去世前一年（1714 年）终于将他与蒙特斯庞夫人所生的两个儿子披上“合法”外衣，并封二人为曼恩公爵和图卢兹公爵，从而了却了一桩积闷多年的心愿。

衰的转变。这一转变的分水岭大致可以1685年路易十四废除《南特敕令》作为标志，此前的20多年中，君主政体排场大摆，威风尽显；此后的30年中，君主政体则锐气消减，批判精神亦在社会上开始萌发。

路易十四亲政前期的历史在诸多方面体现出这位年轻君主意气风发、挥斥方遒的干练作风。在政治方面，路易十四的用人方略具有不同寻常的气魄。一方面，不该用的人坚决不用。除国王本人而外，王室成员一律不得在国王参政院中任官任职。王太后可以享有崇高的社会地位，但却不再拥有任何的政治权力。国王的弟弟奥尔良公爵（duc de Orléans）一心想出任朗格多克行省总督，但遭国王拒绝。对于普通大臣，路易十四也是态度鲜明，只要他们不是恪尽职守，就必然官位不保，其中财政总监尼古拉·富凯（Nicolas Fouquet，1615—1680）是个典型人物。此人不仅试图获得首相职位，而且敛财甚巨，并建造了令国王瞠目结舌的豪华城堡和花园。1661年，富凯被捕，并在国王的建议下被处终身监禁。① 另一方面，该用的人坚决照用。路易十四在用人方面具有"现实主义"作风，即注重才干和现时的忠诚。著名将领蒂雷纳（Turenne，1611—1675）曾积极参与"投石党运动"，但终又获得国王的宠信，并被授予元帅头衔。蒂雷纳于1675年战死沙场之后，其遗体被葬于圣德尼修道院。在路易十四亲政前期，法国宫廷中聚集了一批具有杰出才能的大臣，他们成为国王有效施政的可靠保证。在中央和地方关系上，路易十四继续加强督办官的纽带作用，各高等法院、行省总督和省三级会议的权威被大大削弱，它们已无法成为王权真正的制约性力量。

在社会经济方面，路易十四亲政前期的法国也表现出一定的活力。虽然说发展经济并不是路易十四的兴趣所在，但他却拥有精于理财的财政监督官柯尔柏（Colbert，1619—1683）。② 柯尔柏并不是人们通常想象中的那种只知埋头一心一意搞建设的完人，他的裙带作风及各种私心杂念在当时已招致一些人的指责，他曾利用自己的特殊地位为自己的几位兄弟和女婿谋得了督办官职位，他还一再嘱托

① 最近几十年，西方学术界有为富凯翻案的趋势。通过对富凯出任财政总监一职之前和之后的家产来源及数额分析，法国史家德塞尔（D. Dessert）认为，富凯绝非贪赃枉法之徒，其收入基本上都是合法所得，而且，到富凯被捕之时，其家产已几乎是资不抵债。详见 Daniel Dessert, *Fouquet*, Paris: Fayard, 1987, pp. 348–353。

② 富凯是最后一位财政总监（surintendant des finances）。1661年以后，路易十四废除财政总监这一权势过重的职位，而将财税工作分散给原为财政总监下属的几名财政监督官（controleur-général des finances）。财政监督官原属捐官系列，路易十四将之赎买后转变为命官，因而王室政府对之的控制权大为增加。参见陈文海：《权力之鹰：法国封建专制时期督办官制度研究》，长春：吉林大学出版社1999年版，第40—41页。

有关财税官员对他在乡下的地产多加“关照”。不过，从柯尔柏对王室政府的贡献角度看，这些问题可算是微不足道的细枝末节。柯尔柏的首要任务是尽量改善马札然时代遗留下来的收不抵支的财政困境。据估计，1661 年各地共征税款为 8100 万锂，但在征税过程中各级官员吃拿卡要现象严重，再加之各种相关开支，最后到达王室府库的只有 3100 万锂。经过整顿，到 1667 年时，情况有了较大改观，当年实征税款为 9550 万锂，最终进入府库的达 6300 万锂。即便如此，财政赤字问题也未得到根本解决，柯尔柏曾为此而不止一次地向路易十四发过牢骚，但国王并不当真，耗费巨大的凡尔赛宫依旧在夜以继日地添砖加瓦。据估计，整个凡尔赛宫的建设费用超过了 1 亿锂。

柯尔柏

真正让柯尔柏名垂青史的是其重商主义（mercantilisme）政策。与当时社会普遍流行的观点相似，柯尔柏认为，每个国家都在为拥有相对稳定的财富（贵金属）而竞争，一个国家只能以牺牲别国为前提才能真正达到繁荣昌盛；因此，如果让他选择的话，他宁可去打“金钱战”（guerre d’argent），而不愿去打那种尸横遍野的武力战。[①] 后世的研究者们往往对包括柯尔柏在内的重商主义者提出严厉的指责，认为他们是舍本逐末，是只重流通不重生产。这种观点未免偏颇，最起码说对柯尔柏是有失公允。柯尔柏清楚地认识到，重商主义的真正后盾是经济实力，是丰富充盈且质地优良的产品。因此，柯尔柏采取多种措施以鼓励生产并加强对生产领域的管理。在农林牧业方面，比较显著的举措有：大力提倡养马养牛；对亚麻、桑树等经济作物种植户提供资助；大规模植树造林；开垦改良荒地和沼泽地；等等。在工业生产方面，柯尔柏的态度更显积极，他不仅鼓励在全国各地广建各种类型的企业和作坊，而且对产品规格和产品质量作了明确规定。1669

① 参阅 Martin Wolfe, “French Views on Wealth and Taxes from the Middle Ages to the Old Regime”, *The Journal of Economic History*, No. 4 (1966), pp. 466–483。

年的一项法令规定了纺、织、染等行业的标准工序，而且规定了各种布料的长度、宽度和厚度。1671 年，柯尔柏又对这一法令作出补充，其中规定：不合格产品要公开展示，以示警戒；制造伪劣产品之人要脖戴枷锁游街示众，以表羞辱。[①]

为了扩展市场，柯尔柏在海外殖民方面显示出比前人更高的热情，重组或新建了多家殖民公司并给予其贸易垄断权，如东印度公司和西印度公司（1664 年）、北方公司（1669 年）、利凡特公司（1670 年）以及非洲公司（1673 年）等。虽然说当时的许多法国人对海外贸易有比较浓厚的兴趣，但如果真正要让他们移居海外去开拓一片新天地时，除了少数积极分子而外，其兴趣就大为消减了。例如，在整个 17 世纪，法属加拿大的人口从最初的 2500 人上升至 1 万人。而就在同一时期，英属北美殖民地的人口却由 1 万人增加到 10 万人。为了解决殖民地劳力不足问题，法国人采取了在非洲沿岸抓壮丁或低价收购黑奴这一快捷手段，而且这一做法在 1664 年由柯尔柏制定法律予以正式认可。殖民地方面对黑奴的“资格认定”是极为严格的，即年龄必须在 15—30 岁之间，必须身体健康、体格强壮、没有残疾，而且要有满口牙，未老先衰者一律拒收。虽然说这些规定给黑奴贩子出了难题，但更为灾难性的后果是使非洲由此失去了大量青壮年劳动力，而且使得那些漂洋过海的符合条件的黑奴过早地掉牙甚至失去生命。如果从这一角度看，柯尔柏的重商主义就只能是令人发指了。

在路易十四亲政前期，对外战争取得的一些成果似乎也给这位年轻的君主增添了不少荣光。在这些战争中，影响较大的主要就是所谓的“权利转移战争”(1667—1678)。[②] 战争的直接目标是要把法国北部边境的西属尼德兰纳入法国版图。1667 年，路易十四率军亲赴战场。战争初期进展顺利，连克数城。随后，路易十四另开战场，向法国东南方向的同在西班牙控制下的弗朗什—孔泰发起进攻，结果引发西班牙、英国、荷兰和瑞典等国的联合反对。路易十四遂决定议和并于 1668 年在亚琛（Aachen）签署和约，但这一和约从根本上说只是一种没有实际约束力的中场休战。1672 年，路易十四又亲往前线。这次行动的目标虽是荷兰，但不久就招致欧洲多国的反对，西班牙、勃兰登堡、丹麦、奥地利等国结

① 参阅 Abbott Payson Usher, “Colbert and Governmental Control of Industry in Seventeenth Century France”, *The Review of Economics and Statistics*, No. 11 (1934), pp. 237–240。

② 有些法国史著作将这次战争（Guerre de dévolution，英文 War of Devolution）译为“解体战争”，这一译名不准确。“dévolution”的含义是权利的转归或转移，路易十四发动这场战争的目的就是要把西班牙属地尼德兰的所有权“转移”到他的王后名下。故有“权利转移战争”之称。另外，狭义的“权利转移战争”只限于 1667—1668 年之间的战事，1672—1678 年间的战事则被称为“荷兰战争”或“法荷战争”。

成反法同盟，英国随后也加入进来。法国虽然陷入四面作战的境地，但其实力仍令反法同盟诸国心存畏惧。1678年，双方开始和谈并在荷兰的尼姆维根(Nimwegen) 签订和约，根据此约，西属尼德兰虽没有整体“转移”到法国版图之中，但其边境上的许多城镇却转归路易十四所有。更为重要的是，弗朗什—孔泰在这一和约中被正式划归法国，路易十四的多年梦想终于实现。

与其长达54年之久的漫长亲政时期相比，路易十四的“辉煌”岁月只是一段虽有洪钟大吕之势但却五音不全的插曲。随着路易十四对自身权威自信程度的不断提升，从17世纪80年代开始，法国社会的总体景气指数却呈现出明显的衰减之势。首先给路易十四的政治统治蒙上阴影的是宗教问题。路易十四对自己在宗教事务上的权威是深信不疑的。一方面，他继续与罗马教皇展开斗争，强调法国教会（高卢教会）的自主地位。1682年，在路易十四的老师博絮埃（Bossuet，1627—1704）的大力倡言下，法国教士大会（Assemblée du Clergé）公开发表《高卢自由声明》(亦称《法国教士宣言》或《高卢主义四条款》)，重申王权独立于教权，教皇不得做出任何侵害法国教会自由和权利的事情。①

该决议案随即由巴黎高等法院登记，从而使之具有法律效力。罗马教皇英诺森十一世（Innocent XI,1676—1689年在位）立即予以反击，声称纵容路易十四必将遭到来自天堂的报复。路易十四不愿冒被“罚入地狱”的风险，1690年终于和新任教皇亚历山大八世（Alexander VIII，1689—1691年在位）达成谅解，法国各大学的神学院不再将高卢教会自主权问题列为师生研讨的主题，在一切领域都要追求光荣伟大的路易十四在这个问题上终究未能将罗马教皇打垮。

另一方面，在国内宗教问题② 上，路易十四迈出了虽符合其统一理念但却贻

---

① 《高卢自由声明》的基本内容是：第一，世俗君主行使世俗权力，教皇没有任何权力以任何方式进行干涉。第二，教皇的权力必须受制于大公会议。第三，宗教权力必须受到习俗、传统以及民意的制约，即便是教皇，亦不能例外。第四，对于由教皇颁布的教令，只要教会内部达成共识，认为有必要对之作出修正，那么，即便这些教令事涉信仰问题，那也照样可以对之进行修正。详见［英］安东尼·列维著，陈文海译：《路易十四》，北京：人民出版社2011年版，第501页。

② 在路易十四时期，法国的宗教问题比较复杂，除了雨格诺教徒这一核心问题之外，还有冉森派(Jansenism）等问题。冉森派是天主教内部的一个“异端”派别，其名称源于荷兰神学家科内留斯·冉森(Cornelius Jansenius，1585—1638)。冉森派最早诞生于荷兰，后来势力逐渐拓展到法国。这个宗教派别从诞生之初便显示出强烈的反专制和反权威色彩。在宗教领域，冉森派力求破除罗马教宗的权威，支持法国教会自由。在世俗领域，冉森派也主张严格限制国王的权力，反对绝对君主制。也正是因为这一原因，马札然和路易十四对冉森派进行了严厉打击。详见［英］安东尼·列维著，陈文海译：《路易十四》，北京：人民出版社2011年版，第391—432页。

害深远的关键性一步，这就是对雨格诺教徒的压制。1681 年的王室法令规定，雨格诺教徒的子女到达一定年龄（男孩 12 岁，女孩 14 岁）后，应由自己选择其宗教信仰。与此同时，王室军队“龙骑兵”[①] 亦进驻雨格诺教徒集中的地区，以武力镇压的方式强迫他们改宗天主教。1685 年 10 月，路易十四颁布《枫丹白露敕令》，正式废除亨利四世当年明言“不可废除的”《南特敕令》。这一新的敕令规定：禁止新教信仰，用于新教礼拜或集会的设施将被全部拆除；新教牧师必须在 15 天之内离开法国，但其子女（7 岁以上）必须留在法国；普通新教徒不得离境，如有偷逃，被抓获者将被罚做苦工。

此令一出，偷逃出境的雨格诺教徒急剧增多，有人估计达 25 万之众，其中大都为具有一技之长的工匠，另外还有不少医生和律师。在军事方面，法国也因此受损不少，据当时著名军事将领沃邦（Vauban, 1633—1707, 1703 年获元帅衔）的估计，约有 9000 名水兵和 1.2 万名步兵因为信仰的缘故开了小差。路易十四抛弃宗教宽容这一举措给自己的后期政治统治造成了严重的影响，它不仅使得法国失去一批有用之才，而且招致欧洲各新教国家的敌视。[②] 另外，强行取缔信仰自由也根本无助于法国国内的思想统一，处于地下状态的雨格诺教徒不仅没有放弃自己的信仰，反而信仰得更为坚定、更为虔诚，结果使得宗教对立情绪愈发强烈，民众的不安定感也更加突出。可以说，在路易十四推行的所有政策中，取缔雨格诺教徒信仰自由是有百害而无一益的最为失策之举。

在这种惨淡无光的社会氛围中，路易十四头上的其他光环也不再那么熠熠生辉。柯尔柏时期略有好转的财政状况重新变得不可收拾，王室政府只得在更大程度上依靠借债来维持各项开支，从柯尔柏去世的 1683 年起至路易十四驾崩的 1715 年，王室政府的债务增加 10 倍，达 20 亿锂。民众的生活状况也陷入悲惨境地，令人恐惧的黑死病又在不少地区死灰复燃。1694 年，蒙托邦（Montauban）主教报告说，在其主教区内每年都有大约 400 人被活活饿死。

在对外战争方面，路易十四的两次大规模行动结果证明也是徒劳无功的

---

① 龙骑兵（dragon），一种盛行于 17、18 世纪欧洲的骑兵部队。这个兵种最早出现在意大利战争（1494—1559）后期，当时，法军为了防止西班牙部队突袭而临时组建一支被称为“龙骑兵”的机动部队（类似于后来所说的“快速反应部队”）。至于“龙骑兵”一词的来历，较流行的一种认为，当时该兵种使用的队旗上画有一头火龙，这是从加洛林王朝甚至更早时期即已有之的一个传统。另一种说法认为，当时他们使用的一种火枪被称为火龙。

② 也有学者认为，废除《南特敕令》对法国影响不大，因为信仰新教的那些大商人、大企业家大都还留在法国国内。参见 David J. Sturdy, *Louis XIV*, New York: St Martin’s Press, 1998, p. 98。

劳民伤财之举。一次是以拓展法国东北边境为目标的“奥格斯堡同盟战争”(1688—1697)，在与以奥地利、英国、荷兰、西班牙及瑞典为成员的“奥格斯堡同盟”打了 9 年战争之后，法国获得的只是同盟国对法方占有斯特拉斯堡这一在战争之前即为既定事实的承认，沃邦在事后曾坦承这次战争对法王来说是一次羞辱性的灾难。另一次是以加强法西两国联合甚至统一为目标的“西班牙王位继承战争”(1701—1713)，在与英国、荷兰、奥地利以及德意志诸邦国角逐十几年后，法国获得的也只是早在战前就已尘埃落定的王位继承协定，即路易十四的次孙继承西班牙王位，但法西两国王位永远不得合而为一。更使法国得不偿失的是，本属法国的大面积海外殖民地因这次战争而落入英国之手，奥地利也因这次战争而获得西属尼德兰、卢森堡、米兰、那不勒斯和撒丁岛等地。

与吱嘎作响的政治统治相伴随，路易十四晚年的家庭生活也充满了一桩接一桩的悲剧。1711 年 4 月，他的长子（王太子）因患天花突然死去。不到 11 个月，王太子的长子(第二个王位继承人）勃艮第公爵及其夫人亦染病而死。几天之后，勃艮第公爵的长子、年仅 4 岁的第三个王位继承人亦遭同样的命运。路易十四在不到一年的时间里连续失去了先后被立为王位继承人的长子、长孙和长曾孙，这对当时已经 70 余岁的国王来说显然是个沉重的感情打击。1712 年，路易十四的另外一个曾孙、刚满两周岁的小路易被立为王位继承人（即后来的路易十五)，路易十四的侄子奥尔良公爵被指定为未来的摄政。

1715 年 8 月，路易十四已经病入膏肓，善于观察风向的廷臣和贵妇们立刻开始涌向似乎马上就要成为摄政的奥尔良公爵。然而，路易十四服用了一位江湖郎中配制的偏方之后，病情稍有好转，并能进食一些饭菜。廷臣贵妇们闻知后随即疏远了看来还要有那么一段时间才能当上摄政的奥尔良公爵。奥尔良公爵为此自嘲道：如果国王再服一剂江湖郎中的奇药，我的周围就将一个人也不剩了。不过，路易十四的生命最终还是未能得到挽救。1715 年 9 月 1 日，“就像一根正在熄灭的蜡烛一样”，总共活了 77 年但在位时间却长达 72 年之久的路易十四“一点劲也没费”就死在了凡尔赛。[①]

① ［英］安东尼·列维著，陈文海译：《路易十四》，北京：人民出版社 2011 年版，第 538 页。

三、怪异与规范交替兴盛的文化风格

文化风格的形成和发展有其自身的内在规律，但同时它也在相当程度上受制于其所处的时代。文化的这种社会政治属性意味着主流文化风格的发展轨迹必然大致吻合于社会政治的演化步伐。从本质上说，17 世纪的法国文化是前一时期已经大放光彩的人文主义文化的继续和发展，也就是说，它不仅有着以人为中心的这一基本特征，而且它还体现出新时代所赋予的新内涵。传统的观点往往将 17 世纪的法国文化笼而统之地贴上“古典主义”之标签。如今看来，这一标签有过于简单之嫌。古典主义的兴盛期大致出现于绝对君主制在理论与实践上走向顶峰的时期，即 17 世纪 30—80 年代，前后只有 50 年左右的时间。在此之前和在此之后的法国文化生活中虽然也都有古典主义的影子，但它都没有占据主导地位，之前算是含苞初放，之后可谓暮色渐沉。

17 世纪初至 17 世纪 30 年代，是巴罗克文化风格强劲泛滥与古典主义潜滋暗长时期。“巴罗克”（baroque）一词原意为“不圆润”、“不规则”或“古怪”。虽然说这个词本身听起来的确有些“古怪”，但作为一种文化现象的“巴罗克风格”（style baroque）却还是别有一番美学情趣的。巴罗克风格的不拘一格是相对于古典主义的循规蹈矩而言的。在绘画、雕塑和雕刻等艺术领域，巴罗克风格体现出的基本特点主要有：自由抒发作者对所选题材的现实感受乃至瞬间感受；同一作品之中具有多重的视角和伸缩不定的多样性；追求飘逸，动感强烈；造型和色彩极具夸张效果，给人以入目难忘的感官刺激。①

在文学创作领域，巴罗克风格的“自由”色彩表现得更为浓郁，一切看似稳定、确定、恒定的东西在巴罗克文学家这里都成了镜花水月的笑谈，他们或对社会开怀阔论，或对政治嬉笑怒骂。在叙事手法上，巴罗克文学家惯于渲染铺陈，节外生枝，结果就是其作品枝繁叶茂，洋洋大观。巴罗克风格的文学作品数量众多，比较有名的如于尔菲（Urfé，1568—1625）的 5 卷本小说《阿丝特蕾》（Astrée）以及斯卡龙（Scarron，1610—1660，曼特侬夫人的第一任丈夫）的长篇滑稽诗《乔装打扮的维吉尔》（*Virgile travesti*）等。就在巴罗克风格大行其道的这一时期，

① 参阅 Louis Menashe, “Historians Define the Baroque: Notes on a Problem of Art and Social History”, *Comparative Studies in Society and History*, No. 3 (1965), pp. 333–342。

法国文化界已有人开始竭力宣扬文艺创作的规范性，被古典主义文人奉为金科的“三一律”[①]也开始有人提出。但是，当时的大多数作家、艺术家对此不以为然，认为所谓的规范纯属作茧自缚。然而，这种不要法度的自由世界为时并不长久，随着王权的进一步强化，一大批文人便心甘情愿地钻进规则有序的樊笼之中。

从17世纪30年代中期开始后的约50年是古典文化凌世横空与巴罗克风格萎缩萧条时期。在这里，我们可用实例对巴罗克和古典主义两种风格作一简单的比较。著名画家尼古拉·普桑（Nicolas Poussin，1594—1665）于1629年和1640年先后创作了题材相同而风格迥异的两幅同名作品《阿卡迪的牧民》（*Les Bergers d'Arcadie*）。前一幅作品具有典型的巴罗克风格，画面中心是一口石棺，棺上有一骷髅，目睹骷髅的牧民们神色惊恐，身体后仰，整个画面体现出一种惊慌失措之中的动荡之感。而后一幅作品则鲜明表达出平和凝重的古典主义色彩，石棺和骷髅为一巨型石碑所取代，原先惊慌不已的4个牧民也变得平静起来。由此我们可以看出古典主义文化的基本特征，即规范化、整体化、统一化、稳定化和均衡化，而这种文化特征与绝对君主制的政治理念恰恰是相通相连的。在这一时期，巴罗克风格的文化艺术并未完全消失，而且时常会被艺术家们有意无意地混杂在以古典主义面目而闻名的作品之中，其中比较典型的是凡尔赛宫后花园里的阿波罗雕塑。这尊作品具有强烈的动感，在巨型水池中央，阿波罗驾车飞驰，使人仿佛感受到号鸣马嘶的战斗场面。

古典主义文化在17世纪30—80年代的兴盛，其原因固然有多种多样，但首先值得提出的是政府的大力提倡和引导。在这一方面，一个重要的历史现象就是官方文化机构“法语研究院”（Académie française）[②]的出现。法语研究院1634年由黎塞留着手组建，1635年由路易十三钦准，不过，直到1637年，巴黎高等法

① “三一律”是古典主义戏剧必须遵循的基本规范，即一个情节、一个地点和一个时段（不超过24个小时），它要求戏剧必须简洁明了，围绕主题，不越雷池。

② “Académie française”的中文译名千奇百怪，如“法国科学院”、“法兰西科学院”、“法兰西研究院”、“法兰西学院”等等，这些译名均不准确，其关键原因在于对“française”的含义理解有误。“Académie française”是以法语为研究对象的隶属官方的专门机构，故应译为“法语研究院”或“法兰西语言研究院”。关于法语研究院的人员构成及更替问题，参见 Jacques Véron, “L'Académie Française et la circulation des élites: une approche démographique”, *Population*, No. 3 (1985), pp. 455–471。1795年，在拿破仑的主导下，法兰西科学院（Institut de France）成立，包括“法语研究院”在内的原有各研究院被纳入法兰西科学院进行管理。到了现代，法兰西科学院下设五大研究院，其中最有名的是法语研究院和自然科学研究院。另外，不要将上述机构与另一历史更为悠久的“法兰西公学”（Collège de France）相混淆。

院才登记了相关法令，法语研究院至此方算正式成立。[1] 法语研究院的其主要任务是规范法语的使用，保证法语的纯洁，培养统一的审美情趣。该机构的工作目标及其官方性质给不少文化人造成巨大的心理压力，当时就已有人指出它是“精神专制”的象征。正是在法语研究院的审查和施压下，著名剧作家皮埃尔·高乃依（Pierre Corneille，1606—1684）放弃了自由挥洒的写作风格，开始不折不扣地遵循“三一律”等官方标准。

虽然说法语研究院是政府用以调教文人的一根大棒，但其自身的运作却是以懒散拖沓而著称。柯尔柏曾发现，研究院没有固定的上班时间，开会时也没有几个人能准时到会。为改变这种状况，柯尔柏为之规定了具体的上班时间并将办公地点定在卢浮宫内，又给研究院配备了会议记录本和时钟。在开会的时候，院士们如果能够准时到场，便会获得一张“考勤牌”（jeton），然后他们可以拿这个小牌子去兑换现金。有些院士在执行这些规章程序的时候非常认真，不过，他们的主要兴趣在于拿牌子兑现金，于是，这些人也就被人称作“挣牌院士”（jetonniers）。经过55年的磨蹭，在1694年，院士们终于推出了早在1639年就已开始动工的两卷本《法语词典》，而这时的古典主义文化在法国已是明日黄花。

法国古典主义文化所取得的成就是多方面的。在建筑艺术领域，最为杰出、最为奢华的作品是仿照富凯的山庄风格而建但规模又无限放大了的凡尔赛宫。当年的路易十四在这里游园时需乘坐马车才能在一天之中匆匆览遍其大体面目，而今天徒步而行的游客到这里就只能望宫兴叹了。在哲学领域，首先引人注目的是以“我思故我在”（Je pense, donc je suis.）这句名言而闻名的笛卡尔（Descartes，1593—1650）和以强调感官享受而著称的伽桑狄（Gassendi，1592—1655），前者提出了唯心的理性主义哲学，后者则坚持唯物的感觉主义认识论，二者均有不少追随者，从而形成两大哲学派别的对峙和论战。笛卡尔曾挖苦伽桑狄：

帕斯卡尔

① ［英］安东尼·列维著，陈文海译：《路易十四》，北京：人民出版社2011年版，第248页。

"哎哟，什么都是肉体！"伽桑狄则嘲讽笛卡尔："哎哟，什么都是精神！"除上述二人之外，帕斯卡尔（Pascal，1623—1662）是另一位富有创见但却英年早逝的哲学家，他注重观察与实验对认识真理的关键作用，并且坚持历史进步观。帕斯卡尔的思想观点主要集中在他的那本哲理散文集《思想录》（*Pensées*）以及《致外省人信札》（*Lettres provinciales*）等作品之中，其中有许多观点至今仍能引发人们的深思，例如："你愿意别人相信你的东西吗？那你就不要提它"；"当我们在眼前放一些东西妨碍我们看见悬崖时，我们就会无忧无虑地在悬崖上面奔跑了"。值得一提的是，当时的这些哲学巨人们并不是只会埋头玄学的"纯"思想者，他们在其他许多领域也都有着极深的造诣，如笛卡尔在几何学、天文学、音乐理论方面，帕斯卡尔在数学、物理学方面均有重大的贡献。

在文学领域，古典主义风格在这一时期也发展到了极致，涌现出一大批影响深远的文学宗师，举例来说，悲剧作家除了上面提到的高乃依之外，还有晚年荣任路易十四王室史官的拉辛（Racine，1639—1699）。喜剧作家以莫里哀（Molière，1622—1673）为代表。在诗歌创作方面则有以寓言讽刺诗独霸诗坛的拉封丹（La Fontaine，1621—1695）。此外还有一位特殊人物，这就是既不会写剧本也不会写诗歌但却让剧作家和诗人们一一在其面前低头的布瓦洛（Boileau，1636—1711）[①]。1674 年，布瓦洛发表《诗的艺术》（*L'Art poétique*，亦译《诗论》）一书，对古典主义悲剧、喜剧、史诗、哀歌、颂歌、田园诗以及讽刺诗等各种文学体裁的创作原则进行了全面总结和界定。此书得到法国王室的大力推介，布瓦洛本人亦因此而被任命为王室史官。在布瓦洛原则的捆绑之下，此后的法国诗坛呈现出一派"八股"气息，直到 19 世纪浪漫主义文学流派兴起之后，法国诗歌才真正地重获新生。

在经历了大约半个世纪的繁荣之后，从 17 世纪 80 年中期开始，古典主义文化随同绝对君主制一道呈现出不可逆转的降温趋势，古典主义阵营内部开始出现公开的分裂，以"古不如今"为口号的"今派"和以"今不如古"为旗帜的"古派"在法国的文化艺术界掀起激烈的"今古派之争"（Querelle des anciens et des modernes）。[②] 与此相伴，已经颓唐数十年之久的巴罗克艺术风格乘势再起，不拘

---

① 布瓦洛也写过一些讽刺诗，但西方学者普遍认为，"他的诗歌写得糟糕透顶，事实上根本算不上是诗歌"，他的那些讽刺诗简直就是对他本人提出的那些文学创作原则最大的讽刺。

② 参见 Hans Baron, "The Querelle of the Ancients and the Moderns as a Problem for Renaissance Scholarship", *Journal of the History of Ideas*, No. 1 (1959), pp. 3–22。

陈规的绘画、雕塑作品重新登上了大雅之堂。正是在这样一种氛围之下，社会批判精神在华盖犹存的法国君主政体之中逐渐兴起，以勤疑善思、不信权威、破除教条为主要特征的理性主义思想渐起波澜。甚至在统治阶层内部，对现实社会不满的情绪也明显表现出来。

作为宫廷聘请的教师，费内隆（Fénelon，1651—1715）在给王子们讲课时已开始严厉批评国王的好战政策，并对这种政策的合理性提出怀疑。而且，他曾给路易十四写过一份《谏书》(*Rémonstrances*)，其中有言："在你那里，光荣比正义更宝贵。为了光荣，你可以不管自己的灵魂是否能够得到安宁。为了光荣，你可以不管子民们的死活。你要知道，百姓们已被饿出了各种各样的疾病，他们每天都是挣扎在死亡线上。为了光荣，你甚至不管自己到头来是否能够得到上帝的救赎。你要知道，光荣是个幽灵，救赎之事与它是水火不容的"；"你虽对上帝心存畏惧，但你的这种畏惧只不过是奴仆对主人的那种畏惧。你所真正畏惧的只是地狱，而不是上帝"；"在各种微不足道的细枝末节上，你是锱铢必究；然而，对于那些骇人听闻的邪事恶行，你却不闻不问。"① 且不论费内隆的这封上书有没有被送到国王手中，他能够将自己的心声写出来，就足以表明路易十四在时人心中的地位已是江河日下。

深得路易十四器重的沃邦元帅在1707年也写成了一本锋芒毕露、呼吁革新的《国王什一税方案》(*Projet d'une dix^{me} Royale*)。在该书中，沃邦提出一套开征什一税的税制改革思路，即，对土地所得、养老金、工资等所得课征收益税，最高税收限额不得超过所得的1/10。不过，让后人看重的似乎并不是这个税改方案本身（类似的财税改革观点在此之前就已出现），而是沃邦在这本书中对当时法国那一荒谬的社会政治秩序所表达出的不满以及对社会变革的吁求。沃邦宣称：劳动是一切财富的源泉，而劳动者又是一切财富的终极源泉，但创造财富的劳动者如今却极不公平地负担着极为沉重的赋税；贵族特权对国家来说是一种毁灭性的祸患，为实现社会公平，应对一切人等的一切收入按比例征收赋税，因此，应该废除包税制，废除世俗贵族和僧侣的免税特权。永葆军人作风的沃邦元帅曾兴致勃勃地将刚刚印刷出来的这本小册子呈送给路易十四，路易十四翻阅之后立即下令禁止此书的发行和流传。不过，禁令并未见效。在随后几年中，沃邦

① 关于这份《谏书》有没有送达路易十四手中，学术界有争议。详见［英］安东尼·列维著，陈文海译：《路易十四》，北京：人民出版社2011年版，第421—422页。

的这本小册子不仅在法国本土秘密印行多版，而且还被译为英文传到了英格兰。可以说，不论国王及其政府如何控制舆论，到了路易十四统治后期，渴望社会变革并最终促成大革命爆发的几乎所有思想观念都已初步形成。

第三节　绝对君主制的衰竭与颓败

路易十四于1715年去世以后，波旁王朝又继续在法国不间断地统治了70余年。然而，这70余年却是让一代又一代人困惑不已的70余年。在此期间，凡尔赛照旧是舞会不断，一两万大小贵族照旧围在宫廷四周，国王的起居生活照旧是供人瞻仰的盛大仪典，但是，就是在这样一种一切“照旧”的虚光幻影中，历经了三四百年的绝对君主制大厦却在顷刻之间轰然坍塌，有着千余年悠久文明史的法兰西大地却突然间成为警钟长鸣、人仰马翻的令人不寒而栗的战场和刑场。

一、后世学者对该时期的诊断

路易十四之后的几十年间，法国到底发生了什么不可救药的事情才使得1789年以后的法国革命群众变得那么的慷慨激昂、那么的鲜血无惧？在具体叙述这一段令人困惑的历史之前，我们不妨简要回顾一下西方史学界对这一时期法国史认知历程的变迁。在这里，既有传统史学内部的分野，也有修正史学内部的分歧，更有传统史学与修正史学之间的论战，同时还有分不清究竟是传统史学还是修正史学的政治文化解释论的种种激辩。

20世纪50年代之前，在法国“旧制度”晚期研究领域（大革命起源研究领域），占据绝对主导地位的是“进步史学”流派。该流派从19世纪著名史学家米什莱（Michelet，1798—1874）的大革命史研究初步发端，后经饶勒斯（Jaurès，1859—1914）、马迪厄（Mathiez，1874—1932）、勒费弗尔（Lefèbvre，1874—1959）和索布尔（Soboul，1914—1982）等人的不断深化，该学派发展成为所谓的“传统大革命史学”流派，其核心观点就是“法国大革命是一场资产阶级反对封建主义的资产阶级革命”。

从20世纪50年代起，以英国史学家科本（A. Cobban）为代表的一大批英美学者对传统的大革命史学成果提出质疑和挑战，特别是对大革命的历史唯物主义解释进行批判性剖析。随后，以弗雷（Furet，1927—1997）为代表的法国史学家也加入到科本的这一阵营，从而形成蔚为壮观、声势浩大的“修正学派”。到了20世纪80年代，修正学派已经取代传统学派而占据大革命史研究领域中的统治地位。正因如此，弗雷在接受媒体采访时曾说过“我赢了”这样一句名言。当然，在修正学派如日中天之时，传统的大革命史学流派也还有人在坚守阵地，其中最为重要的代表人物是米歇尔·伏维尔（Michel Vovelle）。20世纪90年代，随着弗雷的去世和伏维尔的退休，两派的争论渐趋平息。[①] 在这里，我们简要列举几份后世学者为这一时期的法国开下的诊断书，其中每一份诊断书都可以说是代表着法国大革命起源史研究领域中坚定不移但又常遭围攻的一个学派。

诊断之一：日益加剧的阶级对立。18世纪的法国已是资本主义因素不断长进的国度，在这里已经形成了一个受教育程度日益提高、经济上日益富有而在政治上却没有发言权的资产阶级，为获得与自己的经济文化地位相适应的社会政治地位，他们终将发起一场以夺取应得之权益为目标的“资产阶级革命”。从阶级对立角度考察这一时段历史的另一种变体理论是对农民作用的强调。当时的法国人口中，占绝大多数的仍是农业生产者，他们仍然肩负着名目繁多的与时代发展已明显不相适应的封建义务，对这类问题的日益不满和反抗最终导致暴力革命的爆发。[②]

诊断之二：邪恶之人的邪恶阴谋。法国的绝对君主制虽然存在着各种各样的缺陷，但这些缺陷原本是可以通过渐进的改革而逐步得到改善的，法国社会原本是完全有可能以和平的方式实现平稳过渡和新旧交替的，这一时期的不少大臣也的确在沿着这一方向而作不懈的努力，但是却有那么一批“邪恶之人”对君主制

① 关于修正史学的基本观点，可参见洪庆明：《法国大革命修正史学对革命起源的研究》，载《史学理论研究》2002年第1期，第91—98页；Michael Scott Christofferson, “An Antitotalitarian History of the French Revolution: François Furet’s ‘Penser la Révolution française’ in the Intellectual Politics of the Late 1970s”, *French Historical Studies*, No. 4 (1999), pp. 557–611。

② 这是传统史学对法国旧制度晚期社会政治状况的基本判断，也是修正学派批判的靶子。参见 Alfred Cobban, *The Social Interpretation of the French Revolution*, Cambridge: Cambridge University Press, 1964; George V. Taylor, “Noncapitalist Wealth and the Origins of the French Revolution”, *The American Historical Review*, No. 2 (1967), pp. 469–496。

度恨之入骨，他们一直致力于从根本上摧毁君主制这一统治模式，其最终结果就是“邪恶阴谋”得逞，而与此同时，制造“阴谋”的“邪恶之人”也只能获得命丧黄泉的可悲结局。

诊断之三：书斋里的革命火种。18 世纪中叶前后的几十年是启蒙思想家们空前活跃的时期，他们或静坐书斋，或出入沙龙，其思想主流就是呼吁建立一个更合理、更人道、更公正的理想社会。这种思想虽然看不见摸不着，但它在本质上却是革命性的，它有足够的能量去启迪民智并引导民众为实现其理想社会而采取直接行动，书斋里的梦想终将演变为活生生的、一发而不可收的现实。

诊断之四：无法克服的行政、财政危机。在强力国王路易十四时期尚能运转的庞大的中央集权制度到其两位继承人时期已变得全面乏力，既高度腐败，又充满特权；而且王室政府的财政状况极度窘迫，政府的不断借债与债权人的不断逼债成为这一时期国家财政的悲惨写照。一些励精图治、思想敏锐的大臣试图推行某些自上而下的改革，但却立即招致特权阶层的竭力抵制和公开反对。在特权阶层的压力之下，王室政府被迫召开以妥协和寻求中间路线为本意的全国三级会议。然而，这毕竟是一口已有 170 多年没有开盖而锅底又一直在不断加温添柴的高压锅，刚一揭盖，便爆得个支离破碎。

诊断之五：动荡世界中的动荡一员。法国并不是一个与世隔绝的堡垒，其社会动荡与变革也不是一个孤立的现象，它是大西洋两岸国际大变动的一个组成部分。18 世纪的法国革命与世界其他地区的革命是相互依存的，它既对世界政治造成了巨大的冲击，同时又在世界政治格局中不断演变；它既影响着世界，同时又受世界的影响。与欧美其他地区一样，18 世纪的法国正是处于民主精神积聚和迸发的激情年代，它最终与有着“类似原则和目标”的其他地区的革命运动汇聚在一起，从而构成波及欧美各地的波澜壮阔的民主革命之潮流。①

可以说，以上各种论点都有其一定的史实依据，它们从不同的侧面、不同的角度剖析了这一时期法国社会的存在状况，这对我们深入认识该阶段的法国历史毫无疑问是有益的。但是，应当看到，大革命之前几十年中的法国社会是一个极其复杂的矛盾综合体，任何一种单维度的“诊断书”都不可能对这一时期法国的病理作出圆满的解释。因此，我们暂可撇开各种令人眼花缭乱的理论，而将注意

① 参阅 Jacques Godechot, *France and the Atlantic Revolution of the Eighteenth Century, 1770–1799*, trans., Herbert H. Rowen, New York: The Free Press, 1965。

力集中起来考察一下这一时期法国社会政治的实景图画。

二、困境中的内政外交

路易十五

绝对君主制的衰落在路易十四统治后期已经初显端倪，但其全面衰落却是从路易十五（Louis XV，1715—1774 年在位）统治时期开始的。不过，对于路易十五时期法国社会政治的评判，也要有一个辩证的态度，即这一时期绝对君主制的衰落并不是一种简单的垂直下降运动，为绝对君主制服务的大臣们也并不都是庸庸碌碌的无能之辈。在这一大厦将倒的多事之秋，法国政坛上也涌现出不少富有远见、勤于公务的政治家，然而，他们的个人努力终究无法从根本上阻止长期百病缠身之君主制的病情恶化与最终死亡。

既然这一时期的法国仍属绝对君主制，那么就有必要对这个国家的舵手有一基本认识。路易十五继位时年仅 5 岁半，冲龄时期养尊处优的生活使他逐渐习惯于一切政务由大臣代劳这一施政模式。路易十五成年以后，在其身上则更为明显地体现出亦静亦动的双重特征。一方面是政治上的懒散成性：与其曾祖父路易十四那种事必躬亲的作风截然不同，路易十五不愿参加国王参政院的讨论和决策活动，即使迫不得已参加了，他也是心不在焉，甚至盼望着会议尽早结束。国王参政院成员、枢机主教盖兰・德・唐思安（Guérin de Tencin，1679—1758）对此曾有明确记载："一份文件以极快的速度念完之后，国王就要求我们当即发表意见，因此我们根本没有任何时间去作周密思考和总结。而且，国王对这类事务兴趣索然，与此同时他又保持着深深的缄默状态。"路易十五在位 59 年，除了几次出征和一次巡访之外，其余所有时间几乎都是在凡尔赛以及巴黎周围几个王室行宫中度过的。

另一方面是消闲上的精力旺盛：路易十五虽然在与大臣们商讨政务时不愿开口，但他却会偷偷溜出王宫，坐到河边与船工们整天地开怀畅谈。即使在宫中，他也会经常躲在一个小房间里搞他的象牙雕刻，或者会对他所喜欢的大臣搞一些恶作剧式的突然袭击。路易十五的另一乐此不疲的嗜好是打猎，而且他还颇有悯农之心，要求随行臣子贵妇们不要践踏农田。路易十五还被誉为“欧洲最为英俊的君主之一”，在追逐女色方面也表现出与亨利四世、路易十四等先辈并驾齐驱的孜孜不倦的君王本色。路易十五最初的四位情妇是出自同一贵族家庭的同胞姐妹，后来在打猎过程中他又结识了后来被称为蓬巴杜侯爵夫人（Marquise de Pompadour，1721—1764）的年轻妇人，在其晚年还把以风骚淫荡闻名的街头小店员杜巴里夫人（Mme du Barry，1743—1793）纳入宫中。

路易十五继位后的最初 8 年（1715—1723）是在其叔伯祖兼摄政奥尔良公爵菲利普（Philippe, duc de Orléans，1674—1723，“太阳王”路易十四的侄子）的羽翼下度过的。[①] 与奥尔良公爵的放荡性格相匹配，这一时期的法国上层社会在相当程度上已经呈现出一种醉生梦死的狂欢风气。奥尔良公爵的年仅 24 岁的女儿即因狂饮滥喝而醉死酒场。正是在这一时期，法语词汇中又多了一个新词“roué”（由“车轮”roue 转化而来，意为“酒色之徒”或“浪荡子”）。正如奥尔良公爵本人所言：与普通罪犯差不多，这群酒色之徒只配被拴在车轮子（roue）上进行分尸裂体。不过，公爵此言并无恶意，相反倒是充满爱怜。

奥尔良公爵曾经对法国的政治制度作出一些变动和调整，后世有些学者往往将之吹捧为革新，这可能有涂脂抹粉之嫌。奥尔良公爵在政治制度上的举措主要有二。一是恢复曾被路易十四取消了的巴黎高等法院对王室政令的谏议权。实际上，这只是奥尔良公爵与巴黎高等法院之间的一场交易。路易十四临终前曾指定一个由多位宗室亲王组成的摄政委员会，奥尔良公爵只是其中的一位要员。经过交易，奥尔良公爵最终成功地劝使巴黎高等法院搁置了路易十四的遗嘱而宣布奥尔良公爵为法兰西的唯一摄政。二是调整前代流传下来的以穿袍贵族为主体的王室政府行政体制，把此

约翰·劳

① Olivier Bernier, *Louis the Beloved, The Life of Louis XV*, New York: Doubleday and Company, 1984, p. 3.

前已被排斥在外的传统大贵族（即“佩剑贵族”）大量吸收进政府的行政部门。但是，传统大贵族们在重新占据高官显位之后并未能够担当起治国之重任，反而在一些琐碎无聊的礼仪礼节问题上与穿袍贵族们长期争吵不休。这一政治“革新”勉强维持一年半之后终于宣告失败，传统贵族再次被赶出政府。

奥尔良公爵摄政时期给后人留下永远挥之不去之记忆的是由公爵本人直接撑腰、由苏格兰人约翰·劳（John Law，1671—1729）具体操办而鼓动起的“泡沫经济”。约翰·劳出身于苏格兰爱丁堡的一个金匠兼银行家家庭，17 岁时便以“大个子、大麻子、大鼻子、大嗓子”[①] 的形象混迹伦敦并立即成为赌场的常客，1697 年与情敌决斗，在杀死对手后逃到欧洲大陆。约翰·劳在大陆游荡多年，并在巴黎的一家沙龙里结识了奥尔良公爵。在此期间，约翰·劳除了重操赌博旧业以维持生计之外，还将大量精力用于货币和金融事务的研究，他日益坚定地认为，金属货币远远不能满足一个商业国家的需求，如果没有纸币，哪个国家的经济也不会繁荣。他曾跑到位于法国和意大利之间的萨瓦公国兜售其纸币计划，但萨瓦公爵回答说：他的公国地盘狭小，不足以施展这样一个伟大的计划，而且他这个统治者很穷，经受不了大的打击。[②] 不过，萨瓦公爵建议约翰·劳去法国国王那里试试看，公爵说他对法国人的性格很了解，他们肯定会对这样一个新颖而动听的计划热烈赞同。

1716 年初，约翰·劳来到巴黎。此时的法国王室政府正因巨额债务而慌乱无措。路易十四留下的债务高达 30 亿锂（亦说 24 亿锂或 25 亿锂），而每年的税收总额为 1.45 亿锂，政府支出为 1.4 亿锂，因此，税收余额尚不足以支付债务利息，本金的返还更是无从着手。以精于计算、善于盘点著称的约翰·劳的到来立即受到奥尔良公爵的重视，由王室政府授权的“积极财政政策”由此拉开序幕。1716 年 5 月，约翰·劳获准成立一家可以发行纸币的私人银行，取名为“劳氏公司”。此时的约翰·劳遵循的金融原则是无可挑剔的，他公开宣布：如果一个银行家在发行纸币时没有足够的贵金属作担保，他就只有死路一条。[③] 由于劳氏公司具有良好的信誉，它所发行的纸币在一年之中竟然升值 15%，其购买力远远高于金银等硬通货。1717 年，奥尔良公爵又授权约翰·劳成立一家以想象中

---

① 约翰·劳的身高约为 1.90 米。另，他幼年时出过天花，因此脸上疤痕累累。

② James Buchan, *Frozen Desire: An inquiry into the meaning of money*, London: Picador, 1997, p. 141.

③ 参阅 Max J. Wasserman, Frank H. Beach, “Some Neglected Monetary Theories of John Law”, *The American Economic Review*, No. 4 (1934), pp. 646–657。

的金银遍地的密西西比河流域和路易斯安那地区为发财根基的“西方公司”（亦称“密西西比公司”，Mississippi Company），该公司随即发行股票。对约翰·劳金融信誉的认同带动了西方公司股票价格的直线上升。超大规模的炒股热潮造成了对轻便易携的纸币需求量的增加，同时奥尔良公爵也看到了劳氏纸币的魅力，它可以解决王室政府欠下的一切债务。1718 年，劳氏银行由私营转为国营，并在奥尔良公爵的指令下立即增印总值为 10 亿锂的纸币。在此后两年中，王室政府又不断滥印纸币，基本偿清了王室所欠债务。①

由约翰·劳开创并由奥尔良公爵加油的这一金融体系一度使得法国经济出现奇迹般的繁荣，法国人也在迅速地接近痴迷的顶点。由于信心指数的增长，贸易变得发达起来，各种制造业也急剧繁荣，数十万的外来人口涌向首都巴黎并初次体会到了“能挣会花”的刺激。然而，这种繁荣只是一种危如累卵的繁荣，稍有风吹草动，便会土崩瓦解。1720 年初，孔蒂亲王（Prince de Conti）要求以较低的价格购买约翰·劳所属公司的股票但被拒绝，于是这位亲王就用 3 辆马车拉着天文数字般的纸币来到约翰·劳主持的银行要求将之兑换成硬币。后来，在奥尔良公爵的严令下，孔蒂亲王被迫将兑换回来的硬币的 2/3 重新存入银行，但是，这一事件的影响是极为严重的。

稍微精明一点的股票投机者都准确地预计到，股票价格不可能永无止境地攀升下去，于是都开始悄悄地仿效孔蒂亲王的做法，将手中的纸币分批兑换成硬币。时间不长，银行硬通货储备的不足即显现出来，由此引发纸币持有者的普遍恐慌，不久前还是如醉如痴的投机狂潮如今迅即演变为声嘶力竭的挤兑风暴。为了稳定局势，王室政府于 1720 年 6 月颁布法令，以巴黎市赋税收入为担保发行新货币并回收市面上的原有纸币。回笼后的纸币被堆在市政府大楼门前公开烧毁。处于人人喊打境地的约翰·劳只得男扮女装，然后，由奥尔良公爵派人秘密将之送离法国。从此他又开始了从前的游荡和赌博生活，1729 年终死于威尼斯。当地人为他写下了这样的墓志铭：“这里长眠着那个著名的苏格兰人，他的计算技巧无人匹敌，他用简单的代数规则，把法国变得一贫如洗。”②

约翰·劳金融体系的崩溃并不只是这位苏格兰奇才的个人悲剧，它也是众多法国人的悲剧，它对我们深刻认识这一时期的法国社会具有不可替代的史学价

① Antoin E. Murphy, *John Law*, Oxford: Oxford University Press, 1997, p. 105.

② 关于约翰·劳既狼狈又辉煌的传奇人生，可详阅 Janet Gleeson, *Millionaire: The Philanderer, Gambler, and Duelist Who Invented Modern Finance*, New York: Simon & Schuster, 2000。

值。首先，它集中展现了法国民众热情奔放的性格。在劳氏银行处于信誉巅峰之时，人们便一哄而起，无论是豪门显贵，还是村夫野汉，都幻想获得无尽的财富。为了获得一些原始股，那些平时昂首向天的贵妇们也都全然不顾自己的“身份”而向财神约翰·劳抛出无数个媚眼，献出无数个甜蜜的笑容。当“泡沫经济”破灭之时，人们再次一哄而起，要求兑换硬币的人群又将银行围得水泄不通，挤死人的现象时有发生。愤怒的民众乃至巴黎高等法院的法官们纷纷要求将约翰·劳处以绞刑，好在有奥尔良公爵的庇护，约翰·劳得以脱身。其次，这一事件使得王室政府的信誉丧失殆尽，民众对政府的信任感从此难以完全恢复。“约翰·劳事件”以后，王室政府借债难度大大增加，于是转而倚重于税收并试图对赋税体制进行某些改革，然而，这又必然引起特权阶层的顽固抵制。王室政府的财政只能是每况愈下，矛盾只能是愈演愈烈。①

1723 年，路易十五达到成年之龄，不再担任摄政的奥尔良公爵亦于这一年的冬天因中风而突然去世。在此后的两年多时间中，不视政事的路易十五几乎完全听任年轻的波旁公爵路易·亨利（Louis Henri，duc de Bourbon，1692—1740）及其情妇对王室政府的操纵。在他们的策划之下，路易十五解除了与尚未成年的西班牙小公主的婚约，然后在 1725 年迎娶已被赶下台的波兰前国王之女马丽·列琴斯卡（Marie Leszczinska，1703—1768）为后。马丽比路易年长 7 岁，她为路易十五先后生育了 10 个儿女。1726 年，波旁公爵试图解除路易十五的私人老师、枢机主教弗勒里（Cardinal de Fleury，1653—1743）在国王参政院里的职务，这一过分举动引起路易十五的极端不满。他笑容满面地赏赐给波旁公爵一些礼物并说要请他共赴盛宴，然后又突然交给公爵一封信，宣布解除其首相职务并将其逐出宫廷。波旁公爵的突然失势也使其情妇跌入苦难的深渊，这位曾促成国王婚姻的女掮客不久便服毒自尽。

铲除波旁公爵之后，路易十五将自己的绝对权力和绝对信任毫无保留地赋予已经 73 岁高龄的枢机主教弗勒里，在此后 17 年时间里（1726—1743），弗勒里成为法国的实际主宰，这是法国在大革命之前所享有的最后一段相对安宁和比较繁荣的时期。弗勒里的内政外交一直是以和平作为其首要目标，这充分展示出这位老年政治家的稳健作风。关于这一点，就连伏尔泰这位对神职人员一直连讽带

① 详见查理斯·麦基著，李绍光等译：《非同寻常的大众幻想与群众性癫狂》，北京：中国金融出版社 2000 年版，第 1—40 页。

骂的启蒙思想家也破例地唱了颂歌，他曾写道：弗勒里“举止稳健，性情怡人”，“他从不吹嘘自己，也不抱怨别人，更不参与宫廷的阴谋活动”。作为在风雨飘摇之中拉船前行的纤夫，弗勒里的功绩是多方面的。在金融体系方面，他首先将此前一直波动不定的货币换算关系固定下来，即1个金路易等于6个银埃居，1个银埃居等于4个锂。这一换算关系一直稳定维持到1785年，对经济活动的有序进行起到了不可估量的作用。在国家财政方面，弗勒里加强对间接税的征收和管理，其具体方式就是依靠由40名金融家组成的“包税总会”，由他们承包全国间接税的征收。其结果就是王室政府的财政状况有了一定的改善，同时也造就了一批靠包税回扣而发家致富的金融巨头家族，他们在未来的法国政治经济生活中将发挥长期而巨大的影响。在弗勒里时期，法国的商业、工业和农业也都有了一定的起色，总体经济实力呈现回升势头。

枢机主教弗勒里

在对外关系方面，弗勒里的总体思路是安全而不是冒险，在其努力之下，法国与英国、荷兰、西班牙以及奥地利等国的关系一度缓和下来。即便法国后来因波兰王位继承问题而卷入与俄奥等国的军事冲突[①]，弗勒里也是竭力阻止战争规模的扩大和升级，对扩大战争有特别嗜好的外交大臣肖夫兰（Chauvelin，1685—1762）正因如此而被解职并被逐出法国。法国的稳定与发展是有目共睹的。1740年，刚刚即位的普鲁士国王腓特烈二世（Frédéric II，1740—1786年在位）便敏锐地观察到法国的这一新气象：“自1672年以来，这个国家从来没有像现在这样繁荣昌盛。”不过，这一繁荣局面有如转瞬即逝的回光返照，在人生最后几年中，已精力不济的弗勒里无法阻止好战势力的盲目抬头，法国旋又投入贻害无穷的国际纷争之中。

① 波兰王位继承实行选举制。1733年，波兰国王去世。俄国和奥地利支持已故国王之子继承王位。法国则支持路易十五的岳父、早被废黜的波兰前国王斯塔尼斯拉斯（Stanislas），试图让其梅开二度。“波兰王位继承战争”（1733—1735）由此爆发，结果俄奥方面的意图得以实现，路易十五的岳父则获得洛林作为补偿。1766年，其岳父去世后，洛林转归法国。

1743 年，弗勒里去世，时年 33 岁的路易十五不得不开始其长达 30 余年的亲掌国政时期，但是，这位专事打猎、雕刻和追风逐蝶而对政务全无打算的欧洲美男给法国带来的只能是混乱和灾难。在他亲政时期，原本相对平稳的外部关系重新被开掘为一个又一个深不可测的陷阱。在以贝尔－伊斯尔伯爵（comte de Belle-Isle）为首的主战派鼓噪之下，法国联合普鲁士共同打击传统敌人奥地利哈布斯堡王朝①，其结果只是大大促进了普鲁士实力的壮大，而法国本身却一无所获。在把普鲁士“培育”成强大的对手之后，慌乱之中的法国便与同病相怜的奥地利尽释前嫌，两国于 1756 年 5 月签订了以互保为宗旨的《凡尔赛条约》，从而使法国仅仅得到一个已风光不再的盟友。弗勒里时期修好的法英关系亦全面崩溃，在欧洲大陆和海外殖民地两大战场同时展开的“七年战争”（1756—1763）使得法国的殖民地几乎完全丧失。在领土方面，路易十五似乎也有一些得意之处，洛林终于归入法国；1768 年，科西嘉岛（Corsica）爆发起义反抗热那亚的统治，法国乘人之危地以区区 200 万锂的低价将之买下，不过，法国也因此“买下”了一个长期令人头痛的“科西嘉问题”② 并“买下”了一位终将把欧洲整治得鲜血淋漓的风云人物，这就是 1769 年诞生于此岛的拿破仑·波拿巴。

与外交失利同时出现的是内政的全面恶化。在对王室政府忠心耿耿的外交大臣舒瓦瑟尔公爵（duc de Choiseul，1719—1785）的主导下，王室政府试图对法国的赋税制度进行彻底改革，其中的一个措施就是把此前开征的“廿一税”（vingtième）继续保持下来。这一税种的征税对象扩及全体国民，因此，该税种遭到此前一直享有免税特权的教士阶层及高等法院成员的强烈抵制，并由此导致长达两年多的“布列塔尼事件”（1764—1766）和延续数年的王室政府的政治危机。在这一事件中，巴黎高等法院和位于布列塔尼的雷恩高等法院联手反对王室政府的赋税政策，尽管路易十五通过高压手段将事态暂时平息下来，但政府的形象却大受损失。后来，在路易十五的那位从大街上直飞上来的情妇杜巴里夫人的鼓动下，1770 年舒瓦瑟尔被解除职务。

在随后几年中，“布列塔尼事件”依旧是余波难了。在对事件当事人的后续

① 此即“奥地利皇位继承战争”（War of the Austrian Succession,1740—1748）。神圣罗马帝国皇帝查理六世（Charles VI，1711—1740 年在位）只有一女马丽—特蕾莎，作为女子她有权继承哈布斯堡家族的领地，但却无权获得皇帝头衔。围绕皇位继承问题的斗争由此展开。战争前期，巴伐利亚选帝侯查理于 1742 年成功当选为皇帝，但不久死去。1745 年，马丽—特蕾莎的丈夫弗朗索瓦又当选为皇帝，称弗朗索瓦一世（François I, 1745—1765 年在位）。有些著作称马丽—特蕾莎为“女皇”或认为她“继承了皇位”，均不准确。

② 科西嘉岛一直动荡不安，黑社会活动猖獗，要求独立的呼声长期不息。

处理问题上，以司法大臣勒内·德·莫普（René de Maupeou，1714—1792）为主导力量的王室政府与巴黎高等法院产生剧烈对抗，用伏尔泰的话说就是，双方的对立已经发展到“要么是王权重新树立自己的权威，要么就是高等法院占得上风”的僵持不下之地步。[①]在此局面下，1771年1月，王室政府下令，将巴黎高等法院所有法官（155名）全部流放到偏远之地。随后，莫普着手进行司法改革，其主要内容是：重建巴黎高等法院，改组外省高等法院；重新划分各高等法院的司法管辖区域，限制高等法院的权力；废除司法界的官职鬻卖制度，将法官转变为领取国家薪金的公务员。莫普的这一改革使得存在数百年之久的法国高等法院司法体系宣告暂时崩溃（路易十六继位后又予以恢复）。正是由于这一改革对于旧有司法体制的颠覆具有相当的彻底性，因此，学术界往往也将莫普司法改革称为“莫普革命”（Révolution de Maupeou，1771—1775）。且不论莫普的这番举动用意何在，也不论他的这一改革在引导舆论、开启民智方面产生多大的影响[②]，仅就路易十五的统治而言，其结果只能是导致政局的进一步混乱。

正是在这样一种内外交困的氛围中，路易十五又患上了发病猛烈、传染性极强的天花（当时的法国正流行此病）。1774年5月10日下午，已经臭气熏天、肉体腐烂的路易十五终于在凡尔赛宫离开人世。除了收尸者以外，宫廷上下人等因怕染上病魔，均飞快钻进马车，逃离凡尔赛宫。路易十五的尸体则被装入密封的铅制棺材之中并被连夜运往巴黎北面的王家墓地圣德尼大教堂，然后封入地下墓穴。直到疫情渐消以后，即国王去世两个多月以后的1774年7月27日，法国王室才在圣德尼大教堂面对一口空棺材为路易十五举行了长达5个小时的隆重葬礼。[③]

三、启迪民智的思想启蒙

如果说路易十五的政治统治已是暗潮涌动的话，那么，这一时期的思想文化

① J. H. Shennan, *The Parlement of Paris*, Gloucestershire: Sutton Publishing Ltd., 1998, p. 318.

② 参见洪庆明：《莫普改革与法国旧制度末期的政治文化转变》，载《史林》2008年第3期，第161—169页。

③ 有些法国史著作认为，路易十五的遗体之所以在夜间下葬，原因在于路易十五在世时已经非常不得人心。实际上，这是一种滥用“阶级斗争”学说的附会解释。如果他患的不是人人唯恐避之不及的天花，其遗体可能还不至于要连夜运走下葬。

领域则更是浪花迭起，法国已经成为整个欧洲的思想解放中心，在这里，理性主义成为一面旗帜，科学精神成为一种时尚，宗教卫士被视为败类而遭到无情的挞伐，绝对王权被视为暴政而受到公开的谴责。这一历史现象就是人们所熟知的以理性之光驱散黑暗从而把人们引向光明的“启蒙运动”(Enlightenment)①，其所处的时代也就被称为“启蒙时代”（le siècle des lumières）。由于“理性”被视为这一运动的核心价值，“启蒙时代”又被称为“理性时代”（the Age of Reason）。

虽然说“启蒙运动”这一术语在18世纪中叶才产生，而且，该术语一般被用指启蒙运动最为兴盛的18世纪，但是，从源头上来说，启蒙运动的初步发展却是从17世纪开始的。著名数学家、启蒙运动的“半截子”干将之一的达朗贝尔（d’Alembert，1717—1783）在为《百科全书》撰写的序言中描述了在他之前的启蒙运动发展概况，他将启蒙运动的鼻祖确定为曾经提出“知识就是力量”这一著名口号的英国唯物主义哲学家弗兰西斯·培根（Francis Bacon，1561—1626）。除此之外，还有学者将启蒙运动的起点定在笛卡尔发表《方法论》的1637年、英国发生“光荣革命”的1688年或艾萨克·牛顿（Isaac Newton，1643—1727）发表《数学原理》（*Principia Mathematica*）的1687年，如此等等。同样，在启蒙运动何时结束这个问题上，学术界也是观点纷呈，有人将之定在法国大革命爆发的1789年，亦有人将之定在拿破仑法兰西第一帝国（1804—1815）成立之初。还有人认为，启蒙运动到了1750年前后就已经基本结束了。②

启蒙运动虽然是到处破土、遍地发芽的全欧洲现象，但是，人们一般却往往将注意力的焦点不约而同地集中到法国，其关键原因在于，法国启蒙运动在“社会批判”方面表现出来的力度远远超出同时期的欧洲其他各国。对于普通民众而言，甚至对于许多有知识、有学问的上层人物而言，对社会政治进行体无完肤式的批判所产生的感染力和畅快感是万有引力、康德哲学等诸如此类的深奥抽象理论所无法比拟的。而法国又恰恰为这类社会批判提供了让旁观者心潮澎湃、令当政者焦头烂额的特殊土壤。与那些已经经过了资产阶级革命或已经贴上了“开明君主制”标签的欧洲其他国家不同，大革命之前300多年间的法国一直是沿着绝对君主制的道路在向前颠簸的。与四周亦真亦幻的自由世界相比，法国似乎已经

---

① 参阅 Rolf Reichardt, Deborah Louise Cohen, “Light against Darkness: The Visual Representations of a Central Enlightenment Concept”, *Representations*, No. 61 (1998), pp. 95–148。

② J. Israel, *Radical Enlightenment; Philosophy and the Making of Modernity 1650–1750*, Oxford: Oxford University Press, 2001, pp. 3, 159.

成了一个束缚人性的庞大囚笼。正因如此，法国知识界和思想界开始运用独具风格的文笔对这一囚笼展开了激昂、辛辣、机智乃至玩世不恭的进攻，这一进攻不仅得到国内民众如火如荼的支持，而且博得了境外“开明君主”们真假难辨的喝彩。

一般认为，在法国真正开启启蒙运动先河的是曾经在荷兰过着流亡生活的哲学家皮埃尔·贝尔（Pierre Bayle，1647—1706）。在《历史批判词典》（*Dictionnaire Historique et Critique*，1695）一书中，贝尔把从来没有否定过神之存在的荷兰学者斯宾诺莎（Spinoza，1632—1677）“改造”成一个勇敢的无神论者，斯宾诺莎的哲学公式“神即自然”在贝尔的笔下被曲意诠释为“上帝不存在，只有自然存在”。随着贝尔这本辞书的流传，无神论思想以及唯物论思想在法国逐渐得到一些人的认同。继贝尔之后，普通神父出身的一生清贫的让·梅叶（Jean Meslier，1664—1729）根据自身的切身体验而对宗教神学的欺骗性进行了全方位的曝光。在长达70余万字的批判性论著《遗书》（*Testament*）中，梅叶公开宣称自己是“无神论者”，并誓言要“用神父的肠子做成绞索，把世上一切达官显贵都统统吊死、绞死”。《遗书》曾以手抄本的形式流传于法国各地，后由伏尔泰负责将之整理出版①，对法国民众特别是路易十五时期的启蒙思想家们产生了巨大影响。路易十五时期是启蒙运动空前活跃时期，也是民主斗士和自由号手层出不穷时期。关于这一点，各种通史教科书和有关论著多有详描细画，但是，对一些极具代表性的人物还需略作交代。

首先是以三权分立学说著称的孟德斯鸠（Montesquieu，1689—1755）。孟氏出身于穿袍贵族家庭，1726年卖掉波尔多法院院长职位以后专事启蒙工作，著有《波斯人信札》（*Lettres persanes*）、《罗马盛衰原因论》（*Considérations sur les causes de la grandeur des Romains et de leur décadence*）和《论法的精神》（*De l'Esprit des Lois*）等著作。在英国哲学家洛克（Locke，1632—1704）的政治理论基础上，他提出了一套系统的政治主张，即：行政权归君主，立法权归议会，司法权归法院；三权相对独立，相互制衡。三权分立理论在两耳不闻宫外事的路易十五那里只能是一纸空谈，但在后来的欧美绝大多数资本主义国家里，它却被奉为国家组织结构的基本原则。孟德斯鸠没有到过中国，但关于中国的社会、政治乃至民

---

① 伏尔泰整理的这部作品名曰《让·梅叶论点集萃》（*Extraits des sentiments de Jean Meslier*），1762年首次出版。参见 Luca Fonnesu, “The problem of theodicy”, in Knud Haakonssen, eds., *The Cambridge History of Eighteenth-century Philosophy*, Cambridge: Cambridge University Press, 2006, vol. 2, p. 766。

风，却占有不少道听途说的材料，他认为，当时中国的政体是以恐怖为原则的专制政体；中国人虽然“完全以礼为指南，但他们却是地球上最会骗人的民族”。

其次是以“踩死败类”为终生奋斗目标的伏尔泰（Voltaire，1694—1778）。伏尔泰生于巴黎的一个资产阶级家庭，自小身体虚弱，20多岁时因染天花而几乎丧命，在其后几十年中，他仍是经常卧床不起，据称他连站着都感到吃力。他有一句尽人皆知的口头禅“我快死了，真的”，但是，这位骨瘦如柴的文化泰斗却在人世间挣扎了84年。伏尔泰著述丰富，其中比较重要的有《哲学通讯》（*Lettres philosophiques*）、《哲学辞典》（*Dictionaire philosophique*）、《路易十四时代》（*Le siècle de Louis XIV*）以及《风俗论》（*Essai sur les moeurs el l'espirit des nations*）等。伏尔泰对旧制度的批判是多方位的，其中最令他恨之入骨的是宗教神学。在他的笔下，教皇、主教和神父几乎毫无例外地都是“最下流的无赖”和“最卑鄙的混蛋”，教会的各种说教也几乎毫无例外地都是“最无耻的诺言”和“最卑劣的欺骗”。伏尔泰竭力推崇“开明君主制”，但他的这一理想在路易十五那里同样没有市场，因而他只能跑到俄罗斯、普鲁士等国的“开明君主”那里大谈法国君主的“不开明”。

再次是以主编《百科全书》（*Encyclopédie*）而闻名的狄德罗（Diderot，1713—1784）。狄德罗本身是一位文学家和哲学家，曾写有大量的小说、剧本、散文以及多部哲学著作，他曾因坚持无神论观点而被捕入狱，其父亦因这位儿子的激进思想而一度断绝与之的“经济往来”。狄德罗最为重要的功绩是主持编撰了那部永载史册的《百科全书》①。在狄德罗的真诚邀请下，当时法国各个文化领域中最有成就的学者几乎都参加了词条的编写工作，其中包括孟德斯鸠、伏尔泰以及卢梭等人。②在险象横生的政治环境下，达朗贝尔等一批重要人物相继退出《百科全书》的编辑和撰写阵营。但狄德罗终究顶住压力，最终完成《百科全书》的编辑和出版计划。《百科全书》的编撰目的主要在于教化和实用，狄德罗对此曾有明确阐述：“法官负责司法，哲学家③则教给他何为正义、何为非正义。士兵保卫国家，哲学家则教给他何为祖国。教士向民众宣扬对神灵的爱戴与敬意，哲

① 《百科全书》共35卷，第1卷出版于1751年，第28卷出版于1765年，这28卷均由狄德罗主编。后来，在孔多塞（Condorcet）等人的主持下，《百科全书》又增补了7卷，于1780年出齐。

② Frank A. Kafker, “The Recruitment of the Encyclopedists”, *Eighteenth-Century Studies*, No. 4 (1973), pp. 452–461.

③ 从事思想启蒙的这批文化人在当时大都自称为“philosophe”，意为“哲人”、“圣贤”或“哲学家”，“启蒙思想家”则是后人对他们的褒称。

学家则教给他何为神灵。君主统治着一切，哲学家则告知其权力的来源与有限。”

还有一位不能不提的人物就是以“人民主权论”而引发后世长期争议的卢梭(Rousseau，1712—1778)。卢梭是瑞士人，出身于日内瓦的一个钟表匠家庭。由于他长期客居法国，更由于他对法国思想文化及政治生活产生了巨大影响，因此许多人也就有意无意地赋予卢梭以法国国籍。卢梭在青年时代曾长期过着颠沛流离或寄人篱下的卑微生活，甚至以替人抄写乐谱来维持生计，这样的经历使他萌发了“对于不幸的人民遭受痛苦的同情和对压迫他们的人所抱的不可遏止的痛恨”。[①] 也正是因为如此，在相对和谐的启蒙运动大合唱中才出现了“极不和谐”的卢梭，才出现了他那誓把君权打翻在地的“人民主权论”。

在《论科学与艺术》(*Discours sur les sciences et les arts*)、《论人类不平等的起源和基础》(*Discours sur l'origine et les fondements de l'inégalité*) 以及《社会契约论》(*Du Contrat Social*) 等著作中，卢梭对人类社会的演变及其前景提出了独特的看法。他认为，人的本性在自然状态下是善良的；但是，当人们懂得说“这是我的”，私有制便随之产生，当人们“觉察到一个人据有两个人食粮的好处的时候”，平等也就不复存在。卢梭认为，专制君主既然可以用暴力进行统治，那么，人们也可以用暴力来推翻他的统治。对于“以暴易暴”之后的社会秩序，卢梭设计出一套在理论上颇能震撼人心、在实践中也颇能激发斗志的绝对民主制原则，即：真正的统治权力应当属于全体人民，只有符合全体人民意愿(即“公意”)的政府才是唯一合法的政府。[②] 绝对民主制并不是卢梭的发明创造，古代希腊的一些城邦早已尝试过这一动人的制度。而自古代希腊以后直至今天，人们一般都将这种纯粹民主或绝对民主视为一种既危险又荒唐的狂想。然而，大革命时期的罗伯斯比尔却偏偏要进行一场这样的试验，且不论他的这场试验是为形势所迫还是受卢梭思想的熏陶。[③]

除了以上几位人物之外，还可举出许多杰出的启蒙思想家的名字，例如，以《费加罗的婚礼》(*Le mariage de Figaro*) 而闻名的剧作家博马舍 (Beaumarchais，1732—1799)，以唯物主义思想而闻名的孔狄亚克 (Condillac，1715—1780)

---

① [法] 卢梭著，黎星译：《忏悔录》第 1 部，北京：人民文学出版社 1989 年版，第 205—206 页。

② 参阅 Daniel Gordon, “Philosophy, Sociology, and Gender in the Enlightenment Conception of Public Opinion”, *French Historical Studies*, No. 4 (1992), pp. 882–911。

③ 参阅 Geoffrey Turnovsky, “The Enlightenment Literary Market: Rousseau, Authorship, and the Book Trade”, *Eighteenth-Century Studies*, No. 3 (2003), pp. 387–410。

和爱尔维修（Helvetius，1715—1771），以重农思想而闻名的魁奈（Quesnay，1694—1774）和杜尔果（Turgot,1727—1781），等等。限于篇幅，这里不作详述。

从启蒙思想家的作品、行动及其结果来看，法国的启蒙运动体现出一系列鲜明的特点。首先是精神的反叛性：出于对新文明、新秩序的向往，启蒙思想家们对"旧制度"下的君权和神权乃至一切社会政治现象几乎全部持彻底否定的态度，在他们看来，"旧制度"下的所有事物都与巴黎圣母院屋檐上的怪兽形滴水嘴一样面目可憎，毫无是处。正是在他们的全力渲染下，在文艺复兴时期初步发端的"黑暗的中世纪"这类概念才最终变为妇孺皆知的一个标签。从今天的角度来说，他们的观点未免显得有些极端。倘若他们能有一些辩证精神，或许更能显示其非凡的魅力。

其次是行动的一致性：以前一直是散兵游勇、孤军奋战的文化人到启蒙运动时期开始形成一个虽结构松散但却声势浩大的文人联盟，人称"文化共和国"（République des Lettres，亦译"文学共和国"）。启蒙思想家们在思想、观点及方法上并非整齐划一，但其传播科学、宣扬理性的宗旨却是一致的。至于卢梭与众人的分道扬镳甚至公开断绝一切交往，那只是极为少见的现象。

再次是媒介的多元性：启蒙运动并不是一种简单的自娱自乐行为，它的目的是要通过各种途径而将科学精神和理性思想传递到"文化共和国"以外的普通民众的大脑之中。在此期间，沙龙、图书馆、咖啡厅以及各类学术机构都成为传播新思想的有效渠道。地下印刷的"非法"书刊在启迪民智方面的作用更为重要。为了逃避追查，此间出版的启蒙著作有许多都用的是笔名、假出版社和假印刷地点，有不少书籍甚至标明是在"北京"印刷的。

最后是影响的广泛性：启蒙思想的渗透力是强大的，它不仅直接影响着那些有识字能力的读者群，而且它也通过口耳相传的方式使许多下层民众得到了一定程度上的感化。更有甚者，包括王室在内的法国上层社会中也有不少人成为启蒙思想的追随者、维护者和鼓吹者。负责书刊审查的王室官员马尔泽布（Malesherbes，1721—1794）不仅对启蒙思想家们极为宽容，而且他本人的大脑中也不乏新思想新主张，因此有些学者认为，马尔泽布实际上已是启蒙阵营中的一员。[①] 路易十五的王后马丽·列琴斯卡曾经被伏尔泰的戏剧感动得热泪盈眶，

---

① 参阅 Gregory S. Brown, "Reconsidering the Censorship of Writers in Eighteenth-Century France: Civility, State Power, and the Public Theater in the Enlightenment", *The Journal of Modern History*, No. 2 (2003), pp. 235–268。

甚至还在私下里赠送给伏尔泰一笔不小的慰问金。路易十五的情妇蓬巴杜夫人对新时代新风尚更是满面春风地予以接纳，她曾要求宫廷画师把她和望远镜画在一起，而且还要在她的脚边画上一些散落的数学仪器。

关于启蒙运动与大革命之间的关系，学术界的争论始终未息。传统的观点一般都是将启蒙运动视为大革命的火种①，而且人们还会经常引用伏尔泰在1764年写下的几句话作为这一观点的佐证："我所看到的一切，都为一场不可避免的革命播下了种子，而我不幸将不可能成为这场革命的见证人。法兰西人凡事都落后，但现在总算赶上来了。这光明已渐渐地散布开来，时机一到，革命就会立刻爆发。那时，定会是热闹非凡的。"②对于伏尔泰等人所言的"革命"，我们应当有所分析。从绝大多数启蒙思想家（卢梭除外）的著作和言论来看，他们所说的革命是一种彻底的人类思想的革命，是以科学理性取代宗教狂热和政治拼杀的革命。他们的主张是在理性的原则下和平地实行社会政治改革，而不是那种将王权一笔勾销的血腥屠杀，更不是那种导致秩序崩溃的"恐怖统治"。这样说并不意味着启蒙思想与大革命无关。可以说，正是由于启蒙思想的传播，人们才真正养成了不惧权威的心理，只要有合适的土壤，这种天不怕、地不怕的革命斗志就会有足够的能量使得乾坤颠倒。

另外，在探讨启蒙运动对随后法国大革命的影响时，不应忽略这一影响在"受众"方面所具有的特殊性，即法兰西人的民族特性。也就是说，如果启蒙思想家们的听众不是法兰西人，那么，启蒙运动所发挥的影响是不是会变成另外一种模样？且不论启蒙运动与民族特性之间的关联度究竟有多大，在这里，把托克维尔对本民族同胞的剖解展示一下，对于理解启蒙运动与大革命的关系或许具有一定的参考价值。在《旧制度与大革命》一书中，托克维尔写道：法兰西民族"在行动中如此充满对立，如此爱走极端，不是由原则指导，而是任感情摆布；它总是比人们预料的更坏或更好，时而在人类的一般水准之下，时而又大大超过一般水准；这个民族的主要本性经久不变"；"当人们放手任其独处时，它最喜欢深居简出，最爱因循守旧，一旦有人硬把它从家中和习惯中拉出来，它就准备走到地

---

① 在修正学派那里，这个命题却遭到了质疑。比如，曾任加拿大多伦多大学历史学教授的萨瑟兰（D. Sutherland，1915—2007）认为，法国大革命和此前的启蒙运动没有什么精神渊源。关于萨瑟兰的观点，详见 Donald M.G. Sutherland, *The French Revolution and Empire: The Quest for a Civic Order*, Malden, MA: Blackwell Publishing, 2003。

② René Pomeau, *Politique de Voltaire*, Paris: Armand Colin, 1963, p. 48.

角天涯，无所畏惧”；“今天它坚决反对逆来顺受，明天它又俯首帖耳，使那些最长于受人奴役的民族都望尘莫及；只要无人反抗，一根纱线就能牵着它走，一旦什么地方出现反抗的榜样，它就再也无法控制”；“只有它才能造就一场如此突然，如此彻底，如此迅猛，然而又如此充满反复、矛盾和对立的革命。没有我所陈述的那些原因，法国人绝不会进行大革命”。①

四、荆棘丛生的改革之路

从看似有条不紊的王位继承这一侧面，我们似乎已经可以明显感受到绝对君主制在路易十五统治后期的败落。路易十五的长子（即王太子路易，1729—1765）在成年以后就经常处于抑郁寡欢的状态，而且经常与其妻子一起谈论仿佛是迫在眉睫的死亡问题。王太子对王位一直没有常人应有的兴奋感，反倒是经常被一种既莫名又清醒的悲凉感所萦绕，他曾不断地重复一句令其父厌烦的话：“万一不幸，我登上王位的话”。王太子“幸运”地病死于1765年，比其父路易十五早死九年。按照继承顺序，王太子的儿子、时年11岁的小路易（1754—1793）被立为王位继承人，此即后来的路易十六。1774年5月，路易十五去世，再有三个多月就将年满20周岁的路易十六在听到消息之后便跪在地上反复说道：“上帝啊，请保佑朕，请庇护朕，朕当政还太年轻呀！”

路易十六（Louis XVI，1774—1792年在位）是法国历史上在私生活方面能够安分守己的少有的几位君主之一②，也是法国历史上试图对社会政治制度进行重大改革的重要人物之一，西方有些学者甚至称之为“激进的改革家”。而且，路易十六一直将“赢得民众的爱戴”和“做个好国王”作为自己的办事准则，他曾明言：“朕永远都要和民意达成一致；民意永远也不会错。”③ 但是，路易十六生

① ［法］托克维尔著，冯棠译：《旧制度与大革命》，北京：商务印书馆1992年版，第241—242页。

② 按照西方史学界的一般说法，路易十六在私生活上之所以显得比较“检点”，与他的性功能不健全有很大关联，也正因这一原因，在婚后数年中，夫妻两人的关系比较紧张。这个事情在当时的法国乃至欧洲很多国家都已是个公开的秘密。参阅 George Androutsos, “The Truth about Louis XVI’s marital difficulties”, *Progres en Urologie*, Vol. 12 (2002), pp. 132–137。另，在结婚八年之后，从1778年起，路易十六夫妇先后生了四个孩子（两个女儿和两个儿子），其中，只有长女比较长寿，活了73岁（1851年去世）；其余三个孩子分别活了8岁（长子，1789年卒）、10岁（次子，1795年卒）和1岁（幺女，1787年卒）。

③ David Andress, *The Terror*, New York: Farrar, Straus and Giroux, 2005, p. 13.

路易十六

性怯懦，缺乏作为统治者应有的果断精神和坚定意志，因此，在当政后的风雨岁月中，他时常被局势所左右，而不是由他来左右局势。面对特权阶层的骚动，他的本能反应就是“让步”；等到民众起来革命的时候，他的常规手法也是“让步”。当然，在某些情况下，他也会表现出乖戾、专断的作风，从心理学角度说，这与其怯懦性格并不矛盾。路易十六不仅热衷于打猎，而且还有许多平民式的爱好，如做泥瓦工、打铁和制锁等，其中对制锁尤其一往情深，故此获得“锁匠国王”的绰号。① 具有讽刺意味的是，路易十六最终被定死罪也是与制锁这一爱好联系在一起的，正是他的“锁友”揭露了他“里通外国”的不赦之罪。

1770 年，时年 15 岁的路易十六与 14 岁的奥地利公主马丽·安托瓦内特（Marie Antoinette，1755—1793）结婚，这是法奥两国之间谅解和结盟的象征性纽带。不过，对于这桩婚事，当时的法国舆论并不看好，甚至有不少反对的声音。而且，这位王后的实际表现也未能给人留下什么太好的印象。西方史学家曾对她评价道，这位王后性格轻浮，办事草率，生活奢侈到近乎疯狂的程度，在赌博中一夜可以输掉几万锂甚至几十万锂，因此人们戏称之为“赤字夫人”。

在路易十六当政的十几年中，法国的社会形势在原有的基础上又进一步朝着“热闹非凡”的方向发展。在传世之作《费加罗的婚礼》一剧中，剧作家博马舍借主人公费加罗之口对贵族老爷的横行霸道和无功受禄进行了大胆的嘲讽：“不，伯爵老爷，你不能占有她！你不能占有她！只是因为你是一个大贵族，你便自认为是个了不起的天才！显贵、财富、头衔、做官；所有这些竟然就可以让一个人

① 修锁是宫廷人员基于荒唐的想法而强迫路易十六培养起来的一个兴趣爱好，据称，精通此道，将有助于路易十六婚后顺利地“造就新人”。参阅 David Andress, *The Terror*, New York: Farrar, Straus and Giroux, 2005, pp. 12–13。除了这些“平民式”爱好之外，路易十六也有“雅致”的爱好，比如，他对历史、地理、天文等均有比较浓厚的兴趣，而且，他还能够说一口流利的意大利语和英语。

变得如此狂傲！为获得这一切，你都做过什么？你只是在从娘胎出来时费了点周折——此外再也没干过什么。”此剧于 1784 年在巴黎首演时，上述这段话便博得观众的击节称颂。

在路易十六面临的各种困境中，最棘手的仍是老生常谈的财政问题，它几乎已经成为一切矛盾的焦点。路易十六政府的开支是惊人的，在大陆及海外进行的旷日持久的战争、向特权显贵提供的名目繁多的年金、凡尔赛宫的奢华无度以及政府部门的日常开销等等，已经使得王室政府的财政收入陷入捉襟见肘的境地。对北美独立战争的支持也没有真正给法国带来多少实际利益，但法国却为之付出了 20 亿锂的巨额资金。更为可怕的是，王室政府的这些巨额开支越来越多地是依靠借债来维持的，而债务利息高达 8.5%—10%。为了支付已经到期的债款及其利息，王室政府又不得不再举新债。这种拆东墙补西墙的做法不仅不能缓和王室政府的财政困境，反而使之进一步陷入恶性循环之中。要想彻底改变这一局面，最根本的途径就是要对下层民众积怨已久、特权阶层死守不放的赋税征收体制进行脱胎换骨式的改革。路易十六为此的确作过不止一次的努力，但每一次努力都以“让步”而告终。

路易十六当政以后便依靠重农学派的著名学者、具有丰富的地方行政管理经验的杜尔果进行经济体制改革。作为富有远见、思想开放的财政大臣，杜尔果立即启动了一整套旨在规范社会经济秩序的改革方案，内容主要包括：节约行政开支、实行粮食自由贸易、取消强制性徭役、废除城市行会、成立一家贴现银行以便在政府财政危机之时提供应急资金，等等。杜尔果的改革明显具有新时代的气息。[①] 然而，路易十六迫于压力而作出的另一“让步”却使这一改革化为泡影，这就是在 1775 年恢复了四年前被路易十五解散的巴黎高等法院以及外省的 10 余家高等法院，莫普的司法改革由此以失败而告终。这是路易十六在位期间最为严重的决策失误之一。恢复原状的高等法院系统重新被拥有特权的“穿袍贵族”所把持，他们自然而然地担心，杜尔果的改革会触及他们的自身利益。于是，他们又搬出传统的规章制度，声称国王无权自行制定新的税则。在高等法院系统的压力之下并通过王后安托瓦内特施加影响，路易十六于 1776 年解除杜尔果的职务，已经开启的改革亦随之落马。对于这一“黄金时代”的速生速灭，伏尔泰曾悲痛

---

① 参阅 Gerald J. Cavanaugh, “Turgot: The Rejection of Enlightened Despotism”, *French Historical Studies*, No. 1 (1969), pp. 31–58。

地表示："我的心永远也不能平静。"[1]

在随后五年中，路易十六又依靠来自日内瓦的新教徒雅克·内克（Jacques Necker,1732—1804）来挽救政府的财政危机。内克虽然是一位精明强干的银行家，但却很难说他是一位洞识时务的政治家。他在任期间所采取的措施中有一些是值得称道的，如试图节约开支、精简行政机构、削减军役税和盐税，等等。但是，他的其他许多措施却不能不说是严重的败笔，例如，他不计报酬地全力支持北美独立战争、强行恢复早已过时的行会制度和徭役制度、大量使用借款来偿还债务，如此等等。[2] 内克自认为最具创意的一份杰作是 1781 年向社会公开发行的《财政报告》（*Compte rendu au roi*），其目的在于通过增加财政收支状况的透明度以取得民众对财政及赋税改革的支持。[3] 实际上，内克的这份财政报告并没有准确地反映政府财政的真实情况，巨额赤字并未列入其中，许多数据也都是编造出来的，但是，内克并没有把这本假账做到底，王室赏赐给豪门贵族的巨额年金赫然入册。这份政府文告虽在短时间内卖出数十万份，但结果却适得其反，它不但未能赢得普通民众的同情和支持，反而引起早已惯于领受年金的特权阶层的联合反对。1781 年，内克被迫辞职。

经过两年的混乱之后，1783 年，路易十六又委任夏尔·德·卡隆（Charles de Calonne，1734—1802）为财政大臣。卡隆很快就意识到，财政改革和行政制度改革是使国家摆脱困境的两个关键性因素。在拖延相当长一段时间以后，卡隆终于在 1786 年 8 月向路易十六提交了一份复杂的改革方案。值得注意的是，在卡隆的改革方案中，有许多内容与大革命初期的"革命成果"是一致的。在财政方面，卡隆建议，政府开支每年削减 2000 万锂，短期国债的偿还期由 10 年延长至 20 年，对一切土地所有者依其收入多寡按比例征收直接税（可用粮食纳税），废除国内一切关卡，削减赋税征收额，等等。在行政制度方面，卡隆的方案是，废除个人身份的等级制度，地方各级机构进行重新改组以后，由王室政府下派的督办官全面管理，这样就可以真正建立起中央集权管理体制。

卡隆清楚地认识到，他的改革方案如果交由巴黎高等法院审批，势必会招致以它为代表的特权阶层的反对和否决。于是，卡隆向路易十六建议召开"名人会

① 参阅 William Doyle, "The Parlements of France and the Breakdown of the Old Regime 1771–1788", *French Historical Studies*, No. 4 (1970), pp. 415–458。

② Nicola Barber, *The French Revolution*, London: Hodder Wayland, 2004, p. 11.

③ Simon Schama, *Citizens: A Chronicle of the French Revolution*, New York: Random House, 1989, p. 95.

议”（Assemblée des notables）来对改革方案进行讨论和裁决。“名人会议”是一种不定期的特殊会议，会议代表由国王从社会名流中指定。由于会议代表的钦定性，名人会议所作出的一切决议一般来说都是国王意志的体现。正因如此，卡隆对之寄予厚望。1787 年 2 月，“名人会议”开幕，出席会议的代表共 144 人，贵族和教士代表占绝对优势，来自第三等级的社会名流不足 30 人。与卡隆的愿望恰恰相反，由国王指定的这些社会“名流”对改革方案尤其是其中的财政改革方案发起了猛烈进攻，而且反对意见也是各不相同。面对强大的压力，卡隆于 1787 年 4 月辞职。在这次“名人会议”中，有一位特殊名人应当引起注意，这就是会议代表中最年轻的成员拉法耶特（Lafayette，1757—1834）。他在不满 20 周岁时便撇下怀有身孕的妻子而横渡大西洋自费参加北美独立战争，华盛顿最终与他结下了形同父子的特殊情谊。与其他“名人”不同，拉法耶特在这次“名人会议”上强烈呼吁恢复雨格诺教徒的信仰自由。路易十六采纳了这一建议，并随即颁布《凡尔赛敕令》，处于非法状态已经超过 100 年的雨格诺教徒重新获得信仰自由和基本的政治权利。

卡隆去职之后，路易十六无奈之下将财政大臣的职位交给图卢兹大主教布里埃纳（Brienne，1727—1794）。布里埃纳是“名人会议”成员之一，也是卡隆财政方案的积极反对者之一，法国著名史学家勒费弗尔称之为“无能的笨蛋”。布里埃纳旋即与“名人会议”的其他成员发生冲突，而且这位毫无创见的“名人”在一筹莫展之下又积极赞同起自己刚刚反对过的卡隆财政改革方案。“名人会议”的代表更是群起反对，并声称：只有全国三级会议才有权同意改革财政和开征新税。1787 年 5 月，已经陷于绝望之中的路易十六解散了吵嚷不宁的“名人会议”。①

布里埃纳将原来的卡隆改革方案稍作修补之后，明知不可为而为之地交给巴黎高等法院审定。巴黎高等法院的答复与“名人会议”几乎如出一辙：关于税制改革，唯有全国三级会议方有决定权。1787 年 8 月，情绪激动的路易十六将巴黎高等法院赶到了东部城市特鲁瓦。一个月之后，迫于舆论压力，他又将之召了回来。此后法院系统与王室政府系统之间的矛盾更趋激化，全国各地的骚动也是此伏彼起，要求召开三级会议的呼声也越发强烈。1788 年 7 月 5 日，王室政府终于答应召开全国三级会议；8 月，布里埃纳辞职，内克又被重新请回来并被任命为国王的首席顾问。三级会议的开幕日期很快确定下来，即 1789 年 5 月 1 日。

① John Hardman, *Louis XVI*, New Haven and London: Yale University Press, 1993, p. 126.

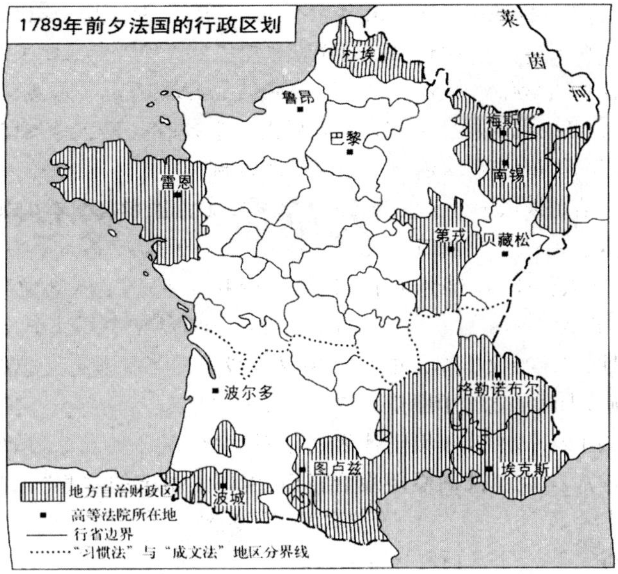

笼罩全国的政治危机似乎已经解除，全国民众的代表似乎可以平心静气地齐聚首都共商国是了。在这个时候，几乎还没有任何人会认为自己是一个“革命者”，更没有人会想到什么“小红帽”和断头台。托克维尔对本民族的认识或许能在一定程度上说明某些问题：法兰西民族的“日常思想和好恶”“是那样多变，以至最后变成连自己也料想不到的样子”。①

① ［法］托克维尔著，冯棠译：《旧制度与大革命》，北京：商务印书馆1992年版，第241页。

第五章

大革命与拿破仑时代

（1789—1815）

在法国历史即将开启新篇章的这一时刻，我们可以暂且撇开传统史学与修正史学在大革命起因问题上的学术对垒，既不去纠缠什么社会原因、政治原因、财政原因或多种因素嫁接在一起的综合原因，也不去纠缠它究竟是由多种矛盾长期累加的结果还是源于所谓的“偶然侧滑”。在这里，我们可将关注的焦点转向实践中的大革命本身，即，且不论其前因究竟为何，自1789年开始的10年时间里，法国的历史面貌终究发生了历史性转变，这就是“热闹非凡”的大革命（1789—1799）[①]。关于大革命的地位，人们的认识一直存在严重分歧，一端是彻底否定，另一端则是热情讴歌。

当大革命还处于温和发展阶段之时，英国政治家埃德蒙·柏克（Edmund Burke，1729—1797）便于1790年写成《法国革命论》（*Reflections on the Revolution in France*），谴责这场革命，认为它是启蒙思想家煽风点火的结果。另一名英国人（后入美国籍）、激进派政论家托马斯·潘恩（Thomas Paine，1737—1809）则奋起反击，在1791年出版的《人权》（*The Rights of Man*）一书中，他

---

① 学术界对法国大革命的起讫点存在很多争执。关于大革命起点，主要有如下几种观点：1750年前后启蒙运动的鼎盛、1787年“名人会议”的召开、1789年5月三级会议的召开、1789年6月国民议会的成立以及1789年7月巴士底狱被巴黎民众攻占。关于大革命的终点，则主要有这样几种观点：1794年7月的热月政变、1799年11月的雾月政变、1804年12月拿破仑帝国的建立、1814年4月（或1815年6月）拿破仑的退位以及1830年七月王朝的建立。

曾写道:“每代人都能胜任而且必须要胜任时代的要求”。[①] 继潘恩之后，立宪派斗士安托万·巴纳夫（Antoine Barnave，1761—1793）写成颂扬法国革命的《法国革命引论》（*Introduction à la Révolution française*），他认为，大革命是社会矛盾积聚与启蒙思想深入人心之后的必然结果。在大革命风暴已经成为历史陈迹的 19 世纪，法国历史学家托克维尔（Tocqueville，1805—1859）和泰纳（Taine，1828—1893）等人继续为法国发生这场革命而感到悲哀，英国作家卡莱尔（Carlyle，1795—1881）和狄更斯（Dickens，1812—1870）等人也仍然将这场革命视为血腥无比的闹剧。与此同时，一大批学者却成为大革命的坚定捍卫者，法国政府亦于 1889 年成功举行了纪念大革命 100 周年的庆祝活动。[②]

进入 20 世纪以后，大革命史研究依旧精彩纷呈，在长达半个多世纪时间里，法国的大革命史“讲座学派”成为颂扬大革命的中坚力量。在大革命爆发 200 周年之际的 1989 年，法国政府也再次组织了全国性的纪念活动。但不可否认的是，在 20 世纪中后期，修正史学异军突起，对大革命的否定特别是对大革命“革命”方式的否定逐步占据主导地位。其中颇能体现这一趋势的重要事件是：1989 年，时任巴黎市市长的希拉克（Chirac，1932 年生）拒绝为大革命 200 周年纪念活动提供任何形式的资金赞助。而就在此前的 1987 年，希拉克控制下的巴黎市政府却为卡佩王朝(987—1328）建朝 1000 周年纪念活动提供全方位的支持。1995 年，斯蒂芬·卡普兰（Steven Kaplan）用两卷本的巨额篇幅（合计 807 页），对大革命 200 周年纪念活动作了全面描述，其书名便是《别了，大革命》。[③]

在我们中国，从清朝末年直到 20 世纪 80 年代，法国大革命几乎一直被奉为催人奋进的政治神话。清末维新派中的激进人物谭嗣同在《仁学》一书中有

---

① 这是潘恩在大革命初期所持的论调，后来，他对“日益走了调”的大革命持反对态度。1792 年，潘恩被选进国民公会。他反对处死国王并反对恐怖统治。雅各宾派掌权后，潘恩被视为“革命的敌人”而入狱。热月政变之后，潘恩继续任职于国民公会。拿破仑上台后，潘恩对其独裁统治进行谴责，并称之为“江湖骗子”。1802 年，潘恩返回美国。1809 年，他在贫困潦倒中死去。

② 1889 年的法国大革命 100 周年庆祝活动的确搞得红红火火，国民有假放，官员有杯干，既有大戏台，又有世博会，此外还有高耸入云的埃菲尔铁塔登台亮相。但有一点值得注意，在 1889 年这一年中，法国政府号召国民纪念的几乎都是大革命最初几年的重要事件，与恐怖统治、断头台以及内战相关的事件一概不在纪念的范畴。详见 Marc Angenot, *Le Centenaire de la Révolution 1889*, Paris: La documentation française, 1989; Martin Simpson, “Taming the Revolution? Legitimists and the Centenary of 1789”, *The English Historical Review*, No. 2 (2005), pp. 340–364。

③ Steven Laurence Kaplan, *Farewell, Revolution: Disputed Legacies, France, 1789 / 1989*, Ithaca: Cornell University Press, 1995, 2 vols.

言："法人之改民主也，其言曰：'誓杀尽天下君主，使流血满地球，以泄万民之恨'。"[①] 当然，有一些人也看到了它的恐怖性，康有为曾写道："流血遍全国，巴黎百日，而伏尸百二十九万，变革三次，君主再复，而绵祸八十年，十万之贵族，百万之富家，千万之中人，暴骨如莽，奔走流离，散逃异国，城市为墟，而变革频仍"；"至夫路易十六，君后同囚，并上断头之台，空洒国民之泪，凄恻千古，痛感全球"；"普大地杀戮变化之惨，未有若近世革命之祸酷者矣，盖皆自法肇之也"。[②] 最近几十年来，不少中国学者对大革命的历史进行了深刻反思，甚至有人提出"告别革命"的主张，以此彻底否定"残忍、黑暗、肮脏"的大革命。但是，反思派的论点遭到革命派的系统围剿，他们的言论被视为"对革命运动、革命组织、革命政党和革命群众的诬蔑"，是对革命进行"明目张胆"的"咒骂"。

疾风暴雨式的革命风潮之后，法国乃至欧洲又经历了一个响彻寰宇的拿破仑时代（1799—1815）。由于拿破仑的政治理念在本质上与大革命初期确立的新秩序新原则是一脉相承的，因此，人们一般都将拿破仑时代与大革命时代紧密地联系在一起，有些学者甚至将拿破仑时代视为大革命的最后阶段。对于拿破仑这个人，学术界自然也免不了存在各式各样的争论，甚至对历史上是否有拿破仑这个人，也有学者持怀疑态度。[③] 至于拿破仑的历史地位，学术界更是各执一端，有人颂之为"英雄"、"巨人"、"奇才"或"欧洲的解放者"，有人则贬之为"暴君"、"匪徒"、"狂人"或"欧洲的掠夺者和奴役者"，荷兰著名史家彼得·盖尔（Pieter Geyl，1887—1966）在《臧否拿破仑》一书中更是将拿破仑与阿道夫·希特勒相提并论。[④] 对于这一永远不可能有最终结果的讼案，我们可以暂且不论。在走进历史、感受历史之后，读者自会有属于自己的认识。

---

① 谭嗣同：《仁学》，郑州：中州古籍出版社 1998 年版，第 187 页。

② 康有为：《康有为政论集》，北京：中华书局 1981 年版，第 308 页。对于康有为在文中所言的 100 天之中死亡 129 万一说，需要斟酌。唐纳德·格里尔（Donald Greer）曾对 1793—1794 年"恐怖统治"时期被处死人数作了统计分析，其结论是：此间被处死的人数至少有 1.6 万，但最多不超过 4 万。当然，即便如此，"恐怖统治"时期的这种"革命"方式也是惨绝人寰的非理性行为。详见 Donald Greer, *The Incidence of the Terror during the French Revolution: A Statistical Interpretation*, Cambridge (USA): Harvard University Press, 1935。格里尔的这个说法得到后世大多数史家的认可。

③ 参阅 Albert Sonnenfeld, "Napoleon as Sun Myth", *Yale French Studies*, No. 26 (1960), pp. 32–36。

④ Pieter Geyl, *Napoleon For and Against*, Penguin Books Canada, 1947, 1982. 另参阅 Henri Peyre, "Napoleon: Devil, Poet, Saint", *Yale French Studies*, No. 26 (1960), pp. 21–31。

第一节　君主政体下的温和革命

从 1789 年 5 月初三级会议开幕到 1792 年 9 月下旬国民公会登台亮相的三年多时间里，在时代潮流和民众暴力的共同推动下，法国的传统社会结构得到了根本的改造，封建义务被废除，等级特权被取消，资产阶级开始执掌政权，国家政体亦由声名狼藉的绝对君主制转变为具有新时代特征的立宪君主制。从政治层面来说，这三年多的时间是整个大革命发展进程中最富成果、最具建设性的一个阶段，也是新社会基本要素初具雏形的一个阶段。[①] 虽然此间不乏社会动荡和流血冲突，但与随后的国民公会时期特别是其中的雅各宾派专政时期相比，这一阶段的革命可以说是相对温和的。然而，这场温和革命所带来的立宪君主制只是昙花一现的短命尝试，它很快便被群情激昂的“共和”之声所淹没。

一、平等呼声的张扬与民众暴力的渐起

王室政府预定于 1789 年 5 月召开的全国三级会议其本意在于讨论协商赋税征收问题以解决政府的财政危机，开会方式亦是准备因循 175 年前那次三级会议（1614 年）之旧例，即各等级代表人数相同、三个等级分别开会并按等级进行投票表决。按照事先的设想，在入场开会时，属于不同等级的不同代表均需穿着与所属等级相配套的传统服装，以示地位有别。然而，经过数十年启蒙思想熏陶的 18 世纪末期的法国毕竟不同于一个多世纪以前那个刚从中世纪走出不久的法国，人们不仅知道了“平等”这个词，而且知道所有人的的确确应该“平等”。

1789 年之前的法国虽然仍是一个等级社会和特权社会，但如果单纯以等级和特权作为界标来划分 2800 万法国人的社会属性及思想状况，那将是一种简单化的荒唐做法。毋庸置疑，在教士和贵族这两个特权等级中，有一部分人是坚守

① 参见王令愉：“法国大革命初期的改革研究”系列论文（4 篇），载《历史教学问题》2004 年第 4 期、第 5 期，2006 年第 2 期、第 6 期。该系列论文对立宪君主制时期的农业、工业、行政、司法、贸易、税制、金融以及宗教等方面的改革及其成果均作了较为详细的描述和分析。

特权不放的，面对第三等级的巨大压力，他们只愿在赋税豁免权上作出一些让步，而在事关脸面的社会地位和政治地位方面则不愿与第三等级“同流合污”。1788年12月12日，王室宗亲曾向路易十六呈送一份语气夸张的宣言式奏折，其中声称：“国家处境危急”，“难道陛下决心牺牲和羞辱您的忠勇可敬的贵族吗？第三等级应该停止攻击其他两个等级的权利”，“第三等级应该仅仅要求减轻它可能负担过重的税收。在这些条件下，其他两个等级可以承认第三等级是他们亲爱的公民，并以宽大为怀的态度，放弃自己以金钱利益为目标的特权，同意一律平等地承受公共负担”。但是，第三等级并不心甘情愿地去做这种寄人篱下的“亲爱的公民”。

另一方面，在三级会议的筹备和代表选举过程中，越来越多的开明贵族和教士与第三等级一道展开对特权社会的猛烈进攻。① 他们的基本主张是：三级会议应当将全民族的共同利益作为会议主题，三级会议不能成为特权等级维护私利的场所；必须制定一部确实可行的宪法以维护人人生而有之的基本权利；必须建立一套新的国家机器以取代已经锈迹斑斑、弊端丛生的专制机构。在这类开明贵族和教士中，最为著名的当数北美独立战争中的英雄、大革命初期光辉文献《人权宣言》的起草人拉法耶特侯爵，“相貌奇丑”、生活放荡、钟爱金钱但却极具辩才的米拉波伯爵（comte de Mirabeau，1749—1791）以及笨嘴拙舌、朝三暮四但却文锋犀利的修道院院长西哀耶斯（Abbé Sieyès,1748—1836）。且不论这些人的个人品质和道德修养是优是劣，从政治层面来说，他们都是上层社会中主张吐故纳新的革新派人士。

在写有《第三等级是什么?》（*Qu'est-ce que le tiers état?*）一书并宣称“第三等级就是一切”的西哀耶斯等人的影响之下，同时在财政大臣内克的鼓动之下，1788年12月，路易十六决定，第三等级的代表人数将在原有的基础上增加一倍，即第三等级代表数等于其他两个等级代表人数的总和。② 选举工作于1789年2月开始进行，5月初最终完成。选举程序各地有所不同，但其一般规则是：以

---

① 参阅 Ruth F. Necheles, “The Curés in the Estates General of 1789”, *The Journal of Modern History*, No. 3 (1974), pp. 425–444; John Markoff, “Allies and Opponents: Nobility and the Third Estate in the Spring of 1789”, *American Sociological Review*, No. 4 (1988), pp. 477–496。

② 参阅 Ran Halévi, “The Monarchy and the Elections of 1789”, *The Journal of Modern History*, Vol. 60 (1988), pp. 75–97。对于路易十六的这一决定，林达曾有一段不无揶揄的评论：第三等级的代表人数“再提高都好像不够意思。因为在社会人口来说，前两个等级加起来，不过占1%。按此比例定代表的话，第三等级应该是占代表的99%才对。”林达：《带一本书去巴黎》，北京：三联书店2002年版，第141页。

古老的司法区划为选区，教士和贵族等级采用直选制，第三等级则采用两轮复选制。选举最终产生代表1139名，其中教士等级291人，教士代表中约有2/3属于本堂神甫（curé）之类的低级教士，他们在担任教职之前大都属于第三等级的成员；贵族等级270人，其中有相当一部分人（如拉法耶特等人）属于倾向革新的自由派贵族，而且这部分人在贵族等级中占居主导地位；第三等级578人，其中以资产阶级出身的律师和市政官员为主，另外，有些教士（如西哀耶斯）和贵族（如米拉波）也被第三等级奉作偶像而被选为下层人民的代表。[①] 从三级会议的代表构成中不难看出，等级区分在这里只具相对意义。

西哀耶斯

考虑到国王热衷于狩猎，王后及其随从又不能离开玩乐，因此，王室政府最终决定将三级会议的会址定在各种设施一应俱全的宫廷所在地凡尔赛。法国著名史家勒费弗尔认为，这一决定对王室政府来说是一种不谨慎、不明智的做法。[②] 另外，根据既定程序，在三级会议期间，会议类型包括由国王亲自主持的全体会议和由三个等级分别召开的各等级单独会议。教士和贵族等级的会议场所被安排在凡尔赛的游艺厅；第三等级的代表则借口人数众多而占据了游艺厅后面的另一个更为宽敞的大厅，这个大厅在召开全体会议时充作主会场，平时则供第三等级代表单独使用。这一安排虽多少出于偶然，但它却产生了非同寻常的影响。

首先，它无形之中提高了第三等级的地位。作为主会场的主人，第三等级的代表不必到特权等级那里参加联席会议，而是可以名正言顺地坐等特权等级的“来朝”，可以说，这一地利上的优势在一定程度上造就了第三等级心理上的优势。其次，三级会议事先并未制定“闲人免进”之类的规章条例，因而主会场大厅四周的看台便毫无阻拦地成为普通民众观看会议进程的旁听席。人们蜂拥而

① 关于这次三级会议代表的人数，学术界有不同的说法。有学者认为，总人数为1201名，其中，世俗贵族291人，教士300人，第三等级610人。见 Christopher Hibbert, *The Days of the French Revolution*, New York: Quill, William Morrow, 1980, pp. 42–45。

② ［法］乔治·勒费弗尔著，顾良等译：《法国革命史》，北京：商务印书馆1989年版，第96页。

至，面对眼皮底下的代表们的言论，他们或狂呼支持，或高喊反对。这一做法自三级会议召开之始便逐渐成为惯例，直至1795年国民公会垮台方告结束。这种因安排疏忽而导致的“开放式”会议将不可避免地受到民众情绪的影响，激进派的代表将在民众的欢呼声中变得更为激进，畏缩不前的代表也将在民众的唏嘘声中义无反顾地往前奔跑。

经过几次易时，三级会议终于在1789年5月5日正式开幕。① 然而，在第一天的全体会议上，路易十六寥寥数语的开幕词和财政大臣内克长达3个小时的主题报告却让第三等级的代表大失所望。路易十六强调的只是王室政府的财政问题，他说：“朕需要忠诚的臣民们的援助，以帮助朕克服目前遇到的一切财政困难。”② 内克的报告只是路易十六论点的详尽而冗长的注释，由于内容太多，已经声嘶力竭的内克不得不在中途让人代为宣读。人们原本期望内克能在体制改革方面有所创见，“但看到的却是一个会计”。③ 王室政府大谈特谈的财政问题并未引起多数代表的共鸣，在随后的一个多月中，政治平等问题成为会议代表争执不休的焦点，其中开会方式和投票方式又成为这一焦点的集中体现，因为在第三等级看来，如果三个等级分厅议事并按等级投票，那么政治平等就只能成为雾中花水中月。

在教士等级众多代表的支持下，第三等级提出由三个等级共同进行代表资格审查，以此填平各等级之间的鸿沟，但这一建议遭到了坚守最后一道防线的贵族等级的抵制。在多方斡旋但终无成果之后，6月17日，在西哀耶斯的倡议下并参考其他代表的意见，第三等级自行将已经有名无实的三级会议改称为“国民议会”（Assemblée nationale）。关于特权等级代表的去留问题，国民议会的态度非常鲜明：欢迎加入国民议会，否则按缺席或弃权处理。在这个问题上，第三等级的代表是颇为自信的，他们认为自己有权代表整个法兰西民族，或者说至少可以代表法兰西96%以上的人口。对于第三等级这一自作主张的举动，路易十六采取了一次弱智式的反击：关闭第三等级的会议大厅，不让他们开会。这种关门政策不仅无助于局势的缓和，反而引发了第三等级的愤懑之情。6月20日，被挡在会议大厅门外的第三等级代表及一些教士代表当即借用了附近的网球场（Jeu de paume）大厅作为临时会场。在这里，与会者根据法官出身的第三等级代

① 三级会议的开幕日期最初定在1789年5月1日，后改为4月27日，最终定在5月5日。

② 参阅 Eugene Nelson White, “Was There a Solution to the Ancien Régime’s Financial Dilemma?” *The Journal of Economic History*, No. 3 (1989), pp. 545–568。

③ ［法］皮埃尔·米盖尔著，蔡鸿滨等译：《法国史》，北京：商务印书馆1985年版，第266—267页。

表让·穆尼埃（Jean Mounier，1758—1806）的建议而立下了著名的誓言：王国宪法在可靠的基础上制定并确立以前，会议决不解散。此即传诸后世的“网球场宣誓”（Serment du jeu de paume）。

网球场宣誓

但是，路易十六并没有清醒地意识到“网球场宣誓”所暗含的强烈的民众情绪，在6月23日的联席会议上，路易十六依旧以“万民之父”的孤傲态度否认“国民议会”的合法地位。在会议临近结束时，他更是明确下令：三个等级于次日继续分厅议事。贵族等级和大部分教士代表随国王离开会场之后，第三等级却安坐不动。国王司仪官德勒-布雷泽侯爵（Dreux-Brézé，1762—1829）重申散会的命令，西哀耶斯立即挖苦道：“你们至今旧习未改。”天文学家出身的巴伊（Bailly，1736—1793）也说：“代表国民的议会不能接受命令。”米拉波的回答更具震撼力：“去告诉你的主子，我们是根据人民的意志而到这里来的，只有用军队才能让我们离开这里。”

从实力来说，此时的第三等级尚不具备对现行政权展开全面挑战的能力，而且也并没有充分意识到自身行动将带来的革命性后果。但是，路易十六那一以“让步”为特征的典型性格再一次给第三等级声势的壮大提供了一个良机。路易十六不仅没有接受第三等级的“挑战”，而且到了6月27日他本人也甚至开始劝说特权等级中的顽固派分子去参加由第三等级控制下的国民议会。路易十六这一抉择实际上已经成为法国古老的特权制度行将就木的一个历史性标志。在国王让步的前提下，国民议会决意沿着制宪的道路继续向前，根据其肩负的使命，7月9日，它又自行将“国民议会”这一名称扩展易更为“国民制宪议会”（Assemblée nationale constituante）。[①] 时隔两天，拉法耶特便向制宪议会提交了《人权和公民

① “国民制宪议会”简称“制宪议会”，但在当时的有关言论或文献中，人们一般仍使用“国民议会”这一早期名称。

权宣言》草案。由第三等级代表和开明贵族及教士推行的政治革命至此似乎已经取得了成功。

但是，路易十六的让步往往是与反悔紧密地交织在一起的，在其内心世界中，第三等级的行为就是对现存秩序的反叛。而且，贵族等级中的许多成员也对国王的妥协倾向深为不满，他们认为屈尊俯就去迎合第三等级是一种乱纲悖常的耻辱之举。在王后以及部分宫廷贵族的鼓动之下，路易十六开始向凡尔赛和巴黎四周调派军队以图加强对政治局势的监控。7 月 11 日，路易十六又匆匆解除了对第三等级多方迁就、多少具有革新倾向的内克的职务并将之逐出法国。内克的去职影响甚大，它使得宫廷由原来的对革新趋势半推半就的形象一下子转变成为顽固势力大营垒的象征。[①] 路易十六的上述一系列举动特别是他对军队的频繁调动给第三等级以及第三等级控制下的制宪议会造成巨大的心理压力，人们自然而然地会产生内战将至、屠杀在即的应激反应。

制宪议会中的一些积极分子开始在凡尔赛和巴黎等地展开揭露宫廷阴谋的舆论宣传，结果引发普通民众的群起响应。从斗争的直接目标来说，普通民众的要求与制宪议会的想法并不一致，他们最为关心的是自己的生计问题。按照当时巴黎的工资水准，普通劳动者赖以维生的主食面包的价格每磅不应超过 2 苏，尽管内克下令大量进口粮食并赔本抛售，但是，到 1789 年 7 月，巴黎的面包价格仍高达 4 苏 / 磅，在外省的某些地方更高达 8 苏 / 磅。[②] 因此，普通民众对现存的生活状况已经产生了危机心理，对政府的不满情绪亦已积压多日。所以，当制宪议会的议员在民众的围观下激动地爬上桌子并大发抨击政府之言论的时候，普通民众便不可遏止地爆发出前所未有的斗争激情。民众暴力由此产生，三个等级的“和平冲突”也由此演变为一场血腥的内战。

从 7 月 12 日开始，巴黎进入打砸抢烧的亢奋状态，市内的许多商店或被洗劫一空，或被付之一炬。巴黎四周的城门也成为民众进攻的重要目标，因为这些地方是对入城商品进行征税的关卡。7 月 14 日，由巴黎民众自发组成的民兵组织（即“国民自卫军”）为了寻找武器而冲进塞纳河南岸的荣军院（L’Hôtel des invalides，此地既是军队医院又是武器库房），荣军院院长被迫交出 3.2 万支步枪

① William Doyle, *The Oxford History of the French Revolution*, Oxford: Oxford University Press, 2002, pp. 73–74.

② 参阅 Christopher Hibbert, *The Days of the French Revolution*, New York: Quill, William Morrow, 1980, p. 96。

和 12 门大炮。为给这些空枪空炮配上弹药，巴黎民众随即在人声鼎沸之中一路呼啸着向东进发，跨过塞纳河之后，在巴黎市政厅寻获大量弹药。为了获取更多的武器和弹药，市民们又浩浩荡荡地继续向东面的巴士底监狱（Bastille）奔去。① 驻守巴士底的虽然只有 82 名法国老兵和 32 名瑞士籍雇佣兵，但这座建筑垒墙坚固，而且周围还有 25 米宽的注水堑沟。在守军头领洛内侯爵（marquis de Launay，1740—1789）的许可下，一位市民代表进入其中与之进行交涉。洛内答应拆除巴士底狱四周的大炮，并且还请这位市民共进了午餐。但是，这位市民并未能够阻止民众的进攻行动，慌乱之中的洛内于是下令开枪，双方展开激战，结果造成 98 名市民战死，而守军只有 2 人（亦说 3 人）死亡。群情激愤的巴黎市民架起刚从荣军院夺来的大炮并向巴士底监狱开火。洛内表示愿意放下武器并命令守军放下吊桥，但一哄而进的民众却拒绝接受洛内的投降。② 人们将洛内尽情羞辱和殴打之后，又将之拖到市政厅门口并在那里将之击毙。随后，人们又把他的头颅割下，挑在枪尖上游街示众。

由普通民众发起的攻占巴士底狱这一事件本身并无多少实际意义，武器弹药并未找到多少，从狱中“解放”出来的囚犯也只有区区 7 名，而且其中包括 1 名根本不值得同情的刑事犯。王室政府也没有立即意识到事态的严重性，在路易十六的流水账式的记事本中，7 月 14 日的法国仍旧是一片国泰民安的景象：“14 日，星期二，无事。”然而，就是这一并不起眼的攻狱事件竟然决定了法国革命的发展行程甚至决定了法国革命的最终结局。正是通过这一行动，法国民众突然发现自身竟然拥有移山斗天的无比威力，同时，他们也发现，世界上并不存在什么“坚不可摧”的神话。

在领悟到政治局势的复杂性之后，一些宫廷贵族力劝路易十六避走外省以图重整旗鼓，但路易十六却痛下决心用“让步”求得平安。7 月 15 日，他亲临制宪议会，宣布撤走部署在凡尔赛和巴黎四周的军队。7 月 16 日，他再次召回内克。7 月 17 日，他又亲自前往巴黎市政厅，接受了后被视为法国大革命象征的红白

① 巴士底狱始建于中世纪，是拘押政治犯和某些刑事犯的国家监狱。在旧制度末期，羁押在此的犯人已相当有限。1784 年，路易十六曾约请一名建筑师商讨拆除巴士底狱的具体方案，但是，这位诸事皆无恒心的国王未能将拆除计划立即付诸行动。而到了 1789 年 7 月，巴黎民众只用了几天时间，便将这一本该早就毙命的堡垒夷为平地。

② Hans-Jurgen Lusebrink, Rolf Reichardt, Nobert Schurer, *The Bastille: A History of a Symbol of Despotism and Freedom*, Durham: Duke University Press, 1997, p. 43.

蓝三色帽徽。[①] 在市政厅，民选官员一一得到路易十六的认可：时年 32 岁的拉法耶特出任国民自卫军总司令，53 岁的巴伊成为巴黎市市长，革命政府由此产生。

以攻占巴士底狱为象征的革命行动在外省也激起了强烈而迅速的反响，从此变得大胆起来的资产阶级在极短的时间内基本接管了各地的市镇机构，新成立的市镇当局或吸纳部分缙绅参加，或完全由民众选举产生，古老的中央集权体制逐渐失去效力，法国自发地进入一个以地方自治为基本特征的自由时期。在外省各地的乡村地区，由巴黎革命引发的社会动荡以更为火爆的场面呈现出来，一场先是令普通农民心惊肉跳转而又让贵族和资产阶级惶惶不可终日的“大恐慌”（la Grande Peur）有如燎原之火烧遍了法国乡村的大部分地区。[②]

关于谁是造成乡村“大恐慌”的罪魁祸首，资产阶级和贵族在事后曾相互推诿。后世研究者大都倾向于认为，“大恐慌”首先是由资产阶级号召人民大众提高警惕以防贵族“反攻倒算”引起的，一些秘密信使以串联的方式在全国各地传布许多骇人听闻的警讯，而这些本已不着边际的警讯在流传过程中又被添油加醋地无限夸大。充满朝不保夕之感的农民于是纷纷武装起来以求自保。[③] 但是，农民们不久便感觉到，像瘟疫一样流传的警讯只不过是让人虚惊一场的谣言。然而，心绪激越的农民并没有立即解甲归田，他们将一腔怨气毫无保留地喷发到了贵族领主身上。贵族住宅连同那些束缚农民自由的封建契约不断地在农民的怒火中化为灰烬，许多贵族地主及其管家也在农民的猎枪和砍刀下毙命。与此同时，农民们也明白无误地表达了对资本主义的高度敌视，他们不仅袭击资产阶级在乡村的房舍地产，而且还要求资产阶级为他们提供各种捐赠。农民暴动的“双刃”特征由此暴露无遗，贵族可以利用他们，资产阶级也可以利用他们，而问题的关键就是要看谁的政策更具吸引力。

有关乡村世界出现“大恐慌”的消息很快又以更为夸张的版本传到了正在凡尔赛为制定宪法而争执不休的制宪议会议员耳中，引起了议员们另外一种不可名状的“大恐慌”。为了应付眼前的危机，议员们暂时从已是鞍马劳顿的制宪工作

① 红蓝二色是巴黎市的标志性颜色，而白色则是波旁家族的象征。将三种颜色拼合在一起的这种图案是由拉法耶特设计的，它先是作为国民卫队徽饰上的图案，接着又成为革命旗帜（三色旗）所采用的图案。三种颜色的结合，其本意是要将新旧法国结合在一起，君主制度本身尚未成为革命群众的进攻目标。

② 大规模的“大恐慌”现象到 1789 年 8 月渐趋平息，但普遍性的农民暴动却一直延续到 1790 年。Albert Goodwin, *The French Revolution*, London: Hutchinson University Library, 1970, p. 71.

③ 参阅 Tackett Timothy, “La grande peur et le complot aristocratique sous la Révolution française”, *Annales historiques de la Révolution française*, No. 1 (2004), pp. 1–17。

中解脱出来。8月4日夜间，制宪议会在一种几近疯狂的气氛中召开会议，一位没有地产的破落贵族诺阿伊子爵（vicomte de Noailles，1756—1804）率先提议放弃贵族特权及其他各种封建权利。在渴望改革的激情冲动下，议员们纷纷附和诺阿伊的倡议并很快达成一致意见：在法律面前人人平等；人身依附关系无偿废止；其他封建义务应以赎买的方式予以取消。随后，许多贵族和教士议员又充满深情地表示愿意放弃各种古已有之的权利，如狩猎权和领主司法权等等。他们深深地被自己的一片真情和宽怀大度所感动，眼含热泪，相互拥抱。尽管说许多农民根本没有财力去赎买封建义务，但遭人痛恨的人身依附关系和无法无天的贵族狩猎权在这一慷慨之夜还是被干而脆之地取消了。从这个意义上说，法国由此开始了一个新时代。

农民问题暂时解决之后，从8月12日起，议员们又将主要精力转回到一度搁置的制宪工作中来，而制宪工作的首要任务就是要为宪法的拟定提供一些基本原则。早在三级会议召开之前的1789年1月，拉法耶特就与美国驻法大使托马斯·杰斐逊（Thomas Jefferson，1743—1826）讨论过这类方案。后来，西哀耶斯、米拉波等人也提出了各自的草案。在综合各方精华的基础上，制宪议会于8月26日终于通过了在法国史、欧洲史乃至世界史上均具有里程碑意义的《人权与公民权宣言》（*Déclaration des Droits de l'Homme et du Citoyen*，简称《人权宣言》）。

《人权宣言》凡17条，其主要内容包括：人生来是而且始终是自由平等的，自由权、财产权、安全权以及反抗压迫权都是不可剥夺的天赋人权；一切主权从根本上说均是源自于全体国民；法律是“公意”的体现，所有公民均有权参与法律的制定工作；除非得到法律的认可，任何人均不得被随意指控、拘捕或羁押；每个公民均拥有言论、信仰、写作和思考的自由；私有财产神圣不可侵犯，除非国家有特殊要求且符合法律程序，否则任何人均不得被剥夺这一权利；必须实行权力分立，权力集于一人的任何一种社会都是无法可依的专制社会。[①]《人权宣言》的历史进步意义是不容否定的，它从根本上铲除了旧制度时期的特权原则，取而代之的是人权原则和法治原则，而这两个原则将成为西方近代民主国家赖以立国的基本准则。但是，也应当看到，《人权宣言》制定者们将人权与法治二者并重这一无可挑剔的良好愿望在当时法国的社会政治实践中却产生了事与愿违的

① Jackson J. Spielvogel, *Western Civilization: 1300 to 1815*, Beverly, MA: Wadsworth Publishing, 2008, p. 580.

结果。在对自由权、参与权、反抗权的一片欢呼声中，得到《人权宣言》认可的人民大众似乎忘却了宣言制定者一再强调的依法行事的原则；而失却这一“羁绊”，自由也就将如脱缰的野马而狂奔不止。

在路易十六看来，制宪议会在8月4日之夜及随后几天中通过的议会法令特别是《人权宣言》都是非法的，因此，他一概不予批准。为了控制局势，路易十六再次从外省向凡尔赛调集军队。10月1日，宫廷卫队的军官设宴招待外省军队的军官，宴会临近结束时，国王亲临宴席以示慰问。在一片喧嚣声中，宾客们纷纷将象征国民和新时代的三色帽徽抛掷于地，并愤愤不平地踩上几脚。这类消息飞速传到了巴黎并引起民众的普遍躁动。而当时的巴黎恰恰又出现持续不断的面包缺乏和物价高涨的饥荒局面，经济危机再一次推动着政治危机向前发展：揪住国王不放似乎成为一箭双雕的理想方案，它既可以迫使国王在政治上继续让步，又可以让国王为人们讨来面包。

10月5日，在因参加攻打巴士底狱而被奉为“英雄”的马雅尔（Maillard，1763—1794）的带领下，一群家庭妇女连同一些穿着女装的男子从巴黎步行前往凡尔赛“要面包”。据后世研究，这些人并不都是断顿绝炊的饥民，一些不愁吃喝的富婆也夹杂其中。是日深夜，拉法耶特及其率领的国民自卫军也抵达凡尔赛，他们要求国王将宫廷移往巴黎。10月6日凌晨，一批已经不耐烦的群众冲进王室寝宫，国王的几名贴身侍卫被杀，王后则被逼得东躲西藏。[①] 路易十六再一次决定：让步。他答应迁居巴黎，制宪议会也随即宣布移址巴黎。

10月6日午后，一支杂乱不堪的队伍从凡尔赛出发。在前面开道的是一批国民自卫军成员，他们把具有象征意义的面包挑在刺刀尖上，同时护卫着满载小麦和面包的货车。其后是大批混杂而行的人群，既有坐在或骑在炮筒上的搬运工人和妇女，也有赤手空拳的宫廷卫队，还有新近调来的外省军队和外籍雇佣军。接着就是国王及其全家乘坐的马车，拉法耶特骑马护卫于侧。位于队伍后部的分别是部分议员、国民自卫军以及普通群众。虽然老天下雨，道路泥泞，但普通民众却兴致不减，因为他们已成功地把“面包房的老板、老板娘和小老板”（指国王、王后和王子）一起揪到了巴黎，国王一家开始处于巴黎民众的直接监控之下，巴黎的地位和影响由此大为增强。

---

① William Doyle, *The Oxford History of the French Revolution*, Oxford: Clarendon, 1989, p. 122.

二、暴力氛围的平缓与社会制度的改造

在经历了一个狂热而烦躁的夏天之后，自1789年10月初波旁王朝君主重返故都起，法国似乎进入了一个与“暴力革命”不大相称的相对平静时期。在总体上相对和谐的两年时间中，以立宪君主派为主导势力的制宪议会在国家体制和社会制度的改造方面取得了一系列富有建设性的成果，这些成果不仅使得古老的法国面貌一新，而且在相当程度上还将成为后世法国人长期承袭的宝贵遗产。

虽然说这一时期的政治局面从总体上看是相对和谐的，但是，一些已经出现的问题和某些正在发展的趋势也为法国社会增加了诸多不稳定因素。尽管这些因素在此时期尚未占据历史舞台的显要位置，但随着时间的推移，它们将深深地影响着法国革命的走向。具体而言，这些不稳定因素主要包括以下几个方面。

第一，贵族逃亡日益严重。早在1789年夏“大恐慌”时期，一些不满于法国社会政治变革或担心自己遭到暗杀的贵族和教士就已开始外逃。1789年秋季，王室政府为外逃人员签发了大约20万本护照。在王室要员以及王室的亲朋好友中，首先外逃的是国王的弟弟阿图瓦伯爵（Comte d’Artois，1757—1836，即后来“复辟王朝”时期的查理十世）以及王后的挚友波利尼亚克公爵夫人（Duchesse de Polignac）。[①] 后来，国王的另外一个弟弟普罗旺斯伯爵（Comte de Provence，1755—1824，即后来“复辟王朝”时期的路易十八）也逃了出去。包括国王两个弟弟在内的这些“逃亡贵族”（émigrés）大部分聚集在东北边境外的德意志城市之中。

第二，政治俱乐部（clubs）的活动日益活跃。在此时期，传统的贵族沙龙依然存在，但是政治俱乐部这种从英国舶来的海外事物却日渐显山露水。这些俱乐部均有体现自身政治思想的正式名号，但由于他们往往以早已闲置的女修院作为落脚点和活动场所，因此，时人通常以修院名称取代其原有名称。在这类政治团体中，影响最大的是雅各宾俱乐部（Club des Jacobins，即“宪政之友社”），该俱乐部最初成份复杂，后经多次分裂最终成为罗伯斯比尔（Robespierre，1758—1794）等“革命民主派”的独家营地。[②] 此外影响较大的还有以激进民主思想闻

① Antonia Fraser, *Marie-Antoinette, The Journey*, New York: Anchor Books, 2002, p. 338.

② Simon Schama, *Citizens: A Chronicle of the French Revolution*, London: Penguin Books Ltd., 2004, p. 449.

名的哥德利埃俱乐部（Club des Cordeliers，即“人权之友社”），其代表人物有丹东（Danton，1759—1794）、马拉（Marat，1743—1793）和德穆兰（Desmoulins，1760—1794）等人，该俱乐部的成员大都同时也是雅各宾俱乐部的成员。尽管说这类俱乐部并非是官方认可的政治机构，但它们却成为制造名人、成就“英雄”的政治竞技场。

第三，新闻出版业日益壮大。旧制度时期的报刊审查制度已完全不复存在，数百种报纸纷纷出笼，其中许多报纸的言论日益具有宣扬暴力的激进乃至狂热色彩，由激进派人物马拉主办的《人民之友报》（*L'Ami du peuple*）即是其中之一。在社会动荡关头，主张温和节制的言论往往被等同于保守或反动，而嗜血的鼓动性言论在普通民众中却往往能大行其道。正因如此，革命派的报纸一出台就会获得一片激情澎湃的喝彩声。在喝彩声的推动下，这些报纸又将变得更为革命，由此形成“革命的螺旋”。

第四，地方的自主性日益增强。1789 年夏天的“市镇革命”已经使得全国各地普遍走向自治状态，制宪议会于 1789 年底又以法令的形式对这一格局予以认可。各个市镇机构均由选举产生，而且各个市镇均有属于自己的地方民兵组织。人口超过 50 万的巴黎市被划分成 48 个区，每个区都有自己的民选行政机构和市民民兵组织。由于这种政治格局和“兵民合一”状态的存在，公民们就拥有了痛痛快快释放其能量的能力和手段，那些本来属于温和有序的改革方案因此也就有可能被推进到疾风暴雨式的激进轨道。

正是在这种不冷不热但有升温趋势的政治氛围中，制宪议会开始对法国的政治、社会及经济结构进行脱胎换骨。制宪议会的改革措施是一步一步向前推进的，其成果最终将集中体现在 1791 年秋正式颁布的“1791 年宪法”之中。在论及“1791 年宪法”之前，有必要对宪法赖以形成的一些基础性成果作一交待。

制宪议会面临的一个重要任务就是要创造一个井然有序的地方行政区划，以结束旧制度时期那种架床叠屋、混乱不堪的状况。[①]1789 年 12 月，制宪议会通过了由西哀耶斯拟定的地方行政区划方案，该方案于 1790 年 2 月正式实施。旧有的行省（provinces）和财政区（généralités）建制被一扫而光，全国被划分为面积大致相当的 83 个省（départements），划分的原则是：在辖区范围内，以乘

① 详见陈文海：《权力之鹰：法国封建专制时期督办官制度研究》，长春：吉林大学出版社 1999 年版，第 35—40 页。

坐常规交通工具为基准，最边远地区的居民可以在一天之内赶到省城所在地。出于方便行政管理的考虑，每个省又分为若干个县（districts），县下再细分为区（cantons）。处于金字塔最底端的是市镇（communes），总数达 4 万余个。地方行政区划的重组是整个大革命时期最具建设意义的成果之一，自此开始一直到今天，法国的地方政府建制一直没有出现根本性的变化（20 世纪晚期的“大区”建制也没有从根本上触及原有体制）。

对于 1789 年的法国来说，更为直接、更为迫切的仍然是财政问题。在“没有征得人民同意的”旧式赋税被宣布为非法之后，国家财政立即陷入更为黑暗的深渊，新的税收来源一时很难找到，发行公债和组织募捐所得收入也只具杯水车薪之效。因此，1789 年的国家负债额由前一年的 30 亿锂增加至 40 亿锂。为了摆脱财政危机，制宪议会决定向教会宣战，因为教会占有法国可耕地的 15%左右，其财富总值大约相当于国家债务总额。1789 年 11 月，制宪议会下令将教会全部财产转归国有。[①] 为使这些“国有地产”（“domaines nationaux”）尽快发挥效用，从 1789 年 12 月 29 日起，制宪议会开始发行以国有地产为担保的名曰“指券”（assignats）[②] 的国库债券，国家的财政困境稍有缓解。1790 年 5 月，制宪议会又下令以分期付款的方式拍卖教会地产，国库由此得到进一步充实。尽管说在这一过程中出现了“指券”不断贬值以及教会不断反抗等现象，但庞大的教会地产终究较为有序地转移到了资产者和富裕农民之手。

使制宪议会更感棘手的是宗教组织问题。宗教虽然受到革命派的严厉抨击，但它依然是维系绝大多数法国人的一条不可缺少的精神纽带。因此，在教会财产被剥夺净尽之后，制宪议会必然要面对一个如何让教会继续运转

“指券”（面值 50 锂）

① John McManners, *The French Revolution and the Church*, New York: Harper and Row, 1969, p. 27.

② “指券”（assignats）之名源于法文单词 assigner（分配，指定），其基本含义是“指定给债券持有者的土地”（land assigned to the holders），即：拥有这种债券，就等于拥有和票面等值的土地。“指券”最初是以“国有地产”为担保的债券，后当作货币使用，由于贬值严重，于 1796 年废止。

的问题。解决这一问题的具体办法就是《教士公民组织法》(*Constitution civile du clergé*)，该法令于 1790 年 7 月由议会表决通过，8 月份国王勉强同意。根据这一法令，主教区与省级行政区必须一致，故其总数为 83 个，比原有主教区数目几乎减少一半；教会活动经费和教士的薪俸由国家支付；所有教职均由选举产生，而且无须再由罗马教皇批准。为强化国家对教会的控制，制宪议会又于 1790 年 11 月颁布了《教士宣誓法令》，要求由选举产生的所有教职人员必须宣誓“忠于民族、忠于法律、忠于国王、全力维护由国民议会颁布的宪法”。[①]

制宪议会对教会摧枯拉朽式的打击不仅遭到罗马教皇的强烈谴责，而且引起法国国内大批教士的不满和抗议。所有主教中只有 7 人愿意宣誓，教区神父中也只有少部分人愿意宣誓，就全国而言，大约只有 24% 的教士宣了誓，因此在法国就出现了一个庞大的“对抗派”教士集团。[②] 制宪议会的应对之策是：只要其本人有兴趣，不愿宣誓的那些教士仍然可以出任教职，但是国家不向他们发放薪俸。这种“只让干活、不给报酬”的政策自然使得“对抗派”教士更加产生蒙羞受辱之感，有些人离境出走，大多数人则继续留在法国，从而在全国范围内形成一个潜在的动乱网络。

至 1791 年初夏，法兰西国家的改造工作已经初步完成，宪法的主要条文亦已基本成型，法国似乎从此可以沿着总体上符合资本主义发展需要的立宪君主制道路平稳地走下去了。然而，问题往往出现于功败垂成之际。曾经劝告国王应温和节制、国王也屡信其言的米拉波伯爵于 1791 年 4 月去世，年仅 42 岁。王后安托瓦内特又一直与在维也纳的娘家亲属保持密切联系，出于维护亲属权威的本能以及其他各种政治因素，维也纳对法国制宪议会的行为日益焦虑不安并由此走向敌视。国王的两个弟弟也与境外势力有着紧密的联系。另外，由于通货膨胀、物价飞涨以及日趋严重的失业问题，法国国内的社会政治局势也再次紧张起来。

正是在这样一种氛围之下，路易十六决定采取以退为进这一看似颇具兵家计谋的迂回之策。经过精心策划之后，1791 年 6 月 20 日深夜，路易十六及其全家乔装打扮成仆人，潜出杜伊勒里宫，挤上一辆事先准备好的大型特制马车，穿过

① Jack Censer, Lynn Hunt, *Liberty, Equality, Fraternity: Exploring the French Revolution*, Pennsylvania: Pennsylvania State University Press, 2001, p. 92.

② Emmet Kennedy, *A Cultural History of the French Revolution*, New Haven: Yale University Press, 1989, p. 151.

城门之后径直向东北边境奔去。其最终目的地是位于荷兰的奥地利军营，但是，在离卢森堡边境不远的瓦棱镇（Varennes）①，路易十六全家却被一位小酒店老板认出并被当地的国民自卫军扣押。在遭到前所未有的羞辱和猜疑之后，路易十六及王后仍穿着仆人的服装，被押回巴黎。6 月 25 日，王室再次住进了受到严密看守的杜伊勒里宫，而这时的路易十六已不再是国王，而是一位“停职反省”的人质。

国王出逃事件使本已趋于缓和的法国社会形势再次热闹起来，轩然大波直冲全国各地直至穷乡僻壤。虽被制宪议会取消贵族头衔但仍摆出贵族派头的遗老遗少们以及那些顽固派教士往往无缘无故地遭到群众毒打，他们的房舍也往往被付之一炬。在这种狼烟四起的局势面前，革命派阵营发生了剧烈分化。以哥德利埃俱乐部为首的激进派利用民众的激情而要求废除王制、宣布共和。以拉法耶特等人为首的立宪派则认为宣布共和就等于挑起内战，就等于鼓动农民暴动和工人罢工。立宪派的见解是颇具预见性的，以后的事实将证明这一点。由于这时的立宪派在制宪议会中仍然占有优势，因此，他们于 1791 年 7 月 16 日促成制宪议会宣布恢复路易十六的王位。

立宪派的这一行动直接导致两大后果。其一是革命阵营的分化继续加大。立宪派人士最终脱离雅各宾俱乐部而另组斐扬俱乐部（Club des Feuillants），斐扬派很快就将成为革命的对象，雅各宾派也将很快支撑起恐怖的三色大旗。其二是暴力氛围再次浓重。当哥德利埃俱乐部纠集其支持者于 7 月 17 日在巴黎西郊的马尔斯校场（Champ-de-Mars）集会示威并高呼共和口号之时，拉法耶特和巴伊等人亲率国民自卫军前往驱逐并开枪射杀，导致 50 余位（亦说 13 位）“人民”被杀。② 拉法耶特由此成为民众眼里的刽子手。一位出使巴黎的美国人在给华盛顿总统的信中写道：“假如拉法耶特先生此刻在巴黎出现，而没有军队保护的话，他一定会被民众撕成碎片。”

共和呼声暂时消沉之后，路易十六终于在 1791 年 9 月 14 日接受了制宪议会花费两年时间制定的宪法并向全体议员公开道歉。③1791 年宪法是法国历史上第

---

① 瓦棱镇位于默兹省（Meuse）境内。

② Simon Schama, *Citizens: A Chronicle of the French Revolution*, London: Penguin Books Ltd., 2004, p. 481.

③ 参阅 Antoine de Baecque, “From Royal Dignity to Republican Austerity: The Ritual for the Reception of Louis XVI in the French National Assembly (1789–1792)”, *The Journal of Modern History,* No. 4 (1994), pp. 671–696。

一部体现资本主义社会精神的根本大法，根据这一宪法，法国成为一个比较典型的立宪君主制国家；一切贵族头衔和世袭身份均被取消；尽管并不是所有人都有投票权，但所有人都享有最基本的公民权。1791 年宪法规定，法国的国家机构实行三权分立原则。立法权归一院制“立法议会”所有，立法议会以间接选举的方式每两年改选一次；由于对选举人有财产资格方面的要求，因此，2800 万法国人中只有大约 430 万名男子（即所谓的“积极公民”）拥有选举权。最高行政权归国王所有，王位世袭，继续实行父系长子继承制原则；国王必须宣誓忠于国家、忠于宪法，王室所有法令均须由相关大臣副署方能生效。司法权归民选的法官所有，法官有一定的任期；在刑事案件审理过程中，法院必须实施陪审团制度；废除拷打、烙刑、游街示众等刑法。从总体上说，1791 年宪法是符合当时法国资本主义社会发展需求的，它是一部比较稳健同时又鲜明体现出新时代特征的进步文献。

宪法制定出来以后，制宪议会的历史使命也就宣告完成。依据宪法的规定，立法议会的选举工作随即在全国展开。就在这一时刻，法国人的浪漫与激情又像 1791 年 8 月 4 日夜的“飓风”一样再次澎湃起来。制宪议会主动提出，议员不得连选连任，制宪议会成员一律无权参加立法议会议员资格的角逐。1791 年 9 月 30 日，制宪议会宣布解散；10 月 1 日，完全由新人组成的立法议会（Assemblée législative）正式诞生。从某种意义上说，革命似乎已经划上了较为圆满的句号。然而，紧随其后的却是更加汹涌的波涛。

三、日益动荡的局势与君主政体的覆亡

对于立法议会的历史，用一个最简单的词来概括就是“失败”。尽管宪法规定的每届立法议会的任期只有短短两年，但是，依据 1791 年宪法而产生的第一届也是唯一一届立法议会却在不到一年时间中便烟消云散，宪法成为一张废纸，立宪君主制也成为明日黄花，法国开始进入一个更为激进的新时代。立法议会的寿命虽然短促，但其代表的时期却相当重要，它是法国大革命由温和向狂热演变的一个关键性转折点。

以追求“一切平等”为旗帜的革新派人士虽然自革命伊始便对“党派”一词特别敏感并唯恐自己被扣上“某某党”的帽子，但党派林立、党争不已却早已

是人所共知的事实，这一状况到了立法议会期间又有进一步发展。[①] 在新选出的745名立法议会议员中，大约有264人属于立宪派（即斐扬派），他们因在议会大厅中通常坐在议长的右手边而获得“右翼”或“右派”之称谓。在立法议会初期，立宪派在议会中仍占据主导地位，路易十六的第一届内阁成员基本上都来自立宪派。与立宪派对立的是有着“左翼”或“左派”之称的雅各宾派，雅各宾派的成份依旧比较复杂，既有以布里索（Brissot,1754—1793）为代表的温和左翼[②]，又有以“院外”人物罗伯斯比尔为灵魂和影子的激进左翼。左右两翼均属少数派；中间分子为345人，这部分人并无明确而固定的信念，他们会根据形势的需要而随时支持其中的任何一方。

立法议会初期面临的另一个问题是社会秩序的进一步混乱。由于指券在流通过程中不断贬值以及粮食价格的不断上涨，民众的不满情绪随之上扬。1791年冬，在巴黎以及其他许多地方，暴怒的民众开始冲进食品仓房大肆抢劫，运送粮食的船只和车队也时常被瓜而分之。一些残存的需用金钱赎买的封建义务也招致民众的怨恨，烧杀现象时有发生，例如，美国总统华盛顿的好友、纽约市荣誉市民、自由派贵族拉罗什福科公爵（duc de la Rochefoucauld）就被一群农民杀死在其庄园之中。

立法议会面临的最为严峻的问题是来自境外的日益严重的威胁。法国虽然是一个独立国家，但是由于历史传统方面的原因，法国王室与欧洲其他各国存在着错综复杂的领地和婚姻关系。因此，从一定意义上说，法国的事情也就是欧洲的事情。从总体上看，欧洲的一些开明君主制国家最初是支持法国召开三级会议的，而且也曾为巴士底狱的陷落而击掌欢呼。但是，随着法国革命派对传统社会制度进攻力度的日益加大，欧洲各君主国的态度转向也就是预料之中的事情了，其中对法国事态最为关切的自然就是法国王后的娘家奥地利。早在立法议会诞生之前，奥地利的态度就已相当明确。1791年7月，皇帝利奥波德二世（Leopold II，1790—1792年在位）已向欧洲各国君主发出通函，建议各国对在法国发生的

---

① 参阅 C. J. Mitchell, “Political Divisions within the Legislative Assembly of 1791”, *French Historical Studies*, No. 3 (1984), pp. 356–389。

② 布里索的追随者被称为“布里索派”（Brissotin）。由于布里索来自西南海岸吉伦特省波尔多市，故其信徒又被称为“波尔多集团”。数十年后，法国浪漫主义诗人、政治家拉马丁（Lamartine，1790—1869）将之改称“吉伦特派”（Girondin）。关于“吉伦特派”这个概念是否可以成立，学术界有不同意见。详见 Michael S. Lewis-Beck, Anne Hildreth, Alan B. Spitzer, “Was There a Girondist Faction in the National Convention, 1792–1793?” *French Historical Studies*, No. 3 (1988), pp. 519–536。

任何形式的“进一步的暴行”进行报复；8 月，他又与普鲁士国王联合发表《比尔尼茨宣言》(*Declaration of Pillnitz*)①，宣布将以武力方式保护法国国王的合法权利。②

正因如此，战争问题从一开始就成为立法议会最为关注且争执不休的焦点。虽然对战争的态度只分主战与主和两种，但是，主战或主和的出发点却是千差万别。主张对奥地利及其盟国宣战的既有吉伦特派又有法国王室。吉伦特派的主要目的在于，通过一场成功的战争，迫使敌对各国承认法国的新的社会政治秩序，同时也可恢复路易十六那一已经江河日下的声誉。作为奥地利皇室的亲戚，法国王室主张战争的目的恰恰相反，它预料人心涣散的法国军队必败无疑，这样就可以借助得胜的同侪君主们的威力而重建已经破落不堪的法国王权。③ 主张对外和平的则有立宪派（拉法耶特等人除外）和以罗伯斯比尔为精神领袖的激进左派，前者担心革命成果会因战争失败而付诸东流，后者的论点则是“攘外必先安内”。论战的最终结果是主战的吉伦特派占据主导地位，其得势的重要一环就是：急于看到本国军队溃败如山倒的路易十六于 1792 年 3 月解除立宪派大臣的职务，然后代之以吉伦特派成员。

1792 年 4 月 20 日，路易十六终于如愿以偿地在议会宣读了向“亲人”奥地利发出的宣战书。立法议会的表决几乎是一致的，除 7 人反对开战外，余者全部赞同立即动武。立法议会在批准用兵的同时还宣布一项声明：法兰西忠于自己的宪法准则，它既不会去打一场征服战争，也不会使用武力去剥夺任何人的自由。同样让路易十六如愿以偿的是，开战之后的法国军队果然是一败涂地。但是，这种被动挨打的局面却与吉伦特派的初衷背道而驰，为挽回败局，吉伦特派通过立法议会而制定了一系列旨在稳定国内形势、扩充国家军事力量的法令。为了瓦解吉伦特派的方案，路易十六不仅拒绝批准这些法令，而且于 6 月中旬解除吉伦特派大臣的职务，再次代之以立宪派成员。与三年前解除内克职务时的情形相似，路易十六的这一决定又一次引发大规模的群众运动。6 月 20 日（“网球场宣誓”三周年纪念日），大约三万余名群众集结到立法议会门前，要求恢复吉伦特派大

① 比尔尼茨位于萨克森境内。

② 参阅 Gary Savage, “Favier’s Heirs: The French Revolution and the *Secret du Roi*”, *The Historical Journal*, No. 1 (1998), pp. 225–258。

③ 参阅 Munro Price, “Louis XVI and Gustavus III: Secret Diplomacy and Counter-Revolution, 1791–1792”, *The Historical Journal*, No. 2 (1999), pp. 435–466。

臣的职务。另有一些民众则强行冲进杜伊勒里宫并找到了路易十六。为了发泄不满情绪，有人在桌子上摆放一把椅子，然后要求这位肥胖笨拙的国王坐到高高在上的椅子上。路易十六不愿受此奚落，但又不敢得罪“人民”，于是他顺手抓过一顶象征革命和自由的小红帽戴到自己的头上。① 一场武斗危机在灰色幽默中暂时化解，在迫使国王为“法兰西民族”干杯之后，民众方才散去。又经过一段复杂的政治斗争之后，吉伦特派终于在7月中旬再次接管政府，立法议会亦发出“祖国在危急中”的公告，国家的军事化气氛顿时增强。

国家的危殆局势激发了民众的保家卫国热情。1792年6、7月间，来自全国各地的国民自卫军地方组织陆续抵达巴黎待命。② 在激进左派分子的宣传鼓动之下，这些外省革命斗士很快便与巴黎群众一起向立法议会发起请愿运动，要求终止路易十六的国王之职。就在这时，普奥联军统帅、普鲁士将军布伦瑞克公爵（duc de Brunswick，1735—1806）却在科布伦茨（Coblence）③ 发表威胁性宣言，声称如果法国王室一家受到任何伤害，他就将彻底摧毁巴黎。对于斗志昂扬的激进左派、巴黎群众以及众多士兵来说，布伦瑞克的恐吓无异于火上浇油。在激进左派的组织下，8月9日深夜至10日凌晨，巴黎民众举行起义，原有的市政机关被推翻，一个更具革命色彩的新的市政机构“巴黎公社”在市政厅宣告诞生。在巴黎公社的命令下，人们又向杜伊勒里宫发起进攻，路易十六及其全家随即移往立法议会以求保护。在巴黎公社的压力之下，立法议会就国王的命运问题进行彻夜辩论，其最后决议是：中止国王职务，成立一个由6名部长组成的临时执行委员会；准备选举一个更能体现全体民众意志的立法机构（称“国民公会”，Convention），选举方式为男性公民普选制，即取消对选民财产资格的要求。由于路易十六的去留问题尚无最终结论，出于保证其人身安全之考虑，立法议会和巴黎公社决定将国王全家暂时扣押在巴黎东北郊的丹普尔堡（Temple），这是一座森严的中世纪古建筑，曾是圣殿骑士团总部所在地。

---

① 关于“小红帽”问题，参见 Jennifer Harris, “The Red Cap of Liberty: A Study of Dress Worn by French Revolutionary Partisans 1789–94”, *Eighteenth-Century Studies*, No. 3 (1981), pp. 283–312。

② 《马赛曲》（*La Marseillaise*）就诞生在这一时期。《马赛曲》原名《莱茵军团战歌》（*Chant de guerre pour l'Armée du Rhin*）。军歌作者是当时驻守在斯特拉斯堡的工兵上尉鲁日·德·利尔（Rouget de Lisle，1760—1836），歌曲创作于1792年4月。1792年6月底，马赛国民自卫军士兵就是一路高唱这首歌曲而开赴巴黎的。巴黎人首次是从马赛士兵这里听到这首歌曲的，故名之为《马赛曲》。1795年，《马赛曲》首次被确定为法国国歌，1879年再次被正式确定为国歌。

③ 科布伦茨位于德意志境内的莱茵河左岸地区，是法国逃亡贵族的集居地之一。

1792 年 8 月 10 日事件对于法国大革命的未来走向具有决定性的影响，它虽没有立即推翻君主制，但由于普选制的推行，共和制度也就为期不远。自 1789 年以来，在革命进一步发展的过程中，许多革命者和革命的同情者已经纷纷退出革命，或不再同情革命。在革命信念依然不息的这部分人中，有些人开始谴责 8 月 10 日事件，有些人则战战兢兢地采取观望立场。因此，对革命情有独钟的坚定不移的革命分子至此已经成为绝对的少数派，为推进革命，他们便决定采取一切可以采取的手段，以“人民”为名义的恐怖统治也就由此渐显端倪。

8 月 10 日事件之后，立法议会、临时执委会和巴黎公社形成了三足鼎立的政治格局。在临时执委会中，除丹东一人属于激进左派之外，余者皆属吉伦特派。巴黎公社则完全是罗伯斯比尔等激进左派的天下，作为临时执委会司法部长的丹东也是巴黎公社的主要领导者之一。在巴黎公社的推动之下，立法议会和临时执委会又采取一系列新的革命措施，残存的封建权利遭到进一步的剥夺。另外，为了稳定巴黎日益不安的社会秩序，立法议会宣布成立一个“治安维持会”，这个维持会又将权力委托给已经革命了的巴黎各区，挨家挨户的搜查和逮捕行动由此展开，其直接结果就是巴黎的所有监狱都挤满了“嫌疑犯”。

8 月下旬，当前线一败再败、敌军正向巴黎挺进的消息蜂拥而至之时，巴黎又一次陷入了恐慌与敏感相互交织的动荡状态，“嫌疑犯”将在狱中举行暴动并将与入侵的敌军里应外合等诸如此类的谣言不胫而走。为了清除“内患”，从 9 月 2 日下午起到 5 日的几天时间里，一些激进分子和部分群众“走访”了一座又一座监狱，许多“嫌疑犯”被当场砍杀。有些“嫌疑犯”则被拖到监狱庭院中，经过三言两语的问讯之后即被处决。仅巴黎一地，被处死的“嫌疑犯”约有 1200 人，占囚犯总数的一半左右。与此同时，在外省各地也出现了同样的屠杀行动。1792 年的这场“9 月屠杀”是整个大革命时期最为血腥的事件之一，是民众暴力的一次狂热的展现。① 对于这一事件，民众作为直接行为者当然不容辞咎，但是，巴黎公社领导层的纵容与鼓动也起到推波助澜的作用，巴黎公社控制下的多家报纸也曾发表过许多煽动暴力的文字。

就是在这种血腥事件接连不断、普奥联军攻入本土的阴暗氛围之下，以男性公民普选为基础的国民公会选举工作匆匆完成。1792 年 9 月 20 日，立法议会与

---

① 参阅 Timothy Tackett, “Conspiracy Obsession in a Time of Revolution: French Elites and the Origins of the Terror, 1789–1792”, *The American Historical Review*, No. 3 (2000), pp. 691–713。

国民公会进行权力交接。也就是在这一天，布伦瑞克公爵率领的普鲁士军队在距巴黎只有一百多公里的东北小镇瓦尔密（Valmy）[①] 与法军相遇。在晨雾之中，法军以密集的炮火来应对普军的进攻。布伦瑞克随即下令普军后撤，而且一直退到了德法边境地区。关于普军撤退的原因，有多种说法，如痢疾流行、士气低落、天气恶劣以及法军阵势奇特等等。但不管怎么说，小战即胜的瓦尔密“大捷”已经成为法国大革命史上具有决定意义的战役之一，巴黎得到了挽救，此前一直以防守为要务的法国大革命此后则迅速呈现出侵略性和征讨性的特征。

第二节 共和政体下的狂飙突进

立法议会原本是依据宪法规定而设立的具有衡常性特征的国家机构，但是，在日趋激烈的国内暴力以及惊涛骇浪般的战争危机等因素的综合摧压下，立法议会草草了结了自己的使命而让位于并无宪法基础的国民公会。从原则上说，21岁以上（含21岁）的所有法国男子均有资格参加国民公会的选举，但是，在当时混乱无序的时局下，合格选民中只有不到1/10的人参加了投票。巴黎的选举工作则是在爆发“9月屠杀”那一天开始进行的，激进左翼自然博得了热血沸腾的选民们的青睐。尽管如此，国民公会在理论上说却是毫不含糊地代表了“人民”的声音，“人民”在法国历史上第一次登上了至高无上的祭坛。

国民公会历时3年零1个月（1792年9月21日—1795年10月26日），在其最初的一年多时间里，群众性的革命运动震天动地，“祖国危急”、“拿起武器”、“处死暴君”之类的口号成为使用频率极高的日常用语，同时也成为人民实践革命的基本准则。与此同时，领导人民进行暴力革命的国民公会也是在暴力的气氛下才实现了权力转移，吉伦特派在大炮的威胁下拱手交权，雅各宾专政在断头台下宣告结束。随后的热月党人也只是在拿破仑·波拿巴几声炮响的协助下才得以勉强完成自己的使命。

① 瓦尔密位于马恩省东部。

一、转瞬即逝的吉伦特派统治

吉伦特派是以胜利者的姿态开始主持国民公会以及中央政府工作的，但是，仅仅8个多月之后，它便彻底淹没在激烈的党派之争和民众起义的洪流之中。在此前的立法议会时期，以布里索为首的温和左翼吉伦特派就与以罗伯斯比尔为精神领袖的激进左翼山岳派①展开了翻来覆去的斗争，但是，由于存在立宪派这一共同的敌手，因此二者仍然同居在雅各宾俱乐部这一战壕里。当立宪派这一共同的敌人垮台之后，雅各宾俱乐部再度分裂也就势属必然。正因如此，在国民公会开幕20余天之后，山岳派便将“阳刚不足”的吉伦特派赶出了雅各宾俱乐部，“雅各宾派”与“山岳派”从此也就成为一对同义词。原本属于左翼阵营的吉伦特派已经没有资格再以“左派”自居，在真左的雅各宾派看来，那些人已经成为革命的“落伍者”，因此只能属于“右派”，而右派的命肯定是要被革掉的。

在国民公会初期，吉伦特派和山岳派都是少数派，在750个议席中分别占有165席和90席（约数），其余的议员则属于中间派。②吉伦特派暂时获得了中间派中大多数人的支持，因而在国民公会中处于支配地位，中央政权机构也因此处于他们的控制之下。山岳派虽然在国民公会中似乎显得有些势单力薄，但他们在全国各地仍有众多的追随者。尤为重要的是，他们全面控制着巴黎市政权（即巴黎公社），因此，他们随时都能够以数十万巴黎人民的名义向不够革命的吉伦特派施加压力，而山岳派奉行的“与人民打成一片”的群众路线也使得巴黎人民心甘情愿地同他们一起冲锋陷阵。因此，吉伦特派虽然在形式上控制着国民公会和中央政权，但他们从来也没有能够顺心如意地推行过自己的政治主张，对无休无止的街头暴力的厌恶必然使得他们最终将为正在街头闹革命的人民所抛弃。

吉伦特派虽经常被人指责为一群书生意气、学究作风的理想主义者，但在当

---

① 传统观点认为，“山岳派”（Montagnards）这一名称的起源与这一批激进派议员在议会大厅中的位置有关，即他们坐在大厅左边的最高处。这种说法可能存在偏差。王令愉认为，被称为“山岳派”的这批议员并未全部坐在议会大厅的最高处；与“平原派”、“沼泽派”等称呼一样，“山岳派”只是一个形象化的假设词；所谓“山岳”，实际是指基督教《圣经》中一再提到的西奈山，而西奈山正是摩西接受上帝训谕的地点；因此，从大革命一开始，革命者就把“一贯捍卫人民事业的少数议员”当作像摩西那样的山上立法者。详见王令愉：《山岳派、雅各宾派及雅各宾主义》，法国史国际讨论会，2002年12月15—18日，中国广州。

② 参阅 Alison Patrick, “Political Divisions in the French National Convention, 1792–93”, *The Journal of Modern History*, No. 4 (1969), pp. 421–474。

时的客观形势下，他们也自觉不自觉地成为革命的推进器或执行者，从而为局势的进一步动荡和革命的进一步升级打下不可忽视的基础。首先，在吉伦特派主持下，国民公会明确宣布改变法兰西国家的政体形式。1792 年 9 月 21 日，即国民公会正式开幕的第一天，在并不狂热的气氛中，君主制被明令废止。9 月 22 日，国民公会又宣布法兰西为共和国。此即法国历史上的第一共和国，它在名义上一直存在到 1804 年底拿破仑称帝时为止。① 虽然说在国民公会中首倡废除君主制的是山岳派议员，但这一倡议得到了包括吉伦特派在内的全体议员的一致赞同。因此，在废除君主制、实行共和制方面，吉伦特派和山岳派并不存在分歧。但是，在宣布共和之后，双方的矛盾便一发不可收，吉伦特派追求的是秩序和稳定，山岳派则坚持要将革命进行到底。

随后，吉伦特派开始着手处理废王路易十六的最终命运问题。吉伦特派是一直主张保护路易十六人身安全的，而且他们预见到，对前国王的严厉惩处必然会导致与之有着千丝万缕联系的欧洲各君主国的强烈敌视。但是，在山岳派以及巴黎群众充满爱国精神的愤怒呐喊下，吉伦特派不得不表示屈从。1792 年 12 月中旬，作为立法机关的国民公会又充当起特别法庭的角色，开始对路易十六展开审判。尽管吉伦特派多方努力，但是曾为一国之君的路易十六最终还是被认定犯有叛国罪。1793 年 1 月 16 日，国民公会就路易十六的生死问题进行表决，在山岳派著名人物马拉的建议下，表决采用公开唱名的方式进行。在参加表决的 721 名议员中，361 人主张死刑并立即执行，26 人主张死刑但缓期执行，334 人反对死刑。因此，激进派只是以极其微弱的 1 票多数而决定了路易十六的命运。② 为让这位前朝废王彻底“平民化”和“公民化”，国民公会为之“取了”一个不带任何贵族色彩的普通姓名，即“路易 · 卡佩”（Louis Capet）。1793 年 1 月 21 日，年仅 39 岁的“公民路易 · 卡佩”（Citoyen Louis Capet）被送上了设在革命广场（Place de la Révolution）上的断头台。③

---

① 关于完整的法兰西第一共和国史，可详阅 M. J. Sydenham, *The First French Republic, 1792–1804*, London: B. T. Batsford Ltd, 1974。

② 关于投票者的立场，有不同的分析结果。有的统计数据是：反对处以死刑的有 288 人，主张有条件处以死刑的有 72 人。不管怎么分类，赞同处以死刑并立即执行的人数是明确的，有 361 人。因此，路易十六的命运也就没有回旋余地了。参见 William Doyle, *The Oxford History of the French Revolution*, Oxford: Oxford University Press, 2002, p. 196。

③ 该广场始建于 1755 年，原称“路易十五广场”（Place Louis XV），大革命期间改称“革命广场”，革命后则改称“协和广场”（Place de la Concorde）。

虽然说曾是神圣不可侵犯的路易十六的头颅被一位18岁的年轻士兵毫无顾忌地高高拎起，虽然说断头台之下爆发出一片“共和国万岁”的呼声并且象征革命的小红帽也被纷纷抛向空中，但是，路易十六的断头终究使得巴黎、法国乃至整个欧洲震惊不已。另外，在这一过程中，由马拉倡言并得到国民公会认可的公开唱名制度虽然从形式上看是将法国政治生活的透明度推向了极致，但它却在两派议员之间造成一条永无修复可能的裂痕，结果即使吉伦特派失去前进的动力，又使雅各宾派失去回旋的余地。国内的秩序和稳定由此成为泡影。

如果说激烈的党争已经使得吉伦特派陷入被动挨打状况的话，那么，对外战争的不断推进更将使得吉伦特派落入四面楚歌的境地。吉伦特派本能地意识到，他们的孤立局面同他们与平民百姓之间的距离日渐疏远密切相关。为了赢得这些被称为“无套裤汉”① 的平民大众的支持，吉伦特派开始展开以革命战争为核心内容的宣传攻势。1792年11月19日，国民公会颁布法令，决定向争取自由的各国人民“提供博爱和救助”。11月26日，布里索更是发表惊人之语：“只有整个欧洲着了火，我们才能安宁”。在吉伦特派以及部分山岳派议员的鼓吹下，山花烂漫、红帽遍野的壮观幻景呈现在民众的眼前：一个新的共和国将在英国泰晤士河两岸诞生；革命政权将在整个欧洲大陆建立，俄国也不例外；西班牙的波旁王朝将被摧垮。布里索甚至下令组建远征军，让其漂洋过海前往西班牙的拉丁美洲殖民地发动革命起义。在国民公会的战争动员下，到1792年底，法国有多支军队已经越过原有国界并开始“输出革命”，杜穆里埃（Dumouriez）的军队进驻奥属尼德兰，库斯丁（Custine）的军队攻入莱茵兰，孟德斯吉乌（Montesquiou）和安塞姆（Anselme）的军队则占领了萨瓦和尼斯。正是在此形势下，山岳派名人丹东发表了一个著名的声明：法兰西的边界是由自然确定的。“自然边界”问题由此产生并成为后来法德两国长期斗争的一个焦点问题。②

① “无套裤”（sans-culottes）是相对于“套裤”（culotte）而言的。所谓“套裤”，实际就是一种裤管相对较短的男式外裤。这种服饰在17、18世纪法国的中上层社会里比较流行，因此它往往也就成为上流社会的一种象征。而当时的平民百姓（menu peuple）大都穿的是蓝色紧身长裤，与穿“套裤”的贵族相对，他们就被称为“sans-culottes”，即“没有套裤者”或“不穿套裤者”。“无套裤汉”本是上层社会对普通民众的蔑称，但到了大革命时期，“无套裤汉”却成为普通民众颇为自豪得意的一种称呼。参阅Albert Soboul, *The Sans-Culottes: The Popular Movement and Revolutionary Government, 1793–1794*, New York: Doubleday, 1972, pp. 2–3。

② 参阅Peter Sahlins, “Natural Frontiers Revisited: France’s Boundaries since the Seventeenth Century”, *The American Historical Review*, No. 5 (1990), pp. 1423–1451。

法国的红色扩张以及处死路易十六等敏感事件不可避免地加剧了欧洲各君主国的恐慌情绪。除了早已与法国剑拔弩张的奥地利和普鲁士之外，从1793年2月初开始的仅仅一、两个月之内，英国、荷兰、西班牙、葡萄牙、撒丁、那不勒斯以及德意志其他邦国均与法国进入战争状态，反法同盟开始形成。这是先后七次反法同盟（1793—1815）中的第一次，也是七次反法同盟中持续时间最长的一次（1793—1797）。七次反法同盟几乎是前后相连的，其间只有短暂的中断，直至1815年拿破仑最终退位，同盟方告终结。①

输出革命的战争政策并没有给吉伦特派带来福音，在反法同盟的合力围攻下，法军的前期战果随即丧失殆尽，北方战场的法军统帅杜穆里埃甚至弃军逃往奥地利人的营垒。在国内，吉伦特派的处境也是急剧恶化。1793年3月，保王派势力和反抗派教士在英国的支持下于西部的旺代（Vendée）地区发动大规模的武装骚乱，数十万农民群起响应，前往平叛的政府军被打得一败涂地，"旺代战争"也由此转变成为漫长的游击战争。② 1793年春，巴黎又因物价上涨问题而陷入普遍的动荡，而且，这一动荡局势又逐渐演变为社会骚乱。在极端主义派别"疯人派"（Enragés，亦译"忿激派"）的鼓动下，这一以限价为目标的社会骚动呈愈演愈烈之势。虽然说吉伦特派在理论上是支持经济自由主义的，但是，在"疯人派"的恐怖威胁下并在以罗伯斯比尔为首的山岳派的严厉敦促下，国民公会最终于1793年5月4日首次颁布《最高限价法》，授权地方当局对粮食制定最高限价。③ 另外，为了加强对社会秩序的控制，吉伦特派又先后建立起革命特别法庭（3月9日）、监视委员会（3月21日）和救国委员会（4月6日）等应急机构。4月30日，吉伦特派又正式下令向各省和各支部队派驻"特派员"以清除当地的犯罪嫌疑人。以上这些做法后来均被雅各宾派继承下来并被赋予更为革

---

① 七次反法同盟的时间分别是1793—1797年、1799—1800年、1805年、1806—1807年、1809—1812年、1813—1814年、1815年。前两次反法同盟针对的是法兰西第一共和国，后五次反法同盟针对的则是拿破仑帝国。七次反法同盟的最终结局均与拿破仑的军事行动相关，前五次均以法国胜利而终结，后两次则是反法同盟取得胜利。

② 这次武装骚乱的范围波及卢瓦尔河以南的曼恩－卢瓦尔（Maine-et-Loire）、下卢瓦尔（Loire inférieure；当地人觉得这个名称有贬义色彩，法国政府于1956年将之改名为大西洋卢瓦尔省Loire Atlantique）、德塞夫勒（Deux-Sèvres）和旺代（Vendée）四个省，在大革命期间，这四个省属于"旺代军区"。这次骚乱在传统上被称为"旺代叛乱"，其性质也被定为"反革命"。不过，如今的学术界已基本放弃了这种观点。参见许虹：《1793年法国旺代农民叛乱原因新探》，载《历史研究》1989年第4期，第53—65页。

③ 参阅 Margaret H. Darrow, "Economic Terror in the City: The General Maximum in Montauban", *French Historical Studies*, No. 2 (1991), pp. 498–525。

命的色彩。

作为国民公会和中央政府所在地，首都巴黎的政治秩序和社会治安当然会引起吉伦特派的格外关注。1793 年 5 月 18 日，国民公会成立由吉伦特派组成的“十二人委员会”以负责调查巴黎公社的无政府活动。在雅各宾派控制下的巴黎公社随即动员巴黎民众以起义来回答吉伦特派的调查，罗伯斯比尔甚至以“谁不起来反抗谁就是胆小鬼”之类的刺激性语言作为战前鼓动。5 月 31 日，雅各宾派以及巴黎公社敲响警钟，号召民众起来反抗吉伦特派政府，但起而响应的群众规模并没有激进派预想的那样宏大，群众的革命热情也没有激进派预想的那样高昂，因此，围攻吉伦特派的行动以双方妥协暂告结束。对于这种结局，罗伯斯比尔、马拉以及巴黎公社并不满意，于是决定发动更大规模的革命行动。

1793 年 6 月 2 日，由国民自卫军、新征召的革命民兵以及普通市民组成的 8 万大军聚集到国民公会所在地杜伊勒里宫周围，同时还运来一百多门大炮。根据米涅的说法，在这一茫茫人海中，除了极少数人有着明确的斗争目标之外，绝大多数人根本不清楚自己为何而来，“与其说他们是来攻击代表，倒不如说他们是准备保卫代表”。[①] 尽管说这是整个大革命时期最大规模的群众集会之一，但它也是最少有血腥暴力的场景之一。面对巴黎公社革命军人的大炮，已经失去军队控制权的吉伦特派只能颓丧地听任命运的摆布，原来摇摆不定的国民公会议员如今也纷纷倒向雅各宾派一方。在马拉的操纵下，国民公会作出决定，将 29 名吉伦特派议员和 2 名吉伦特派部长软禁在各自家中，由“人民”严加监视，吉伦特派的政治生命由此结束。这一事变的后果出乎当时许多人的预料。党派之争不仅没有停止，而且还爆发了更加残酷的内战，已经掌握了政治统治权的雅各宾派将把法国社会引向更加澎湃的革命巅峰。

二、一年而终的雅各宾专政

吉伦特派的垮台与雅各宾派的崛起意味着法国的政治权力由一个相对温和的少数派手中转移到另外一个更为激进的少数派名下。雅各宾派的政治统治亦为期

① ［法］米涅著，北京编译社译：《法国革命史：从 1789 年到 1814 年》，北京：商务印书馆 1977 年版，第 197 页。

不长，从 1793 年 6 月 2 日上台至 1794 年 7 月 27 日倒台，只有一年零一个多月。从阶级属性上说，雅各宾派的主体特别是它的中上层成员也是资产阶级的组成部分，他们在理论上是维护私有财产权并主张经济自由主义的。但是，他们对资产阶级共和国的模式和运行方式的认识与资产阶级的其他派别有着明显的差异，因此，只能沦为本阶级中格格不入的少数派。作为竭力试图巩固自身政治权力的少数派，雅各宾派充分认识到人民群众的特殊功用。罗伯斯比尔本人就曾在私人笔记中明确表达过这样的观点："人民应该与国民公会团结一致；国民公会应该利用人民"。正是在"利用人民"这一政治方略的引导之下，雅各宾派的政治统治被蒙上一层厚厚的"无套裤汉"的粗布外衣。

对于雅各宾派来说，与人民群众的联合意味着两层含义。一是要与处在自己右边的一切社会政治集团一刀两断，不论是老右派还是新右派，也不论是顽固右派还是温和右派，一应纳入打击范畴，因此，逃亡贵族、国内保王派、反抗派教士、立宪派以及吉伦特派等等全部成为雅各宾派的革命对象。[①] 二是要给予人民群众以各种优待，来换取民众的支持。不过，"人民群众"的成份是复杂的，性格也是多样的，有的人是小富即安，有的人则是永不言足。当一些激进派民众的要求使得雅各宾派觉得忍无可忍之时，后者也会毫不迟疑地对之大开杀戒，民众的支持率也就会由此骤降。这种左右开弓的政策必然使得雅各宾派陷入孤家寡人的被动局面，而且雅各宾派本身也并非铁板一块，当内部矛盾日趋激化之后，其政治统治的崩溃也就为时不远。

雅各宾派的政治统治是通过两个相辅相成的系统进行的。第一个系统是国民公会及其下属机构。从产生的先后顺序看，这些机构包括临时执行委员会、治安委员会、革命特别法庭和救国委员会，另外还有由国民公会下派的可以行使中央权力的特派员以及遍布全国各市镇的监视委员会（又称革命委员会）。这些机构或制度起初都是吉伦特派当政时的发明创造，但是，只要将其成员由温和派改选为激进派之后，它们就完全可以古为今用了。在这些机构中，最为重要的是救国委员会（Comité de Salut Public），该委员会最终由 12 名国民公会议员组成，形式上每个月改选一次。按照规定，救国委员会每个星期都要向国民公会汇报工作，但它几乎完全没有履行这一基本程序。因此说，雅各宾派控制下的上述各种

① 参阅 Michael J. Sydenham, "The Montagnards and Their Opponents: Some Considerations on a Recent Reassessment of the Conflicts in the French National Convention, 1792–93", *The Journal of Modern History*, No. 2 (1971), pp. 287–293。

机构只是在名义上从属于由人民选举产生的国民公会，或者说只是在名义上从属于人民。第二个系统是遍布全国的雅各宾俱乐部网络。① 雅各宾俱乐部原本只是位于首都的独此一家别无分店的孤零零的革命团体，但是不久它便开始在全国各地设立分支机构，到雅各宾派在政治上最走红的时候，全国约有 6800 个雅各宾俱乐部，成员约有 50 万人。位于巴黎的总部势力最为强大，它可以直接向国民公会施加压力。地方上的雅各宾俱乐部则与巴黎总部保持密切联系，随时听从由总部发出的各种号令。通过这种方式，雅各宾俱乐部就变成了一种触角繁多的“准政府”组织，在监督“嫌疑犯”、告发“卖国贼”等方面立下了汗马功劳。

在接手政权之后的最初一两个月时间里，雅各宾派的处境相当艰难。从国际形势来看，法国已经处在反法同盟的包围之中，而且法军的前线战事又是败讯频传。国内的局势同样让人惊魂难定。被软禁在家的吉伦特派领袖人物中，有一部分人竟然瞒过“人民”的眼睛而逃出巴黎并在法国西北部立稳脚跟。而且，吉伦特派在外省地区仍然拥有不少同情者，他们已经开始将巴黎的雅各宾专政看作是一种与共和制背道而驰的独裁的暴政。1793 年 7 月 13 日，来自诺曼底农村的一位年轻女子夏洛特·科代（Charlotte Corday，1768—1793）潜入马拉的私宅，将这位因宣扬暴力嗜血而大受民众欢迎的雅各宾派著名人物刺死在浴缸之中。在革命法庭受审时，科代留下这样的辩词：“我是为了拯救十万人而杀了一个人，我是为了拯救无辜者而杀了大恶人，为了使我的国家安宁而杀了一头野兽。”② 与吉伦特派反“独裁”运动同时并存的是保王派的反抗运动，在东南部以里昂为中心，在西

刺杀马拉的年轻女子科代

① 参阅 Michael L. Kennedy, “The Best and the Worst of Times: The Jacobin Club Network from October 1791 to June 2, 1793”, *The Journal of Modern History*, No. 4 (1984), pp. 635–666。

② 参阅 Elizabeth R. Kindleberger, “Charlotte Corday in Text and Image: A Case Study in the French Revolution and Women’s History”, *French Historical Studies*, No. 4 (1994), pp. 969–999。

部以旺代为中心，而且这些反抗运动几乎都与境外的反雅各宾势力保持着紧密的联系。到7月中旬，全国83个省份中，大约有60个省都不同程度地出现了公开的军事对抗和严重的社会骚乱。①

雅各宾派就是在这样一种环境下开始以“平民方式”来实践其政治理想的，为实现这一理想，首要任务就是要制定共和制宪法。雅各宾派上台之时，法国的共和制政体已有8个多月的历史，但是，以共和制为基础的制宪问题一直悬而未决，此前吉伦特派制订的共和国宪法草案一直被雅各宾派指责为温和有余、革命不足而无法最终定稿。1793年6月9日，即雅各宾派掌权仅一个星期之后，一部以卢梭“人民主权”学说为基础②的共和国宪法草案便风风火火地制定出来，6月下旬国民公会表决通过，在8月的公民投票中又以绝对优势获得人民的批准（1801908票比11610票）。这部有“共和元年宪法”、“雅各宾宪法”或“1793年宪法”之称的革命文献虽然仍保留着“三权分立”这一外壳，但它却将立法机关置于统领一切的主帅地位，按规定，这个立法议会将由成年男子普选产生，而且其议员每年都要全部改选。这部宪法还制定了一套全民公决和民众罢免制度。使该宪法更具民众色彩的是其最后一条有关人民起义权的规定：“当政府侵犯人民权利的时候，起义对于全体人民和对于人民的各个部分都是最神圣、最不可推卸的责任。”制定这样一部把人民当“老爷”的宪法对于雅各宾派的政治理论家来说可能并不是一件难事，但如果要让他们不折不扣地去贯彻它却是连他们自己也是不敢想象的。因此，1793年宪法制定出来之后便成为束之高阁的一纸废文。

除了制定这部充满革命浪漫主义情怀的宪法之外，雅各宾派还在一系列具体问题上采取民众化的革命行动。③从上台的第二天（1793年6月3日）开始，雅各宾派就着手处理广大农民最为关心的土地所有权问题。到7月中旬，与土地相

① 在随后几个月中，各地的骚乱仍有进一步扩大之势，其中，以布列塔尼等地为中心、波及法国西部12个省的保王派“朱安党人骚乱”（Chouannerie，1794—1800）影响最大。19世纪前期，巴尔扎克发表长篇小说《朱安党人》（*Les Chouans*，1829），“朱安党”这个称谓由此变得家喻户晓。关于“朱安”（Chouan，比较准确的音译应该是“西旺”）一词的来源，学术界有多种解释。一般认为，“朱安”是这场骚乱的主要组织者之一让·科特罗（Jean Cottereau，1757—1794）的绰号，意为“猫头鹰”（chouette）。后来，人们便把这场骚乱的参加者称为“朱安党人”，甚至将保王派分子通称为“朱安党人”。参见 Albert Soboul (dir.), *Dictionnaire historique de la Révolution française*, Paris: Quadrige / PUF, 1989, p. 218。

② 参阅 Gordon H. McNeil, “The Cult of Rousseau and the French Revolution”, *Journal of the History of Ideas*, No. 2 (1945), pp. 197–212。

③ 参阅 A. Soboul, “Robespierre and the Popular Movement of 1793–4”, *Past & Present*, No. 5 (1954), pp. 54–70。

关的最后一批封建权益被明令无偿废除。这一土地政策使得广大农民在短时期内获得了世世代代梦寐以求的小块土地，农民们战天斗地的革命激情由此大为高涨。这是雅各宾派在取悦民心方面最为得意的创举之一，但是，由此产生的铺天盖地的小农经济将成为近现代法国经济发展的严重的制约因素之一。在解决了土地问题之后，雅各宾派便以独特的方式将革命兴致方兴未艾的民众动员并组织起来。1793 年 8 月 23 日，救国委员会通过国民公会宣布实行“全民皆兵制度”(levée en masse)，18—25 岁之间的所有未婚男子随时都有可能被征入伍。[①] 到 1793 年仲夏之时，法国军队已达 65 万之众。为了将人民的革命情绪充分调动起来，在全民皆兵制的基础上，救国委员会还以一种热情洋溢的语言宣布：不论男女，所有法国人都应为祖国效力。“年轻的男子上战场；已婚的男子锻造武器、运送给养；妇女制帐篷、做衣服，并在医院服务；儿童将破布变为绷带；老人可让别人将其送到公共场所，在那里，他们可以为战士鼓气加油，可以激发人民对君主们的憎恨，还可以促进共和国的统一。”[②] 可以看出，在雅各宾政权的鼓动和组织下，整个法国已经成为一座红帽涌涌、彩旗飘飘的革命化大军营。

从表面上看，雅各宾派似乎已经使得革命的法国轰轰烈烈起来，但是，由于雅各宾派并未能在一切方面(特别是限制物价方面) 满足普通民众的要求，因此，民众对雅各宾派的支持并不稳固，一些极端的民众团体甚至已经以武力对抗的方式发泄对雅各宾政权的不满。正是在民众的围攻、围观和呐喊声中，国民公会在 1793 年 9 月 5 日就激进民众的激进要求展开激烈的辩论，在犹豫不决的罗伯斯比尔中途退场之后，国民公会最终作出让激进民众高呼万岁的惊天动地的革命抉择：继续强化与民众的联合，尽力满足民众的需求，在全国范围内推行革命的恐怖统治政策。这是雅各宾派在“利用人民”方面迈出的最具震撼力的一步，虽然它与雅各宾派本身的政治理想并不十分协调，但它却是雅各宾派为防止陷入孤立而能想出的最为有效的权宜之计。从 9 月初开始的雅各宾式的恐怖统治在短短几个月之内便使法国社会呈现出时而令人窒息时而让人亢奋的混合型图景，具体来说主要包括以下几个方面。

首先是实行统制经济。1793 年 9 月 29 日，雅各宾政权通过《最高限额大法》，

① 参阅 Scott Lytle, “Robespierre, Danton, and the Levée en masse”, *The Journal of Modern History*, No. 4 (1958), pp. 325–337。

② 参阅 Lisa DiCaprio, “Women Workers, State-Sponsored Work, and the Right to Subsistence during the French Revolution”, *The Journal of Modern History*, No. 3 (1999), pp. 519–551。

其中规定，包括主要食品、纸张、皮革、金属、布匹、肥皂、蜡烛以及烟草等在内的 39 种商品在法国全境实行统一价格；其他商品的最高价格由各县按照当地的实际情况制定，其一般标准是在 1790 年商品价格基础上进行上浮，但上浮幅度不得超过 1/3；最高工资额由各市镇制定，其原则是在 1790 年平均工资基础上上浮，但上浮幅度不得超过 1/2。1793 年 10 月，国民公会又专门成立一个供给委员会，由该委员会对工农业产品的生产、运输以及进出口等事宜进行严格的监督和管理。同样具有重要意义的是，巴黎市政府于 10 月开始实行“面包定量供应卡”制度。

应当指出，雅各宾政权实行统制经济的出发点主要是为了保证军队和公共机构的物资供给；而对于普通百姓，革命领袖们认为能保证他们有面包填腹就已经是不错的待遇了。因此，国民公会于 10 月 23 日决定牲畜可以自由出售，这就使得此前的肉类限价成为一纸空话。与此同时，黑市交易以及囤积居奇现象并未得到根本遏止。因此，不以面包为满足的无套裤汉对雅各宾政权的统制经济政策并未发展到感恩戴德的地步，他们的“愤慨情绪使政府随时可能陷入危机”。①

其次是推行政治恐怖。政治恐怖在很大程度上就是一种肉体消灭政策，其目标就是铲除曾经反对和正在反对雅各宾派的那些派别的首要人物。1793 年 9 月 5 日，雅各宾政权已将“恐怖”列为维持社会秩序的常规手段，这就意味着断头台将在全国各地特别是巴黎大派用场。9 月 17 日，国民公会又颁发《惩治嫌疑犯条例》，一切对共和国表示不满或热情不高之人都将作为嫌疑犯而受到严惩。在短短几个月之内，在革命军队、监视委员会、雅各宾俱乐部以及其他各类革命团体的检举和搜罗下，法国的现行革命派竟然在全国各地揪出了数十万名形形色色的“嫌疑犯”。

对于“罪大恶极”的“嫌疑犯”，雅各宾政权毫不犹豫地将之彻底消灭。10 月 16 日，路易十六的寡妻马丽·安托瓦内特被送上断头台。10 月 31 日，包括布里索在内的 21 名吉伦特派著名人物高唱着《马赛曲》走上了雅各宾派为他们准备好的断头台，其中一位名曰拉苏斯（Lasource）的吉伦特派死囚在听取判决时曾对革命法庭的审判官说过两句令人深思的话：“我在人民失去理智时死去，你们将在人民恢复理智时死去。”随后不久，吉伦特派的其他一些领袖人物如

① ［法］乔治·勒费弗尔著，顾良等译：《法国革命史》，北京：商务印书馆 1989 年版，第 316—317 页。

罗兰夫人（Madame Roland,1754—1793）亦被斩首示众，让－马利·罗兰（Jean-Marie Roland，1734—1793）、热罗姆·佩蒂翁（Jérôme Pétion，1756—1794）以及孔多塞(Condorcet,1743—1794）等人则以自杀方式了结了自己的生命。[①] 此外，立宪派元老人物巴伊以及革命爆发后改名为“菲力浦·平等”（Philpe Egalité）的原奥尔良公爵（1747—1793）也在断头台上毙命。雅各宾政权对“共和国敌人”的处理具有快刀斩乱麻式的革命气度，最快的一个纪录是在 38 分钟时间里砍掉了 21 个人的头颅。据不完全统计，从 1793 年 9 月初恐怖统治正式开始到 1794 年初第一次恐怖高潮结束，约有 2 万人被处死。在被处死者中，贵族仅占 8.5%，教士仅占 6.5%，而原来的第三等级则占 85%。这种狂砍滥杀的政策固然吓死了“反动派”，但它也造成人人自危的恐惧心理，人们自然而然地进入“不敢高声语，恐惊天上人”的压抑状态。

再次是宣扬革命文化。革命的社会当然需要革命的文化，法国社会自 1789 年开始甚至说自 18 世纪中叶开始就已进入了革命文化的建设过程。1791 年 4 月，制宪议会决定将一座竣工不久的教堂改作安放法国先贤伟人棺木的纪念堂并将之取名为“先贤祠”（Panthéon，原意指古罗马的“万神庙”），首位入选者是刚刚去世的米拉波。[②]5 月底，伏尔泰的棺木亦迁入其中。1792 年 11 月，当政的吉伦特派为了破除陈腐的基督教信仰而将举世闻名的巴黎圣母院改称为“理性庙”（Temple de la raison），由来自法兰西喜剧院（Comédie Française）的一位女演员在此扮演理性女神。但是，在雅各宾派当政之前，“洗脑”工作显得相对平淡，普通民众对新时代、新风尚的感触尚未达到刻骨铭心的地步。而当雅各宾派跃上权力顶峰特别是在其实施恐怖统治以后，破旧立新工作便以火山爆发般的速度在全国展开，由罗伯斯比尔规划的“道德理想国”（La République morale）在一片狂热之中开始其一去不返的航程。恐怖时期的法国革命文化纷繁复杂、绚丽多姿，这里只能选其要点略作阐述。

最能体现雅各宾派誓与旧社会彻底决裂的文化特征之一就是废弃具有浓厚宗教色彩的公历（格里高利历）而改用“共和历”（Calendrier Républicain）。这

① 参阅 Kathryn Ann Kadane, “The Real Difference between Manon Phlipon and Madame Roland”, *French Historical Studies*, No. 4 (1964), pp. 542–549; Charles A. Le Guin, “The Continuing Education of Jean-Marie Roland (1734–1793)”, *History of Education Quarterly*, No. 3 (1963), pp. 123–133。

② 米拉波的名声在其死前就已毁誉参半，一个公开的秘密就是：他白天忙于革命，晚上挥霍作乐。1794 年秋，米拉波的遗骸被移出先贤祠。

一革命历法由法布尔·戴格朗丁（Fabre d'Eglantine，1750—1794）等人负责制定，国民公会于1793年10月决议采用，11月正式施行。由于法国宣布共和是在1792年9月22日，因此，从这一天开始的第一个365天便被称为“共和元年”，9月22日也就成为元旦。共和历的发明者们把秋季作为四季之始，将一年分为12个月，而且为每个月份取了一个富有诗意的名称①；每个月有30天，分3旬(décades)，每旬10天；每天分为10个“小时”，每“小时”100分钟，每分钟100秒；每年的最后5天为“无套裤汉日”（les sans-culottides），遇到闰年时多出来的那一天则被称为“法兰西日”。雅各宾派政权的这种革命历法看起来虽然立意高远，但它却给人们的日常生活造成了极大的混乱。②由于人们无法接受或难以弄懂这部“风花雪月”之类的历法，于是市面上到处有人销售半边是公历半边是共和历的“双轨历书”。将一天分为10个“小时”的做法也使得人们处于一种“不知此时是几时”的迷茫状态，于是法国的能工巧匠们及时地在市场上投放了各种款式的24进位与10进位同时运行的连环钟。雅各宾政权力图摒弃的教会历法依旧在人们的眼前晃来晃去。

大革命时期的“双轨”连环钟

除革命历法之外，雅各宾政权的革命文化还体现在其他许多细节层面上。例如称呼变革：在此时期，不仅是世袭的头衔被取消，甚至连“先生”(monsieur)和“夫人”（madame）之类的称呼也被作为毒草而被铲除，取而代之的是“公民”（citoyen）和“女公民”（citoyenne）这类响亮的称呼。代词“你”（tu）原来只限于在家庭等私下场合使用或用于指呼仆人，如今它却堂而皇之地走进一切

① 共和历在法国沿用了十余年（1806年1月1日起被废止）。共和历的月份名称如下。秋季：葡月(Vendémiaire)，雾月(Brumaire)，霜月(Frimaire)。冬季：雪月(Nivôse)，雨月(Pluviôse)，风月(Ventôse)。春季：芽月（Germinal），花月（Floréal），牧月（Prairial）。夏季：获月（Messidor），热月（Thermidor），果月（Fructidor）。

② 参阅 Eviatar Zerubavel, “The French Republican Calendar: A Case Study in the Sociology of Time”, *American Sociological Review*, No. 6 (1977), pp. 868–877。

公共领域，而“您”（vous）这一代词则被作为矫揉造作、虚伪客套的无聊用语而被弃之不用。又如改名风潮：为了与共和国这一新生事物做到门当户对，许多法国人改掉其父母在“旧社会”时期为他们取下的名字，而开始搬用古罗马共和国时期一些英雄人物的名字，于是法国大地在弹指之间冒出无数个“布鲁图斯”（Brutus）或“格拉古”（Gracchus）[①]。巴黎市的一些街区也开始采用新的名称，如“马拉区”、“自由帽区”、“团结区”、“社会契约区”以及“无套裤汉区”等等。许多城镇和乡村亦以类似的方式表达出自己的爱国主义情怀，例如至少有 40 个城镇在原有的名称之前缀上了“平等”（Egalité）一词，法国北部的著名古城贡比涅（Compiègne）则改名为“瓦兹河畔的马拉”。[②] 此外，雅各宾政权在建设革命文化方面还有许多发明创造，如制定新的民族节日、为爱国者建造祭坛、演唱爱国歌曲[③]、上演革命戏剧、种植自由树，如此等等，不一而足。

雅各宾政权的经济统制、政治镇压以及文化鼓动等政策在一定时期内起到了击退外国军队、慑服境内顽敌的特殊功效，到 1793 年底及 1794 年春，雅各宾派的政治统治似乎已经是春色一片了。然而，正是从这一时期开始，围绕着“恐怖统治”政策是否应当继续维持下去这一事关全局的根本问题，雅各宾派内部发生激烈的争论并由此产生势不两立的分化。以新闻记者出身的埃贝尔（Hébert，1757—1794）为首的激进派（即埃贝尔派）以下层民众代言人的面目自居，要求将恐怖政策推向更为离谱的高度，他们声称要采取行动以“彻底取得胜利”。以丹东为首的宽容派（即丹东派）则主张，在国家已不再处于危急的情况下，应收敛镇压、减少流血。而且，丹东本人对罗伯斯比尔那一乌托邦式的道德理想国也一直是嗤之以鼻，对罗氏极端看重的“舆论”更是毫无敬意，他曾当着罗氏的面说过：“舆论只不过是个婊子，它生出来的全都是一些傻瓜”。

以罗伯斯比尔、圣茹斯特（Saint-Just，1767—1794）和库通（Couthon，1755—1794）等人为主要成员的中间派在原则上是坚持继续实行恐怖政策的，因此与宽容派无法调和；但是，他们又不愿将恐怖政策推进到更加疯狂的地步，因

---

① 格拉古指格拉古兄弟，即提比略·格拉古（Tiberius Gracchus，公元前 168 年—前 133 年）和盖约·格拉古（Gaius Gracchus，公元前 154—前 121 年），古罗马平民派领袖。马可斯·布鲁图斯（Marcus Brutus，公元前 85 年—前 42 年），罗马共和国元老院议员，曾参与对独裁者恺撒的谋杀。

② 详见 Emmet Kennedy, *A Cultural History of the French Revolution*, New Haven: Yale University Press, 1989, pp. 141–392。

③ 参阅 Laura Mason, *Singing the French Revolution: Popular Culture and Politics, 1787–1799*, Ithaca and London: Cornell University Press, 1996。

此与埃贝尔派也是无法共处。面对左右两派的夹击，掌握着实际权力的中间派最终还是采取了恐怖的铲除政策。1794年3月24日，包括埃贝尔本人在内的埃贝尔派以“勾结外国、图谋不轨”的罪名而被送上断头台。4月5日，丹东派的主要成员亦被砍头示众，早有“生活腐化”之名的丹东本人当然不能幸免。实际上，丹东的死亡早已是命中注定，因为罗伯斯比尔这位“不可腐蚀者”在二人关系尚未完全决裂之时就已给他下了定论：“一个毫无道德的人，怎么可能是自由事业的捍卫者？”残酷镇压了左右两派之后，中间派似乎可以独树一帜地统治下去了，然而他们很快便发现自己已经处于孤立的境地，无套裤汉们已经弃之而去，其他社会阶层对之更是疑惧重重。

已经被人民遗弃的罗伯斯比尔派并没有忘记人民的重要作用。为了将人民大众重新聚合到自己的怀抱，罗伯斯比尔开始借用宗教的威力。1794年5月7日，已经残缺不全的国民公会通过了由罗氏负责制定的有关建立“最高主宰”崇拜（Culte de l'Être suprême）的法令，同时规定新信仰的庆祝仪式于6月8日在全国各地举行。[①] 罗氏这一以自然神论（déisme）为基础的新宗教的主体思想是，“最高主宰”（罗氏创造的“上帝”）掌控一切、灵魂不灭以及为来世修善等等。这种思想与此前曾大张旗鼓进行的“理性崇拜”以及破除基督教信仰运动显然已经相悖[②]，特别是“今世不幸求来世”的思想更是反映出罗伯斯比尔对现实生活的悲观。6月8日，时任国民公会议长的罗伯斯比尔以新宗教教皇的姿态主持了巴黎的“最高主宰节”。

主宰节上的各种仪式是经过精心准备和组织的，既有专门为主宰节而创作的音乐，又有身穿白色服装、四周花团锦簇的唱诗班，而且还有由革命画家雅克－路易·大卫（Jacques-Louis David,1748—1825）亲自设计的舞台造型。为配合主宰节的举行，人们又在巴黎西郊的马尔斯校场垒起一座假山，假山上点缀着各种各样的革命象征主义物品。[③] 另外，在国民公会所在地杜伊勒里宫，人们又用布匹和石膏做成一尊象征着“无神论”的塑像。在各种游行活动和歌咏爱国赞美诗

---

① Paul R. Hanson, *Historical Dictionary of the French Revolution*, Lanham, MD: Scarecrow Press, 2004, p. 95.

② “非基督教化运动”和抽象的“理性崇拜”等极端做法是由激进派人物埃贝尔（Hébert）和肖梅特（Chaumette）等人推动并实施的，罗伯斯比尔对之一直持反对态度。参见 Emmet Kennedy, *A Cultural History of the French Revolution*, New Haven: Yale University Press, 1989, p. 344。

③ Paul R. Hanson, *Historical Dictionary of the French Revolution*, Lanham, MD: Scarecrow Press, 2004, p. 95.

等仪式结束之后，罗伯斯比尔便来到杜伊勒里宫点燃“无神论”塑像。“无神论”被燃起之后，另一尊象征着“智慧”的塑像便从浓烟中慢慢升起。“智慧”在上升过程中虽是摇摇晃晃而且被烧烤得体无完肤，但它仍然取得了胜利，而“无神论”则渐渐消失在火焰之中。这一仪式可以说是罗伯斯比尔政治生涯中最具演艺效果的一出表演，然而，普通民众对这种既与天主教有几分相似但又不是天主教的不伦不类的新宗教并未表现出如罗氏预想的那种热情，而且国民公会中的许多议员也对罗氏的这套说教抱着冷眼旁观的态度。罗伯斯比尔的孤立状况不仅没有缓解，反而更进一步，而且针对他本人的行刺事件一再发生。

既心灰意冷又惶恐不安的罗伯斯比尔及其追随者于是再一次将一切希望孤注一掷地捆绑到“恐怖”轨道上。1794 年 6 月 10 日的《牧月法令》宣布：“人民的敌人”均应被处以死刑，即使是国民公会的议员也不得享有豁免权。在随后的一个多月时间里，死刑几乎成为罗伯斯比尔派维持政治统治的唯一手段，此间在巴黎被送上断头台的“敌人”人数几乎相当于前一年中的总数。而这些被处决者中，贵族和教士已是寥寥无几，上断头台几乎成为普通民众和罗派政敌的专利。这便是雅各宾专政的第二次恐怖高潮，其直接后果就是民心慌乱、人人自危，今天还是断头台下的看客，转眼之间就有可能成为断头台上的主角。

1794 年 7 月 26 日（热月 8 日），罗伯斯比尔宣称，在国民公会内部存在一个“捣乱的罪恶的联盟”，并扬言要“以全体国民的权力”来消灭之。罗氏这种不点名的进攻在国民公会内部引起极大震动，很多议员自然而然地觉得罗氏的利刃已经架到了他们的脖子上，因此倒戈行动势在必行。1794 年 7 月 27 日（热月 9 日），密谋者鼓起勇气，在国民公会会议上纷纷声讨罗伯斯比尔，随后对他及其追随者圣茹斯特、库通等人实行拘捕，此即宣告雅各宾专政行将结束的“热月政变”。7 月 28 日晚间，罗伯斯比尔、圣茹斯特、库通等 22 人在民众的责骂声中走上了断头台。当罗伯斯比尔人头落地之后，围观的民众报以长达数分钟之久的热烈掌声，人们相互拥抱、相互庆贺：一场以“人民”为名义的但却让人民不寒而栗的狂飙式革命终于可望卷帘退堂了。

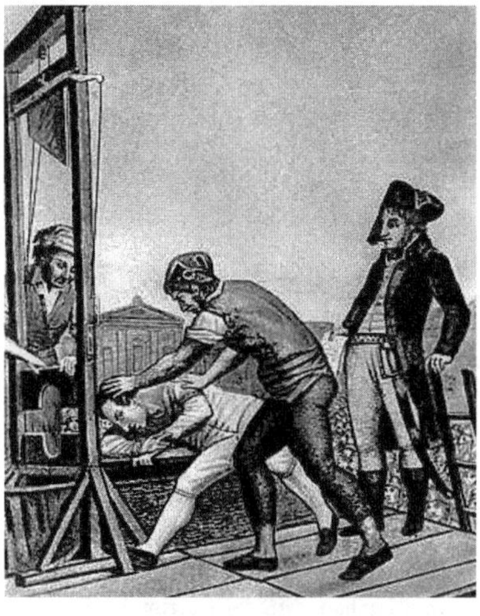

断头台下的罗伯斯比尔

三、回车倒转的“热月反动”

将罗伯斯比尔等人送上断头台的“热月政变”是由国民公会内部少数议员密谋发动并得到绝大多数议员附和的一次集体行动，对于这些议员，人们往往笼而统之地将之称作“热月党人”(Thermidoriens)。实际上，这些人并未组成一个有着明确政治信仰的党派，他们只是在求生欲望驱使下结成了一个暂时的保命同盟。政变成功以后，以国民公会为最高机关的革命化政治体制在形式上继续存在下来，到 1795 年 10 月下旬，这一体制终以合法的程序宣告终结。在国民公会最后的这 1 年零 3 个月时间里，法国社会在突然之间便呈现出与此前雅各宾专政时期大相径庭的面貌。

一方面，这是一个精疲力竭的社会。在经历了一段几乎是无可忍受的精神高度紧张和前所未有的心理高度恐惧之后，随着政治氛围的相对缓和，人们的神经有如重物落地般一下子松弛下来。有些坚定的“革命派”虽然仍在喋喋不休地高谈阔论，但招致的却是一片起哄、嘲笑和挖苦。“先生”、“太太”以及“小姐”这类曾被革了命的旧式称谓重新回到日常生活之中。在革命烈火中诞生的“男公民”和“女公民”之类的革命称呼很快便销声匿迹，即使偶有显现，那也只是戏谑之人的戏谑用语。旧式的沙龙重新开张，大型的舞会接二连三，曾被视为腐败现象的赌博也再次火热起来。开领衬衫、翻领上衣、条纹裤子、小红帽以及木底鞋等等具有强烈象征意义的革命服饰逐渐退出舞台。“金色青年”(jeunesse dorée）们那种奇异而夸张的服饰打扮成为对革命服饰的一种矫枉过正式的反叛，其典型形象是：上身穿着方领口露胸长外套，脚穿大口鞋，发型是两边下垂，后面则编成几条辫子，手里拿着一根形如宰牛锤的包有铅头的短棒。[①] 虽然说这一时期的法国社会并非风平浪静，但是，“斋月”之后的开戒取乐心态却已是不可遏止。

另一方面，这又是一个向比较正常的资本主义道路回归的社会。就本质而

① “金色青年”是由热月政变主要策划人之一费雷隆（Frénon）号召组建并亲自领导的一群非正规民兵，其成员全部都是富裕阶层和资产阶级的子弟，他们通常以骂街、斗殴以及围攻等方式与下层民众团体（特别是雅各宾俱乐部）进行混战。“金色青年”一词的引申含义是“纨绔子弟”、“花花公子”或“有钱人家的浪荡青年”。关于“热月反动”时期法国“金色青年”问题，可详阅 François Gendron, *The Gilded Youth of Thermidor*, Montreal: McGill-Queen’s University Press, 1993。

言，大革命本身应该是一场资产阶级革命，但是，资产阶级借以获取政权的民众式革命手段却使“无套裤汉”们产生马上就要“当家做主”的错觉。当这场资产阶级革命在民众推动下革到了资产阶级本人头上的时候，镇压民众“非分”要求的刹车行动也就势在必行。完成这一使命的便是所谓的“热月党人”，他们为向资本主义社会秩序转变而采取的各种措施便是所谓的“热月反动”或“热月党人的反动”。

这场回归运动并不是在和风细雨状态下完成的，在此期间，警钟、断头台以及步枪大炮依然活跃在法国的大街小巷，以清除政敌为目标的“白色恐怖”依旧让法国大地充满着血雨腥风。[①] 而且，激烈的党派之争仍然是这一时期法国政治生活中的一大特色。“热月党”既然只是一个杂糅的保命同盟，那么，当性命无忧之后，政治上的分野也就立刻显露出来。右派以塔里安（Tallien，1767—1820)、巴拉斯（Barras，1755—1829）和富歇（Fouché，1758—1820）等人为首，他们主张完全废除恐怖政策。左派以巴雷尔（Barère，1755—1841）等人为代表，他们虽赞同处死罗伯斯比尔，但仍主张维持甚至是强化革命政府。中间派的主要人物有西哀耶斯和康巴塞雷斯（Cambacérès，1753—1824）等人，他们在政治观点上与右派较为接近。

在人心思安的总体环境下，中右两派的势力显然容易占据主导地位，左派只能沦为不合时宜的逆流。而且，左派旗手巴雷尔那一疲软的历史记录也使得他在坚持自己主张时的底气显得不是很足，他原是贵族，最初是赞同王政的立宪派，只是在吉伦特派掌权以后才逐渐“左”了起来，而且是一左而不可收。当年，正是这位一路上扬的政治人物主持了对前朝国王路易十六的审判，他在审判结束之际所说的一句话也成为大革命政治文化史中的经典名言：“只有用暴君的鲜血来浇灌，自由之树才能茁壮成长。”当吉伦特派失势之后，巴雷尔又跟在雅各宾派后面，坚决主张处死“卖国的”吉伦特派成员。后来，当雅各宾派江河日下之时，巴雷尔又对罗伯斯比尔发起进攻，认为他“就是个微不足道的侏儒，根本不值得将之供奉在高台上”。[②] 如今，当这位后来居上的革命左派人物在热月党人的国民公会中为恐怖统治摇旗呐喊时，会场上便有人当众揭他的老底：“想要对我们

① Simon Schama, *Citizens: A Chronicle of the French Revolution*, London: Penguin Books Ltd., 2004, p. 852.

② 参阅 John Dalberg-Acton, *Lectures on the French Revolution*, London: Macmillan and Company, 1920, pp. 84–289。

发号施令的这位斐扬派议长是什么人呀?”巴雷尔只得在一片倒彩声中离开讲台。热月党人国民公会时期的政治斗争是复杂的，但与此同时，社会秩序的重建工作却是富有成效的。

在政治领域中展开反左运动是热月党人面临的急迫要务，其主要措施包括三个方面。首先是改组政权机构：1794 年 7 月 28 日，即热月政变的第二天，处于半独立地位的首都革命政权巴黎公社被摧毁。7 月 29 日，70 余名原巴黎公社领导人被送上断头台，巴黎不再设市长职位，市政转由国民公会直接管辖。7 月 29 日，作为恐怖政策主要执行机构的革命法庭暂停运转；在其权力被大大削弱之后重新展开工作，但在第二年 5 月仍被正式解散。7 月 31 日，救国委员会的权力开始被限制在军事和外交方面，其他权力则转归国民公会新设的 16 个各类专门委员会。其次是采取宽容和赦免政策：从 1794 年 8 月 5 日开始，热月党政权陆续释放大批在押而又罪证不足的所谓“嫌疑犯”。随后不久，曾被雅各宾政权视为“反革命”或“叛国者”的吉伦特派亦恢复了清白名誉，60 余名劫后余生的吉伦特派议员又坐回到国民公会的椅子上。再次是整顿社会秩序：1794 年 10 月 16 日，国民公会颁布禁令，不准各俱乐部相互串连和进行集体请愿。被“金色青年”们砸了窗户捣了会场的雅各宾俱乐部试图抵抗并向国民公会提出上诉，但国民公会中负责调查此事的官员对雅各宾俱乐部不仅没有任何同情，而且将之视为一切灾难的根源：“暴政是在哪里建立起来的？在雅各宾。暴政的拥护者和追随者在哪里？在雅各宾。是谁使全法国笼罩着悲哀，给每个家庭带来失望，在共和国到处设置监狱，把共和制度弄到那样可怕，甚至戴着枷锁的奴隶都不愿活下去？是雅各宾。是谁还在惋惜我们所经历过的那种可怕的制度？是雅各宾。”①11 月 12 日，雅各宾俱乐部终于被国民公会封门上锁，俱乐部成员从此成为散兵游勇，不过，“雅各宾主义”作为一种激进的政治情绪在未来法国的社会政治生活中仍然时隐时现。

在宗教问题上，热月党人的解禁政策是渐进的。在热月政变之后的最初几个月中，国民公会仍然试图保持雅各宾专政时期的宗教政策。1794 年 9 月 18 日，国民公会甚至颁布法令，正式取消由国家承担的教士津贴和教会经费，而且在中小学中禁止开设宗教课程。但是，天主教毕竟是绝大多数法国人的传统宗教

① 关于热月政变后的法国政局，可详阅［法］米涅著，北京编译社译：《法国革命史：从 1789 年到 1814 年》，北京：商务印书馆 1977 年版，第十章。

信仰，天主教的各种仪式在许多地方还是从地下逐渐走到了地上。1795 年 2 月 21 日，国民公会终于颁布法令，承认宗教信仰自由；但法令同时宣布实行政教分离，国家既不会为教会出资盖教堂也不会为教会提供任何津贴，宗教祭礼必须严格限定在教堂或其他私下范围之内，在公众场合不得扬教幡、敲教钟或穿教服。不过，政教分离原则在法国社会中的贯彻是颇为艰难的，在几经反复之后，直到 20 世纪初才最终尘埃落定。

在文化教育方面，热月党人的建设精神得到了充分的体现。国民公会颁布一系列法令，宣布恢复或新建各类学校以培养国家所需之才。在国民公会临近解散的最后日子里，热月党人还决定创建“法兰西科学院”（Institut de France）以表彰法国最杰出的学者。热月党人还决定将旧时的王家图书馆改造为国家图书馆，将卢浮宫改作博物馆，并且决定创建国家档案馆。在国民公会宣布解散的前一天，即 1795 年 10 月 25 日，热月党人还通过一项教育法令，其中规定：每个县至少开办一所小学，以培养公民“阅读、写作、算术以及公共道德”等方面的基本素质；每个省至少开办一所中心学校和中学，而且还将筹建聋哑学校、盲人学校等特殊学校。不过，热月党人的教育理念具有比较浓厚的“精英教育”色彩，他们决定建立的中心学校或中学基本上只对资产阶级子弟开放。在许多热月党人看来，“无套裤汉”们很不可靠，他们的孩子也好不到哪里去，因此不宜对这些穷人子弟投入太多的精力和资金，以免他们变成“一小撮寄生的野心家”。

在经济方面，热月党人主张自由主义，因此，自热月政变以后便逐步放松对经济生活的干预。1794 年 12 月 24 日，最高限价法令被废，与资本主义经济原则相悖的“统制经济”成为历史陈迹。① 但是，经过几年的社会动荡和战争折磨，法国的经济基础已相当脆弱。统制经济结束以后，随之而来的便是物价飞涨。为应付危机，热月党政府又开足马力滥印指券，指券已经形同废纸。正是在这种情况下，普通民众又开始怀念起既有面包又有权力的雅各宾专政时期。1795 年 4 月 1 日（芽月 12 日），一批巴黎群众冲进杜伊勒里宫，向国民公会讨要“面包和 1793 年宪法”，但群龙无首的群众旋即被军队驱散，此即“芽月起义”。1795 年 5 月 20—23 日（牧月 1—4 日），巴黎群众持枪架炮，与国民公会展开更大规模的对峙和较量，结果又被镇压，此即“牧月起义”。芽月起义和牧月起义是大革

① 参阅 James R. Harkins, “The Dissolution of the Maximums and Trade Controls in the Department of the Somme in 1795”, *French Historical Studies*, No. 3 (1970), pp. 333–349。

命时期最后两次大规模的“无套裤汉”运动，由于资产阶级中已没有任何一个派别愿意与他们进行“联合”，因此“人民”的力量再也未能像从前那样绚丽夺目，街头群众左右政权的局面就此终结。

在军事方面，热月党政府在其前任的基础上取得了进一步的成效。一方面是与反法同盟继续作战。到1794年底，法军已将奥属尼德兰和莱茵兰地区全部占领。随后不久，法军又攻入荷兰，西班牙军队也被赶到比利牛斯山的那一侧。法国人所谓的“自然边界”如今已经形成。经过秘密谈判，普鲁士、荷兰和西班牙等国相继退出反法同盟，到1795年7月以后，只有英国和奥地利还继续与法国兵戎相交。另一方面是与王党分子展开周旋。1795年6月8日，被流亡贵族奉为“路易十七”的前国王次子在巴黎的监狱中死去。消息传出之后，路易十六的弟弟、流亡在意大利的普罗旺斯伯爵（1755—1824）随即按照旧日的继承顺序而“登上”王位，称“路易十八”。① 与此同时，流亡在德意志及其他各地的王党分子开始辗转聚集到法国西岸的海面上，准备采取行动并将路易十八捧进王宫。在英国海军的配合下，6月27日，数千名流亡贵族及其追随者在布列塔尼的基伯龙（Quiberon）半岛② 登陆。经过20余天的对阵，基伯龙之战终以政府军胜利而结束。军事法庭下令将748名战俘全部执行枪决，在这748人中，有428人为贵族。

对于热月党人来说，以上所述的各种措施都是仅具“治标”意义的具体行动，要想真正稳定社会秩序，就必须有一部切实可行的宪法作保证，而具有极端民主色彩的1793年宪法显然难当大任。1795年6月23日，新宪法以草案形式公布。国民公会同时宣布，对宪法草案的讨论和修改将一直持续至8月22日。就在宪法接近定稿的最后关头，热月党人突然意识到，现有的国民公会议员如果通过实实在在的选举方式去角逐在未来立法机构中的席位，那将是一场危险的赌博，因为法国社会对他们的支持度实在是扑朔迷离。因此，就在宪法草案讨论截止日期的8月22日，不愿做简单铺路石的热月党人以国民公会的名义颁布了一份出乎许多人预料的补充条款：新立法机构中的议员必须有2/3（即500名）从现国民公会议员中产生。9月23日，国民公会宣布，宪法及其补充条款在全民公决中

① 普罗旺斯伯爵虽然于1795年就成了“国王”路易十八，但直到1814年4月拿破仑帝国崩溃以后，其“复国梦”才真正变为现实。

② 基伯龙半岛是附着于布列塔尼半岛的一个狭长的小半岛，位于布列塔尼的南侧，在莫尔比昂省（Morbihan）境内。

均已“顺利通过”，赞成票约为106万张，反对票约为4.9万张。9月27日，新宪法正式实施。①

1795年宪法是法国历史上的第三部成文宪法，其开篇是一个谨慎的《人权宣言》，为避免人民群众产生“误会”，“人生来是而且始终是自由的并享有平等权利”这一曾经响彻寰宇的著名条款被默默取消；私有财产的神圣不可侵犯性再次得到确认；普选制被废除，法国成年男子再次被划分为有选举权的积极公民和没有选举权的消极公民。根据宪法规定，立法机构由上下两院组成②：上院称元老院（Conseil des Anciens），由250名议员组成，议员年龄必须在40岁以上；还有一条可能是独一无二的规定，即元老院议员必须是已婚者或鳏夫。下院称五百人院（Conseil des Cinq-Cents），由500名议员组成。两院成员均是每年改选1/3。行政权由5名督政官（directeurs）组成的督政府（Directoire）掌握，政府主席由督政官轮流担任，任期3个月；督政官以抽签的方式每年更换一人。若从人民性的角度来看，这部宪法当然显得有些资产阶级的“霸气”，但是，要让热月党人制定一部雅各宾专政时期那样的雅各宾宪法，那也只能是人民群众的一相情愿。在资产阶级史家米涅看来，1795年宪法是“历来制定或草拟的缺点最少、最有自由色彩、最有远见的宪法，它是六年革命和立法经验的结晶”。③

共和制宪法的颁布特别是“2/3条款”的通过使得王党分子大失所望，他们原先设想的通过选举而跻身议会进而改变法国政体的愿望成为泡影。和平演变无望之后，王党分子开始聚众起事并于1795年10月5日（葡月13日）向国民公会发动武装进攻。国民公会授权巴拉斯对之进行镇压，巴拉斯随即将炮兵指挥权交给因1793年土伦战役而出名的当时刚好闲居巴黎的年轻军官拿破仑·波拿巴。波拿巴再次展示出自己的军事才能，在向暴动的人群开了几炮之后，问题便“迎炮而解”。1795年宪法借助大炮的威力终于存活下来。1795年10月12日，新立法机构的选举工作正式开始；10月26日，存在了3年多的非常机构国民公会落下帷幕，法国由此进入督政府统治时期。

---

① William Doyle, *The Oxford History of the French Revolution*, Oxford: Clarendon, 1989, p. 320.

② 这是法国历史上首次设立两院制立法机构。详见 Alistair Cole, Peter Campbell, *French Electoral Systems and Elections since 1789*, Aldershot, Hants., England: Gower, 1989, p. 39。

③ ［法］米涅著，北京编译社译：《法国革命史》，北京：商务印书馆1977年版，第282页。

第三节 督政府的困境与拿破仑的崛起

督政府及其运行模式是由热月党人精心规划出来的，其本身就是热月党人意志的产物。而且，热月党人充分吸取当年制宪议会“慷慨交权”的教训，按照新的规定，原国民公会中的绝大多数议员只是象征性地交出权力，转了一圈之后，又都冠冕堂皇地坐回自己的位置。因此，督政府政权与此前的热月党政权在本质上是一脉相承的，政客同样，目的同样，手段也同样。对于依据 1795 年宪法而产生的四年而终的这一督政府（1795 年 10 月 27 日—1799 年 11 月 10 日），有些学者往往一而概之地斥之为一片灰暗、一片狼藉、一无是处。当然，从政治层面来说，督政府的运行是困难重重的，其失败在所难免，但是，督政府也为法国社会发展作出过不少努力，革命年代的基本成果得到了保存，暴力革命之后的社会重建工作也在不断向前推进。另外，督政府在推行自己政策的过程中还无心插柳地造就出一位令世人震惊的拿破仑①，正是督政府的这一“负面产品”使得法国一度成为欧洲的主角。

一、党派斗争与“秋千”政府

督政府时期的法国社会只是刚刚从雷鸣电闪的暴力革命中走出来，君主政体在许多人心目中仍是记忆犹新，而共和政体对相当多人来说也已是见怪不怪。在这种新旧并存、人各有志的精神状态下，法国社会也就不可避免地分成怀旧惜古的保王派和新比旧好的共和派。而且，在这两大阵营中，每一方都存在着一批极端分子，一极是顽固不化的极端保王党分子，另一极是同样顽固不化的极端雅各宾残余分子。这两大阵营的斗争构成了督政府时期法国政治生活的主线之一，而正是这一斗争最终将督政府推入困境，也正是督政府本身迫不及待地借助于拿破

① 即拿破仑·波拿巴（Napoléon Bonaparte，1769—1821）。按照法国的王统规则，名和姓的使用范围是有严格区分的，一个人在成为君主以后才能以名字作为自己的正式称谓，而在此之前只能用全称或用家族姓氏作为自己的代号。因此，只是在 1804 年拿破仑·波拿巴称帝以后才有“拿破仑”这一称谓。但考虑到中国读者的阅读习惯，同时出于行文方便，笔者从这里即开始称之为“拿破仑”，特此说明。

仑的军刀砍下了督政府的头颅。

督政府政权的开局在总体上应当说是遂了热月党人的心愿，立法机构和督政委员会中均是共和派占据相对优势。由于选举程序的缺陷，立法机构的选举出现了一些周折，只有 413 名（原定 500 名）原国民公会议员入选新的立法机构，但通过增补程序，问题得以解决，最终有 511 名原国民公会议员进入新的立法机构。据统计，在元老院和五百人院共 750 名议员中，约有 2/5 属于坚定的共和派，1/5 属于表现比较温和的保王派。其余的 2/5 属于中间派，在共和派当红时，他们会理直气壮地宣称自己是共和派，而当保王派走运时，他们又会义无反顾地表白自己是保王派。两院议员全部身穿古典式的宽松红袍，这是常青树画家雅克－路易·大卫为之设计的。① 两院分别议事，元老院设在整修一新的杜伊勒里宫剧院，五百人院则设在塞纳河南岸的波旁宫。

根据热月党人事先制定的规则，5 名督政官必须由当年投票赞成处死路易十六的原国民公会议员（即所谓的“弑君者”，régicides）中产生，这样就可以将国家的行政权控制在共和主义者手中。首任的 5 名“弑君者”督政官分别是拉勒维里埃—雷波（La Révellière-Lépeaux）、罗贝尔（Rewbell）、勒图尔纳（Le Tourneur）、卡尔诺（Carnot）和巴拉斯（Barras）。在这各有千秋的 5 名督政官中，最有争议的是巴拉斯。虽然不能说此人是个平庸之辈，但其政治立场却是云山雾罩，个人生活更是劣迹斑斑，他最初曾狂热地拥护过罗伯斯比尔，后来又伙同他人将罗伯斯比尔送上了断头台，在督政府时期，他又广敛财富，同时过着情妇如云的荒淫生活，因此，西方有些史家将之称为“放荡的恶棍”。画家大卫也为督政官们专门设计了极富特色的服饰：头戴羽翎官帽，身穿天鹅绒服装。督政府的办公地点设在位于先贤祠西面的、恐怖时期一度充作监狱的卢森堡宫。在首届督政官产生的过程中，有一位为督政府未来命运埋下伏笔的特殊人物不能不提，这就是法国大革命的元老西哀耶斯。西哀耶斯对 1795 年宪法以及依此构建的督政府体制一直持否定态度，因此，当元老院任命他为督政官时，他明确加以拒绝，他要坐视督政府的风雨飘摇。② 几年之后，当督政府果然飘摇之时，西哀耶斯又

① 雅克－路易·大卫是“新古典主义”绘画的奠基人和杰出代表，其许多作品如《荷拉斯兄弟之誓》、《苏格拉底之死》、《马拉之死》、《萨宾妇女》、《拿破仑加冕仪式》等等都已成为绘画艺术领域中的经典名作。关于这位艺术家，可参阅 N. Sainte-Fare Garnot, *Jacques-Louis David 1748–1825*, Paris: Ed. Chaudun, 2005。

② Sewell, Jr., and H. William, *A Rhetoric of Bourgeois Revolution: The Abbé Sieyes and What is the Third Estate?* Durham and London: Duke University Press, 1994, p. 19.

欣然领受督政官之职并开启了埋葬督政府的密谋行动。

当共和派在两院及督政委员会中均占优势地位的最初一年多时间里，督政府政权的运转并没有遇到太大的困难。但是，依法进行的立法机构年度改选（1/3）以及督政官的年度易人（更换 1 人）将很快打破这种相对的和谐。1795 年宪法规定的年度换马原则从其本意上看是无可厚非的，其基本目的就是要避免权力的长期独占和政治上的长期独裁。问题的关键在于督政府和立法机构均无意真正遵守宪法所制定的政治游戏规则；当一个派别在选举中获胜之后，另一派别并不是卧薪尝胆以争取在下一次选举中胜出，在急于求成的心态驱使下，它往往采用暗箱操作与武力恐吓相结合的方法来求得立竿见影的成效。这种“政变”模式一旦开了头，效法者也就络绎不绝，宪法也就成了一张废纸。

1797 年 3、4 月间，两院进行 1/3 改选，结果保王派占据优势；随后，主张恢复王政的皮什格吕（Pichegru）又当选五百人院议长。于 5 月 26 日取代勒图尔纳而成为督政官的巴泰勒米（Barthélemy）也是倾向于保王派的路线。保王派的崛起自然引起共和派的恐慌，后者决定采用武力方式解决问题，拉勒维里埃、罗贝尔和巴拉斯三位督政官（另一名督政官卡尔诺不愿“同流合污”）向在境外领兵作战的拿破仑秘密求助，但善于观察政治动向的拿破仑不愿在此时亲自出面，而是派来了以凶残而著称的奥热罗将军（Augereau）。三位督政官于是将驻扎在巴黎及其近郊的 3 万名军队交由奥热罗指挥。1797 年 9 月 4 日(果月 18 日)，在三位督政官的领导下并在奥热罗军队的协助下，清洗工作基本得逞，巴泰勒米和皮什格吕等人被捕，不过卡尔诺却从卢森堡宫的后门逃之夭夭。此即“果月政变”（Coup d’Etat de Fructidor）。三名督政官随后宣布当年两院改选产生的 198 名新议员资格无效，在这些“昙花”议员中，约有 1/3 被判处流放。[①] 政变之后，督政府政权并没有重新组织选举以补立法机构中的空缺，因此，在两院中，共和派在非正常状态下取得了多数派地位。果月政变是督政府政权的一个转折点，它标志着热月党人结束了由他们自己发起的政治自由主义试验，取而代之的是依靠武力去建立一种政治独裁。[②]

果月政变并非是一劳永逸之举，1798 年 4 月，法国又进行一年一度的两院

① William Doyle, *The Oxford History of the French Revolution*, Oxford: Oxford University Press, 2002, p. 330.

② 参阅 Lynn Hunt, David Lansky, Paul Hanson, “The Failure of the Liberal Republic in France, 1795–1799: The Road to Brumaire”, *The Journal of Modern History*, No. 4 (1979), pp. 734–759。

例行改选，结果选出一大批激进的共和派议员。已经有了前一次成功经验的督政官们于是决定故伎重施，于1798年5月11日（花月22日）宣布新当选的106名议员资格无效，同时将53名“保险的”政府官员补进两院，其余席位则保持空缺。此即“花月政变”（Coup d’Etat de Floréal）。正是通过这种方式，督政府政权这部机器又被赋予一段苟延的生命，但是，督政官们在公众心目中的形象已是毫无颜面可言。一年之后，即1799年夏，政治危机再度出现，在当年的两院例行改选中，激进共和派又一次占据优势。已经失去民心的督政官们无力进行反击，除了左右逢源的巴拉斯和刚刚走马上任而又韬光养晦的西哀耶斯之外，其余3名督政官均被赶下台，一年更换一名督政官的法定原则由此彻底崩溃。靠政变和清洗来维持政治统治的这种督政府体制是难以长期维持下去的，但是，在当时的法国社会中，又没有任何一个政治派别能够通过正常的程序和正常的手段来改变这一体制，因此，问题最终只能再一次通过政变予以解决。

二、动荡局势下的社会重建

督政府时期的法国社会依然承袭着由暴力革命所带来的后遗症，人们依然生活在恐惧的社会氛围之中，匪帮到处出没，内战仍在继续，物价也在不断攀升。因此，对绝大多数法国人来说，日常生活仍相当艰苦。与之形成鲜明对比的是，在法国上层社会的一部分人当中却出现了一种玩世不恭、腐败堕落的现象。战争年代发展起来的那种投机活动仍在蔓延且日益猖獗，一些靠混水摸鱼而发家致富的阔佬洋洋得意地在舞池、赌场及其他各种公共场所炫耀自己的财富。一些忸怩作态的时髦妇女在权贵们的赞助之下变得更加时髦起来，她们身穿夸张变形了的古希腊、古罗马风格的服装，而且在说话时也是极其做作，通常是咬着舌头发音。督政府正是在这样一种既充满动荡又夹杂着诸多荒唐的环境中开始其社会重建工作的。

对于督政府来说，重建工作中的首要任务就是要尽力稳定社会秩序，全力镇压来自左右两个方面的反抗活动。[1] 在对付极右的保王党方面：到1796年春，西

① 参阅 Colin Lucas, “The First Directory and the Rule of Law”, *French Historical Studies*, No. 2 (1977), pp. 231–260。

部旺代省的保王派骚乱被成功平息。到1797年秋，南方各城市的王党分子亦不敢公开聚众造次。不过，保王党问题并没有也不可能从根本上得到解决，保王党的地下活动仍在继续进行，由保王党秘密支持的土匪帮团仍在全国各地滋事生非，而且，这一暗流将长期存在，最终将成为王政复辟的重要社会基础。在对付极左的民众运动方面：1796年5月，督政府破获了由平民革命家巴贝夫（Babeuf, 1760—1797）领导的旨在通过暴力革命以建立平等社会的"平等派密谋"。1797年5月，巴贝夫等人被送上断头台。"平等派密谋"只是督政府时期法国政治生活中的微光一闪，但是，"巴贝夫主义"却一直为后世的社会主义者所珍视。[①] 除了武力手段之外，督政府还采取其他方式来稳定社会秩序，例如，书刊审查制度日益严格，多种报纸被明令取缔。另外，随着断头台使用频率的不断下降，流放海外（被称为"不流血的断头台"）开始成为一种常用的惩罚方式。

社会秩序的稳定离不开经济秩序的稳定，而对经济秩序的调控也就意味着原先实行的那种自由主义经济政策将受到遏制。总体而言，督政府政权是采取一种放任政策与国家干预相结合的方式来处理经济问题的。督政府面临的经济问题是繁杂的，但迫切需要解决的有三个方面。一是货币问题：督政府政权成立之初，指券贬值极为严重，其购买力只为其面值的1%左右。1796年3月，督政府开始发行另一种具有纸币功能的土地信用券以代替指券，但此举亦未能成功，土地券的滥印和贬值仍一浪高过一浪。1797年5月，督政府于下令，总面值已达400亿法郎[②] 的新纸币以及数目仍相当庞大的残留于市面的指券一并作废，法国重新回到硬通货轨道上来。这一举措虽在一定程度上稳定了金融市场，但也带来了货币不足之类的问题。二是国债问题：面对历年积累下来的巨额国债以及吵嚷不宁的讨债之声，督政府于1797年9月决定采取"赖账"政策，即政府只保证兑付原有国债的1/3，其余的2/3为信用破产。通过这种一了百了的政策，督政府"解决"了原本看似无法解决的难题。三是税收问题：督政府采取多种措施以提高税收效率，对扑克牌、出租马车、法律证书甚至对门窗都要开征新税，虽然说这些政策招致了许多怨言，但它终究基本保证了督政府时期的财政运转。

---

① 参阅 K. D. Tönnesson, "The Babouvists: From Utopian to Practical Socialism", *Past & Present*, No. 22 (1962), pp. 60–76。

② 早在1795年4月，当时的热月党政权就已下令将法国的基本货币单位由原来的"锂"（livre）改为"法郎"（franc，意为"自由"），二者的比值基本持平。在热月党及督政府时期，锂和法郎两种货币单位仍并存使用。在法国，"法郎"的历史一直持续到2002年1月1日。

三、拿破仑的发迹与督政府的垮台

国内的政治斗争以及社会重建在督政府的历史上占有重要地位，但这还远远不是督政府历史的全部内容，具有同等重要地位的还有督政府的对外政策。在这一阶段，已经获得“自然边界”的法国人开始不再满足于在“自然边界”之内宣扬自己的自由、平等和博爱。另外，督政府的对外政策与其内政状况有着密切的因果联系。经过此前几年的革命摧残，国家财政体系已经遭到彻底的破坏，如果不靠对外掠夺和勒索，如今的督政府就将难以为继。而且，一旦实现对外和平，数十万军队就将班师回国，不论是失去生计的普通士兵，还是无事可干的高级军官，对于督政府来说都将成为严重的威胁。正因如此，对外战争必须继续进行下去。[①] 于是，四方出击、到处干预成为这一时期法国在欧洲国际舞台上的基本形象。

督政府这种以军事行动为依托的遍地撒网式的对外政策在广阔的地域范围内造成了剧烈的震动，其直接结果可以概括为三个方面。第一，从北海一直到南部意大利，一连串“姊妹”共和国拔地而起，且不论这些共和国是否心悦诚服，其政治体制均要效仿督政府的法兰西。这些靠突然袭击而被改造过来的共和国虽然在外表上是以代议制为基础，但实际上毫无例外地都成了法兰西的附属国。第二，法国开始奉行大战政策，而且这一政策将一直维持到1815年拿破仑政权彻底垮台时为止，其结果就是，在欧洲其他各国中，法国开始被视为“最令人恶心”的国家。第三，督政府的战争政策为年轻的军事将领拿破仑提供了施展武艺并博得喝彩的绝好良机，拿破仑正是凭借由督政府为之锻造出来的声望而摇身一变为法国的政治主宰，继而又成为令整个欧洲汗不敢出的霹雳君主。

早在人声鼎沸的大革命高潮时期，作为炮兵军官的年仅20余岁的拿破仑·波拿巴（1769—1821）便因1793年底在土伦战役中击溃英国人而小有名声。1795年10月在用大炮轰散保王党的骚乱之后，拿破仑更是赢得了以迷信武力为特征的热月党人的青睐，他与热月党高层人物之间的关系由此也就密切起来。正是在这种频繁的走动中，拿破仑结识了比自己年长6岁的寡妇约瑟芬（Joséphine，

① William Doyle, *The Oxford History of the French Revolution*, Oxford: Oxford University Press, 2002, pp. 322–323.

1763—1814)。[1] 尽管此时的约瑟芬正担当着巴拉斯情妇这一“要职”，但是，已经着迷的拿破仑仍是穷追不舍并最终获得成功，多一个情妇不多、少一个情妇不少的巴拉斯只得拱手相让。

对于拿破仑来说，与热月党人及督政府上层人物密切交往的意义绝不仅仅在于赢得一个约瑟芬，更为重要的是，正是这种交往才真正开演了一场将拿破仑捧上九天的变奏曲。1796 年初，督政府决定兵分两路向领地仍很庞大的奥地利发起进攻，一路将跨过莱茵河进入德意志南部地区，另一路将挥师直奔意大利北部地区。在负责军事事务的督政官卡尔诺的慧眼之下，26 岁的拿破仑被任命为进兵意大利的法军统帅。1796 年 3 月，新婚仅两天的拿破仑便领命开赴前线。拿破仑在意大利的军事行动可以说是一路挺进，开战不到一个月便击败了奥地利的盟友萨瓦公国，随后他又继续南下。在取得一系列摧枯拉朽式的军事胜利之后，拿破仑又挥师东向，进逼维也纳，距法军仅剩 100 多公里的维也纳自然是惊恐一片。

拿破仑在境外的这场开篇杰作所取得的战果是令人震惊的。第一，欧陆各国纷纷退出与法国的战争。随着 1797 年 10 月法国与奥地利之间《康波福米奥协定》(*Le traité de Campo-Formio*)[2] 的签订，第一次反法同盟正式瓦解，与法国继续作战的仅剩英国一家。第二，在意大利出现了一系列以法国政体为蓝本的共和国。这些共和国不仅要在政治上接受法国的领导，而且还要为法国提供一切必要的支援。拿破仑虽然在意大利创建了一个又一个共和国，但他同时却毫不怜惜地肢解了自中世纪中前期以来一直采用共和政体的威尼斯共和国，并将其中的大部分地区划归奥地利君主国以作为奥方在伦巴底、比利时及莱茵兰等地损失之补偿。可以看出，共和制并不是拿破仑坚定不移的办事原则，几年之后各共和国的改制由此也就不难理解。第三，意大利战争还为法国督政府带来了巨额财富。早在 1796 年 5 月，拿破仑就已向督政府报告说：价值数百万锂的黄金和白银正在运往法国途中。1797 年 2 月，拿破仑又与教皇订约，其中规定，教皇必须向法方交

---

① 约瑟芬原是博阿内子爵（Beauharnais）的妻子，原名“罗丝”（Rose）。博阿内于 1794 年被雅各宾政权送上断头台之后，“罗丝”便成为巴拉斯情妇队伍中的一员。拿破仑不喜欢“罗丝”这个名字，而改称她为约瑟芬。1796 年，约瑟芬与拿破仑结婚，1804 年成为拿破仑的皇后。结婚之后，他们二人仍各有自己的情人。约瑟芬未能为拿破仑生儿育女，求子心切的拿破仑于是在 1809 年与她离婚而另娶高明。详见 Frank McLynn, *Napoleon*, London: Pimlico, 1998, pp. 117–284。

② 康波福米奥是位于意大利北部的一个小村庄，法奥两国的和平协定原定在这里签署，但最终签署地是在北意大利的另一小镇帕沙里亚诺（Passariano）。

纳 3000 万锂金钱，同时还要献出众多的艺术珍品。对于这样一位功高盖世的年轻将领，督政府几乎已经不可能与之讨价还价了。尽管它对拿破仑在境外的自行其是深感不满，但当 1797 年 12 月拿破仑返回巴黎时，督政府还是以极为隆重的方式接待了这位高深莫测的英雄。①

拿破仑的军事使命并未随着意大利战争的结束而结束，因为英法之间的战事仍未平息。而且，在 1797 年 12 月的欢迎仪式上，督政府主席巴拉斯已明确敦促拿破仑向英国“举行一次出征，为伟大民族洗雪耻辱，恢复尊严”。拿破仑迅即对英吉利海峡沿岸展开探查，但其结论却是：此时此刻入侵英国本土不合时宜。正是在这一背景之下，一个奇特而冒险的军事计划开始浮出水面，这就是由拿破仑率军远征埃及。从表面上看，远征埃及与打击英国是联系在一起的，因为对近东地区的成功占领将切断英国与地中海东岸地区的贸易联系，甚至还可以为法国打开一条通往印度的新通道，如果此举成功，那么，在与英国争夺印度控制权的斗争中，法国将占据优势。②

塔列朗

实际上，远征埃及这一“怪招”之所以能够付诸实施，还有着其他一些更为重要的隐性原因。从督政府方面来说，将拿破仑留在巴黎是一个危险的做法，因为在意大利战争中拿破仑已经显示出独断专行的作风，回到巴黎之后其颇为做作的谦逊和朴实中也透露出一些不甘寂寞的气息。从拿破仑方面来说，无所作为将使他的威望黯然失色，而近东特别是埃及又恰恰是他心向往之的神秘处所，因此，拿破仑自然而然地倾向于发动这次远征。在外交部长塔列朗（Talleyrand，1754—1838）的鼓动下，督政府终于在 1798 年 3 月确定了远征方案。

① Philip Dwyer, *Napoleon: The Path to Power, 1769–1799*, London: Bloomsbury, 2008, p. 322.

② Andrew Roberts, *Napoleon and Wellington*, London: Weidenfeld and Nicholson, 2001, p. xviii.

1798 年 5 月，在拿破仑的率领下，3.8 万名陆军、1.6 万名水兵以及 180 余名考古学家、地理学家和数学家分乘 300 多艘舰船驶离土伦港，开始了远征之旅。①

对督政府而言，远征埃及的后果与其初衷是背道而驰的。首先，征服埃及、打击英国的愿望并未圆满得逞：在最初的两个多月时间里，拿破仑的军队虽顺道占领了马耳他岛（Malta）并在埃及取得了几次军事胜利，但在随后的日子里，法军则陷入被动境地，法国舰队几乎全军覆灭，军队给养十分困难，而且疫病开始流行。② 不过，这种状况对拿破仑本人在法国国内的声望并未造成影响，国内民众对他在近东的败绩并不知晓，相反却盛传着拿破仑在近东大获全胜的激动人心的消息。其次，对近东的军事冒险直接使得法国重新沦为过街老鼠：1798 年 12 月，英国、俄国、奥斯曼土耳其以及那不勒斯等国结盟抗法，第二次反法同盟形成。1799 年 3 月，奥地利亦加入反法同盟，紧随其后的还有瑞典、萨瓦等国。

正是在法国处于四面楚歌而埃及战事又获胜无望之际，拿破仑从其胞弟吕西安·波拿巴（Lucien Bonaparte）等人那里获悉国内的政治动向以及督政府的衰败情况，于是他决定放弃在埃及的冒险事业，转而进行另一场更具挑战性的冒险活动。1799 年 8 月，拿破仑撇下残兵败将③，带领几百精兵秘密启程回国。1799 年 10 月 9 日，拿破仑在法国南部滨海小镇弗雷儒斯（Fréjus）登陆，一个星期之后抵达巴黎。拿破仑的突然回国虽然属于擅离职守，但督政官们还是正式接待了他，立法机构也为他举行了一次宴会，法国政坛上的各个派别都在试图把拿破仑拉到自己的一边。

正当拿破仑处于观望徘徊之时，督政官西哀耶斯也正在盘算他的宏伟蓝图。作为 1795 年宪法自始至终的反对者，西哀耶斯从一开始就是督政府内部的“异己分子”。对现行体制已经忍无可忍的西哀耶斯决定借助军方的力量发动一场政变，将政局混乱的源头 1795 年宪法以及由它炮制出来的督政府体制一砍了之，然后再重新制定宪法。至于选择何人来充当这把“大砍刀”，西哀耶斯曾经有过犹豫，他想到过拿破仑，但他已经隐约感到拿破仑野心不小，政变一旦成功，很有可能就会导致军事独裁。而此时的拿破仑对西哀耶斯也是鄙夷不屑，认为他只

① 参阅 J. Holland Rose, “The Political Reactions of Bonaparte’s Eastern Expedition”, *The English Historical Review*, No. 173 (1929), pp. 48–58。

② 拿破仑远征埃及也带来了一个积极成果，这就是开启了对古代埃及的科学研究，法国士兵在小村庄罗塞达（Rosetta）发现的用三种语言撰成的碑刻使得最终解读古埃及象形文字有了可能。

③ 1801 年，法军最终从埃及撤走。

是一个办不了大事的空头理论家。然而，腿脚不便的外交部长塔列朗（4 岁时摔坏右脚导致终身残疾）却满腔热情地在西哀耶斯和拿破仑之间穿针引线，二人终于开始交往并达成一致意见。1799 年 11 月初，政变集团开始形成，其主要人物有西哀耶斯、拿破仑、塔列朗、司法部长康巴塞雷斯（Cambacérès）、五百人院议长吕西安·波拿巴以及一些追随拿破仑的军事将领。事实将证明，与拿破仑的联手对于西哀耶斯来说是一次只图一时痛快的草率之举。

在巴黎市中心发动军事政变显然并不保险，而且元老院和五百人院又不在一起，战线拉得太长对政变者来说也是有害无益。因此，必须编造出能够说得通的理由将两院拉在一起并将之迁往僻静的地方予以解决。在西哀耶斯等人的安排下，元老院中一部分“可靠”的议员于 1799 年 11 月 9 日（雾月 18 日）7 点多钟在杜伊勒里宫召开非常会议，会上有人根据事先的安排而大谈局势危急，声言有大批雅各宾分子正从各省来到巴黎以图恢复恐怖统治。[①]8 点钟，元老院便决定将第二天的会议转移到巴黎西郊的圣克鲁宫（Château de St-Cloud）举行，同时又越过督政府而直接任命拿破仑为巴黎卫戍军司令并责成他负责“搬家”事宜。五百人院于下午开会，在被简单告知元老院的上述决定之后，无权反对的五百人院也只得匆匆迁往圣克鲁宫。虽然两院在这里将“分厅议事”（元老院在战神画馆，五百人院在橘厅），但它们毕竟挤到一个大院子里了。也就是在 11 月 9 日这一天，西哀耶斯和其追随者迪科（Ducos）依照事先的计划而辞去督政官职务。在塔列朗的劝说下，自知大势已去的巴拉斯也只好闷闷不乐地辞了职。另外两名不明事理的督政官哥耶（Gohier）和穆兰（Moulin）拒绝辞职，于是被就地看押在卢森堡宫。至此，督政府已告解体，剩下的工作就是解决立法机关问题了。

谙熟政治策略的西哀耶斯曾建议先将一些顽固派议员抓起来，只让那些“听话”的议员去参加两院的会议，这样，立法机关便会一解而散。拿破仑没有同意这一方案，他以为对两院议员也可以像对待军队一样，一声号令就可以将之召唤过来。11 月 10 日（雾月 19 日）下午 2 点左右，在拿破仑数千军队的“监护”下，两院在圣克鲁宫的两个会场分别开会，会议一开始，两院内部便出现了政治纷争，其中又以五百人院表现得更为激烈。在院外等候结果的拿破仑闻讯之后，立即前往元老院所在地战神画馆，宣布督政府已经不复存在。在取得元老院支持之后，拿破仑又急忙赶往五百人院所在地橘厅，在这里他试图发表演说，但遭到激

① Frank McLynn, *Napoleon*, London: Pimlico, 1998, p. 215.

进派议员的激烈反对，会场出现骚乱，一些议员更是对拿破仑大声叱骂并大打出手。从未经历过如此阵势的拿破仑面色发白并开始口吃，在几乎昏死过去的情况下由手下的士兵连架带拖地抢出了橘厅。饱经变乱的西哀耶斯劝说神情恍惚的拿破仑切莫功亏一篑，必须使用武力。于是，大队的士兵开始进入橘厅。议员们就这样被驱散了，其中有许多人是跳窗而逃的，而且在逃跑时还没有忘记高呼几声“共和国万岁”。当他们在黄昏夜色中消失以后，窗外的花园中留下了一件又一件凌乱的宽松红袍。

当天晚间，大约 60 名惊魂未定的议员又被找了回来，在吕西安的主持下，这一特殊的“议会”开始为政变的最后几道工序涂抹一些法律色彩。“议会”决定：废除督政府，由拿破仑、西哀耶斯和迪科出任临时执政（Consuls）并组成临时执政委员会；由两院中抽调 50 人协助三位临时执政起草和修改新宪法，两院暂时休会。[①] 经过两天惊心动魄的较量，西哀耶斯和拿破仑的密谋终于获得成功，这就是法国历史上的“雾月政变”（Coup d'Etat de Brumaire）。从政变中诞生的三位临时执政起初在名义上是平等的，但任何人也不会对这种“名义”信以为真，由西哀耶斯发起的这场政变最终却是将拿破仑送上了权力的巅峰。

第四节　新旧杂糅的拿破仑时代

从 1799 年 11 月雾月政变之后开始的大约 15 年时间里，法国先后经历了徒具共和外壳的执政府时期（Consulat，1799—1804）和外表上轰轰烈烈的帝制时期（l'Empire，1804—1814，1815 年还有一段不足 100 天的回光返照）。虽然从形式上看这两个时期分别有着不同的政体，但二者在本质上却是相通的。临时执政府时期制定的新宪法已经为埋葬共和制奠定了坚实的基石，在对已经变得不伦不类的“共和”的执政府进行一些轻描淡写的改造之后，帝制也就水到渠成，而以上这一系列变故自始至终又是与军人出身的拿破仑·波拿巴紧密联系在一起的。在这 15 年中，不论是作为第一执政还是作为皇帝，拿破仑都是法国无可争

① Andrew Roberts, *Napoleon and Wellington*, London: Weidenfeld and Nicholson, 2001, p. xx.

议的实际主宰。而且，通过千军万马的铁蹄横扫，拿破仑还一度成为跨越国界的欧洲霸主。正因如此，西方的一些历史学家曾不无感慨地认为，这一时期的法国历史乃至整个欧洲历史简直就是一部卷帙浩繁的拿破仑“个人传记”。

一、执政府的统治及蜕变

既然雾月政变的最根本动因就是为了推倒“乱政殃国”的1795年宪法以及纷争不宁的督政府体制，那么，政变成功后的第一要务便是要制定一部能够使政治生活稳定有序的新宪法。作为政变方案的原创者和主要实践者，西哀耶斯在政变后不久便拿出一份颇能体现其宪政理念的宪法草案，其基本思路是：制定缜密的选举制度，注重权力的制约与平衡，防止派系倾轧或武力篡权，从而使法国避免出现政府猝不及防地倒台和反对派扶摇直上地登台这种政变怪圈。[①] 根据这一宪法草案，国家权力的基本框架应当是：最高行政长官（亦称“大选侯”，Grand électeur）为国家首脑，他是整个国家的象征，终身任职，但对国家事务不负直接责任；实际的组织管理工作由两名执政官（战时执政官与平时执政官）以及由普选产生的立法机构负责。

西哀耶斯之所以要设立一个虚位元首，其意图很明显，这就是要将借来的拿破仑这把“大砍刀”妥善安置好。而且，他还为拿破仑出任最高行政长官之后的生活作了细致的安排：以凡尔赛宫为官邸，年薪600万锂，同时拥有一支3000人的卫队。然而，以理论著称的西哀耶斯并没有充分意识到“还刀入鞘”的困难。既然拿破仑已经成为与西哀耶斯平起平坐的临时执政，而且，作为临时执政的拿破仑又有权参与新宪法的起草和讨论，那么，刚刚年满30周岁且不甘碌碌无为的这位军人政治家显然不会接受西哀耶斯为他准备的这份闲职。拿破仑曾对宪法起草委员会的成员说过：“你们怎么能设想，一个有点才干和荣誉的人，会甘心当一个拿几百万锂的造粪的猪崽呢？”拿破仑赢得了另一名临时执政迪科以及宪法起草委员会中大多数成员的支持，对争论和辩解一直深恶痛绝的西哀耶斯从此寂寞下来，只能听任拿破仑对宪法草案进行横行无忌的凿砍修正。1799年12

① 关于法国大革命的元老人物西哀耶斯的宪政思想，可参阅吕一民、乐启良：《西耶斯的代议制理论管窥》，载《浙江大学学报》2009年第1期，第101—110页；陈端洪：《人民既不出场也不缺席：西耶斯的民族制宪权理论解读》，载《中外法学》2010年第1期，第81—103页。

月下旬，被称为“共和八年宪法”或“1799年宪法”的这部治国大法正式颁布，这已是大革命开始以来的10年中法国人制定出的第四部宪法。

1799宪法既然是军人意志的产物，那么，大革命以来一直流行的民主色彩和分权特征在这里也就不再时髦。尽管从宪法原则上说，年满21岁的成年男子均有选举权，但其实际权力却极为有限。根据法定程序，选举工作是自下而上分等级依次进行的，首先是从全国合格选民（约600万人）中选出1/10，构成“市镇候选人名单”，市镇地方官员将从这一名单中产生。然后从这一名单中选出1/10，构成“省级候选人名单”。最后再从这一人数已经相当有限的名单中选出1/10，构成“国家级候选人名单”。这种层层递减的程序意味着大约只有6000人能够最终胜出，而高级行政官员和立法机构成员都将从这6000“名流”中产生。

在中央机构中，立法权和行政权在形式上是相互分离的。立法权分属四个院：参政院（Conseil d'Etat）负责起草法律条文；保民院（Tribunat）负责讨论法律草案，但无表决权；立法院（Corps législatif）负责对法律草案进行表决，但无讨论权；元老院（Sénat）的主要职责是护卫宪法并负责保民院和立法院的人员调整工作。行政权属于三位执政：执政官名义上由元老院任命，任期10年，其中“第一执政”（Premier Consul）有权任命各部部长、驻外使节、高级军官、各省省长以及其他各类地方高级行政官员，第二、第三执政协助第一执政处理相关事务。这种分工看似职责分明，但是问题的关键在于：参政院的成员由第一执政负责挑选和任命，参政院的会议也由第一执政亲自主持；执政官虽然是由元老院任命，但元老院成员的圈定和增补却基本上就是第一执政的独占权力。因此，不论这种政治结构有多么富丽堂皇，也不论一件事情在办理过程中要经过多少道程序，立法权和行政权的最终源头都集中到了第一执政身上。①

对地方管理体制的改革也明确体现出拿破仑的军人作风，这就是：中央政权的法令法规以及其他各种命令必须要以电流般的速度传到全国各地。在形式上，新宪法保留了大革命初期传下来的地方建制，但是，民选机构和地方自治已经变得有名无实，省长、副省长乃至居民在5000人以上的市镇长官均需由第一执政任命。大革命初期形成的司法体系也被保留下来，然而，除地方治安法官以外的其他各级各类法官却均要由中央政权任命。至此，由大革命引发的历时10年之久的以地方自治为特征的“民众狂欢运动”基本宣告结束，一套由中央到地方均

① Andrew Roberts, *Napoleon and Wellington*, London: Weidenfeld and Nicholson, 2001, p. xx.

需听命于第一执政的集权体制终于形成，而这一体制一经形成便具有非凡的生命力，拿破仑以后的各个政权都没有能够真正跳出由拿破仑为它们圈定好的这种体制。

正是依据这部具有军事化色彩的1799年宪法，由拿破仑担任第一执政的新政府于1799年12月25日正式成立。① 在拿破仑的直接指挥下，结束革命动荡、稳定社会秩序的行动由此全面拉开帷幕。与以前的各届政权一样，执政府面临的首要难题仍然是财政问题。沉重的国债负担自不必说，国库里的现金也只有区区十几万法郎。对于这一问题，拿破仑也并没有什么奇特的灵丹妙药，其典型手段就是采取集权化的垂直管理：取消地方政府的税收大权，由中央政府直接派人到全国各地负责税收工作。这种管理方式虽使国库状况稍有起色，但却使得地方政府一蹶不振，一无人权、二无财权的地方政府由此逐步养成了办事拖沓、人浮于事的百年不变之作风。

为了改善政府的财政状况，拿破仑还采取一些间接措施以促进经济的恢复和发展，例如：成立"偿还公债基金会"（Caisse d'amortissement），以保证政府有能力向债券持有人支付法定利息，同时由它负责在证券交易所股票价格急剧下跌时购进股票；1800年初又成立"法兰西银行"，不久又赋予它发行纸币的垄断权利；1803年，根据较早前确定的"公制"度量衡②，执政府发行新的金银铸币，其中规定金银比价为1：15.5，1法郎等于5克九成白银，从而使货币计算单位与货币实际面值第一次统一起来。经过一段时间的整顿，根据官方公布的数据，执政府的财政自1801年起就已达到收支平衡。实际上，这种平衡在很大程度上是一种虚像幻影，一则是由于账面数字存在造假现象（这在法国历史上已不是什么新鲜事），二则是由于执政府从各"姊妹共和国"巧取豪夺了大量贡赋以充实国库。

在稳定社会秩序方面，执政府需要解决的另一个迫切问题就是要推进自制宪议会时期已经开始的法制建设。1800年8月，拿破仑下令成立一个民法起草委员会，在他亲自主持并不断催逼之下，委员会于1800年12月完成《民法典》

---

① 西哀耶斯虽然在政治斗争中败给了拿破仑，但善于用人、善于笼络人心的拿破仑并没有将这位雾月政变时的盟友置于死地。拿破仑让他担任了元老院议长（Sénat conservateur），后来又于1809年封他为帝国伯爵。详见 Glyndon G. Van Deusen, *Sieyes: His Life and His Nationalism*, New York: AMS Press, 1968。

② 以米、升、克为基本计量单位的公制（Metric system）度量衡最初产生于雅各宾专政时期。1793年8月，忙里偷闲的国民公会颁布法令，决定制定一套统一的十进位度量衡制度，当时已经将"米"的长度确定为从赤道至北极之间距离的一千万分之一。1799年7—12月间，也就是在由督政府向执政府转变的混乱之中，完整而系统的公制度量衡最终制定出来。

（*Code Civil*，后世一般称之为《拿破仑法典》）的起草工作。经拿破仑及参议院逐条审定之后，《民法典》于 1804 年 3 月正式颁布。《民法典》共 2281 条，内容几乎涉及社会生活的一切领域，从总体上说，它贯穿着几个基本原则，即私有财产不可侵犯原则、契约自由原则以及法律面前人人平等原则。《民法典》具有其不可磨灭的进步意义，它以法律的形式确定了大革命以来的反封建反特权成果，有利于资本主义社会生活规范的进一步确立和巩固。对于这部法典的价值，拿破仑本人也是津津乐道的，他曾有言："我的光荣并不在于赢得了 40 场战役，因为滑铁卢一役就使得这些胜利黯然失色 . 但是我的民法典却不会被遗忘，它将永世长存。"

毋庸讳言，《民法典》中的某些规定也产生了明显的消极影响。例如，子女平分父母遗产这一条文使得本来已经很小的小农土地变得更小，正因如此，有人形象地将《民法典》称作"土地粉碎机"。又如，法典规定，女子出嫁前受父亲监护，出嫁后由丈夫监护。这一规定是对大革命初期妇女要求与男人同样有权"扎皮带、挎手枪"的一种反讽，法国妇女的自身解放却由此变得遥遥无期。另外，法国海外殖民地上的奴隶制度本来已由雅各宾政权于 1794 年 2 月明令废除，但是，1802 年 5 月，拿破仑又以一纸法令将之原样恢复。拿破仑法制建设的光辉由此也就大失其色。①

宗教问题也是拿破仑着力解决的一个重要问题。前任政府已经宣布法国实行政教分离，但拿破仑却将宗教看成是稳定社会秩序所不可或缺的精神支柱，他认为，"没有宗教的社会就像一艘没有指南针的船"。为将法兰西这艘大船尽快安上"指南针"，拿破仑随即决定政教不能分离，但其前提是教会必须是法国人的教会。1800 年 6 月，拿破仑派代表与新任教皇庇护七世（Pius VII，1800—1823 年在位）展开谈判。1801 年 7 月，双方终于在巴黎签署了寿命长达 100 余年的《教务专约》（*Concordat*）。专约宣布：天主教是"绝大多数法国人"信仰的宗教；在法国，人们可以自由信仰天主教，但必须遵纪守法并接受治安管理；教会不得谋求索回革命期间已被没收的地产及其他财产，作为交换，所有教士的薪俸将由国家支付；主教由第一执政挑选任命，然后由教皇授予圣职；教区神父由主教任命。

以上这些条款都是双方在总体上可以接受的内容，但这并不完全符合拿破

---

① 参阅 James Gordley, "Myths of the French Civil Code", *The American Journal of Comparative Law*, No. 3 (1994), pp. 459–505。

仑恢复天主教信仰的本意。1802 年，在未与罗马教廷协商的情况下，拿破仑又单方面颁布《宗教信仰组织条例》（*Les Articles Organiques*），严格限制教廷在法国的活动自由和权力范围，古老的“高卢自由”由此得到重新确认。① 拿破仑的宗教政策有维护革命成果的某些内涵，而且拿破仑本人也自认为为绝大多数法国人找到了“指南针”，但问题并非如此简单。一方面，多达 38 名的反对派主教拒绝接受《教务专约》，其中有些人则更为坚定地组成所谓的“小教会”（Petite Eglise），在法国西部一角，其势力一直没有完全消失。② 另一方面，虽然绝大多数法国人拥有天主教徒身份，但其中却有相当一部分人不愿按照《教务专约》指引的方向前进。拿破仑时代以后的历史将表明，一代又一代的法国人为政教分离问题而展开翻来覆去的斗争，其结果就是：在迂回一个多世纪以后，法国于 1905 年又重新回到当初由督政府制定的政教分离轨道上来。

在重建社会秩序方面，拿破仑还有一项著名的举措，这就是在 1802 年创立了“荣誉军团”（Légion d’honneur）。这是类似于旧时骑士制度的一个组织，军团成员按照不同的等级而领有不同的头衔、勋章、绶带和年金，这就在一定程度上恢复了大革命初期废除的身份等级制度。对于设立荣誉军团这一法案，参政院成员贝利埃（Berlier）表示过反对，而且坦言那些勋章绶带只是“为满足君主政体的虚荣的小玩艺”。拿破仑的回答倒也颇有见地：“有人说这是为了满足虚荣的小玩艺。可不是！我们就是用这个来引导人的。在讲坛上我不会这样说；但是在贤明人士和政治家的会议上，我应当无话不说。我不相信法国人那么喜欢自由和平等。法国人并没有为十年的革命所改变；法国人只有一个感情——荣誉。因此必须满足这种感情，必须给他们荣誉。”③ 虽然最初领受勋章的那些人并不觉得十分光彩，甚至有些人还会表现出鄙夷不屑的神情，但久而久之，不少人却真的迷恋上了这种“小玩艺”；而且，时至 21 世纪的今日，第五共和国的法国政府依旧在摆弄由拿破仑发明的这些“小玩意”。除此而外，拿破仑对社交礼仪也开始关注起来，与君主制时代极为相似的各种礼节开始重新登台。但拿破仑的几个弟弟

---

① 参阅 H.Walsh, *The Concordat of 1801: A Study of the Problem of Nationalism in the Relations of Church and State*, New York: Columbia University Press, 1933。

② “小教会”成员以法国人为主，另有一些比利时人。据估计，在最盛时期，其成员约有 10 万人。19 世纪 30 年代以后，其势力渐趋减弱。参阅 Guy Janssen, *La Petite Eglise en 30 questions*, La Crèche: Geste Editions, 2006。

③ Pierre-Louis Roederer, “Speech Proposing the Creation of a Legion of Honour”, in Rafe Blaufarb ed., *Napoleon: Symbol for an Age, A Brief History with Documents*, New York: Bedford, 2008, pp. 101–102.

妹妹们却不受管教，他们照样热衷于穿着粉红色的紧身内衣参加各种娱乐活动。拿破仑为此大发雷霆："可耻！在我正用尽心思使人们再次讲究道德和行为端正之际，我的弟弟和妹妹却几乎一丝不挂地出现在舞台上！"这些弟弟妹妹们似乎准备悔改，但是，当拿破仑一转身，他们便依然故我起来。

在以兼收并蓄、恩威并用的方式稳定国内秩序的同时，拿破仑在对外关系方面也开始推行其宏大的构想。拿破仑的境外规划可以分为海外和大陆两个方面。在海外方面：地中海显然未能给拿破仑带来多少实际收益，对埃及的远征以失败告终，而且他也未能成功阻止英国人对马耳他的占领。相比之下，在美洲的行动似乎前景不错。在路易十五时期的"七年战争"期间，法国曾将密西西比河以西的路易斯安那作为酬报而赠与西班牙。1800 年，通过一项秘密条约，拿破仑成功地从西班牙手中收回了这一地区（包括新奥尔良）。1802 年，拿破仑又派其妹夫夏尔·勒克莱尔将军 (Charles Leclerc，1772—1802）率军远征中美洲的圣多明各（Santo Domingo），推翻了由黑人领袖杜桑·卢维杜尔（Toussaint Louverture，1743—1803）建立的黑人共和国，但不久之后，黄热病便使勒克莱尔及众多士兵命丧美洲。于是，拿破仑在 1803 年 5 月作出重大决定，放弃在美洲的冒险活动，并将路易斯安那以区区 8000 万法郎（约合 1500 万美元）的价格卖给了美国，折算下来，每平方公里只卖 7.4 美元。[①] 除去美洲而外，拿破仑在这几年中还有一些徒劳无功的大手笔：1800 年向澳大利亚派出一支探险队，1803 年又向印度派出一支远征队。虽然这些行动一无所获，但拿破仑的东方之梦一直环绕于心，甚至在做了皇帝之后也痴心未改，其中最为著名同时也是近于疯狂的一个设想是：1808 年，他竟然向沙皇亚历山大一世（Alexander I，1801—1825 年在位）提议组成一支 5 万人的法俄联军远征印度。

如果说拿破仑的海外发展规划基本上属于大而无当的梦想的话，那么，在欧洲大陆上的金戈铁马则充分显示出这位炮兵执政的英雄本色。执政府成立之初，第二次反法同盟的攻势依然不减。为了顺应国内民众的和平愿望，1799 年 12 月，拿破仑在明知不可为而为之的情况下向奥地利和英国发出和平呼吁。在遭到反法同盟拒绝之后，"为和平而战"的拿破仑随即制定出四线出击的作战方案。经过

---

① Owen Connelly, *Blundering to Glory: Napoleon's Military Campaigns*, Lanham, Md.: Rowman & Littlefield, 2006, p. 70.

1800年6月的马伦哥[①]战役和1800年12月的霍亨林登[②]战役，法军击败了对法国威胁最大的奥地利军队。1801年2月，法奥双方签订《吕内维尔[③]和约》，奥方正式承认莱茵河左岸所有土地归法国所有，同时承认由法国创造的各姊妹共和国。[④]另外，在莱茵河地区失去土地的那些德意志王公们将在德意志内部获得新的土地以作为补偿，而具体的安排将由法方作出，法国的霸权角色由此更显张扬。法奥和谈之后，俄国、西班牙、那不勒斯、葡萄牙和土耳其等国亦与法国讲和，第二次反法同盟随之瓦解。陷于孤立的英国也只得让步，经过漫长的谈判，英法双方于1802年3月签订《亚眠和约》，英国承认法兰西共和国（但未提及对“姊妹共和国”的承认），将1793年以后从法国手中夺占来的海外殖民地基本上全都归还给法国（但未提及对法国“自然边界”的承认），同时允诺放弃马耳他。法国终于迎来了虽然短暂但却极为难得的对外和平，法国在欧洲的影响也今非昔比。时任外交部长的塔列朗后来曾回顾起这一时期的局势：“法国在督政府时期陷入了衰败的深渊，如今又爬上了欧洲领导者的位置。”

对内建立秩序、对外创造和平这一系列业绩为拿破仑赢得了不少声誉，但是来自反对派的进攻也一直没有平息。王党分子对这位发誓不与波旁家族合作的“军人暴发户”恨之入骨，多次图谋将之暗杀。共和主义者和自由派人士则对拿破仑的各种复旧措施极为不满，批评之声从未消失。以治军方式治理国政的拿破仑自然而然地要左右出击，权力的进一步集中势在必然。在把死不改悔的自由主义者本雅明·龚斯当[⑤]（Benjamin Constant, 1767—1830）以及其他一批喜好品头论足的空谈家赶出保民院之后，1802年5月，拿破仑指示就是否给予三位执政以终身任职问题举行全民公决。被民众视为“和平天使”的拿破仑轻松地赢得胜利。1802年8月，所谓的共和十年宪法又进一步规定：终身任职的第一执政有权选任其他两位执政，有权指定自己的继承人，并且拥有任命元老院成员的垄断权；而元老院则有权修订宪法，也有权解散保民院和立法院。至此，无名而有实

① 马伦哥（Marengo）位于波河上游，在热那亚北面。

② 霍亨林登（Hohenlinden）位于慕尼黑东面。

③ 吕内维尔（Lunéville）位于南锡市东南方向，在法国默尔特—摩泽尔省（Meurthe-et-Moselle）境内。

④ Alan Schom, *Napoleon Bonaparte*, New York: Harper Collins, 1997, p. 302.

⑤ 关于龚斯当的自由主义思想，参见李宏图：《宪政体制与权力的边界——贡斯当的自由主义思想研究》，载《浙江学刊》2003年第3期，第55—62页；K. Steven Vincent, “Benjamin Constant, the French Revolution, and the Origins of French Romantic Liberalism”, *French Historical Studies*, No. 4 (2000), pp. 607–637。

的独裁君主制已基本形成，剩下的工作只是更换名称而已。

1804年3月，与拿破仑形同一体的参政院提议在法国实行世袭君主政体。拿破仑在后来曾说过，他“原本想再使执政府延长两年”，还想与名不副实的法兰西共和国“挽着胳臂再多散一会儿步”。不论他是否真的愿意与共和国“散步”，实际情况是：他已在掂量作为世袭君主是称国王为好还是称皇帝为妙。他后来曾描述过这一思想抉择：“国王的名称已经过时。它掺有陈腐思想的痕迹，只会使我成为死人荣耀的继承人。我可不愿仰仗或依附任何前任。皇帝的称号比国王要伟大得多。其涵义不易解释得清，因而它引人入胜。”[①]1804年5月18日，元老院以法令的形式颁布“共和十二年宪法”（第六部宪法），宣布法兰西为帝国，拿破仑为帝国皇帝。为表明自己的权力基础，拿破仑再次以公民投票的方式向全国人民“征求意见”。十几年前曾狂热参加革命、狂热要求处死君主、狂热欢呼君主制垮台的法国民众又以毫不逊色的狂热精神投身到君主制的大旗之下，全国公民中，投反对票的只有2000多人。虽然拿破仑在法国恢复了君主制，但有一点值得注意，这就是：大革命初期在经济、社会和宗教等方面取得的基本成果在拿破仑帝国时期仍然保存下来，帝国时期的法国与大革命之前的法国在社会性质上已有根本的不同。

二、帝国的繁茂与崩溃

拿破仑由共和国终身执政摇身变为帝国皇帝并不表明拿破仑的政治思想经历了一个由进步向保守转变的蜕化过程，因为他原本就不是一位能够让人说得清道得明的共和主义者。在青少年时代，他就曾经为自己的出身问题而与那些嘲笑他是土老帽、外国佬[②]的法国本土贵族子弟进行过据理力争。可以说，帝制的出现只是拿破仑借历史为他提供的机遇而使其政治理想发展到了极致的一种表现。建立帝制以后，拿破仑对内进一步追求秩序，对外则进一步东征西讨。且不论他为

---

① Susan Punzel Conner, *The age of Napoleon*, Westport, CT: Greenwood Publishing Group, 2004, pp. 48–49.

② 虽然科西嘉岛是在拿破仑出生的前一年（即1768年）归入法国的，但在很长一段时期里，本土法国人往往还是将科西嘉岛视为化外之地，该岛居民于是也就成了低人一等的“外族异类”。关于拿破仑的家世，参见［德］艾米尔·路德维希著，梅沱等译：《拿破仑传》，广州：花城出版社1999年版，第1—4页。

法国保存了多少革命成果，也不论他为欧洲其他各国输出了多少民主思想，其结果终究是境内离心离德，境外群起攻之。经过帝国初期的狂热之后，越来越多的法国人都渐渐产生一种宁可少一些辉煌、但求多一些安宁的厌战情绪，帝国的日子由此也就屈指可数。

拿破仑为巩固自己的这个帝国是费尽心思的，其中一个最基本的方面就是要构筑一个以波拿巴家族为核心的皇朝体系。首先是要为自己及皇后举行一次隆重的加冕仪式，以此达到广而告之的效果。与旧王朝时期法国国王通常由兰斯大主教涂油加冕的那一传统不同，拿破仑既希望把自己打扮成古罗马帝国式的皇帝，又觉得不能忽略天主教这一宣传工具。① 拿破仑需要教皇这位天主教世界的扬声器，但他并没有仿效历史上由皇帝亲往罗马接受教皇加冕的那种传统做法，而是毫不客气地将已经 60 多岁的教皇庇护七世（Pius VII，生卒年 1742—1823，1800—1823 年在位）从罗马召到巴黎。考虑到罗马教廷与法国政府之间的紧张关系刚刚开始化解，庇护七世最终还是决定出席这个对教皇带有明显贬抑色彩的加冕仪式。1804 年 12 月 2 日（星期天），在巴黎圣母院，拿破仑背朝着教皇，昂首挺立地由自己将皇冠戴到头上，然后又由拿破仑本人为跪着的约瑟芬加冕。拿破仑之所以没有按照“君权神授”的那套礼仪跪在教皇脚下接受加冕，是因为炮兵出身的拿破仑坚信的是炮筒子里面出政权，加冕典礼的当晚，他就对亲信们说过：“要是我自称是上帝之子，连卖鱼人都会当面笑我。”② 第二年，怀着和加冕礼时同样的心理，拿破仑又给庇护七世送去了一顶教皇冠冕，此即所谓的“三重冠”（Tiara）。不过，这顶三重冠设计得很特别，其帽口很小，正常人无法戴上；而且，正常的三重冠约为 0.9—2.3 公斤，但拿破仑送来的这一顶却重达 8 公斤；另外，在这顶三重冠上，还装饰着当年拿破仑军队从教廷偷来或抢来的宝石。③

---

① Todd Burke Porterfield and Susan L. Siegfried, *Staging Empire: Napoleon, Ingres, and David*, Pennsylvania: Pennsylvania State University Press, 2006, p. 4.

② 拿破仑的这个加冕仪式的确具有浓厚的“演戏”成分，不过，后世的许多史学著作对加冕场景的描绘还是显得过于文学化了，比如说，对于拿破仑从教皇手中“接过”皇冠然后由自己戴上这一经典场景，很多著作都把“接过”这一动作夸张为“抢过来”或“夺过来”。实际上，教皇自己事先已经知道这次加冕仪式的程序，他也只是依照程序完成既定的动作，不存在“出其不意”之类的事情。另，拿破仑的御用画家、新古典主义绘画代表人物雅克－路易·大卫所作的《拿破仑加冕礼》（*Le Sacre de Napoléon*）对加冕场景有很多篡改和加工。参阅 Jean Tulard, *Le Sacre de l'empereur Napoléon: Histoire et légende*, Paris: Fayard, 2004。

③ 参阅 Richard Cavendish, “Napoleon is Crowned Emperor of the French”, *History Today*, No. 12 (2004), pp. 46–51。关于拿破仑军队对各地艺术品的抢劫，参阅 Dorothy Mackay Quynn, “The Art Confiscations of the Napoleonic Wars”, *The American Historical Review*, No. 3 (1945), pp. 437–460。

拿破仑送给教皇的“三重冠”

从1805年开始，波拿巴家族的主要成员及姻亲都被陆续给予了国王之类的头衔和世袭的地产，拿破仑的长兄约瑟夫·波拿巴(Joseph Bonaparte，1768—1844)成为那不勒斯国王（后改任西班牙国王），弟弟路易·波拿巴(Louis Bonaparte，1778—1846)和热罗姆·波拿巴(Jerome Bonaparte，1784—1860)分别成为荷兰国王和威斯特伐里亚国王，妹夫缪拉(Murat，1767—1815)继约瑟夫之后也当上了那不勒斯国王。另外，做了皇帝的拿破仑还不得不考虑帝位的传承问题。虽然他有两位非婚生儿子，但这些名不正言不顺的公子是登不了大雅之堂的，而皇后约瑟芬也未能为其解决后顾之忧。1809年12月，拿破仑与约瑟芬离婚。按照拿破仑本人的说法，选择新皇后时必须要适应他“那个世纪的风气，同其他国家的习俗相协调，以配合政治上的种种考虑”，因此只有君主国的公主才能与他门当户对。在与约瑟芬离婚之前，拿破仑曾考虑迎娶俄皇亚历山大一世的年仅15岁的妹妹安娜为新皇后，但因俄方久拖不决而告吹。不久，拿破仑又以军人的作风直截了当地将目标转向手下败国、当时正与法国短暂和好的奥地利，最终选定奥皇之女、年方18岁的马丽—路易丝(Marie-Louise，1791—1847)。当得知这位公主的母亲生过13个子女、其上一代生过17个子女、还有一个祖辈竟生过26个子女时，拿破仑说道：“我要娶的就是这种肚子！”1810年4月，拿破仑与之成婚。1811年3月，这位脸上有些麻子但在拿破仑看来还“算是青春吐秀”的新皇后为他生下一子，拿破仑不久便封之为“罗马王”(Roi de Rome)。[①] 拿破仑的皇朝体系至此似乎已经圆满建成了。

拿破仑为巩固帝制而采取的另一重要措施是建立一套与君主制相适应的贵族

① 拿破仑的这个儿子名曰拿破仑·弗朗索瓦·约瑟夫·夏尔·波拿巴(Napoleon François Joseph Charles Bonaparte，1811—1832)，1814年成为“拿破仑二世”，但在位仅两个星期；1832年，因患肺结核而死，年仅21岁。正是因为有这个短命的拿破仑二世，后来拿破仑的侄子称帝时才称拿破仑三世。参阅Frank McLynn, *Napoleon*, London: Pimlico, 1998, p. 663。

等级制度。在宣布建立帝制的第二天，即 1804 年 5 月 19 日，拿破仑便册封了 18 位元帅。当然，元帅这种职位并不是君主制下的特有职衔，问题的关键在于拿破仑为这些新元帅们送来了“阁下”、“先生”之类的旧式称呼。拿破仑曾对自己的亲信说：“如今你称我‘皇上’，我称你‘先生’，你会感到舒畅百倍”；“元帅们有了自己的尊称，就不至于嘲笑我的称号了”。1808 年，拿破仑又正式创立帝国贵族制度，同时，旧制度时期的许多逃亡贵族也被召请回来为帝国效力。有人统计过，拿破仑先后共封授过 10 位亲王、31 位公爵、338 位伯爵、1090 位男爵和大约 1500 名骑士。另外，拿破仑对礼节礼仪之类的细枝末节问题也经常过问甚至亲自拟定各式各样的条条框框，例如：高雅的女子在敲门时不应“咣咣”作响，而应当采用让屋里人听清即可的“搔门”方式。又如，大革命时期的艺术家为法国各地留下了大量裸体的神话人物雕塑，拿破仑竟下令给它们裹上衣服。巴黎的一个广场上建有一个喷泉，水池中有一群上身全裸的女水神，泉水从她们的乳房喷出，拿破仑见后便下令将这些有伤风化的“奶妈”撤走。

在国家机器的构成和运转方面，帝国时期也出现一些新的变化。经过执政府后期的清洗之后，本来就只是“有权说话无权举手”的保民院变得更是形同虚设，于是拿破仑在 1807 年干脆将之取消；“有权举手无权说话”的立法院的作用也更为微弱，拿破仑给予它举手表决的机会已越来越少，因为新的法律往往是以“政令”（consulta）的形式由元老院直接颁布的。因此，在帝国时期，集权统治在原有基础上又有进一步的发展，独裁特征已愈发明显。拿破仑每天的工作时间通常达到 18 个小时。从后来整理出版的《拿破仑书信集》中可以看到，在其政治生涯中，拿破仑平均每天口授 15 封信函。这种旺盛的精力与其超凡的能力相结合，使得拿破仑的个人威力弥漫到法国社会政治生活的一切领域。这种独裁统治既是拿破仑帝国之所以能够腾达一时的重要原因，同时也是帝国难以长期维持下去的根本症结。长期的精神亢奋终于使得拿破仑付出了盛年早衰的沉重代价。从 1809 年前后开始，刚满 40 岁的拿破仑逐渐变得反复无常起来，既爱猜疑又易动怒，身体经常不适，而且对自己的判断也日益缺乏信心和把握。到 1812 年前后，他与家族成员的关系几乎全部陷入僵局。

在对社会及文化生活进行控制方面，拿破仑帝国也朝着苛严的方向大步迈进。首先是重建并强化秘密警察制度。根据参政院的命令，遍布各地的警察密探可不经任何审讯程序而直接拘捕并关押包括左右派在内的各种政治嫌疑犯以及各类不满分子。这无异于旧制度时期“密札”制度的死灰复燃。其次是实行严格的书报刊检查制度。拿破仑将全国各地不受政府控制的名目繁多的大报小刊一扫而光，最终巴黎只保留 4 种报纸，各省只保留 1 种报纸，而保留下来的这些报纸其实际功能就是充当政府的公报而已。[①] 在拿破仑统治时期，与古典主义文化相对立的浪漫主义文化虽然已在跃跃欲试，而且出现了诸如斯塔尔夫人（Mme de Staël，1766—1817）、龚斯当以及夏多布里昂（Chateaubriand，1768—1848）等等充满自由精神的浪漫主义作家和政论家，但是，在帝国体制下，这一新文化运动一直处于地下状态。比拿破仑年长 3 岁的斯塔尔夫人是路易十六时期财政大臣内克的女儿，她最初曾对拿破仑的上台欢呼雀跃而且还苦苦追求过拿破仑，但其强烈的政治自由倾向最终引起拿破仑的深恶痛绝。拿破仑不仅查禁了她的书籍，而且在多种场合公开斥之为“十足的讨厌鬼”、“老乌鸦”和“应当被关起来的疯婆子”。[②] 在这种高压政治下，法国的文化是难以繁荣起来的。此外，拿破仑的法制建设也越来越明显地体现出对秩序的无情追求，1810 年颁布的《刑法典》恢复了此前已被废止的烙刑。对于杀父杀母者，《刑法典》则规定，先砍去其一只手，然后再将之斩首。在教育方面，拿破仑也力图创造一种一体化的集权管理模式以培养不尚自由但却奉公守法的帝国公民，经过几年的探索之后，拿破仑于 1808 年 3 月正式下令设立统管各级各类教育事宜的最高教育机构“帝国大学”(Université Impériale，基本等于国家教育委员会或教育部)。

在经济建设方面，拿破仑确曾采取过不少改进或鼓励措施。除少数贫瘠地区外，农牧业在总体上是比较繁荣的，甜菜、棉花和桑树等新的经济作物品种的种植面积不断扩大，牛羊养殖业特别是从西班牙引进的美利奴绵羊（merino sheep）养殖业有了较快发

内克的女儿斯塔尔夫人

① 参阅 J. Holland Rose, “The Censorship under Napoleon I”, *Journal of Comparative Legislation and International Law*, No. 1 (1918), pp. 58–65。

② 在大革命期间及随后的拿破仑帝国时期，斯塔尔夫人写成一部名曰《法国大革命主要事件之思考》的巨著。在西方史学界，这部著作被视为大革命史研究领域中的重要史料之一。可惜，这部著作（英文版共 804 页）至今尚无中文译本。参阅 Mme de Staël, *Considerations on the Principal Events of the French Revolution*, Indianapolis: Liberty Fund, 2008。

展。在工业生产上，拿破仑也给予特别关注，一些重要的工业部门得到了政府的特别扶持。但是，拿破仑时期的法国工业远远没有达到同时期英国那样欣欣向荣的繁盛局面。而且，随着对外战争的不断进行和战争规模的不断扩大，与枪炮弹药无关的民用工业日益退居次要地位，最终能够热火朝天的几乎只剩兵工厂一个生产部门。在商业贸易领域，拿破仑也力图开花结果。在他的支持下，全国各地陆续成立不少新的商会组织，1806 年在巴黎还举办了大型的工业博览会。但是，拿破仑在商贸方面所作的一切努力皆被他那异想天开的“大陆封锁体系”而弄得灰飞烟灭，帝国的对外贸易不仅未能向前发展，而且还赶不上旧制度末期的外贸水平。

拿破仑在国内进行的各种活动仅仅是其“个人传记”中的半壁江山，构成拿破仑“全传”所不可或缺的另一部分内容便是让后世各色人等津津乐道的对外战争。关于拿破仑的对外战争，我们可以将之分为两个阶段来考察。一是拿破仑掌握最高统治权之前的对外战争：此间的拿破仑只是听任调遣的战争工具，其战争性质不论是好是坏，均与拿破仑本人没有直接关系。二是拿破仑掌握最高统治权之后的对外战争：在此阶段，拿破仑不仅是众多战役的直接指挥者，而且也是整个对外战争行动的最高决策者，因此，拿破仑应对这一时期所进行的对外战争负有最为主要的责任。对于拿破仑当政以后所进行的将法国及附庸国数百万士兵强制拖进厮杀场地的这些对外战争，后世许多历史学家曾费尽心思地为之罗列出一条又一条“客观上的不得不打的理由”和“客观上的积极作用”，也有不少历史学家不厌其烦地为之实施解剖手术以求达到辩证的“一分为二”。[①] 这些做法看起来似乎既公正又科学，但它却很容易将人们引入一种“侵略合理”的思想歧途。

1802 年的《亚眠和约》为法国带来了一年多的对外和平，然而，英国在对外扩张方面是马不停蹄的，而法国的对外干涉也是无休无止的。既然英法双方都不愿安分守己，《亚眠和约》之后的和平景象也就只能是经不起阳光普照的一现昙花。正是在这种并不稳定的和平氛围下，英法两国在实际上双方都不拥有主权的马耳他岛问题上展开了激烈的外交冲突，英国赖在这里不走，法国则想重新控制这一战略要地。双方均不让步的英法两国终于在 1803 年 5 月重开战局。就在与英国进行武力较量的同时，拿破仑又继续在欧洲大陆特别是在德意志和意大利地区进行随心所欲的改造和重组，各地的“厌法”心理日渐加重。

① 参阅 Vincent Cronin, *Napoleon*, London: Harper Collins, 1994, pp. 342–343。

1805年4月，俄英正式结盟反法，随后不久，奥地利、瑞典和那不勒斯等国亦尾随入盟，此即第三次反法同盟。在欧洲主要国家中，只有普鲁士拒绝参战，而西班牙则倒向法国一方。在与第三次反法同盟进行的各次战役中，拿破仑“海战外行、陆战内行”的特点再次显露出来。在1805年10月的特拉法加[①]海战中，法国和西班牙的联合舰队在英国海军的猛攻下几乎全军覆没。但是，1805年10月在德意志境内的乌尔姆（Ulm）和1805年12月在维也纳东北的奥斯特里茨（Austerlitz），拿破仑的军队却给予奥地利军队和俄奥联军以毁灭性的打击。虽然英国仍在为敌，但反法同盟已被摧垮。1805年12月，奥地利与法国签订《普雷斯堡[②]条约》（*Traité de Pressburg*），奥方从意大利和南部德意志地区被彻底排除出去。随后，拿破仑又在欧洲大陆搞了一系列的发明创造。1806年7月，他将德意志西部地区的16个小邦组合成一个实际上是隶属于法国的“莱茵邦联”（Confédération du Rhin）。[③]1806年8月，他又以霸主的姿态宣布他将不再承认神圣罗马帝国的存在，神圣罗马帝国果真也就由此寿终正寝，原帝国皇帝弗朗西斯二世（Francis II，1792—1806年在位）被迫更换名头而成为奥地利的弗朗西斯一世（Francis I，1806—1835年在位），而这位只比拿破仑大1岁的奥皇几年之后又将成为拿破仑的岳父。

欧洲的局势并未就此平静下来，下一个有待拿破仑宰割的将是多年来一直保持中立的普鲁士。打败第三次反法同盟之后，拿破仑曾允诺将德意志北端的汉诺威地区（Hanovre）送给普鲁士，信以为真的普鲁士随即与法国结盟。然而，1806年夏天，拿破仑又与英国展开秘密谈判，在此期间，拿破仑又提出可将汉诺威让给英国。尽管英国拒绝了这份礼物，但普鲁士仍是感受到被愚弄的滋味。加之拿破仑在德意志地区采取的各种翻云覆雨的措施已对普鲁士构成潜在的威胁，普鲁士便改变原来的立场。1806年9月，普鲁士与俄英等国结盟，第四次反法同盟于是形成。然而，匆忙上阵的普军到1806年10月中旬便在德意志境内的耶拿（Jena）被法军挫败。1807年6月中旬，在普鲁士东北端的弗里德兰（Friedland），俄军也遭到同样的失败。1807年7月，拿破仑在涅曼河（Niemen）下游的提尔西特（Tilsit）与俄普两国分别签订和约。

---

① 特拉法加（Trafalgar）海角位于西班牙南端，在直布罗陀海峡附近。

② 普雷斯堡（Pressburg），今名布拉迪斯拉法（Bratislava），当时属于奥地利，今为斯洛伐克首都。

③ Robert Goetz, *1805: Austerlitz: Napoleon and the Destruction of the Third Coalition*, London: Greenhill Books, 2005, p. 301.

在《提尔希特和约》(*Traités de Tilsit*) 中，拿破仑对同是“皇兄皇弟”的沙皇俄国的处置相当宽容：俄国承认欧洲政治版图的变动；由沙皇出面调和英法矛盾，如果英国拒绝调停，俄国须对英国开战；在未来的领土分割中，俄国将可望获得奥斯曼土耳其的部分土地。而拿破仑对普鲁士的惩罚则相当苛刻：普鲁士丧失易北河（Elbe）以西的一切土地，上个世纪通过瓜分行动抢来的原波兰土地则转归新成立的“华沙大公国”(Duché de Varsovie，其性质与“莱茵邦联”类似)；法国军队将驻守在普鲁士的所有军事要塞，直至普方付清赔款为止（后定赔款 1 亿法郎)；普鲁士必须与法国联合打击英国。[①] 正是由于拿破仑对普鲁士采取了这一几近灭绝的屠宰政策，普法之间的积怨将在长时期内无法化解。

在与普俄等国展开陆上交锋的过程中，拿破仑时刻也未能忘却英国这个打不垮、拖不烂的海上怪胎。随着法国的势力范围在欧洲大陆的不断扩大，自以为英国离开大陆就活不下去的拿破仑开始构筑一个以“饿垮”英国为目标的“大陆封锁”体系（Blocus continental)。1806 年 11 月，拿破仑在征战途中颁布《柏林法令》，宣布封锁英伦诸岛，来自英国及其殖民地的一切货物将被扣押查封。1807 年，拿破仑又先后颁布《枫丹白露法令》和《米兰法令》，禁止各中立国与英国进行贸易，否则与英国同罪。然而，拿破仑的这一黑色浪漫曲并未产生预期的效果。英国在经历了 1807、1808 两年困难时期以后，其对外贸易重又生机勃发。英国不仅在南美洲开辟了广阔的新市场，而且通过贿买、走私等手段并启用绕道巴尔干半岛的偏僻商业路

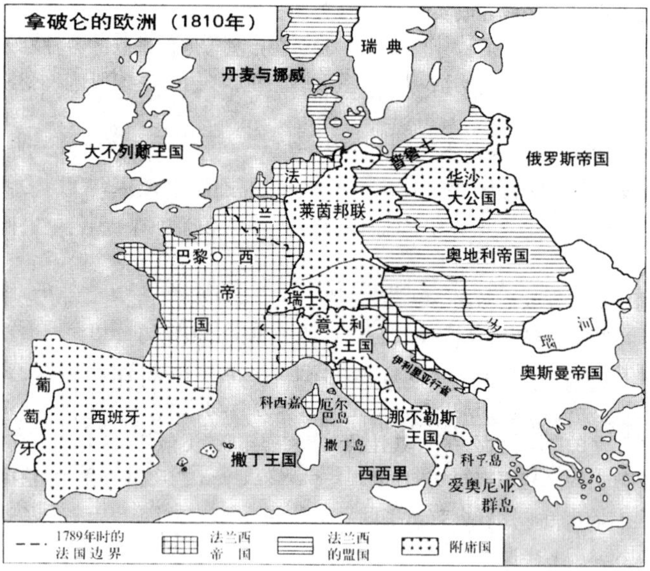

① 参阅 Frank McLynn, *Napoleon*, London: Pimlico, 1998, p. 426。关于普军协助拿破仑，参阅 John G. Gallaher, “The Prussian Regiment of the Napoleonic Army”, *The Journal of Military History*, No. 3 (1991), pp. 331–344。

线而将本国及殖民地的商品打进了大陆市场。[①] 相反，法国及其追随国的经济生活却因这一自关门户政策而陷入萧条和混乱之中，各中立国也因此而蒙受重大损失。虽然说此后的拿破仑在欧陆战场上仍有过几次神通的表现，但其处境已经大不如前，可以说，正是这一荒唐的大陆封锁体系加速了拿破仑政权的垮台。

给拿破仑政权敲响第一声预报性丧钟的是西班牙人。西班牙虽然已与法国结盟而且也加入了针对英国的大陆封锁体系，但是拿破仑并不愿意由波旁王朝继续统治这个国家。1808 年 7 月，在将西班牙国王父子骗到法国并关押起来以后，拿破仑迅即将其兄长约瑟夫调往马德里出任西班牙国王。拿破仑的这一做法立即引起西班牙民众的不满和反抗，抗法游击战遍布半岛各地。拿破仑曾极为恼怒地将西班牙民众称作“一堆垃圾”并于 1808 年 11 月亲自出马镇压，但西班牙的局面终究未能平静，数十万法军由此被拖入漫长的半岛战争（Peninsular War，1808—1814）。后来，拿破仑在《回忆录》中写道，在西班牙这个地方进行的“半岛战争”是导致他最终失败的核心因素，“那场倒霉的战争摧垮了我”，“我的一切灾难都因那个死结而集结在一起”。[②]

就在拿破仑为半岛战争而大伤脑筋之时，以为复仇时机已到的奥地利于 1809 年 1 月与英国结成第五次反法同盟。1809 年 3 月，奥地利向法国发起进攻，拿破仑迅即作出回应，在付出惨重伤亡的代价之后，法军于 1809 年 7 月在维也纳东北方向的瓦格拉姆（Wagram）击溃奥军主力。1809 年 10 月，奥地利又被迫与拿破仑签订和约，除了割地赔款之外，奥地利还不得不接受拿破仑的大陆封锁体系。打败第五次反法同盟之后，拿破仑帝国在版图方面已经达到其顶峰时期，但与此同时，由独裁统治和穷兵黩武政策所带来的问题也日益严重且越积越多。在国内，虽然公开的反对派没有立足之地，但是，民众的抵触情绪仍可感可知，人们已经开始厌倦这种虽是辉煌无比但却苦难无边的帝国生活。正是在这种背景下，1807 年辞去外交大臣职务但仍任职于参政院的“政治风向标”塔列朗与 1810 年被免去警察总署署长职务的富歇（1758—1820）开始密谋推翻他们当年曾鼎力拥护过的拿破仑政权。在境外，拿破仑也日益陷入四面楚歌的境地，与英国的战争仍然在不见起色地拖延下去，适得其反的大陆封锁体系更是引起欧陆各国前所未有的不满，而且，对普奥等国的苛刻处置也唤醒了德意志人的民族意

---

① Frank McLynn, *Napoleon*, London: Pimlico, 1998, p. 497.

② Napoleon Bonaparte, *Memorial de Sainte-Helene*, Paris: Garnier fretes, 1961, Vol. 1, pp. 609–610.

识。此时的拿破仑已一步步地被拖进由他本人亲手开挖出来的政治坟场。

虽然说在拿破仑势力范围之内的广大地区已经出现人心浮动的不祥之兆，但拿破仑看到的却是另一个似乎更为迫切的问题，这就是：远在欧陆东部的俄罗斯正一天天地变坏，大陆封锁体系在那里已经网破洞开；而且，沙皇亚历山大一世要做“欧洲领袖”的使命感也在一天天地变强，自视为“大革命继承人”的拿破仑当然不会以礼相让。① 为了拔除“俄患”，拿破仑从 1811 年起便开始进行秘密筹划，从各附庸国中召集了 40 万军队，加上法国本土军队 20 万人，组成一支 60 万人的征讨大军。1812 年 6 月，拿破仑亲率大军开始其远征行动。然而，俄军从一开始便采取“以空间换时间”的一路后退策略，同时又对拿破仑的军队展开不断的骚扰。鞍马劳顿、损兵折将的拿破仑于 1812 年 9 月 14 日率 10 万残兵抵达莫斯科，当天晚上，这座以木质建筑为主的都市却忽然间变成浓烟四起的火海。后来的证据表明，这场三天不熄的大火乃是俄方的既定行动。由于既缺乏给养又无处栖身，加之沙皇拒绝和谈，别无他途的拿破仑只得于 1812 年 10 月中旬下令回撤。拿破仑在后来曾将这次大败退归罪于“寒冬早临”、“大雪纷飞”之类的恶劣气候，但气象史资料表明，当年 10 月，东欧气候异常温暖，而且当年莫斯科的第一场雪直至 11 月 6 日才徐徐飘落，而这时拿破仑军队的败退行程已经完成了 2/3。拿破仑对俄国的劳师远征终以灾难性的惨败而结束。

从征俄惨败之日起，拿破仑政权开始脚踏实地地迈进残阳如血的黄昏时期。开启这一黄昏序幕的是：俄国决定跨越俄界，勇追穷寇。1813 年初，俄、英、瑞典、普、西、葡等国结成第六次反法同盟。1813 年 8 月，拿破仑帝国的姻亲奥地利亦放弃对拿破仑的支持而加入反法同盟。1813 年 10 月中旬，拿破仑率领 16 万军队与反法同盟的 32 万军队在柏林西南的莱比锡（Leipzig）展开决战，结果又是溃败得淋漓尽致。② 拿破仑已别无选择，只能向法国本土方向后撤。在后退途中，他亲眼目睹了“莱茵邦联”土崩瓦解的景象。这时的反法同盟虽已下定决心要打败拿破仑，但并未决意要推翻波拿巴皇朝，其中一个方案是由年轻的皇后马丽—路易丝出任摄政辅佐刚会走路的儿子“罗马王”。不久，反法同盟又提出，如果拿破仑后撤至“自然边界”以内，那么，他仍可在法国掌权。但是，拿破仑对于以上建议一概予以拒绝。于是，从 1814 年 1 月开始，已经后退至境内的拿

① 参阅 Harold T. Parker, “Why Did Napoleon Invade Russia? A Study in Motivation and the Interrelations of Personality and Social Structure”, *The Journal of Military History*, No. 2 (1990), pp. 131–146。

② David Chandler, *The Campaigns of Napoleon*, New York: Simon & Schuster Chandler, 1995, p. 1020.

破仑与反法同盟的军队展开所谓的“法兰西之战”。虽然拿破仑赢得了一次又一次的战斗，但在反法同盟的强大攻势面前，拿破仑仍不得不往巴黎方向不断后撤。1814年3月，反法同盟签约，决定“结盟20年”，以防法国将来再图侵略。即使到了这时，反法同盟方面也没有决意要把倒台已有20多年的波旁王朝送上法国王座。当时的英国外交大臣卡斯累利（Castlereagh，1769—1822）曾说过：虽然他倾向于波旁王朝复辟，但这一复辟最终却是由法国人自己作出的决定。

身在战场的拿破仑命令掌管首都事务的兄长约瑟夫誓死守住巴黎。然而，1814年3月30日晚间，当反法同盟军的营火从东北郊的蒙马特尔高地照向巴黎城内之时，毫无斗志的约瑟夫一枪未发便将巴黎拱手相让。第二天，俄普两国君主进入巴黎，人数众多的俄普奥军队亦开始沿着香榭丽舍大街以及在西郊的布洛涅（Boulogne）森林公园等地露营驻屯。4月1日，塔列朗组建临时政府并与反法同盟开始商讨法国最高权力的转移问题。4月3日，元老院宣布废黜拿破仑，三天后又宣布请回流亡在外的路易十八。4月11日，已是众叛亲离的拿破仑在枫丹白露签署“退位”条约。根据条约，波拿巴家族的所有成员均将获得丰衣足食的生活待遇，而拿破仑本人则可保留皇帝头衔并可享有厄尔巴岛（Elba）[①]的主权。4月12日深夜，情绪陷入低谷的拿破仑服下大量鸦片酊企图自杀，但终被抢救过来。在前往厄尔巴岛途中，拿破仑仍是一副看破红尘的悲凉心情，他曾说：“去厄尔巴也要比以往任何时候都幸福。只搞科学研究，再也不干别的。”然而，在到达厄尔巴岛以后，他爬上一处能够俯瞰全岛的山巅，环视全岛之后却感叹道：“必须承认，这个岛很小。”

拿破仑走了之后，塔列朗与战胜国展开谈判，于1814年5月签订《巴黎条约》。条约规定，法国边界恢复到1792年时的状态，另外法国还获得萨瓦的部分地区以及位于东北边境的一些军事要塞。条约没有要求法国赔款，也没有坚持要在法国驻扎占领军，更没有要求法国交还由拿破仑从欧洲各地抢来的艺术珍品。这种宽大的处理方式反映了战胜国方面愿意与复辟的波旁王朝结成相对平稳的政治关系。同时，《巴黎条约》还规定：在两个月之内，欧洲各国将在维也纳召开会议，以重新规划已被拿破仑搅得天翻地覆、面目全非的欧洲政治地图。

就在欧洲各国代表聚集于维也纳讨论欧洲政治格局之时，感叹厄尔巴岛太小的拿破仑于1815年2月底悄悄地离开厄尔巴岛，然后不费一枪一弹地于3月20

① 厄尔巴岛位于科西嘉岛的东面，面积约为科西嘉的1/40，今属意大利。

日重返巴黎，随后便是“百日政权”(les Cent Jours)[①] 中的一系列戏剧性的事件。这些事件本身并无多少价值可言，它们只是再次展示了拿破仑不甘寂寞的政治胃口。在拿破仑重新迈进杜伊勒里宫的前一天，路易十八已经逃出巴黎，后来避居于比利时的根特（Ghent）。在巴黎，似乎已经幡然悔悟的拿破仑把曾被他踢出保民院的龚斯当请来草拟了“帝国宪法补充条款”(Acte additionel)，宣称将在法国建立自由制度。[②] 不过，拿破仑的这类表态已经为时太晚，对于这位起死回生的皇帝来说，军事问题才是最为迫切、最为关键的。

闻悉拿破仑卷土重来的消息之后，正在维也纳开会的欧洲各国君主和首脑随即搁置争议，组成第七次反法同盟。虽然打败拿破仑已是既定目标，但至于将拿破仑消灭到何种程度，各国尚有一定分歧，因为他名义上毕竟还是奥皇的女婿。后来，已于 1814 年携子返回奥地利宫廷并随即成为一位奥地利军官情妇的马丽—路易丝发表声明，宣布与拿破仑脱离一切关系并将自己置于盟国的保护之下。于是，同盟国宣布：“作为世界和平的敌人与扰乱者”，拿破仑将受到“公众的制裁”。1815 年 6 月 18 日，在比利时的滑铁卢（Waterloo），拿破仑与反法同盟进行了最后一次军事较量，结果以惨败告终。6 月 22 日，拿破仑在巴黎签署第二次退位诏书，然后宣布向英国人投降。7 月初，拿破仑试图前往美国，但被英国阻止。于是，拿破仑又请求英国准许他在苏格兰的一个城堡中过隐居生活，但心有余悸的英国最终决定将之流放到南大西洋上遥远而偏僻的圣赫勒拿岛（St. Helena）。在度过了将近 6 年的流放生活之后，拿破仑于 1821 年 5 月 5 日病死于该岛。其后不久，他在该岛长期居住过的两间小屋又恢复了原来的用途，一间成了牛栏，另一间则作了猪圈。虽然拿破仑是在羞辱状态下匆匆了却余生的，但其影响却余波不绝。[③] 甚至到了今天，拿破仑仍是一个热门历史人物。2002 年底至 2003 年初，随着歌剧《拿破仑时代》在巴黎的连续上演，法国再度出现了“拿破仑热”，甚至连拿破仑当年坐过的一把椅子也以 6 万美元的高价拍卖成功。

---

① “百日”只是约数，至于究竟是多少天，学术界有不同的说法。百日政权的起点是 1815 年 3 月 20 日，这一点没有争议，但对于它的终点，则有不同说法，有人认为应该定在 6 月 22 日拿破仑第二次退位之时（共 95 天），有人认为应该定在 7 月 8 日路易十八再次回到巴黎之时（共 111 天）。

② Agatha Ramm, *Europe in the Nineteenth Century*, London: Longman, 1984, pp. 132–134.

③ 关于后人对拿破仑的神化以及拿破仑给后世留下的政治遗产，可参阅 Venita Datta, “‘L’appel au soldat’: Visions of the Napoleonic Legend in Popular Culture of the Belle Epoque”, *French Historical Studies*, No. 1 (2005), pp. 1–30; Sudhir Hazareesingh, “Napoleonic Memory in Nineteenth-Century France: The Making of a Liberal Legend”, *MLN*, No. 4 (2005), pp. 747–773。

第六章

政体轮回与社会进步

(1814—1870)

在经历了电闪雷鸣的大革命时期和恢宏无度的拿破仑时代之后，法国进入一段长达半个多世纪的颇具历史讽刺意味的政体“轮回”时期。正如此前20余年间的法国经历了立宪君主制、共和制和帝制一样，从1814年起直至1870年，法国又沿着老路从头到尾走了一回：首先是以立宪王政为基本特征的复辟王朝（la Restauration，1814—1830，期间纯属碰碰运气的拿破仑“百日政权”除外）和七月王朝(la Monarchie de juillet, 1830—1848)，继而是短命的第二共和国(Deuxième République，1848—1852)，最后则是波拿巴家族的第二帝国（Second Empire，1852—1870)。只是在此之后，法国的政体才基本稳定在共和制轨道之上。① 法国的政体之所以出现这种翻来覆去的变化，人们可以列举出各式各样的原因，但最为根本的原因似乎仍应归结到大革命时期对传统社会格局的激烈改造、对财产权所作的剧烈变动以及由此而产生的政治势力的多元化格局。

虽然从政体上说这一时期与大革命及拿破仑时代有着某些相似之处，但历史并不会真正全方位地重演。与前一时期相比，1814—1870年间的法国在许多方面都呈现出鲜明的与以往不同的特征。首先，物质文化生活不断进步：从拿破仑时代已经开始起步的工业革命在这一时期虽然仍是步履蹒跚，但其积累的成果

① 第二次世界大战期间，由于“维希政权”(1940—1944)的出现，法国的共和政体曾一度断裂。关于“维希政权”及其性质，详见本书第八章第三节。

终究蔚为壮观，到第二帝国末年，以蒸汽机和铁路为主要标志的工业革命终于宣告完成；在经济生活稳步向前的同时，法国的文化生活也是面貌一新，文学艺术领域里的浪漫主义、现实主义和印象主义渐次崛起。其次，社会结构出现重大变化：随着工业革命的不断推进，越来越多的农业人口转变为整天与机器打交道的产业工人，一个新生的无产阶级逐渐形成，工人与资本家之间的矛盾和冲突从此成为法国社会中的一部从未熄火的“永动机”。另外，法国的国际形象也开始日益具有双面特色：在欧洲其他各国的正统派眼里，法国就是一个善于制造混乱和动荡的国度，就是一个善于引火四散的国度；而在欧洲各国的革命派眼中，法国则是民主的象征、自由的摇篮，是众望所归的革命圣地。一个颇有意思的现象是，复辟王朝、七月王朝和第二帝国的君主被赶下台之后都跑到了英国，而其他各国的革命派在斗争失败之后却纷纷聚到了法国。

关于对这一时期的历史评价，学术界的分歧由来已久。在历史学相当发达的法国本土以及西方其他国家，对这一时期进行尖刻批判的论著并不少见，但与此同时，抱以同情态度甚至是怀念态度的论著也同样不少，特别是对于第二帝国，钟情者则更是日见其多，今天的法国不仅拥有以研究第二帝国为己任的研究会，而且有一部分法国人还公开宣称自己是“第二帝国时期”的波拿巴主义者。①

在中国，史学界对这一时期法国历史的传统评价在总体上分两个层面进行，即在肯定这一时期所取得的物质文化进步的同时，又对这一时期的政治生活作了彻底的否定。在《路易·波拿巴的雾月十八日》(1852) 中，马克思有言：“正如波旁王朝是大地产的王朝，奥尔良王朝是金钱的王朝一样，波拿巴王朝是农民的王朝”；“波拿巴王朝所代表的不是革命的农民，而是保守的农民”，“不是农民的开化，而是农民的迷信；不是农民的理智，而是农民的偏见；不是农民的未来，而是农民的过去”。有基于此，对这一时期的传统认识就是：波旁复辟王朝是“反动透顶”的；七月王朝是戴着“假面具”的；第二帝国是“政治流氓”的“小人得志”，是“荒谬绝顶的颠倒时代现象”，第二帝国时期的巴黎更是“荡妇们”招摇过市的“世界妓院”；如此等等。

自 20 世纪 80 年代中期起，我国学术界逐步改变了传统思维定势，开始对复辟王朝、七月王朝以及第二帝国的政治生活给予某些积极评价，并对拿破仑三世

① 参阅 G. de Bertier de Sauvigny, “The Bourbon Restoration: One Century of French Historiography”, *French Historical Studies*, No. 1 (1981), pp. 41–67; Stuart L. Canpbell, *The Second Empire Revisited: A Study in French Historiography*, New Brunswick, New Jersey: Rutgers University Press, 1978。

这样的“经典反面人物”给予较多的人文关怀。[①] 不过，这些新思维也曾被某些学者斥之为“违背了马克思主义”。关于上述评价孰是孰非，这里或许可以暂且不论，但是有一点应当明确：波旁王朝复辟以后，作为“旧制度”主要象征之一的三级会议并没有重新召集，“旧制度”时期的真正意义上的封建特权也没有恢复，由大革命确立的资本主义产权体系也没有被推倒重来。封建制度在法国已经一去不返，不论复辟王朝的君主们是否情愿，他们重新捡来的王冠上已经被无可更改地打上了“资本”的烙印。

第一节　二世而亡的复辟王朝

即使从 1814 年第一次复辟算起，波旁复辟王朝的历史也只有弹指一瞬的 16 年时间，先后登上王位的也只有两个人。在此期间，第一位国王路易十八（Louis XVIII，1814—1824 年在位，拿破仑“百日政权”期间除外）尚能勉强得以善终，而第二位国王查理十世（Charles X，1824—1830）却在几年之中便将复辟王朝彻底葬送。关于这一历史现象的出现，其原因当然极为复杂，但其中一个不可忽视的重要因素在于两位国王对于时势的领悟存在着天壤之别。尽管这两位国王都是前国王路易十六的亲弟弟[②]，尽管二人对王朝复辟都是日思夜想而且费尽心机，但他们的思想观念及性格特征却并不一致。路易十八精明且比较温和，在 1789 年革命之前就曾主张给予第三等级以更多的代表名额，因此具有一定的自由倾向。如今他则更为清楚地认识到，经过大革命荡涤的法国已今非昔比，要将法国重新拖进“旧制度”时代是不现实的。[③] 而他的弟弟阿图瓦伯爵查理却是“旧制度”

① 参阅丁建定：《法国复辟王朝时期政治进步性述论》，载《河南大学学报》1997 年第 5 期，第 78—82 页；许金华：《论法国七月王朝君主立宪制的建立》，载《史学月刊》2001 年第 4 期，第 86—90 页；郭华榕：《法兰西第二帝国的重要历史地位》，载《世界历史》1984 年第 4 期，第 49—58 页。

② 路易十八没有子嗣，因此其弟阿图瓦伯爵（Comte d’Artois，1757—1836）成为王位的第一号继承人（即后来的查理十世），按照继承顺序，排在第二、第三位的是阿图瓦伯爵的两个儿子昂古莱姆公爵（duc d’Angoulême，1775—1844）和贝里公爵（duc de Berry，1778—1820）。

③ 参阅 George A. Kelly, “Liberalism and Aristocracy in the French Restoration”, *Journal of the History of Ideas*, Vol. 26, No. 4 (1965), pp. 509–530。

的狂热信徒，不论在流亡期间还是在“荣归故里”之后，他都是一直主张在法国恢复传统的社会政治秩序。了解复辟王朝的这一基本政治特点之后，再来咀嚼这一段历史就比较轻松了。

一、政治舞台上的颠来倒去

王朝复辟的前期准备工作主要是由塔列朗和路易十八的弟弟阿图瓦伯爵负责操办的。1814 年 4 月初，以塔列朗为核心的临时政府以极快的速度拟订出一份简明的宪法大纲，其中规定，法国将实行世袭君主制，由波旁家族成员担任国王。4 月 6 日，元老院正式宣布邀请“已故国王之弟路易·斯塔尼斯拉斯·格札维埃（Louis Stanislas Xavier）”① 回国登基，其条件是他必须要宣誓效忠新宪法。4 月 12 日，阿图瓦伯爵按照庄严而奢华的王家礼仪率先进入巴黎，接受由元老院授予他的“摄政官”（lieutenant général du royaume）头衔。阿图瓦伯爵在这一事关复辟成败的关键时刻摆出了俯首听命的姿态，他向元老院保证，他的哥哥路易将接受元老院颁布的既定法则。

由于受痛风这一长期缠身的疾病之困扰，路易十八姗姗来迟。此时的路易十八已年近 60，既矮又胖，如果没有别人搀扶，他很难从椅子上站起来，甚至连马也不能骑，他曾自嘲地称自己是一个“连马背也跨不上去的骑士”。路易十八的服饰打扮相当古怪，其整套服装中，往往是一部分像陆军军服，一部分像海军军服，还有一部分则像平民服装，但所有这一切并没有影响他那清晰的政治思维。虽然他意识到必须顺应革命后的时代潮流，但出于王室的“尊严”和国王的“颜面”，他认为国王不能向上秉承而应向下施舍。1814 年 5 月 2 日，在巴黎西北不远的小镇圣旺，路易十八发布著名的《圣旺宣言》（*Déclaration de Saint-Ouen*），其中写道：他不可能全盘接受元老院给他定下的各项准则，但他将保证制定一部自由主义宪法，这一宪法将赋予所有法国人以公民自由和宗教信仰自由，而且他绝不搞秋后算账之类的报复把戏。5 月 3 日，路易十八正式入主巴黎。

① 即路易十六的弟弟普罗旺斯伯爵（comte de Provence）。从路易十六的独子“路易十七”1795 年死于狱中以后，路易十八在流亡中已经做了 19 年“国王”。参阅 Susan Nagel, *Marie-Thérèse: Child of Terror*, New York: Bloomsbury, 2008, pp. 152–153。元老院在这里用的是路易十八的本名，表明它当时并未承认路易十八在此之前做过法国国王。

与他同坐一辆马车返京的还有路易十六的女儿玛丽－特蕾莎－夏洛特（Marie-Thérèse-Charlotte，即昂古莱姆公爵夫人 duchesse d'Angoulême），她身穿孝服，眼睛红肿，一身悲痛。对于复辟王朝来说，这种开局显然是沉闷压抑的。但是，让复辟王朝略感欣慰的是，波旁家族的"事业"毕竟得以起死回生，而且各战胜国也以相当宽容的态度对待战败了的法国。

复辟王朝首先要做的一项门面工作就是要向全体法国人表明自己的政治主张。路易十八从拿破仑留下的元老院和立法院中抽调部分人员，连同 3 位王室专员共同组成宪法起草委员会。1814 年 6 月 4 日，新宪法以《宪章》（*La Charte constitutionnelle*，史称《1814 年宪章》）之名正式颁布，其主要内容包括：国王拥有最高行政权，而且有权解散议会；法国实行两院制议会体制，贵族院（Chambre des pairs）成员由国王任命且任职终身或世袭占有，众议院（Chambre des députés）成员则由选举产生；年龄在 30 岁以上、每年交纳直接税达 300 法郎的男子拥有选举权，年龄在 40 岁以上、每年纳税达到 1000 法郎者方可拥有被选举权；全体法国人享有基本的公民权，其财产权不受侵犯。①《宪章》是用以下几个字作为结尾的："主年（即公元）1814 年、本朝 19 年颁于巴黎"。路易十八此举意在向世人强调，波旁王朝的王统一直没有中断，从 1795 年"路易十七"驾崩之日起，他这个"路易十八"就已继位。虽然说《1814 年宪章》具有比较明显的"正统主义"倾向，但它还是在很大程度上承认了大革命以来所发生的一系列根本变革，1789 年的革命原则基本上得到了保留。②

复辟王朝初期，法国社会并不太平，选举工作无法立即进行，路易十八"赏赐"给法国民众的《1814 年宪章》也就不可能完全付诸实施。正是在这种情况下，路易十八宣布，由拿破仑当年组建的元老院和立法院继续留用。更具实质性意义的是，由拿破仑锤炼出来的中央集权体制也几乎是原封不动地被复辟王朝承袭下来，参政院继续办公，《拿破仑法典》继续有效，法兰西银行也继续运转，就连拿破仑创立的荣誉军团也是照常展开活动。

在拿破仑政权被戏剧性摧垮的过程中，法国社会出现许多混乱现象，而拿破仑从厄尔巴岛返回以及随后出现的"百日政权"又进一步加剧了这种混乱状况。拿破仑被彻底打败之后，各战胜国又开始将数以万计的俘虏遣返法国，这些见惯

---

① François Furet, *Revolutionary France: 1770–1880*, Oxford: Wiley-Blackwell, 1995, p. 272.

② 《1814 年宪章》的寿命比复辟王朝要长。1830 年革命以后，七月王朝只是对之作了简单的修正和补充。因此，可以说这部宪章一直沿用至 1848 年。

沙场的老兵很快就开始厌倦国内这种“毫无魅力”的新生活，他们自然而然地会拿复辟王朝的死气沉沉与拿破仑帝国的一派辉煌进行怀旧式的比较。对波旁王朝深表不满的还有那些冥顽不化的逃亡贵族和赤胆忠心的王党分子，他们主张夺回在大革命时期失去的土地及其他各种财产。尽管说复辟王朝在其初期存在着这样那样的问题，但平心而论，从拿破仑时代的“辉煌”中走出来，对于绝大多数法国人来说是没有多少遗憾的，他们在接受旧王朝复辟时虽然谈不上是充满热情，但至少说在当时很少有公开的反对行动。

在经历了拿破仑“百日政权”这一突如其来的震荡之后，从1815年下半年起，第二次复辟的路易十八开始按照《1814年宪章》的基本精神来构筑他心目中的“自由主义”法国。首先需要建立的就是两院制议会制度。1815年7月下旬，路易十八下令组建贵族院，在其成员中，有46人属于旧制度时期的教俗权贵。引人注目的是，在贵族院中，路易十八还选任了93名拿破仑时代的元老院议员，此外还有10位拿破仑授衔的“法兰西元帅”。从这一方面可以看出，路易十八并无意于让“旧制度”真的反攻倒算回来。在众议院选举之前，王室又颁布一项特别法令，将选举人和被选举人的年龄资格由原定的30岁和40岁分别放宽到21岁和25岁。1815年8月，选举工作完成，其结果是，在402名众议院议员中，从社会身份来看，新旧贵族议员和富裕资产阶级议员大致平分秋色，其中真正的旧贵族大约只占35%。从议员身份这一表面特征来看，这一届议会在总体上似乎不会走上极端保守的道路。正因如此，倾向以自由主义方式进行统治的路易十八曾欣慰地将之称为“难得的议会”①。1815年10月，这个“难得的议会”正式开始运转。

在两院制议会逐步成型的同时，行政机构方面也出现一些重要的人事变动。在第二次复辟后的最初几个月中，由塔列朗担任内阁首相。1815年9月，各战胜国将一份惩罚性的协定草案递交给法国政府。以“不做法国人民不愿做的事情”为办事原则的塔列朗清楚地意识到，法方对这一协定不会有多少讨价还价的余地，于是他干而脆之地拒绝这一协定草案，随后又干而脆之地辞去首相职务，从

① 原文为“Chambre introuvable”，亦译“无双议会”或“难能可贵的议会”。关于路易十八赋予该议会这一称呼的用意，学术界存在分歧，有学者认为，路易十八这是在为君主派能够在众议院中占据半壁江山而欢呼。不过，这种解释与路易十六的自由主义倾向是矛盾的。另外，由于界定标准不一，有人认为，在402名众议院议员中，极端君主派占到350人。实际上，这是后来根据这些议员的实际表现而得出的统计数据。

而将难题和骂名通通留给了继任者。辞职后的塔列朗不久又出任王室大礼官，这是一个年薪 10 万法郎的闲职。1815 年 10 月，路易十八任命颇具声望的黎塞留公爵（duc de Richelieu,1766—1822）为首相。[①] 这位新首相是 17 世纪枢机主教黎塞留家族的后裔[②]，大革命期间流亡俄国，曾在俄皇亚历山大一世手下担任过行省总督。虽然黎塞留公爵是坐着外国人的马车回国的，但他主张国内和解，具有比较明显的自由思想，这也正是路易十八任命他为首相的重要原因。黎塞留履新后的首要任务就是要完成塔列朗不愿介入的谈判工作。经过艰难的交涉之后，黎塞留政府与战胜国在 1815 年 11 月签订第二份《巴黎条约》。作为对法国人在“百日政权”期间与拿破仑“狼狈为奸”的一种惩罚，这一条约显然要苛刻许多：法国退回到 1790 年时的边界，5 年之内赔款 7 亿法郎，同时，拿破仑夺来的那些艺术珍品必须归还原主。[③] 不过，酷爱艺术的法国人将许多艺术珍品（包括从佛罗伦萨掠来的维纳斯雕像和从威尼斯掠来的青铜马）藏到了卢浮宫的地下室，从而得以瞒天过海。

新的政治框架形成之后，政府与议会之间的协调与否便成为政局能否稳定的关键因素。由路易十八掌控的政府（内阁）是倾向于自由主义的；按照路易十八最初的预想，由富裕资产阶级和新贵族占主导地位的众议院也应当是倾向自由的。然而，让路易十八大失所望的是，身份与思想并不是一一对应的，众议院的工作实践表明，其绝大多数议员都属于极端君主派，他们竭力主张专制统治，强烈支持天主教会。在他们的把持下，议会通过了一系列法律，对犯有“叛国罪”、“危害国家安全罪”以及“言论、作品煽动罪”之人严加惩处。对于这些“比国王还要坚定的保王主义者”，内阁感到很难与之共处合作。1816 年 9 月，路易十八终于运用《1814 年宪章》规定的权力，解散了这个“难得的议会”。在随后举行的议会选举中，对政府持支持态度的温和派人士（称“立宪派”，Constitutionnels）获得胜利。因此，在此后一段时间里，黎塞留政府的运行状况稍有好转。到 1818 年，法国提前偿清 7 亿法郎赔款，外国占领军亦随之撤走。为表示友善，英俄普奥遂邀请法国入伙“四国同盟”（1815 年成立）以维持欧洲的政治

---

① Philip Mansel, *Louis XVIII*, Thrupp, Stroud, Gloucestershire, UK: Sutton Publishing, 1999, p. 261.

② 不少法国史著作都将此人视为“枢机主教黎塞留的后裔”，这种说法并不准确。作为枢机主教，17 世纪的著名人物黎塞留本人并没有留下自己的后代。这个家族的所有传人都是枢机主教黎塞留兄弟们的后代。

③ Munro Price, *The Perilous Crown: France Between Revolutions, 1814–1848*, London: Pan Books, 2008, p. 89.

格局。然而，在法国国内，左右两极之间的政治分歧随着一年一度的议会改选而不断加剧，难以左右逢源的黎塞留不得不于 1818 年 12 月辞去首相职务。

在新政府中，中心人物是前警务大臣德卡兹（Decazes，1780—1860），他是路易十八最为宠信的人物之一①，善于讽刺挖苦的塔列朗称他具有“英俊的专为女人服务的年轻美发师的魅力”。面对极端君主派的不断壮大与共和势力的潜滋暗长，德卡兹仍然力图奉行立宪派的自由主义和解政策。但是，一宗突发事件终于打断这一本已艰难的行程。1820 年 2 月，一位名曰卢维尔（Louvel）的工匠（波拿巴主义者）暗杀了阿图瓦伯爵的幼子、第三号王位继承人贝里公爵（duc de Berry）。以阿图瓦伯爵为精神领袖的极端君主派自然而然地将这种试图让波旁王朝断子绝孙的过激行为归罪于政府对自由思想的纵容。② 被指控犯有渎职罪的德卡兹被迫承认其和解政策的失败，于是辞去首相职务。面对王族的人员损失、王弟阿图瓦伯爵的强硬立场以及极端君主派的不断壮大，已经老朽的路易十八也已很难左右局势，后人所说的“自由主义尝试”由此宣告结束。

在随后的一年多时间里（1820—1821），黎塞留再次担任首相，但在当时的政治氛围下，他已无法真正坚持自己的立宪派路线而只能听之任之。在极端君主派的挤压之下，这届政府的许多做法已经使得自由主义色彩容颜不再。例如，在 1820 年议会选举之前，政府以关心民生的名义降低了民众的纳税数额，从而使绝大多数法国人在政府的一片温情之中悄悄地失去了选举和被选举的资格。③ 更为荒唐的是，用于公示的选民名单采用小字印刷，选举人姓名也不是按字母表顺序排列，而且名单都是贴在踮起脚尖都看不全的高墙上。可以想见，只有那些有望在选举中出人头地的殷富选民才能有足够的耐心去仔细琢磨那些又小又乱又高的选民名单。即便如此，在极端君主派看来，黎塞留仍然是温和有余的自由主义代表。无力招架的黎塞留只得于 1821 年 12 月再度辞职。

在生命的最后一段时间里，路易十八将首相职位交给极端君主派维莱尔（Villèle，1773—1854）。维莱尔在国家财政方面有着自己独特的贡献，他负责制订了较为规范的财政预算制度，并严格控制政府的开支。他的这一套制度后来沿

---

① François Furet, *Revolutionary France: 1770–1880*, Oxford: Wiley-Blackwell, 1995, p. 289.

② Robert Tombs, *France 1814–1914*, London: Longman, 1996, p. 339.

③ 在此之前，符合资格的选民已经少得可怜，只有 7 万多人。而减税方案出台后，达到资格线的选民则减至 5 万多人。在现代人心目中，政府减税当然是老百姓兴高采烈的事情，但在把纳税与选举权联系在一起的 19 世纪前期的法国，政府的这种做法就显然不是纯粹的财政善举了。

用多年，对19世纪法国财政的稳定起到了重要作用。但另一方面，维莱尔对自由思想的控制也是极为苛严的，他要用管理财政的方式来管理社会秩序，在他的掌控之下，新闻出版受到严控，警察开始四处出击，一批具有宪政思想的学者教授（即所谓的“空论派”Doctrinaires，其中包括历史学家基佐Guizot）也被赶下大学讲台。[①] 就在维莱尔忙于整肃秩序之时，1824年9月，路易十八去世。虽然说路易十八在最后几年中已渐渐屈从于以其弟阿图瓦伯爵为首的极端君主派，但他对局势的发展仍是充满忧虑的，他死前所说的一句话就充分表明了他的内心世界：“我的弟弟恐怕难以死在这张床上”。

阿图瓦伯爵变成了国王查理十世（1824—1830年在位）以后，极端君主派终于有了真正可以倾诉衷肠的效忠对象。在查理十世的支持下，由极端君主派占主导地位的政府和议会开始以前所未有的力度向革命期间遭到严重打击的贵族和教会表示出体贴入微的同情。1825年4月20日，查理十世颁布《亵渎圣物治罪法》（*Loi sur le sacrilège*），明令对亵渎圣器、圣体、圣餐者施以终身苦役乃至死刑之类的严厉惩罚，教会的权威由此大大增强。[②]1825年4月27日，查理十世又颁布《补偿逃亡贵族10亿法郎的法令》，虽然最终补偿额没有达到10亿法郎（实际为7亿法郎），但它还是使一部分“受难贵族”暴富起来，同时也使得众多法国人的思想出现巨大震动。为了表明自己的传统权威，1825年5月，查理十世又不辞劳顿地前往旧王朝加冕基地兰斯大教堂，在那里按照中世纪的方式举行一场与时代极不相宜的加冕典礼。[③] 极端君主派的恋旧行为引起大多数法国人的厌恶。在1827年11月的众议院选举中，资产阶级自由派获胜。面对自由派的进攻，查理十世不得不于1828年1月免去维莱尔的首相职务，然后授权温和君主派人士、曾经做过西哀耶斯秘书的马蒂尼亚克（Martignac，1778—1832）组阁。但是，这种状况毕竟不是查理十世的心仪所在，在风声渐渐平稳之后，查理十世于1829年夏天便将马蒂尼亚克赶出了内阁。

1829年8月，查理十世将波利尼亚克（Polignac，1780—1847）从驻伦敦公使的职位上召回，不久便任命他担任首相。波利尼亚克是人所共知的极端君主

① 参阅 Irene Fozzard, “The Government and the Press in France, 1822 to 1827”, *The English Historical Review*, No. 1 (1951), pp. 51–66。

② 参阅 Mary S. Hartman, “The Sacrilege Law of 1825 in France: A Study in Anticlericalism and Mythmaking”, *The Journal of Modern History*, No. 1 (1972), pp. 21–37。

③ François Furet, *Revolutionary France: 1770–1880*, Oxford: Wiley-Blackwell, 1995, pp. 301–302.

派，早在1816年就曾公开拒绝效忠《1814年宪章》。他的到来立即引起资产阶级自由派的强烈反对，议会与政府之间的矛盾再度激化。为了重新激发国人对君主制的热情，波利尼亚克试图在对外关系方面创造出一些辉煌的业绩。1829年底，他公开发表一份让人难以置信的《波利尼亚克大略》(*Le grand projet de Polignac*)，其中包含有许多不着边际的奇思狂想，例如：应当将土耳其所辖的罗马尼亚和小亚等地区转归俄罗斯；应当将君士坦丁堡转归普鲁士，由普鲁士国王在那里统治一个大型的“希腊—基督徒国家”；应当将比利时转归法国；如此等等。这一“宏大方略”被后人称为“法国外交史上最令人毛骨悚然的文件之一”。尽管这一重组欧洲的方案很快便烟消云散，但波利尼亚克的外向型脚步并未停止。1830年6月，他派遣军队渡过地中海，向阿尔及利亚发起进攻，7月初，法军攻占其首都阿尔及尔。但是，波利尼亚克这一成功的军事冒险并未能够消减法国国内的矛盾，20多天之后，波旁复辟王朝的历史便宣告终结。① 另外值得注意的是，复辟王朝临终前的这一军事行动虽使法国轻而易举地抢来了阿尔及利亚，但遗患无穷的导火索也就由此点燃，到第二次世界大战以后，阿尔及利亚问题终于成为法国人的一块心病。

波利尼亚克

二、文化生活里的百业向荣

从形式上说，复辟王朝的出现似乎是法国社会政治生活的一种倒退，但是，如果撇除路易十八和查理十世这两位来自特殊家族的特殊人物，或者说，如果不把这两位国王与大革命前的“旧制度”作各种漫无边际的联系的话，那么就会发现，真正能够体现个性自由的具有现代意义的资本主义社会政治生活规范恰恰是

① John Patrick Tuer Bury, *France, 1814–1940*, London and New York: Routledge, 2003, pp. 39, 42.

从复辟王朝时期开始加速发展起来的，真正能够体现现代资本主义精神的文化生活也是从这一时期开始大步向前的。尽管复辟王朝时期的文化生活仍然受到这样那样的限制，但它与旧制度时期的“正统文化”、大革命时期的“革命文化”以及拿破仑时代的“专制文化”相比毕竟有了重大的进步。当然，这样说并不是要把复辟时期的文化繁荣笼而统之地归功于复辟了的波旁君主，我们的着眼点在于：复辟王朝的复辟并不能真正阻止法国社会的前进。复辟王朝时期文化生活的兴盛是引人注目的，在众多领域中都可让人感受到与以往大异其趣的文化气息，其中文化艺术领域里的浪漫主义、社会批判领域里的空想社会主义以及史学研究领域里的阶级斗争史学等等更是显得异彩夺目。

虽然说“浪漫主义”（romanticisme）这一浪漫得让人不知其所以然的名称在后来被人们赋予各式各样的内涵，但从其源头来看，浪漫主义首先是作为一种文艺创作中的美学原则而出现的，其根本特征在于：主张自由抒发个人的感情、发挥个人的想象、注重个人的感受，既反对循规蹈矩的、规范化作业的古典主义清规戒律，也反对凡事都要拿“理性”那把尺子来衡量一下是否合适的启蒙运动。因此，有些学者认为，浪漫主义是一种与“启蒙运动”相抗衡的“反启蒙运动”（Counter-Enlightenment），至少说，浪漫主义是“反启蒙运动”的重要组成部分。①浪漫主义代表人物维克多·雨果曾对文学领域里的浪漫主义作出简明的概述，他认为，浪漫主义就是“自由主义”，在这一基本原则下，“既不存在什么法则，也不存在什么模式”，“作家们有权大胆，有权冒险，有权创造，有权发明自己的风格，有权把握自己的语法规范”。而雨果夫人则更是将浪漫主义者描绘成一群地地道道的“离经叛道者”，她曾写道：热衷于浪漫主义运动的那些人就是“一大群毫无节制且放肆无忌的家伙，他们留着小胡子，蓄着长头发，除了时下的常规款式以外，什么式样的服装都穿，他们穿的是紧身羊毛上衣，戴的是西班牙斗篷，另外还配有亨利三世时期的帽子”。②

从社会层面上说，这种不拘一格的作风正是资本主义自由精神的一种体现，而且，它是遍及欧洲的一种思想文化现象。至于在法国，作为一种审美原则和艺

① Darrin M. McMahon, “The Counter-Enlightenment and the Low-Life of Literature in Pre-Revolutionary France”, *Past & Present*, No. 3 (1998), p. 79, note 7.

② 关于究竟什么是“浪漫主义”，学术界从未有过一致的意见。对于这个问题，可参阅 Arthur O. Lovejoy, “The Meaning of Romanticism for the Historian of Ideas”, *Journal of the History of Ideas*, No. 3 (1941), pp. 257–278; Gabriel Lanyi, “Debates on the Definition of Romanticism in Literary France (1820–30)”, *Journal of the History of Ideas*, No. 1 (1980), pp. 141–150。

术观念，浪漫主义因素在狄德罗和卢梭等18世纪启蒙思想家那里已经可以找到最初的源头，他们在某些方面已经开始叛离启蒙运动的那些“理性主义”教条。此外，在斯塔尔夫人和夏多布里昂（Chateaubriand，1768—1848）于拿破仑时代撰写的那些作品中，也可以找到浪漫主义因素的鲜活表现，夏多布里昂甚至还被后人称为“法国浪漫主义之父”。但是，由于古典主义原则的根深蒂固、理性主义的影响广泛以及客观的社会政治氛围，浪漫主义在此时期还只能处于零敲碎打的蓄势待发状态。波旁王朝复辟之后，路易十八在意识形态领域采取相对宽松的政策，于是，被压抑多年的浪漫主义便如山洪般暴发出来，从而形成声势浩大的浪漫主义运动。

按照传统的划分方法，19世纪20年代中期以前的浪漫主义基本上属于消极浪漫主义，有些学者干脆将之视为“妄图开历史倒车”的颓废主义；19世纪20年代中期以后的浪漫主义基本上属于积极浪漫主义，此时的浪漫主义者开始要求建立一个更为自由的社会。对于积极浪漫主义的积极意义，当然可以尽情地大唱赞歌；但是，对于消极浪漫主义到底消极到何种程度，恐怕还需斟酌一番。消极浪漫主义的一个典型特征就是“怎一个愁字了得”，就是忧郁的目光，悲凉的心情，一副活不起的模样。从这一点上看，消极浪漫主义的确已经消极到几乎投河自杀的地步，但这只是问题的一个方面。应当看到，正是消极浪漫主义开启并推动了艺术观念的一场革命，正是消极浪漫主义首先真正打破了古典主义这一阻碍文化发展的桎梏，也正是消极浪漫主义首先将诗意、想象、灵感和梦幻这些能够让人的思想自由驰骋的艺术原则重新运用到艺术实践之中。另外，为了尽可能地与古典主义划清界限，消极浪漫主义一改古典主义那种言必称希腊、行必仿罗马的嗜古作风，转而在距离自己更亲近更真切的本民族本土历史中寻找自己的文化之根以寄托自己的归属情感。在没有真正经历过“古典时代”的法国，中世纪便成为浪漫主义倾情开挖的艺术宝库，“中世纪主义”（médiévisme）之说由此渐盛，消极浪漫主义“开倒车”的骂名也就由此渐起，殊不知古典主义把“倒车”开得更远，它不仅开到了古典时代，而且开到了古风时期乃至洪荒时代。①

在复辟王朝时期，投身到浪漫主义文艺运动的是一个庞大的群体，在几乎每一个领域都留有浪漫主义文化人的足迹，其中又以文学戏剧、绘画以及音乐

① 参阅 Francis Haskell, “The Manufacture of the Past in Nineteenth-Century Painting”, *Past & Present*, No. 6 (1971), pp. 109–120。

德拉克洛瓦

表现得尤为突出。在文学戏剧方面，最为杰出的浪漫主义代表人物是维克多·雨果（Victor Hugo，1802—1885）。雨果年少才俊，少年时代一直奉夏多布里昂为偶像，16岁时曾写下“不为夏多布里昂，宁为尘土”这样一句“追星感言”，20岁时便出版一部愁绪万千的诗集《颂歌集》（*Odes et poésies diverses*）。但时隔不久，雨果弃绝愁肠，开始以积极的笔触介入现实、介入社会、介入政治。1827年，他发表剧本《克伦威尔》（*Cromwell*）并在剧本前面配以长篇序言，这篇影响远远大于剧本本身的序言对古典主义理论进行了全面批判，同时热情倡导浪漫主义新文学。虽然《克伦威尔》未能被搬上舞台，但《〈克伦威尔〉序》却成为法国浪漫主义的宣言书。[①] 在绘画领域，最为著名的人物是有“浪漫主义雄狮”之称的德拉克洛瓦（*Delacroix*，1798—1863），他也竭力主张艺术家应“自由表达”自己对所选主题的感觉和印象。德拉克洛瓦的早期画作大都是取材于中世纪，但后来有所改变，在七月王朝初期创作的《“自由”引导人民》（*La Liberté guidant le peuple*）便是其经典的现实题材作品。在当时，德拉克洛瓦曾被人指责是在“用一把喝醉了酒的扫帚在作画”，但他的地位却随着他那把“扫帚”的挥舞而日益提高。在音乐领域，影响最大的人物当数柏辽兹（Berlioz，1803—1868）。柏辽兹一生事业坎坷，爱情和家庭生活也屡遭波折，而事业生活上的这种起起伏伏又被恰如其分地融进了他的音乐创作之中，他的最为成功的作品之一《幻想交响曲》（*Symphonie fantastique*，1830）就是在他恋爱受挫、内心极度动荡的情况下创作的。柏辽兹在交响乐方面具有特殊地位，很快他便同雨果和德拉克洛瓦一同被并称为“法国浪漫主义艺术三杰”。而此时的他们都还只是二三十岁的年轻人，在未来的岁月中他们还将焕发出新的活力。[②]

---

① 参阅张书立：《浪漫主义的里程碑——雨果的〈克伦威尔〉序言》，载《北方论丛》1995年第2期，第54—56页。

② 关于复辟王朝结束之后的法国浪漫主义，参阅 Seymour Drescher, “America and French Romanticism during the July Monarchy”, *American Quarterly*, No. 1 (1959), pp. 3–20。

圣西门

与文艺领域由年轻人主宰潮流这一现象形成鲜明对比的是，在社会批判领域，复辟王朝时期的法国却出现两位生在旧社会、长在白旗下的虽不算太老但已绝不年轻的空想社会主义者昂利·德·圣西门（Henri de Saint-Simon, 1760—1825）和夏尔·傅立叶（Charles Fourier，1772—1837）。对于当时尚属刚刚旭日东升的资本主义生产方式，圣西门和傅立叶等人却以其特有的透视眼光窥测到了其中的“千疮百孔”并由此开始他们梦幻般的乌托邦式试验。圣西门原本拥有虽然不值钱但却颇为显赫的伯爵头衔，少年时代即以性格倔傲而著称。由于流感在当时尚属一种顽症，刚过 10 岁的圣西门便弄来一支手枪并随身携带，准备在自己患上这种病时一死了之。由于他学习比较懒散，老师准备用树枝条惩戒他，但他却在老师尚未动手之前将一把削笔刀扎进了恩师的臀部。父亲凭一纸介绍信（“密札”）将他送进巴黎的一所监狱，但年少气盛的圣西门却将狱卒打昏后逃了出去。后来，他又与拉法耶特等年轻贵族一起参加北美独立战争。[①] 圣西门经常有一些宏大构想，比如，他曾计划开凿两条运河：一条在美洲大陆，连接大西洋和太平洋；另一条在西班牙半岛，连接马德里和大西洋。圣西门曾要求仆人在每天早上叫他起床的时候都要说这样一句话：“伯爵老爷，别忘了，您还有大事要干呢。”大革命爆发之后，圣西门于 1790 年 2 月主动放弃伯爵头衔，不久之后又兴之所至地改名为毫无贵族气息的“昂利·包诺姆”(Henri Bonhomme)[②]。也就是在变为“平民”的 1790 年，圣西门开始利用政府的土地政策而做起买进卖出的土地投机生意并成为百万富翁，但 1793 年底却因此入狱并被关了 10 个月，圣西门由此真的变成了一文不名的“平民”。

历经沧桑变幻的圣西门于 1802 年开始著书立说，阐述有关改变现有社会政治制度的理想化主张。进入复辟王朝时期以后，圣西门开始对工业生产方式产生浓厚兴趣并由此开始了新的理论探索。在《论实业体系》（*Du système industriel*,

① Isaiah Berlin, *Freedom and Its Betrayal: Six Enemies of Human Liberty*, Princeton and Oxford: Princeton University Press, 2002, p. 109.

② “包诺姆”（bonhomme），意为“老百姓”、“庄稼汉”、“乡巴佬”或“老好人”。

1821年)、《实业问答手册》(*Catéchisme des industriels*, 1823—1824) 和《新基督教》(*Nouveau Christianisme*, 1825 年) 等著作中，圣西门提出：现有的统治阶级必须统统滚蛋，取而代之的应当是实业家、学问家和艺术家；在向新社会过渡时期，必须要有一种适应实业制度发展的新宗教信仰；下层社会需要关怀但不值得信赖(大革命期间的"人民政权"差点让他上了断头台)，应当让实业家自上而下地去关心无产者。虽然圣西门并未能够想象出一套明确的模式来实现这些变革，但他及其信徒们却发明了许多让后来的社会主义者耳熟能详的词汇组合，如"人剥削人"、"劳动权"以及"各尽所能，按劳分配"等等。尽管圣西门的理想无一获得成功，但他的执著精神却坚持到了最后一刻。1825 年 5 月，在他临终前，有人提议召其女儿前来探望，但他却说："我的最后时刻只应该献给我们的体系。"他的最后一句话是："我们稳操胜券。"

与圣西门齐名的另一位法国空想社会主义者是傅立叶。傅立叶出身富商家庭，但大革命中的疾风暴雨却使他顷刻之间变成了"无产者"。傅立叶身材瘦小而且驼背，走路时总是拖着鞋跟沙沙作响，由于小时候挨过一拳，其鹰钩鼻子稍稍向左弯曲。傅立叶性格孤僻，几乎从来不露笑容，而且极少参加公众活动，即使勉强赴约，他也往往就如一尊雕像那样稳坐而一言不发。然而，傅立叶的思想却是极度活跃的，据说当一个问题吸引住他时，他能一连六七个晚上不睡觉。傅立叶思考最多最细的就是他所处的这个社会，极富极贫的生活经历使他对这个 2/3 人口"根本不劳动"的文明社会深恶痛绝。从拿破仑时代开始，傅立叶就已不断著书以揭露现存社会的弊病并构建新社会的美妙蓝图，1829 年和 1830 年分两卷出版的《新工业世界》(*Le nouveau monde industriel*) 便是其思想的集中体现。

傅立叶的理想境界就是"和谐制度"，就是在全世界范围内普遍建立起温情脉脉的生产与消费合作社"法朗吉"(phalanges，或称"法郎斯泰尔"phalanstères，意译"大旅馆")。每个法朗吉均由人数对等的男女两组构成，共 1620 人。在这种合作社中，人们以农业劳动为主同时辅以各种工业劳动，每个单位的工作时间不超过两个小时。傅立叶认为，商业是"一切罪恶之源"，而犹太人便是罪恶之首，因此，在法郎吉中，必须强迫犹太人下地干农活。[①] 法朗吉的成员将居住在一应俱全的四层宫殿式建筑之中，最富的人住四楼，最穷的人住一楼。全部建筑

① Richard H. Roberts, *Religion and the Transformations of Capitalism: Comparative Approaches*, New York: Routledge, 1995, p. 90.

之间都有抵御恶劣天气和寒暑剧变的回廊相联，在这里，即使是寒冷的一月份，人们也可以逍遥自在地、不冷不热地逛商店、上舞场。法朗吉成员都在公共食堂就餐，但也可以根据自己的支付能力拿菜谱点菜。傅立叶对法朗吉建成后的和谐世界还有许多奇特的“预测”，如：人的寿命将延长至 144 岁，每天要吃 7 顿饭；海洋将变成柠檬水，船只将由海鲸牵引前行；最为强大的野兽狮子将被套上挽具为人类服务。为了筹资创办“法朗吉”，他在住宅门口贴上通告并在报上刊登广告，说他每天中午 12 点准时在家恭候达官显爵、富商巨贾前来与他共商改造社会的大计。为表示自己的敬意和诚意，每天恭候时，他都要穿上蓝色大礼服，脖子上还要端端正正地围上一条白围巾。然而，一直到死，他也没有等来一位赞助商。①

虽然说此时的空想社会主义者在思想上具有天马行空的浪漫主义色彩，但其可贵之处还是显而易见的，他们看到了下层民众，看到了社会矛盾，看到了阶级冲突。与这一以展望未来为基本特征的空想社会主义相映成趣的是，在以回顾过去为基本任务的历史学领域，复辟王朝时期的法国也涌现出一批关注下层民众、洞悉阶级冲突的年轻历史学家②，其中，最早从阶级和阶级斗争角度观察和撰写史书的是梯叶里。奥古斯丁·梯叶里（Augustin Thierry，1795—1856）在 19 岁时便成为圣西门的秘书并充做他的养子，但 3 年后两人决裂，其后梯叶里毫不留情地将几百本藏书的扉页撕去，因为自己曾在上面签有“圣西门养子”的字样。关系可断书可撕，但梯叶里在思想上却摆脱不了圣西门给他留下的烙印。1820 年，25 岁的梯叶里便写成了《乡巴佬雅克的真实史》（*Histoire véritable de Jacques Bonhomme*），在此书中，他不仅将目光集中到了法国普通民众身上，而且开始用阶级和阶级斗争的理论来分析第三等级的反抗活动。正因如此，梯叶里在后来被称为“阶级斗争史学之父”。③

继梯叶里之后，米涅、梯也尔和基佐等人也在阶级斗争史学方面取得重要研究成果。弗朗索瓦·米涅（François Mignet，1796—1884）早年喜好文学，后转攻史学。1823 年夏，27 岁的他仅用 4 个月时间便写成文采飞扬、简明扼要的《法

---

① C. Pellarin, *The Life of Charles Fourier*, trans., Francis George Shaw, New York: W.H. Graham, 1848, pp. 213–236.

② 参阅 Shirley M. Gruner, “Political Historiography in Restoration France”, *History and Theory*, No. 3 (1969), pp. 346–365。

③ 参阅 Lionel Gossman, “Augustin Thierry and Liberal Historiography”, *History and Theory*, No. 4, (1976), pp. 3–6。

国革命史》(*Histoire de la révolution française*)。米涅认为，法国大革命是历史发展的逻辑结果，是不同社会阶级利益冲突的结果；大革命虽然有许多过激之处，但它终究还是新社会的创造者。在米涅的影响下，新闻记者出身的阿道夫·梯也尔（Adolphe Thiers，1797—1877）也开始以历史必然性和阶级斗争理论对法国大革命展开精细的研究，从1823年至1827年，先后出版了10卷本的《法国革命史》(*Histoire de la révolution française*)。在阶级斗争史学方面，影响最大的还是弗朗索瓦·基佐（François Guizot，1787—1874），其重要著作主要有《欧洲文明史》(*Histoire de la civilisation en Europe*，1828年）和《法国文明史》(*Histoire de la civilisation en France*，1829—1832）等。在这些著作中，财产关系以及由此导致的阶级关系及阶级斗争一直是基佐高度重视的叙史线索。虽然说以上这些"阶级斗争史学"首创者到七月王朝以后都渐渐放弃了阶级斗争治史方法，但他们的创造性发现却被后来的社会主义者和无产阶级承袭下来并成为一面高举不倒的大旗。

三、波旁王朝的永去不归

复辟王朝时期的空想社会主义者虽然对现行的社会体制痛恨不已，但从总体上说他们都是主张渐进的"和平主义者"，他们认为：只要人类相信并领会他们的观点，就不会有政治动荡，也不会有社会动荡；随着和平进化的发展，整个社会就会繁荣幸福。但是，现实生活终究是最为现实的，空想社会主义的美妙社会终究还是一张画饼，一旦土壤合适，革命的突变还是会毫不迟疑地取代进化的渐变，而工业革命缓慢发展过程中带来的艰难困苦、农业生产连年歉收造成的物价上涨、查理十世继位后采取的令自由派生厌的政治措施等等，恰恰为复辟王朝末期的法国提供了突变的土壤。①

对复辟王朝的批判是随着1829年下半年波利尼亚克的上台而逐步走向高潮的，也正是这一位身材修长、体格匀称的新首相与查理十世本人一道，最终将复辟才十几年的波旁王朝送上了不归之路。波利尼亚克的极端君主派形象在大革命时代就已小有名声，当年他曾带领一批逃亡贵族在境外不断进行密谋活动。因

① 参阅 Pamela Pilbeam, *French History since Napoleon*, London: Arnold, 1999, pp. 40–41。

此，查理十世对这样一位人物高抬重用自然立即引起资产阶级自由派的强烈不满，自由派控制下的大小报纸随即群起而攻之。[①] 促使局势更趋恶化的是，这位不到 40 周岁的新首相竟然已经陷入一种不能自拔的宗教幻觉之中，即：圣母玛丽亚不断向他显圣并向他明言，他的一切决定和决策都是百分之百正确的。有了圣母的最高评判，波利尼亚克的行为当然就更是无所顾忌。而有了波利尼亚克的担保，查理十世也就可以更加放心大胆。

1830 年 3 月，自由派占优势的众议院通过一份抗议性宣言，要求国王解散由波利尼亚克掌握的极端君主派内阁。但查理十世的决定恰恰相反，他于 5 月中旬解散众议院并下令重新进行选举。然而，6、7 月间的议会选举又是极端君主派大败而归。于是，波利尼亚克劝说查理十世运用《1814 年宪章》赋予的权力，为保护“国家的安全”而颁布特别法令。1830 年 7 月 25 日，刚刚散步归来而且情绪极佳的查理十世在巴黎西郊的圣克鲁宫连续签署早已由大臣们准备得尽善尽美的“四项敕令”（*Quatre ordonnances*，或称“圣克鲁敕令”*Ordonnances de Saint-Cloud*），其基本内容是：对自由派的报纸书籍严加督查，解散刚刚选举产生的新议会，将选民人数在现有基础上削减 3/4（仅剩 2.5 万人），重新选举产生的议会将无权修改法律草案。[②] 在签署这些敕令之前，查理十世感到自己是在冒险，但他很快就镇定下来并对周围的大臣说：“诸位先生，我越想越觉得这件事非这么办不可！”这位 73 岁高龄的老国王并没有清醒地意识到他正在签署的竟是他的“退位诏书”。

7 月 26 日，“四项敕令”在官方报纸《总汇通报》（*Le Moniteur Universel*）上向社会公布。在这一天的白天，巴黎似乎还像往常一样，波利尼亚克在审阅警察局送来的例行报告时仍感觉“首都各区依旧秩序井然”，因此他还是悠然自得地决定晚上去剧院看戏。到了傍晚，局势出现明显变化，巴黎民众拿着当天的报纸冲上街头，在“宪法万岁”（Vive la charte!）和“打倒内阁”（À bas les ministres!）的口号声中举行大规模的群众集会和示威游行。[③] 晚上，从剧院归来的波利尼亚克好不容易才摆脱追击他的人群。然而，这还只是突变的序幕，接下来的让

---

① 参阅 Pamela Pilbeam, “The Growth of Liberalism and the Crisis of the Bourbon Restoration, 1827–1830”, *The Historical Journal*, No. 2 (1982), pp. 351–366。

② Munro Price, *The Perilous Crown: France between Revolutions*, London: Pan Macmillan, 2007, pp. 136–138.

③ Vincent W. Beach, *Charles X of France: His Life and Times*, Boulder, Colorado: Pruett Publishing Company, 1971, p. 358.

巴黎民众倍感“光荣”的三天时间将会让这一“突变”在转瞬之间变为活生生的事实。

7月27日，政府依据敕令开始关闭印刷厂、捣毁印刷机并封锁自由派报纸的编辑部。顷刻之间变成失业者的印刷厂工人与其他行业的工人以及部分学生随即涌上大街，他们架设路障，开始与政府军发生武力冲突。波利尼亚克宣布全城戒严，在送往圣克鲁宫的信中，他还竭力安慰国王：“造谣分子散布耸人听闻的流言蜚语未免言过其实。经查实，此次纯属一次骚动，卑职如有舛误，愿以头颅向陛下担保。”查理十世对他深信不疑，当然也就无忧无虑，他照例出去散步，然后与孙子们嬉戏，晚上继续打牌。他没有听到，巴黎城里已是一片“打倒波旁王朝”的呼声。7月28日，情绪已被充分激发起来的工人、学生以及退伍军人开始以更大的规模与政府军展开武力交锋，不久便占领军械库、市政厅和巴黎圣母院，革命年代的三色旗又被插到圣母院的塔尖上。[①]7月29日上午，巴黎民众占领卢浮宫和杜伊勒里宫，巴黎至此已经处于民众控制之下。善观世事百态的塔列朗对此留下了精确的记录：“(7月29日)12点零5分，波旁王朝这根枯藤老枝停止了统治”。对君主制一直恋恋不舍的夏多布里昂也感慨地写道：“又一个政府从巴黎圣母院的钟楼上被扔下去了。”事已至此，查理十世才意识到问题的严重性，29日下午3点，他在圣克鲁宫签字废除那些敕令并将波利尼亚克撤职，但所有这一切都已为时太晚。

被称为“光荣三日”或“七月革命”的这场巴黎民众起义基本上属于一种没有组织的自发行动，而这种群龙无首的散乱状态虽然可以摧枯拉朽，但却无法掌控局势。与此形成鲜明对比的是，另一条线索却正在有条不紊地向前拉伸。就在巴黎民众还在街头“光荣”之时，资产阶级上层人物已在屋里商讨复辟王朝垮台后的政权衔接问题。从7月27日开始，一部分议员在巴黎连续进行秘密串联，著名银行家拉斐特（Laffitte，1767—1844）和大革命期间不太走运的老将军拉法耶特等人也从外省匆匆赶来参与其事。7月29日，当波旁王朝的统治已经崩溃之时，有些议员提议宣布共和并由拉法耶特出任共和国总统，但被拉法耶特拒绝。对于绝大多数资产阶级上层人物来说，极端君主制当然必须坚决予以清除，但宣布共和又无异于引火烧身，因为自大革命以后，“共和”一直是让欧洲各君

① Munro Price, *The Perilous Crown: France between Revolutions*, London: Pan Macmillan, 2007, pp. 151–157.

主国心有余悸的敏感字眼，所以，作为一种折衷，既不太右也不太“左”的立宪君主制仍然算是最佳政体方案。在拉斐特和拉法耶特等人的推动下，立宪君主制终于占据上风，而即将出任“立宪君主”的便是奥尔良公爵路易·菲力浦（Louis Philippe，1773—1850）。①

主张自由的立宪君主派之所以选择奥尔良公爵，其原因是多方面的。首先，王朝血统观念在许多法国人心目中仍然萦绕不散。奥尔良家族和复辟王朝均传自波旁王朝第二代国王路易十三，路易十三的长子（即“太阳王”路易十四）这一支承袭了法国王位，幼子那一支则长期因袭奥尔良公爵这一头衔。因此，奥尔良家族虽不算“正统”，但与“正统王室”却有着密切的血缘关系，从本质上说，它仍是波旁家族的一个组成部分。所以，让奥尔良公爵出任国王是名正言顺的，也是民众容易接受的。其次，人们对奥尔良公爵并不陌生。奥尔良公爵虽从1793年开始长期流亡国外，但他在国内外终究保有一定的影响，拿破仑“百日政权”之后，俄国沙皇就曾主张放弃复辟王朝而扶植奥尔良公爵登上王位，但因英国反对而未果。奥尔良公爵1819年回国以后，与资产阶级上层人物的交往相当频繁，关系也比较密切。另外，奥尔良公爵的政治形象比较“进步”。他的父亲是死于雅各宾断头台的“菲力浦·平等”，而他本人也曾在瓦尔密等战役中与共和军并肩战斗过。② 这样一位既有王室血统又有共和经历而且愿意接受三色旗的特殊人物显然是推行立宪君主制的合适人选。正因如此，在立宪君主派的操纵之下，1830年7月30日，巴黎的一些报纸和墙壁上出现许多颂扬奥尔良公爵功绩和美德的文字。与此同时，拉斐特等人又立即委派梯也尔去邀请尚在外省闲居的奥尔良公爵。在梯也尔的游说下，奥尔良公爵心潮澎湃地连夜赶往巴黎。③

1830年7月31日，奥尔良公爵接受议会授予他的“摄政王”头衔，随后又来到到处都是三色旗的市政厅，在这里，拉法耶特以国民自卫军总司令的身份当众与他热情拥抱以示“国民”对他的支持和拥护。在随后十几天里，查理十世避居在朗布耶宫（Château de Rambouillet）④，当他认定飘扬在巴黎圣母院上空的三

① Munro Price, *The Perilous Crown: France between Revolutions*, London: Pan Macmillan, 2007, pp. 158–163.

② J. Lucas-Dubreton, *The Restoration and the July Monarchy*, London: William Heinemann Ltd, 1929, pp. 166–167.

③ Vincent W. Beach, *Charles X of France: His Life and Times*, Boulder, Colorado: Pruett Publishing Company, 1971, pp. 389–390.

④ 朗布耶临近凡尔赛，位于巴黎西南，距巴黎市中心大约40余公里。

色旗已无望落下之时，他终于在8月2日宣布退位并煞有介事地将王位传给自己的孙子、未满10周岁的尚博尔伯爵（comte de Chambord, 1820—1883）。[①] 但是，议会并没有听从查理十世的最后指示，在8月份的最初几天，议会连续召开会议，首先宣布王位空缺，随之对《1814年宪章》稍作修正，然后便将王位正式献给“法兰西人民的国王路易·菲力浦”。虽然路易·菲力浦（1830—1848年在位）是在1830年8月9日正式登上王位的，但由于他的王位直接导因于前一个月的“七月革命”，因此他的这个王朝在历史上被称为“七月王朝”。由于路易·菲力浦出身于奥尔良家族，因此这个王朝也被称为“奥尔良王朝”，它的支持者也就被称为“奥尔良派”。

第二节　一代而终的七月王朝

七月王朝的立宪君主制是由法国资产阶级上层人物自主作出的选择，奥尔良公爵路易·菲力浦的上台也是他们在没有任何外在压力的情况下而作出的决定。因此，七月王朝的建立是法国资产阶级特别是大资产阶级的胜利。七月王朝建立之后，在前王朝时期风光一时的旧贵族阶层又纷纷被迫重返乡下，这一现象可形象地称作为国内的“贵族逃亡”。而且，国王路易·菲力浦本人也清楚地知道，他这个国王是由资产阶级“选”出来的，而不是靠子承父业的方式继承来的。因此，他自上台伊始便注重塑造自己的“人民父母”形象、“公民国王”形象和资产阶级形象。他要求王室削减不必要的开支以多多少少减轻一点穷人的负担，同时准备亲自出资搞一项工程来养活300名工人。他还像普通资产者那样，经常戴着礼帽，夹着雨伞，穿着胶鞋，一个保镖也不带地在巴黎大街上散步，或面容和

① 宣布退位半个月之后，即1830年8月16日，在新国王路易·菲力浦的安排下，废王查理十世带着全家前往英国避难。后来，查理十世又辗转到布拉格（Prague），最终在1836年死于斯洛文尼亚（Slovenia）。参阅 Susan Nagel, *Marie-Thérèse: Child of Terror*, New York: Bloomsbury, 2008, pp. 318–350。查理十世的退位标志着复辟王朝的终结。需要注意的是，有些法国史著作有“波旁王朝在法国的240年统治就此最终结束”之类的表述。这种表述不准确。从1589年波旁王朝开国至1830年复辟王朝垮台，其间的确约历240年之久，但在其中的1792—1814年间，波旁王朝并没有“统治”法国。波旁王朝在法国的“统治”前后相加只有210多年。

蔼地向行人致意，或颇具耐心地与家庭主妇闲聊。对于这个新王朝的执政理念，路易·菲力浦本人在1831年1月曾有这样一段著名的表述："我们将努力待在一种恰到好处的中间部位，对于极度民权和滥施王权这两者，我们将保持同等的距离。"①

长着鸭梨形脑袋的路易·菲力浦

然而，就是这个被众多报刊称颂为"公民国王"（le Roi Citoyen）的路易·菲力浦却未能在自己的王位上寿终正寝，就是这个被基佐颂扬为"前所未有的最自由的"七月王朝仅仅历时18年便风飘云散。从狭义层面看，七月王朝的"自由"即使不能说是"前所未有"但也绝对不能否认它的客观进步，其中一个典型例证就是：国王路易·菲力浦那一比较奇特的鸭梨形脑袋经常成为敌对派漫画家取笑的题材，而且这些极度夸张的带有人身侮辱的政治漫画作品可以堂而皇之地登上报刊向全社会发行。尽管相关的漫画家被罚了款，甚至还被当局关了几个月，但这种狂放无忌的状况恐怕的确是以往各个朝代所不曾有过的。② 但是，七月王朝统治阶层中的大多数人并没有真正意识到，已经进入资本主义社会的法国民众要求的并不只是可以信口雌黄的"自由"，而且还要获得参政议政的"权利"。当这些权利不能通过正常渠道获得之时，对暴力革命已经熟能生巧的法国民众便再一次干脆利落地将现行政权"从巴黎圣母院的钟楼上"扔了下去。这或许正是七月王朝留给后人的最大一笔历史教训。

一、暗潮涌动的政治统治

七月王朝的根本法律制度是略经修改的《1814年宪章》（史称《1830年宪

① Guy Antonetti, *Louis-Philippe*, Paris: Librairie Arthème Fayard, 2002, p. 713.

② 参阅 Irene Collins, "The Government and the Press in France during the Reign of Louis-Philippe", *The English Historical Review*, No. 2 (1954), pp. 262–282。

章》，*La Charte de 1830*)，改动的地方虽然不多，但其意义还是相当明显的：宣扬“君权神授”的前言被删去；罗马天主教不再被称为“国教”，而重新改成拿破仑时代的说法，即罗马天主教“是绝大多数法国人的宗教”；国王颁布“敕令”的特权受到限制，即国王只能颁布敕令推进法律的实施，而不能废除法律，也不能中止法律的实施；象征新制度、新社会的三色旗成为法国国旗，波旁王朝的那些旧式图案一律弃之不用。由此可以看出，法国的政治面貌已经体现出一定的新时代气息。在七月王朝建立后的一年多时间里，议会和政府又通过一些法律和法令，对宪章的有关条文作了进一步修正。例如，贵族院议员可以终身任职，但其死后，议员资格不能由其家族成员世袭。又如，新选举法对选举和被选举的资格进行了调整，选举人的纳税资格线由 300 法郎降为 200 法郎，被选举人的纳税资格线由 1000 法郎降至 500 法郎。这一调整使得法国的选民人数由 1830 年的不足 10 万人上升至 1831 年的 16 万多人(亦说有约 19 万人)。[①] 虽然说这是一个进步，但其前进的步伐却是极为有限的，因为这 16 万选民仅占法国成年男子总人口的 3%左右。七月王朝正是在 97%的成年男子没有选举权（妇女的无权状况更不必说）的情况下进行政治统治的，而这也正是潜伏在新时代法国的最为严重的政治问题。

在七月王朝前期，政府内部的权力斗争异常激烈，内阁的更迭极为频繁，金融家拉斐特、金融家兼实业家佩里埃（Périer，1777—1832）、帝国元帅苏尔特(Soult，1769—1851)、贵族布罗伊公爵（duc de Broglie，1785—1870）、自由职业者梯也尔以及贵族莫莱伯爵（Molé，1781—1855）等人作为内阁首相先后登台又倒台（只有佩里埃一人病死于任上），其中有些人如苏尔特、梯也尔和莫莱还曾多次组阁。对于七月王朝前期这种朝是夕非的政治无常以及见权眼开的政治钻营，浪漫主义文学家雨果曾大加挞伐：“看着这些把三色帽戴在自己瓦罐似的脑袋上的人就叫人反感”。到了七月王朝后期，政治斗争虽不见平缓，但政府格局却相对稳定下来。1840 年 10 月，国王委托已经 71 岁高龄的苏尔特元帅重新组阁，在此后 7 年中，首相人选没有再度易人，但政府实权基本操纵在外交大臣基佐(此前基佐曾担任内政大臣、公共教育大臣和驻英大使）之手。1847 年 9 月，基佐终于接替已经老朽不堪的苏尔特而成为堂堂正正的首相，但仅时隔半年，他

① J. Lucas-Dubreton, *The Restoration and the July Monarchy*, London: William Heinemann Ltd, 1929, pp. 178–179.

的政治生命便被一场革命风暴吹得无影无踪。

七月王朝政权内部之所以斗争激烈，政客们谋官位、捞肥缺的私利驱动当然是其不可忽视的重要原因，但是，政治观点上的分歧也是导致这一现象的决定性因素之一。从总体上看，愿意为七月王朝效力的这些人都是赞同立宪君主制这一统治模式的，但是至于在这种政治体制下法国社会应当如何向前发展，立宪君主派这一官方阵营则出现明显的政治分裂并由此形成所谓“运动派”（Parti du Mouvement）和“抗拒派”（Parti de la Résistance）两大派别。[①]“运动派”实际上就是继续前进派、不断改革派，它认为“七月革命”是法国社会进步的一个起点，应从发展的意义上来实施《1830 年宪章》；为适应新时代的要求，必须尽快降低选举人和被选举人的纳税资格线，最大限度地吸收国人参与公共事务。这一派最初以拉法耶特和拉斐特等人为首，后来则以律师出身的巴罗（Barrot，1791—1873）为代表人物。“抗拒派”实际上就是抵制改革派、维持现状派，它认为法国的改革和革命已经走得够远了，因此，应当将 1830 年的革命视为一个终点，此后的法国应在现有基础上全力促进国内外的和平，努力维持法律和秩序，“绝不鼓动民主激情”。在七月王朝的政客中，可归入“抗拒派”的不在少数，其中态度最坚决、影响最广泛的还是“空论家”（les doctrinaires）中的代表人物基佐。

在七月王朝建立后的最初几个月中，“运动派”稍占优势，但不断蔓延的社会冲突和政治骚乱很快就使得“运动派”失去继续“运动”下去的勇气和力量，随之而来的“抗拒派”将在未来的岁月中一直把持着七月王朝的政治基调。作为“抗拒派”最为主要的代言人，基佐的政治观念与具体实践是存在较大距离的。他自认为是一个自由主义者，而且一直醉心于英国式的代议制和君主立宪制；在给巴黎大学所作的法国文明史讲座中，资产阶级的形成和代议机构的建立也是他详尽阐析和竭力颂扬的主要论题。[②] 然而，基佐的自由主义观念却很难运用到政治实践之中。他的父亲在 1793 年被雅各宾政权送上了断头台，这一惨痛的回忆使得基佐对于民众一哄而上的“人民政权”一直心有余悸，正是在这种心态下，基佐对于“运动派”要求不断扩大选民范围的做法深为忧虑并全力抵制，因为选

---

① 七月王朝时期的党派政治比较复杂，用现代法国政党分类标准来衡量，其格局大致是：共和派（les Républicains）属于左翼（la gauche），运动派（le Parti du Mouvement）属于中左翼（le centre-gauche），梯也尔派（le Tiers Parti）属于中间派（le centre），抗拒派（le Parti de la Résistance）属于中右翼（le centre-droit），正统派（les Légitimistes）和波拿巴派（les Bonapartistes）属于右翼（la droite）。参阅 Guy Antonetti, *Louis-Philippe,* Paris: Librairie Arthème Fayard, 2002, pp. 725–753。

② 详见［法］基佐著，沅芷等译：《法国文明史》（四卷本），北京：商务印书馆 2007 年版。

民资格的不断放宽有可能最终导致普选制，而普选制的实行又将送来一个“人民政权”。

正因如此，秩序和稳定就成为基佐施政的中心方略。在七月王朝初期，共和派的活动较为活跃而且积极致力于扫除文盲运动，而共和派对教育的介入显然将有助于共和思想的传播。为了遏止这一趋势，1833 年 6 月，时任公共教育大臣的基佐主持制定了《公共教育和教学自由法》(*L'instruction publique et la liberté de l'enseignement*，简称《基佐法》，*Loi Guizot*)，其中明确指出，“对全体儿童普及初等教育是国家义不容辞的义务”，其意在于要让政府把教育权垄断起来。[①]1840 年基佐掌握政府实际权力之后，对秩序的追求开始变得更加不择手段。他经常以贿买的手段操纵议会选举，而且还千方百计地为自己的支持者安排政府肥职。对于那些要求扩大选举权的呼吁，基佐则用一句流传后世的“名言”作答：“致富去吧!”(Enrichissez-vous!) 其意思是：一个人应当首先去发财致富，富了之后当然要多纳税，当纳税额达到法定标准之后，就自然拥有选举权了。1845 年，基佐在众议院更是直截了当地明言：“在法国，能够理解并独立行使选举权的人不超过 18 万。”因此，在基佐的把持下，法国的政治生活已经变成墨守陈规的“一惯制”。不幸的是，基佐的政策又得到了国王路易·菲力浦的绝对支持。

基佐

在国内政治日趋僵化的同时，七月王朝的对外政策却明显体现出见机行事的“灵活”特征，这就是：在无关“欧洲和谐”大局的偏远地区可以积极行动，但在欧洲本土及有关敏感地区则要谨小慎微。正是在这一思想指导下，从 1839 年开始，法国军队在比若元帅（Bugeaud，1784—1849）的率领下对阿尔及利亚展开全面的征服行动。比若的征服手段是极为残酷的，有一次，法国军队将躲藏在一个山洞中的 600 名男子、妇女及儿童全部闷死。至 1844 年，法军基本占领阿

① F. Ponteil, *Histoire de l'enseignement en France, 1789–1965*, Paris: Sirey, 1965, p. 58.

尔及利亚全境。[①] 此外，世界上还有其他一些更为“偏远”的地区也在这一时期相继落入法国人之手，如西非的达洛亚（Daloa，即“象牙海岸”，1842 年）、印度洋上的马达加斯加（Madagascar，1842 年）以及南太平洋上的塔希提（Tahiti，1842 年）等。而且，法国人还跑到中国，并于 1844 年强迫清政府签订了《中法黄埔条约》。

相比之下，在欧洲本土，七月王朝则显得颇为“中庸”。1831 年初，比利时国民大会决定将王位献给路易·菲力浦的次子，但被路易·菲力浦拒绝。1831 年，波兰人发动反俄起义，法国许多自由主义者主张驰援，但七月王朝最终拒绝干预。1832 年，意大利爆发反对奥地利的革命运动，但法国政府也拒绝提供任何援助。在对英关系方面，七月王朝也是奉行以和为上的政策，正如有些史家所言：“英国一皱眉，国王就让步”。虽然说从其本国立场看，七月王朝的某些对外政策并非完全一无是处，但是，法国诸多阶层的不满情绪却是显而易见的，有的指责它不顾其他民族的死活，有的指责它对外软弱无能。不论这些指责有无道理，其最终结果就是大大加重了国人对七月王朝政治统治的幻灭。

虽然说立宪君主派（奥尔良派）掌握了国家政权，但是，七月王朝的这个支柱派别在纷呈杂糅的法国政治舞台上却并没有取得一呼百应的绝对优势地位，一些势力仍很强大的在野派别仍时时刻刻地威胁着七月王朝的政治统治。一个是以著名文人夏多布里昂等人为首的所谓正统派。他们仍然忠心于“正统”的波旁家族，对于自身被强行排斥于政权之外一直耿耿于怀。虽然他们策划的许多密谋活动（如劫持王室、暗杀国王以及武装暴动等）被政府一一挫败，但正统派在乡村地区和外省城市仍有为数不少的支持者。另一个是影响更为广泛的共和派。在资产阶级各个阶层中，绝大多数人是厌恶共和思想的，因为在他们的眼里，“共和”是令人胆寒的字眼，是混乱和冲突的同义语。但是，在一部分知识分子、自由职业者、新闻记者和某些军人那里，共和思想却大行其道。而且，在他们的宣传鼓动下，处于社会底层的工人群众也纷纷成为共和思想的拥护者。虽然七月王朝自始至终对共和思想采取压制或镇压手段，但是，在这一时期特别是在七月王朝后期出现的文学作品和绘画作品中，“自由”、“革命”和“造反”仍是最为时髦的主题。面对滚滚暗潮，醉心于基佐“秩序”和“稳定”方略的国王路易·菲力浦

① 参阅 Cheryl B. Welch, “Colonial Violence and the Rhetoric of Evasion: Tocqueville on Algeria”, *Political Theory*, No. 2 (2003), pp. 235–264。

不仅无动于衷，而且还信心十足地宣称“我无所畏惧”、“他们非我不行”。

在七月王朝时期，另一个不容忽视的重要政治现象是波拿巴主义（bonapartisme）的复活。[①]这一现象的源头始于复辟王朝时期。[②]拿破仑被囚禁于圣赫勒拿岛期间，曾向自愿随同流放的心腹同伴们口述大量“备忘录”以证明他是真正的大革命之子。1821年拿破仑死后，这类“备忘录”以及其他各种以拿破仑为中心的回忆类著作便从许多印刷厂中潮水般涌出，其中最早也是最有影响的一部是由拿破仑的随从“秘书”、著名的地图绘制师埃马纽埃尔·拉卡斯（Emmanuel Las Cases，1766—1842）所写的《圣赫勒拿岛回忆录》（*Mémorial de Ste Hélène*，1823年）。这类著作将拿破仑描绘成一位现代的普罗米修斯（Prometheus），铁链将他锁在圣赫勒拿岛的岩石上，迫使他忍受英国狱长对他施加的一次又一次的侮辱。拿破仑的老兵们也是满怀深情地支持这一“盗火”神话，他们不断赋予帝国岁月以浪漫化和传奇化色彩。在雨果等人的诗歌中，在司汤达和巴尔扎克等人后来所写的小说里，甚至在政客兼史家的梯也尔的史学著作里，拿破仑“神话”更是变得神乎其神。为了迎合民众的忆往昔心理，一心追求公民化色彩的七月王朝从一开始就在有意无意地扶持这一“神话”的发展。1831年，政府下令将拿破仑的雕像重新安放到旺多姆广场（Place Vendôme）青铜圆柱的顶端。[③]1836年，时任总理的梯也尔亲自参加并主持了纪念拿破仑战功的凯旋门（Arc de triomphe）的落成典礼。[④]1840年，法国政府举行隆重仪式，将拿破仑的遗骸从圣赫勒拿岛运回巴黎，穿过凯旋门之后，将之安葬在荣军院之中。[⑤]

七月王朝对拿破仑的抬举虽是针对其个人的，但其客观结果却是抬高了波拿巴家族的声望，其最终受益者就是拿破仑的侄子路易·波拿巴（Louis Napoléon Bonaparte，1808—1873）。1832年，拿破仑的儿子（即“拿破仑二世”）病死于

---

① 在法国政治史上，“波拿巴主义”通常有两重含义，一是主张由波拿巴家族的后裔在法国重建帝国，二是主张在法国建立以民众支持为基础的强权政治。

② 参阅 Melvin Richter, “Toward a Concept of Political Illegitimacy: Bonapartist Dictatorship and Democratic Legitimacy”, *Political Theory*, No. 2 (1982), pp. 185–214。

③ 旺多姆广场位于杜伊勒里宫（今杜伊勒里公园）的北面。广场上的那根布满浮雕的青铜圆柱是用拿破仑战争缴获来的大炮熔化后浇铸而成的。1808年，拿破仑雕像被放置于圆柱顶端。波旁王朝复辟后，拿破仑雕像被搬了下来。

④ 凯旋门位于星形广场（今戴高乐广场）中心，1806年8月奠基，1836年7月落成。有些法国史著作称梯也尔1836年主持的是凯旋门的“动土典礼”，此说不妥。

⑤ 参阅 Stanley Mellon, “The July Monarchy and the Napoleonic Myth”, *Yale French Studies*, No. 26 (1960), pp. 70–78。

奥地利，年方24岁的路易·波拿巴便在其伯父的余威下开始以帝国事业继承人的姿态展开一系列冒险活动。1836年，他率领一小群服饰古怪、打着“鹰旗”[①]的追随者试图在东北边境的斯特拉斯堡发动夺城攻势，但他随即便被抓捕，受审后被流放至美国，不久之后他又辗转旅居英国。1840年，他再次图谋起事，先是以海上旅游为名租了一艘英国小汽轮，然后带着50多名同伙穿越英吉利海峡，同时还带着一只鹰。上岸后仅三个多小时，这群人便全部落网。路易·波拿巴被判终身监禁并被关押在阿姆(Ham) 要塞[②]。在这里度过将近6年的待遇不错的囚徒生涯之后，1846年5月，他身穿工人服装，嘴里叼着烟斗，肩上扛着根木头，大摇大摆地逃出阿姆要塞，随后又到了英国。虽然说路易·波拿巴这两次行动颇具荒诞色彩，但他终究因此而小有名声，再加上波拿巴主义在法国民众中不断升温，路易·波拿巴的声望也就跟着水涨船高。这或许是七月王朝的众多政客们所未曾料到的。

二、变革之中的社会经济

大革命以来的法国社会是一幅幅令人眼花缭乱的变幻无常的多重画面，各种势力在这里此起彼伏，消消长长。经过几十年的反复争斗和艰难磨合，到七月王朝时期，旧时代的旧特征虽然还未完全绝迹，但是，现代资本主义社会的总体框架却有了更为鲜明的体现，新社会带来的新进步在这里可以一目了然，新社会造成的新问题在这里也可以一览无余。因此，从一定程度上说，七月王朝是法国社会自大革命以来风风雨雨历程的一个阶段性总结。[③]

社会结构的变化以及各阶层在整个社会中的地位和状况是判定法国社会前进步伐的重要指标。在七月王朝时期，贵族和教士仍然存在而且还将长期存在下去，但是，他们再也无法享有从前那种可以飞扬跋扈的特权地位。以讨好国王、谄媚贵妇为专职的那种迷人而轻浮的宫廷贵族显然已经成为历史的陈迹；与波旁

① 拿破仑称帝后以雄鹰作为国玺上的图案，鹰也就成了拿破仑及拿破仑帝国的一个象征。

② 阿姆位于索姆省的东部，亦即在亚眠的东面。

③ 或许也正因如此，有些学者认为，法国大革命的下限应该定在七月王朝成立的1830年，如：Etienne Cabet, *Histoire populaire de la Révolution française de 1789 à 1830*, Paris: Pagnerre, 1839–40; Jennifer Ngaire Heuer, *The Family and the Nation: Gender and Citizenship in Revolutionary France, 1789–1830*, Ithaca: Cornell University Press, 2005。

家族相关联的那些旧贵族也随着查理十世的垮台而纷纷从城市重归乡下，虽然他们仍能在各地掀起一些轻波微澜，但其落魄失势的命运已经不可逆转；拿破仑时代创造出来的那些“新贵族”虽然还保留着自己的头衔而且还在贵族院中占据主导地位，但是，他们的贵族身份却不易为社会所接受。经过几十年的反反复复，贵族的颜面已丢失殆尽，贵族的头衔亦已魅力不再。教士的情况稍显复杂。高级教士在政治上大多是坚定的教皇极权主义者，他们力求在更大程度上依靠罗马教廷，抵制政府对教会的干预和控制。低级教士仍然是来自普通家庭甚至是贫困家庭，其年薪很少超过 1500 法郎。①

与传统特权阶层的衰落相辅相承的是，资产阶级在法国社会政治生活中的主体角色开始成为无从改变的定势。资产阶级内部也有大小上下之分，其中有一部分人在大革命时期的土地买卖中大获其利，革命以后他们往往成为工厂主、金融家以及自由职业者，以土地税为基础的选举制度使得他们占据了压倒性的优势，因此，在政府的高层领导机构中，他们逐步取代了贵族。在这些掌握了实际权力的中上层资产阶级之外，小店主、小职员、小工匠及政府雇员等阶层则构成了比上不足、比下有余的小资产阶级。由于选举权与纳税额直接相连，因此，纳税额达不到法定标准的小资产阶级并不享有选举权和被选举权。然而，一个颇具戏剧性意味的现象是，这些小资产阶级不仅充满自豪感，而且在某些时候还的确能够拥有一定的政治影响。究其原因，关键在于他们拥有“国民自卫军”成员资格。根据法律规定，缴纳直接税的所有公民都可加入国民自卫军，而且国民自卫军有权选举自己的军官。在这种体制下，国民自卫军成员资格亦已成为社会地位的一种象征。因此，尽管法律规定武器和军服要由自卫军成员自己出资购买，但是，小资产阶级中的几乎所有成员仍是趋之若鹜，他们觉得，穿上那套惹人注目的军装、扛上那杆由自己花钱买来的枪之后，与那些连一点直接税也交不起的贫民相比就是不一样。正因如此，每到星期天，小资产者便会豪情满怀地整齐戎装，“参加民兵队操练，以保卫剥夺他们投票权的政权”。②

随着工业革命的缓慢推进，工人特别是产业工人的数量在逐步增加。到七月王朝末年，法国总人口将近 3600 万，其中产业工人约有 130 万。工人的生活条件极为恶劣，在有些地区，许多工人仍居住在简陋透顶的山洞之中。对于他们来

---

① 低级教士的薪金虽然已经很低，但比工人的状况要好得多，而且其收入相对比较稳定。据估计，七月王朝时期，男工全年工资约为 700—800 法郎，女工仅为 350 法郎左右。

② ［法］皮埃尔·米盖尔著，蔡鸿滨等译：《法国史》，北京：商务印书馆 1985 年版，第 341 页。

说，每天劳动 15 个小时已是司空见惯之事，而其每天所挣的工资一多半都要用于购买维持生命的主食面包。由于生活艰苦和工作劳累，工人们体质很差。① 在政府征兵过程中，有 60%的青年工人由于体质原因而被征兵审查委员会淘汰。在这种悲惨的状况下，许多小型的秘密工人组织开始出现并且日益具有暴力性质。不过，在这一时期，工人尚未真正形成自己的阶级意识，尽管有时他们会以暴力方式要求改善他们忍无可忍的生活条件，但是，他们还没有能够从政治的高度去争取自己的权利。

七月王朝时期，农村人口仍高达总人口的 75%左右。在农村，自中世纪末期以来的小土地所有制就呈不断发展之势，而大革命时期的土地法以及后来的《拿破仑法典》又进一步加剧这一趋势，使得法国农地日益成为支离破碎的百衲衣。小块土地铺天盖地般的存在使得农耕技术的革新变得遥远而艰难，而法国农民根深蒂固的传统习惯则更加使得农村面貌长期停滞不前，中世纪即已普遍使用的老式农具和耕作方法到七月王朝时期仍未出现根本变化。农民的住房仍相当原始，在许多地区，农民们仍惯于赤脚或穿木底鞋。农民的饭食仍与从前一样单调，主要就是面包、土豆、栗子以及少量的蔬菜，肉类食品仍未能够经常走进寻常百姓家。靠天吃饭的农业生产具有很大的不确定性，因此，饥荒问题仍然时有发生。农民的文化生活也谈不上丰富多彩，一多半的农民仍是目不识丁的文盲。② 这一事实也就意味着城乡差别仍旧如隔鸿沟，城里“文明人”的政治斗争对农村的影响仍旧微乎其微。在农村生活的缓慢变革中，最具意义的可能就是铁路的出现、公路的改进以及邮政的普及，正是由于这些方面的进步，乡村世界才渐渐露出亘古未见的一线曙光。

在这种社会结构下，法国的经济发展也就呈现出自身的特点。如果从纵向角度来考察，在七月王朝时期，法国工业革命的成果是不可否认的。1832 年，法国建成第一条真正意义上的铁路(里昂—圣太田)③，到 1848 年，铁路总长约为 1921 公里。1830 年，蒸汽机总数大约只有 600 台，1848 年时增加至

---

① 参阅 Arthur L. Dunham, “Industrial Life and Labor in France 1815–1848”, *The Journal of Economic History*, No. 2 (1943), pp. 117–151。

② 这种状况的改变是相当缓慢的。直到 1870 年，以农民兵员为主的法国军队中，仍有约 30% 的士兵属于文盲。参阅 Robert Louis Koepke, “Educating Child Laborers in France: The Enquête of 1837”, *French Historical Studies*, No. 4 (1988), pp. 646–672。

③ 圣太田(圣-艾蒂安，Saint-Etienne) 位于里昂的西南方向，为卢瓦尔省(Loire) 首府。1832 年之前，法国已出现一些零星的“铁路”，但车皮的牵引动力主要来自马匹，火车头尚未使用。

5000台左右。1836年，著名的勒克勒佐(Le Creusot)[①]冶炼工场的产铁量仅为0.5万吨，1847年则增至1.8万吨。1834年，各种工业发明专利不到600项，1847年则上升到2000多项。但是，如果作一横向比较，就会发现，法国工业革命的步伐远远落后于西欧其他许多国家。这里仅以铁路建设为例。七月王朝的十几年中能够铺成1900多公里的铁轨，这似乎已是一个不小的成就。然而，在同一时期，国土面积比法国狭小许多的普鲁士和英国建成的铁路分别达3400多公里和6300多公里。

法国的工业革命之所以没有出现像西欧其他一些国家那样明显的“起飞”动作，其主要原因在于大量劳动人口对小块土地的长期附着、工业劳动力的长期匮乏、微型手工“企业”的大量存在、工业原料的严重缺乏、工业资本家不愿冒风险的传统心理、高利贷资本对工业企业的投资规避、新机器新技术的难以推广以及小农土地所有制盛行条件下全国市场需求不旺等方面。除此而外，政府部门的决策和行为在这个问题上也起到了不可忽视的推波助澜的消极影响。长期掌握政府实际权力的基佐认为，经济发展如果过于迅速，则有可能损害“社会和谐”。另一位实权人物梯也尔认为，让太多的人过快地发财致富是不合适的，而且是“毫无道理的”。在这样一群“渐进派”政客的把持下，法国政府在推动工业经济发展方面也就显得柔弱无力。正是在这种复杂的背景下，在七月王朝时期，许多法国人对革新望而生畏，对机器大加抵制，甚至那些感情细腻的诗人们也发表诗作严厉攻击那些轰鸣作响、浓烟滚滚的火车头。然而，一个颇为矛盾的现象是：尽管许多法国人主张经济应当渐进发展，尽管许多法国人满足于老式的生产方式，但是，当看到周边国家日益欣欣向荣之时，这些人却又不由自主地产生了难以言表的自卑感和失落感。

与经济缓慢发展相伴而行的是社会问题的突飞猛进。首先是城市生活环境的可怕程度令人触目惊心，例如，1832年霍乱大流行，仅在巴黎一地就有2万多人因此丧命，其中包括时任内阁首相的佩里埃。[②]其次是产业工人的悲惨境遇让人不寒而栗，据估计，当时的产业工人平均寿命不超过30岁，而且，各家工厂还大量使用更为廉价的女工和童工，其身心健康根本无从保障。直至1841年3月，法国议会才通过了第一部《童工法》(*Loi sur le travail des enfants*)，其中规定，

① 勒克勒佐位于第戎西南，在索恩－卢瓦尔省（Saône-et-Loire）境内。

② 参阅 Catherine J. Kudlick, “Giving Is Deceiving: Cholera, Charity, and the Quest for Authority in 1832”, *French Historical Studies*, No. 2 (1993), pp. 457–481。

8岁以下儿童不得进厂工作，8—12岁的童工劳动时间应在8个小时以内。但是，这部法律终究形同虚设，因为它虽然要求设立检查员以监督法律的实施，但这种检查员却是属于不领薪金的义工，这种义务劳动者到哪里去找呢？正是在这种生不如死的惨况下，产业工人的反抗斗争往往显示出义无反顾的强烈色彩。1831年，里昂首先爆发大规模工人起义。1834年，里昂工人再度起义；与此同时，巴黎也爆发工人起义。尽管这些起义无一例外地被镇压下去，但它们却开创了工人阶级独立武装斗争的新局面，劳资关系从此成为法国社会政治生活中最敏感也是最易引发动荡的一大问题。除了武装起义这种极端形式之外，罢工更是成为常见的斗争形式，在七月王朝时期，所有有产业工人存在的城市几乎都发生过或长或短、或频或疏的罢工斗争。[①]1846、1847年，法国农业严重歉收，经济急剧萧条。对于农民来说，这自然是一个打击；但对于工人而言，它更是一场灾难，因为工人的主要食品（有时也是唯一食品）就是面包，而由供应不足导致的价格上涨进一步加剧了他们食不果腹的状况。1847年，巴黎总人口中约有1/3要依靠各种救济来维持生存。这一经济萧条的惊人后果就是：1846—1851年间，大约有25万法国人移居国外。对于安土重迁的法国人来说，这一现象的出现是不同寻常的。

三、思想文化领域中的社会批判

七月王朝是法国资本主义生产关系进一步发展时期，与这种生产关系相适应，思想文化领域也呈现出多元化的格局。在这一时期，由此前几十年积淀下来的文化特征仍然保持着相当旺盛的活力，一些传统的文化产品也能在相对平和的状态下浸润着法国人的文化生活。在文学领域，以历史、爱情和想象为基调的浪漫主义小说继续涌现，雨果的以中世纪末年为背景的《巴黎圣母院》（*Notre-Dame de Paris*，1831年）拥有众多的读者，以擅长编故事著称的浪漫主义多产作家大仲马（*Alexandre Dumas père*，1802—1870）更是以其惊险曲折的《三个火枪手》（*Les Trois Mousquetaires*，1844年）以及《基督山伯爵》（*Le Comte de Monte-*

① 参阅 Peter N. Stearns, "Patterns of Industrial Strike Activity in France during the July Monarchy", *The American Historical Review*, No. 2 (1965), pp. 371–394。

Cristo, 1845—1846）等传奇作品而赢得老老少少的喜爱。[①] 在绘画领域，以典雅庄重、对称协调为特征的新古典主义在“学院派”的画风中仍然韵味不减，安格尔（Ingres，1780—1867）在复辟王朝及七月王朝时期创作的那些工整得几乎无可挑剔的裸体画仍然成为永不褪色的传世之作。[②] 然而，七月王朝时期的法国终究不是风平浪静的理想社会，随着社会问题的层出不穷，知识阶层的幻灭感与日俱增，社会秩序的合理性也受到越来越多的怀疑，而对现存社会的这种文化批判最终又成为推动社会变革的重要因素之一。

在七月王朝的思想文化领域中，社会批判的表现形式是多层面的，其中影响最大、时代特征最鲜明的是文学创作中的现实主义风格。与通过历史题材来表达自己情感和理想的浪漫主义不同，现实主义主张必须从嗜古情调中摆脱出来，必须以现实的眼光切入现实生活、描写现实生活、批判现实生活。尽管说在文学功能以及文学表现形式等问题上现实主义与浪漫主义有着不同甚至相反的见解，但是，现实主义文学流派的产生并没有像当年浪漫主义兴起时那样伴随着与传统流派的激烈论战，其主要原因在于，浪漫主义本身就不是一个封闭的结构，它所宣扬的“自由主义”原则本身就为诸如现实主义之类的其他流派的产生和存在留下了空间。而且，现实主义与浪漫主义在许多方面也是相通相联的，现实主义虽然强调对现实生活的介入与剖析，但它并不是对现实社会的简单而机械的对应，它并不完全排除在现实基础上的想象、浪漫与抒情。事实上，现实主义文学的主要代表人物在早年大多是浪漫主义者，即便到后来成为“现实主义者”，他们的浪漫主义情怀在其作品中还是时常闪烁跳动的。在七月王朝时期，最重要的现实主义作家有两位。一是司汤达（Stendhal，1783—1842），其主要作品有《红与黑》（*Le Rouge et le Noir*）和《巴马修道院》（*La Chartreuse de Parme*）等，这两部小说均以现实社会为背景来揭露现存政治体制的腐败和政治生活的黑暗。二是更负盛名

---

① 2002 年 11 月，大仲马的遗骸被安放进先贤祠。此前被安葬在先贤祠里的文化名人有伏尔泰、卢梭、雨果、左拉和马尔罗。时任总统希拉克表示：“大仲马应该安眠在他的作家老朋友雨果的身旁”。参阅董强：《混血儿葬入伟人墓——大仲马入先贤祠的文化与政治含义》，载《世界知识》2003 年第 4 期，第 48—50 页。

② 在拿破仑时代，安格尔就已开始创作裸体画，如《大浴女》（*La Grande Baigneuse*，1808 年）和《大宫女》（*La Grande Odalisque*，1814 年）等。安格尔的有些画作往往经过反复修改之后方才定稿，如《泉》（*La Source*）的创作历时 30 余年（1820—1856），《土耳其浴室》（*Le Bain turc*）的创作也是数易其稿（1859—1863）。参见 Rose-Marie & Rainer Hagen, *Les dessous des chefs-d'œuvre*, Taschen: Cologne, 2000, p. 415。安格尔的裸女图大多不是“写生”作品，而是想象加借鉴的产物。他虽醉心于土耳其的浴室与后宫，但他却从来没有去过土耳其。

的巴尔扎克（Balzac，1799—1850），从七月王朝初期起，他就开始有计划地撰绘"当时资产阶级社会的巨型全景图"，最终汇成由近百部作品构成的《人间戏剧》（*La Comédie humaine*）①，他所塑造的许多角色如高老头（Père Goriot）和葛朗台（Grandet）等已经成为世界文学作品中的典型角色。

在绘画领域，以现实社会为批判对象的作品也开始不断涌现。在这一方面最有影响力的人物当数杜米埃（Daumier，1808—1879）。杜米埃的作品丰富而多样，其中，在当时影响最大、对后世影响最远的还是他那些极具讽刺精神的政治漫画。在他的漫画作品中，那些掌握着法国统治权的律师、银行家和政客几乎一一被排上了讽刺榜，甚至连梯也尔、基佐乃至国王路易·菲力浦也逃脱不了他那支辛辣的讽刺画笔，路易·菲力浦的鸭梨形脑袋和"钱袋似的肚子"就是他最感兴趣的漫画题材之一。杜米埃的漫画作品并不局限于政治，他还经常面对贫苦的农民以及巴黎街头寒酸的画匠，在熟练地挥动几下画笔之后，对下层民众的同情之心便顿时跃然纸上。杜米埃的漫画创作并没有随七月王朝的结束而终止，在未来的岁月中，第二帝国以及拿破仑三世又成了他新的讽刺对象。②

在社会批判方面，更为激进的是各式各样的"社会主义"和"共产主义"思潮。在七月王朝初期，由圣西门和傅立叶等人开创的空想社会主义还有一定的余波，其中又以圣西门的门徒更为活跃、更具戏剧色彩，他们以圣西门的基本思想为基础并对之大加改造，从而形成一个含有强烈古怪特征的"浪漫主义式的"学派，即所谓的"圣西门主义"（saint-simonisme）。③ 圣西门学派的信徒通常身穿白色裤子和红色上衣，并经常穿着"圣西门式"的背心，即衣襟在后背，需由别人帮忙才能扣上纽扣，以此来展示人与人之间的相互依赖。在信徒集会时，他们会将一把椅子空着，虚位以待一位可与他们的男首领巴泰勒米·昂方丹（Barthélemy

---

① 巴尔扎克的这部作品总集的汉语名称在传统上被译为《人间喜剧》，但目前学术界已基本形成共识，认为这一译名不准确，准确的译名应该是《人间戏剧》。"Comédie"一词有两种基本含义，一是"戏剧"，泛指各种各类的戏剧；二是"喜剧"。巴尔扎克的这些作品显然属于前者，它们的内容并不存在"喜"的成分。参阅阿尔莱特·米歇尔致张放先生的信"关于巴尔扎克作品总称《人间戏剧》译法及关于现实主义的通信"，载《外国文学》2000年第5期，第53页。

② 杜米埃漫画作品的影响是世界性的，中国作家鲁迅在20世纪30年代初曾花重金购买和保存杜米埃的画作，并称杜米埃是"不可多得的"漫画家。参阅李允经：《"不可多得的"漫画家戈雅、杜米埃》，载《鲁迅研究月刊》2004年第8期，第94—96页。

③ 参阅 Naomi J. Andrews, "Utopian Androgyny: Romantic Socialists Confront Individualism in July Monarchy France", *French Historical Studies*, No. 3 (2003), pp. 437–457。

Enfantin，1796—1864）成双成对的女救世主。更具“革命”意义的是，他们主张彻底改造只重灵魂不重肉体的基督教，宣布建立一个为肉体恢复名誉的“新基督教”，在这种新宗教内，一夫一妻的老传统将被打破，自由的性关系将成为新的生活规范。不过，圣西门学派的试验为时不长，1831 年 8 月，昂方丹等人被控犯有“淫乱罪”，经过一场闹剧式的并伴有一阵阵哄堂大笑的审判之后，昂方丹及其两名助手被判一年监禁并被处以 100 法郎的罚款。圣西门学派虽然存在一系列乖张行为，但它后来却为法国造就出一批出色的银行家、工程师和铁路建筑师。①

昂方丹

除了空想社会主义者之外，路易·勃朗、蒲鲁东以及布朗基等人也对资本主义制度的弊端进行批判并提出各自的改造方案。路易·勃朗（Louis Blanc，1811—1882）受傅立叶的影响较深，20 多岁时便写成以批判资本主义自由竞争为中心论题的《劳动组织》（*L'Organisation du travail*，1839 年）一书，其中有这样一段文字颇为震撼人心：“早上 5 点钟时，你可以在一个工业城市中走走并观察一下挤在工厂入口处的人群。你将会看到不少惨兮兮的儿童，他们脸色苍白，弱不禁风，发育迟缓，眼神呆滞，面颊发青，呼吸困难，就像老头那样弓腰驼背。”1841 年，路易·勃朗又写成以七月王朝最初 10 年为考察对象的《十年史：1830—1840 年》（*Histoire de dix ans*, 1830—1840），在这本书中，他坚持认为：每个人都应享有劳动权；国家不应只是为工厂制定法律，而是要在有需要的地方开办实实在在的工厂。他主张建立由国家投资的“社会工场”以取代资本家开办的那些企业，从而使资本主义逐步让位于社会主义。② 他的这一方案在 1848 年革命

① 昂方丹本人就是一个典型。1832 年出狱以后，对“新基督教”已经不存幻想的昂方丹决定做些实际工作。他招募一些工程师和工人前往埃及，准备与埃及政府商讨开凿苏伊士运河，但最终被埃及政府哄去建设尼罗河的灌溉工程。1837 年回国后，他过了一段贫困交加的生活，后来在一家铁路公司找到工作，成为一条主要干线的经理。参阅 S. C. Burchell, *Building the Suez Canal*, New York: American Heritage Publishing Co., 1966, pp. 38–41。

② 参阅 Leo A. Loubere, “The Evolution of Louis Blanc's Political Philosophy”, *The Journal of Modern History*, No. 1 (1955), pp. 39–60。

以后的确被付诸实验，但其最终结局却是滑稽而可悲的。

蒲鲁东

蒲鲁东（Proudhon，1809—1865）是另一位独树一帜的社会主义者以及所谓的“无政府主义创始人”。1840年，基本靠自学而掌握文化知识的蒲鲁东发表使他一举成名的著作《什么是财产权》（*Qu'est-ce que la propriété*□），提出了“财产权等于盗窃”这一著名公式。他认为，人们根本找不出合适的理论来证明私有财产权的合理性，保护私有财产权的政权和政府必须受到谴责；而人们又不可能指望通过某种新的权力垄断来改变这种政府，因为任何一种权力垄断必然都是邪恶的。正因如此，他提出“打倒政党，打倒政权”的口号，他本人也公开宣称自己是“一个名副其实的无政府主义者”。需要注意的是，蒲鲁东的“无政府主义”并不意味着不要社会规范，也并不意味着人们可以借此混水摸鱼。他提倡的是在没有国家政权干预的前提下建立一种互助系统和契约制度，在这种体制下，不存在暴富也不存在赤贫，全社会可以在小康状态下和谐生存下来。① 不过，他的这种理想化社会从来也没有变为现实。

与主张和平改造、和平过渡的路易·勃朗以及蒲鲁东不同，以“布朗基主义”（blanquisme）而闻名并影响后世的布朗基（Blanqui，1805—1881）主张以暴力革命这种极端且干脆的方式来实现自己的社会理想。② 布朗基对社会的感悟是较为敏锐的，他是历史上第一位使用“工业革命”一词的人。在思想上，他直接继承了督政府时期的平民革命家巴贝夫的衣钵，主张建立一切皆以公有制为基础的共产主义社会。他认为，目前的法国社会已经不可救药地分裂为统治阶级和被统治阶级，而唯一的解药就是动用革命团体以密谋暴动的方式夺取政权，而且，在建立政权之后，必须实行高度专政，绝不给阶级敌人以一丁一点的自由。为实现这一乌托邦式的共产主义社会，布朗基一次又一次地率领信徒密谋起事，但可惜

① Proudhon, *Theory of Property in Selected Writings of Pierre-Joseph Proudhon*, ed., S. Edwards, trans., E. Fraser, London: Macmillian, 1970, pp. 129–136.

② 参阅 Jolyon Michael Howorth, “The Myth of Blanquism under the Third Republic (1871–1900)”, *The Journal of Modern History*, No. 3 (1976), pp. 37–68。

每一次都以失败而告终。在其一生中，布朗基大约有一半时间都是在监狱中度过的，但只要一出狱，他的密谋激情便又随即转化为行动，结果等待他的又是一次新的入狱。

在法兰西上演的这一场曲调各异的批判组曲中，参与者中的主力当然是以上所述的这些土生土长的、对法国社会有着许多切身体验的法国人，但除此之外，还有一支蔚为壮观的“国际化”批判大军也在为推倒七月王朝这座“过时的”政治大厦而推波助澜。尽管说七月王朝时期的法国政府对持不同政见者也进行比较严厉的打压，但法国的政治氛围终究要比周边国家宽松许多。因此，七月王朝时期的法国（尤其是首都巴黎）已经成为许多国家的革命斗士聚首并切磋革命技艺的乐土，来自英国、波兰、意大利、俄罗斯以及德意志诸邦的许多热血青年不仅将这里当作是政治避难所，而且还在这里建起一个又一个的“革命总部”。[①] 在这些流亡政治家中，最值得关注的就是为全世界无产者送来一个“主义”的马克思(Karl Marx，1818—1883)。1843 年秋，因遭普鲁士政府的驱逐，时年 25 岁的马克思流亡到了巴黎。第二年，更为年轻的恩格斯（Friedrich von Engels，1820—1895）亦来到巴黎并与马克思相会。在这里，他们不仅研究哲学和政治经济学，而且还对普鲁士政府展开批判，此外，他们还要研究法国的历史与现状并与法国的革命者进行交流。1845 年秋，应普鲁士政府的要求，法国政府将马克思驱逐出境。1848 年 2 月 21 日，在流亡之地比利时，马克思和恩格斯合作写成的《共产党宣言》(*The Communist Manifesto*）正式发表，而此时此刻的法国已因“宴会运动”一事而风生水起，仅仅三天之后，存在 18 年之久的七月王朝便轰然垮台。不久，即 1848 年 3 月，革命后的法国临时政府便把遭到比利时政府驱逐的马克思又请回巴黎，马克思也因此又有了亲眼目睹法国政府黑暗、腐朽和无能的机会。不过，这已是七月王朝结束以后的事情，目前最要紧的还是来考察一下“最自由的”七月王朝是如何销声匿迹的。

---

① 历史上存在诸多“此一时彼一时”的现象。七月王朝时期的法国是革命流亡者的聚居地，但在七月王朝垮台之后，第二共和国开始对激进革命派采取收紧政策，于是，法国的那些“极端革命者”则纷纷避居比利时、西班牙、瑞士、英国以及美国等国家。参阅 Howard C. Payne, Henry Grosshans, “The Exiled Revolutionaries and the French Political Police in the 1850's”, *The American Historical Review*, No. 4 (1963), pp. 954–973。

四、王朝政治的再度坍塌

到基佐把持内阁的最后一段时期，七月王朝的君主制已经变得越来越不受民众的欢迎，但这是否就一定意味着法国的这个君主制度就一定必死无疑？雨果曾说过，立宪君主制与自由主义原则并不矛盾，“例如，英国的维多利亚女王就是这样”。长期以来，西方学者也一直在思考这样一些问题，即：在资本主义制度确立以后，法国为什么不能像英国、比利时、荷兰以及斯堪的纳维亚半岛各国那样以改革代替革命？法国为什么不能像上述各国那样能够创立一种基础更为广泛、更为牢固的立宪君主制以维持社会政治氛围的相对和谐？当然，对于这类问题的任何一种解释都是不可验证的，因为七月王朝的立宪君主制在1848年初的革命风暴中已经历史地不可挽回地崩溃了。

七月王朝政治溃败的原因是多维度的。例如国王本身的原因：虽然说国王路易·菲力浦并不是一位嗜权狂，但他如今已是老态龙钟、性情固执、喋喋不休，已经失去了对民众的吸引力。既是文学家又是政治家同时又喜好历史学的拉马丁（Lamartine，1790—1869）宣称，对这个老头，“法兰西已经厌倦了”。雨果也曾表示，路易·菲力浦不仅鼠目寸光，而且没有教养、没有头脑。再如共和思想方面的原因：在基佐掌权时期，共和思想虽然在表面上处于低潮，但宣传这一思想的仍大有人在。而且，经历过第一次共和的许多老人仍然健在，他们对当年的共和岁月仍然记忆犹新，只要条件合适，他们的共和热情便会重新燃起。又如工人阶级方面的原因：基本处于文盲状态的工人群体虽然不可能熟悉和理解蒲鲁东们的“打倒政府”、布朗基们的“暴力革命”以及傅立叶们的“乌托邦”思想，但是，他们对自身的苦难却是不需要任何文化水平就可以敏锐感受得到的。1847年的巴黎，纺织工人每天所挣的工资已降到0.75法郎；而养活一个有4个孩子的家庭，仅购买面包就至少需要1法郎。① 了解这一点，也就可以从一个侧面理解巴黎工人的斗争激情为何“见火就着”了。

但是，以上这些因素还不能说是七月王朝立宪君主制崩溃的充要条件。对于法国的这个君主政体来说，更为致命的问题在于王朝社会基础的过度狭隘。旧贵

① 参阅 Arthur L. Dunham, “Unrest in France in 1848”, *The Journal of Economic History*, Vol. 8 (1948), pp. 74–84。

族、正统派以及教会人士从来也没有融入七月王朝的政治机器之中。中上层资产阶级中亦有许多人梦幻破灭，在他们看来，法国的这种王朝政治除了保守僵化，剩下的就是腐败堕落。由于选举资格的限制，人数众多的小资产阶级对于自身的无权状况更为不满。正是在这种政治背景下，一些主张社会进步的文化人开始对下层民众给予更多的关注。1846 年，有"法国第一位人民史学家"之称的米什莱（Michelet，1798—1874）以"社会浪漫主义"的笔触，发表简明而颇具震撼力的短论《人民》(*Le peuple*)，他认为，普通人是一切美德的源泉，然而，这些人在法国却令人悲哀地被忽略了。[①]1847 年，拉马丁写成 8 卷本《吉伦特派史》(*Histoire des Girondins*)，在这里，他以浪漫主义诗人的笔触将大革命时期的吉伦特派理想化地描绘成人民自由的捍卫者。浪漫主义女作家乔治・桑（George Sand，1804—1876）的社会小说也对普通人致以深深的同情。他们的这些著作在法国社会特别是在巴黎都拥有众多的读者且引起广泛的共鸣。这种情况表明，法国政治已经到了非改不可的地步，如果顺应这一潮流，七月王朝的命运可能将是柳暗花明。然而，基佐内阁却抱残守缺，力图抵制一切政治变革。1848 年 1 月，具有敏锐洞察力的贵族历史学家、以《论美国的民主》(*De la démocratie en Amerique*，1835、1840 年）以及《旧制度与大革命》(*L'Ancien Régime et la Révolution*□1856 年）一书而闻名于世的托克维尔（Tocqueville，1805—1859）在众议院发出了在许多议员看来是耸人听闻的警报："我们还在火山上蒙头大睡。……一股革命之风正在吹起，风暴已经露出了地平线。"

将七月王朝引爆的导火索是所谓的"宴会运动"（campagne des banquets)。[②]从 1847 年夏开始，包括立宪君主派、共和派、正统派以及波拿巴主义者在内的法国诸多阶层和团体在巴黎和外省的一些城市以举行聚餐会的形式聚众议政，或要求降低选民的纳税资格，或要求实行普选，有的甚至宣传要以革命的形式推翻不得人心的现政权。对历史高度敏锐但对现实却极端麻木的基佐对于各阶层的政治要求不仅充耳不闻，而且大加嘲讽。于是，主张扩大选举权的资产阶级决定于 1848 年 1 月 19 日在巴黎举行更大规模的宴会活动。在这一计划被政府取缔之后，他们又将宴会日期改在 2 月 22 日。由于新闻出版还算自由，包括普通民众在内

① 参阅 Arthur Mitzman, "Michelet and Social Romanticism: Religion, Revolution, Nature", *Journal of the History of Ideas*, No. 4 (1996), pp. 659–682。

② 参阅 John J. Baughman, "The French Banquet Campaign of 1847–48", *The Journal of Modern History*, No. 1 (1959), pp. 1–15。

的巴黎各界通过报纸已经知道了这一即将举行的“改革盛会”。而且，宴会组织者们提前数天在香榭丽舍大街两侧摆桌子、放椅子，并搭建一些临时设施。尽管普通的巴黎群众并没资格“赴宴”，但他们仍对这一壮观景象感到鼓舞。2月21日，基佐内阁再次颁令，取缔这次“蛊惑人心”的宴会。宴会组织者退缩回家，没有“吃大餐”资格的巴黎群众却从家里涌上了大街。

2月22日，巴黎街头掀起了群众风暴，“打倒基佐”的口号此起彼伏，军队与群众的武装冲突也不断加剧。2月23日，暴力冲突继续升级，为平息事态，国王路易·菲力浦终于决定将基佐免职，重新启用前首相莫莱组阁，并宣布将实行“改革”。动荡局势似有平息下去的可能，但是，在人心未稳的情况下，一个突发事件即有可能扭转整个形势。就在23日晚上，在基佐藏身的外交部，一名卫兵遭群众袭击而亡，政府军随即开枪还击，36名巴黎民众被打死。民众的斗争情绪由此变得空前高涨。2月24日，巴黎的所有街道几乎全部变成了战场。国王在慌乱之中又将“不中用”的莫莱免职，授权梯也尔和巴罗两人共同组建新政府。与此同时，王室试图以王位易人来重塑王朝新形象，即老国王退位，由其年仅9岁的长孙巴黎伯爵（comte de Paris）出任新国王，新国王的母亲奥尔良公爵夫人担任摄政。① 作为奥尔良公爵夫人的朋友，文学家雨果立即跑到市政厅，从阳台上向群众宣布摄政制度已经建立，结果造成一阵小小的骚乱。随后，雨果又来到革命群众更多的巴士底广场发布摄政消息，群众顿时怒声一片，一个工人还端起步枪向他瞄准并喊道：“打死这个法国贵族！”

就在巴黎群众高呼“既不要国王，也不要摄政”之时，一些倾向自由的政界名流已开始筹组新的政权。2月24日晚，以白发苍苍的老共和主义者杜邦（Dupont，1767—1855）为挂名首脑、以因《吉伦特派史》一书而声名大振的拉马丁为实际核心的临时政府在巴黎市政厅宣告成立。第二天，在巴黎民众的强烈要求下，拉马丁当众表态，宣布成立共和国。此即法国历史上的第二共和国。与十几年前的波旁王朝一样，七月王朝也在巴黎民众的“三天街垒战”中

① 有些法国史著作将这位试图出任摄政的奥尔良公爵夫人当成了“王后”（即老国王路易·菲力浦的妻子），此说有误。路易·菲力浦成为国王以后，其原来的奥尔良公爵头衔转给了其长子斐迪南；但这个第一号王位继承人1842年因其乘坐的马车发生马惊事故而被摔死，因此他的不满4岁的儿子巴黎伯爵（即路易·菲力浦·阿尔贝 Louis Philippe Albert; 1838—1894）成为新的王位继承人。如果老国王退位成功，那么他的儿媳奥尔良公爵夫人就理所当然地在新王未成年时出任摄政。

轰然垮台，“既不善于让步，也不善于镇压”的路易·菲力浦流亡到了英国，两年后去世。七月王朝覆亡后不久，基佐也跑到了英国，并开始悉心研究起英国历史来。

第三节 昙花一现的二次共和

1848年的二月革命是令七月王朝猝不及防的，随之而来的共和制也是出乎绝大多数法国人的预料的。在最初的几个月中，诞生于街垒战中的共和国临时政府虽然扰攘不宁，但在当时的形势下，它还是在一定程度上让法国工人阶级产生了终于可以“当家做主”的梦幻情结，成年男子的普选权更是让他们产生了天下一家、不分彼此的平等观感。然而，随着春天里一系列滑稽性试验的失败，共和国的花季顿时落红凋零，工人阶级愤恨不满，农民阶级满腹怨言。正是在这种情况下，成年男子几乎是人手一张的选票发挥了与街垒搏斗具有同等功效的倒戈作用，与共和国的“劣迹”没有直接关系的路易·波拿巴靠着一堆高耸入云的选票轻而易举地变成了共和国总统。① 在随后几年中，以恢复帝国事业为己任的这位总统清除了一切障碍，然后又在人民大众的“万岁”声中变成了帝国皇帝，历时四年多的第二共和国（Seconde République，1848年2月—1852年12月）旋即成为历史。从大革命以来的这几十年历史表明，法国人一直在围着政体打转而且还将继续转下去，在他们的心目中，共和国似乎就应该是你好我好大家好的平等社会，但当梦幻破灭之后，他们又会身不由己地产生今不如古的恋旧情感。然而，卷土重来的君主制不久之后又让他们产生不可遏制的压抑感，新的轮回又将开始。实际上，作为政体，立宪君主制与共和制并不存在绝对的孰优孰劣的划分标准，问题的关键在于一种政体之下社会基础的配置是否相对合理。

① 参阅 Eugen Weber, “The Second Republic, Politics, and the Peasant”, *French Historical Studies*, No. 4 (1980), pp. 521–550。

一、共和制的苦难摸索与普选制的阴差阳错

从 1848 年 2 月 24 日临时政府成立到当年 12 月 20 日共和国总统宣誓就职之间的近 10 个月时间是法兰西第二共和国的初步探索时期。在此期间，共和国的政权机构经历了两个基本发展阶段：2 月 24 日至 5 月 10 日，由临时政府掌控一切大权，这是一个将立法权和行政权合而为一的非常的应急机构；5 月 10 日至 12 月 20 日，立法权由新选出的制宪议会掌握，行政权方面则经历了集体负责制的执行委员会（5 月 10 日—6 月 24 日）和首脑负责制的政府（6 月 24 日—12 月 20 日）。

从共和国诞生之日起，政权内部的矛盾就已显而易见，这从临时政府的人员构成中可以明显看出来：拉马丁以及两位律师出身的政府成员阿拉戈（Arago，1812—1896）和马利（Marie，1795—1870）等人属于温和派，他们主张推行渐进的政治改革；律师出身的赖德律—洛兰（Ledru-Rollin，1807—1874）、小资产阶级社会主义者路易·勃朗以及机械工出身的阿尔贝（Albert，1815—1895）等人属于激进派，他们要求更为彻底的社会变革。正是由于这种深刻的观点分歧，共和国初期的政府工作呈现出复杂的激进与反激进并存的杂糅性特征。关于共和初期的这 10 个月的历史，可以从三条线索来把握：第一，共和制是如何在各阶层各派别的斗争中威信扫地的？第二，制宪议会是如何为共和国设计运行体制的？第三，路易·波拿巴又是如何在风云际会中被一哄而起的数百万选民捧上显赫地位的？

客观而论，共和国初期的临时政府在社会经济方面是做了大量工作的，其中有许多也是值得称道的。1848 年 2 月底，临时政府成立了由路易·勃朗任主席、阿尔贝任副主席的“卢森堡宫委员会”（la Comission du Luxembourg），负责研究工人状况并调节劳资之间的纠纷；3 月初，颁布缩短工时的法令，巴黎民众的每天工作时间由原来的 11 小时减至 10 小时，外省则由 12 小时减为 11 小时；4 月份，临时政府取消了盐税；等等。但是，临时政府的其他一些举措却给共和国带来了严峻的问题，其中消极影响最为严重的主要有两个方面。

首先是“国家工场”（Ateliers Nationaux）的建立：这是为解决失业工人的生计、保证工人“劳动权”而采取的一项“造福工程”。虽然说路易·勃朗是国

家工场最为主要的倡议者，但临时政府却将这一计划交由公共工程部长马利负责实施，而马利恰恰又是对路易·勃朗爱满人间的思想持否定态度的最为强烈的批评者之一，其结果只能是对路易·勃朗的原有方案进行故意的嘲弄和滑稽性的模仿。① 巴黎的国家工场于1848年3月2日开始接纳失业工人，至6月中旬已接收大约12万人。在国家工场中，工人们所从事的工作并不是工业生产，他们的主要任务就是扛着锄头和铁铲到巴黎西郊和东北郊平整土地。由于在前一段街垒战中巴黎大街小巷的树木纷纷被工人砍倒用做路障，因此，国家工场的工人还要负责在街道两旁挖坑栽树。即便如此，在这十几万人中，真正拥有"劳动机会"的大约也就只有1万人左右。根据临时政府的规定，不论是否有事可做，国家工场的工人均可领取工资（工作日2法郎，非工作日1法郎），可以低价购买衣物，还可享受免费医疗。正是在这种特定的畸形工场中，不少工人的确成了只领工资（尽管很低）而无活可做的闲人，有一些工人还会拿着那一点点的工资去赌博消遣。不论是对共和国来说还是对工人本身来说，这种荒唐现象显然都不是一个好兆头。

其次是"45生丁税"（l'impôt des 45 centimes）的征收：临时政府的一系列改制方案是以国家财政的支持为前提的，1848年3月16日，临时政府颁布法令，决定提高直接税征收额，即每交1法郎直接税，就必须同时另交45生丁② 附加税，直接税的征收额一下子提高了45%。当时的直接税包括四个类别，即土地税、动产税、营业税和门窗税。虽然它们的涉及面非常广泛，但其中占主导地位的税种还是土地税。当时的法国虽然也有不少大土地所有者，但他们基本没有受到这一税改的影响，因为根据法律规定，如果大土地所有者不直接经营土地，那么就应由土地承租人（佃农）代纳土地税。因此，"45生丁税"的重担绝大部分落在普通农民的身上。这种随共和国而来的税收导致农民普遍的憎恨，抗税风潮在全国各地不断涌现。在农民的眼里，共和国就是45生丁税，45生丁税也就是共和国。

在把农民得罪精光之后，共和国政权内部又开始围绕着不伦不类的"国家工场"问题展开争执。1848年6月21日，执行委员会正式颁令解散巴黎的国家工场，其中规定，青年未婚男工入伍参军，余者将迁往外省另谋生路。十几万工人顿时

① 参阅 Thomas R. Christofferson, "The French National Workshops of 1848: The View from the Provinces", *French Historical Studies*, No. 4 (1980), pp. 505–520。

② 生丁（centime，分）是辅币单位，1法郎等于100生丁。

陷入绝望，火山亦随即喷发。6 月 23—26 日，巴黎再度街垒遍地，枪声炮声喊杀声直冲云霄。事发之初，拉马丁曾哀叹道：共和国注定要完蛋了。但是，在时任陆军部长并握有军政全权的既坚信共和又迷信武力的路易 · 卡芬雅克（Louis Cavaignac，1802—1857）的严酷镇压下，工人暴动最终失败，起义方有近 1500 人战死，政府军亦损失约 900 名士兵。[①] 对六月起义的镇压已经使得卡芬雅克获得了“屠夫”这一不光彩的称号，而随后的算账行为又进一步使得他声望大跌。作为新任的政府首脑，卡芬雅克下令成立调查委员会，对六月事件的参与者以及各种激进派分子展开“准军事”调查，据称有 1 万多人被杀，约 1.5 万人被捕，其中约有 4000 人被流放海外（主要是阿尔及利亚）。此外，卡芬雅克还强化了一度有所松动的“45 生丁税”的征收力度，并取消临时政府时期颁布的缩短工作日的法令。因此，如果说共和国的形象已经毫无风光的话，作为共和国的权力代表，卡芬雅克的形象也很难有多少光彩可言。

在共和国最初这几个月中，与国家行政管理并行的是宪政建设问题。既然宣布共和，就要制定共和国宪法，就要决定共和国的组织形式。1848 年 3 月 2 日，临时政府宣布实行成年男子普选权，以在当地住满 6 个月作为基本标准，年满 21 岁者即可拥有选举权，年满 25 岁者即可拥有被选举权。符合条件的选民从七月王朝末年的 25 万人猛增至 900 万人左右。4 月 23 日，制宪议会的选举工作在全国同时举行，大约 780 万选民参加了投票。[②]5 月中旬，制宪议会成立了专门的宪法制定委员会。8 月底，宪法草案出台，11 月 4 日由制宪议会表决通过。1848 年宪法给人印象最深的就是对普选权的重视，它规定，法国实行一院制议会（即“立法议会”），由男性公民普选产生，任期 3 年；总统亦以普选方式产生，任期 4 年，不得连选连任（隔 4 年之后可以重新参加竞选）。议会和总统均拥有广泛的权力，总统的行政权不受议会的约束；而议会通过的决议总统也无权废除，而且总统又无权解散议会。这种两头政治虽意在制衡，但其隐患也是不难看出的：当双方的矛盾无法通过合法的途径加以解决之时，其中的一方就有可能诉诸武力、诉诸“政变”。

对于法国人来说，虽然此前已经有过一次共和的经历，但是，实行总统制还

---

① Michael Bakunin, *Statism and Anarchy*, Cambridge: Cambridge University Press, 1990, pp. 157–159.

② 参阅 George W. Fasel, “The French Election of April 23, 1848: Suggestions for a Revision”, *French Historical Studies*, No. 3 (1968), pp. 285–298。

是一件新鲜事，由老百姓来直接选总统则更是前所未有。[①] 虽然宪法的最终通过是在1848年11月份，但选举总统的准备工作在10月份就已大张旗鼓地开始进行，宣布参加总统竞选的共有6人，即诗人政治家拉马丁、激进民主派赖德律—洛兰、政府首脑卡芬雅克、在七月革命和二月革命中带领工人冲锋陷阵的拉斯帕伊（Raspail，1794—1878）、军人尚加尼埃（Changarnier，1793—1877）以及拿破仑的侄子路易·波拿巴。对于前五位活跃在法国政治生活中的名流候选人，我们在这里可以不赘笔墨；而对于从天而降的路易·波拿巴，稍作追溯当显必要。

路易·波拿巴（拿破仑三世）

1846年5月从阿姆要塞逃脱之后，路易·波拿巴在英国度过一年多追风逐蝶的无聊生活。二月革命爆发后，他便对其表妹说："共和国已经成立，我要控制它。"虽然他的表妹说他"跟往常一样在幻想"，但他还是满怀希望地于2月28日从伦敦返回巴黎。拉马丁闻讯后立即要求他离开法国，理由是：政府并没有请他回来，共和国不需要这类"多余的麻烦"。[②] 内心极度失望的路易·波拿巴在公开宣布自己"别无企图"之后于3月2日重返英国。5月，制宪议会进行补缺选举，身在英国的路易·波拿巴派遣一些信徒在巴黎各处张贴宣传广告。6月4日，他竟然与尚加尼埃、梯也尔、雨果等人同时当选议员。这一结果引起执行委员会的不安，制宪议会内部也出现了争论。为表明自己的清白纯洁，路易·波拿巴于6月16日"不无强烈遗憾"地差人代交了辞呈。在随后几个月中，他依旧以闲暇的姿态带着他那条爱犬出没于伦敦的剧场、公园和书店。9月初，制宪议会再次举行补缺选举，路易·波拿巴再次以高票当

① 这是法国历史上第一次以直选的方式选举总统，后来这种做法中断了100多年，直至1958年戴高乐重新主政以后，法国才再次有了类似的选举。

② Keith Randell, *Monarchy, Republic and Empire, Access to History*, London: Hodder & Stoughton, 1991, pp. 73–74.

选，制宪议会无权拒绝接纳这位新议员，否则就将是对普选权的否定。9月24日，路易·波拿巴终于脚踏实地地进入了巴黎。在议会里，他不仅很少开口发言，而且为避免卷入是非，他还尽量不参加各种投票表决。然而，10月12日，正是这位回国只有十几天的路易·波拿巴正式宣布参加总统职位的竞选。

正式投票前的竞选活动是热闹非凡的。在此期间，路易·波拿巴曾向民众许诺："我以荣誉担保，四年后交给我继任者的是稳固了的政权和完好无损的自由。"而他的对手们却动用一切可能的手段（包括讽刺漫画）从各个侧面对他进行嘲讽：一个用伯父留下的对他而言过于肥大的旧衣服将自己打扮得怪里怪气的白痴，一个满嘴是瑞士德语口音的连一句标准法语也说不好的小丑，一个长着大鼻子、留着大胡子、为出头露面而不听劝阻的富翁，如此等等。诸如此类的竞选宣传对选民的取向的确会产生某些影响，但对这种影响不宜估计过高。

在900万选民中，绝大多数属于文盲或半文盲，而且大约有3/4的选民属于只知耕田耙地的农民，他们对任何政治思想都是陌生的。可以说，他们是靠感觉、凭直觉对这些候选人作出判断的。在农民看来，共和国就是45生丁税；在工人看来，共和国就是杀人犯。相比之下，路易·波拿巴虽然是久别重归，但他却拥有他人不可比拟的天然优势：共和国的"劣迹"与他无关，他是一位超然事外的"清白"之人；更为重要的是，他的姓氏"波拿巴"可谓是唯一在所有法国人中家喻户晓的，而此间"拿破仑神话"的到处流传则进一步使得这个姓氏变得深孚众望，因此，既然英雄的皇帝拿破仑已经作古，那么，把崇拜与希望献给英雄的侄子也就顺理成章了。① 所以，在选举之前，胜负就已基本定局。共和派宣称卡芬雅克将获胜，但更多的人却相信路易·波拿巴将独占鳌头。

1848年12月10日，选举工作如期举行，有750万选民参加了投票。计票结果并不令人吃惊：路易·波拿巴一人独得近550万张选票（占总票数的大约75%），得票数几乎是其他几位候选人得票总数的3倍。通过普选加直选，法国历史上的第一位总统就这样不可变更地诞生了。曾经认为路易·波拿巴不可能竞选成功的制宪议会如今只能寄希望于宪法，即通过"四年一任"、"不得连选连任"

① 法国史家瑟诺博斯认为，在当时的法国，"波拿巴"这个姓氏具有强大的"魔力"，见 Charles Seignobos, "The Magic of a Name", in Samuel M. Osgood, ed., *Napoleon III: Buffoon, Modern Dictator, or Shinx?* Boston: D. C. Heath and Company, 1966, pp. 14–16。

之类的宪法条文，在 4 年之后将之逐出总统府。[①] 路易・波拿巴的亲信曾提议，在总统宣誓效忠宪法之前，应将那些碍手碍脚的宪法条文进行修改并付诸全民表决。但是，尚未履新的路易・波拿巴没有采纳这一有可能使矛盾激化的急于求成的冒险计划。1848 年 12 月 20 日，路易・波拿巴宣誓就职，卡芬雅克礼节性地勉强与他握手以示祝贺。当天晚上，在议员们一片“共和国万岁”的呼喊声中，总统动身前往爱丽舍宫（Palais de l'Élysée）。路易・波拿巴等待多年、试验多次的“事业”至此终于有了初步的眉目。

二、总统制的短暂寿命与君主制的水到渠成

一场由共和国自身导演的“误会”将性格怪异、醉心帝业的路易・波拿巴捧上了共和国的中心舞台。就任总统之后，他的这种怪诞形象也没有多少变化。他的同母异父兄弟（即其母亲的私生子）莫尔尼（Morny，1811—1865）虽然需要仰仗这位出人头地的兄长，但他还是认为这位总统的脑子里“充满偏见、怀疑和不切实际的方案”。梯也尔则把路易・波拿巴看成是“弱智的傻瓜”，他认为只要给这位可笑的总统提供足够的“金钱和女人”，就能将之玩弄得不知东南西北。梯也尔对总统嘴上那两撮左右拉伸、极度夸张的胡子也看不顺眼并曾建议将之尽快刮掉，但路易・波拿巴对那两撇胡子的护理却愈发精心，结果成为众多政治漫画的取笑题材。[②] 在手下官员看来，路易・波拿巴是一副漫不经心的形象，而且是“可悲地懒惰”：早上 10 点钟起床，在家磨蹭到中午，下午 1 点到 3 点去内阁议事，随后开始散步，接着就去情妇那里吃晚饭。然而，正是这样一位看似漫不经心的怪人总统在短短 3 年多时间里便将第二共和国画上了句号。

---

① 对总统的“四年”任期，这里需作一说明。第二共和国虽在事实上诞生于 1848 年 2 月，但临时政府认为这种“街垒”共和国缺乏法律依据。因此，1848 年 5 月 4 日，制宪议会以法律的形式重新宣布建立共和国。不久，5 月 4 日被定为共和国的生日。共和国的第一位（也是唯一一位）总统虽然在 1848 年 12 月才产生，但他的“任期”却要追溯至此前的 5 月 4 日。因此，路易・波拿巴的实际任期只有 3 年半，届满日期是 1852 年 5 月 4 日。

② 按照西方史学家的说法，梯也尔的政治态度是“令人捧腹的”，他的个子虽然极矮，但其权欲却是极高。1840 年担任内阁首相时，他下令逮捕和审讯路易・波拿巴并将之关进了阿姆要塞。1848 年选举总统时，他又跑前跑后地为“傻瓜”摇旗呐喊，其目的在于四年之后飞黄腾达。但不久，梯也尔便后悔自己上当受骗了。关于梯也尔，可参阅 François J. Le Goff. *The Life of Louis Adolphe Thiers*, trans., Theodore Stanton, New York: G. P. Putnam's Sons, 1879。

对于路易·波拿巴来说，真正的困难出现在竞选成功之后。当时的法国主要有两大政治营垒，一是共和派，二是“秩序党”（Parti de l'Ordre）[①]，另外还有一些激进民主派和社会主义者，而波拿巴派在政治上还没有成型。因此，尽管有几百万人投了他的票，路易·波拿巴还是不无理由地感慨道：在法国，他连一个人都不认识。当选总统之后，路易·波拿巴的首要任务是根据宪法赋予总统的行政权限来找人筹组内阁，然而，正是这件工作使得这位当选总统的迷茫尽显无遗。他首先去请共和派名人拉马丁出面组阁，但在总统竞选中一败涂地的拉马丁却让他另请高明。[②]路易·波拿巴又去找曾给自己竞选助过威的梯也尔，但梯也尔却担心与这样一位“平庸的人”混在一起会坏了自己的名声，因此只答应帮点力所能及的忙，但拒绝亲自出任内阁总理。在梯也尔的斡旋下，路易·波拿巴最终将组阁的任务交给了七月王朝崩溃之际受命组阁但未成功的前朝元老巴罗。1848 年 12 月 21 日，巴罗组建了基本上由秩序党成员构成的内阁(其中有一名共和派成员，但此人不久去职)。12 月 26 日，路易·波拿巴又以武装力量统帅的名义任命在总统竞选中毫无建树的候选人尚加尼埃将军为国民自卫军最高指挥和巴黎正规军司令。因此，在路易·波拿巴当政之初，行政权和军权已基本落入秩序党之手。

路易·波拿巴出任总统之后，立法权仍然掌握在由共和派占主导地位的制宪议会之手。对选举结果懊悔不已的制宪议会觉得宪法存在诸多漏洞和欠缺，因此要求延长自己的寿命以制定“组织法”来补充和完善宪法。但是，已经掌握了行政权和军权的秩序党厌恶制宪议会的共和口味，因此不愿让之久留。1849 年 1 月 29 日，尚加尼埃率军包围制宪议会所在地波旁宫（Palais Bourbon），在军队威胁下，议会以投票方式决定自己的命运，结果以 5 票多数通过了解散议会的决议。2 月 14 日，共和派的主要阵地制宪议会正式宣布解散。1849 年 5 月 13 日，立法议会的选举在全国举行，秩序党获得大约 450 个席位，占绝对多数；共和派只获得 75 个席位；而激进派则获得 180 个席位。这样，立法权也就操纵在秩序党手中了。

---

① 这一派以恢复以前的君主立宪制政治秩序为目标，故自称“秩序党”。“秩序党”是一个松散的政治联盟，它本身又分成两个派别：一个是正统派，主张由“正统的”波旁王朝的后裔来出任立宪君主；另一个是奥尔良派，主张应从七月王朝的奥尔良家族中选任立宪君主。参阅 Marvin R. Cox, “The Liberal Legitimists and the Party of Order under the Second French Republic”, *French Historical Studies*, No. 4 (1968), pp. 446–464。

② 在总统竞选中，拉马丁只获得大约 8000 张选票，见 Maurice Agulhon, *The Republican Experiment, 1848–1852*, Cambridge: Cambridge University Press, 1983, p. 772。

尚博尔伯爵

秩序党控制了几乎全部的政治机器，总统路易·波拿巴似乎已经真的变成一个过渡性的傀儡人物了。然而，秩序党大获全胜之际恰恰也是它分崩离析之始。在现任总统还有3年才届满的情况下，秩序党内部就迫不及待地在下届总统候选人问题上展开你争我夺，奥尔良派坚持推举路易·菲力浦的三儿子儒安维尔亲王（prince de Joinville，1818—1900）为候选人，正统派则主张由查理十世的孙子尚博尔伯爵①（comte de Chambord，1820—1883）出任下届总统。双方的目标都是明确的，即先由己方的候选人获得总统职位，然后再改行立宪君主制。这一争执的直接结果就是秩序党的相对统一不复存在。与此同时，路易·波拿巴利用自己的特殊身份和地位逐步培植起自己的一帮势力。从1849年下半年起，不甘心做一个虚位元首的路易·波拿巴开始从各个领域对秩序党进行一一收拾。

首先需要解决的是与总统朝朝见面但却同床异梦的内阁。虽然说路易·波拿巴在名义上掌握着最高行政权，但是，以巴罗为总理的秩序党内阁却将他置于可有可无的地位，一切行政事务均由内阁自主决策。而且，内阁成员对总统连表面上的恭敬也没有，他们一直将之视作一个可笑而滑稽的冒失鬼。当总统上身穿着礼服、下身套着军裤前来开会时，他们经常会忍不住偷笑一番。对于内阁的不恭，路易·波拿巴依旧显得“漫不经心”。对于内阁成员陈述的决策理由，他也只是会偶尔冒出一句“是吗”这样一种无关紧要的反问。1849年10月31日，路易·波拿巴以突然袭击的方式解除了巴罗的职务，同时送给他一枚勋章作为总统对他几个月工作的“酬谢”。新内阁随后组成，总理职位被取消，由总统直接

① 尚博尔伯爵名为亨利·德·波旁（Henri de Boubon）。1830年8月2日，查理十世宣布退位，同时宣布由自己的这个孙子继位，称“亨利五世”（Henri V）。在随后半个多世纪中，尚博尔伯爵一直是正统派们的精神寄托，长达几十年的法国政体之争中经常都有他的身影。关于尚博尔伯爵的生平，可参阅 Marvin Luther Brown, *The Comte de Chambord: The Third Republic's Uncompromising King*, Durham, N.C.: Duke University Press, 1967。

领导各部部长。立法议会对总统的行动虽然感到震惊，但却无可奈何，因为行政权是宪法赋予总统的领地。路易·波拿巴在这场突袭中虽然获胜，但也因此得罪了一个特殊人物雨果。在组建新内阁时，总统有意无意地将这位在竞选中曾对自己鼎力相助的文化名人撇在了一边，结果使得雨果最终站到了左派行列之中。此后，长寿的雨果花了几十年时间从各个角度对路易·波拿巴进行了狗血喷头的痛骂。

获得行政控制权之后，路易·波拿巴开始着手解决军权问题。总揽军事大权的尚加尼埃起初与总统关系极为密切，他曾暗示总统在帝制问题上采取大胆行动，但刚刚上台的路易·波拿巴对这一暗示未予理睬。受到冷落的尚加尼埃不久便向秩序党靠拢。从 1850 年 6 月起，两人之间的矛盾开始公开化，自恃握有军权的尚加尼埃更加横言无忌。1850 年底，路易·波拿巴下令让这位已经 58 岁的将军退休，但尚加尼埃拒不答应。1851 年 1 月 2 日，尚加尼埃在议会讲坛上表示，议长有权动用军队解决问题。1 月 3 日，盛怒之下的路易·波拿巴向部长们宣布他将解除尚加尼埃的军权，这一决定引起内阁一阵恐慌，但几天之后渐告平息。1 月 9 日，总统亲信将解职信送到尚加尼埃家中，还在睡觉的尚加尼埃接信后并未反抗，他只说了一句："您的总统以独特的方式来感谢我的服务。"

行政权和军权被剥夺之后，秩序党的主要阵地就只剩议会了。对于议会的立法活动，总统并不是持一概否定态度的，实际上，在某些问题上，总统对议会的行动采取了听之任之甚至是怂恿鼓励的政策。1850 年 3 月 15 日，立法议会顺利通过了以前任教育部长（1849 年辞职）法卢（Falloux，1811—1886）名义提出的《教育法》（亦称《法卢法》，*La loi Falloux*），使得各级各类学校在相当程度上落入天主教会的控制和影响之下。[①] 路易·波拿巴虽然算不上是一个虔诚的天主教徒，但他却十分看重教会的作用，因此鼓动议会通过这部法案。1850 年 5 月 31 日，立法议会以 433 票对 241 票通过了由梯也尔等人起草的新选举法，其中规定：在一地居住不满 3 年者以及曾在法庭受过惩处者均不得拥有选举权。这一规定使法国的选民从原来的 900 余万陡降至 600 万人左右。虽然路易·波拿巴从来也不怕普选，但这一法律将大量的具有共和倾向的流动工人排除出选民队伍，因此他也点头表示同意。

尽管议会与总统在某些问题上有着一致性，但双方的根本目标却是相异的，

① 《法卢法》的实际制定者是梯也尔等人。这部法律沿用时间很长，直到 1905 年才被废止。详见郭华榕：《法国政治制度史》，北京：人民出版社 2005 年版，第 330—331 页。另参阅 Patrick J. Harrigan, "French Catholics and Classical Education after the Falloux Law", *French Historical Studies*, No. 2 (1973), pp. 255–278。

议会对总统的制约与蔑视是显而易见的。仅以总统薪俸这一小问题为例。总统的年薪最初定为60万法郎。在双方尚能相安无事的1849年初，议会慷慨地为之追加了60万法郎。但是，对于维持一个庞杂的而且宴请不断的总统官邸来说，120万法郎显然是入不敷出的。1850年，总统要求将年薪提至240万，但议会却将之压至160万，后在尚加尼埃的斡旋下，双方妥协，经精打细算之后确定为216万。1851年上半年，总统再次要求追加年薪180万，但议会最终以396票对294票将之否决。正是由于这种经济上的窘境，路易·波拿巴在后来为发动政变而筹措经费时还要四处借钱。

随着行政权和军权的丧失，秩序党控制下的立法议会的势力已大为削弱，而且许多秩序党议员已经归顺到波拿巴派一边。但是，路易·波拿巴非常清楚，4年一任、不得连选连任的宪法原则将意味着他必须于1852年5月拱手交权。要想保住权力，途径无非两条，要么合法解决，要么武力要挟。路易·波拿巴首先还是试图走一条“光明正大”的保权道路。在波拿巴派的活动下，1851年5月31日，主张调和各派矛盾的前朝元老布罗伊以233位议员联名的名义向议会提交一份将总统任期延长至10年的修宪草案。为呼应这一行动，路易·波拿巴于6月1日在第戎发表演讲，他说道：“来自法国各地的请愿书都表示要求修改宪法”；“在我手里，法国不会遭难”。7月19日，议会就修宪草案进行表决，但由于共和派以及梯也尔等人为首的秩序党投反对票，修宪草案未能获得3/4以上多数票支持。[①] 修宪活动遂告失败，路易·波拿巴依法保权的道路也就走到了尽头。

修宪无果而终以后，总统与议会之间的矛盾已经完全公开化，而且已经很少有人相信问题能够和平解决。不论是在政界还是在市井之中，人们谈论的中心话题之一就是“政变”。在当时人们的心目中，议会和总统均有可能发动政变，问题的关键要看谁先动手。虽然人们普遍认为政变不可避免，但当政变果真发生时，人们还是会觉得突如其来。例如，1851年12月1日，共和初期活跃于政坛的阿拉戈在与女作家乔治·桑一起吃午饭时曾说：“如果总统不马上政变，他就不在行，因为没有比此刻更容易成功了。”当天深夜，看戏回来的乔治·桑路过总统府，看到那里如平时一样寂静无声，于是她断言说：“明天还不会出事。”

路易·波拿巴发动政变的时间恰恰就选定在乔治·桑以为“不会出事”的

① 表决结果是，446票支持修宪，278票反对修宪。尽管赞成票未达法定多数（543票以上），但路易·波拿巴的支持率已相当可观了。

1851年12月2日，而这一天正是拿破仑加冕和奥斯特里茨战役双重纪念日。实际上，政变的准备工作在此之前早已秘密进行。11月26日，忠于总统的军队将领和大多数部长秘议并制定了行动方案。12月2日早上6点多钟，布告已经贴满巴黎全城，其主要内容是：解散立法议会，恢复普选，由人民投票决定是否赋予现任总统以更为持久的权力以及修改宪法的权力。与此同时，军队分头行动，按照事先拟定的名单拘捕了78位尚在酣睡中的反对派重要人物，其中包括尚加尼埃、卡芬雅克和梯也尔等人。梯也尔的表现很能体现出其本人的政治风格。面对武装人员，他先是惊慌失措，声言“我绝不想死”，如果可行，他愿意流亡国外。然后他又镇定下来说：“你们知道法律吗？你们知道你们正在违反宪法吗？”当他不得不跟着抓捕者走时，他对其夫人说：“没事，这是警察局长请我去……”在被押往监狱途中，梯也尔又仿佛恍然大悟：“你们要枪毙我。我看你们要送我去死。”随后他又向押送者许以金钱和官位，乞求他们把他放掉。不过，梯也尔最终还是进了监狱。①

就当亲信们在巴黎城内贴布告抓政敌之时，路易·波拿巴却以极为镇定的姿态坐在爱丽舍宫里喝咖啡，他正在等待巴黎民众对待政变的反应。事发当天，巴黎的工人们在看到布告后表现出超乎寻常的平静，他们看到的是普选权的恢复与共和制的继续存在，在他们的眼中，总统的行动只是对右派开的一个严肃的“玩笑”。但是，一部分秩序党议员却集会抗议，包括雨果在内的几十个共和派人士甚至号召起义。在共和派的鼓动下，12月3日和4日，巴黎的工人走上街头，在损失了数百条性命之后，局势又趋平静。外省也出现了类似的情形，但规模相对较小。② 在控制局势之后，路易·波拿巴开始在全国范围内进行大逮捕，至1852年1月，拘捕人数约2.7万人。③

政变成功之后，共和制的外壳虽然存在，但路易·波拿巴的个人独裁统治已在事实上得以建立。1851年12月20—21日，法国民众就是否延长总统任期、是否赋予总统制定新宪法的权力问题进行投票表决，路易·波拿巴以750万票对64万票获得绝对多数的支持。1852年1月15日，新宪法正式颁布，其中规定，总统任期由原来的4年改为10年，而且总统拥有指定下届继任人的权利。法国的君主制色彩又趋于浓重起来。总统在签名时已故意将自己的姓氏“波拿巴”去掉，而只写“路

① 郭华榕：《法兰西文化的魅力：19世纪中叶法国社会寻踪》，北京：三联书店1992年版，第234页。

② 参阅 Christopher E. Guthrie, “Reaction to the Coup d’Etat in the Narbonnais”, *French Historical Studies*, No. 1 (1983), pp. 18–46。

③ Georges Pradalié, *Le second empire*, Paris: PUF, 1979, p. 6.

易—拿破仑”（历史上只有君主才有资格这样做）。总统的年薪一下子提高到1200万法郎，议会在这个问题上与总统斤斤计较的年代已一去不返。作为帝国象征的鹰徽鹰旗开始到处颁发到处张挂，总统的头像也开始出现在货币和邮票上。① 与此同时，作为共和制重要标志的“自由、平等、博爱”之类的标语也从墙上被抹去。

对于已经掌握了全部统治权的路易·波拿巴来说，恢复帝制已不是一件难事，但他似乎为此犹豫过一段时间，他曾表白过：“让我们维持共和制；它不威胁任何人，它能使所有人放心。”然而，这位处处以其伯父拿破仑为榜样（尽管学得不很像甚至很不像）的波拿巴家族的总统终究抵挡不住帝制的诱惑。从1852年9月起，恢复帝制的进程开始加快。一方面，他通过各种方式制造出一种全国人民渴望总统称帝的世纪热潮。另一方面，他又努力“割除”建立帝国与对外战争之间的关系，因为在许多人的记忆中，当年的拿破仑帝国就是与战争形影不离的。1852年10月，他在波尔多发表了一场宣言式的演说，其中讲到：“出于怀疑心，某些人觉得帝国就是战争。而我要说，帝国就是和平”；“我们有广阔的荒地需要开发，道路需要开辟，港口需要疏浚，河流需要通航，运河需要竣工，我们的铁路网需要完整”；“以上就是我要进行的征服”。1852年11月21日，对公民投票最有信心的路易·波拿巴将是否恢复帝制这一问题交付人民表决，结果有782.4万票赞成，25.3万票反对，另有大约200万票弃权。②1852年12月2日，又是在这个具有象征意义的日子里，路易·波拿巴在圣克鲁宫宣布称帝。根据“排序”，这位新皇帝称拿破仑三世，他所建立的帝国被称为第二帝国（Second Empire）。此时的拿破仑三世已经44岁，尽管周围花香不断，但在法律上，他仍然是一位没有直接继承人的单身汉。

第四节　重蹈战争覆辙的第二帝国

第二帝国的历史是从1852年12月2日拿破仑三世戴上皇冠之时算起的，但

① Pierre Milza, *Napoléon III*, Paris: Éditions Perrin, 2006, pp. 276–278.

② 参见 James F. McMillan, *Napoleon III*, London: Longman, 1991, p. 51。

是体现帝国特征的政治统治模式在1851年12月2日政变之后就已逐步形成，因此，第二帝国与第二共和国是紧密纠缠在一起的。使得这两个时段更加难分难舍的是，共和国（最初几个月除外）和帝国的最高主宰均是同一个人，不论他是被称作总统波拿巴还是被称作皇帝拿破仑三世，其统治风格是一脉相承的。如果说拿破仑三世在称帝以前就以“怪异”出名的话，那么，在称帝之后，这一形象也很难说有根本的变化。

英国维多利亚女王（Queen Victoria，1837—1901年在位）1855年第一次访问法国时曾受到拿破仑三世极为隆重的迎接和款待，她对这位皇帝的印象是：他“根本不像一个法国人”。本国人对这位经常沉默不语的皇帝也感到迷惑不解，拿破仑三世也因此获得一个绰号“斯芬克斯”。不太恭敬的一些法国人仍一以贯之地对他进行一些不太恭敬的描绘：做了皇帝的拿破仑三世除了逐渐发胖、日益衰老之外，照样还是一个矮子（167厘米），短腿宽肩，长胖脸，高鼻子，小眼睛，而且还是“一脸的俗气”。他的一些亲戚也直言不讳地认为，拿破仑三世与他的母亲奥当丝（Hortense）以及外祖母约瑟芬（Joséphine）一样热衷于“追求享乐和情爱”，“既朝三暮四，又温柔多情”，而拿破仑三世自己则认为这只是“小小的消遣”。当然，也有一些人还是能够发现这位皇帝具有某些可爱之处：他虽然长相丑陋，但却讨人喜欢；他亲切、大度、灵敏，既不受人约束，又不妨碍他人，总之是一个和蔼可亲的“老好人”。且不论拿破仑三世的个人形象究竟如何，一个基本事实是：在他的统治下，法国的政局经历了一段相对稳定时期（尽管挨过时人与后人不少的诅咒），法国的经济也出现了一次前所未有的腾飞。①

① 对第二帝国批判最严厉的有两个人，一个是雨果，另一个是马克思。第三共和国建立以后，法国的共和派史学家也是对第二帝国持彻底清算的态度，这对法国史学乃至世界史学都产生长期的影响。20世纪30年代以后，法国史学界开始重新审视第二帝国的历史地位。在中国，也有学者坚持要对第二帝国批臭批倒，认为“马克思主义史学家决不能为这样一个反动腐败的帝国唱赞歌”，“唯有世界各国想当奴隶主的人们”才去“赞美”这个第二帝国。详见姚敬恒：《马克思论法兰西第二帝国》，载《贵州大学学报》1991年第2期，第95—100页。对于这类观点，郭华榕有过评论：“‘学术讨伐者们’真正阅读过第二帝国的几个文献？查寻过它的几份档案？了解多少当时经济发展的数字与日常生活的实况？”见郭华榕：《法国政治制度史》，北京：人民出版社2005年版，第335页。

一、政局稳定与经济腾飞

处处以其伯父为楷模的拿破仑三世在称帝以后便很快将皇宫安置在其伯父当年的住所杜伊勒里宫。不久，参议院开始讨论皇帝年薪问题，其最初决议是维持原来的1200万法郎不变，但是，自1835年起就追随路易·波拿巴、时任内政大臣的佩西尼（Persigny，1808—1872）坚持皇帝年薪不能低于旧王朝的君主年薪，于是，以1789年路易十六的年薪为基准，拿破仑三世的年薪被确定为2500万法郎，这一数字在整个第二帝国时期未再出现变化。拿破仑三世后来曾对朋友说，这一年薪（每天平均约7万法郎）对他而言“刚好能够收支平衡”。

作为世袭君主制国家，皇位继承问题自然不可等闲视之。拿破仑三世原本希望在欧洲其他君主国中寻找一位门当户对的公主作为皇后，但却四处碰壁。1852年12月，就在向英国女王的一个侄女求婚而对方又迟迟不作答复之际，他却相中了走南闯北、四海为家的西班牙女子、时年26岁的欧仁妮（Eugénie，1826—1920）。1853年1月29日，二人在杜伊勒里宫举行世俗婚礼，次日又在巴黎圣母院举行宗教婚礼。[①] 结婚几个月之后，两个人的关系趋于冷淡，拿破仑三世重新走回放荡的老路。不过，1856年3月16日，他还是如愿以偿地抱上了皇太子。有了这个未来的“拿破仑四世”，皇帝的身后之事似乎已经有了着落了。

皇统问题固然重要，但更为现实的问题是要巩固皇帝当前的政治统治。作为欧洲众多君主中的一员，拿破仑三世相当注重自己的国际地位，但在帝国之初，他的造势工作并不顺利。1852年底，俄国沙皇尼古拉一世（Nicolas I，1825—1855年在位）就拿破仑三世皇帝身份的合法性问题提出诸多疑问，而且沙皇根本不愿将君主之间的传统称谓“我的兄弟”（mon frère）用在这位法国皇帝身上，而只是不痛不痒地称之为“我的朋友”（mon ami）。对于沙皇的质疑，拿破仑三世并不尴尬也不躲躲闪闪，他宣称自己是“被一条新原则

皇后欧仁妮

① James F. McMillan, *Napoleon III*, London: Longman, 1991, p. 53.

的力量推上了旧王朝才能拥有的崇高地位”，这条新原则就是全民公决，就是人民大众的意愿。不过，他还是竭力希望能够融入到传统君主们的小圈子之中。随着时间的推移和外交努力的展开，撒丁国王、英国女王和普鲁士国王先后来法访问。1867 年，俄国沙皇和奥地利皇帝也来到巴黎。到 1867 年巴黎万国博览会（Exposition Universelle）之时，各国君主更是“像雨点般降临”巴黎。不论这些君主们与法国交往的目的为何，其直接结果就是大大增加了拿破仑三世的国际优越感，不过，最终结果将证明，这种优越感是虚幻的。

比国际地位问题更为复杂的是国内统治问题。对于第二帝国的政治统治，学术界通常将之划分为专制帝国（l’Empire autoritaire）与自由帝国（l’Empire libéral）两个阶段，前者以皇帝集权为主要特征，后者以向立宪君主制过渡为基本特色。但是，在两个阶段的分界点问题上，学术界的分歧相当严重，有 1859 年、1860 年以及 1862 年等多种说法，有的甚至将之定在帝国行将灭亡的 1870 年上半年。[①] 由于视角的不同，上述各种说法似乎都可找到自己的根据，但是，这些说法共同存在的问题恐怕在于过分追求对形式的考察。在政治统治方面，拿破仑三世的心理是极为矛盾的。一方面，他崇拜他的伯父，希望能够以独裁的方式将法国治理得井井有条。另一方面，在英国的长期生活经历又使得他对英国的立宪君主制有着美好的印象，他一直在设想，在政权巩固的前提下，应该给君主制大厦加上具有现代气息的“自由顶饰”。

第二帝国的政治制度正是在这种矛盾之中伴随着社会政治形势的变化而不断向前颠簸的，而且，到了最后，代议制的政治模式在形式上也的确得以确立。拿破仑三世至此似乎真的变成了统而不治的立宪君主了，当时的一些政界人士也兴高采烈地认为他们的“皇帝可以安享晚年的幸福”了。然而，不论拿破仑三世让出多少权力，也不论立宪君主制的形式最终完备到什么地步，拿破仑三世的政治底线从来没有被突破，这就是皇帝有权随时就有关问题举行全民公决。有了这一条，即使皇帝在平时什么权力也不要，其政治威力也将是不可阻挡的。认清了第二帝国在政治上的这些特点，对其政治统治的演变也就容易理解了。

拿破仑三世的首要任务是巩固政治统治。1852 年 12 月 30 日，以政变之后的“共和国宪法”为基础并经略加修改而成的“第二帝国宪法”正式公布。根据

① 参阅 James F. McMillan, *Napoleon III*, London: Longman, 1991, pp. 53–72；郭华榕：《法国政治制度史》，北京：人民出版社 2005 年版，第 354 页。

这一宪法，皇帝成为权力的唯一中心，行政、立法和司法方面的最高和最终决策权均由皇帝垄断，而且皇帝拥有举行公民投票的权力。议会由参议院（Sénat，亦即元老院）、参政院（Conseil d'État，亦称国务会议或行政法院）和立法团（Le Corps législatif）三个部分组成。参议院中除皇亲国戚和枢机主教等当然成员而外，其余成员均由皇帝钦定，任职终身。参政院的成员则完全由皇帝任免。立法团在名义上由成年男性公民普选产生，但在选举过程中却使用"官方候选人制度"，从而使得普选徒有其名。议会只是皇帝的工具，它们并不构成君权的制衡力量。①

除了从宪法上确立皇权独尊之外，拿破仑三世还通过各种法令加强对社会秩序的规范。帝国成立之前颁布的《新闻法》（*Décret organique sur la Presse*，1852年2月）在帝国建立后继续有效，一切报刊均须经政府批准后方可发行。在"非常时期"颁布的《1852年3月25日法》（*Le décret-loi du 25 mars 1852*，即严格禁止结社的法令）在进入帝国后也继续施行。在1858年1月遭到意大利人奥西尼（Orsini，1819—1858）的炸弹袭击之后，死里逃生的拿破仑三世于1858年2月颁布《治安法》（*La loi de sûreté générale*），对一切反政府分子，可不经审判而将之投入监狱或流放海外。对于这种苛严的政治状况，一些反对派曾通过各种途径表达自己的不满。基佐曾讽刺说："只要搔一下皇帝，就会有政治避难者。"被流放境外的雨果更是大发其口诛笔伐之优势，在这几年中，他创造出一系列令人难忘的名词，如"小拿破仑"（亦有人译作"小子拿破仑"）、"12月男人"（指拿破仑三世总爱在12月份"搞事"）、"毫无秘密的斯芬克斯"以及"极度深不可测的无能之辈"等等。

在集权统治的同时，拿破仑三世对于自身权力的来源又是非常清醒的。在帝国建立之初，他就明确写道：新政权"必须做两件事：满足人数最多的阶级的利益并使高层阶级归附于自己"。为达到这一目的，拿破仑在政治层面采取的主要措施就是释放政治犯。政变之后的一段时期里，他的确下令抓捕了不少不满分子，但不久便开始下达减刑令或特赦令。1853年1月，拿破仑三世接见前来为政治犯朋友说情的女作家乔治·桑，谈话之间，女作家看到，皇帝流下了"一滴泪珠，一滴真正的泪珠"，而且他还突然伸出双手并对她说："你要我无论为谁做

① Pierre Milza, *Napoléon III*, Paris: Éditions Perrin, 2006, pp. 302–303; Pierre Rosanvallon, *La démocratie inachevée: histoire de la souveraineté du peuple en France*, Paris: Gallimard, 2000, p. 187.

什么事情都请提出来吧。”至1853年上半年，政变后被抓者还剩约6000人处于被囚状态。1856年皇太子出世，皇帝又特赦一批政治犯。1859年拿破仑一世诞辰90周年纪念之时，拿破仑三世更是采取了一揽子大赦方针，被监禁的政治犯一律被释出狱，被放逐境外的反对派一律可以回国。不过，对皇帝已经完全失望的雨果等少数人却拒绝接受这一“恩典”，他们要坚守自己的“被流放者”身份以示与皇帝的不共戴天。①

从监狱中走出来的和从流放地归来的反对派们并没有因皇帝“宽怀大度”而改变自己的观点，对皇帝继续是骂声不断。而且，在独裁统治的几年之中，社会上的反对派也从来没有真正消亡，正统派以不参加投票、不担任公职等方式进行无言的抵抗②，共和派利用选举进行宣传和斗争，普通工人则以罢工表达自己的不满。因此，只要环境稍一宽松，反对派的政治活动必然会以更大的规模喷涌而出，给帝国大厦“封顶”以阻止其继续加高的呼声也必然会日益高涨。而且，人们的政治热情一旦被重新燃起，它就将不可遏止地向前发展。既相信秩序又注重“民意”的拿破仑三世就是在这种螺旋式阶梯上开始一株连着一株地栽起了“自由树”。

甘必大

拿破仑三世的自由化改革是从扩大议会权限开始的。当时的议会几乎没有任何的实际权力，它既约束不了皇帝，也控制不了各部大臣，因为根据宪法，大臣由皇帝直接任免，他们直接向皇帝负责，而且大臣不得兼任议员，这样也就使得行政权处于一种为所欲为的状态。1860年11月，在几乎所有大臣都持反对态度的情况下③，拿破仑三世坚持颁布了第一道改革政令：对于皇帝每年所作的施政报告，参议院和立法团有权以“请愿书”的形式提出异议；议会辩论记录在官方

① Pierre Milza, *Napoléon III*, Paris: Éditions Perrin, 2006, p. 447.

② 参阅 Steven D. Kale, “French Legitimists and the Politics of Abstention, 1830–1870”, *French Historical Studies*, No. 4 (1997), pp. 665–701。

③ 在当时各部大臣中，支持皇帝改革的唯有外交大臣瓦莱夫斯基（Walewski，1810—1868），此人是拿破仑一世与瓦莱夫斯卡伯爵夫人（comtesse de Walewska，1789—1817）的私生子。

公报上即时公布，增加政治透明度；议会可以向大臣提出质询，大臣亦可以为政府的政策进行辩护。1861 年 11 月的政令又规定，不经立法团批准，政府部门不得私自追加财政预算；立法团对政府的监控权由此加强。1864 年 5 月，不使用暴力、不侵犯劳动自由的罢工亦成为合法行为。1868 年 5 月，办报办刊需经政府批准的制度亦被废除。1869 年 9 月，立法团开始与皇帝共同享有法律的创制权。1870 年 1 月，拿破仑三世又授权奥利维埃（Ollivier，1825—1913）组成一个既对皇帝负责又对议会负责的责任制内阁。1870 年 4 月，宪法修正案以“参议院法令”的形式得以通过，根据规定，立法团有权修改立法，有权对政府财政预算进行逐项表决，而且有权推翻内阁。不过，这一修正案还有一条特别规定：皇帝向法国人民负责，他有权随时举行公民投票。第二帝国的“自由顶饰”至此已被披挂完毕。

拿破仑三世的自由化改革是在极为艰难的处境中一步步向前推进的。让他颇感悲凉的是，随着改革力度的不断加大，政界对他的责骂声反而越来越大。1867 年，一位议员就已公开说道：“我看帝国已经完蛋。”与此同时，共和派的势力也在不断增长，而且出现了一位以擅长演说而闻名的留着大胡子、喜欢喝啤酒、仅有一只眼的领袖人物莱昂·甘必大（Léon Gambetta，1838—1882）。1869 年，刚刚当选为议员的甘必大在议会中发出著名的“共和预言”：“你们只是 1848 年共和国与未来共和国之间的一座桥梁，我们要越过这座桥梁。”面对反对派的夹击，患有膀胱炎、身体已经相当虚弱的拿破仑三世开始逐渐显得心灰意冷，他曾对奥利维埃明确表示：如果人们再给他制造更多的麻烦，他就不干了。皇后欧仁妮也曾泪流满面地说过：“只要皇太子满 18 岁，我们就退位。”

第二帝国的政治舞台虽然叽叽喳喳，但从总体上看，这一时期仍可算是政局相对稳定阶段，政府没有大规模的镇压，民众没有大规模的反抗。当时的法国人以及后世之人往往痛骂这种稳定是一种没有政治自由或政治自由极为有限的“僵死的”稳定，但客观而论，第二帝国的政治也是在不断向前进步的，雨果等人笔下一抹到底的黑乎乎的第二帝国形象并不符合事实。对于第二帝国政局相对稳定的评价可以见仁见智，但有一点应当是没有多少疑义的，即：稳定的政局是经济稳步发展的重要前提。关于政局对经济的影响，从第二帝国时期一位官员的描述中可以得到某些说明：帝国建立以后，“城里穿行的不再是一群群起义者，而是三三两两去上工的泥瓦工、木工和各类工人；倘若人们翻起铺路石，这不是为堆砌街垒，而是为疏通地下的水和煤气管道”。正是在这种环境下，法国的经济经历了一段前所未有的快速增长时期；也正是在这种环境下，此前数十年间一直步履蹒跚的工业革命得以基本完成。①

当然，政局稳定并不意味着经济必然能够快速发展，问题的关键要看在这种稳定的政局下统治者采取什么样的经济政策。因此，在这里，关注一下拿破仑三世的经济思想是很有必要的。拿破仑三世既不是经济学家，也不是金融家，但是，青年时代颠沛流离、东躲西藏的生活经历还是使他开了眼界并学到了在皇宫中永远也不可能学到的东西。在他的经济思想中，有两点值得重视。首先是对圣西门学派的经济主张持肯定态度：在阿姆要塞蹲监狱时，他便对圣西门的经济思想进行研究并发表了以济民救世为宗旨的小册子《消灭贫困》(*L'extinction du paupérisme*，1844)；而且，他对圣西门学派的注重实业和重视金融的主张也在很大程度上表示认可。在第二帝国时期，浪漫主义文学评论家圣伯夫（Sainte-Beuve，1804—1869）就已明确将拿破仑三世称作为“马背上的圣西门主义者”。其次是对经济自由主义情有独钟：他认为，国家没有理由也没有必要去做那些个人就可以做好甚至做得比国家更好的事情。但是，拿破仑三世并不是极端的放任主义者，在鼓励经济自由的同时，他又能够充分发挥国家的总体调节作用，例如：对煤、铁、机器制造业等工业部门以及运输业实行减税政策以刺激其发展；为各省省长拨出专款用于举行各种招待会和宴会，以鼓励各地招商引资、活跃经济；举办万国博览会（1855 年和 1867 年），既向世界展示法国的经济实力，同时又从各国吸收先进的经验；与欧洲绝大多数国家签订自由贸易协定，取消自第一帝国以来长期实行的高额关税壁垒，这一政策虽然遭到某些工业部门的强烈反对，但从总体和长远看，其积极意义却是不容抹杀的。②

第二帝国的经济发展和物质进步在许多方面都有体现，但是，能够产生巨大带动作用的主要集中在以下几个方面。首先是金融业的全面发展：在第二帝国时期，政府对功能单调、数量有限、分布不均的旧有银行体系进行了结构性调整，其结果使得法国的金融业面貌一新：一些大银行为拓展业务而在全国

---

① Guy Antonetti, *Histoire contemporaine politique et sociale*, Paris: PUF, 1986, p. 282.

② Gordon Wright, “The Origins of Napoleon III's Free Trade”, *The Economic History Review*, Vol. 9, No. 1 (1938), pp. 64–67; 另可参阅王家宝:《论法国第二帝国现代化的条件》，载《世界历史》1991 年第 1 期，第 42—53 页。

各地纷纷设立分行，例如，法兰西银行的分行数目从帝国之初的30家发展至帝国末年的72家①；在城乡各地包括偏僻的乡村地区，中小规模的银行也层出不穷。1870年前后，全国的银行机构已经超过2000家。在此时期，政府还特许成立一些新式银行，如“土地信贷银行”（Crédit Foncier，1852年）、“动产信贷银行”（Crédit Mobilier，1852年）、“里昂信贷银行”②（Crédit Lyonnais，1863年）以及“兴业银行”（Société général，1864年）等等。金融机构的大量增加以及银行体系的渐趋完善对于法国工业革命的进展所起的作用是不宜低估的，它使得社会上的闲散资金得以汇集起来，农业技术革新、城市重建改造、交通网络建设以及煤气照明工程等等行业从此有了较为可靠的资金周转渠道。

其次是交通运输业的快速提升：便利快捷的交通是经济发展的重要条件。在七月王朝时期，政府就已提出通过铁路将全国各地连接起来的“蜘蛛网计划”（en toile d’arraignée），但这一计划因王朝末年的经济和政治危机而未能变为现实。拿破仑三世掌权以后，铁路建设开始以史无前例的速度向前推进，1851年时，全国铁路总长约为3600公里，1869年时增至约1.7万公里，以巴黎为枢纽并辐射全国的铁路网初步形成。铁路业的发展对于人员流动和货物运输的贡献是非常显著的，在1851—1869年间，火车运输的旅客由约2000万人次增加到大约1.14亿人次，火车发送的货物由大约460万吨增加到大约4400万吨。③除铁路之外，在第二帝国时期，公路、运河与海洋运输业也有明显进步，国内的交通网已经四通八达，与境外的交通状况亦大为改善。

再次是城市改造的大规模展开：第二帝国时期，法国一些大城市陆续开始了向现代化城市迈进的改造工程，其中以巴黎改造最为典型。在七月王朝时期，国王路易·菲力浦已计划对拥挤不堪、杂乱无章的首都巴黎进行改造，但计划刚刚开始实施，王朝便垮了台。1853年，将巴黎改造视为“形象工程”的拿破仑三世将充满活力、能写会干的欧斯曼男爵（baron Haussmann，1809—1891）从吉伦特省省长职位上调任塞纳省省长，让其负责巴黎的改造工作。在皇帝的支持

---

① Patrick Fridenson et Andre Straus, *Le Capitalisme Français XIXe-XXe Siècles*, Paris: Fayard, 1987, p. 207.

② 里昂信贷银行自成立以后逐步发展成为法国最大的储蓄银行之一。但由于经营体制等方面的问题，到20世纪90年代，该银行（其总部已由里昂迁往巴黎）出现严重亏损。2002年12月16日，法国农业信贷银行最终以约190亿欧元（约合202亿美元）的价格收购了里昂信贷银行。

③ Pierre Milza, *Napoléon III*, Paris: Éditions Perrin, 2006, pp. 471–473.

下，欧斯曼对巴黎进行了大刀阔斧的改造：扩大城区面积，使巴黎由原来的12个区增至20个区；拓宽街道，兴建多条林荫大道；林荫路两侧的建筑必须是统一的高度、相似的风格；铺设完善的下水道系统，并在横穿巴黎市区的塞纳河上修建多座桥梁；在巴黎东西两侧兴建森林公园，同时还在市内修建时尚的跑道，供市民消遣锻炼使用；煤气灯的使用更加普及[①]，主要街道在夜晚均有照明设施。在此期间，巴黎共拆除旧建筑约7.5万座，工程总耗资约20亿法郎。[②]

对于欧斯曼的巴黎改造工程，当时曾出现各种各样的谩骂和攻击，例如：修建那些宽阔笔直的林荫大道是别有用心的，它给巴黎工人设置街垒路障带来了麻烦，却给政府军队进行镇压活动提供了便利；林荫大道及其两侧建筑虽然富丽堂皇，但在这些建筑的后面仍然存在许多破旧而拥挤的贫民窟；欧斯曼的建筑品味不伦不类，既不是正宗的古典主义，又掺杂着变了形的巴罗克风格。更为激烈的批评是：虽然欧斯曼本人正直无私，但其集资渠道不合规范；而且，自他主持巴黎改造以来的17年间，巴黎人就一直没有能够“安安静静地休息过”，巴黎就一直是一个叮当作响、灰尘满天的超大型工地。现代学者则多从“文化遗产保护”的角度对欧斯曼的巴黎改造工程提出批判，认为这一工程使得许许多多的历史性建筑被摧毁，巴黎人因此“失去了文化之根”，正是欧斯曼“毁了巴黎”；今天的巴黎之所以还显得比较漂亮，就是因为还存留一些当年欧斯曼还没有来得及摧毁的建筑。据统计，在巴黎原有的中世纪和文艺复兴时期的建筑中，大约有1/3被欧斯曼拆掉了。

面对反对派的指责，拿破仑三世不得不于1870年1月初免去欧斯曼的职务。不过，这一庞大的工程终究有着不可忽视的现实和历史价值。首先，作为一种长期的基础工程，它有力地带动了一系列行业的配套发展，从而成为法国工业革命的一个重要的推动力量。其次，它使得巴黎真正成为具有现代意义的国际大都市，不论这个城市有多么“俗气”、多么“浮华”，大多数巴黎人似乎还是喜欢这座“灯光城市”那种壮丽外表的，许多外国人也慕名而来并心甘情愿地留着不走。当然，巴黎改造工程也带来了一个让欧斯曼和拿破仑三世意想不到的社会结果：老城区逐渐成为富有者的天下，贫穷的工人则逐渐搬迁到了四周的新城区，生活困难的阶级如同一条巨大的腰带紧围着富裕的阶级，而这条腰带就是让后来的政

① 巴黎最初使用煤气灯作为夜间照明设施的时间是1819年，但当时使用范围和规模均很有限。

② Patrice de Moncan, *Le Paris d'Haussmann*, Paris: Les Éditions du Mécène, 2009, pp. 58–132。

府谈之色变的“红色地带”（或称“红腰带”）。

二、皇帝风雅与文化繁荣

第二帝国在政治制度和经济建设方面留下了拿破仑三世个人的独特烙印，与此相似，在文化方面，这位皇帝亦表现出与此前诸多君主颇为不同的品味和风貌。拿破仑三世一生爱好写作，而且涉猎的内容五花八门。在成为总统和皇帝之前的十几年间是其写作生涯的高产时期，其作品可以分为三大类。一是军事类：1836 年，路易·波拿巴就为瑞士士兵编写出一本《炮兵教程》（*Manuel d'artillerie*）；在被囚阿姆期间，他又写了一部有关炮兵的历史以及发展趋势的著作。二是政论类：1832 年，当“拿破仑二世”还活在人世的时候，路易·波拿巴便出版了《政治沉思录》（*Rêveries politiques*）一书，他在书中提出，波拿巴派应与共和派联手合作，政治统治应实行主权在民原则，同时，皇帝应掌有实权以贯彻民意；1839 年，他发表了追忆和颂扬其伯父的小册子《拿破仑思想》（*Des Idées Napoléoniennes*）；1841 年，他写成《历史片断：1688 年和 1830 年》(*Fragments historiques 1688 et 1830*）一书，将七月王朝批判了一通。三是社会问题类：这类著作有两部，即《食糖问题剖析》(*Analyse de la question des sucres*，1842 年）和《消灭贫困》(1844 年），正是有了这类著作，路易·波拿巴成了社会主义的“远亲”。[①]关于自己的写作动机，这位未来的法国首脑并不避讳，他曾明确表白：写那些军事著作虽“感到力不从心”，但“这是为了获得军内一些支持，也是为了证明虽然我不指挥，至少我拥有指挥所需的知识”；写那些政论性著作，“既表达了我们派别的政治思想，又证明我不只是一个骠骑兵冒险家”。

主政之后的忙碌曾一度使得拿破仑三世无暇动笔，但从 1860 年起，他又恢复了对学术研究的兴趣。青年时代他曾准备研究查理大帝但未果，而这一次他最终选定了另一位同样具有强烈象征意义的历史巨人恺撒。为完成这一工作，他专门成立一个辅助班子为他查找资料、润色文笔以及校对清样。1865 年和 1866 年，两卷本《恺撒传》（*Histoire de Jules César*）出版并被译为多种外国文字。[②] 在帝

① 参见 James F. McMillan, *Napoleon III*, London: Longman, 1991, pp. 7–17。

② 拿破仑三世这部著作的英文版（Napoleon III, *History of Julius Caesar*, New York: Harper and Brothers, 1865–1866）可以在互联网上下载。

国末年，拿破仑三世还计划为一家报纸撰写连载小说并已拟订了小说提纲，其主题是：一位食品杂货商于 1847 年去了美洲，在那里，他听到的全是有关法国如何如何不好的传言；1868 年，此人重返法国，他对眼前的景象极为惊讶：物质的进步翻天覆地，有益的改革层出不穷；由此他得出结论：这 20 年的法国绝不是在原地踏步，法国的进步是有目共睹的。不过，皇帝的这部针对反对派批评的“抗议”小说最终并未完成。此外，拿破仑三世对其他一些领域也有着一定的兴趣，在阿姆监狱时，他曾做过多种物理和化学试验；1867 年万国博览会前，他还亲手制作了一个廉租房屋模型。

拿破仑本人虽然喜欢舞文弄墨，但政府对文化事业的直接资助却是较为有限的，除了花费不大的官方“沙龙”艺术展以及因皇帝写书而带动建成一家古董博物馆并进行过一些相关的考古发掘之外，值得记在政府功劳簿上的还有几项文化工程。一是巴黎歌剧院重建工程：该工程由青年建筑师加尼埃（Garnier，1825—1898）负责方案设计，1861 年正式开工；拿破仑三世尽管将之视为自己的一个纪念性建筑，但歌剧院的最后完工却要等到第二帝国垮台几年之后的 1875 年。这一建筑虽然宏大，但其装饰却过于夸张奢华，而且使用功能也有明显的缺陷。[①] 二是中世纪古迹修复工程：几十年前的大革命对法国文物古迹的破坏是相当严重的，甚至到了拿破仑第一帝国时期，地方政府还兴师动众地拆除了闻名遐迩的中世纪建筑克吕尼修道院。七月王朝时期，政府特别成立“国家古迹委员会”，由维奥莱－勒迪克（Viollet-le-Duc，1814—1879）负责古迹复原工程。第二帝国时期，政府继续大力资助维奥莱去从事中世纪遗迹的修复工作，巴黎圣母院、圣德尼大教堂、亚眠大教堂、沙特尔大教堂、兰斯大教堂、拜约大教堂以及离西班牙不远的卡尔卡松古城（Carcassonne）等一大批中世纪遗存均被纳入修复范围。关于维奥莱的“古迹复原工程”，从其一开始直至今日，人们就一直存在着激烈的争议，有人认为，“复原”之说纯属自欺欺人，维奥莱完全以自己的建筑理念而将原有精髓破坏得荡然无存。[②] 尽管如此，有一点应当是没有疑问的，即，维奥莱的工作在一定程度上唤起了法国人对文化遗产的重视。

与相对平淡的官方文化活动相比，非官方文化在第二帝国时期继续保持着

---

① Pierre Milza, *Napoléon III*, Paris: Éditions Perrin, 2006, p. 555.

② John Ruskin, *The Seven Lamps of Architecture*, New York: Dover Publications, 1989, p. 194.

旺盛的活力。在这一纷繁复杂的民间文化大潮中，最具影响力的主要体现在以下几个方面。首先，以积极关注今生今世为主要特征的现实主义在文学艺术领域中仍然占据主流地位：在小说创作方面，其代表人物是出身于医生家庭的福楼拜（Flaubert，1821—1880），他于 1857 年发表以真实故事为基础的《包法利夫人》（*Madame Bovary*），1869 年又出版了以自己的初恋为基本线索的《情感教育》（*L'Éducation sentimentale*），虽然两部作品描绘的是两个截然不同的故事，但是，作者却以社会批判的眼光特意为两个故事安排了同样的结局：平庸之辈、无耻之徒扬眉吐气甚至出人头地，有才华、有性格的人则碌碌无为甚至走向毁灭。在此时期，一些原本坚守浪漫主义原则的作家也开始受到现实主义的影响而创作出具有浓郁现实主义风格的作品，大仲马的私生子小仲马（Dumas fils,1824—1895）根据自己的艳遇而创作了哀婉动人的小说《茶花女》（*La Dame aux camélias*，1848 年），浪漫主义旗手雨果终于在 1862 年完成了史诗式巨著《悲惨世界》（*Les Misérables*）。在绘画领域，许多画家亦以现实主义的精神着力描绘普通人的普通生活，少年时曾种过地的米莱（Millet，1814—1875）创作了《播种的人》（*Le Semeur*）、《拾麦穗的女人》（*Des glaneuses*）以及《汲水的女子》（*La Femme au Puits*）等等虽然画面普通但却感人至深的画作，不愿接受“现实主义画家”称谓的库尔贝（Courbet,1819—1877）亦以自己的实地观察而创作了《奥尔南的葬礼》（*Un enterrement à Ornans*）以及《碎石工》（*Les casseurs de pierres*）等名作。

其次，注重视觉第一感受的印象主义在绘画领域中横空出世：虽然“印象主义”（impressionnisme）这一名称要到 1874 年才正式出现，但是，以“第一印象”为创作原则的绘画流派却是在 19 世纪 60 年代就已开始形成，这是第二帝国时期最具爆炸性的文化现象之一。从表现内容上说，印象主义画派具有现实主义因素，其创作题材基本上都是取自现代人的现代生活。但是，在表现形式和绘画技法上，印象主义却开创了一个新时代，它把表现画家个人的主观感受放在首要位置，力求在画布上重

孔德

现客体在瞬间留给画家本人的“真实”印象。这一画派认为，那种追求真而又切的临摹式绘画已因照相机的出现而显得没有多少价值[①]，与逼真复制相比，“印象”更显重要。印象主义画派的一些代表人物在第二帝国时期都还是一些血气方刚的年轻人。其领袖人物是爱德华·马奈（Edouard Manet，1832—1883，尽管他本人不愿承认自己是“印象派”），他的画作《草地上的午餐》（*Le déjeuner sur l'herbe*，1863 年）一经出世便引起轩然大波。他曾声称，他所描绘的就是“用半睁半闭的眼睛所看到的运动着的世界”。除马奈之外，还有一些重要的印象主义画家，如德加（Degas，1834—1917）、莫奈（Monet，1840—1926）、雷诺阿（Renoir，1841—1919）以及塞尚（Cézanne，1839—1906）等，他们将在随后的几十年中给法国的艺术界带来更大的震动。[②]

另外，以强调事实、注重分析为基本特点的实证主义在哲学领域深深扎根并迅速扩及其他许多学科领域：从文化渊源上说，实证主义（positivisme）是理性主义传统在新时期的延续和发展，作为一个学派，其公认的创始人是曾经担任过圣西门私人秘书并深受圣西门思想影响但后来又对圣西门破口大骂的孔德（Comte,1798—1857）。体现孔德实证主义思想体系的著作主要有两部，一是 6 卷本的《实证哲学教程》（*Cours de philosophie positive*，1830—1842），二是 4 卷本的《实证政治体系》（*Système de politique positive*，1851—1854）。从哲学上看，孔德的实证主义就是指运用科学的精神和科学的方法去发现纷繁现象下的实际规律，去发现各种现象之间不变的继承关系和类似关系；它重视现实、反对假设，主张积极建设、反对消极破坏。可以说，这种哲学思想是对大革命以来的各种非理性倾向和各种破坏行为的抗议和批判。与其老师圣西门一样，孔德创立学说体系的根本目的是要研究社会并进而改造社会，因此，他主张对社会的研究应打上“科学实证的印记”。[③]也正因如此，他于 1839 年首先提出了“社会学”（sociologie）这一概念。孔德的实证主义思想虽然产生较早，但只是到了 19 世纪四五十年代才逐渐形成比较完整的体系，然后才被思想界所逐步接受，在随后的近半个世纪时间里，实证主义及其变种将成为法国人的主流文化观念。

---

① 照相工艺由法国人尼埃普斯（Nièpce,1765—1833）于 1816 年发明，但当时的定影技术还未成熟。1829 年，另一位法国人达盖尔（Daguerre，1787—1851）对之作了改进并拍摄出第一张真正的黑白照片。

② 参阅蔡志蔚：《印象派绘画的视觉革命》，载《文艺争鸣》2010 年第 16 期，第 106—108 页。

③ A. Comte, *The positive philosophy of Auguste Comte freely translated and condensed by Harriet Martineau*, New York: Calvin Blanchard, 1855, p. 27.

孔德于1857年就已去世，但其身后的影响却日益扩大，在第二帝国时期，追随其实证主义思想的就已大有人在，其中最为著名的人物是文学批评家兼历史学家泰纳（Taine,1828—1893）。泰纳主张，必须“从事实出发寻找规律、证明规律”。在《19世纪古典哲学家》（*Les philosophes classiques du dix-neuvième siècle*，1857）、《英国文学史》（*Histoire de la littérature anglaise*，1864—1872）以及晚年完成的《当代法兰西的起源》（*Origines de la France contemporaine*，1871—1890）等著作中，泰纳一直遵循这种实证主义路线，不过，在解释人类社会发展规律上，泰纳存在着明显的公式化和简单化的倾向。另一位深信实证原则的学者是以早期基督教史研究以及政治理论研究而闻名的勒南（Renan，1823—1892），其最为重要的贡献在于以科学的精神和实证的方法来研究耶稣以及基督教的历史。1862年，他明确指出，耶稣是人而不是神，只不过他是一个“无可比拟的人”。在1863年出版的《耶稣传》（*Vie de Jésus*）中，勒南的观点又有了进一步的深化，他认为，在耶稣的那些说教中，有许多“可爱的无稽之谈”；而且，耶稣本人也仅仅就是“一个年轻的村夫，他只是透过其无知的多棱镜来观察世界的”。① 另外，受实证主义影响较深的还有曾任第二共和国外交部长的历史学家托克维尔，他的两部著作《论美国的民主》和《旧制度与大革命》在包括中国在内的国际史学界都一直享有崇高的声誉。

新观念、新思想、新流派在法国虽然说是不断涌现，但这些新生事物的诞生及发展却充满艰辛，在这一过程中，守陈势力曾对之发出一轮又一轮的进攻和嘲讽。1850年，库尔贝的画作《奥尔南的葬礼》在沙龙展出后，批评家群起而攻之，指责此画主题粗鄙，人物丑陋。1853年，库尔贝的另一画作《浴女》在沙龙预展时，拿破仑三世曾用马鞭抽打此画以示不满。1857年，福楼拜因小说《包法利夫人》而受到法庭审讯，其罪名是“有伤风化，诽谤宗教”。同是在1857年，诗人波德莱尔（Baudelaire，1821—1867）因诗集《恶之花》（*Les Fleurs du mal*）而受审，法庭给此书的定义是“内容淫秽，有碍风化，违背公众道德”。1862年，勒南被任命为法兰西公学的希伯来语教授，在就职演说中，他说耶稣只是一个“人”，于是被立即解职；随后，对他进行攻击的著作纷至沓来。② 第二帝国后期，

① 勒南不仅因“耶稣问题”出名，也因坚持种族主义和狭隘的民族主义而广为人知，他认为，犹太人是属于心智发展不健全的种族。参阅 S. Almog, ed., “The Racial Motif in Renan’s Attitude to Jews and Judaism”, *Antisemitism through the Ages*, Oxford: Pergamon Press, 1988, pp. 255–278。

② 参阅 Dora Bierer, “Renan and His Interpreters: A Study in French Intellectual Warfare”, *The Journal of Modern History*, No. 4 (1953), pp. 375–389。

印象主义画派的出现更是招来一片骂声。甚至在印象主义绘画已经成为一种时尚之后，社会上的讽刺之声仍是不绝于耳。当时有这样两幅嘲讽印象派的漫画，漫画下方的文字对白清楚表明了印象派的社会处境。其一："咦！您也在这里？……您也欣赏印象派？""我？没这回事。……我看了他们的肖像画再回家，就觉得老婆不会那么难看了。"其二："您在干嘛？""他们说这幅画很有才气。……我看看是不是挂倒了……"① 不过，等到这些印象派画家都已作古以后，他们当年画的那些"难看"的、"挂倒了"的作品却变得价值连城起来。②

三、国威政策与帝国覆亡

对于第二帝国的历史来说，其对外政策是一个绕不过去的话题，在这一方面，拿破仑三世这一典型人物的典型风格再一次得到了典型的体现。虽然说拿破仑三世在为重建帝制所作的宣传中讲过"帝国就是和平"（L'Empire, c'est la paix.）之类的话，但他并没有制定出明确、系统且连续的外交方略。他的基本做法就是见机行事，当麻烦变大时，他就会中途后撤，在风波平息之后，他还可能会从头再来。尽管如此，从他长达二十余年的统治生涯中（包括担任总统的几年时间），我们还是可以大致分辨出他在外交方面的基本思路。

一方面，要打破1815年维也纳会议以后所形成的欧洲政治体系：这一体系本身就是拿破仑一世、波拿巴家族以及整个法国失败的产物，它是法兰西从此变得国微言轻的一张耻辱证明。因此，要想使法国在欧洲事务中扮演一个主要角色，就必须进行政治重组。正是在这种情况下，拿破仑三世对欧陆各地的民族独立事业表现出了同情心甚至为之提供了物质和军事上的援助。另一方面，要以有限的战争来推动欧洲政治纷争的最终和平解决：从个人性格来说，拿破仑三世并不是那种极端的战争狂。当选总统之后，他便主张与曾经让其伯父吃尽苦头的英国保持友好关系。1849年1月，他提议，英法两国共同裁减各自的海军力量，使之降到双方均可接受的水准。这一年3月，他又提议，由英法两国联合向欧洲

---

① 关于这些漫画以及印象派画家们的惨淡人生，可详阅马振骋：《总统阁下，请留步，里面是法兰西的耻辱！》载《万象》2003年第4期，第32—41页。

② 参阅杜卡：《印象派半个世纪的交易沉浮》，载《艺术与投资》2009年第5期，第48—61页。

各国发出邀请，召开一次全欧大会以商讨可能会给和平带来影响的所有问题。在以后的岁月中，“开会”将一再成为拿破仑三世面对国际危机时的典型反应。然而，在强权政治时代，他的这些美妙想法显然带有天真的色彩。在当时的欧洲政治舞台上，与他展开周旋的政治人物，如撒丁王国首相加富尔（Cavour，1810—1861）以及普鲁士王国宰相俾斯麦（Bismarck，1815—1898）等人都是一些极为精明且讲求实际的现实主义者。在此情况下，拿破仑三世外交政策的最终结果就是：在欧洲其他国家的实力几乎都得到加强的同时，法国的实力和地位却遭到进一步的削弱，而且皇帝本人的政治生命也在对外冒险中突如其来地被画上了句号。

拿破仑三世的对外政策可分为海外和欧陆两个层面来看。在海外殖民扩张方面，第二帝国不乏得意之处。在北非：1857 年，法国完成了对阿尔及利亚全境的占领；1859 年，由皇后欧仁妮的亲戚莱塞普斯（Lesseps，1805—1894）承包的埃及苏伊士运河工程开工建设，1869 年完工以后，运河由一国际公司管理，总部设在巴黎，法国获利丰厚。在亚洲：中国是其侵略的重要目标之一，第二共和国时（1849）法国就已在上海设立租界。1857 年，法国接受英国的“邀请”而共同发动第二次鸦片战争。拿破仑三世原本希望由路易·特罗胥（Louis Trochu，1815—1896）率军“远征”，但被特罗胥拒绝，于是，“永远缺钱的”库赞—蒙托邦（Cousin-Montauban，1796—1878）成了法军首领。1860 年，库赞率数千法军在位于通州城西面的八里桥打败数万清军，随后又与英军一起抢劫并焚毁了圆明园。通过 1858 年的中法《天津条约》和 1860 年的中法《北京条约》，法国获得了在中国内地传教和经商的特权，同时还勒索了大量的赔款。拿破仑三世对这一结局颇为满意，库赞也因此成为参议院议员并被封为“八里桥伯爵”（*Comte de Palikao*）。在侵略中国的同时，法军在中南半岛也展开了行动。1863 年，柬埔寨成为法国的保护国；1867 年，越南大部分地区变成了法国的殖民地。除此而外，第二帝国在

“八里桥伯爵”

西非、东非、地中海东岸地区以及大洋洲也广泛攻城略地，结果使得法国成为仅次于英国的世界上第二大殖民帝国。不过，第二帝国的海外冒险也并非都是一路凯歌，从 1862 年开始的对墨西哥的远征至 1867 年彻底失败，法军被迫撤出墨西哥，拿破仑三世扶植的傀儡皇帝马克西米连（Maximilian，1832—1867）被墨西哥人枪毙，马克西米连的原本精神就不太正常的妻子亦就此疯癫。

如果说在海外殖民扩张方面拿破仑三世的确为法国抢来了一些比较持久的利益的话，那么，在欧洲角逐方面，他则是在一系列虚幻的光环下将法国一步步送进了孤立无援的陷阱。拿破仑第一帝国垮台之后，欧洲各国之间的矛盾虽然错综复杂，但基本的政治格局还是比较明显的，即由俄国、英国、奥地利和普鲁士四强联手防止法国可能会给欧洲秩序带来的威胁。第二帝国开始以后，法英关系还算差强人意，虽然维多利亚女王并不信任拿破仑三世而且还直言说他是一个“到处煽风点火的人”，但是，拿破仑三世向英国投去的殷勤和小心翼翼还是获得了相应的回报。因此，法国当时面对的国际障碍主要就是欧洲大陆上的俄普奥三国。

拿破仑三世显示帝国权威的第一次重大行动是直接参与以打击俄国为主要目标的克里木战争（Guerre de Crimée，1853—1856）。① 在奥斯曼土耳其帝国及其属地，英法两国均有其直接的经济利益，而俄国又一直将肢解并控制土耳其作为其重要的外交方针之一。1853 年 6 月，俄军越过边界，进占土方的北部领土（即今天的罗马尼亚）。这一年 10 月，土耳其向俄宣战，“东方战争”（克里木战争）爆发。曾经许诺过“帝国就是和平”的拿破仑三世在介入这场战争之前犹豫了很久，但最终在 1854 年 3 月还是与英国人一起向俄国宣战。然而，未等英法联军到达，俄军便提前撤出了土耳其。不能空来一趟的英法联军于是在 1854 年 9 月向俄国在黑海地区的大型军火库所在地塞瓦斯托波尔（Sébastopol）② 发起进攻，结果遭到俄军的顽强抵抗。与此同时，霍乱开始爆

① 参阅 John Sweetman, *Crimean War, Essential Histories*, Oxford: Osprey Publishing, 2001, p. 7。在史学界（特别是在俄国史学界），这场战争往往又被称为“东方战争”（Eastern War）。这里的“东方”是相对于西欧而言的，它是指欧洲东南方向的奥斯曼土耳其帝国以及曾经受其控制的诸多属国。有欧洲“病夫”之称的土耳其帝国在地理位置上相当重要，因而也就成为欧洲列强的抢夺对象。在“东方战争”中，以最后阶段的克里木之战影响最大，因此，人们又通常以克里木战争指代整个东方战争。另外，对于西方联军而言，这场战争的打击目标是俄国，因此，在英国史学界，克里木战争有时也被称为“俄罗斯战争”（Russian War）。

② 塞瓦斯托波尔位于黑海北岸克里木半岛的西南部，今属乌克兰。

发，英法联军在瑟瑟寒风中处境极为艰难。在此情形下，担心会出现一场“大灾难”的拿破仑三世于1855年2月想出一个完全符合其处事风格的计划：他本人将亲往克里木，把俄国沙皇吸引到那里，然后两人直接谈判，这样，“几个星期之内便可解决一切问题”。皇帝周围的文武官员坚决反对，认为这种长途旅行无异于发疯之举。未能如愿的拿破仑三世不久之后给英国维多利亚女王写信说：“在法国，所有有钱人都很不勇敢”；“这与您那个一切都那么稳固、持久的国家真有天壤之别！”

经过一年的苦难攻防，克里木半岛上的战局终于有了转机。1855年9月，在麦克马洪（Mac-Mahon，1808—1893）的指挥下，英法联军最终攻克塞瓦斯托波尔。1856年1月，深感自身落后的俄国决定讲和，法国以10万士兵的生命为代价（大多死于疾病）赢得了战争的胜利。随后，拿破仑三世以主人的身份接待了前来参加巴黎和会的欧洲各国外交官。1856年3月30日，《巴黎和约》正式签署，其中规定，俄国不得在黑海保存舰队，奥斯曼土耳其帝国继续维持领土完整。这一结局对拿破仑三世的鼓舞是巨大的，因为俄国似乎是受到了实实在在的遏制，而且，巴黎再一次成为欧洲各国普遍接受的外交活动中心，皇帝本人似乎也成了欧洲仲裁者。

欧洲其他各国对法国皇帝的这种“仲裁者”地位并未当真。1863年，波兰爆发反抗俄国人统治的起义，普鲁士立即表示愿意协助俄国进行镇压。拿破仑三世表示抗议，并呼吁召开一次欧洲会议以解决波兰问题以及整个欧洲的政治体系问题。但是，各国根本未予理睬，而且俄国根本未要普鲁士的援助便将波兰起义镇压下去。对于拿破仑三世而言，这一失败的呼吁所带来的结果就是：国内的自由主义者强烈批评皇帝的软弱无力，而俄国和普鲁士则将他看成是一个危险的多管闲事者。

拿破仑三世力图打击的另外一个目标是奥地利。当时的奥地利在意大利北部仍然占有大片的领土，因此，法国的打击行动是以帮助意大利摆脱奥地利控制这一看似充满正义的方式进行的。在四分五裂的意大利，与法国东南部接壤的规模不大的撒丁王国（royaume de Sardaigne）[①] 因为有了一位加富尔这样的精明强干的首相而显示出其地位的重要性，法国正是试图通过它来达到自己的目的。克里

① 撒丁王国的全称是“彼埃蒙特—撒丁王国”（royaume de Piémont-Sardaigne），它由意大利西北角的彼埃蒙特和地中海上的撒丁岛两个部分组成。我国学术界一般将之简称为撒丁王国，但西方学术界却通常将之简称为彼埃蒙特王国。

木战争结束之后，拿破仑三世就打算“为意大利做点什么”。1858 年 7 月，他与加富尔在温泉疗养地普隆比埃（Plombières）① 达成一份逐奥出意的秘密协议，其中规定：事成之后，由撒丁王国兼并一些土地组成一个北意大利王国；以托斯卡纳（Toscana）为中心成立一个中意大利王国；南部的那不勒斯王国继续存在；教皇国将被剥夺部分土地，但仍将作为一个实体保存下来。这四个相对独立的国家将组成一个意大利邦联，其最高领袖由教皇担任。作为帮忙的酬报，法国将获得彼埃蒙特西北部的萨瓦（Savoie）和西南部的尼斯（Nice）及周围土地。② 虽然说这一协议与加富尔心目中的构想相距甚远，但国小兵弱的撒丁王国是现实主义的，它首先要达到的目的就是要借助法国的军队将奥地利人从意大利赶出去，然后才能谈得上意大利统一问题。协议签订之后，法撒两国随即以各种方式向公众暗示这一联手计划，但在法国，反战的呼声却是此伏彼起。陷于孤立的拿破仑三世于是后退，转而呼吁召开一次欧洲会议来解决意大利问题。对奥地利的战争似乎就此搁浅了。

但是，沉不住气的奥地利终于自投罗网，1859 年 4 月 20 日，它突然向撒丁王国发出最后通牒，限其 3 天之内解除武装。这一要求遭到加富尔的拒绝。4 月底，两国正式开战。5 月初，法国亦依先前的协议而向奥地利宣战。5 月 10 日，清楚意识到自己“丝毫没有为战争做好准备”的拿破仑三世还是亲率 12 万人的军队开赴意大利前线。按照西方史家的说法，拿破仑三世的幸运之处在于奥地利方面的军事统帅也同样“平庸无能”。③6 月初，法撒联军在米兰城西南不远的马让塔（Magenta）与奥军展开激战，变幻不定的战局使得不谙此道的拿破仑三世“眼神茫然”，口里不断重复着“不好”“不好”。不过，在麦克马洪的具体指挥下，联军还是取得了胜利，奥军被迫向东后撤。6 月 24 日，得到增援后的奥军在伦巴底东南部的索尔费里诺（Solferino）与法撒联军再次交锋，联军再次获胜，但这次持续仅十几个小时的遭遇战给双方造成的损失是巨大的，奥军损失两万多人，联军损失亦将近两万人。

出乎撒丁王国意料的是，在奥地利尚未被完全打败的情况下，拿破仑三世却于 1859 年 7 月 10 日在索尔费里诺东面的维拉弗兰卡（Vallafranca）与奥皇进行

---

① 普隆比埃位于法国东部的孚日省（Vosges）境内。

② Pierre Milza, *Napoléon III*, Paris: Éditions Perrin, 2006, pp. 412–414.

③ 参阅 Geoffrey Wawro, “An ‘Army of Pigs’: The Technical, Social, and Political Bases of Austrian Shock Tactics, 1859–1866”, *The Journal of Military History*, No. 3 (1995), pp. 407–433。

会谈并于次日签署停战协定。加富尔闻知后一度想自杀，但撒丁王国方面最终还是无可奈何地接受了停战协定。拿破仑三世中途撤兵是由多种因素促成的：国内的教权派对教皇国面临宰割的危险极为担忧，因此强烈反对皇帝的征战计划；加富尔已经超越当初的约定而插手中部意大利的事务，这对法国的意图来说是一个危险的信号；普鲁士对法国的疑惧日益增加，开始在莱茵地区调集军队；另外，大屠杀式的战争对心肠并不太硬的拿破仑三世也产生了强烈的震动。[①] 虽然说在随后一段时期里撒丁王国仍在一定程度上仰仗于法国，而且法国在 1860 年也如愿获得了萨瓦和尼斯，但是从根本上说，拿破仑三世的意大利政策最终产生了与原先设想背道而驰的结果：对奥地利的遏制并未取得实质性的成果；意大利也没有停留在邦联式的四重格局上，以撒丁为主导的意大利王国于 1861 年宣告成立，几年之后，意大利的统一终于得以实现。

如果说在意大利问题上拿破仑三世只是一次"失算"的话，那么，与普鲁士的争斗则是他的一次彻底的灾难。自中世纪以来，法国与德意志地区的矛盾和冲突一直就是一个难解之结。第二帝国时期，这一问题依旧存在，而且以更为复杂的形式表现出来。从法国方面来说：拿破仑三世竭力推行的基本构想就是维持德意志的分裂状态，阻止德意志成为一个强大的统一国家。由于法国历来都是将奥地利视为"大德意志"地区内最具威胁性的头号强国，因此，拿破仑三世对于普鲁士的发展采取了听之任之甚至是鼓励的态度，这样，在德意志地区就会出现两强相争以及两败俱伤的局面，法国的安全以及其他利益也就有了保障。不过，这只是拿破仑三世的一厢情愿。从普鲁士方面来说：在 1815 年成立的松散的德意志邦联中，普鲁士在领土、人口和经济实力方面就已具备了一定的优势，通过 1834 年开始建立的"关税同盟"（Zollverein），普鲁士已将德意志北部、西部及西南部地区纳入一个统一的市场（其范围大致相当于今天的德国）。对于以维持邦联为满足的奥地利，普鲁士认为难以将之纳入囊中，因而对之采取了逐出邦联这一现实的策略。通过 1866 年舆论普遍认为奥方必胜的普奥战争，普鲁士出人意料地击败了奥地利，排除奥地利的目标终于实现，以普鲁士为核心的德意志统

① 正是在索尔费里诺战役之后，目睹这一战争场面的瑞士商人、社会活动家让·杜南（Jean Dunant, 1828—1910）开始为建立中立的医疗救护机构而到欧洲各国游说。1864 年，由包括法国在内的 12 个国家在日内瓦签约，正式成立国际红十字会（International Committee of the Red Cross，ICRC）。1901 年，杜南获得首次颁发的诺贝尔和平奖。参阅 James Brown Scott, "The Nobel Peace Prize", *The American Journal of International Law*, No. 2 (1918), pp. 383–386。

一进程不断加快。

一个统一而强大的德意志已近在眼前，拿破仑三世的德意志政策又一次满盘皆输，法国国内的情绪出现剧烈的波动。曾在政府中任职的马涅（Magne）在给皇帝的信中更是清楚地道出了当时的舆论倾向："如果法国人从干预中归根到底得到的只是在侧翼拴上两个因实力过度增长而变得危险的邻国（指意大利和普鲁士），民族情感将深受伤害。"一句话，法国应当为自己的"国家利益"而奋起出击。与此同时，以宰相俾斯麦为主导的普鲁士方面对法国也是深恶痛绝，因为拿破仑三世不仅对德意志统一问题指手画脚、设置障碍，而且他还向普鲁士方面提出领土要求，即：莱茵地区的大部分土地应转归法国，而且法国可以兼并卢森堡和比利时，如果这些要求得到满足，法国则会认可由普鲁士统一德意志。同样担心邻国过分强大的普鲁士不仅不会听从法国的安排，而且还要寻找并制造机会来对法国进行一次彻底的打击。这时的普法双方都在玩火，剩下的问题就是考虑何时何地交火开战了。

使得普法矛盾公开激化的事件是西班牙王位问题。①1868 年，西班牙爆发革命，被废黜的女王伊莎贝尔二世（Isabelle II，生卒年 1830—1904，1833—1868 年在位）避居巴黎，但革命首领主张在西班牙继续实行君主制，候选人资格最终落在普鲁士王室霍亨索伦家族（Hohenzollerns）成员即普王的一位远房堂弟的头上。尽管这位候选人犹豫再三，他还是于 1870 年 6 月表示同意接受西班牙王冠。1870 年 7 月初，这一消息传到巴黎，法国人的"忧患意识"顿时爆发，法国将腹背受敌、3800 万法国人将成为俘虏等等诸如此类的言论一时间飞满全城。7 月 6 日，上任不久的外交大臣格拉蒙（Gramont，1819—1880）发表极富煽动性的演说，他警告说，如果普方坚持原定计划，那么，"我们知道将如何履行我们的职责"。巴黎很快弥漫起战争的气氛，绝大多数议员、职业军人、新闻界以及皇后欧仁妮都成为对普战争的积极鼓动者。拿破仑三世由于身患严重疾病，几乎失去自理能力，因此在这时已经难以发挥主导作用。

普鲁士国王威廉一世似乎愿意走一条息事宁人的道路，在他的劝说下，其堂弟于 1870 年 7 月 12 日公开放弃西班牙王位候选人资格。危机至此似乎得以消解，对国王的软弱极度失望的俾斯麦一气之下准备辞职。然而，法国方面并未罢休，

① 参阅 S. William Halperin, "The Origins of the Franco-Prussian War Revisited", *The Journal of Modern History*, No. 1 (1973), pp. 83–91。

格拉蒙指令法国驻普大使贝内德蒂（Benedetti）面见正在埃姆斯（Ems）① 休养的普王，要求普王明确保证霍亨索伦家族永远不得继承西班牙王位。对于这种纠缠不休，普王相当不悦，但他还是很有礼貌地说他不能作出这样的许诺。随后，普王吩咐侍从将交谈的内容以电报的形式（即后世常说的“埃姆斯急电”dépêche d’Ems）发送给正在柏林的俾斯麦并授权他对外发布。俾斯麦将 200 多字的电报删减成只有二十几个字的简短声明，结果使得电报成为只有名词动词而没有修饰语的措辞强硬的回绝书。

巴黎的主战气氛再度活跃起来，除梯也尔等少数几个人之外，几乎所有议员都在支持战争。② 军事大臣勒伯夫（Leboeuf，1809—1888 年）宣称：法国士兵脚穿的高筒靴的最后一个扣子已经扣好。首相奥利维埃在两周前还在大谈和平的欧洲晴空万里，而如今却声称他“将以轻松的心情走进战争”。处于病痛之中的拿破仑三世则主张召开一次国际会议以解决危机，但却无人理会。为此他曾凄凉地与一位英国朋友说：“法兰西已从我的手中悄悄溜走”，“除非我带头（主战），否则我就无法进行统治”，“我已别无选择，只能站在舆论的前头向前进发，而对于这种舆论，我既无法阻止，也无法控制”。1870 年 7 月 19 日，法国方面把正式的宣战书送到了柏林。③

尽管法国的政界和军界几乎一致支持开战，但在开战之初，几乎没有人能够真正意识到法国军队与其对手之间的差距。普鲁士方面有南德诸邦的全力支持，军队总人数约为 47 万人。而法国完全处于孤立无援的境地，可以投入战场的军队只有 20 余万人。普军的行军速度平均每天约为 25 公里，而法军的推进速度还不到 10 公里。法军虽然配备了此前秘密研制出来的机枪，但事先未经专门训练的士兵几乎无人懂得如何使用这种“秘密”武器。更为可悲的是，法军根本没有制订出一套周密的行动计划，部队的调动和部署都是在极度混乱中进行的。1870 年 7 月底，连骑马都已困难的拿破仑三世带领一批厨师、仆役、侍从以及 14 岁的皇太子亲临莱茵前线。

除 8 月初取得一点微不足道的小胜之外，法军在接下来的时间里是接连败

① 埃姆斯位于德国西部的黑森州（Hesse-Darmstadt）境内。有些法国史著作称俾斯麦当时“正在埃姆斯”，此说有误。

② 参阅 Hazel C. Benjamin, “Official Propaganda and the French Press during the Franco-Prussian War”, *The Journal of Modern History*, No. 2 (1932), pp. 214–230。

③ Louis Girard, *Napoléon III*, Paris: Fayard, 2002, pp. 463–464.

北。前线军官认为病痛缠身的拿破仑三世留在战场是个负担，因此要求他返回巴黎，但已担任摄政的皇后欧仁妮拒绝这一建议。9 月 1 日，与麦克马洪一同被围困在色当（Sedan）的拿破仑三世决定竖起白旗，9 月 2 日与普方签订了投降书。随后他给皇后写了一封再次体现其个人风格的信："我简直宁肯死，也不想目睹如此灾难性的投降，然而在目前情况下，这是使 6 万人免遭屠杀的唯一办法。"不过，拿破仑三世是以"普通一兵"的身份带着色当守军投降的，在其投降之后，普法战争继续进行。9 月 3 日，皇帝在色当投降的消息传到巴黎，一群共和派人士立即行动起来。9 月 4 日，共和派在巴黎市政厅成立临时国防政府，其名义首脑是特罗胥，但掌握实权的是甘必大。① 眼见大势已去的摄政皇后欧仁妮在一位美国牙医的帮助下逃出巴黎，不久之后便到了英国。第二帝国就此灭亡，君主政体在法国也就从此绝迹。

虽然法国已经宣布共和，拿破仑三世已经无名无权无势，但适当关注一下废帝拿破仑三世的劫后余生，似乎不算画蛇添足。从 1870 年 9 月投降之后的 6 个多月时间里，拿破仑三世被软禁在德意志西部的卡塞尔（Kassel）②，在比较宽松的环境中，他又重操旧业写起了政论文章，他曾写道：不用一年，甚至不用 6 个月，"法国将出现可怕的事，人们会予以镇压"。1871 年 3 月，拿破仑三世流亡英国并在这里与家人团聚。他曾前往一些学校、工厂、军营以及贫民区参观考察，而且他还对高科技再次产生兴趣。让拿破仑三世感到慰藉的是，原先盼望他早点死的皇后欧仁妮与他恢复了有如新婚初期的那种亲密关系，欧仁妮曾说："荣华已成过去，使我们分开的东西都不存在了"。1873 年 1 月 9 日，拿破仑三世在两次不成功的膀胱结石手术之后去世，享年 64 岁，其临终前的最后一句话仍是围绕着那一让他羞辱难当的色当投降："我们在色当不是怕死鬼。"在拿破仑三世死后，其遗孀欧仁妮又继续活了将近半个世纪，她不仅看到了法德之间的战火重开，而且看到了德意志在第一次世界大战中的惨败结局。1920 年，欧仁妮去世，终年 95 岁。

---

① 参阅 J. P. T. Bury, "Gambetta and the Revolution of 4 September 1870", *Cambridge Historical Journal*, No. 3 (1934), pp. 263–282。

② 卡塞尔位于今德国黑森州的北部。拿破仑三世 5 岁的时候曾随家人到过这里，当时这里属于拿破仑帝国的天下。

第七章

再建共和与复仇情结

（1870—1914）

虽然在普法战争之前不久的全民公决中大约有 70%的公民投票拥护帝国，但是，当帝国大厦在转瞬之间坍塌之后，原先的拥护者却纷纷成为隔岸观火的看客，拿破仑三世被撇在德意志囚禁地而无人问津，皇后欧仁妮在逃离巴黎时竟没有一位法国人愿意为她提供方便。这种情形其实不难理解。拥护帝国的绝大多数人都是分散在乡村各地的农民，只是在以投票作为“参政”渠道之时，他们的群体力量才有可能得到充分的表现。而当聚居在首都巴黎的人数并不是很多的帝国反对派采用非常规的手段控制政权之后，农民们的这种人头优势便会化为乌有。巴黎的地位仍然举足轻重，巴黎的制度就是全国的制度。对于巴黎这种以少胜多的“少数人的暴政”，托克维尔早在 1851 年秋就已有过评论：“在法兰西，维护秩序如同反对秩序，皆取决于巴黎。”①

然而，破旧容易立新难，在 1870 年 9 月 4 日巴黎革命中诞生的法兰西第三共和国（La Troisième République，1870—1940）只是在经历了反反复复的斗争之后方才巩固下来。第三共和国的政治寿命长达 70 年，虽然说其头绪纷繁复杂，但是，若从政治史沿革脉络来看，这 70 年的历史还是大致可以分为

① 郭华榕：《法国政治制度史》，北京：人民出版社 2005 年版，第 339 页。在推翻第二帝国这一改天换地的行动中，巴黎起到了政治中心的作用。但不久之后，梯也尔便决定要让政府远离这块“是非之地”。1871—1879 年，法国的首都是凡尔赛，在此期间，巴黎暂时失去了政治中心的地位，即便如此，由形形色色政治成分构成的巴黎民众依旧是法国政治的重要风向标。

这样几个发展阶段：1870—1879 年，深受君主制阴影困扰的共和国；1879—1899 年，温和共和派占统治地位的共和国；1899—1919 年，激进共和派居主导地位的共和国；1919—1940 年，右翼与左翼轮流登台执政的共和国。及至第二次世界大战初期，法国在战场上的一溃千里终于使得第三共和国销声匿迹，代之而起的是一小段特殊的“准”法西斯政体时期（即“维希政权”时期，1940—1944）。

不论在当时还是在后世，第三共和国给人的印象似乎都一直不算太好，其中时常遭人诟病的主要有这样几个方面。首先是一团乱麻的政党制度：在第三共和国时期，党派林立已经成为政治生活中的一种见怪不怪的常规现象。这种传统一经形成便具有持久的生命力，时至今日，法国仍是一个典型的多党制国家。对于看惯了两党制或一党制的外国人来说，这种万花筒式的政党制度似乎让人头晕目眩，但法国人自己却通常将之视为自由民主的象征。其次是频繁更迭的政府机构：在第三共和国的 70 年历程中，先后出现了 105 届内阁（政府），最长的不到 3 年，最短的只有几天，内阁的平均寿命仅为 6 个多月。① 这种朝不保夕的状况是世界历史上的独特现象，法国人自己最终也对之产生了厌倦。1940 年 7 月，共和国的参众两院议员以绝对多数票亲手埋葬了第三共和国。② 还有就是愈演愈烈的复仇情结：法国在普法战争中的失败以及随后的割地赔款造就了众多法国人的复仇心理，而恰恰又是这种偏狭的民族主义情绪最终将法国推进了狂轰滥杀的第一次世界大战。当然，有一部分法国人并不主张对德“复仇”，但这些人却被扣上了“叛徒”、“内奸”之类的帽子。

虽然说第三共和国的议员们一直是吵吵闹闹甚至是大打出手，而且内阁也是动荡不宁，但是，第三共和国的社会生活并没有完全陷入一种无序或失控状态，经济还在发展，文化照样繁荣。究其原因，有这样两个方面值得关注。首先是内

① 关于议会民主制与内阁稳定性的关系，可参阅 John D. Huber, Arthur Lupia, “Cabinet Instability and Delegation in Parliamentary Democracies”, *American Journal of Political Science*, No. 1 (2001), pp. 18–32。

② 从第三共和国末期一直到 20 世纪 70 年代末，西方史学界对第三共和国的否定性评价是呈一边倒态势的。1978 年，加拿大历史学家罗伯特·扬（Robert J. Young）出版《掌控法兰西》一书，开始对传统观点提出质疑，见 Robert J. Young, *In Command of France: French foreign policy and military planning, 1933–1940*, Cambridge, Mass.: Harvard University Press, 1978。在此之后，又有一些学者对第三共和国晚期的历史进行进一步分析，他们认为，第三共和国的问题主要和 20 世纪 20 年代末出现的世界性经济大萧条有关，与共和国的体制没有什么直接关联。详见 Peter Jackson, “Post-War Politics and the Historiography of French Strategy and Diplomacy before the Second World War”, *History Compass*, No. 4/5 (2006), pp. 880–883。

阁体制的乱中有序：内阁的倒台并不一定意味着政府的政策发生根本变化，尽管总理不断易人，但是，温和共和派却可以连续掌权20年，继之而起的激进共和派对政府的把持亦达十几年之久。而且，在很多情况下，往往是内阁“倒”而总理“不倒”，同一位总理常常是先后多次组阁，每一次新组成的内阁中，其成员也往往有许多老的面孔。其次是具体工作人员的相对稳定对内阁乱局的补偿与中和：在第三共和国初期，政府各部门的具体工作人员基本上还是第二帝国时期的那些人。对于这一现象，瑟诺博斯有言：“除了省长、区长、公共检察官这几百个人之外，第二帝国的其余所有文职官员依然占据其原有职位。”[①] 在此基础上，第三共和国又对公务员制度（或称文官制度）逐步加以推广和完善。这种通过严格考试而选拔出来的公务员队伍具有较强的稳定性，政府方面的变动对这批从事具体工作的公务员们一般不会产生太大的影响。因此，即使政府出现危机，国家机器仍能比较正常地运转。[②]

第三共和国的历史是一部完整而不可分割的长篇历史画卷，尽管它于1940年便已终结，但是，由它开创的政治传统却并未彻底消失。在短暂的“维希政权”结束之后，法国经历了一小段“临时政府”统治时期，随后便迎来了法兰西第四共和国（1947年1月—1959年1月）。从政治体制方面来说，第四共和国和第三共和国一样，都是典型的由立法机构操控政治游戏机的“议会制共和国”。因此，1870—1959年间，除去四年多的“维希政权”而外，法国的政治运作模式是基本统一的。正是基于这一考虑，本书将这一历时近90年的法国历史作为一个相对完整的时段进行考察，至于和“议会制共和国”不沾边的“维希政权”，则将之作为法兰西议会民主制发展历程中的一个政治插曲进行处理。考虑到篇幅问题，在本书中，对1870—1959年这一时段的叙述被分为两章（即第七章和第八章）。从对法兰西政治史的时段特征以及逻辑线索的宏观把握来说，读者在阅读本书时，最好将这两章当作一个整体来看待。

---

① 详见 George Dupeux, *French Society, 1789–1970*, London: Barnes & Nobles, 1976, p. 172。

② 关于第三共和国政治制度的特点，可参阅沈坚：《试论法兰西第三共和国政治制度中的稳定因素》，载《杭州大学学报》1988年第3期，第49—55页；Raymond Aron, Raymond Giraud, “France: Stability and Instability”, *Yale French Studies*, No. 15 (1955), pp. 17–23。

第一节　从临时到固定的共和国

第二帝国垮台之后的法国在政治上是充满变数的，有望在法国恢复或建立政治统治的至少有四种势力。第一是波旁家族：查理十世的孙子尚博尔伯爵（1820—1883）仍然活着，他可以推动波旁王朝再度复辟，其支持者即是所谓的“正统派”。第二是奥尔良家族：路易·菲力浦的孙子，既是新闻记者又是历史学家的巴黎伯爵（1838—1894）亦非无能之辈，而且他在国内也不乏支持者，此即“奥尔良派”。第三是波拿巴家族：拿破仑三世在被囚和流亡期间依旧盼望着重返法国，在其去世之后，“皇太子”欧仁·波拿巴（Eugène Bonaparte，1856—1879）[①] 又成为波拿巴主义者的一面旗帜。第四是共和派：这一派起初在全国并未占有优势，但在政治中心巴黎却可以说是人头涌涌。正是这种错综复杂的矛盾使得第三共和国的命运充满各种不确定因素，同时也使得这个共和国最终带上各派政治势力妥协折衷的烙印。[②]

一、临时共和国的第一步：对德媾和

第三共和国的诞生并不能完全说是一个突发性的事件。自从法军在前线接连失利以后，法夫尔（Favre，1809—1880）、格列维（Grévy，1807—1891）、西蒙（Simon，1814—1896）、费里（Ferry，1832—1893）以及自称具有“管理全球之头脑”的甘必大（1838—1882）等一批“趣味相投”的老、中、青三代共和派人物就开始经常聚会并制定明确的共和方案。1870 年 9 月 3 日深夜，法夫尔代表共和派议员要求立法团立即开会以讨论废除帝制问题。就在议员们展开议会斗争以求合法解决政体问题之时，巴黎群众也高喊着“打倒帝国”、“共和国万岁”之类的口号走上街头。9 月 4 日下午，示威群众冲进立法团所在地波旁宫。年轻的

① 流亡英国的“皇太子”在英国军队中担任军官，1879 年在与南非祖鲁人（Zoulous）的战争中被杀，年仅 23 岁。此后，波拿巴派的复辟浪潮趋于消沉。

② 参阅 Frederick Lawton, *The Third French Republic*, London: Grant Richards, 1909, pp. 61–86。

医生、后来被人称为“老虎”（Le Tigre）的激进派人物乔治·克雷孟梭（Georges Clemenceau，1841—1929）也是闯宫者之一，波旁宫的一个门卫试图阻拦，但却被克雷孟梭一拳打翻在地。[①] 在人声鼎沸之中，立法团的讨论已无法进行。以嗓音洪亮、激情洋溢著称的甘必大登上讲台并高声呼吁：“我们不应该在此处，而应该在市政厅宣布共和国。快跟我走吧!”

自大革命以来，巴黎市政厅就一直是革命者宣布革命的特殊地点。甘必大和法夫尔在前呼后拥之中很快到达这个革命圣地。与此同时，包括刚刚获释的布朗基在内的一批极端革命派也气喘吁吁地赶到这里，他们也准备宣布建立自己的政权，不过，他们的行动节奏显然有些迟缓。以甘必大和法夫尔等共和派议员为主体的临时政府终于在这里宣告成立，出于稳定巴黎局势方面的考虑，被人视为“绝顶聪明”（挑剔性的而非创造性的聪明）的奥尔良派人士、时任巴黎军区司令的特罗胥（Trochu）也被请进了临时政府。

9 月 4 日晚，临时政府召开会议以讨论组阁及分工事宜。特罗胥坚持要求由自己出任政府首脑（总理）并掌握军事全权，否则他将拒绝参加临时政府。对时局毫无把握的共和派只得委曲求全。在这个首脑不是共和派的共和国临时政府中，法夫尔出任副总理兼外交部长，甘必大则出任内政部长。当天深夜，临时政府发表公告，宣布成立共和国，同时强调，“我们不是这个或那个党派的政府，而是国防政府（gouvernement de la Défense nationale）。我们只有一个目的，一个愿望：拯救祖国”。不论是称临时政府也好，还是称国防政府也罢，这个政府以及它所宣布成立的共和国都没有得到法律上的认可，而长期以来法国人又是极为看重这一程序的。然而，已经名存实亡的立法团虽然接受了现实，但它又不愿承担责任。正因如此，梯也尔代表立法团宣布：“我们只有一件事要做：体面地退出。”这样，对新政权和新政体的确认就被轻松地回避过去，共和国的命运也就由此悬念迭出。

热衷于共和制度的巴黎民众沉醉在幸福之中，他们的信念天真得令人感动：“我们现在有了她，他们就不敢来了!”[②] 然而，普鲁士军队很快就遍布法国北方大地并于 1870 年 9 月 18 日完成对巴黎的包围。面对普军的攻势，国防政府的确采取了一些保家卫国的措施。在巴黎，国防政府尽力增加粮储，全面构筑防御

① ［法］菲利普·埃尔朗热著，周以光等译：《克雷孟梭传》，北京：商务印书馆 1990 年版，第 44 页。
② 这里的“她”和“他们”分别是指共和国和普鲁士人。

工事，大量扩充正规军和国民自卫军。至于外省，国防政府则委派以司法部长克雷米欧（Crémieux,1796—1880）为首的政府代表团前往巴黎西南方向的图尔市，由他负责组织和领导外省的抗战斗争。从表面上看，国防政府似乎真的要和普鲁士人打个鱼死网破了。

但实际上，在对待由第二帝国直接挑起并进行的这场普法战争问题上，国防政府自成立之日起，其内部就存在着截然不同的两种态度。包括特罗胥和法夫尔等人在内的国防政府绝大多数成员主张结束由拿破仑三世推行的那种冒险的外交政策，他们力主停战，并争取在不割地的前提下与普鲁士方面达成体面的和平。他们还有一个看似有理的逻辑：战争是由第二帝国引起的，普鲁士人打的是第二帝国；如今第二帝国已经垮台，普鲁士人就没有必要继续打下去了。与此同时，主和派对战局也是毫无信心。正是在此情况下，法夫尔于 9 月 7 日和 8 日先后会见俄、英、奥、美等国使节，请求他们出面调停。受国防政府的差遣，不是政府成员的梯也尔于 9 月 12 日起也奔赴欧洲各大国，以图获得各国在外交方面的支持。9 月 19 日，法夫尔在巴黎城外与俾斯麦展开直接谈判，但由于普方要价太高，谈判无果而终。① 在求和不成的情况下，主和派也只得硬着头皮抗起战来，但结果却是一败涂地。

相比之下，主战派在国防政府内则显得势单力薄，严格来说，主张抵抗到底的只有甘必大一人。由于在图尔的政府代表团内部出现矛盾而且抗战组织工作涣散无力，1870 年 10 月 7 日，甘必大乘坐气球飘出已被普军围困多日的巴黎，然后前往图尔接管政府代表团的工作。在这里，他以旺盛的精力招兵买马，组织训练，短时间内便组建了一支数十万人的抗战队伍。用他本人的话来说，这支军队"组织完善、装备精良"，既有炮兵又有骑兵。但是，在随后的对普军作战中，甘必大的军队却是胜少败多。在图尔不保的形势下，甘必大于 12 月 8 日将政府代表团迁到法国西南边陲的波尔多并在这里继续组织抗战，然而，在随后的一个多月时间里，甘必大的军队基本上未能取得什么胜利，对甘必大的各种议论也随之而起。②

及至 1871 年 1 月中旬，抗战形势已十分被动，巴黎出现严重饥荒，人们开

① Gordon A. Craig, *Germany: 1866–1945*, Oxford: Oxford University Press, 1980, p. 31.

② 参阅 James R. Lehning, "Gossiping about Gambetta: Contested Memories in the Early Third Republic", *French Historical Studies*, No. 1 (1993), pp. 237–254。

始以猫、狗、老鼠以及乌鸦填腹充饥。[①] 尽管巴黎民众声言“宁愿饿死，决不蒙受耻辱”，但外省却在竭力呼吁和平。在此情形下，国防政府中的主和派再度活跃起来。1871 年 1 月 23 日，外交部长法夫尔以国防政府全权代表的身份（特罗胥已被解职）前往凡尔赛，与德意志帝国[②] 的宰相俾斯麦进行谈判，双方于 1 月 28 日签署停战协定，其中规定，法国必须在三周之内选出国民议会，然后由国民议会负责最终的战和事宜。虽然甘必大高声怒吼，虽然巴黎民众“咬牙切齿”，但法德之间还是实现停火。根据停战协定，法国于 1871 年 2 月 8 日进行国民议会的选举工作。选举是在相当自由的气氛下进行的，因此，选举结果能够比较客观地反映出当时法国人的价值取向。在总共 645 名当选议员中，主和的奥尔良派与正统派获得约 400 个席位。

1871 年 2 月 12 日，国民议会在波尔多[③] 开幕，法夫尔代表国防政府宣布卸任。在梯也尔的举荐下，温和共和派人物格列维于 2 月 16 日当选为议长。2 月 17 日，投桃报李的格列维提名让梯也尔出任“法兰西共和国行政首脑”（chef du pouvoir exécutif de la République）并获得通过。第二天，梯也尔组成了有奥尔良派、正统派、波拿巴派以及共和派代表人物参加的混合型新内阁。成立政府之后，梯也尔随即与德国展开和谈，经过艰难的讨价还价，法德双方于 2 月 26 日签署《法德预备和约》，其中规定：阿尔萨斯的

梯也尔

① 对于巴黎城内的饥荒程度，当然不能一概而论，“市政厅的那些人吃上了小牛肉和新鲜的黄油，而且吃到围城的最后一天。”见［法］阿尔蒂尔·阿尔努著，中国社会科学院世界历史研究所编译室译：《巴黎公社人民和议会史》，北京：中国社会科学出版社 1981 年版，第 35 页。

② 1871 年 1 月 18 日，以普鲁士为核心的统一的德意志帝国在凡尔赛的镜厅宣告成立，以此取代 1867 年成立的“北德邦联”。从此开始，法国面对的不再是单独的普鲁士和零散的日耳曼邦国，而是一个更为强大而统一的德意志帝国。

③ 这是波尔多第一次成为法国的临时首都，后来在第一次世界大战中的 1914 年和第二次世界大战中的 1940 年，波尔多还将担当这一特殊角色。

全部（贝尔福城 Belfort 除外）和洛林的 1/3 划归德国；法国向德国赔款 50 亿法郎金币，1874 年 3 月 2 日之前付清；德国将在法国北方驻军，直至赔款付清为止。[①]虽然说这一和约对法国而言是屈辱性的，但国民议会在 3 月 1 日还是以 500 多票比 100 多票的绝对多数批准这个和约。愤怒无比的甘必大、路易・勃朗以及雨果等人因此辞去议员职务以示抗议。

不论对于法国还是对于德国，以割地条款为核心的这份和约都将是灾难性的。法国人的自尊心受到极大的伤害，以收复失地为表现形式的对德复仇情绪从此深深扎根。就在 1871 年 3 月 1 日的国民议会上，议员埃德加・基内（Edgar Quinet，1803—1875）即已清醒地说："割让阿尔萨斯—洛林意味着在表面的和平下面进行永久性的战争。"甘必大的言论则已明显成为一种战争鼓动和战争宣言："共和派必须在复仇思想的基础上紧密地团结起来。"对于复仇派们的忧国忧民，梯也尔也针锋相对地予以回应："在和你们同样有荣誉感的人面前，请免开尊口，不要再谈论荣誉了吧。……就在你们大肆吹嘘的时候，你们就把未来葬送了！"另一方面，德国虽然获得了土地和赔款，但它却因此被绑上了战车。有证据表明，以谨慎著称的俾斯麦本人并不愿意要求法国割让领土，坚决要求割地的是当时的普鲁士参谋部。对于这一贻害无穷的割地条款，俾斯麦曾说："我们得到的比我在政治上所期望的更多。"对于法德关系，俾斯麦更是洞若观火，他曾对法夫尔说："我敢肯定，在不久的将来，我们两国之间将会有一场新的战争。"[②]

对德实现和平之后，人多马壮的君主派议员便纷纷要求制定宪法以了却这个"临时的"共和国。但是，作为老资格的奥尔良派，政府首脑梯也尔却明显采取了拖延战术。1871 年 3 月 10 日，他在议会发表了著名的演说。他认为，制宪的时机尚未成熟，法国还有许多更为紧迫的事情要做，政体问题应该留待以后解决。同时他还声明，目前的政府体制仅仅是临时性的，未来的政府将"合法地建立于人们最终决定的体制的基础之上"。由于当时的议会和政府所在地仍是波尔多，因此，梯也尔的这次演说被称为"波尔多协议"（pacte de Bordeaux）。梯也尔的这一做法与其"奥尔良派"的身份似乎不符，但其实不难理解。身份归身份，

① 两个多月之后，即 1871 年 5 月 10 日，这份预备和约转签为法德之间的正式条约，即《法兰克福条约》（*Le traité de Francfort*）。

② 关于割让阿尔萨斯－洛林及其后果问题，可参阅 C. C. Eckhardt, "The Alsace-Lorraine Question", *The Scientific Monthly*, No. 5 (1918), pp. 431–443; Richard Hawthorne, "The Franco-German Boundary of 1871", *World Politics*, No. 1 (1950), pp. 209–250。

内心归内心。已经掌握了最高权力的梯也尔不再是寄人篱下的政治房客，当然他也就不会愿意在自己的头上再压上一个复辟的奥尔良君主。在君主派议员占绝对优势的情况下，维持现状（即使是“临时的”）便成为梯也尔掌控权力的最佳办法。不过，工于心计的梯也尔并不想公开得罪复辟心切的君主派，为了使君主派们放心，就在发表有关政体问题演说的当天，梯也尔又让议会通过如下决议：取消历次革命策源地巴黎的首都地位，新的首都定在凡尔赛。巴黎人的优越感即将丧失，一场残酷的内战已在眼前。①

二、临时共和国的第二步：镇压巴黎公社

对于梯也尔来说，要想保住他那种在性质上模棱两可的政治权力，就必须从两个方面入手：一方面要以合适的借口稳住君主派，让他们不要急于求成；另一方面要以强硬的手段打击极端派以及各种激进势力，以构建其理想中的稳定的社会秩序。在梯也尔看来，导致社会动荡不安的中心地点就是巴黎。因此，用他自己的话来说就是，他已下定决心要“制服”这个 82 年来（从 1789 年算起）一直向全国发号施令的城市。金融家们也竭力支持梯也尔的行动计划，在他们看来，巴黎吵嚷不已也就意味着全国不得安宁，如果那样，筹措 50 亿法郎的对德赔款就将无从下手。然而，梯也尔的这一行动却导致了震惊世界且影响久远的“巴黎公社”（Commune de Paris，1871 年 3 月 18 日—5 月 28 日）。关于巴黎公社的性质，自巴黎公社诞生之日起的各代革命人物都愿意将之视为无产阶级暴力革命在现代社会的第一次大爆发，虽然它以失败告终，但它终究为未来的无产阶级革命孕育了火种。当然不能说这种观点完全是在捕风捉影，但是，我们似乎应当认识到，巴黎公社是一个相当复杂的历史现象，其中既有马克思思想观点的体现，也有无政府主义思想的迸发。② 关于这一点，法国历史学家埃尔朗热的论点或许值得我们深思：“公社委员会的大部分成员如果想到有朝一日人家会说他们想建立

① 参阅 Robert Tombs, “The Thiers Government and the Outbreak of Civil War in France, February-April 1871”, *The Historical Journal*, No. 4 (1980), pp. 813–831。

② 参阅 R. D. Price, “Ideology and Motivation in the Paris Commune of 1871”, *The Historical Journal*, No. 1 (1972), pp. 75–86。

无产阶级专政，一定会大吃一惊的。”①

从宏观角度来说，革命公社之所以在巴黎大张旗鼓地登台亮相，是因为巴黎有着特定的条件和基础。首先，巴黎具有暴力革命的传统：巴黎人对暴力并不陌生，在1789年的大革命及其以后的1830年革命和1848年革命中，巴黎人都曾爆发出势不可当的暴力激情；职业暴力革命家布朗基及其信徒在巴黎掀起的一次又一次的暴力密谋也已让巴黎人耳熟能详。其次，与资产阶级政权相对抗的各种思潮在巴黎群众中具有一定的影响：其中影响最为广泛的是蒲鲁东(死于1865年)的无政府思想，其最高理想是建立一个各自为政的公社联邦。工人领袖们虽然加入了第一国际并于1864年底组建了第一国际巴黎支部，但他们的蒲鲁东倾向并无根本的改变。另外，巴黎拥有一支半独立的武装力量国民自卫军：政府原先的规定是，只有交纳直接税的资产者才有资格参加国民自卫军，但1870年9月4日革命以后，为了加强巴黎城防、防范普军进攻，甘必大放手让巴黎工人组建新的国民自卫军。工人们热情高涨，至巴黎公社成立前，由工人组成的国民自卫军已达30万人，而且他们还于1871年3月15日正式成立了政府几乎无权过问的国民自卫军中央委员会。正是由于有了这样一支庞大的武装力量，巴黎才敢于与政府进行动刀动枪的抗衡，也正是因为如此，梯也尔才急于对巴黎采取真刀真枪的镇压行动。

具备以上这些条件和基础并不意味着巴黎公社这场“大爆炸”是一种精心策划的产物。实际上，是一系列近期因素的综合作用才最终导致了巴黎群众的揭竿而起。首先，巴黎人普遍怨恨政府的放弃战争政策：以特罗胥为首的国防政府(甘必大等少数人除外）一直试图以和谈的方式了却战争，继之而来的梯也尔新政府同样遵循这样的思路，这就使得极端看重“荣誉”的巴黎民众极为不满。在有关割地条款的谈判中，梯也尔费尽口舌，终于将阿尔萨斯南部边境的大型军事要塞贝尔福保留下来，作为交换，梯也尔被迫答应允许德军在巴黎香榭丽舍大街举行阅兵典礼，不论后人对梯也尔的这桩交易如何评价，当时巴黎人的直接反应就是感觉受到了空前的侮辱。② 梯也尔本人对局势亦有清楚的认识，他曾说过：“从签订和约以后，我马上就看到，我们将要经受一场与这些人（指巴黎民众）作战的残酷斗争。”其次，梯也尔政府对巴黎采取的一些政策也使得矛盾趋于激

① [法] 菲利普·埃尔朗热著，周以光等译：《克雷孟梭传》，北京：商务印书馆1990年版，第63页。

② A. J. P. Taylor, *Bismarck: The Man and the Statesman*, London: Hamish Hamilton, 1988, p. 133.

化：巴黎在被德军围困期间，民众已经饱尝困苦，经济陷于崩溃。梯也尔上台后，政府作出决定：除赤贫者而外，国民自卫军战士的津贴（每天30苏）被取消；居民所欠房租及其他各种债务不得延期支付。此外，为防止巴黎发生动乱，梯也尔又从外省调派大量军队进驻巴黎。所有这一切都大大加剧了巴黎的不安定气氛，而梯也尔政府的迁都凡尔赛、将巴黎甩在一边的这一最新决策则更如火上浇油。对于局势的发展，教育部长西蒙曾预言“大难临头”，路易·勃朗也认为将“从可怕的对外战争的灰烬中引发一场更为可怕的内战”。

直接引爆政府与巴黎之间这场世纪大内战的是所谓的“大炮事件”。在巴黎被围期间，国民自卫军曾通过私人募捐而铸造了200多门大炮。预备和约签订以后，国民自卫军担心大炮会被进城阅兵的德军夺走，于是将之运到了巴黎东北的工人聚居区蒙马特尔（Montmartre）和贝尔维尔（Belleville）。德军撤出巴黎之后，政府曾多次试图收缴这些炮口冲着巴黎要害位置的令人生畏的大炮，但国民自卫军坚决抵制，而且明确宣布：“巴黎人民要保留自己的武器，要自己挑选领导，并且在不信任他们时把他们撤职。”1871年3月18日，政府派军队采取强制措施，但抢炮行动再次受阻，政府军的几名军官被国民自卫军抓获。革命群众将俘虏的衣服扒光并令其在地上爬行，将之打得臂断肢残之后又开枪将之击毙。双方的矛盾迅速激化。梯也尔随即下令，所有国家机关及政府军队立即撤出巴黎。正是由于这一突发事件的出现，本有可能拖拖拉拉的迁都行动在瞬间得以完成。

正是从1871年3月18日这一天起，巴黎进入一个新的天地。国民自卫军中央委员会迅速接管了市政权力。[①]3月26日，经选举产生的公社委员会宣告成立，在委员会成员中，大约有50人为小资产者，25人为工人，只有1人公开宣称自己是马克思主义者。随着时间的推移，公社委员会的构成开始变得日益激进，不少女子也加入到公社中来。[②]巴黎公社力图建立一个有序而廉洁的市政管理机构，同时进行频繁的立法活动以改善工人的工作和生活条件，另外还将每天的工作时间限定在10个小时以内。就在巴黎公社热火朝天之际，其他一些工业城市如里昂、马赛、图卢兹、纳尔榜以及圣太田等地也爆发了类似的民众运动，于是，巴黎公社的一些革命者欣喜若狂：依据蒲鲁东主义的原则，整个法国将建成一个革

① 公社委员会成立以后，国民自卫军中央委员会的主要任务是负责军事活动。

② 参阅 Eugene Schulkind, “Socialist Women during the 1871 Paris Commune”, *Past & Present*, No. 1 (1985), pp. 124–163。

命公社联邦。

在城内的巴黎公社与城外的凡尔赛政府对峙期间，有一些法国人是力主以和平的方式解决争端的，其中比较积极的是巴黎各区的区长。这些区长们的身份和地位较为特殊，他们既与巴黎的居民有着密切的联系，同时又与凡尔赛的政府保持着官方的往来。包括年方30、时任第18区（蒙马特尔）区长克雷孟梭在内的这些人穿梭于巴黎和凡尔赛之间，力图挽救危局，但双方的立场均坚如磐石。巴黎公社方面的回答是："谁谈论和解，谁就是叛徒。"梯也尔的决心更是不可动摇："如果巴黎接受几个无耻之徒的控制，而不请求我们将它从这些可憎的手中解救出来，那么，我就要对巴黎说，它给了我们权利：宁要法国，不要首都！"在梯也尔看来，这些调解人也是叛徒。克雷孟梭等人的努力左右碰壁，两派的斗争最终只能以血腥的方式解决。

就在巴黎公社倾心建设理想社会以及调解人为和平而东奔西走之时，梯也尔已经动用军队将巴黎围困起来。在梯也尔的请求之下，袖手旁观的俾斯麦释放了大量战俘以扩充法国政府军的镇压力量。1871年5月21日，政府军从巴黎西南的圣克鲁门攻入巴黎，由此开始了恐怖而残酷的"流血周"（La Semaine Sanglante，5月21—28日）。政府军逐条街道展开清除行动，公社的许多战士以及包括妇女和儿童在内的许多平民惨死于狂乱的屠杀。作为报复，巴黎公社处死了56名人质，其中包括巴黎大主教和几名教士。在最后的混乱之中，一些著名的建筑如杜伊勒里宫、市政厅以及法院大楼等均被公社战士付之一炬。多少是出于偶然，卢浮宫和巴黎圣母院等幸免于难。最为惨烈的搏斗发生在巴黎东郊的拉雪兹神父公墓（Cimetière du Père-Lachaise），5月27日，大约200名公社战士在这里被集体枪杀。①5月28日，巴黎公社的最后一些据点落入政府军手中，历时72天的巴黎公社在血泊中悲惨地告终。

巴黎公社的结果是多方面的。首先，它带来的是一种骇人听闻的人道灾难：在双方对峙及攻伐期间，政府军损失大约1000人，巴黎公社损失约2000人。②巴黎公社被镇压以后，政府又拘捕了至少5万名"嫌疑犯"，20多家法院花费约5年时间才将这些案件审理完毕，超过1.3万人被判处监禁，其中一多半被送往

---

① 作为这一历史的见证，公社战士被集体屠杀的地点"公社战士墙"（Mur de Fédérés）一直保存至今。如今，在每年的五一国际劳动节，仍有许多人前往瞻仰凭吊。

② 这是保守估计数字。有人认为，在巴黎公社期间，被枪杀的公社战士达3万人，见 Alfred Cobban, *A History of Modern France*, London: Penguin Books, 1965, Vol 3, p. 23。

海外殖民地监狱中服刑。[①] 其次，政治生活的内容发生明显的变化；在巴黎公社之后的60余年中，政府一遇工人请愿之类的问题，就会不由自主地想到巴黎公社，就会身不由己地不寒而栗。在这种心态的支配下，激进派与温和派宁可在其他问题（比如说教权问题）上对阵，也不愿在社会问题上对垒。再次，工人运动中的暴力倾向由此趋于消沉：历史久远的国民自卫军被永久解散，“无产阶级的退隐”已经开始。尽管巴黎公社这个短暂的政治插曲很快就具有了鲜明的传奇和神话色彩并在法国以外的许多地方大放光芒[②]，尽管由巴黎公社主要成员欧仁·鲍狄埃（Eugène Pottier，1816—1887）创作的《国际歌》（*L'Internationale*）被译成多种语言并在许多国家广为流传，但在法国本土，枪炮齐鸣的工人斗争却难见踪迹。[③] 因此，从这个意义上说，巴黎公社的失败使得法国最为暴烈的社会因素受到遏止，温和派从此有可能在比较平稳的社会环境中建设自己的共和国。这是梯也尔对法兰西第三共和国的最大贡献，但是，为达到这一目的而采取的极端残忍的手段却又成为梯也尔一生中犯下的最大的罪过。很能说明问题的是，尽管梯也尔是第三共和国的主要设计师，但是，历届法国政府都不敢在雕像之都巴黎为这位共和设计师安放一尊歌功颂德的雕像。

三、和平岁月里的政体之争：确立共和制

从1871年3月起的8年多时间里，时刻让人联想到君主制的昔日王宫凡尔赛成为法兰西政治生活的中心舞台，正是在这里，梯也尔政府下达了对巴黎公社的剿杀令；也正是在这里，翻来覆去的政体之争终于有了结果，一个妥协折衷的共和国最终水落石出。

---

① 法国政府于1879年赦免部分“犯人”，1880年又进行全面的大赦。

② 参阅 John Bryan Starr, “Revolution in Retrospect: The Paris Commune through Chinese Eyes”, *The China Quarterly,* No. 1 (1972), pp. 106–125。

③ 欧仁·鲍狄埃是《国际歌》歌词的作者。巴黎公社被镇压后不久，鲍狄埃便于1871年5月底6月初创作了由6个自然段组成的《国际歌》，他的最初想法是套用《马赛曲》的音乐来演唱《国际歌》。鲍迪埃去世之后，工人作曲家皮埃尔·德·盖特（传统译名是“狄盖特”，Pierre de Geyter，1848—1932）于1888年为《国际歌》谱了曲。20世纪初，俄国人选取《国际歌》中的3个自然段（1、2、6）并将之译为俄文。1923年，瞿秋白（1899—1935）和诗人萧三（1896—1983）等人依据俄文版本，将“三段版”的《国际歌》译为汉语，此即在中国传唱多年的中文版《国际歌》。

巴黎公社被镇压后的约两年时间里，梯也尔依然是法兰西这个无宪法依托的临时共和国的核心人物。撇除其政治权欲不论，这位已经70多岁的矮个子老人对于法国的战后重建是功不可没的。首先是提前结束德军对法国领土的占领：1871年6月和1872年7月，梯也尔政府成功发行两批国债，筹款总额近450亿法郎，政府的财政困难得以缓解，对德50亿法郎的赔款也得以在1873年3月提前付清。在此期间，梯也尔又积极展开外交谈判，逐步减少在法的德国占领军的人数，1873年9月（此时梯也尔已经下台），最后一小批德军撤离了法国。其次是加强法国的国防力量：针对德意志人的扩军行动，梯也尔政府于1872年7月颁布新的兵役法，实行5年期义务兵役制①，同时加强军队的技能训练并更新军队的军事装备。为使军队脱离党派政治斗争，新兵役法规定现役军人不参加政治选举，严禁军人卷入党派纷争。依据这一兵役法，法国在短时期内建成了一支50万人的常备军。②几年之后，那些极端的民族主义者已经可以公开宣称，法国完全有能力对德发动一场复仇战争以夺回失去的领土，这一结局或许并非梯也尔的初衷。另外，梯也尔政府在发展经济方面也取得一定的成效，不过，从长远来看，梯也尔坚持的一些政策如重新实行贸易保护主义、拒绝开征个人所得税等等算不上是成功之举。

梯也尔虽然在稳定社会秩序方面功劳不小，但最终却在日趋激烈的政体之争中败下阵来。自国内实现和平以后，君主派们就在焦急地等待着这位贴着“奥尔良派”标签的权贵人物能够良心发现，但梯也尔却装聋作哑并继续进行共和“试验”。1871年8月，已经握有行政大权的梯也尔又接受了“法兰西共和国总统”这一头衔。1872年11月，梯也尔在国民议会的讲台上更是明确说道：“共和国是存在的，它是这个国家的合法政体。”完全失望的君主派议员于是撤回对梯也尔的支持，转而团结在真正的奥尔良派人物布罗伊公爵（duc de Broglie，1821—1901）周围，他们商定，将梯也尔拉下马，然后拥立虽不太有政治头脑但却热心于君主制的军人、镇压巴黎公社的政府军统帅麦克马洪（Mac-Mahon，1808—1893）为总统。③即使到了这一地步，梯也尔也

① 这种5年制兵役有较大弹性，例如，它规定，教师、大学生、艺术家以及教士可以免服军役，独生子的兵役期可减至一年。

② 参阅 Allan Mitchell, “A Situation of Inferiority: French Military Reorganization after the Defeat of 1870”, *The American Historical Review*, No. 1 (1981), pp. 49–62。

③ Patrick H. Hutton, *Historical Dictionary of the French Third Republic*, New York: Greenwood Press, 1986, p. 587. 麦克马洪的先祖是爱尔兰人，后因宗教方面的原因而于17世纪80年代被逐出英国，当时的法王路易十四将之接纳下来。因此，麦克马洪虽曾是第二帝国的军事要员，但他对波旁王朝的感情似乎更深一层。

不曾“回心转意”。1873 年 5 月 24 日，他还对君主派议员说：“你们不要弄错，民众绝大多数都站在共和国一边。”也就是在这一天，君主派议员占优势的国民议会通过了对梯也尔政府的不信任案。当天晚上，梯也尔被迫辞职。在余下的几年人生岁月中，在野的梯也尔依然拥有较大声望，由于他是第三共和国的“早期设计师”并坚持继续进行共和“试验”，共和派继续将他奉为一面可敬的旗帜。

梯也尔辞职当天，国民议会以微弱多数而将总统职位送给了时年 65 岁的麦克马洪。第二天，即 1873 年 5 月 25 日，麦克马洪授权布罗伊组阁，君主派控制了一切要职，此前那种各派兼蓄的“梯也尔先生的共和国”由此变成清一色君主派当政的“公爵们的共和国”。君主派们的意图非常明确，这就是：由麦克马洪先将“王位”捂热，然后将之转交给受难多年的真命天子。在麦克马洪和布罗伊等人的操纵下，复辟活动开始大踏步向前迈进。1873 年 8 月 5 日，波旁王朝长幼两支的首领秘密会晤并达成一致意见，即：首先由“正统”而无子嗣的尚博尔伯爵复辟登基，尚博尔死后则由属于“旁支”的巴黎伯爵继承王位。两位王室领袖的互谅互让与携手合作给了君主派以极大的鼓舞，复辟仪式的准备工作在一派激情中顺利完成。然而，正当君主派弹冠相庆之时，1873 年 10 月 30 日，性格古怪的尚博尔伯爵突然在报纸上登出公开信，在信中，他继续坚持其原有立场，即，他登基的先决条件是取消三色旗，以波旁王朝的白旗作为国旗。要知道，巴黎伯爵是主张保留三色旗并倾向采取立宪君主制的。这封突如其来的公开信使得两个君主派刚刚达成的默契随即破裂，复辟计划随之付诸东流。一些君主派人士对尚博尔的冥顽不化深为痛心，他们悲哀地向上帝祈祷，请求上帝要么使尚博尔伯爵“睁开眼睛”，要么就让他“永远闭上眼睛”。教皇庇护九世（Pius IX，1846—1878 年在位）更是懊丧地说：“就是为了那么一块破布。”①

试图在瞬间重建君主制的计划流产之后，君主派开始采取更为现实的迂回策略，即：在合适的时机重新到来之前，必须使政权稳固地掌控在君主派手中。正是在这一思想指导之下，1873 年 11 月 20 日，以布罗伊公爵为首的奥尔良派促成国民议会通过了将麦克马洪的总统任期延长 7 年的法案，其中明确规定：“自本法公布之日起，七年之内，行政权委托给麦克马洪元帅；该政权继续以共和国

① 参阅 Frederick Lawton, *The Third French Republic*, London: Grant Richards, 1909, pp. 66–67。

总统名义在目前条件下行使。"[①] 同一天，国民议会又下令组建一个有30名成员的宪法起草委员会。该委员会成员多为君主派，由于其内部分歧严重，在长达一年多的时间里，制宪委员会也未能拟订出一份完整的宪法草案，而只是草拟出一些模糊不清的单项法律草案。

就在各派为宪政问题而争吵不已之时，沉寂了几年的波拿巴派又开始显示活力，几名炽热的波拿巴主义者在议员补缺选举中胜出，而且波拿巴派还成立了以拥护"皇太子"复辟为宗旨的全国委员会。为许多农民所怀念的帝国似乎正在死灰复燃。而无论对共和派而言还是对君主派来说，波拿巴派的卷土重来都是不可接受的。正是在对帝国幽灵的共同恐惧之中，共和派与君主派开始彼此接近并相互让步，久拖不决的制宪问题才有了转机。

从1875年1月6日开始，国民议会着手讨论此前由制宪委员会拟订出的那些单项法律草案。在讨论《政权组织法》（*La loi sur l'organisation des pouvoirs publics*）中有关总统职位的条文时，议员之间出现了激烈的争执。原有草案并没有从普遍意义上规定"共和国总统"的选举程序及任期，而是明明白白地写成"麦克马洪元帅……由参众两院选举"。这种在宪法条文中故意回避"共和国总统"字样的做法显然反映了君主派们的良苦用意。基佐的得意门生、历史学家出身的共和派议员亨利－亚历山大·瓦隆（Henri-Alexandre Wallon，1812—1904）为此提出修正案，要求将有关条文中纯具个人色彩的"麦克马洪元帅"改为抽象而通用的"共和国总统"（Le Président de la République）。1875年1月30日，瓦隆修正案以1票多数（353 ∶ 352）获得通过，"共和国"一词勉强挤进了宪法条文之中。[②] 解决了这个说大则大、说小则小的问题之后，在其他细节问题上，共和派与君主派大都能本着务实原则而变得比较能够好说好商量了。1875年2月，《参议院组织法》（*La loi sur*

瓦隆

① 楼均信等译：《一八七一——一九一八年的法国》，北京：商务印书馆1989年版，第8页。

② 瓦隆的这个修正案对于"第三共和国宪法"的通过起到了比较重要的作用，因此，有人将瓦隆称作"共和国之父"。

l'organisation du Sénat）和《政权组织法》先后获得通过；1875年7月，《政权机关关系法》（*La loi sur les rapports entre les pouvoirs publics*）亦得到批准。这3个法律文件凑在一起便成了“1875年宪法”。①

1875年宪法是一份有宪法之名而无宪法体系的独特文献，它既没有绪言或总纲，也没有对国家政体作明确阐述，3个文件合在一起共34条。有学者认为，这部宪法实际上是个怪胎，它“在名义上是共和制的，在形式上却是君主制的”。② 从这部宪法的内容来看，各派妥协精神是非常明显的。君主派最为讨厌的“共和国”一词最终被塞进了宪法。共和派（特别是激进共和派）原本希望建立更能体现“民主”色彩的一院制议会，但最后还是确立了参、众两院制议会体制。共和派一直是反教权主义的先锋队，但宪法的宗教色彩却异常浓烈，宪法条文规定：“议会复会后的第一个星期日，应在各教堂和各庙宇举行公开祈祷，吁请上帝保佑两院工作顺利。”

在这种妥协框架下，政权机关的权力划分却是相当的复杂。总统任期7年，可以连选连任，有权任命所有文武官员，与参、众两院“共有立法创议权”；经参议院同意后，总统有权解散众议院。国民议会由参议院（Sénat）和众议院（Chambre des députés）联合组成，两院议员均通过选举方式产生。参议员由各省（包括殖民地）选民团通过间接选举产生，任期9年，每3年改选其中的1/3，最初两轮的改选通过抽签方式决定参议员的去留。众议院议员由各省通过直接选举产生，年满21岁、在本地居住满6个月的男性公民均有选举权，妇女和军人没有选举权；领取薪金的国家公职人员不得参选众议院议员，众议院议员任期4年。参、众两院均有权通过法律，其中，众议院在财政立法方面处于优先地位，而且有权推翻内阁；而参议院则有权组成高等法院，以起诉和审判犯了罪的总统。③

通过这样一种制度安排，在第三共和国的上层政治结构中就形成了总统和议会两大权力中心。不过，这种“半总统半议会制”的政治体制不久便告结束。对于这样一部宪法，极端君主派与激进共和派都不满意。正因如此，当时就有人将

① 1875年8月和11月，国民议会又先后通过《关于参议员选举的组织法律》和《关于众议员选举的组织法律》。由于这两部法律与此前通过的三项“基本法”有着密切联系，因此，有些学者认为，“1875年宪法”应该包含五项法律。参见 G. Berlia, ed., *Les Constitutions et les principales lois politiques de la France depuis 1789*, Paris: Librairie générale de droit et de jurisprudence, 1952, pp. 319–335。

② Gordon Wright, *France in Modern Times, 1760 to the Present*, London: John Murray, 1962, p. 287.

③ 详见郭华榕：《法国政治制度史》，北京：人民出版社2005年版，第427—435页。

之比作一杯苦药："如果你仔细看它，闻它，如果你犹豫，迟疑，你将永远不可能把它喝掉。按照习惯，在这种情况下应该闭上双眼，一饮而尽。"也有人说："有很多投票赞成成立共和国的人暗暗羡慕那些没有投赞成票的人，而另一些没有投赞成票的人又衷心感谢那些投了赞成票的人。"[①] 然而，就是这样一部用苦药泡成的宪法，其寿命竟然一直沿续至第三共和国灭亡的1940年，成为法国历史上沿用时间最长的一部宪法。

1875年12月31日，存在近5年的一院制国民议会宣布解散，议长在会上作了深情的演说："先生们，满怀信心地离去吧，是非功过，国人自有公论。"当然，政治生活永远不会静如止水，依据新宪法而产生的新的政治格局很快又将矛盾推向一个新的高峰。麦克马洪的总统任期要到1880年才届满，故总统这一极暂无悬念。但1876年初的两院选举却出现戏剧性的反差，在参议院中，君主派获得多数席位；而在众议院中，共和派却占据优势地位。因此，在政权机关中就出现了以君主派的总统和参议院为一极、以共和派的众议院为另一极的对峙局面。由于两派的政治信念存在巨大差异以及政治生活的不成熟，当时的人们还不可能想象出像20世纪晚期左右"共治"那样的和平共处政治模式。

相互掣肘的政治格局在矛盾迭起的状态中度过一年多时间以后，君主派终于变得无法忍受。1877年5月16日，麦克马洪根据宪法赋予的权力，宣布解散共和派占主导的内阁。6月25日，他再次行使自己的法定权力，提前解散了共和派占优势的众议院。麦克马洪此举的目的是想让君主派在新的选举中获胜从而控制众议院。于是，两派都全力展开竞选活动。君主派誓言要把共和派剁成肉酱，共和派则把君主派视为千百万法国人民的敌人。1877年10月，众议院选举工作在全国各地同时举行，共和派再次获得多数席位，众议院继续成为共和派的天下。不久之后，麦克马洪含泪签署了让共和派重新组阁的决定，而且他还坦言："1875年宪法已经确立了一个议会制共和国，少数部长和我个人再也无法改变了"，"不能将行使解散众议院之权树立为治国的体制"。此后，共和派的势力继续增强，在1879年1月初的参议院1/3成员改选中，共和派获胜，参议院于是亦为共和派所控制。虽然甘必大等人曾私下挽留麦克马洪，但是，1879年1月30日，自觉无趣的麦克马洪还是主动辞去总统职务，参、

① ［法］菲利普·埃尔朗热著，周以光等译：《克雷孟梭传》，北京：商务印书馆1990年版，第76页。

众两院当天便选举时年 71 岁的共和派元老格列维出任总统。格列维在当选后马上发表声明："我真诚地服从议会制度的大法，我永远不与宪法机构所代表的国民意志作对。"至此，包括总统、参众两院和内阁在内的所有国家机构或要职都被共和派所掌握。

这场长达 8 年多的政体之争是法国近代史上的一件大事，它使得法国最终确立了共和政体。不论这种政体存在多少弊端，至少有一条好处是肯定无疑的，即：热爱共和的法国民众不用再为争取共和而揭竿革命了。另外，由于麦克马洪和格列维两位总统的主动退让，法兰西终于变成了一个议会制共和国，政府只对议会负责，总统成为不掌实权的虚职。① 对于这一现象，"老虎"克雷孟梭曾有刻薄的评论：世上只有两样东西没有用，一个是前列腺，另一个就是总统。正因为总统"没有什么用"，克雷孟梭曾提出建议："让我们选个最笨拙的人出来"做法兰西总统。② 不过，作为"统而不治"的虚位元首，总统终究是国家统一的象征，而且，在"复杂的政治制度中"，总统还可以起到"平衡齿轮"的特殊作用。③ 共和制全面确立以后，以凡尔赛为首都的时代也应宣告结束。为了树立新的形象，参、众两院于 1879 年 6 月作出几项颇具象征意义的决定：政府和议会重新迁回巴黎，《马赛曲》被确定为国歌，7 月 14 日成为法兰西的国庆节。④ 从这个时候起，共和文化传统开始得到大力弘扬，而且被确立为不可动摇的官方意识形态。⑤ 一个新的时代由此开始。

---

① 在此之后的第三共和国总统中，只有两人试图突破这一传统。一位是雷蒙·普恩加莱（Raymond Poincaré，生卒年 1860—1934，曾五次担任总理，1913—1920 年间任总统），其揽权的背景是第一次世界大战所造成的特殊氛围，当时大多数党派都主张加强总统的权威以保证国家政治生活的稳定性和连续性；另一位是一战之后的米勒兰（Millerand，生卒年 1859—1943，1920—1924 年间任总统），但他却因此提前 3 年多就被赶下了台。

② ［苏］费多罗夫著，叶跃良等译：《外国国家和法律制度史》，北京：中国人民大学出版社 1985 年版，第 283 页。有意思的是，克雷孟梭在年老时患有前列腺炎并做了手术；而且，在第一次世界大战之后，他竟然参加了总统竞选，但未能成功。

③ 张金鉴：《欧洲各国政府》，台北：三民书局 1976 年版，第 159 页。

④ 议会当时作出的将 7 月 14 日定为国庆节的决定尚无法律效力。1880 年 7 月 6 日，议会最终通过相关法令并经总统签署，确定法国以 7 月 14 日作为国庆节。参阅顾杭：《传统的发明——法兰西第三共和国前期对共和文化的塑造》，载《史林》2010 年第 5 期，第 168—173 页。

⑤ 参阅 Charles Rearick, "Festivals in Modern France: The Experience of the Third Republic", *Journal of Contemporary History*, No. 3 (1977), pp. 435–460。

第二节　从温和到激进的共和国

第三共和国政治生活中的议会制传统是在政体之争中逐步形成的。在君主派被击败以后，众议院的地位更加巩固，成为操纵第三共和国政治生活的中心舞台。造成众议院拥有特殊地位的原因相当复杂，但是，最深层的因素应当是自启蒙运动以来在众多法国人心目中深深扎根的“民主”观念：众议院是由成年男性公民普选产生的，它是民意的集中体现；谁反对众议院，谁就是在反对人民；谁要是胆敢解散众议院，谁就是在强暴民意，谁就是在搞政变。正是在这种民意不可违的传统心态下，众议院成为不能被强行解散的相对稳定的政治机构。

在理论上，人们当然可以认为这种民意政治具有各式各样的优越性。但是，党派林立的多党制却将众议院变成了天无三日晴的打斗场所。一个党派要想组阁成功，通常都要联合其他许多小党小派。然而，一个小党的阵前倒戈即有可能导致议会内部的多数派政党联盟宣告解体，隶属于议会的内阁（政府）也就有可能被随时推翻。内阁倒台的原因比较复杂，有些是因为各党派之间出现原则性分歧而造成的，但更多的却是由一些不足挂齿的小事乃至个人之间的恩怨造成的。关于法国的这种议会体制及其造成的政局动荡，以“倒阁专家”而闻名的克雷孟梭曾为之辩护：“有人指责我们在此争论不休，其实这是我们的荣誉，这些争论证明，我们……热切地希望让那些最正确的决议得到通过”；“有人在争论的国家是光荣的，人人缄口不语的国家是耻辱的！”但是，更多的法国政界人士则认为，这种议会制不是他们想象中的那种议会制，他们希望看到的是一种类似于英国模式的议会制度。

一、乱中有序的政治格局

如果从党派的数目、党派名称的变化频率、新党派的涌现速度以及各党派不断瓦解重组的节奏等方面来看，第三共和国时期政党政治的复杂程度足以让当时的法国人感到茫然，对后世之人来说就更是如坠雾中。但是，如果不强求绝对精确的话，对于这一时期党派营垒的基本脉络，还是能够大致把握清楚的。1879年以后，君主派及其各种变体虽然继续存在，但是，他们在政治舞台上显然已经处于颓势。从当时的实际情况并以放眼未来的视角来看，影响最大的政治势力就是占据优势的资产阶级共和派与鱼目混杂的社会主义派别，其中共和派的地位尤显突出。在第二帝国末年，共和派基本上都是以激进的面目出现的，但是，随着第三共和国的建立，共和派内部开始出现分裂，逐步形成温和共和派（Modérés）与激进共和派（Radicals）两大派别。①

温和共和派的早期代表人物主要有费里、格列维以及曾经被梯也尔怒骂为“狂暴型疯子”的甘必大。从总体上说，温和派在内政方面是主张通过改革来推动社会进步的。1887—1894年间担任总统的温和派人物萨迪·卡尔诺（Sadi Carnot，1837—1894）曾对温和派的政纲有过一个说明：“法兰西民族的希望就寄托在未来的进步之上。它需要在法律和政治方面进行改革，在经济和贸易方面进行调整，在军事和金融方面进行变革。”但正如“温和”（modéré）这一词语本身所表明的那样，温和派主张的是一种渐进、稳重和审慎的改革，他们认为，必须寻找“适当的机会”来推行有关改革。正因如此，温和派获得了“机会主义派”（opportunistes）这一不无讥讽的别称。②在对外政策上，温和派也表现出讲求实际的现实主义作风。一方面，他们一再表明永远不会忘却“每个法国人永志难忘的事”，要把收复失地作为自己义不容辞的责任。另一方面，他们又认为，对德复仇的条件尚不具备；已经变得极度温和的甘必大更是发明了一句著名的格言：“仇恨永记心中，切莫放在嘴上。”在此背景下，温和派中的大多数人物将对外政策的重点放到了殖民扩张方面。

激进共和派的最为著名的代表人物是克雷孟梭。与主张见机行事、适可而止的温和派形成鲜明对比的是，激进派在一段时期内曾大喊大叫着要将法国建成一个白璧无瑕的共和国并为此提出一系列激进的改革方案，如废除参议院、取消总统职位、实行政教分离、征收个人累进所得税以及将铁路和矿山等关键部门收归国有等等。在对外政策方面，激进派一直将对德复仇放在优先考虑的位置，因此也与温和派产生了严重的分歧。激进派虽然不得温和派的欢心，但它在法国政治生活中的影响还是巨大的。1901年6月，覆盖全国的“激进党”（Parti radical）

---

① 详阅 François Roth, *Les modérés dans la vie politique française*, Nancy: Presses Universitaires de Nancy, 2003; Serge Berstein, *Histoire du Parti radical*, Paris: Presses de la FNSP, 1982。

② François Caron, *La France des patriotes de 1851 à 1918*, Paris: Fayard, 1985, p. 384.

正式成立，这是法国历史上第一个有着比较完整组织框架的资产阶级政党。

作为共和派内部的左右两翼，激进派与温和派之间是一种对立统一的关系。一方面，两派之间的指责和拆台几乎从未停止。在温和派当政时，激进派的抨击之声不绝于耳。轮到激进派掌权之后，温和派也同样还以颜色。例如，对于费里等人推行的审慎的改革，克雷孟梭批评说，“他们不是为了把各项改革分门别类以便于实施，而是为了拖延改革”。而且，克雷孟梭还对费里展开了苛刻的人身攻击，他说，“说到智力，他连平庸之辈都不如，什么事也干不了，连一句话也说不全。”对于这类攻击，费里当然不会不理，他曾说过：“两个月前，克雷孟梭先生对我提出的法案热烈叫好。如今我因这两个法案而稍稍有点名望，他就对法案和提案人横加嘲弄”；“他已打定主意要排斥异己，夺取政权”；“这一切都令人厌恶，肯定没有好下场”。[①] 可以说，相互诽谤已经成为一种浸染第三共和国躯体的并不光彩的斗争传统。但另一方面，两派终究还是同举一面大旗的共和派，当共和体制面临威胁之时，激进派与温和派又会搁置分歧而团结起来，这种情形在议会选举等重大关头曾多次出现过。

除了温和派与激进派这两大派别之外，对未来法国将产生巨大影响的另一政治现象就是社会主义运动的复活以及有关政党的形成。1879 年，法国历史上第一个无产阶级政党“法国工人党”（Parti ouvrier français）在马赛成立。但是，工人党内部并不统一，有些人主张以暴力革命方式夺取政权，反对与资产阶级政权进行任何形式的合作；另有一些人则主张走议会斗争的道路，通过和平方式逐步过渡到社会主义。[②] 因此，工人党不久便告分裂。经过分化和重组，声称与“资产阶级国家势不两立”的一部分坚定革命者于 1901 年 11 月成立“法兰西社会党”（Parti socialiste de France），以饶勒斯（Jaurès,1859—1914）为首的主张通过议会斗争实现社会改良的一部分和平革命者则于 1902 年 3 月组建“法国社会党”（Parti socialiste français）。1905 年 4 月，两党合并，形成“统一社会党”（Parti socialiste unifié，即“工人国际法国支部”）。一些自称是社会主义者的政界要人如米勒兰（Millerand,1859—1943）、维维亚尼（Viviani,1863—1925）以及白里安（Briand,1862—1932）等人则拒绝参加统一社会党。在统一后的社会党内，占主

① ［法］菲利普·埃尔朗热著，周以光等译：《克雷孟梭传》，北京：商务印书馆 1990 年版，第 105—106 页。

② 参阅 Ruth Ann Pitts, “Parliamentarianism among the French Working Class”, *Canadian Journal of Political Science / Revue canadienne de science politique*, No. 3 (1973), pp. 461–477。

导地位的思想原则是由饶勒斯等人倡导的改良主义。当然，党内的分歧还是存在的，正是由于这种分歧，社会党内最终分裂出一个共产党，不过，这已是第一次世界大战以后的事了。

二、温和派时期的政治生活

1879—1899 年间，政治统治权从总体上说把持在温和共和派之手，但是，温和派的统治并不安宁，各式各样的政治思潮以及温和派本身的政治缺陷经常使得年幼的共和国陷入极其被动的局面。从大的方面来看，将温和派统治搅得凄惨狼狈的政治思潮主要有以下几种。首先是教权主义：第二帝国时期，天主教会又从过去的颓唐中苏醒过来，教会学校重新遍布法国城乡。第三共和国初年，以倡导“道德秩序”（ordre moral）而闻名的君主派总统麦克马洪也将宗教道德视为立国之本。1878 年，全国约有 500 万中小学生，其中约有 200 万就读于教会学校。教会学校的泛滥势必导致整个社会弥漫着浓厚的宗教气息，在温和派当政初期，前往各类圣地进行朝圣活动再次成为众多法国人醉心不已的一种时尚，大兴土木地建造各类庙宇也再次成为善男信女们鼎力支持的一项公益。[①] 这种状况与共和派追求的世俗社会显然是大相径庭。

戴鲁莱德

其次是极端民族主义：这是由法国在 1871 年普法战争中的失败以及随后的割地赔款而引发的一种对德复仇主义，但是，由于温和共和派在一定程度上采取对德和解政策，因此，“复仇”无门的民族主义者就将满腔的怨恨发泄到“软弱无能”的共和国头上。这种以热爱法兰西这个国家但不爱法兰西这个共和国为表现形式的民族主义拥有自己的政治组织，其首领大都是极具煽动

① 这一时期的典型宗教建筑是巴黎的圣心（Sacré-Coeur）大教堂。建造该教堂所需费用均由信徒捐款解决，1876 年开工建设，1919 年最后完工。如今，这一高大的白色教堂已经成为巴黎的标志性建筑之一。参阅 Raymond A. Jonas, “Monument as Ex-Voto, Monument as Historiosophy: The Basilica of Sacré-Coeur”, *French Historical Studies*, No. 2 (1993), pp. 482–502。

力的有名望的知识分子。[①] 其中的一个代表人物是经常与人决斗的作家戴鲁莱德（Déloulède，1846—1914）。1872 年，26 岁的戴鲁莱德便创作了充满复仇精神的《战士之歌》（*Chants du soldat*）："向前进！倒下就倒下！战死是小事，志在救国家，国家得保存，虽死有人夸！"1882 年 5 月，在甘必大的支持下[②]，他组建了由尚武青年参加的"爱国者同盟"（Ligue des patriotes），在以后的行动中，他曾试图率领这些伙伴向总统府发起进攻。即便在蹲监狱期间，他还发誓道：只要放他出去，他还要这么干下去。[③] 另一位代表人物是著名作家、极右民族主义政治理论家莫拉斯（Maurras,1868—1952）。1896 年，经过实地访古，莫拉斯得出结论：古代雅典的民主制度是必死无疑的。1898 年，他与一群志同道合者创立了以推翻共和国、重建君主制为目标的"法兰西行动"（Action Française），该组织的影响广泛而深远，它不仅为第三共和国的最终垮台起到了推波助澜的作用，而且对 20 世纪早期西欧法西斯主义的兴起作了理论和实践上的铺垫。[④]

另外还有排犹主义：自中世纪中期开始一直到 19 世纪初的拿破仑时代，活跃于商业金融领域且固守本民族传统的犹太人虽然也被法国政府"解放"过几次，在大革命时期甚至还获得了"公民权"，但就总体而言，法国犹太人一直处于被歧视的"异类"状态。[⑤] 不过，当时的犹太人口极为有限，而且对犹太人的打击主要集中在"债权"问题上，因此，犹太人问题并不显得过分刺眼。1814 年复辟王朝开始以后，路易十八宣布，法国境内的犹太人与其他法国人一样，都是"完全平等"的法兰西公民。此后一直至第二帝国时期，犹太人与本土法国人之间虽然还存在着无法逾越的"社会高墙"，但犹太人在法国总体上还是能够过着比较正常的生活。[⑥]19 世纪晚期，欧洲许多国家（其中特别是俄国）开始出现排

---

① 参阅 Zeev Sternhell, "Paul Deroulede and the Origins of Modern French Nationalism", *Journal of Contemporary History*, No. 4 (1971), pp. 46–70。

② 此时的甘必大对政治已经有点心灰意冷。1882 年 11 月 27 日，甘必大在练习射击时因装弹不慎而走火自伤；12 月 31 日，除枪伤外还同时患有哮喘和糖尿病的甘必大不治而终，年仅 44 岁。

③ Robert Tombs, *France 1814–1914*, London: Longman, 1996, p. 464.

④ 参阅 Stephen Wilson, "History and Traditionalism: Maurras and the Action Française", *Journal of the History of Ideas*, No. 3 (1968), pp. 365–380。

⑤ 关于法国犹太人的"被解放"历程以及在此过程中法国主体民族表现出来的"文化种族主义"问题，可参阅张庆海：《法国启蒙运动与犹太人解放》，载《浙江学刊》2006 年第 4 期，第 82—87 页；《旧制度末期法国犹太人的本土化》，载《世界民族》2007 年第 1 期，第 63—70 页。

⑥ 参阅 Julie Kalman, "The Unyielding Wall: Jews and Catholics in Restoration and July Monarchy France", *French Historical Studies*, No. 4 (2003), pp. 661–686。

犹浪潮，越来越多的犹太人移居“自由平等”的法兰西，这就触动了那些极端民族主义者的排外神经。[①] 在此时期，反犹先锋及领袖人物是记者、作家出身的德律蒙（Drumont,1844—1917）。1886年，他发表一本名曰《犹太人的法兰西》（La France Juive）的“当代史论著”，书中宣称，犹太人的势力在法国金融领域中正急剧膨胀，法兰西这个国家正在受到可怕的侵蚀。[②]1889年，德律蒙网罗一批追随者组成“反犹同盟”（Ligue antisémitique de France）。1892年，他又创办《自由之声报》（*La Libre Parole*），全力传播其反犹及排外思想。

以上各种政治思潮及具体行动往往是错综复杂地纠缠在一起的，尽管各自的目标并不一样，但它们对扰攘不宁的议会制共和国的厌恶却是一致的。使政治生活雪上加霜的是严峻的经济问题。受世界性经济危机的影响，温和派统治初期的法国也面临着工业萧条、农业衰败以及失业人口激增等诸多难题，而政府对此又是束手无策。温和共和派的政治统治就是在这样一种状况下蹒跚前行的，它虽然勉强保住了“共和”这块招牌，但它本身却因此失去了光泽，而且最终也失去了政治控制权。

温和派统治的最初几年是与费里的名字连在一起的。从1879年格列维当选总统到1885年众议院选举的6年多时间里，法国先后经历9届内阁，其中费里两次组阁，在任总理的同时还兼任教育部长，另外他还在其他三届内阁中担任教育部长职务。[③] 费里担任政府要职累计达5年多，因此，人们一般将这一时期称作“费里时代”。在此时期，不论是温和派还是激进派，他们都把与旧思想有千丝万缕联系的天主教会视为共和制的首要敌人。因此，以削弱天主教会的影响为宗旨的世俗化教育改革就成为温和派掌权后的

费里

① 法国的犹太人口1880年约为8万，到1920年时增至约20万。

② 据不完全统计，1886—1945年间，德律蒙的这本《犹太人的法兰西》至少重印了200次。

③ 有的法国史著作认为费里“一次出任教育部长”。此说不确。另需注意的是，费里在1883年第二次组阁之初仍兼任教育部长职务，但在当年11月，他将此职位交由他人担任，而自己开始兼任外交部长，这表明他的工作重心由此发生转移。

开篇之作，同时也成为费里对第三共和国的最大贡献。费里教育改革的主要内容包括：将教权派代表从国民教育最高委员会中清除出去，确立世俗国家对教育的领导权；宗教团体必须获得政府批准方可存在，未获官方承认的宗教团体不得擅自办学；在初等教育改革方面，初步确立免费、义务和世俗化三项基本原则；在公立学校中，禁止开设神学课程，而且教士不得在公立学校中任教；开办公立女子中学，为青少年女子提供世俗教育，从而可以“为男共和派提供女共和派伴侣”。①

费里的这场教育改革是本着“温和”的原则向前推进的。国家并没有同教会彻底决裂，它照样还要为教会拨款并向教士发放津贴；教会学校仍然大量存在，1876—1887 年间，公立中学在校生人数由 8 万增至 9 万，在教会学校中接受中等教育的学生从8万减至7万，变化虽有但终究不大。尽管说这场改革相当谨慎，但它在社会上还是引起巨大的震动。教士们纷纷抗议并向政府发起请愿活动；激进派则指责政府羞羞答答，他们要求政府应与教会一刀两断。可以看出，费里的教育改革只是为国家与教会之间的冲突开了个头，随着激进派的上台，这场冲突将以更加剧烈的方式表现出来。

从长远来看，温和派的世俗化政策为法国民众共和精神的培育的确具有重要贡献，但在当时，这种政策毕竟引发相当一部分人的抵触情绪。与此同时，温和派热衷殖民、淡化“复仇”等做法也引起许多人的不满。1885 年 7 月，费里在众议院就殖民问题发表演说，其中有言：“欧洲各国对土著民族负有高尚的文明义务”；“高级人种进行征服不是为了消遣，也不是为了剥削弱者，而是为了帮助他们开化，使他们上升为高级人种”。对于费里的这一说法，克雷孟梭以雄辩的口才对之作了驳斥。且不论克雷孟梭当时的真实用意究竟如何，对于曾经饱受殖民之害的东方国家来说，他的言辞的确在相当程度上能够切合人们的心灵脉搏。在这里，不妨摘录一段克雷孟梭对费里殖民理论的讨伐之词：“高级人种！低级人种！说得多简单！我不再信这些了，因为我看见有些德国学者曾利用科学证明，由于法兰西人种劣于德意志人，因此理应在普法战争中战败”；“印度人是低级人种吗？中国人是低级人种吗？不！不存在高级民族对低级民族的权利。不必费心把暴力伪善地称作文明。请不要谈什么权利、义务。你主张的征服，纯粹是滥用科学文明带来的力量去对付初级文明，以便把别人据为己有，折磨他们，或

① 参阅 Kathleen Alaimo, “Adolescence, Gender, and Class in Education Reform in France”, *French Historical Studies*, No. 4 (1994), pp. 1025–1055。

者逼他们耗尽力气为所谓的文明使者谋利!"①

在激进派的穷追猛打之下，本来就已问题成堆的温和派共和国似乎已经山穷水尽。1885 年的众议院选举对温和派是个严重打击，温和派在议会失去绝对优势，从而形成保守派、激进派与温和派三足鼎立之势。在此情形下，只占相对优势的温和派为了保住执政地位而不得不采取秋千政策，时而与左派联手，时而又与右派合作，国家政治生活陷入进一步混乱之中，共和国的形象更是每况愈下。也就是从这一次选举之后，温和派共和国开始卷入一次又一次的政治漩涡之中。

使温和派感到手足无措的第一场大型风波就是在与激进派联合执政后出现的"布朗热运动"(le mouvement Boulanger，1886—1889)。在激进派看来，在政府各部门中，最需要接受共和春风沐浴的是陆军部。② 因此，在 1885 年大选结果分晓之后，激进派领袖克雷孟梭就在物色一个能将共和思想灌入军队的共和派军人，他在南特中学读书时的校友、"作战英勇、体贴部下、善于博得女人欢心的"高级军官乔治·布朗热(Georges Boulanger，1837—1891)最终进入他的视野。在克雷孟梭的鼎力举荐下，1886 年初，时年 49 岁的布朗热被总理弗雷西内(Freycinet，1828—1923)委任为陆军部长。布朗热是以激进派代表的身份参加政府的，克雷孟梭也一度认为他是一位坚定的共和派和对德复仇主义者。③ 实际上，布朗热只是一位没有固定政治信念的军人，他曾对君主派领袖奥马尔公爵(duc d'Aumale，1822—1897)④ 说过"但愿有朝一日我能在您麾下听命"，他也曾向温和派领袖甘必大保证将"无限忠于"他本人以及共和国。当克雷孟梭告诫他务必捍

布朗热

① [法]菲利普·埃尔朗热著，周以光等译:《克雷孟梭传》，北京:商务印书馆 1990 年版，第 152 页。

② 梯也尔开始推行军队非政治化，后来甘必大继续实行这一政策，其基本原则是，军队是整个国家的保护者，而不是某党某派的工具。其结果就是，在军队中保守势力十分强大，正统派、奥尔良派以及波拿巴派在这里均找到了自己的立足之地。

③ Charles Sowerwine, *France since 1870: Culture, Politics and Society*, New York: Palgrave Macmillan, 2001, pp. 60–62.

④ 奥马尔公爵本名亨利·德·奥尔良(Henri d'Orléans)，前国王路易·菲力浦的儿子(排行第五)，军人，历史学家，古籍收藏家。

卫民主、保卫共和时，布朗热也是应付自如地回答："那当然，这方面你完全不用担心。"可以说，布朗热是一位各派皆可利用的军人，只不过是克雷孟梭首先让他有了发达的机会，从而他也就戴上了一顶"激进派"的帽子。

上任之后，布朗热利用自己的特殊岗位，采取一系列让激进派和普通民众狂热叫好的措施，例如：改善士兵的生活条件，取消特权阶级的军役豁免权，清除君主派军官，把军营岗亭刷上象征共和的红白蓝三种颜色，建议将五年兵役制缩减为三年。① 同时，布朗热竭力宣扬对德复仇并将复仇主义者戴鲁莱德纳为幕僚，他还建议征召 7 万新兵，时刻准备对德开战。虽然他的征兵计划被总统及议会否决，但复仇主义者却将他捧上九霄云外并送给他一个"复仇将军"（Le Général Revanche）的称号，以颂扬布朗热为主题的歌曲也不断涌现，其中有一首这样唱道："是你那闪亮的军刀唤醒了晨曦，是你为年轻的旗手把道路开辟，向莱茵河挺进，向莱茵河挺进！复仇将军，请你快快到来，我们等待着你。"布朗热本人也时刻注意塑造自己的尚武形象，他经常全身披挂，骑着黑色战马穿行于巴黎的大街小巷。对于老百姓特别是巴黎民众来说，布朗热已经成为一种象征，象征着对德复仇的希望、对军队的热爱、对贵族的敌视、对议会的厌恶以及对波拿巴的怀念。面对如痴如醉的无数崇拜者，布朗热曾志得意满地向别人说："他们都在向敝人欢呼呢！"

布朗热的偶像化趋势使得温和派严重不安，1887 年 5 月，温和派议员联合保守派将内阁推翻，从而把布朗热赶出了陆军部，布朗热分子随即发起游行请愿以示抗议。不久，新政府采取进一步措施，将布朗热下放到外省担任军职。当布朗热乘火车离开巴黎时，大约有 15 万人涌到车站为之送行，其中约有 3000 人卧轨以图挽留他们的将军。就在这种混乱的状态中，1887 年 9 月，首都又爆出"勋章丑闻"（le scandale des décorations），共和国的腐败之名顿时人人皆知，布朗热分子对政府及共和国的进攻更加显得名正言顺。②1888 年 3 月，病急乱投医的政

---

① 有的法国史著作认为布朗热"试图延长兵役期"，此说有误。布朗热是以"爱兵爱军"的形象出现的，"延长兵役期"只能导致现役军人、预备役军人乃至普通民众的不满，注重民意的布朗热不会出此蠢举。具有讽刺意味的是，布朗热虽不久便被打倒，但他提出的三年兵役法还是很快得到议会通过。到了激进派当政时，兵役期更是缩减为两年（1905）。1913 年，兵役期重新恢复为 3 年。

② "勋章丑闻"，是指总统格列维之婿丹尼尔·威尔逊（Daniel Wilson，1840—1919）利用其岳父的特殊地位，伙同一些高级军官盗卖由总统控制的荣誉军团勋章之事。1887 年 10 月，丑闻被曝光，后来，威尔逊出庭受审。详见 Adrien Dansette, *Histoire des Présidents de la République*, Paris: Amiot-Dumont, 1953, p. 66。同年 12 月，格列维被迫辞去总统职务。

府在慌乱之中强行解除布朗热的军职。这种聊解心头之恨的做法使政府陷入更加被动的境地，因为解除军职实际就等于政治解放，布朗热从此就可以不受“军人不参加选举”这一规定的束缚。

在君主派、波拿巴派以及激进派的支持下，布朗热在全国各地展开声势浩大的政治活动，他成功地利用议会补缺选举而与民众“对话”。1889 年 1 月，布朗热在巴黎又以绝对优势当选议员。戴鲁莱德等一大批追随者立即敦促布朗热乘势向总统府进发以了结这个无能而腐败的共和国。但是，不愿背上“政变”罪名的布朗热拒绝采取过激行动，他说：“你们为什么要我以非法手段去攫取那个半年以后我肯定到手的政权呢？”1889 年 4 月，新内阁终于鼓起勇气，宣布将以破坏共和国安全之罪名逮捕布朗热。布朗热闻讯后便偕其深爱着的情妇逃往比利时。这位“复仇将军”的出逃对迷恋于他的众多选民是个沉重的打击，布朗热运动自此走向穷途。1891 年，布朗热的情妇因患肺结核而去世，54 岁的“罗密欧”因承受不了打击而在情妇墓前开枪自杀。

客观而论，布朗热并不是一个高超的政客，在一定程度上可以说是克雷孟梭的受害者。但是，以布朗热为中心的“布朗热运动”却足以让人深思，运动的支持者不仅来自左边，而且来自右边，运动的参与者中更有难计其数的普通民众。① 他们的目标不尽相同，有的是要对德复仇，有的是要推翻共和，有的则是单纯为了发泄对困苦生活的不满。温和派共和国虽然暂时渡过了危机，但是积攒下来的问题并没有得到根本解决。因此，只要稍有风吹草动，新的危机就会接踵而至。②

就在布朗热运动余波未平之际，曾让众多股民梦想大分红利的巴拿马运河开凿公司于 1889 年 2 月宣布破产，共和国由此陷入另一种类型的困境，即由金钱交易而引发的困境，此即让共和国斯文扫地的“巴拿马丑闻”（le scandale de Panamá）。1881 年，以开凿苏伊士运河而闻名的莱塞普斯（Lesseps，1805—1894）获得了在中美洲开凿巴拿马运河的权利，随后他与工程师埃菲尔（Eiffel，1832—1923）等人组建巴拿马运河开凿公司。但在随后几年中，开凿工程进展缓慢，资金严重不足。1888 年，议会和政府授权该公司发行彩票以筹措资金，但

① 参阅 Patrick Hutton, “Popular Boulangism and the Advent of Mass Politics in France, 1886–90”, *Journal of Contemporary History*, No. 1 (1976), pp. 85–106。

② 参阅 Bruce Fulton, “The Boulanger Affair Revisited: The Preservation of the Third Republic, 1889”, *French Historical Studies*, No. 2 (1991), pp. 310–329。

彩票发行工作遭遇惨败，公司随后于第二年宣告破产，股民损失高达 15 亿法郎，成为第二帝国崩溃以来最大的金融灾难。这一事件虽然导致不少股民家破人亡，但在政府的遮掩下，风波开始趋于平息。

然而，时隔 3 年多以后，即 1892 年 9 月，德律蒙的《自由之声报》却以连载的方式抖出运河开凿公司破产前的内幕：为取得发行彩票特权，公司曾向政府、众议院和参议院中的关键人物大肆行贿，据称受贿者甚至包括激进派头面人物克雷孟梭。而且，在公司与官方之间牵线搭桥的主要中间人都是犹太人，这一“重大发现”也就促使德律蒙在其报纸上对犹太人发起了猛烈的进攻。① 在社会舆论的声讨与谩骂声中，议会被迫成立调查委员会，最终认定有 100 多名议员、政府部长以及新闻界名流收受过运河公司的贿赂。不过，除了前公共工程部长贝托（Bethaut）承认自己曾索贿 37.5 万法郎之外，其他人一律拒绝承认“罪行”。1893 年初，法庭对被告进行审判。在公司方面，莱塞普斯父子被处 5 年监禁，“铁塔之父”埃菲尔被判两年徒刑。② 政府官员方面，除那位“坦诚”的前部长必须蹲 5 年班房而外，其余被告一律免于追究。虽然说政府再次渡过了危机，但“巴拿马丑闻”的后遗症却相当严重。对于那些卷入丑闻的政客来说，不论他们是否承认自己曾经拿过别人的钱，大张小报上翻来覆去地出现他们的大名就足以让其狼狈不堪，共和国的名声由此变得更加糟糕。

如果说一件接一件的政治风波和金钱丑闻已使温和共和派疲于应付的话，那么随后出现的德雷福斯事件（l'affaire Dreyfus，1894—1906）则将温和派的政治统治推向了绝境。关于这场将法国政治生活搅得天翻地覆的漫长争斗，有着许多复杂而微妙的细节，有些具体问题至今仍然没有完全弄清。不过，这一事件的表层线索还是可以把握的。1894 年 12 月，任职于法国总参谋部的见习上尉、出身于犹太家庭的阿尔弗雷德·德雷福斯（Alfred Dreyfus，1859—1935）被军事法庭宣判有罪，其罪名是他曾将国家军事机密出卖给“某一外国”（指德国）。③ 德雷福斯被处终身监禁，然后被送往荒无人烟且环境恶劣的法属圭亚那“魔鬼岛”

① 有学者认为，犹太人在巴拿马丑闻中扮演的不光彩角色被曝光后，随后出现“德雷福斯事件”也就顺理成章了。参阅 Hannah Arendt, *The Origins of Totalitarianism*, New York: Harcourt Publishers Ltd and College Publishers, 1994, pp. 95–99。

② 不久之后，法庭进行复审，宣布公司方面的全体被告均无罪开释。

③ 参阅 Allan Mitchell, “The Xenophobic Style: French Counterespionage and the Emergence of the Dreyfus Affair”, *The Journal of Modern History*, No. 3 (1980), pp. 414–425。

(Île du Diable) 服刑。德雷福斯本人拒不认罪，其家人也多方奔走为之申冤，但是，出于对军队的信任和尊敬，在一段时期内，社会舆论对这一事件的反应在总体上是比较平淡的，如果说人们有什么不满的话，那也只是认为对德雷福斯的处置太轻。饶勒斯曾指责军方对“卖国贼”过于宽容，他说，一名普通士兵因一时冒犯上司就有可能被判处死刑，而一名军官犯了叛国罪却仅仅被处终身监禁。克雷孟梭则认为，将德雷福斯发配到魔鬼岛，就等于让他去了世外桃源。

德雷福斯

一年多以后，德雷福斯问题突然出现转折。1896 年，陆军部情报处处长皮卡尔 (Picquart, 1854—1914) 经过几个月的核查之后认定，德雷福斯是被误判了，真正的罪犯应该是总参谋部里的另一位少校官员埃斯特拉齐（Esterhazy，1847—1923）。这一发现使注重“信誉”的军方处于尴尬境地。为了保住面子，军方决定此案不能重审，并下令皮卡尔必须守口如瓶。但是，为德雷福斯抱打不平的皮卡尔还是将他掌握的内情告诉了他的朋友，有关德雷福斯蒙冤的消息随即出现在全国各地的报刊上。新闻界和政界由此出现两种截然不同的意见。一派主张重审，要求将案件查个水落石出并严惩真正的罪犯。另一派反对重审，认为不存在什么冤案，那些要求重审的人是想借机向军方泼污水。① 在舆论的压力下，1898 年 1 月，军事法庭对案件进行“重审”，然后宣布埃斯特拉齐无罪，对德雷福斯的原有判决照样有效。

军事法庭的“重审”似乎再次为这桩“间谍案”画上了句号。然而，著名作家左拉（Zola，1840—1902）的挺身而出使得事件出现根本转机。经过数月的观察和思索，左拉认定这是一场冤案，他认为必须动用新闻媒体的威力以振聋发聩的方式诉诸法国舆论乃至世界舆论。②1898 年 1 月 13 日，左拉的《致共和国总统的公开信》在《震旦报》(*L'Aurore*) 上发表，经常为该报撰稿并在该报社

① 参阅 Ruth Harris, “The Assumptionists and the Dreyfus Affair”, *Past & Present*, No. 1 (2007), pp. 175–211。

② 参阅 Frederick W. Whitridge, “Zola, Dreyfus and the French Republic”, *Political Science Quarterly*, No. 2 (1898), pp. 259–272。

有一定影响力的克雷孟梭[①]为此信加上了醒目的黑体字大标题《我控诉……!》(*J'Accuse...!*)。左拉故意使这封公开信带上"诽谤"色彩，其中点名痛斥总参谋部的那些高级官员。左拉此举的目的是要将事情闹到民事法庭，然后可以扩大声势。不出所料，1898年2月，法庭判处左拉一年徒刑并处3000法郎罚款。但是，一个多月以后，对左拉的判决又被迫取消。随着军方高官的易人，1898年7月，左拉又一次被判刑。这位作家再次充分利用其名人效应，他要使判决无法真正生效，这样就可以使事件进一步公开化并使斗争可以继续下去。于是，他逃到英国"避难"，从而使德雷福斯事件增添了更为牵动人心的戏剧性色彩。

由左拉等人鼓动起来的大规模民众政治运动由此硝烟弥漫。[②]读报成为全民的一大兴趣（当时大多数报纸售价仅为每份5分钱）。在事件高潮的1898、1899年，巴黎的新闻纸用量每天高达200吨，是此前用量的几倍。左拉的受审及出逃更是引起国内外的极大关注，他本人就因此收到几千封表示支持他的电报和信件。至此，一场全国性的政治大战已经开启，德雷福斯个人已经沦为人们进行斗争的一种借口，重审派和反重审派的分野和对峙更为鲜明激烈。重审派以左拉以及恍然大悟的克雷孟梭、饶勒斯为主要领头人，其口号是捍卫民主制度和法律的尊严。反重审派则是多种势力的杂烩，包括君主派、教权派、反犹主义者、极端民族主义者和许多高级军官。在这场斗争的背后，双方的目的显而易见，右翼是要借此摧毁既腐败又无能的共和国，左翼则是将之视为全面夺取政权的大好时机。

两派的口诛笔伐和相互斗殴直至1899年才初告平息。1899年2月，反对重审的总统富尔（Faure，1841—1899）因过度服用春药而突发心脏病，死在与情妇的寻欢作乐之中。继之出任总统的卢贝（Loubet，1838—1929）倾向于重审派，在他的斡旋下，1899年6月，法院下令将德雷福斯从流放地召回重审。年方40

① 有不少法国史著作认为这时的克雷孟梭是《震旦报》的"主编"或者认为《震旦报》是由克雷孟梭"主办"的，这类说法不准确。《震旦报》是由欧内斯特·沃刚（Ernest Vaughan，1841—1929）于1897年10月创办的，而且由他本人担任报社社长和总编。沃刚看中克雷孟梭的名望，遂邀其每天为报纸撰写一些短文。1899年底，报社内部有人在德雷福斯获释问题上与克雷孟梭"争功"，尽管沃刚一再调和并挽留，勃然大怒的克雷孟梭还是暂时了断了与《震旦报》的关系。只是在几年之后，克雷孟梭才重返《震旦报》编辑部并出任总编一职。

② 参阅 Nancy Fitch, "Mass Culture, Mass Parliamentary Politics, and Modern Anti-Semitism: The Dreyfus Affair in Rural France", *The American Historical Review*, No. 1 (1992), pp. 55–95。

却已头发花白的德雷福斯满怀希望地回到法国，但出乎意料的是，军事法庭仍然判之有罪，不过，他可以申请赦免。克雷孟梭等人坚决反对这一裁决，但是，主张息事宁人的德雷福斯本人还是于1899年9月19日接受了总统的赦免。[①]克雷孟梭对此大为失望，认为德雷福斯简直就像一位成不了大气候的“卖铅笔的商人”。[②]

对于19世纪晚期及其以后的法国政治生活来说，德雷福斯事件的影响是巨大的。君主派虽然全力攻击共和制，但重建君主制的希望再次破灭。教权派虽在前一段时期表示“归顺”共和国，但随后又利用德雷福斯事件激烈反对共和制，这就意味着不久它将受到更为严厉的打击。保守派军官被赶出了军队，共和派对军队的控制逐渐加强。知识分子在政治生活中的作用开始得到淋漓尽致的发挥，由左拉开启的这一先例后来成为法国人评价一个人是否算得上“知识分子”的一条基本标准。温和派在此事件中的暧昧做法使自己大失信誉，而激进民主派则主动出击、全面介入，不久之后便控制了法国政坛。

三、激进派时期的政治生活

激进共和派的政治统治一般来说是从1899年算起的，其主要划界依据就是众议院这一民选机构的内部构成。从形式上说，1898年大选产生的任期4年的众议院在1899年时人员并无什么变化，但是，起着政治分化剂作用的德雷福斯事件却打破了原有的党派分野，政治力量开始出现重新组合。激进派在议会中虽然未占绝对多数，但其声望却大为增加。温和派则发生分裂，一部分人转而“归

① 参阅 R. D. Mandell, “The Affair and the Fair: Some Observations on the Closing Stages of the Dreyfus Case”, *The Journal of Modern History*, No. 3 (1967), pp. 253–265。

② 接受赦免就相当于承认自己并不清白。在饶勒斯的鼓励下，德雷福斯于1903年再次要求重审。1906年7月，法庭最终还之以清白。议会通过投票表决，恢复了德雷福斯的军职并给予少校军衔。由于身体不好且无望晋职，德雷福斯于次年退役。1908年，在左拉遗骸移葬于先贤祠的仪式上，有人试图暗杀德雷福斯，德雷福斯受了轻伤。一战爆发后，他又重新参军，战后再次退役，1935年在平安中去世，终年76岁。1998年1月13日，在纪念《我控诉……!》发表100周年活动上，总统希拉克代表共和国向德雷福斯和左拉的后代正式表示道歉。详见 George R. Whyte, *The Dreyfus Affair: A Chronological History*, New York: Palgrave Macmillan, 2005, p. 449。

附”激进派。社会主义诸派别亦因与激进派有着某些共同的主张而站到激进派的一边。激进派已经成为政治舞台上的红角，在议会中已经拥有举足轻重的号召力。① 在这种情况下，不论内阁总理在形式上属于哪个党派，他在施政过程中都不得不尽力与议会中的主导势力保持一致。

如果说 1899 年时激进派对政局的控制还属于议会内部分化的产物，那么，此后的几次大选则使激进派的政治统治得到了民意上的和法律上的认可。1902 年众议院的选举结果是，以激进派为首的左翼集团（Bloc des Gauches）获 336 个席位，而右翼各党派获 220 个席位。1906 年的选举更是让激进派风光大显，左翼与右翼的议席数分别为 411 个和 174 个。1910 年大选时，左翼集团虽然不复存在，但激进派本身仍获得 252 个席位，继续保持第一大党的地位。在 1914 年一战爆发前的大选中，激进派仍以获得 238 个议席而占居首位，这种状况一直延续至一战之后的 1919 年大选，此后，激进派的地位开始一落千丈。

激进派统治的最初几年（1899—1905）是沿着激进派反教权主义路线一路前进的，出现这一现象的原因在于：此前的温和派在执行费里的世俗化教育过程中并不严格，教会依然保持强大的力量。在德雷福斯事件中，天主教会中的一些顽固分子再次宣称上帝与共和国不能兼容。因此，在共和派看来，天主教会几年前与共和国的“干杯”显然是在演戏。更为重要的是，反教权是激进派一以贯之的理想，他们自视为大革命先辈（特别是雅各宾派）的继承人，他们的使命就是要恢复 1794—1802 年间曾经实行过的政教分离政策，使法兰西真正变成一个民主自由的世俗国家。

在此时期，迈出反教权主义第一步的是瓦尔德克—卢梭（Waldeck-Rousseau，1846—1904），此人是一位老练的政客，且有“冷血动物”之称。在阵营上，他属于主张渐进的温和派，但用他自己的话来说，在坚持共和这一点上他“并不温和”。1899 年 6 月，他以“保卫共和”为旗帜，勉强组成一个成分复杂的内阁（众议院表决结果是 263 票支持，237 票反对），其中既有镇压过巴黎公社、被社会主义者视为刽子手的温和派退休将军加利费（Gallifet，1830—1909），也有被克雷孟梭评价为“看上去挺傻却很厉害”、“是个近视眼但却不乏真知灼见”的社会

① 参阅 Donald G. Wileman, “Not the Radical Republic: Liberal Ideology and Central Blandishment in France, 1901–1914”, *The Historical Journal*, No. 3 (1994), pp. 593–614。

主义者米勒兰（Millerand，1859—1943）。① 不过，就是这样一个当初看起来摇摇欲坠的内阁在左翼各派的支持下存在近 3 年之久。

瓦尔德克—卢梭上任之后，随即向教会开刀。经过一年多的起草、辩论和修改，1901 年，以天主教会为靶心的《结社法》（*Loi associations*）终获众参两院批准，该法律规定：普通社团只要向行省当局声明后便可自由成立；宗教团体的建立必须由议会以立法的方式批准；未获批准的宗教团体，其成员不得办学或任教。瓦尔德克—卢梭制定此法的主要目的在于加强对教会的控制，而不是要与教会彻底决裂。因此，激进派对这部法律并不满意，有些人建议，将教会财产全部没收并将之用作工人的退休金。克雷孟梭的反应同样非常坚决，他认为，所有宗教团体都是一路货色，一个也不应建立，一个也不应得到承认。②

1902 年，左翼集团在大选中获胜，但是，同为左翼一员的瓦尔德克—卢梭却认为这一胜利“太过分了”，因为这种压倒性的胜利将使激进派变得有恃无恐，于是他以身体欠佳为由辞去总理职务。不出所料，这场“过分”的胜利造就了在反教权方面采取“过分”行动的内阁总理孔勃（Combes，1835—1921）。孔勃早年曾在神学院读书，后又在教会学校任教，但由于长期不得晋升，他便彻底脱离教会，成为比普通激进派更为激进的激进派人物。1902 年 6 月，时年 67 岁的孔勃走马上任，之后不久，激进派的一些人物便提议彻底实行政教分离。孔勃虽没有立即照办，但在“抛弃”教会的道路上却已开始大步向前。在其任内，大批教会学校被强行关闭，众多宗教团体为继续生存而提出的申请被断然否决，法国与梵蒂冈的外交关系亦一刀两断。③1904 年底，孔勃政府向议会正式提交有关政教分离的议案。虽然孔勃的反教权行动得到左翼各派的支持，但他在军队及其他一

① 19 世纪末 20 世纪初是法国工人运动比较兴盛、民众普遍左倾的时代，米勒兰在入阁之前也曾声称“社会主义者不应加入资产阶级政府”。米勒兰入阁之事在法国乃至整个西欧均引起很大争议。且不论争议如何，米勒兰最终还是入了资产阶级的阁，他不仅做了资产阶级政府的部长、总理，后来还当上了法国总统。克雷孟梭认为，有米勒兰加盟的瓦尔德克—卢梭内阁是唯一能够应付危机的内阁，“荣誉应归于米勒兰”。不过，克雷孟梭后来又骂米勒兰是个“只会放马后炮的人”。关于米勒兰及其政治表现，可参阅韩海涛：《重评饶勒斯与米勒兰事件》，载《中国人民大学学报》1989 年第 2 期，第 116—121 页；Marjorie M. Farrar, “Politics versus Patriotism: Alexandre Millerand as French Minister of War”, *French Historical Studies*, No. 4 (1980), pp. 577–609。

② 参阅 Maurice J. M. Larkin, “The Church and the French Concordat, 1891 to 1902”, *The English Historical Review*, No. 321 (1966), pp. 717–739。

③ Michael Burns, *France and the Dreyfus Affair: A Documentary History*, London: Palgrave Macmillan, 1999, p. 171.

些部门安插密探、鼓励告密等所谓“为了强化共和”的做法却引起普遍不满。[①] 因此，未及议会就政教分离法案进行表决，孔勃内阁便于 1905 年 1 月垮台。

孔勃之后的新内阁继续进行反教权斗争，但开始改变孔勃那种疾风暴雨式的做法。被称为“天才调停人”的独立社会主义者白里安（Briand，1862—1932）被议会任命为起草政教分离法案的专门委员会的主要负责人。1905 年下半年，《政教分离法》（*Loi concernant la séparation des Églises et de l'État*）先后获得众、参两院批准。此法规定，法国人拥有信仰自由，但是，“共和国对任何形式的宗教均不予承认，而且也不给予工资和津贴”。从拿破仑时代开始的由国家“包养”教会的这一做法由此宣告结束，拿破仑与教皇签订的《教务专约》从此真正成为历史文件。[②] 国家与教会的分离使得共和派（特别是激进共和派）的多年愿望终于变成了现实，他们的“情绪和德雷福斯事件处于高潮的那些日子里一样激昂”。断了生活来源的教会在一段时期里曾不断示威抗议，但不久之后，它便感受到了政教分离给它带来的轻松与自由，大量的私人赞助解决了教会的经费问题，与教廷的交往也不再受到世俗国家的约束。从这个角度来说，教廷自中世纪晚期即已开始的控制法国教会的企图在 600 年后终于实现。正因如此，白里安后来认为：教皇“取得了全面的胜利”。

将教会这个共同的敌人“打倒”之后，左翼各党派也就失去了共同奋斗的基础，矛盾于是渐次产生，社会党人开始以酸溜溜的口吻与激进派告别：“你们再不需要我们的投票来拯救共和国，你们足以单独统治。现在，我们将拭目以待你们仅凭自己的力量能干出什么事来。”这种情况也就意味着，在未来的岁月中，激进派的统治将不断受到社会主义者的攻击与嘲弄。政教分离之后，法国政局经历了一小段动荡时期，但随后便进入相对稳定的克雷孟梭时期（1906—1909）。在 3 年多的时间里，克雷孟梭先是做了几个月的实权在握的内政部长，余下的时间便一直担任内阁总理。

克雷孟梭具有鲜明的个性特点。在此前的几十年中，他一直是以性格暴烈、言辞尖刻而著称于世，几乎每一届内阁都曾遭到他体无完肤的攻击。已经 60 多岁的克雷孟梭如今终于由自己执掌了权柄，而他的“老虎”风格依旧没有改变。工作懒散拖沓的员工成为他的整治对象，一批又一批的大小官员被赶出政府部

① Tombs Robert, *France 1814–1914*, London: Longman, 1996, p. 470.

② 参阅 Othon Guerlac, “The Separation of Church and State in France”, *Political Science Quarterly*, No. 2 (1908), pp. 259–296。

门，“先是那些不按时上班的官员，接着是那些虽按时上班却一味游游荡荡的人，最后是那些纵容上述现象的部门长官”。克雷孟梭对那些说话嘟嘟囔囔的官员也是毫不客气，有时会直截了当地提醒他们：“先生，您在说废话！”在他当政期间，遭他严厉训斥的官员不在少数。据说有位省长在克雷孟梭的办公室遭到痛斥，出来之后便晕倒在地，医学博士出身的克雷孟梭不得不跑出来为这位挨他大骂的省长实施急救。克雷孟梭的讲话经常是兴之所至、无所顾忌的。一位省长前去找他，请求提拔重用，克雷孟梭随口便说：“不行，你长相太丑了！”不过，这位省长最终还是如愿以偿。

克雷孟梭虽是公认的激进派领袖，但他并未加入激进党，而这位“无党派人士”自始至终又喜欢自称为“社会主义者”。正是由于这样一种思想背景，他对民主、正义以及下层民众的社会政治生活给予了较多的关注。在他出任总理之后，政府增设了“劳工和卫生部”，每星期6天工作制开始实行，集会自由成为受法律保护的一项基本权利。面对全国各地、各行各业的罢工浪潮，克雷孟梭一度显得颇具理想化色彩，他曾向工人发表讲话说：“罢工是你们的权利，我们无意反对。但是，我们也要求你们不要忘记自己的义务”；“我保证不对罢工工人动用军队”。更让政府其他高级官员瞠目结舌的是，1907年法国南方葡萄种植农发起大规模示威时，身为政府总理的克雷孟梭竟调用火车将示威者送往集会地点。他相信斗争，相信社会在斗争中不断前进。

但是，作为执政者，克雷孟梭终究不能置社会秩序于不顾，其内心的冲动终究要被停电停水、运输中断、邮政瘫痪等混乱局面所冲淡，因而他的诺言也就自然无法完全兑现。1906年3月，北方煤矿工人大罢工，克雷孟梭派去了两万军队，工人流了血，有些军人也被工人用石块砸死。1906年4月，邮局职员举行罢工，拒绝复工者被政府撤换。1907年3月，电业工人罢工，克雷孟梭发出威胁说，如果工人不复工，他将调遣工兵来顶替他们，这意味着罢工的电业工人将彻底失业。1908年春，巴黎城郊的采沙工人和建筑工人举行罢工，要求增加工资，结果遭到军警镇压。①

对于克雷孟梭的这些做法，社会主义者曾大加讨伐，其中以饶勒斯的表现最为激烈。在克雷孟梭任内政部长时，饶勒斯就曾攻击他对罢工的镇压行为，但克

① 参阅 Leo A. Loubere, “Left-Wing Radicals, Strikes, and the Military 1880–1907”, *French Historical Studies*, No. 1 (1963), pp. 93–105。

饶勒斯

雷孟梭并不相让，他说："请问饶勒斯先生，你若是内政部长——幸好你没有这么快就当上——，是否因为某些工人坚持上工——这是他们的唯一罪名——，你就允许罢工工人去抄他们的家呢!""请你勇敢地回答，你会不会去维护治安，会还是不会？……你不吭声，这也是回答!"一时语塞的大演说家饶勒斯后来说克雷孟梭"甚至连魔鬼也算不上"，但克雷孟梭却反问道："你怎么知道的?"然而，不论克雷孟梭如何辩解，"屠夫"之类的罪名还是戴到了他的头上，他的统治亦被一些报刊指责为"毫无章法"。1909 年 7 月，正当许多激进派议员在北欧度假时，议会终于推倒了这位昔日的倒阁英雄。下台后的克雷孟梭作出一副如释重负的样子并说道，他"现在是无官一身轻"，给他剩下的只有"自由"。① 不过，他的政治生命并未结束，第一次世界大战还将为他提供大显身手的机会。

从克雷孟梭下台到第一次世界大战爆发前的几年中（1909—1914），法国的政局明显变得动荡许多，5 年内经历 10 届内阁。从总体上说，在议会和政府中，激进派仍然占据主体，但是，党派界限已经趋于淡化，执政者的个人色彩趋于浓厚，政府的内外政策也出现翻来覆去的变化。1909 年，以充当和事老著称的独立社会主义者白里安开始其 11 次组阁生涯的首场演出，他以调和劳资关系为首要任务，但是，当铁路工人真的大闹起来而且拒不复工之时，白里安还是如出一辙地回到了克雷孟梭式的镇压老路。②1911 年，对某些激进政策（如征收个人累进所得税）感兴趣的温和派人物卡约（Caillaux，1863—1944）当上总理，但他奉行的对德和解政策却使他的内阁在半年之后便倒了台。不过，卡约在 1912 年却被激进党推举为党的领袖，激进与温和在这里已经没有多少原则性的区别。1912 年，在对德复仇方面并不温和的温和派政客普恩加莱（Poincaré，1860—1934）出任总理，他一方面特别注重国内的社会和政治稳定，另一方面又进行积极的外交活动并准备对德国下手，他的著名口号就是：法国人"并不希望战

① ［法］菲利普·埃尔朗热著，周以光等译：《克雷孟梭传》，北京：商务印书馆 1990 年版，第 328 页。

② 参阅 Julian Wright, "Social Reform, State Reform, and Aristide Briand's Moment of Hope in France, 1909–1910", *French Historical Studies*, No. 1 (2005), pp. 31–67。

争，但却不怕战争”。普恩加莱于 1913 年当选总统以后，内阁的作用在一段时期内相形见绌，总统一反常态而成为国家政治生活的中心，正是在他的 7 年任期内(1913—1920)，法国经历了漫长而难熬的第一次世界大战。

第三节　物质进步与文化反叛

从第二帝国垮台到第一次世界大战爆发这几十年时间里，无休无止的政治纷争似乎已经浸透到第三共和国肌体的每一个细胞，而后世学者对这些政治纷争的详描细绘又多多少少让人觉得法国人就是一群只知争斗不事生产的政治动物。实际情形并非如此。从整个法国历史进程来看，这几十年是一段科学技术突飞猛进的非常时期，同时也是物质生活大大改善的繁荣时期，而且还是思想文化新派迭出的碰撞时期。正是从这一时期开始，法国人的精神和物质生活才更加具备现代社会的色彩。

一、科技创新与物质进步

在科学研究方面，一战前的第三共和国在许多学科领域都处于世界领先地位，科学家们也往往具有多方面的杰出才能。例如昂利·普恩加莱（Henri Poincaré，1854—1912）：他是总统雷蒙·普恩加莱的堂兄，是一位享誉遐迩的数学大师，在微分学以及拓扑学方面具有开创性贡献。同时，他也是敢于向经典物理学提出挑战的卓越的物理学家，他在 1904 年就曾预言，如果物体的运动速度大于光速，牛顿的力学公式就将失去意义。尽管“相对论”的桂冠戴在了年轻的爱因斯

巴斯德

坦（Einstein，1879—1955）的头上，但爱因斯坦还是坦言，普恩加莱在相对论的有关问题上“甚至更深入钻研了一步”。[①] 再如巴斯德（Pasteur，1822—1895）：早在第二帝国时期，他就开始进行微生物学研究，创立了著名的“巴氏消毒法”，这一创新既解决了日常生产生活中的防腐难题，又开创了医学上的灭菌消毒新局面。进入第三共和国后，巴斯德在免疫学方面更是成就非凡，他成功研制出可以预防霍乱、炭疽病和狂犬病等疑难病症的疫苗。[②] 又如皮埃尔·居里（Pierre Curie，1859—1906）以及他的夫人、原籍波兰的马丽·居里（Marie Curie，即居里夫人，1867—1934）：二人通力合作，于 1898 年发现两种天然放射性元素钋和镭，他们因此获得 1903 年度诺贝尔物理学奖。1906 年丈夫因车祸去世后，居里夫人继续奋斗，于 1910 年成功分离出纯金属镭，她也因此获得次年的诺贝尔化学奖。居里夫妇的研究成果对于医学具有无可估量的价值，不过，他们的成果后来也被用到了军事方面。

在技术创新方面，19 世纪晚期至 20 世纪初的第三共和国也取得了许许多多、实实在在的成果。这一时期正是以动力特别是电能为代表的第二次产业革命在主要资本主义国家蓬勃展开的时代。在这一具有划时代意义的科学竞赛中，德、美等国往往率先一步，但法国的反应也是相当敏捷的，它不仅以惊人的速度“拿来”了别国的成果，而且还以自己的智慧推动着这场产业革命进一步滚滚向前。在电能开发领域：在德国人于 19 世纪 60 年代发明实用发电机之后，法国就于 1878 年建成世界上第一座水力发电站，随后火力发电开始迅速发展，并于 1882 年在世界上第一次实现远距离输电。电话于 1876 年在美国正式问世，巴黎在 1879 年就建成欧洲第一个电话交换台，到 1913 年，法国的电话用户已达 31 万。1880 年，美国发明家爱迪生改进灯泡，使其使用寿命大大延长，从 1889 年起，巴黎开始使用电灯照明，到一战前，法国各大城市大都用上了电灯。在汽车制造领域：19 世纪中期，法国在内燃机研制方面就已取得一定的进展并已有了原始的汽车，但真正使得汽车具有现代意义的是德国工程

---

① 关于普恩加莱和爱因斯坦两个人的理论及其关系，可参阅 Olivier Darrigol, “The Mystery of the Einstein-Poincaré Connection”, *Isis*, Vol. 95, No. 4 (2004), pp. 614–626。

② 1995 年是巴斯德逝世 100 周年。就是在这一年，美国科技史专家杰拉德·盖森（Gerald L. Geison，1943—2001）依据文献材料，得出结论认为，巴斯德在科学研究中（特别是在炭疽病疫苗研制问题上）存在学术造假行为。详见 Gerald L. Geison, *The Private Science of Louis Pasteur*, Princeton, New Jersey: Princeton University Press, 1995。盖森的论点遭到了一些学者的强烈反对，但更多的学者认为，盖森的结论是可靠的，而且，盖森的著作有利于人们更完整、更准确地看待“名人”、“完人”、“英雄”之类的特殊人物。

师本茨（Benz，1844—1929，与其姓氏相同的汽车品牌汉译为“奔驰”）。法国人紧随其后，雷诺（Renault，1877—1944）于1899年成立了汽车制造厂，以生产自行车起家的珀若（Peugeot，“标致”，1849—1915）在1910年成立了标致汽车公司，青年工程师西特隆（Citroën，“雪铁龙”，1878—1935）随后也建立了自己的汽车厂。到一战前，法国年产汽车已达4.5万辆，成为仅次于美国的汽车大国。在飞机制造领域：公认的飞机发明者是美国的莱特兄弟（Wright brothers），他们制造的飞机在1903年成功飞行了200米，但在飞机性能的改进方面，法国人却功莫大焉。1908年，昂利·法尔芒（Henri Farman，1874—1958）和莫里斯·法尔芒（Maurice Farman，1877—1964）兄弟二人驾机成功飞行1公里。1912年，法尔芒兄弟创建飞机制造厂，至一战前，共生产大约1000架军用飞机。不过，飞机上天之后，空难也就成为人类面临的一种新的恐惧。1911年5月21日，巴黎和西班牙马德里联合举行航空比赛，在巴黎郊外的小机场，刚刚起飞的一架飞机突然熄火失控，然后撞向看台上的要员席，法国的陆军部长莫里斯·贝尔多(Maurice Bertaux，1852—1911)当场死亡，总理厄内斯特·莫尼斯(Ernest Monis，1846—1929)受重伤，另有大约50人也身受重伤。另外，遨游天空是人类的千年之梦，但是，当飞机真的建成之后，首先让其大展宏图的却是血腥的战场。[①]

除了上述一些标志性成就之外，法国在这一时期还有许多大大提高人类生活质量的发明创造或重大改进。李普曼（Lippmann，1845—1921）发明了彩色照相技术并创制出诸如变阻箱、电流计等多种仪器，他本人亦于1908年获得诺贝尔物理学奖。奥古斯特·卢米埃（Auguste Lumière，1862—1954）和路易·卢米埃（Louis Lumière，1864—1948）兄弟二人于1895年12月向观众推出了世界上第一部电影《工厂的大门》(*Sortie des Usines*)，虽然它只有画面没有声音，而且只有短短大约50秒钟，但它却标志着视觉艺术上的一次突破性革命。[②]夏尔多内(Chardonnet，1839—1924）从1878年开始研制人造纤维，1891年建厂专门生产这种材料，从而改变了以亚麻、棉花为主要材料的传统制衣格局。爱德华·米什兰（Édouard Michelin，1859—1940；按英文发音，“Michelin”译为“米其林”）在1894年研制出充气自行车轮胎（随后推广应用于汽车轮胎，即如今遍布全球

① 参阅 Michael Paris, “The First Air Wars - North Africa and the Balkans, 1911–13”, *Journal of Contemporary History*, No. 1 (1991), pp. 97–109。

② B. Chardère et G. Borgé, *Les Lumière*, Paris: Bibliothèque des Arts, 1985, p. 71。

的米其林轮胎)，自行车开始迅速普及并进入普通百姓家庭。1903 年，法国首次举行“环法自行车大赛”(Le Tour de France)，一个多世纪以来，法国人对这一赛事一直情有独钟，而且，这个大赛也发展成为世界上最为著名的公路自行车国际赛事之一。另外，随着交通工具的推陈出新，大中城市的交通状况开始大为改观。在巴黎，有轨汽车在 1895 年投入运营，第一条地铁在 1900 年建成，到一战前，公共汽车和地铁已基本取代了公共马车。

这一时期的科技成就是有目共睹的，与此相伴，城乡生活面貌也的的确确有了巨大的改变。首先，生活质量的提高使得人口死亡率大大降低：1876—1880 年，人口平均死亡率为 22.4‰。到了 1911—1913 年，这一比率已下降至 18.3‰。① 其次，农村的现代化步伐不断加快：瓦房逐渐增多，农民的识字率进一步提高，文化生活渐趋丰富，与外部世界的交流与接触更加广泛。正因基于以上这些现象，当代西方最为著名的史学家之一、曾长期担任美国加州大学洛杉矶分校历史学教授的尤金・韦伯(Eugen Weber，1925—2007)认为，只是到了 19 世纪晚期和 20 世纪初，法国农民才真正变成具有民族意识的“法国人”，法兰西民族国家才真正形成。② 再次，城市的生活环境明显改观：当然，在城市居民中，贫富差别比较悬殊，就普通居民来说，他们的住房条件较差，一般每户只有 2—3 间房子，但是，他们的总体生活水平还是有了较大改善，不仅工资提高了，而且娱乐消遣的途径也多了起来。

正因如此，在经历了第一次世界大战以后，面对战争带来的满目萧条和苦难生活，一些法国人便满怀深情地追忆起战前的这段不仅充满着乐观主义精神而且丰衣足食的时光，并称之为“美好时代”(La Belle Époque，19 世纪晚期至一战之前)。不过，“美好时代”这种说法只是一种事后的回味，在今不如昔的心理支

① 在死亡率下降的同时，法国的人口出生率也在持续下降。1871—1880 年，年均人口出生率为 25‰。到了 1901—1910 年，人口出生率则降至 20.5‰。这就导致法国人口增长速度相当缓慢，1881 年为 3767.2 万人，1911 年为 3960.5 万人，30 年间增加 193.3 万人。而同时期的英国人口增加了约 1000 万，德国人口增加了约 2000 万。关于法国人自愿节育的原因以及人口增长缓慢给法国社会带来的影响，学术界一直争论不休。对这一问题有兴趣者可参阅［法］费尔南・布罗代尔的《法兰西的特性・人与物》(上)，北京：商务印书馆 1995 年版，第 159—179 页。

② 详见 Eugen Weber, *Peasants into Frenchmen: The Modernization of Rural France, 1870–1914*, Stanford: Stanford University Press, 1976。尤金・韦伯的著作在西方学术界影响很大，但他的一些观点（特别是有关法国农民直到 19 世纪末 20 世纪初才有民族意识的说法）也受到强烈质疑。关于这个问题，可参阅 Ted W. Margadant, “French Rural Society in the Nineteenth Century: A Review Essay”, *Agricultural History*, Issue 3 (1979), pp. 644–651。

配下，“美好时代”里的一些并不“美好”的东西自然而然地被人们过滤掉了。[①]而且，生活在“美好时代”的人们似乎属于当局者迷，他们在当时并未感觉到自己的生活有多么美好，他们依旧在斗争、在嘲讽、在痛骂，其中一些人甚至对所谓的“美好”生活失去了信心。

二、理性渐失与文化多元

物质生活的丰富多彩是建立在科学技术的新发现、新创造基础上的，而第三共和国前期的客观事实似乎恰恰印证了自启蒙运动以来在许多法国人心目中不曾失却的理性法则，他们相信社会将不断进步，相信科学拥有巨大的力量。这是一种对未来充满信心的乐观主义。正是在这种观念指导下，巴斯德在1895年去世之前曾说：“在遵循人性法则过程中，科学将一直致力于扩展生命的边界。”对科学与进步信心十足的并非只有自然科学家，在人文社会科学领域，也有一批坚定的理性主义者和科学主义者，他们虽然对现实社会可能存有各种各样的不满，但他们并不灰心，而且他们还试图搬用自然科学的原理来探寻人类社会的发展规律。

在社会学领域，最具影响力的人物是涂尔干（杜尔凯姆，Durkheim，1858—1917）。他强调，一切研究都必须运用科学手段并以大量证据为基础，这样才能描绘出一幅“科学的”人类社会图画。他的这种治学观在《论社会劳动分工》（*De la division du travail social*，1893年）和《论自杀》（*Le Suicide*,1897年）等著作中得到了经典性的体现。[②]在文学领域，醉心于“科学”原理并取得辉煌成就的是在德雷福斯事件中奔走呼号的著名的“自然主义”作家左拉（Zola，1840—1902）。在20卷本的系列小说《鲁贡－马卡尔家族》（*Les Rougon-Macquart*，1871—1893）中，左拉严格遵循“科学实验”的方法，运用遗传学和病理学的原理耐心而入微地解剖了鲁贡－马卡尔家族缓慢而确实的分化历程。作为文学家的

① 对“美好时代”的追忆是一战后法、德两国民众的共同心理现象。关于法国的情形，可参阅 Kolleen M. Guy, "'Oiling the Wheels of Social Life': Myths and Marketing in Champagne during the Belle Epoque", *French Historical Studies*, No. 2 (1999), pp. 211–239。

② 参阅 Tom Bottomore, "A Marxist Consideration of Durkheim", *Social Forces*, No. 4 (1981), pp. 902–917。

左拉曾表达过自己的心声："我以做一个科学家为满足。"[①] 另外一位苦苦追寻"真实"法则的是批判现实主义作家莫泊桑（Maupassant, 1850—1893），在《泰利埃公馆》（*La Maison Tellier*，"泰利埃公馆"是一家妓院的名称，1881 年）、《一生》（*Une vie*，1883 年）以及《俊友》（*Bel Ami*，1885 年）等作品中，"按生活本来面目反映现实"的创作原则一直贯穿始终。在艺术领域，雕塑大师罗丹（Rodin，1840—1917）的某些作品如《巴尔扎克》（*Balzac*，1897 年）等虽被称为"现代主义"的杰作，但他的其他许多作品仍是充分体现出直接、细致、写实的自然主义风格。[②]

在史学领域，科学原理和实证精神更是充斥其间。以第三共和国史研究（"当代史研究"）和实证主义史学研究著称的历史学家瑟诺博斯（Seignobos，1854—1942）强调，史学研究必须"真实"、"诚实"，用他自己的话说就是必须"真诚"。另一位实证主义史家库朗日（Coulanges，1830—1889）则更加明确地表达出自己的史学观点："历史不是艺术，它是纯粹的科学"。另外，教授职位是由国家控制的，因此第三共和国时期的历史学教授们往往以格外的热情维护共和国赖以生存的"理性"基石，他们着力研究第三共和国与大革命的继承关系，然后又精心分析第三共和国本身的伟大与贡献。在这一方面，典型的人物有开创对大革命史进行"科学研究"的奥拉尔（Aulard，1849—1928）以及为培养共和国继承人而倾心编写中小学历史课本的史学大师拉维斯（Lavisse，1842—1922）等，其中，尤以拉维斯的影响为大。从 1888 年至 1919 年，拉维斯一直在巴黎大学担任历史学教授，在从事大学层次的教学与科研工作的同时，他还不遗余力地为中小学编写充满爱国主义与共和精神的历史课本以及公民教育教材，其目的就是要让法国的青少年为自己是法兰西共和国的一员而自豪，同时也要法国的青少年能够听从共和国的号召，与曾经羞辱过法兰西的那个敌人（德意志）决一死战。在小学课本《法国史》中，拉维斯写道："法国在经历了不幸的战争后，并未丧失勇气"；"对于战争我们已有更充分的准备"；"一旦法国受到攻击，他们将立刻履行他们的职责"。[③] 正是由于拉维斯的中小学历史课本在培育法兰西民众共和精神方面具有极

---

① 参阅 E. Paul Gauthier, "Zola on Naturalism in Art and History", *Modern Language Notes*, No. 7 (1955), pp. 514–517。

② 关于自然主义的哲学及美学内涵，可参阅 Thomas Munro, "Meanings of 'Naturalism' in Philosophy and Aesthetics", *The Journal of Aesthetics and Art Criticism*, No. 2 (1960), pp. 133–137。

③ 参阅顾杭：《战争创伤、历史教育与民族复兴——论拉维斯与法兰西第三共和国的历史教育》，载《浙江学刊》2004 年第 3 期，第 124—127 页；John Talbott, "France and the French School of Historical Studies in the Age of Ernest Lavisse", *History of Education Quarterly*, No. 4 (1975), pp. 457–460。

为重要的作用，人们往往将拉维斯称为“整个法兰西民族的历史老师”。[①]

但是，对理性、科学的追求并不是所有法国人的执著信念，一部分人认为，物质上的丰富并不意味着社会的真正进步。正是在马达轰鸣、飞机遨翱、电灯普照、地铁纵横的一派繁荣景象中，理性、科学、客观、进步等等一些看似真理的概念开始受到挑战，“常识与理性失去统一并最终土崩瓦解”[②]，一种新的文化形态渐趋成型，其基本特点是：多维视角取代了单线思维，客观存在的“真实性”与从主观感受得来的“真实性”相互混杂，客观世界的“确定性”与主观感受上的“不确定性”融成一体。对于这一变化，西方学术界通常称之为“文化革命”，它使得以“进步”为中心内容的启蒙运动传统遭到一步步的侵蚀，到了一战之后，这一传统将被彻底摧垮。这场“文化革命”的产物实际上就是所谓的“现代主义”(modernisme)，不过，这一称谓只是到了一战之后才流行起来。[③] 关于出现“文化革命”的原因，有两个基本因素值得注意。首先，众多的新发现、新发明使得原本显得单调的世界变得丰富多彩，观察世界的方式和手段也变得日新月异，以不同的视角审视世界，其感受也就自然不同。其次，物质生产虽在飞速进步，但社会问题并未减少，而且矛盾越积越多，这就与启蒙运动以来所宣扬的社会进步

拉维斯

① 作为“国师”(instituteur national)，拉维斯不仅培育了一代又一代的青少年，而且教育了一批又一批的中小学历史教师。在共和国主流意识形态的灌输和培育方面，法兰西第三共和国中前期的中小学老师贡献巨大并被给予很高的荣誉。实际上，靠政府工资吃饭的以“照本宣科”为主要教学手段的中小学教师只是政府雇佣的一种“活的工具”。当政府需要他们宣扬“勇武的爱国主义”时，他们必须不折不扣地执行。当政府把“高尚的和平主义”当作治国理念时，他们也必须始终不渝地支持。正因如此，在第一次世界大战之后，按照政府的要求，法国的中小学老师又成了宣扬和平主义的天使。当法国在二战初期瞬间溃败之后，中小学老师又成了替罪羊，人们开始责怪他们培育出那么多的毫无斗志的和平主义者。详阅 Mona L. Siegel, *The Moral Disarmament of France: Education, Pacifism, and Patriotism*, Cambridge: Cambridge University Press, 2004; Barnett Singer, “From Patriots to Pacifists: The French Primary School Teachers, 1880–1940”, *Journal of Contemporary History*, No. 3 (1977), pp. 413–434。

② Henri Lefebvre, *Everyday Life in the Modern World*, New Brunswick, NJ: Transaction Publishers, 1984, p. 112.

③ 参阅 Adrian Piper, “The Logic of Modernism”, *Callaloo*, No. 3 (1993), pp. 574–578。

法则似乎南辕北辙，因而也就促使一部分人脱离对理性的信仰，转而从反理性的角度去认识和感知这个并未“进步”的世界。

布吕昂

比较能够直观反映这一新文化现象的是那些具有大众化色彩的大大小小的咖啡店。随着贵族化气息浓厚的沙龙文化淡出历史舞台，到第三共和国前期，咖啡店已经成为知识分子以及“前卫”艺术家们切磋交流的独特场所。就是在这一时期，地处蒙马特尔的“黑猫咖啡店”（Le Chat Noir，1881年开张，1897年歇业）老板鲁道夫·萨里斯（Rodolphe Salis，1851—1897）雇请了一批工人阶级出身的歌手，其中包括很快就将成为19世纪末法国最著名歌唱家的布吕昂（Bruant，1851—1925）。布吕昂的出现及其引起的轰动标志着新一代工人歌手已经与老一辈“工人音乐人”如巴黎公社战士克莱芒（Clément，1836—1903）和鲍狄埃（Pottier，1816—1887）等人开始决裂。老一辈继续坚守启蒙运动的价值观念和大革命的光荣传统，他们高唱的是“旧世界打得落花流水”和“工人的要求，挣工资者的起义”。与此相反，布吕昂们却已对社会进步不抱希望，他们吟唱的是“受苦受难者的哀痛”，“他们不知道自己将去哪里打发这一夜”。老歌手们使用的是正规有余的“标准法语”，而布吕昂们用的却是有如外语一般的“工人黑话”。

对于这种“不思进取、自甘沉沦”的现象，克莱芒曾谴责说：在蒙马特尔的那些“有吃有喝有戏看的餐馆”（cabaret，娱乐型饭店，音译为“卡巴莱”）中，“与进步、正义和仁爱相关的一切东西都被弄成了逗笑的剧目”，“在现实主义的幌子下，把穷人弄得像妓女那样说话”，“而工人阶级却被弄得像拉皮条者那样谈吐”。让老一辈革命家痛心欲绝的是，布吕昂以及其他一些工人新歌手以其消沉的咏叹取得了巨大的成功。富起来的布吕昂不久便开办了自己的咖啡店并继续从事他那反传统的演唱事业。正是在此时期，原先被政府视为危险地带的蒙马特尔开始成为新文化的传播中心。①

① 关于“黑猫咖啡店”与法国的演唱事业，可参阅 Bettina L. Knapp, “The Golden Age of the Chanson”, *Yale French Studies*, No. 32 (1964), pp. 82–98。

在工人阶级走向理想幻灭的同时，资产阶级主流文化内部也开始出现剧烈分化，有板有眼、言之凿凿的现实主义和科学主义在新文化浪潮的冲击下渐失风光。在纷繁复杂的新文化浪潮中，影响最大的是首先从文学领域中兴起继而扩及其他文化领域的“象征主义”（symbolisme），其主体观念是：在人们所熟悉的这个“现实世界”以外，还存在着“另一个世界”；现实世界是虚幻、痛苦而丑陋的，而“另一个世界”则是真实、幸福而美好的；象征主义的职责就在于探索“另一个世界”，使人们能够“真切”感受到它的存在，为达到这一效果，可以动用文字、声音、图画等各种媒介来刺激人们的感官，使之产生迷离恍惚的神秘联想，从而形成某些“意象”，即所谓的“象征”。① 除以“颓废”（décadence）为基本特征的象征主义文学而外，对现实主义造成巨大冲击的还有日益走向非理性化的印象主义画派以及在 20 世纪初兴起的其他一些新潮画派。新文化浪潮对现实主义的肢解是多层次、多维度的，在这里，我们只能作一简单概述。

在诗歌创作方面，反传统的代表人物主要有性格怪僻、整日愁眉不展的马拉梅（Mallarmé，1842—1898），一生放荡、把妻子撇在一边的魏尔兰（Verlaine，1844—1896）以及拒绝工作、酗酒成性、37 岁便去世的兰波（Rimbaud，1854—1891），其诗作的共同特征是注重暗示和隐喻，对于其真实内涵，读者不仅要用理智去理解，更重要的是要靠心灵去领悟。在这些特立独行的诗人们看来，由心灵感悟到的那种神秘意象虽然不是物质的，但却比物质世界更真实。在小说创作方面，具有典型意义的作家是于斯曼（Huysmans，1848—1907）。他虽然自称是自然主义文学巨匠左拉的信徒，但他却在 1884 年出版了一点也不“自然”的小说《反自然》（*À rebours*，亦译《逆流》）。这部作品的主人公是一位“越来越女性化的”年方 30 的贵族男子，他的双手虽然纤细无力、干干巴巴，但他却决心要把所谓“合理的东西”全部倒转过来。他把屋里摆设的真花真草全部换成假花假草，然而，看着那些“长得”太像真花的假花，他却感到恶心不已，于是他又把真花搬了回来并将之弄得有如假花。最后，这位柔弱的贵族男子不得不靠导管进食，而他本人却对这种“反自然”的结局兴高采烈。② 西方的一些文学评论家认为，这位主人公的所作所为虽然离奇古怪，但却象征着法国人当时面临的思想

① 参阅 Northrop Frye, “Three Meanings of Symbolism”, *Yale French Studies*, No. 9 (1952), pp. 11–19; Robert G. Cohn, “Symbolism”, *The Journal of Aesthetics and Art Criticism*, No. 2 (1974), pp. 181–192。

② 参阅 Rodolphe Gasché, “The Falls of History: Huysmans’s *A Rebours*”, *Yale French Studies,* No. 74 (1988), pp. 183–204。

危机：以造作取代自然，以逆反取代理性，以沉沦取代进步。

在颓废主义者和象征主义者的作品中，传统资产阶级一直宣扬的那种循规蹈矩式的家庭关系和两性关系也成了狂轰滥炸的目标。在他们的笔下，妇女往往被描绘成充满色欲、不可名状的妖妇。而且，在于斯曼、马拉梅等人的作品中，人们甚至找不到女性的踪迹，即使有“性爱”场面的描述，那也仅限于男人之间的同性恋。在新潮作家中，大胆地在文学作品中渲染剖析同性恋问题的首推纪德（Gide，1869—1951）。1893 年，年轻的纪德前往北非，在那里与招之即来的男妓度过了许多日日夜夜。次年，他再次去了北非，而且还向一些作家朋友坦承自己的同性恋真情。但是，他无法摆脱宗教信仰和社会传统的束缚，1895 年，他还是与比自己大两岁的表姐（舅舅的女儿）结了婚。这种结合并不是出于两性的吸引，而是仅仅出于纪德对其表姐的尊敬与安慰。这一“不幸”的婚姻加剧了纪德内心的情感矛盾，从而也造就了他的第一部杰作《地粮》（*Les nourritures terrestres*，1897 年）。在这部作品中，纪德多用象征手法，行文也较隐讳。到了后来，纪德不再躲躲闪闪，他开始公开为同性恋进行辩护。①

当反传统的新文化运动在文学领域愈演愈烈之时，绘画领域里的革新之势也是如潮如涌。在这里，象征主义风格亦有充分的表现，其中影响最大、受众面最广的是那些张贴于街头闹市的象征主义招贴画和广告牌，与“理性主义”画家笔下的那种阳光灿烂、色彩明亮的景色不同，这些象征主义画作中更多的是各种灰暗的色彩。象征主义画家雷东（Redon，1840—1916）更是以描绘怪异、邪恶、无法捉摸、模棱两可的形象而闻名，从其画作的名称《哭泣的蜘蛛》（*L'araignée qui pleure*，1881 年）以及《微笑的蜘蛛》（*Araignée Souriante*，1885 年）中，人们便不难想象其画风与现实主义的天渊之别。② 也就是在这一时期，印象主义绘画流派发展到一个新的阶段（“后期印象主义”），并出现了两位最具代表性的画家，一位是以《我们从哪里来？我们是谁？我们到哪里去？》（*D'où Venons Nous / Que Sommes Nous / Où Allons Nous*，1897 年）等画作惊世、最后远遁并孤零零客死异乡的高更（Gauguin，1848—1903），另一位是以系列绘画作品《向日葵》（*Tournesols*，1887—1889）等众多画作闻名的来自于荷兰、创业于巴黎、后来发疯地割去自己的一只

① 参阅 Gaëtan Picon, “Remarks on Gide's Ethics”, *Yale French Studies*, No. 7 (1951), pp. 3–11。

② 雷东的扬名和于斯曼的小说《反自然》有一定关联。在这部小说中，主人公有诸多怪诞的癖好，其中之一就是收藏雷东的那些怪异的绘画作品。详见 Joris-Karl Huysmans, *Against Nature*, trans., Margaret Mauldon, Oxford: Oxford University Press, 1998, pp. 52–53。

耳朵并最终在精神病院自杀的凡·高（Van Gogh，1853—1890）。他们极大地强化了在早期印象主义中已经初露端倪的非理性成分，使画面与人的精神世界进一步结合起来，从而将印象主义绘画的主观特征推向了高峰。①

在象征主义和印象主义的滋养下，20世纪初，法国的绘画进入所谓的“神奇发展”阶段，两个与传统绘画几乎毫无共同之处的绘画流派相继出现。一个是以马蒂斯（Matisse，1869—1954）为代表的“野兽派”（Fauvisme）：其基本特点是，简化形体的外在表现形式，以简约的线条传达画家内心的感受与情绪，为给观众带来特殊的感官刺激，画面上的形体可以超乎常规地扭曲变形。1905年，马蒂斯等人在巴黎举办画展，评论家沃克塞尔（Vauxcelles，1870—1945）无法接受这些“面目可憎、放荡不羁”的作品，于是将陈放此类画作的展厅称作“野兽之笼”，“野兽派”也就因此得名。② 另一个是以毕加索（Picasso，1881—1973）为代表的“立体派”（Cubisme）：毕加索虽是西班牙人，但他的艺术生涯基本上是在法国度过的（1904年定居巴黎），因而他通常被视为一位“法国艺术家”。如果说野兽派还只是“扭曲”形体的话，那么，毕加索则在很大程度上放弃了对形体的再现。他通常将画面中的形体简化为具有象征意义的几何图形，不断变换视角，把从不同角度观察到的形象重叠在同一个画面上，从而造成立体效果。虽然说由评论家沃克塞尔炮制出来的“立体主义”（立体派）一词要到1908年才出现，而且，这个标签最初是用指法国画家布拉克（Braque，1882—1963）的那些“布满了许许多多小立方体”的作品，但是，一般认为，立体主义的最早作品是毕加索于1907年创作的《阿维农女郎》（*Les Demoiselles d'Avignon*）③，正是这一幅画

① 尽管凡·高是荷兰人，但他的艺术及人生经历与法国有着密切关系。另外，关于凡·高和高更两人的关系及画风，可详阅 Martin Gayford, *The Yellow House: Van Gogh, Gauguin, and Nine Turbulent Weeks in Arles*, London: Penguin, 2006。

② 虽然马蒂斯在20世纪初被视为绘画领域中的一头“野兽”（fauve），但是，从20世纪20年代起，人们开始认为，马蒂斯实际上还是古典主义画风的坚定支持者和践行者，见 Richard J. Wattenmaker, et al., *Great French Paintings from the Barnes Foundation*, New York: Alfred A. Knopf, 1993, p. 272。

③ 这是一幅没有最终完稿的大型绘画作品（高2.44米，宽2.34米），其中文译名通常是《阿维农少女》或《阿维农姑娘》。正是这一“纯情”的汉语译名使得不了解此画真实内涵的众多读者（包括不少学者）产生了谬以千里的误解，以为这是一幅以法国南方名城阿维农为背景、以该城几位“少女”为对象的反映美好生活的画作。实际上，这里的“阿维农”并不是法国的阿维农城，而是西班牙巴塞罗那市的一条街道的名称（西班牙文为 Carrer d'Avinyó，即“阿维农大街”），它是以色情业闻名而且是毕加索本人并不陌生的“妓女一条街”。画面上的5位女人也不是什么“少女”，而是搔首弄姿、竟展肢体、等待“顾客”（client）挑选的裸体妓女。这幅画的最初名称就是《妓院》（或译《窑子》*Le Bordel*，英文译名是 *The Brothel of Avignon*）。此画经多次转手，现藏于美国纽约现代艺术博物馆。详阅 L. Steinberg, “The Philosophical Brothel”, *October*, No. 1 (1988), pp. 7–74。

作标志着西方造型艺术开始发生翻天覆地的变化。

以上所述的方方面面只是从空间层面对现实主义进行了否定，除此之外，新文化浪潮还从看不见摸不着的“时间”这一维度对现实主义提出了挑战。数百年的资产阶级文化一直认定，时间是客观的，每一个事件只能与一个时间相对应。但是，新的哲学思潮却试图打破这种传统的时间观。在这个问题上，最为著名的代表人物是以宣扬“生命哲学”而风靡一时的伯格森（Bergson，1859—1941），他于1889年出版《论意识的直接材料》（*Essai sur les données immédiates de la conscience*，英文版译名为 *Time and Free Will*，即《时间与自由意志》），1896年又发表《物质与记忆》（*Matière et mémoire*）。他认为，对于人类来说，时间并不像自然科学所确定的那样“客观”，适用于人类的是“心理时间”，这种“心理时间”是一种与客观时间毫不相干的“延续”，它存在于人的内心世界。[①] 伯格森极富演讲才能，因此，虽然他的理论并不易懂，但他在巴黎的演讲还是吸引了大量上流社会的听众，其中包括不少牵着巴儿狗的贵妇。而且，他的文笔优美，用词考究，正因如此，这位哲学家于1927年获得了诺贝尔文学奖。伯格森的否定理性、重视直觉、强调“心理时间”的哲学理论对文学艺术一度产生了很大影响，其中受影响比较明显的是著名作家普鲁斯特（Proust，1871—1922）及其7卷本小说《追忆似水年华》（*À la recherche du temps perdu*），在这部作品中，时间与空间不时被打乱，相隔几年、几十年的场景时常交织在一起。

这场“文化革命”并不能算是一种群众运动，除了那些以哀叹现实生活苦难为内容而且表现形式直观好懂的“反叛”作品能够为民众接纳以外，新潮文化的大多数产品还只能在范围有限的文化圈中流传。普通百姓还是喜欢那些一是一、二是二的有顺序，有情调的文化作品。评论界关注最多的往往是读者最少的，而读者最多的又往往是评论界认为不值一提的。这正是“前卫文化”与“大众文化”的差别所在。同时还需指出的是，在保守与激进并存的法国社会，新潮文化遇到的阻力是巨大的。于斯曼的《反自然》出版后，随即被指责为“毒草”。纪德的众多作品也被视为有伤风化，尽管他在后来的岁月中获得许多荣誉，但在他死后，其全部作品却还是被天主教会列为“禁书”。印象主义画派在第二帝国时曾遭到攻击，进入第三共和国以后仍被传统主义者视为“异类”。1900年，巴黎

① 关于伯格森的哲学理论，可参阅谭裘麒：《唯有时间（绵延）真实——柏格森自我意识本体论初探》，载《哲学研究》1998年第5期，第65—71页。

举办世界博览会，印象派作品获得参展权。世博会开幕当天，总统卢贝前往印象派作品展厅参观，但反对者却在厅前阻拦并说："总统阁下，请留步，这里面是法兰西的耻辱！"

另外值得一提的是，伯格森虽然否定时间的客观性，但这并未能够阻止人们依据牛顿的时间观看待世界。1912 年的巴黎会议确定，格林尼治时间为世界时间的基准，并依此将全球划分为 24 个时区。1913 年 7 月 1 日上午 10 时，巴黎的埃菲尔铁塔向世界传出了第一个全球时间信号，据称，这是绝对的、客观的时间，是经由科学测定出来的时间。这种科学的全球时间体系付诸实施以后，计算距一战爆发的时间也就变得准确而科学了。

第四节　殖民争夺与走向"复仇"

第三共和国的建立与延续圆了众多法国人的共和梦，但是，从国际舞台这一广阔的视野来看，这个没有君主的共和国与从前的君主制法国相比在本质上并没有什么殊不可言的差别，与周围的各个君主制国家相比也没有多少惊人骇世的不同，该抢的还是要抢，该霸的还是要霸。在这一时期，法国的对外行动可以说是千头万绪，其对外政策也不是从一而终，但是，纵观这一段历史，还是可以大致归拢出两条基本线索，一是海外殖民，二是对德"复仇"。关于这两条线索，有几个问题值得留意。首先，不论是海外殖民还是对德"复仇"，二者都加剧了欧洲国家之间的矛盾。对于法国而言，二者都是将其拖入第一次世界大战泥坑的重要因素，只不过前者是间接了一些而后者是直接了一点。其次，不应以是否反对"复仇"、是否主张殖民作为区分政客们进步或保守的标准。例如，不能因为费里主张对德"复仇"缓行一步就认为他是一个"和平主义者"，这是因为，他在维护西欧小范围"和平"局面的同时却在其他地区大动干戈。同样，也不能因为克雷孟梭反对殖民就认为他是一个"国际主义者"，他在晚年曾表示："我当时谴责费里把我们的人力和财力投入远征，因为那时比这要紧得多的事业正需要人力和财力"。再次，不论有多少届政府在殖民与"复仇"孰轻孰重的斗争中倒了台，一个具有讽刺意味的结局就是，激进派不再否定殖民地给法国带来的巨大利益，温和派在对德“复仇”方面也不再畏首畏尾。在保家卫国的大旗下，法国上下最终空前统一，满腔豪情地迈着整齐的步伐，走向对德拼杀的战场。

一、海外抢夺与“无主土地”的枯竭

第三共和国的大规模殖民活动开始于19世纪80年代前期的费里时代。尽管费里本人于1885年在“复仇”主义者的“打倒费里”、“淹死费里”[①]的呼喊声中下了台，但他的殖民成果却毫发无损地保存下来。经过短短几十年的开拓，法国的海外殖民地在原来基础上又有急剧膨胀，其中主要集中在非洲的西部和北部、非洲东南的马达加斯加岛以及亚洲的印度支那[②]。至1912年，法国的殖民地面积达1060万平方公里，殖民地人口达到5550万。正如当年费里所设想的那样，殖民地的确为法国提供了广阔的市场，从1902年起，法国与其殖民地之间的贸易额开始超过它与德国、卢森堡、比利时三国贸易额的总和。随着殖民地重要性的日益展现，法国朝野对待殖民活动的态度也趋于一致。1895年，已经垂垂老矣的共和国元老、反教权主义的坚定人物茹尔·西蒙对教会团体“圣灵教士团”在非洲的“探险”活动给予高度颂扬，他说，教士们“一手拿着十字架，一手举着旗帜，……所征服的土地三倍于我们的祖国”。[③]1912年12月，社会党人莫里斯·维奥莱特（Maurice Violette，1870—1960）也为殖民活动进行了辩护，认为殖民是为“文明和博爱事业”服务的，因为在那些蛮荒之地，“有食人陋习需要取缔，有奴隶制度需要摧毁，有嗜血小君王的骇人听闻的暴政需要镇压”[④]。拉维斯在其编写的小学历史教材中，更是将法国的殖民活动打扮得分外妖娆：“法国

① 费里虽没有被“淹死”，但克雷孟梭等人为他制造的“俾斯麦的奴才”形象却深入人心。1887年12月，一位来自外省的“复仇”主义者在波旁宫向费里开了两枪，分别击中右肋和胸部。克雷孟梭及时为之救治并亲自替他包扎伤口，但6年之后（1893年），费里还是死于这次枪伤的后遗症，享年61岁。

② 1887年，法国将越南、老挝和柬埔寨三国合并，组成“印度支那联邦”。20世纪七八十年代，越南试图重建“印度支那联邦”，不过未能成功。关于法国人对“印度支那”在法国殖民体系中的重要性的认识，参阅 Virginia Thompson, “Indo-China—France’s Great Stake in the Far East”, *Far Eastern Survey*, No. 2 (1937), pp. 15–22。

③ Jean-Yves Mollier et Jocelyne George, *La plus longue des républiques, 1870–1940*, Paris: Fayard, 1994, p. 244.

④ Alice L. Conklin, *A Mission to Civilize: The Republican Idea of Empire in France and West Africa, 1895–1930*, Stanford, CA: Stanford University Press, 1997, p. 140.

对被征服民族是仁慈的”，因为法国殖民者不仅阻止了当地民族之间的混战，而且给他们建了铁路、公路，还给他们办了许多学校。

虽然殖民地给宗主国带来了丰厚的利益，但是夺占并保住殖民地却并非轻松之举，殖民地的反抗斗争从未断绝，殖民国家之间的矛盾和摩擦也是从未停止。到了 19 世纪末，当世界上的“无主”土地已被几个主要资本主义国家瓜分殆尽之时，殖民战场上却又多了一支如饥似渴的势力，这就是在普法战争中诞生的年轻的德意志帝国。在帝国成立后的最初岁月中，俾斯麦一直奉行巩固本土、淡出海外的“大陆政策”，在俾斯麦的苦心经营下，德国迅速崛起为欧洲第一工业强国，但是，他对海外市场的淡漠还是引起资产阶级的不满。主张向外扩张的威廉二世（1888—1918 年在位）上台后不久，俾斯麦便于 1890 年告老还乡，德国由此终于可以冲出欧洲、走向世界了。但是，面对已是残羹剩饭的殖民餐桌，德国人已深感“落伍”，一位军事将领更是痛心疾首地写道：“如果我们来观察一下英国、法国甚至小小的比利时所拥有的殖民地面积，我们会清楚地看到，在地球的分配中，我们自己早犯下了严重的错误，吃了大亏。”在这种焦灼不安心态的支配下，德国在殖民地问题上势必要见缝插针，殖民国家之间的争斗也势必要愈演愈烈。

尽管德国愤愤不平，英法等老牌国家却不予理会，他们继续不亦乐乎地忙于构筑自己的殖民地图，这种马不停蹄地开疆拓土不久就使英法两国在非洲土地上撞了车。英国在非洲的殖民地主要集中在非洲南端和非洲东北部，将南北连成一体是英国追求的重要目标。而法国在非洲的殖民地主要集中在西部非洲以及北非的西部地区，同时在非洲东端也占有少许土地，因此，将东西连成一片当然也就成为法国梦寐以求的理想境界。1898 年，这一纵一横两条路线终于使英法两国军队在苏丹中部小村法绍达（Fachoda，1904 年更名为科多克，Kodok）相遇、对峙并几欲动手。各自均有许多其他麻烦事的英法两国在最后关头决定妥协并达成“谅解”：法军从法绍达撤回，英国将为法国提供其他有利可图的机会。此即有名的“法绍达事件”，它标志着英法关系开始由对抗走向缓和。[①]1904 年，英法达成“诚意协约”（Entente Cordiale），有关殖民地问题的“谅解”终于落实到具体条文上来：法国方面“不妨碍大不列颠在埃及的活动”，英国方面则承认“维持摩洛哥的和平是法国的职责”。但是，这种两相授受的私下交易很快便引发了

① Alistair Horne, *La Belle France*, New York: Vintage Books, 2004, pp. 298–299.

国际危机。

埃及和摩洛哥是北部非洲最具战略意义的两个地区，它们分别在东西两端扼守着地中海的出海口。埃及自 1882 年起便被英国占领，因此，法国在“诚意协约”中承诺的“不妨碍”原则只不过是对既定事实的承认。而摩洛哥在形式上仍是一个独立主权国家，在理论上是可以让列强“利益均沾”的“开放地带”。对于法国在摩洛哥的活动，反应最为强烈的当然是国力强盛而殖民地甚少的德国，它宣布不承认英法之间的所谓协约，同时要求将摩洛哥作为一个“国际问题”来处理。1905 年 3 月，德皇威廉二世还亲访摩洛哥，声称要维护摩洛哥的独立和主权。国内政治纷争不已的法国并未做好对德战争的充分准备，因此被迫退让。此即“第一次摩洛哥危机”。但是，问题并未最终解决。1906 年，法国与西班牙一道迫使摩洛哥当局将沿海所有城市的治安管理权让与法西两国，而且管理费由摩洛哥方面承担，这就使得法国在摩洛哥有了很大的行动自由。①1911 年 4 月，摩洛哥首都非斯（Fès）爆发反对政府开征新税的起义，应摩洛哥素丹请求，法国随即派兵镇压并乘机占领了非斯。德国再次作出强烈反应，甚至把军舰开到了摩洛哥。但是，当英国明确表态支持法国之后，德国开始有所收敛。法国总理卡约（Caillaux，1863—1944）力图避免战争，于是与德方展开谈判并达成协议：德国承认摩洛哥受法国“保护”；作为酬报，法国将法属刚果的一部分划归德国。这就是所谓的“第二次摩洛哥危机”。1912 年 3 月，法国正式宣布摩洛哥为法方的保护国。随着摩洛哥的“私有化”，欧洲各国在非洲的殖民争夺已基本走到尽头，依靠殖民地问题上的让步来“绥靖”德国的这种做法已经失去了土地基础，欧洲人的问题由此只能在欧洲本土加以解决。②

二、结盟对抗与“欧洲大战”的爆发

拉帮结派本是个毫无新意的话题，包括法国在内的许多国家就是从这种外交蜘蛛网中一路走过来的。与以往相比，19 世纪末 20 世纪初欧洲政治势力重新组

① 参阅 Norman Dwight Harris, “European Intervention in Morocco”, *The Yale Law Journal*, No. 7 (1910), pp. 549–563。

② 参阅 C. M. Andrew, A. S. Kanya-Forstner, “France, Africa, and the First World War”, *The Journal of African History*, No. 1 (1978), pp. 11–23。

合分野的不同之处就在于，它不仅将整个欧洲拖进了史无前例的残酷战争，而且还将亚洲、美洲的一些国家卷了进去。19 世纪晚期，欧洲国家间的矛盾虽然错综复杂，但是，最敏感的问题还是那个曾经地跨亚非欧三洲的奥斯曼土耳其帝国衰落之后造成的“东方问题”，最敏感的地区当然也就是已从土耳其版图中基本剥离出来的面积不大但却多灾多难的巴尔干半岛。在这个半岛上，当时已经宣布独立的国家主要有希腊（1830 年）、罗马尼亚（1878 年）、塞尔维亚（1878 年）和黑山（1878 年）；另外还有虽隶属于土耳其但却获得自治的保加利亚（1878 年自治，1908 年独立）；波斯尼亚—黑塞哥维拿（简称波黑）虽要求独立，但 1878 年却被奥匈帝国[①] 占领，1908 年正式被其吞并。对于巴尔干半岛上的这些土耳其“遗产”，半岛东北面的俄罗斯和半岛西北面的奥匈帝国这两大邻国均有意控制，两国的关系自然紧张。从地理位置上说，法国地处欧洲西陲，对千里之外的巴尔干半岛并无多少发言权，但是，随着欧洲各国外交关系的亲疏变化，法国还是很快就成了“巴尔干锁链”中的重要一环。

在欧洲政治矛盾升级过程中，德国是一个关键性的促发因素。在 19 世纪 70—80 年代，德国一直将西部邻国法兰西视作最为危险的战争对手。为避免东西两线作战，俾斯麦曾精心培育与东邻俄罗斯的关系。但是，到 19 世纪 90 年代初，德皇威廉二世放弃了俾斯麦的联俄政策，转而与奥匈帝国结盟。受到德奥双重钳制的俄国为摆脱外交上的孤立，便随即投入热情相迎的法国人的怀抱，双方于 1893—1894 年开始订立一系列秘密协议。在俄法结盟过程中，具有象征意义的举动是：1896 年，沙皇尼古拉二世（Nicolas II，1894—1917 年在位）访问巴黎，期间还为“亚历山大三世桥”（Pont Alexandre III）这一法俄友谊之桥亲自奠基。[②] 1897 年，法国总统富尔（Faure，1841—1899）又对圣彼得堡进行了回访。为法俄亲善添砖加瓦的是，法国的资金源源不断地流向俄国，1900 年已达 60 多亿法郎，到 1914 年更多达 100 多亿法郎。在鼓励法国民众将手中的积蓄大胆投往俄国方面，法俄两国的主要报纸起到了推波助澜的作用，它们宣扬说，将法郎投向俄国有如储藏黄金一样保险。这种反反复复的强劲灌输打动了众多对白吃利息

① 匈牙利 16 世纪便被奥地利哈布斯堡王朝所控制，但其独立斗争一直没有平息。1867 年，奥地利采取妥协政策，有限承认匈牙利的民族政府，从而使得奥、匈两国组成一个“君合国”（the Dual Monarchy），奥地利帝国由此改称奥匈帝国。1918 年，奥匈帝国解体，匈牙利独立。

② 此桥是为纪念沙皇亚历山大三世（1881—1894 年在位）而建，正是这位沙皇开始决意与法国接近。亚历山大三世桥连接塞纳河两岸，向南直通荣军院（伤残军人院），该桥至今仍是巴黎的一个既有实用价值又富美学内涵的历史名胜。

颇感兴趣的法国投资者。[①]不过，最终结果却是让这个以“高利贷帝国主义”著称的法国尝尽了苦头，十月革命“一声炮响”，使得法国在俄国的投资血本无归，当然，这是后话。

法俄结盟的后果是非常明显的。第一，俄国与奥匈帝国都感到自己在巴尔干半岛可以放开手脚进行活动了，因为俄国有法国的支持，而奥匈帝国则有德国的支持。第二，法国觉得可以对德国发动一场“复仇”战争了，因为它有俄国的支持。第三，德国开始认识到，一旦战争爆发，德国将腹背受敌。第四，几个大国都意识到了战争的可能性，因此都开始盘算自己的作战方案。德国的危机感最强，经过十几年的筹划，到 1905 年前后，“施里芬计划”（Schlieffen Plan）[②]最终形成，其主体内容是：首先将优势兵力集中在西线，穿过“中立国”比利时之后绕到法国的后方，用 6—8 周的时间击溃法国；然后利用德国境内便利快捷的铁路交通，调兵东向，打败俄国。[③]这一方案显然是建立在“速决战”、“闪电战”思想基础之上的。实际上，其他一些国家也存在着类似的想法，认为战争将在短时间内决出胜负。

20 世纪初，欧洲各国的外交穿梭更趋频繁，军事对抗的气氛更为浓烈。尽管几乎没有人预见到随时可能爆发的战争将是一场“持久战”，但有一部分人却意识到，在新技术、新武器层出不穷的新时代，战争将更为残酷，战争造成的破坏也将更具灾难性。法国社会党领袖饶勒斯即是对这一问题有着清醒认识的代表人物之一。在 1906 年法国社会党代表大会上，饶勒斯号召工人要以一切手段“甚至以总罢工”的方式反对战争。但是，饶勒斯的全方位反战方案显然有些曲高和寡，1907 年在德国斯图加特（Stuttgart）召开的第二国际代表大会上，与会代表最终作出一个调子低了很多的含糊决议，即通过教育和游行示威来阻止战争。[④]

不论反战的呼声是高是低，它们对政府的决策似乎都没有产生实质性的影

---

① 1917 年，俄国布尔什维克党人在前沙皇政府的档案中发现，当年那些卖力宣扬对俄投资有利可图的报纸和记者中，有许多都曾秘密接受过沙俄或法国政府的特殊津贴。参见 Claude Bellanger et al., *Histoire générale de la presse française*, Paris: PUF, 1969–1976, III, pp. 270–275。

② 这一作战方案是由 1891—1905 年间担任德军总参谋长的施里芬（Schlieffen，1833—1913）负责制定的，故名“施里芬计划”。

③ 参阅 David Stevenson, “War by Timetable? The Railway Race before 1914”, *Past & Present*, No. 1 (1999), pp. 163–194。

④ 参阅 Sandi E. Cooper, “Pacifism in France, 1889–1914: International Peace as a Human Right”, *French Historical Studies*, No. 2 (1991), pp. 359–386。

响，各国的备战步伐仍在不断加快。面对德国的大规模扩军行动（大战前夕德国陆军部队多达 230 万人），法国政府深感不安，因为在现行的两年兵役制条件下，法国军队只有 49 万人。法国政府于是决定改行三年兵役制并取消一切军役豁免特权，这样就可使常备军保持在 75 万人左右(大战前夕法国军队扩至 180 万人)。社会党和部分激进党成员坚决反对扩军，并且在 1913 年 5 月 25 日发起有 15 万群众参加的反扩军大游行，但是众议院还是在 1913 年 7 月 19 日投票通过了三年兵役法。既然三年兵役法已是木已成舟，社会党人于是就从社会财富分配方面展开斗争，其目的在于“让富人掏钱去打仗”。他们要求对年收入在 5000 法郎[①] 以上者征收个人累进所得税。这一提案得到议会的批准，从 1914 年起，针对高收入者的个人所得税正式开始征收。

当军事对抗的网络已在欧洲范围内交织完备的情况下，任何一个局部性冲突都有可能将整个欧洲的战争机器带动并运转起来。1914 年 6 月 28 日，奥匈帝国的皇储弗兰茨－斐迪南（Franz-Ferdinand，1863—1914）前往波黑首府萨拉热窝(Sarajevo）参加军事检阅活动，但被来自塞尔维亚的民族主义者刺杀。在德国的支持下，1914 年 7 月 28 日，奥匈帝国向塞尔维亚宣战。第二天，对塞尔维亚负有“保护”义务的俄国宣布进行军事动员。战争范围的扩散已近在眼前。7 月 31 日，反战斗士饶勒斯在巴黎约见多名政府部长，呼吁他们立即向俄国表明态度：法国不会支持它进行这场借口并不成立的战争。但饶勒斯的努力终归徒劳。当天晚上，饶勒斯与朋友们一起到饭馆用餐，席间他曾表示：“我要写一篇新的《我控诉》，我要把对这场战争危机负有责任的每个人都揭发出来。”然而，就是在此时此地，他却倒在了一位狂热沙文主义者的枪口之下。饶勒斯的悲惨结局标志着孤独的反战呼声就此遁入天际。就在巴黎民众举行各种仪式哀悼饶勒斯时，德法两国政府几乎同时开始军事动员。德国首先向比利时发出最后通牒，要求比方准许德军穿越其境去攻打“威胁德国安全”的法国。遭到比方拒绝之后，德国于 1914 年 8 月 3 日向比利时和法国宣战。8 月 3 日晚，法国对德宣战。在欧陆已是狼烟四起之际，英国又向德国发出最后通牒：如果德国破坏比利时的中立，英国就将参战。1914 年 8 月 4 日，德军侵入比利时，英国随之对德宣战。第一次世界大战全面爆发。

撇除其他国家的参战动机不论，从法国方面来看，参加这场大战就是要对德

① 1913 年，巴黎普通工人的全年收入平均约为 3000 法郎；而外省更低，平均约为 2000 法郎。

普恩加莱

“复仇”，就是要把失去的领土夺回来。[①] 正是在这种民族情绪的支配下，原来一直攻伐不已的各政治派别在大战爆发后立即搁置一切分歧，空前绝后的“民族大团结”应运而生。1914 年 8 月 4 日，总理维维亚尼以异常激动的心情宣读了总统普恩加莱致众参两院的咨文，其中说道：“法兰西的儿女将英勇地保卫自己的国家。他们共同对敌的神圣团结是任何力量也破坏不了的。”[②]1914 年 8 月 26 日，囊括法国一切主要政治派别的“神圣联合”（Union sacrée）政府宣告成立。[③] 并不值得大惊小怪的是，原先一直宣称不与资产阶级政府同流合污的坚定的社会主义者盖得（Guesde,1845—1922）在“神圣联合”内阁中担任了不管部长。[④] 不久，全国总工会领袖儒奥（Jouhaux，1879—1954）也与巴黎大主教一样，成为“全国慈善委员会”董事会成员。

① 参阅 Roy A. Prete, “French Military War Aims, 1914–1916”, *The Historical Journal*, No. 4 (1985), pp. 887–899。

② ［法］菲利普·埃尔朗热著，周以光等译：《克雷孟梭传》，北京：商务印书馆 1990 年版，第 362 页。

③ 参阅 Joseph F. Byrnes, “Priests and Instituteurs in the Union Sacrée: Reconciliation and Its Limits”, *French Historical Studies*, No. 2 (Spring, 1999), pp. 263–289。

④ 不管部长（ministre sans portefeuille），亦称“无任所部长”或“国务部长”，是不专管某一部事务的部长。不管部长通常是内阁成员，参与内阁决策，处理内阁会议决定的或由总理交办的特种重要事务。

第八章

战争与危机的交织

（1914—1959）

爆发于1914年的第一次世界大战掘开了法国人对德“复仇”的大坝，从而使法国陷入长达4年多的战争磨难。尽管法国人为这场战争付出了极为惨重的代价，但法国终究是以战胜者的形象出现在谈判桌旁的。不论这一胜利有多么虚幻，它毕竟为议会制共和政体提供了继续存在下去的理由：它能带领法兰西人民打胜仗并能捍卫法兰西民族的尊严。正是在这一议会制共和政体之下，法国于1939年又卷入了第二次世界大战，然而，在希特勒腾出手来对法国发动全面进攻之后，法国竟然在短短40多天内便全线溃败。议会制共和国失去了继续存在下去的理由，代之而起的是具有法国特色的“准”法西斯独裁政体（维希政权，Régime de Vichy，1940—1944）。[①] 经过这一短暂的插曲之后，法国又重新走上共和之路。在戴高乐的带领下，存在两年多的“法兰西共和国临时政府”

① “维希政权”又称“维希法国”（France de Vichy）或“维希政府”（Gouvernement de Vichy），但这个时期法国的正式名称是“法兰西国家”（État Français）。对于维希政权在法国历史链条中的角色，不同时期有不同的说法。从维希政权建立之日起，戴高乐就宣称它是一个没有宪政基础的非法政权。维希政权垮台之后，戴高乐从民族和解的大局出发，继续认定它是“非法”的，因此，对于这个政权所犯一切罪责，法国不负任何责任。如此一来，1940—1944年间的法国历史就成了一段所谓的“空白”时期。从历史学的时空角度来说，这种“空白说”当然是一种自欺欺人的善意的谎言，它只是一种应对时局之需的政治策略。20世纪90年代中期，情况开始出现变化。1995年7月16日，法国总统希拉克发表正式讲话，承认法兰西这个国家应该对自己在二战期间所做的“犯了罪的蠢事”负责。参阅 Jacques Adler, “The Jews and Vichy: Reflections on French Historiography”, *The Historical Journal*, No. 4 (2001), pp. 1065–1082。

(gouvernement provisoire de la République française，1944—1946）在社会重建方面做了大量复杂而微妙的工作。随后，在各派政治势力角逐之下产生的第四共和国（1947—1959）依旧沿袭议会制的传统，政局依旧动荡不宁并最终在阿尔及利亚问题上陷入绝境。在危机中诞生的第五共和国终于摆脱原有的政治体制，政治生活新局面由此开启。

前文有言，从 1870 年第三共和国建立到 1959 年初第四共和国终结，除了短暂的特殊情况之外，法国的政治体制基本上维持在“议会制共和国”的轨道之上。前一章已对其前半段（1870—1914）历史作了简要描述，接下来，我们将把目光转向其后半段的历史。在 1914 至 1959 年间，虽然说法国的政治体制在绝大部分时间里依旧因循原有的传统，但是，“时过”也就意味着“境迁”。在此阶段，不仅法国自身经历了深刻的变化，而且，法国所面临的外部环境也出现了前所未有的转折。关于这一时期法国自身及外部环境的变化和转折，其表现形式是多重的，其中，尤为值得关注的大概有这样几个方面。

首先，法国人的民族情绪跌宕起伏，前后表现判若天壤。在一战前夕，是否支持对德开战几乎成为判定一个人是否爱国的唯一准绳，后人曾为此哀叹法国的和平主义者为何如此之少。与此相反，及至二战前夕，是否主张避免战争又几乎成为判断一个人是好是坏的唯一标准，后人也曾为此哀叹法国的和平主义者为何如此之多。而正是二战期间那段不清不白的履历在战后成为众多法国人长期背负的历史包袱。其次，欧洲正式分裂，集团化趋势中增添了新的政治内涵。在 1917 年之前，“东欧”和“西欧”之说还是纯粹的地理概念，但在俄国十月革命之后，东、西欧的概念逐渐蒙上强烈的意识形态色彩。在东方共产主义光芒的照耀下，法国也出现了共产党，而且法共在一段时期内还成为议会中的第一大党，不过，它却从来没有能够全面执掌政权。在东西欧对立的情况下，二战后的西欧在法国的积极倡导下开始走向联合，一体化的进程由此不断向前。最后，世界格局出现重大变革，大西洋对岸的美国成为欧洲内乱的最大得益者。1917 年，美国军队首次登陆西欧，从此之后，西欧就再也未能真正摆脱美国的影响，“西欧人的西欧”就此成为历史。在西欧沦为美国“势力范围”的过程中，法国虽然显得不太恭敬、不太顺从，但它终究不能闭关锁国，最后只能在矛盾状态中作适可而止的抗争。

第一节　一战中的同仇与磨难

第一次世界大战是人类在现代“文明”社会中上演的一场生灵涂炭的悲剧，它不仅未能从根本上解决任何问题，反而使原有的矛盾进一步积聚，“通过一场战争来结束一切战争”这种将残酷与美好混为一体的愿望最终被证明是一种不切实际的幻想。然而，在很长一段时期，一战却是许多法国人难以忘怀的一次荣耀，它不仅使法国光复了领土，而且为法国造就出一批“民族英雄”，更为重要的是，它为法国带来了以后再也未能出现的“民族团结”。对于这场千头万绪的世界性悲剧，在这里我们不可能进行全景描述，而只能就涉及到法国的那些大事要事作一概略梳理。①

一、第一次世界大战中的法军战局

与德国一样，法国对这场“不可避免的”战争也是早有准备。从 1875 年开始，法国军方就已着手制定对德作战方案，在最初阶段，防御思想占据主导地位。随着欧洲政治棋盘的重新组合以及反德情绪的不断高涨，法国的对德作战方案逐渐朝进攻型方向转变。1914 年 4 月 15 日，法军总参谋部最终确定了由总参谋长霞飞（Joffre，1852—1931）于 1913 年负责制订的“17 号方案”（Plan XVII），其基本思路是：“不论出现何种情况”，法军都将以最快的速度向被德国占领的洛林和阿尔萨斯地区发起进攻。② 法方的设想是：以成功收复失地作为战争开局，这将极大调动法军的士气。因此，法国将大批军队集中部署在法德边境地区，而

① 第一次世界大战（1914—1918）中两大敌对的阵营分别是以 1907 年法、英、俄“三国协约”（the Triple Entente）为基础的“协约国”（the Allied Powers）和以 1882 年德意志、奥匈帝国和意大利“三国同盟”（the Triple Alliance）为基础的“同盟国”（the Central Powers）。共有 30 多个国家卷入这场战争，阵亡的军人约为900万，另有2000余万人受伤。参阅 H. P. Willmott, *World War I*, New York: Dorling Kindersley, 2003, p. 15, p. 307。

② 参阅 Robert A. Doughty, “French Strategy in 1914: Joffre’s Own”, *The Journal of Military History*, No. 2 (2003), pp. 427–454。

霞飞

忽视了在更北的比利时边境进行军事布防。欧洲战火正式点燃之后，法国便以极快的速度完成军事总动员，370 万法国男子（其中大多数为预备役军人）在鲜花和欢呼声中面带微笑地开赴杀敌前线。①

1914 年 8 月 15—25 日，法军按照既定方案在法德边境地区发动攻势，试图一举收复失地，但法军在这次“边境战役”中却惨遭失败，短短 10 天之内便损失 30 万人（其中大多数成为德方的战俘），法军的“鼓气”计划宣告破产。当法德军队在边境地区激战的同时，大批德军突入比利时，然后涌进法国北部，其目的在于从背后包围巴黎。德军的这一行动既出乎意料，又极为神速，8 月底，德军骑兵前哨已经饮马塞纳河，巴黎进入危急状态。身在前线的总参谋长霞飞敦促政府立即撤离首都。9 月 2 日夜，政府及议会离开巴黎前往波尔多。迅速镇定下来的霞飞作出判断：德军战线拉得太长，法军仍有抗击力量。他火速集结军队，于 9 月 5—10 日在巴黎和凡尔登之间的平原地带（即马恩河 Marne 两岸）与德军展开交火，6 天之内将德军向北逼退 50 公里。虽然此役未能将德军赶出法国领土，但巴黎却转危为安。经过这场马恩河战役，德军的速决战计划也变成泡影。②

由于占领巴黎的意图未能实现，从 1914 年 9 月下旬开始，德军又向法国西北移动，以图夺取英吉利海峡沿岸的各个港口，这里是英法军事协作的重要基地，占领它们也就意味着将在很大程度上切断英法之间的联系。德军为这次行动起了一个富有诗意的名称，即“奔向海边”行动，但经过拼杀之后，德军的这一计划还是未能实现，英法联军将德国军队击退到远离英吉利海峡的比利时境内。因此，从 1914 年 11 月起，战争初期的运动战开始转变为对峙不下的阵地战，双方均在敌军对面开挖战壕，同时还在两军对垒的交界地带建起了带刺的铁丝网，

① 参阅 Roy A. Prete, “French Military War Aims, 1914–1916”, *The Historical Journal*, No. 4 (1985), pp. 887–899。

② 参阅 Douglas Porch, “The Marne and After: A Reappraisal of French Strategy in the First World War”, *The Journal of Military History*, No. 4 (1989), pp. 363–386。

形成所谓的“齐格菲防线”（Ligne Siegfried）[①]。这条防线从比利时海边起步，穿过法国东北部的工业区，然后向东南一直延伸至瑞士边境。在这里，数百万士兵学会了前所未有的地下生活，他们不仅要在经常是老鼠横窜、泥浆四溅的环境中度日，而且还要承受日益猛烈的敌方炮火的轰炸，但双方在此均未能赢得决定性的胜利。当战局基本稳定下来之后，1914 年 12 月底，法国政府及议会又从波尔多迁回巴黎。

1915 年，西线战事继续沿着齐格菲防线进行。4 月，德军首先采用毒气战，协约国方面紧随其后，从此毒气战成为敌对双方竞相使用的杀人战术。对于法国而言，在这一年中，一个重要的收获是将意大利拉到了自己一边。意大利原本是“三国同盟”（德国、奥匈和意大利）中的一员，但在大战爆发之初它便于 1914 年 8 月 3 日宣布中立。意大利采取中立政策并不意味着它反对战争，而是待价而沽。英法许诺，意大利将获得仍在奥匈帝国占领下的“尚未收复的意大利”领土。在这一厚利诱惑下，意大利遂于 1915 年 5 月退出三国同盟，转而站到协约国一方并对奥匈帝国宣战。在随后的军事行动中，意大利军队虽连吃败仗且经常需要英法军队驰援相救，但它终究还是牵制了德奥的一部分军事力量。从总体上看，在整个 1915 年，西线的军事对峙状况依然没有改变。

从对峙出现之日起，双方就一直试图以密集的炮火和众多的人命为代价来打破这种不生不死的军事僵局，这也就意味着 1916 年的西线将不再宁静。德军选择大型军事要塞凡尔登作为其进攻目标，以图打开通向巴黎的道路。德军的大规模进攻从 1916 年 2 月开始发起，一直持续至整个夏季。法军有近 20 个师在第二军团司令贝当（Pétain，1856—1951）的率领下投入保卫凡尔登的战斗。[②] 为守住

---

① 一战期间的这条“齐格菲防线”是德军入侵法、比之后双方对峙的产物，其存在时间是 1914 年 11 月至 1918 年 3 月。希特勒建立法西斯政权之后，德国于 1937—1940 年间又在其西部边境修筑“齐格菲防线”（德国方面通常也称之为“西部壁垒”，Der Westwall），这条防线最终于 1949 年被拆除。在德国，齐格菲（Siegfried，亦译“西格夫里特”）是家喻户晓的传奇英雄，他是中世纪德意志英雄史诗《尼伯龙根之歌》（*Nibelungenlied*，成书于 1200 年前后）中的主人公，此人正直勇敢，早年杀死过怪龙，用龙血沐浴之后，其皮肤变得刀枪不入；但在此次沐浴中，一片树叶落到他的肩上，正是这个未受龙血浸润的肩膀成为齐格菲最终被人暗杀的要害部位。

② 大战爆发前，即 1914 年春，贝当已经 58 岁，其军衔还是少校，而且，他已被告知无望晋升为将军。这时的贝当已在为退休做准备。第一次大战改变了他的命运。1918 年，贝当晋升为法兰西元帅。20 世纪 30 年代末，80 多岁的贝当本来早已应该彻底退休，但第二次世界大战的爆发再次改变了他的命运。贝当的传记有很多种，可参阅 Charles Williams, *Pétain*, London: Little Brown, 2005; Richard Griffiths, *Pétain*, London: Constable, 1970; Nicholas Atkin, *Pétain*, London: Longman, 1997。

凡尔登，法国每天要向这里运送约2000吨弹药和两万名士兵。由于通向凡尔登的主要铁路线都已被毁，因此法国以惊人的毅力和超常的速度抢建了一条特殊的公路给养线，人称“神圣之路”（La Voie Sacrée）。1916年7月，凡尔登的压力稍见缓解，因为从这个月开始，英法联军在凡尔登西北方向的索姆河流域对德军发动攻势，双方均动用了飞机，英军在战斗中还首先使用了坦克。及至9月，西线战事又趋平缓，几个月血肉横飞的结果是：在凡尔登战役中，法德双方均有约25万人战死，但满目疮痍的凡尔登仍在法国人控制之下，贝当也因此成为“凡尔登英雄”。在索姆河战役中，英法联军损失近80万人，德军损失亦达50余万人，但是，以战壕为阵地的对峙格局仍无明显变化。1916年12月，霞飞因指军事指挥失误而辞去法军总司令职务，接任者是在凡尔登战役中表现出色的将军尼维尔（Nivelle，1856—1924）。

1917年，战局出现重大变化。2月，德国宣布对前往英国的一切船只实施“无限制潜艇战”，这种不分青红皂白的狂轰滥炸使得美国在两个月之后也卷入了战争。3月8日（俄历2月23日），俄国爆发推翻沙皇统治的二月革命，以克伦斯基（Kerenski，1881—1970）为首的临时政府在东线又将战争由消沉推向激烈。4月，100多万协约国军队在法军总司令尼维尔的指挥下，在西线展开大规模反攻，法军损失近20万人，但并未取得决定性战果，而且在法军内部开始出现哗变风潮。① 上任仅几个月的尼维尔因此于5月被解职，接替他出任法军总司令的是“真正的”凡尔登“救星”贝当。贝当立即着手整肃军纪，并且明智地作出决断：在大批美军抵达欧洲之前，法军应维持防御性战略。1917年下半年，一系列的变故进一步增加了协约国命运的不确定性。10—12月间，意大利军队被奥匈帝国的军队打得大败，英法两国不得不从西线调派大军前去救援。11月6—7日（俄历10月24—25日），俄国又爆发十月革命。12月，共产主义俄国与帝国主义德国签订停战协定，德国在东线的压力顿时消解。

1918年3月，德军在西线展开大规模进攻，法国最初的情形与其在1914年所遇的危难几乎相差无几，战场再度逼近巴黎。但几个因素的结合最终使得协约国的这一局面转化为最后的胜利。4月，法国将军、著名军事理论家福煦（Foch，1851—1929，4个月后被封为元帅）获得协约国军队最高指挥权，多国部队的协

① 仅1917年，参与哗变或叛逃的法军士兵就达到3万人左右，参见 Leonard V. Smith et al., *France and the Great War 1914–1918*, New York: Cambridge University Press, 2003, p. 122。

作机制大为加强。进入夏天，协约国的反潜艇战取得明显战果，德国的海上力量日渐萎缩。此外，100多万美军也陆续开抵法国。因此，福煦于7月中旬下令在西线发起全面反击，并很快取得成功。同盟国方面随即土崩瓦解。9月，保加利亚请求停战。土耳其和奥匈帝国亦于10月末和11月初先后提出停战请求。德军总司令鲁登道夫（Ludendorff，1865—1937）早在9月29日就向本国政府提议停战，11月11日，在法国北部小城贡比涅（Compiègne）的一节火车车厢里，德方最终接受由协约国方面拟定的停战条款。第一次世界大战以协约国的胜利而结束。对于这场苦熬4年多才获得的胜利，法国人的内心感受并不一致。普通百姓有一种彻底放松的感觉，但是，法国的一些高层人物却并未感到轻松，因为德国并不是“无条件投降”，它与协约国签订的只是普普通通的“停战”协定，而且最后敲定的停战条款中并没有要求德国交出武器装备。总司令贝当意识到了这一问题并提议修改停战协定，但最终未果。总理克雷孟梭也曾暗自流泪并对其女儿说：“这将是一场空喜！”①

二、第一次世界大战中的法国社会

当数百万法国士兵浴血沙场之时，法国社会生活的各个方面不可避免地要带上战时色彩。书刊检查制度再次确立，军事法庭重新组织起来，个人自由受到限制，军队权威得到扩大，政府可以通过政令来采取紧急措施，议会的补选乃至大选一律取消。可以说，和平时期人们习以为常的那些共和传统在这里几乎完全消失，和平时期的那种生活方式也被这场久拖不决的战争彻底打乱。

在政治生活方面，战时法国曾让世人刮目相看，也曾让后来的法国人久忆难忘。一战爆发之后，战争本身在很长一段时期里一直充当着法国人政治团结的凝聚剂，由各党派携手组成的杂烩式的“神圣联合”政府在同呼吸、共命运的氛围中获得了近乎神奇的生命力，原本势不两立的老右派和老左派竟然能在同一屋檐下共事3年之久（1914年8月26日—1917年9月7日），虽然其间出现过3位总理，即维维亚尼、白里安以及右翼共和派名人里博（Ribot，1842—1923），但党派大联合的格局并未随总理易人而崩溃。不过，由于战争的结束遥遥无期，法国社会

---

① ［法］菲利普·埃尔朗热著，周以光等译：《克雷孟梭传》，北京：商务印书馆1990年版，第456页。

逐渐滋生厌战情绪，罢工浪潮愈演愈烈，以广大民众代言人形象自居的社会党势必要“顺应民意”，这也就意味着“神圣联合”马上就要走到“神圣”的尽头。

1917 年 9 月，数学家出身的潘勒维（Painlevé，1863—1933）出面组阁，他将刚刚下台的前总理里博留在内阁并让其担任外交部长，社会党遂以反对这位“老右派”留任为由而拒绝入阁。少了社会党，“神圣联合”也就名不副实了。在党派斗争又趋活跃的情况下，潘勒维内阁仅存在两个月便倒台。党争激烈之时恰恰又是战争形势危机重重之际，法国政界人士认识到，要想获得战争胜利，就必须保证后院不能起火，就必须由强硬人物掌权。当时已经 76 岁高龄的激进派老人克雷孟梭虽然在政界几乎没有一个知心朋友，但在当时情况下，他却成为众望所归的唯一合适的总理人选。

克雷孟梭视察前线（右为贝当）

1917 年 11 月 16 日，克雷孟梭组成以激进党人为主的内阁，从而开始其第二次总理生涯。上台伊始，他便以凌厉的传统风格着手整治法国社会的涣散状况。他要求，不论大事小事，有关部门必须在 3 天之内将之处理完毕，坚决杜绝拖拖拉拉的官僚作风。他还下令，对那些扰乱军心和民心的反战者要严加防范，对于情节严重者，可以将之逮捕甚至处决。1918 年春，当德军在西线发起攻势并危及巴黎之时，克雷孟梭曾发表慷慨激昂的演说：“德国人或许会攻占巴黎，但这并不能阻止我继续进行这场战争。我们将在卢瓦尔河岸边作战，我们将在加龙河岸边作战，我们甚至将在比利牛斯山区作战。如果最后我们被赶出比利牛斯山区，我们将在海上继续这场战争。”[1] 在这位“老虎”总理突然冒出来之后，法国的反战浪潮旋即消退，1914 年 8 月那种同仇敌忾的面貌再次呈现出来。克雷孟梭的这届内阁是第三共和国历史上并不多见的长命内阁之一，它一直存在到 1920 年 1 月。

① 英国首相丘吉尔（W. Churchill，1874—1965）在 1940 年也发表过如出一辙的宣言，只不过他把地理名词换成了英国的。关于丘吉尔与克雷孟梭治国风格的相似性，可参阅 Gordon Wright, *France in Modern Times, 1760 to the Present*, London: John Murray, 1962, p. 400。

在政治生活因“复仇”精神和苛严管制而变得步调一致的同时，法国的社会经济生活也因战争而发生巨大变化。德军在1914年的入侵以及随后双方在齐格菲防线两侧的长期对峙所带来的直接结果就是：大约10%的法国领土被德国方面所控制，而这片土地不仅是法国的重要工业基地，而且其农业地位也是举足轻重的，全国小麦产量的1/5、燕麦产量的1/4、甜菜糖产量的1/2出自这一地区。在失地失粮的同时，从这些地区又逃出大约75万法国难民，此外还有大约15万比利时难民，而所有这些人都要由法国政府予以安置。另外，在战争初期，包括高层领导机构在内的任何一个政府部门都没有想到这场战争会持续几年，因此，随着战争的无限期拖延，军事供给陷入极度匮乏之中。由于数百万青壮年男子上了前线，原先属于优抚对象的老弱病残如今成了主要劳力，原来“不宜出头露面”的妇女如今也被招去从事各种繁重的工作。

在这种情况下，政府被迫承担起大量的与社会服务有关的新职责，而且开始对工业生产进行控制，对商品进行配给，对物价进行限定。正因如此，法国人对“政府干预”这种经济形式有了初步体验，而在此之前，法国实行的一直是高度个人主义的自由经济模式。不过，政府的调控措施并没有取得辉煌成效，物价还在不断飞涨，利用战争而进行的经济投机活动更是臭名昭著。个人累进所得税虽然最终得以开征，但它并没有为政府提供巨额资金，因为上有政策、下有对策的法国人已成功发展出一种不露蛛丝马迹的避税“艺术”。因此，政府在总体上并不是靠税收来度日，而是靠借债来维持国用。一战期间，政府的财政收入总数仅为348.6亿法郎，而借债总额却高达1755.2亿法郎。为了应付各种开支，政府又让印钞机开足马力，结果使得通货膨胀一天比一天严重。货币流通量1914年为59亿法郎，到了1919年则飞升至370亿法郎。而所有这些问题对战后法国的社会经济生活都将不可避免地产生消极影响。

除了上述这些变化之外，计算一下这场“伟大”战争给法国造成的损失或许更有警示意义。首先，从人口损失来看：在4年多的战争中，法国共有136万士兵战死，104万士兵终身残废，约300万士兵落个半残身躯。在战争时期，平民百姓的死亡人数亦比战前平均数多出24万，而新生人口数则比战前平均数减少140万。如果将这些实际数字和“潜在”数字累加起来，法国的人口损失高达300万左右。1921年人口普查表明，在20—29岁年龄段，女性为621.6万人，男性为517.8万人，比例失调额高达103.8万。其次，从经济损失来看：在战争期间，毁于战火的大约有900万处房屋、9000家工厂、200座煤矿、6000座桥梁、

2400 公里铁路。有学者估计，一战期间法国的直接经济损失相当于法国 15 个月的国民生产总值。[①] 银行以及私人投资者的损失亦极为惨重，例如，十月革命之后，布尔什维克政府废除了前沙皇政府与国外签订的一切“反动”条约，法国人在俄国的 112.5 亿法郎的投资顿时化为乌有。不过，从更深层次来看，战争给法国造成的最大损失是“心理损失”。从战时到战后，许多法国人越来越深切地感受到，战争竟是那么漫长、那么残酷，战争的破坏性竟是那么可怕，战时的生活竟是那么压抑。人们开始认为，不论采取何种方式，不论付出多大代价，和平总是好于战争。正因如此，一战中奋勇杀敌的法国到了二战时便彻底变了模样。

三、“手扶剑柄签订的”和平条约

第一次世界大战是一场涉及数十个国家的国际战争，停战协定签署之后，由 20 多个国家组成的协约国集团开始以战胜者的姿态着手讨论对同盟国的惩处问题，召开一次和平会议成为当务之急。在筹备和会的过程中，以总理兼陆军部长克雷孟梭为首的法国方面力图突出法兰西的地位并为此作了一系列外交努力，最终取得一些成果。首先，和会地点定在巴黎：在法国人看来，将巴黎定为国际外交活动的中心具有重要的象征意义，它是法国实力强大并能在国际上“呼风唤雨”的一个标志。其次，由法国主导和会进程：按照美国总统伍德罗·威尔逊（Woodrow Wilson，1856—1924）的设想，巴黎和会应是由全体战胜国参加的“平等的”大会，但是克雷孟梭不能容忍法国在究竟应当享有哪些权利方面去“征询”古巴、洪都拉斯或中国的意见。经过一番争执，各方终于达成协议：全体会议还是要召集，但在此之外再成立一个由法、英、美、意、日五国代表组成的十人委员会。不久，这个委员会的规模便急剧缩减，最后仅剩三人，即克雷孟梭、威尔逊以及英国首相劳合·乔治（Lloyd George，1863—1945），此即巴黎和会上的所谓“三巨头”。[②] 威尔逊原本有意出任和会主席，但依照惯例，这一职位还是被东道主克雷孟梭获得。另外，克雷孟梭还提议将法语定为巴黎和会的唯一正式语言，但遭

① Alfred Sauvy, *Histoire économique de la France entre les deux guerres*, Paris: Fayard, 1965–1975, I, p. 31.

② 参阅 Sally Marks, “Behind the Scenes at the Paris Peace Conference of 1919”, *The Journal of British Studies*, No. 2 (1970), pp. 154–180。

到美英等国的坚决抵制，英语与法语在和会上最终获得同等地位。1919 年 1 月 18 日，在总统普恩加莱的主持下，巴黎和会正式开幕。[①]

在将近半年的巴黎和会期间，全体会议虽然开过不少次，但作用却是微乎其微，当由小国或弱国代表发言时，会议主席克雷孟梭经常是“要么佯装打瞌睡，要么向可怜的发言人投去一道足以使人不知所措的目光”。参加和会的美国国务卿蓝辛（Lansing，1864—1928）曾写道：“全体会议实际上是一场真正的闹剧”，“而且与其说是新时代的闹剧，倒不如说是中世纪的闹剧”。巴黎和会的真正权力操纵在“三巨头”手中，不过，他们对许多技术问题并不熟悉，甚至“连最模糊的概念也没有”。蓝辛在谈及劳合·乔治时曾有评论：“他连要讨论的那块领土在哪里也不清楚，居然就敢发表意见。”[②] 在此方面，克雷孟梭也是相差无几。因此，在和会开幕两周后，他们不得不成立 52 个专家委员会以负责研究各类具体问题。

虽然“三巨头”在战争期间是协作伙伴，但是他们对战后问题的处理却持不同的立场。美国总统威尔逊最为热衷的是民族自决和创建“国联”。英国首相劳合·乔治担心法国会独霸西欧大陆，因此反对过分削弱德国的力量。而代表法国利益的克雷孟梭则把打击德国视为头等大事，其目标是“让德国佬把老本赔光”。“三巨头”之间的争吵极为激烈，威尔逊曾愤怒地中途退场，而且还吩咐手下工作人员做好随时打道回国的准备。劳合·乔治与克雷孟梭的争斗更为不择手段，他们甚至通过相互抖弄对方诸如艳遇之类的“不光彩的私生活”来发泄政治上的愤恨，骂到不可开交之时，56 岁的英国首相甚至窜上前去揪住年近八旬的法国总理的衣领要求赔礼道歉。经过各方妥协，1919 年 6 月 28 日，德国与除中国以外的各协约国共同在《协约及参战各国对德和约》（即《凡尔赛条约》）上签了字，巴黎和会宣告结束。[③]

---

① 有的法国史著作说巴黎和会的开幕地点是凡尔赛的镜厅，此说有误。实际上，巴黎和会的开幕式是在法国外交部会议大厅（位于巴黎荣军院北面）举行的；和约的签订仪式才是在凡尔赛镜厅举行的，这一地点的选择是由法方精心安排的。1871 年 1 月 18 日，在普法战争中获胜的普鲁士正是在这里宣告德意志帝国成立的。如今，法国又让德意志在这里接受羞辱性的条约。法德之间的这种相互羞辱的“政治文化传统”到此并未终结，等到第二次世界大战初期法国溃败之后，德国人还将以类似的方式对法国进行“羞辱”，1918 年 11 月 11 日用于签订停战协定的那节火车车厢还将派上用场。

② ［法］菲利普·埃尔朗热著，周以光等译：《克雷孟梭传》，北京：商务印书馆 1990 年版，第 470 页。

③ 参阅 Geo A. Finch, “The Peace Negotiations with Germany”, *The American Journal of International Law*, No. 3 (1919), pp. 536–557。

通过一战及随后的巴黎和会，法国的愿望在总体上似乎基本得到了满足。在领土方面：阿尔萨斯和洛林在阔别近半个世纪之后又回到法国的怀抱。与洛林相连的德国领土萨尔地区（Sarre）① 从德国分离出来，由即将成立的国际联盟（Société des Nations，1920 年 1 月成立）下属的一个国际委员会进行管理，15 年之后，由当地居民以公民投票的方式决定此地是归德还是归法；作为战争损失的部分赔付，萨尔地区的煤矿开采权转归法国，如果 15 年后萨尔终归德国，法国则可出钱买回这些煤矿的所有权。在殖民地方面，法国亦有不少收获。1911 年"摩洛哥危机"时送给德国的那一小片非洲土地也被法国要了回去。

在军事方面：法国的愿望至少是在条文中得到了一定程度的满足。根据规定，德国必须将常备军削减至 10 万人，而且不得拥有坦克、军用飞机和重型大炮；其海军力量亦受到严格限制，战列舰不得超过 6 艘，且不得拥有潜水艇。德国在莱茵河以西的全部领土以及莱茵河以东 50 公里以内的土地将构成一个永久非军事区，德国军队永远不得踏足这一地区。另外，在战争责任方面：法国及其盟友也将自己洗刷得一干二净。对德和约明确写道，"德国及其盟国"必须承担全部战争责任。在重新动武的威胁下，德国方面被迫接受了这一将德国抹得一团漆黑的条款。但实际上，德国人从来没有承认过这种一边倒的"认定"，他们一直认为自己的行为完全是防御性的。

在经济赔偿方面：巴黎和会期间，德国的赔款总额没有最终确定，但和约规定，在 1921 年 5 月 1 日之前，德国必须向战胜国方面分期交付"与 200 亿金马克（约合 50 亿美元）价值相等之物"，其中可以包括现金、商品、船只以及其他有用之物。和约还规定，200 亿金马克中，50%归法国所有。② 因此，在一段时期里，大量的煤炭、木材、铁轨、船只、牛、羊、鹅以及其他物品充斥在前往法国的各条道路上，而在这一时期，协约国的对德封锁并未解除，因而使德国的许多城市几近陷入饥荒状态。

法国在巴黎和会上的收获似乎值得庆贺，许多法国人也的确为此而极度兴奋过。但是，和会之后的历史进程将表明，除了收复失地这一实实在在的成果之

---

① 有些法国史著作将德国的萨尔（Sarre）和鲁尔（Ruhr）两个地区混为一谈。萨尔与法国洛林地区接壤，历史上曾长期属于法国，1814 年塔列朗将之送给了德意志人。鲁尔位于萨尔的北面，而且在莱茵河的东岸，与法国领土并不接壤，它是德国最为重要的工业区。

② 参阅 Marc Trachtenberg, "Reparation at the Paris Peace Conference", *The Journal of Modern History*, No. 1 (1979), pp. 24–55。

外，其他许多方面对法国而言都将是海市幻景。对于这次和平会议，法方代表团成员塔迪厄（Tardieu，1876—1945，此人后来在1929—1932年间曾三次出任总理）有过总结，他认为，“真正的安全，彻底的公正，全面的团结，一样也没有实现。”克雷孟梭本人在事后也曾作出分析：“这是一个各自保持警惕的和平，是一个手扶剑柄签订的和平，是一个虽已签字但并未真正实现的和平，是一个虽然打了火漆，但火漆稀软，尚需不断加上新的印记的和平。”美国总统威尔逊对一战之后的世界局势似乎更是洞若观火：“我们不久就会看到一场新的世界冲突，这场冲突的结果将不再是一场战争，而是整个世界的大灾难。”①

第二节　承上启下的二十年

战争刚一结束，第三共和国在政治体制上的弊端很快便重新成为一部分法国人关注的焦点问题，要求修改宪法乃至彻底易辙的呼声再次趋于高涨。但是，早年以猛烈抨击宪法著称、如今因战争胜利而成为“老年偶像”的克雷孟梭却改变了立场。1919年11月初，他就宪法问题发表了一次长篇演说，其中有言：“这是一部平庸的宪法。然而，不能因此而抹杀它的巨大功绩。”他认为，一部宪法的价值完全取决于实施宪法的人，“不论走什么道路，仅仅有政治机器而没有应该开动机器的人来提供初始动力，那么，规划得再好的改革也不会有任何效果”②。既然享有巨大权威和崇高威望的克雷孟梭坚持让宪法继续存活下去，修宪派的声音也就暂时消沉下来。就是在这种老体制下，1920年1月，自以为稳操胜券的克雷孟梭竞选曾被他视为百无一用的总统职位，但却败给了半年之后即因神经错乱而辞职的德夏内尔（Deschanel，1855—1922）。遭到意外打击的克雷孟梭就此退隐，1929年在巴黎去世，终年88岁。

第一次世界大战结束之后，法兰西第三共和国又继续存在了大约20年。虽然说这20年的法国社会政治生活依然色彩斑斓、头绪繁多，但就总体发展脉络

① 参阅 Selig Adler, “The War-Guilt Question and American Disillusionment, 1918–1928”, *The Journal of Modern History*, No. 1 (1951), pp. 1–28。

② ［法］菲利普·埃尔朗热著，周以光等译：《克雷孟梭传》，北京：商务印书馆1990年版，第496页。

来看，这 20 年的历史还是大致可以分为两个阶段。首先是上承第一次世界大战的十年重建时期，在此阶段，一个突出的事件就是，法国社会党于 1920 年 12 月底正式分裂，从中走出一个更为激进的共产党，虽然这在法国历史上没有产生“开天辟地”的效应，但是共产党的政治影响却是深远的。然后是下启第二次世界大战的十年黄昏时期，在此阶段，经济上的灾难接连不断，政治上的纷争也是无休无止，正是在一盘散沙的状态下，第三共和国走向历史的尽头。

一、战后重建与外交心态的转变

1919 年 10 月，《凡尔赛条约》先后获得法国众、参两院批准，对于法国来说，对外和平的新时代由此从法律上得以确认，法国人也就从此开始重建正常人的正常生活。战争年代的许多紧急措施很快便停止实施，数百万士兵的复员工作在总体平稳的状态下得以完成。一些新兴工业部门如汽车、飞机、电器、化工以及无线电工业等等均有较为显著的发展，农业生产和农业技术也有一定程度的进步。重建惨遭战争破坏的东北工业区是法国的重点工作之一，为完成这一庞大的工程，政府必须解决两大问题。一是资金问题：已是负债累累的政府显然无力支付重建所需的巨额费用，好在有一个战败了的德国在不断赔款；不过，德国不久便开始拖欠款项，法德关系重现危机，重建工作受到阻滞。二是劳动力问题：由于人口没有增长，法国不得不大量引进外来工人以满足国内的劳动力需求；到 1931 年，法国有外来工约 160 万人，其中人数最多的是意大利人，其次是波兰人、西班牙人和比利时人。在和平的大环境下，原本已经奄奄一息的旅游业也迅速复苏，来法的外国游客在不断增多。尽管如此，也还应当看到，法国社会中仍然存在着许多动荡因素，仅 1919 年，工人罢工就多达 2000 多起，参加罢工的人数超过 100 万。

从政治上说，既然第三共和国的体制继续存在，“正常生活”的恢复也就意味着内阁的倒台将再次频繁起来。撇除跨越战争与和平两个时段的克雷孟梭内阁（1917 年 11 月—1920 年 1 月）不算，从 1919 年 10 月“和平时代”到来至 1929 年 10 月世界性经济危机爆发的 10 年间，法国先后经历 17 届内阁。不过，在许多情况下，内阁的更迭往往是换汤不换药。在这 17 届内阁中，有几个人曾不止一次地担任总理职务，例如，米勒兰 2 次，白里安 5 次，普恩加莱 4 次，赫里欧2次，潘勒维2次，仅此五人就承包了其中15届内阁。另外，第三共和国的民主政治在相当程度上表现为“选举政治”，在正常情况下，4年一次[①]的众议院选举的结果将直接影响随后4年中国家政治的总体走向，因此，在众议院的一届任期内，某一内阁的垮台并不一定带来政策的根本变化。对于这一游戏规则在战后10年间的运作，在此可以作一简略总结。

战争氛围中曾大显身手的激进派议会和激进派政府在政策上显然“左”了一点，因此，战后的第一次选举便把“右”的选了上来。1919年11月，由右翼及中间党派联合组成的“国民联盟”（Bloc national）击败分头作战的各左翼政党，从而控制了议会。[②]在这届议会期间，代表右翼势力的政府奉行维护大资产阶级利益的政策，对普通民众的要求则采取漠视乃至实行严厉镇压的态度。刚从总统职位卸任的对德强硬派人物普恩加莱正是在此时期两次组阁，控制政权近两年半时间（1922年1月—1924年6月）。做了总统之后又回过头来一次又一次担任总理，普恩加莱是第三共和国历史上的第一人。

由于“右”的没能干好，因此，4年多之后，选民们又把“左”的请了回来。为了迎接1924年5月的大选，激进党等党派联合组成“左翼联盟”（Cartel des Gauches）。比这些党派更“左”的年轻的共产党在“阶级斗争”思想的支配下坚持单打独斗，其口号是“打倒国民联盟！打倒左翼联盟！”选举结果是，在581个议席中，“左翼联盟”获得327席，取得绝对多数，与一切资产阶级政党划清界限的共产党仅获得26个议席。曾长期担任里昂市市长的激进党领袖赫里欧（Herriot，1872—1957）在任总理期间（1924年6月—1925年4月）采取了不少迎合普通民众的措施，但在经济特别是财政问题上却是一筹莫展。在随后的一年多时间里，左翼联盟又先后组成6届短命内阁，但在财政问题上仍是毫无建树，法国的社会经济陷入一片恐慌之中。

---

① 第一次世界大战使这一规则一度中断。1914年5月选出的众议院一直存在到1919年12月初新一届议会开幕为止，其寿命达5年半。为了按传统时间（选举年的4—5月份）进行大选，1919年11月选出的众议院将一直存在到1924年6月初新议会开幕为止，其寿命为4年半。

② 这届众议院的别称是“天蓝色议会”（Chambre bleue horizon）。一战期间，法国共有约841万男子应征入伍并穿上了天蓝色军装。1919年选出的众议院议员中，有许多都曾参加过一战，在议会开会时，他们仍习惯于穿着旧军装并在胸前挂上象征荣誉的军功章。“天蓝色议会”因此得名，它从一个侧面反映了法国在一战期间“全民皆兵”的历史事实。“天蓝色”这一别称，亦有学者认为是源于老兵议员们与会时携带的小旗子的颜色，参阅 Philippe Bernard and Henri Bubief, *The Decline of the Third Republic, 1914–1938*, Cambridge: Cambridge University Press, 1988, pp. 89–90。

在危机面前，政治上的左右分野便失去了意义，以左派身份而当选的议员在无法驾驭局势的情况下便自然会调转船头。因此，虽然改朝换代的大选时间尚未到来，但右翼上台已经成为必然。1926 年 7 月，左翼联盟控制下的众议院终于投进右翼名人普恩加莱的怀抱。[①] 此前已经数度出山的普恩加莱试图仿效一战时的“神圣联合”来组成一个由各主要政党(但不要共产党）参加的“国民联合”政府，但社会党拒绝入阁，激进党也只有部分成员愿意合作。因此，所谓的“国民联合”基本上只是右翼及中间派的联合。善于理财的普恩加莱在整顿财政、稳定金融市场、平抑法郎贬值方面取得出色战果，法国的社会经济秩序趋于平稳，右翼政党的声望亦由此加强。正是在这种社会氛围中，以右翼政党为主的“国民联合”在 1928 年 4 月的大选中获得胜利。在随后一段时期，法国经济继续呈现出繁荣景象，甚至在 1929 年世界经济大危机爆发之后，法国还超然物外地过了一段好日子。不过，法国最终还是卷进了这场危机，右翼变得束手无策，于是选民们又将目光转向了左翼。可以看出，一战后的 10 年政治就是在左右之间摇来晃去中度过的，它蕴含着深深的社会危机和信任危机。右翼和左翼轮流表演的结果就是向国人全面展示：任何一派都无法为法国带来真正的光明，不见阳光的共和国已使很多人失去了信心。

与内政相比，对外政策则有其自身的特殊性。可以理解的是，不论是右翼上台还是左翼组阁，他们都要将国家安全放在重要地位，“爱国”是他们的共同口号。但是，究竟以什么方式来保证和维护国家的安全，左右之间则存在重大差别。在一战后的最初几年中，右翼政府的主要方略是通过强硬的反俄抑德政策来达到卫国强国之目的。首先，政府继续走广交盟友的老路：1920 年 9 月，法国与比利时签署军事条约，其中规定，如遇德国进攻，两国必须相互支援；1920 年，波兰与苏俄开战，法国遂向波兰派遣军事代表团以示支持，代表团以一战中的名将魏刚（Weygand，1867—1965）为首，其成员包括年轻军官夏尔·戴高乐(Charles de Gaulle，1890—1970)，苏俄对波兰的进攻被击退之后，法国与波兰随即于 1921 年签约结盟。

其次，政府继续对德国进行“算账”：至 1921 年，国际赔款问题委员会确定德国的赔款总数应为 1320 亿金马克，尽管这一数字令人恐怖，但德国政府还是

① 关于激进党的政策转向，可参阅 Mildred Schlesinger, “The Development of the Radical Party in the Third Republic: The New Radical Movement, 1926–32”, *The Journal of Modern History*, Vol. 46, No. 3 (1974), pp. 476–501。

痛快地宣布“履行条约”，此举的真正意图是要表明：即使“赔光老本”，德国也拿不出那么多的钱。由于德国不断出现拖欠行为，1923 年 1 月，普恩加莱政府联合比利时，出兵越过莱茵河，进占了德国的工业中心鲁尔（Ruhr），其目的就是要让德国老老实实、规规矩矩地赔款赔物。[①] 对于法国而言，入侵鲁尔是一次满盘皆输的重大失策，它不仅未能给法国带来实际收益，而且还招致英美等国的强烈谴责，德国也因此展开各种抵制活动。值得注意的是，正是在这个时期，原本默默无闻的陆军下士阿道夫·希特勒（Adolf Hitler，1889—1945）开始出现在德国公众面前，而且此人已经成为纳粹党的“元首”。在国内外舆论的压力下，普恩加莱在 1924 年初从鲁尔撤出了部分军队。从此之后，法国的对德政策不得不由攻势转为守势，法国的“正义”形象因普恩加莱的一时念头而丧失殆尽。[②]

左翼联盟在 1924 年大选中获胜之后，法国的外交政策开始出现重大转折，从前那种以邻为壑的强硬政策迅速转变为以邻为友的软化政策。在赫里欧主政的几个月中，和解行动迈出重要步伐：1924 年 10 月，法国与苏联建交并互派大使；1924 年 11 月，最后一批法国军队从鲁尔工业区撤出。赫里欧倒台之后，政府的外交方针并未改变；即便在普恩加莱重掌政权之后，对外和解政策也未出现变化，其主要原因在于，普恩加莱在上一任期时的对德政策已使自己落入被动挨骂之境地，如今他已不愿再去冒犯“民意”，他的首要任务是稳定国内的经济秩序。

白里安

在推进对德和解政策方面，最为积极的倡导者是战前主战、战后主和的著名政治家，外交活动家白里安。他一生中 11 次出任总理，18 次担任外长（经常是以总理身份兼外长之职）。从 1925 年 4 月至 1932 年 1 月之间的 15 届内阁中，外长职务一直由白里安担任或兼任。1925 年 10 月 5—16 日，白里安与德国外长斯

① 参阅 David Hunter Miller, “The Occupation of the Ruhr”, *The Yale Law Journal*, No. 1 (1924), pp. 46–59。

② 参阅 M. Frederick Allemés, E. J. Schuster, “The Legality or Illegality of the Ruhr Occupation”, *Transactions of the Grotius Society*, Vol. 10 (1924), pp. 61–87。

特莱斯曼（Stresemann，1878—1929）以及英国外交大臣奥斯汀·张伯伦①（Austen Chamberlain，1863—1937）等人在瑞士的洛迦诺（Locarno）举行多次有关集体安全的会议（即“洛迦诺会议”，la Conférence de Locarno）。10月16日，法英德以及其他一些国家最终达成一系列协议，统称为《洛迦诺公约》（*Les accords de Locarno*），其中，法国与德国签订了边境互保条约。② 正是由于这一成就，白里安与德国外长、英国外交大臣共同获得了1926年的诺贝尔和平奖。在白里安的支持和推动下，1926年9月，德国获准加入国联；白里安曾在国联大会上表示，“在和平事业中，法德共同保持合作”。

随后，白里安又与美国国务卿凯洛格（Kellogg，1856—1937）合作，于1928年8月在巴黎签订了有15个国家参加的《非战公约》（*Pact for the Renunciation of War*）。最终有65个国家成为这份公约的签约国，其中包括苏联。《非战公约》坚决反对把战争“当成国家政策的一种工具”，宣称一切争端“将永远通过和平方式解决”。③ 在生命的最后几年中，白里安继续为法德关系的进一步缓和而东奔西走。1929年8月，法国政府原则上接受由美国银行家杨格（O. Young，1874—1962）主持制定的《杨格计划》（*Young Plan*），其内容是：将德国的赔款额削减至1139亿金马克，59年之内（即到1988年）完成赔款任务。为了不给德国施加“不可忍受的”约束，协约国军队于1930年全部撤出德国的莱茵非军事区。白里安的和平思想以及为和平而作出的各种努力虽难能可贵，但德国的纳粹分子并没有因此感激他，在他们看来，《凡尔赛条约》一日不除，德国遭受的羞辱就一刻不能忘却。

也应当看到，在这一时期，法国人对和平的渴望是与对战争的恐惧混合交织在一起的。④1925年，在国联裁军会议上，法国反对将预备役军人计算在内来确定一国的军事实力。1928年的《非战公约》虽谴责战争，但战争并没有被真正

---

① 这个张伯伦是二战前夕英国“绥靖大师”亚瑟·张伯伦（Arthur Chamberlain，1869—1940）的堂兄。

② 《洛迦诺公约》的签署地是在洛迦诺，但对该公约的批准和确认仪式是在伦敦举行的，时间是1925年12月1日。

③ 《非战公约》亦称《巴黎公约》（*Pact of Paris*）或《凯洛格—白里安公约》（*Kellogg-Briand Pact*）。关于这一公约，当时的西方社会有很多不同的解读，对其约束力也有不少怀疑。参阅 C. G. Fenwick, “The Implication of Consultation in the Pact of Paris”, *The American Journal of International Law*, No. 4 (1932), pp. 787–789。

④ 参阅 John Mueller, “Changing Attitudes towards War: The Impact of the First World War”, *British Journal of Political Science*, No. 1 (1991), pp. 1–28。

马其诺

禁止，几乎每一个签约国都保住了“自卫”权，而且法国还特别保留履行与他国所订盟约的行动权，而这些盟约的关键内容就是，在“迫不得已”的情况下，法国及其盟国将考虑使用武力。此外，法国还寻求其他途径来保证国家的安全。一战期间的凡尔登防御战表明，用水泥和钢筋建成的防御工事具有坚不可摧的防御功能。因此，1929—1932 年间担任陆军部长职务的马其诺将军（Maginot，1877—1932）力主在东部边境的最危险地段构筑一道可以抵御一切进攻的防御工事（称“马其诺防线”，Ligne Maginot)。该防线于 1930 年 1 月开始全面动工，计划于 1935 年完工，其直接目的在于为 1934—1939 年军队“欠年”作准备，因为在这几年间，应征入伍的将是 1914—1918 年大战期间出生之人，据估算，1934—1939 年间的军队规模将只有正常时期的 1/2。尽管说“马其诺防线”这一巨型防御工事从未被攻破（德国人也没有去攻它），但事实将证明它是毫无用处的。不过，这似乎并不能算是马其诺将军的过错，真正的问题在于法国人自此开始有了日甚一日的“马其诺心理”。①

二、共和国的黄昏与人民阵线的试验

如果说一战后的十年重建多多少少为法国带来了一丝光明的话，那么，再往后的 10 年则是法国历史的一个悲剧性的转折期，在这短短的 10 年时间里，法兰西第三共和国迅速地日薄西山并最终“连本带利”地滚进纳粹德国的沼泽地。对于 20 世纪 30 年代这一段历史，法国人自己曾写出过难以计数的解剖性论著。实际上，对第三共和国的负面解剖是整个第三共和国一以贯之的一种现象。早在

① 参阅 Enno Kraehe, “The Motives behind the Maginot Line”, *Military Affairs*, No. 2 (1944), pp. 109–122。

第一次世界大战爆发的1914年，记者出身的政治评论家罗贝尔·德·儒弗内尔（Robert de Jouvenel，1882—1924）在《任人唯亲的共和国》（*La République des camarades*）一书中就细致入微地分析了当时法国政权的各种弱点，他认为，这个政权已完全淹没在自私自利和贪污腐化的污流浊水之中。儒弗内尔的这部著作引发不少法国人的心理共鸣，因此，直到20世纪30年代，此书仍在不断重印。另外，在去世前一年，儒弗内尔还与他人合作撰写了《今日政治》（*La Politique d'aujourd'hui*，1923年）一书，对法兰西第三共和国的党派之争及其消极后果作了生动描绘。

第三共和国末年，不少法国人对于共和国的败落及最终命运似乎已是了如指掌。著名中世纪史专家、年鉴学派[①]创始人之一马克·布洛克（Marc Bloch，1886—1944）在1944年被德国盖世太保（Gestapo，秘密警察）杀害前不久曾写有《奇怪的失败》（*L'Étrange défaite*），他认为，30年代的法国知识界乃至整个法国社会在思想状态上存在着灾难性的偏差。第三共和国垮台之后，又有不少著作对30年代的法国社会提出了更为严厉的责难，如安德烈·西莫内（André Simone，1893—1952）的《我控诉：法兰西的卖国贼》（*J'accuse! The Men Who Betrayed France*，1940）以及安德烈·热罗（André Géraud，1882—1974）的《掘墓人》（*Les Fossoyeurs*，1943）等等，这些著作的共同主题都是：法国人在这一时期染上了一种让人生厌且见不得人的"病态心理"，政客们缺乏真正的民族利益感，各政党也是将宗派利益放在首位，法西斯主义和国家社会主义等等与资本主义民主制度相左的野火更是越烧越旺。当代西方的许多论著对这一段历史也是毫不留情，有的认为它是法国现代史上"无与伦比的肮脏卑劣的时代"，也有的认为在法国历史上"再也没有比这几年更黑暗的了"。在此时期，法国虽然也有

① 年鉴学派（École des Annales）是20世纪法国影响最大的史学流派，开创者是吕西安·费弗尔（Lucien Febvre，1878—1956）和马克·布洛克。1929年，他们创办《经济社会史年鉴》（*Annales d'histoire économique et sociale*），"年鉴学派"由此得名。年鉴学派最初以研究"总体史"（histoire totale）为己任。其第二代历史学家的代表是布罗代尔（Braudel，1902—1985），他提出了著名的"长时段、中时段、短时段"理论；另外，第二代年鉴学派在心态史学和计量史学等领域也作出了开创性贡献。20世纪六七十年代以后，年鉴学派又相继进入第三代、第四代发展时期，传统政治史研究重新得到重视，"问题史学"开始兴盛起来。年鉴学派所办刊物的名称先后变更多次：《经济社会史年鉴》（*Annales d'histoire économique et sociale*，1929—1938）、《社会史年鉴》（*Annales d'histoire sociale*，1939—1941）、《社会史文存》（*Mélanges d'histoire sociale*，1942—1944）、《社会史年鉴》（*Annales d'histoire sociale*，1945年）、《年鉴：经济、社会与文明》（*Annales. Économies, Sociétés, Civilisations*，1946—1993）和《年鉴：历史与社会科学》（*Annales. Histoire, Sciences sociales*，1994至今）。

一些出污泥而不染的闪光，但终属瑜不掩瑕的零星点缀。在狼烟四起的国际环境下，这样的政权焉能不亡？

在对付财政危机中诞生的以右翼及中间派为主的“国民联合”政府在形式上一直存在到 1932 年大选，但总理却不断易人。从 1929 年 10 月世界性经济危机爆发至 1932 年 5 月众议院选举之间的两年多中，法国共经历 8 届内阁，其中因当年曾参加巴黎和会而名声渐起的塔迪厄三次组阁，1903 年加入法国社会党但在 1920 年又退党的皮埃尔·赖伐尔（Pierre Laval，1883—1945）也先后三次出任总理。[①] 在政治继续恶性循环的同时，到 1930 年底，法国在经济上也终于被卷进世界性大萧条的汪洋大海之中。经济危机对社会中下层的生产生活打击严重，而极少数的垄断资本家却展开了收购或兼并中小企业的狂潮。为保住既得利益，大资本家迫切需要有权威和有秩序的社会，而这些恰恰是第三共和国政治体制所不能提供的，他们对共和制的感情也就可想而知。

另外，要准确认识法国面临的危机，还须时刻关注其外部环境。1929—1930 年，“和平专家”白里安多次呼吁建立“欧洲联盟”，但这一建议却被各国政客视为痴人说梦。[②] 法国将最后一批军队撤出莱茵占领区仅仅 3 个月之后，1930 年 9 月的德国大选便将 107 名“民族社会主义工人党”（即纳粹党 Nazi，1921 年 6 月 29 日起，由希特勒担任党的“元首”）代表选进了议会。1931 年，德国和奥地利计划建立统一的关税同盟，尽管在国际压力下这一计划未能实施，但它表明德国已开始向“凡尔赛体系”发起了挑战。更为重要的是，由于前几年外交上的失误特别是贸然出兵鲁尔，再加上在经济上有求于人，法国在外交上便一头栽进了英国人的掌心，而英国偏偏又是主张对德宽大为怀的舵手。

在毫无吉兆可言的形势下，法国又迎来了 1932 年议会选举。与 8 年前的情形相似，以激进党和社会党为主而组成的“左翼联盟”再次击败右翼党派。在随后 4 年中，法国先后出现 11 届内阁。同样相似的是，由激进党出面组成的几届政府在处理各种危机时再次表现出无能为力的窘态，因此，一年多以后，这个“左派”议会又一次投票赞同让右翼党派出来收拾残局。面对杯盘狼藉的局势，

---

① 赖伐尔是第三共和国末期的核心政治人物之一。1936 年，因和英国外交大臣合伙对意大利采取“绥靖政策”而遭到法国政界谴责，赖伐尔被赶出政府。第三共和国在二战初期溃败之后，赖伐尔出言：当年共和国“唾弃”了他，如今他也要“唾弃”共和国。参阅 Peter Ferguson, *Darkness in Paris: The Allies and the eclipse of France 1940*, Melbourne: Scribe Publications, 2005, p. 277。

② D. Weigall and P. Stirk, eds., *The Origins and Development of the European Community*, Leicester: Leicester University Press, 1992, pp. 11–15.

右翼也是难有作为，到头来，失望的选民还会要把“左”的选回来，不过，到那时，法国已是大难临头。在“左翼联盟”控制议会投票权的这4年中（1932—1936），法国的经济仍在大危机的漩涡中苦难地挣扎。当法国经济仍是萎靡不振之时，其他一些国家却从1933年开始逐步进入复苏时期。这一内一外的巨大反差使共和国政府遇到前所未有的挑战，法国的社会矛盾日趋激化。这种社会矛盾在政治生活中的表现就是：极右势力越来越右，他们的目标是以“强力政府”取代已是“黔驴技穷”的议会制共和国；左翼力量也是越来越强，他们的目标则是以团结对敌的方式来捍卫“人人都有发言权”的民主共和制度。

在活跃于这一时期的各极右团体中，有一些是在很久以前就已形成的，但只是到了30年代这种特殊气候中，它们才得以充分展示自己的反对议会制共和国的政治立场。历史最久的极右团体要数形成于19世纪末、以著名作家莫拉斯为灵魂的“法兰西行动”，如今这个团体及其下属组织“国王的报贩”（Camelots du Roi，意即“销售保王党报纸之人”）已一起成为在街头巷尾滋事打斗的“恶棍集团”，只要左翼赞成的他们就反对，只要左翼反对的他们就赞成。[①] 该团体的另一位首领莱昂·都德（Léon Daudet，1867—1942，《最后一课》作者都德的儿子）在报纸上和议会里曾公开宣称：“我们不想推翻共和国，我们只是想割断它的喉咙。”其他一些极右团体则大多成立于20世纪20年代，如1924年成立的“爱国青年”（Jeunesses Patriotes）：它拥有自己的青年“突击队”，他们经常开着小汽车和摩托车在巴黎的街道上横冲直撞。又如成立于1925年的“束棒”（Le Faisceau）：该组织是从“法兰西行动”中分离出来的，其主旨是力行种族主义、反对共产主义，其成员通常身穿蓝衫且接受军事化管理。[②] 再如成立于1927年的“火十字架”（Croix de Feu）：该组织成员多为退伍军人，他们通常在身上挂满各种各样的军功章，其口号是“家庭、国家、劳动”（此口号后被维希政权所用）。[③] 除了以上这些团体之外，1933年又出现两个极右组织，一个是“法兰西团结”（Solidarité française），该组织推崇波拿巴主义，同时又将反犹作为中心目标；另一个是“法兰克主义”（Francisme），它宣称要复活古代法兰克人的精神风

① 参阅 Martha Hanna, “Iconology and Ideology: Images of Joan of Arc in the Idiom of the Action Française, 1908–1931”, *French Historical Studies*, No. 2 (1985), pp. 215–239。

② 参阅 Allen Douglas, “Violence and Fascism: The Case of the Faisceau”, *Journal of Contemporary History*, No. 4 (1984), pp. 689–712。

③ 参阅 Robert J. Soucy, “French Fascism and the Croix de Feu: A Dissenting Interpretation”, *Journal of Contemporary History*, No. 1 (1991), pp. 159–188。

貌，其成员身穿特制的“冲锋队”服装，以古代法兰克人的双头战斧作为其标志，他们强烈要求法国同德意志法西斯政权亲善共处。

关于形形色色的极右组织，其性质不应一概而论，有的是属于法西斯主义的，而有的只是属于保守主义团体，其目的是希望法国能够回到秩序和权威的状态。① 但不管怎么说，这些组织会利用各种机会来发泄不满并给已是一团乱麻的政府制造各种各样的麻烦。在当时的形势下，这种机会并不难找。1934年初发生的“斯塔维斯基事件”（l’affaire Stavisky）便是一个好机会。斯塔维斯基（Stavisky，1886—1934）生于俄国基辅的一个犹太人家庭，20世纪初移居法国。在政府某些高级官员的庇护下，他长期从事金融诈骗活动并大获其利。1927年，此人受到政府指控，但他却成功地使审判之事一拖再拖。当时即有传言说，巴黎警察局局长和多名内阁部长拿了斯塔维斯基的钱，当然就要为人家办事。后来，斯塔维斯基躲藏到了阿尔卑斯山里一个僻静之地。1934年1月，他在这里突然死去。关于其死因，官方宣布是“自杀”，但舆论却普遍认为是某些政治要员为逃避罪责而“杀人灭口”。然而，政府却拒绝对此事展开司法调查，于是引发民众特别是许多极右团体的愤恨。1934年2月6日，“法兰西行动”、“火十字架”、“法兰西团结”以及“爱国青年”等组织在巴黎的多个地点聚众示威。他们向议会大楼发起冲击并与警察部队发生械斗，结果造成17人死亡（其中1人是警察），2300多人受伤（其中警察1600多人）。此即举国轰动的“二·六事件”。虽然此事未能将共和国摧垮，但它却表明议会制共和国的处境已经不妙。

在极右组织忙于推倒现存体制的同时，法国也不乏民主自由制度的捍卫者，不过，这种捍卫并不是简单的原地踏步，而是要朝更为激进的方向迈进。虽然在共产党的眼里社会党是充满“阴谋诡计”的恶帮，而在社会党眼里共产党也是“阴晴不定”的异类，但出于各自的目的，1934年7月，以多列士（Thorez，1900—1964）为首的共产党与以勃鲁姆（Blum，1872—1950）为首的社会党在巴黎签订《统一行动公约》，双方商定停止相互谩骂，共同捍卫民主自由。在社会党和共产党的争取下，代表小资产阶级利益的激进党在已有两次组阁经历（1933、1934年）的党魁达拉第（Daladier，1884—1970）的领导下开始与社会党、共产

---

① 参见 Robert J. Soucy, “The Nature of Fascism in France”, *Journal of Contemporary History*, No. 1 (1966), pp. 27–55。

党接近，反法西斯“统一战线”似乎有了一定的基础。

在1935年7月14日的国庆游行活动中，30万激进党、社会党和共产党成员一起穿行在巴黎的大街小巷，达拉第、勃鲁姆和多列士更是肩并肩地走在游行队伍的前头。一般认为，这次三党同游是“人民阵线”（le Front populaire）正式诞生的标志。1936年1月，有几十个政党和工会组织参加的人民阵线发表了颇能震撼人心的《人民阵线纲领》，其基本内容是：第一，保卫自由：反对法西斯，整顿出版业，保证工会自由，对14岁以下少年儿童实行免费义务教育；第二，保卫和平：支持国联，维护集体安全，裁减军队，军火工业国有化；第三，经济要求：解决失业问题，减少工作时间，设立老人抚恤金，将法兰西银行收归国有；第四，净化金融：控制军火贸易，完善税收体制，严厉打击逃税漏税行为。《人民阵线纲领》的公布不啻是一声惊雷，它成功地将普通百姓召唤到了“人民阵线”的旗帜之下。

在极右组织大闹天宫、左翼政党倡言改革之际，法国的外部环境也在进一步改天换地。1932年7月，法、英、德、意等国在瑞士洛桑（Lausanne）就德国赔款问题激烈争执，最终达成《洛桑协定》（*Traité de Lausanne*）：德国在37年内（至1969年）再向战胜国交付30亿马克的赔款，其余一笔勾销。实际上，后来连这30亿马克也被“勾销”了。1933年1月，德国国家公报宣布“总统已任命阿道夫·希特勒先生为总理”，几个月之后，希特勒便宣布德国退出日内瓦裁军会议并退出国联。根据一战后《凡尔赛条约》的规定，1935年1月，萨尔地区举行公民投票，其结果是，有91%的萨尔居民主张重归德国，法国以国联的名义在这里15年的治理最终仅博得9%居民的“欢心”。1935年3月，希特勒宣布停止执行《凡尔赛条约》中有关解除德国武装的条款，正式建立空军，并迅速将陆军扩充至50万人。1935年6月，德国又利用英国的抑法心理而达成“英德海军协议”，其中规定，德国的海军力量可以提升至英国的35%，德国海军力量由此可以达到与法国同等的水平。[①] 更有甚者，1936年3月，希特勒下令3万德军开进莱茵非军事区，然后又沿着德国西部边界开始修筑防御工事（齐格菲防线）。对于德国在这几年中的表现，法国虽有一些警觉并出现了对此忧心如焚的外交部长巴尔都（Barthou，1862—1934），但这种警觉终究只是微光一闪，德国在突破

① 1922年2月的华盛顿海军会议商定，法国海军主力舰总吨位应为英国的35%，德国作为战败国在当时没有资格获此定额。

《凡尔赛条约》方面已经如入无人之境。①

当国际形势已经变得日益不可收拾之时，1936年4—5月，法国举行新一届（也是第三共和国历史上的最后一届）众议院选举，选民们将大量选票投给了以伸张正义形象出现的人民阵线。右翼政党共获得223个议席，而人民阵线以获占389个席位而取得决定性胜利，其中社会党独得149席，首次成为议会中的第一大党。1936年6月，社会党领袖勃鲁姆组建第一届人民阵线政府。共产党的政策是：在总体上支持新政府，但拒绝加入内阁。不过，后来共产党又主动要求入阁，但又遭到对方的拒绝。因此，所谓的人民阵线政府最终是由社会党和激进党组成的。总理勃鲁姆出身于阿尔萨斯的一个犹太富商家庭，在巴黎街头他曾遭到"法兰西行动"党羽们的毒打，二战期间他将在纳粹集中营中度过几年苦难岁月。

在担任总理的一年时间里（1936年6月—1937年6月），勃鲁姆的首要目标就是要兑现在《人民阵线纲领》中许下的诺言，其主要内容可作如下概括：工人以集体形式与雇主签订劳资合同，雇主不得随意解雇工人；全面提高工资，实行带薪休假，每周工作时间为40小时；打击粮食投机，稳定食品价格；将法兰西银行置于政府监控之下，废除旧的由"200家族"把持的董事会，代之以成员更广泛的总委员会；限制极右团体的活动，其中一些带有准军事色彩的团体被取缔；部分军火工业开始转归国有。勃鲁姆的改革措施开了法国"社会主义试验"的先河，给当时的法国民众留下了难以磨灭的美好记忆。但是，这种以普度众生、广施福利为特征的社会改革必须有雄厚的财政基础，而国库亏空恰恰又是勃鲁姆面临的最为棘手且无力扭转的难题。在右翼势力的诅咒声中，1937年2月，四处碰壁的勃鲁姆宣布暂停改革。

在内政改革遭到失败的同时，勃鲁姆的外交政策也未能给自己挽回一点颜面。1936年7月，西班牙法西斯分子佛朗哥（Franco，1892—1975）发动叛乱，西班牙共和国的人民阵线政府随即请求法国援助以平定内乱，但勃鲁姆最终还是决定追随英国，对西班牙内战采取"不干涉"政策。左右不讨好的勃鲁姆政府在1937年6月终于倒台。在随后的几个月中，人民阵线政府在激进党总理肖当

① 巴尔都是第三共和国后期的资深政治家，1913年3—12月任总理，此外，曾十余次担任部长职务。1934年10月，巴尔都在马赛会见到访的南斯拉夫国王亚历山大一世，两人均遭枪击身亡。在其后很长时间里，人们一直认为两人均是被来自保加利亚的职业革命家切尔诺泽姆斯基（Chernozemski，1897—1934）所杀。时隔40年后，即1974年，新的调查结果显示，击中巴尔都的子弹并非出自切尔诺泽姆斯基的手枪（子弹型号不同），而是出自法国马赛的一名警察的枪支。参阅 Robert Young, *Power and Pleasure: Louis Barthou and the Third French Republic*, Montreal: McGill-Queen's University Press, 1991。

(Chautemps, 1885—1963) 的领导下在形式上继续维持下来，此间的"社会主义"成果就是将部分铁路收归国有。①1938 年 3 月，勃鲁姆重返总理岗位，但仅坚持了四个星期便让位于激进党领袖达拉第。人民阵线政府就是在这种动荡交困的状态下度过了两年光阴，而这时的欧洲已是战云密布，大战的脚步已经临近。

三、老传统的败落与现代主义的全盛

虽然战争的烈马正在向前狂奔，但在这里我们还是要勒住缰绳来回眸一下过去 20 年间的思想文化。这实在不是什么不分轻重缓急的闲情逸致，因为与战场上的屠杀、政治上的动荡以及经济上的困境等"大事"一样，这一时期的思想文化也并不让人感觉到有半点的轻松。只有将这并不轻松的思想文化纳入视野，才能更好地认识这一时期的法国社会，才能更好地理解法国在即将到来的第二次世界大战中的处境。应当明确的是，法国文化中的传统因素在两次大战期间并没有也不可能完全消失，言情、推理、科幻以及游侠小说等传统的通俗文学作品仍拥有众多的读者，冠以"长河小说"(roman-fleuve) 这一新名称的那些长篇系列作品也仍在遵循着传统的现实主义写作风格。② 但是，也必须看到，这类作品的社会反响在总体上已经趋于平淡，真正能够振聋发聩的是在一战以前就已破土萌芽的现代主义。

关于理性文化传统的式微和现代主义新潮的崛起，既以哲学和数学研究而著称同时更以诗歌创作和文艺评论而闻名的瓦莱里（Valéry，1871—1945）在 1919

---

① 学术界对肖当的评价不高，甚至有学者认为他是个"弱智"的政治家，参见 Charles Williams, *Pétain*, London: Little Brown , 2005, p. 283。不过，就是这样的人物还是先后做了四次总理。维希政权期间，肖当先是在贝当手下任职，后来利用公务之机滞留美国。二战后，肖当因与德国纳粹"合作"而被法国"缺席"定罪。

② 这类小说基本上都是卷帙浩繁的多卷本作品，其所述主题在时间上跨度极大，宛如一泻千里、绵延不绝的长江大河。罗曼·罗兰（Romain Rolland, 1866—1944）在《约翰－克利斯朵夫》(*Jean-Christophe*) 第 7 卷的序言中写道，"在我看来，《约翰－克利斯朵夫》始终就像是一条长河"。"长河小说"因此得名。法国"长河小说"的典型作品主要有罗曼·罗兰的《约翰－克利斯朵夫》(10 卷本，1903—1912) 和《中了魔的灵魂》(*L'âme enchantée*，7 卷本，1922—1933)、马丹·杜迦尔（Martin du Gard，1881—1958）的《蒂博一家》(*Les Thibault*，8 卷本，1922—1940) 以及于勒·罗曼（Jules Romains，1885—1972）的《善良的人们》(*Les Hommes de bonne volonté*, 27 卷本，1932—1946）等等。参阅 Albert Guérard, "The Leading French Novelists of the Present Moment", *The English Journal*, No. 4 (1951), pp. 185–192。

年时就曾有过论述。他认为，欧洲文化之所以幻生幻灭，其原因可能就在于“思想的整齐划一”、“工作的诚心诚意”和“教育的坚实稳固”，“假如没有这么多的优点，可能也就不会出现那么多让人恐惧的事情”；正是由于“合情合理”取得了压倒一切的胜利，“荒谬悖常”才有可能掀起打倒一切的反攻。其结论是：“我们这些文明”如今“死到临头”。[①] 与瓦莱里的“物极必反”理论不同，年轻一代的知识分子则从另外一个层面来剖解自己的文化传统。他们觉得，正是他们精心继承并信以为真的这种文化将他们出卖了，战壕里的苦难生活和战场上的狂轰滥炸表明，曾经让欧洲人洋洋得意的理性价值和理性文化在这里竟是一文不值。在他们看来，第一次世界大战已经充分证实，过去的文化原来只是一批地地道道的“假货”，正是这批“假货”导致了欧洲人的自相残杀。关于传统文化的败落，当然可作进一步的探讨，但不论怎么说，现代主义在一战之后确已成为法国文化的主导潮流，这是不容置疑的事实。

从理论上说，法国现代主义文化的核心是所谓的“超现实主义”(surréalisme)，而超现实主义的重要源头又是所谓的“达达主义”(dadaïsme)，因此，在这里还要对之稍作介绍。1916年初，以罗马尼亚青年诗人查拉(Tzara，1896—1963)为首的一群虚无主义文学青年在瑞士的苏黎世组建了一个文化小团体，他们别出心裁地为自己的团体取了“达达”(dada)这样一个听起来挺有韵味但与文学艺术却毫不相关的名称。一般认为，“达达”一词的本意是儿语的“玩具木马”。查拉之所以选择这个词，一方面是随心所欲的结果，另一方面也是因为这个词在这里毫无实际意义，而这种“毫无意义”恰恰传递了这个团体的目标：摧毁此前存在的一切文化艺术，“就像一次大战摧毁了那么多民族一样”。1918年，22岁的查拉发表《达达宣言》(*Dada Manifestos*)，其中写道：“应该让每个人都发出这样的呐喊：有一项伟大的破坏工

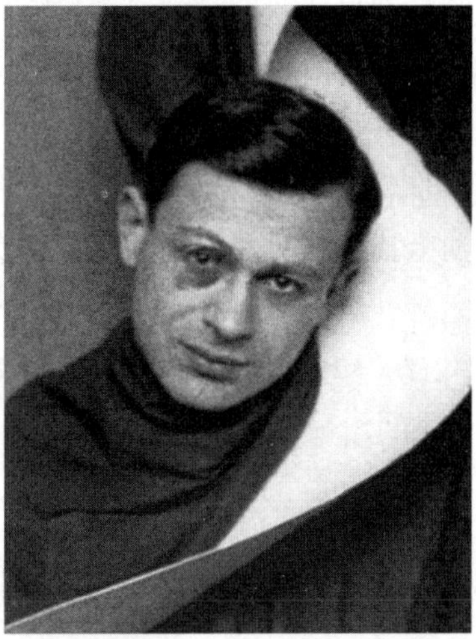

查拉

① 参阅 Judith Robinson, “Valéry’s View of Mental Creativity”, *Yale French Studies*, No. 44 (1970), pp. 3–18。

作要做，有一项伟大的否定工作要去完成”；“铲除记忆，达达；铲除考古学，达达；铲除预言家，达达；铲除未来，达达；……自由达达，达达，达达”。

在不胫而走的一片“达达”声中，查拉于1919年移居巴黎，与同样愤世嫉俗、同样年轻的法国诗人布列东（Breton，1896—1966）以及阿拉贡（Aragon，1897—1982）等人汇合到一起，达达主义运动的中心于是转移到了巴黎。但是，布列东和阿拉贡等人很快便与查拉分道扬镳。查拉的主张是只破不立、一毁了之，在他看来，就连法国人最为钟爱的“自由”也是毫无意义的“达达”。而布列东等人则认为，对旧传统旧文化的抛弃必须彻底，但除此之外，还必须在理性和战争的废墟上创建一种全新的文化艺术；而且，“自由”绝不是一种“达达”，它是唯一“还在激励着我”的词语。①1924年11月，布列东发表著名的《超现实主义宣言》，这标志着既破又立的超现实主义正式成为法国先锋派文化的主流。

“超现实主义”一词的首创者是诗人阿波利奈（Apollinaire，1880—1918）。他曾为自己的荒诞剧《特蕾西娅的乳房》（*Les mamelles de Tirésias*, 1903年）②起了一个副标题“超现实主义戏剧”，其本意是：在描述某一事物时，不应固守那些传统的框框，也不应刻意讲究什么逻辑关系，而应把来自各个层面的相关的回忆、感觉、思想和议论综合在一起，只有这样，才能充分释放人的本能，才能使所要描绘的对象达到“更高层次的现实”，即“超现实”。新潮文学青年们虽然借用了“超现实主义”这一称谓，但却赋之以完全不同的内涵。在布列东看来，对“真实”和“现实”的一味追求，其结果就是想象横遭窒息，灵魂惨遭囚禁。他对现实主义特别是现实主义小说发出猛烈进攻，他曾说道，读这类作品之后给他留下的唯一力量就是“去合上这本书”。在一战期间，布列东曾在一所军队精神病院服役，其间他曾读过奥地利学者弗洛伊德（Freud，1856—1939）的著作，而且还试图运用“解梦”原理来帮助精神病患者解除心理上的创伤。他认为，人类的潜意识是唯一一块尚未受到资产阶级文明污染的绿洲，只有在这里，人们才能找到希望和欢乐。因此，新文化的目标就是要解放梦境，解放潜意识。为了避免受到理性的侵扰，布列东想出了一种“自动写作法”，即在无意识中写无意识，在梦境中写梦境，在幻觉中写幻觉，只有如此，人们才能进入“一个绝对的现实世界，一个超现实世界”。实际上，就连布列东本人也做不到“梦中写梦”，其结

① André Breton, *Manifestoes of Surrealism*, Ann Arbor, MI: The University of Michigan Press, 1969, p. 4.

② 阿波利奈的这部剧作初稿完成于1903年，1917年经修改后被搬上舞台，参见Oscar G. Brockett, and Franklin J. Hildy, *History of the Theatre*, Boston: Allyn and Bacon, 2003, p. 439。

果只能是在清醒的状态下人为地编造出一些语无伦次、不知所云的篇章。① 超现实主义虽然一度影响很大，但其内部的分裂却在不断加深，因此，到 20 世纪 30 年代，年轻的超现实主义在法国已开始呈现人老珠黄的迹象。二战以后，在法国已经不再时髦的超现实主义转道美国，在那里又大为流行了一阵。

法国现代主义文化是多姿多彩的，人们并不能将它笼而统之地归结在超现实主义这一面大旗之下。当时有许多知识分子曾声言自己对所谓的超现实主义并不感兴趣，他们要根据自己的理念去创造具有自身特色的新的文化品牌。然而，新文化的道路不论是有千条还是万条，幻灭了的社会氛围终究使它们殊途同归，一系列与传统文化相异的文化景象终究蔚为壮观地横卧竖躺在理性庙宇的残垣断壁之上。在现代主义文学领域，法国的作家们并没有构成一个统一的整体，在凡事都要论党论派的社会中，他们也不得不在政治道路上作出自己的选择，由此我们可以将法国的现代主义文学大致划分为以下几类。

首先是右翼的“绝望文学”：塞林（Céline，1894—1961）是这一阵营中的代表作家之一。塞林曾参加一战并在战场上负伤，战后曾游历非洲和美洲，后来在巴黎郊区的贫民窟中靠行医为生，其代表作是具有自传色彩的小说《深夜漫游》（*Voyage au bout de la nuit*，1932 年）。从这部作品的开篇中，人们便可感知作者的玩世不恭：《时代报》上登载一条新闻说，总统普恩加莱正在为巴儿狗展览会主持开幕式；正在读报的那个人说，“在捍卫……法兰西种族方面”，《时代报》无与伦比；主人公巴达木（Bardamu）回答说，“你所说的这个种族只不过就是一大堆像我这样的千疮百孔的鸡奸者”；就在这时，“战争在不知不觉中向我们走近”；一队士兵恰巧路过，巴达木当场便参了军；“我们落入了圈套，就像老鼠一样”。战争的场面更加令人目不忍睹：那些可怜的士兵既去“拧”别人又被别人“拧”，结果就是死亡继而腐烂；“在 7 月 14 日那一天”，即法国的国庆节，巴达木发现自己长了“三只脚，脚上爬满了蛆”。战后的世界也同样没有什么意义：巴达木被送到非洲去养伤，但同伴开始密谋加害于他；神经错乱的巴达木变得胡言乱语起来，结果被人扔到一只大船上；他漂到纽约并在当地找到一份工作，即负责清点移民身上的虱子。塞林这部作品处处表明：生活就是如此，生活毫无意义；世界并不真实，唯一真实的只有恐怖。与塞林同属一个阵营的还有“迷人而

① 参阅 Willard Bohn, “From Surrealism to Surrealism: Apollinaire and Breton”, *The Journal of Aesthetics and Art Criticism*, No. 2 (1977), pp. 197–210。

懒散的花花公子”德里约·拉罗歇尔（Drieu La Rochelle，1893—1945），在他的笔下，女人和犹太人都是低人一等的“另类”，而男人则是贪婪好色但又患有厌婚症的“功能不全者”。

像塞林和德里约这样的右翼作家并不在少数，二战爆发后，他们几乎毫无例外地投进了纳粹的怀抱。① 此外，属于这一阵营的还有以长篇小说《七彩》（*Les Sept Couleurs*，1939 年）而闻名的作家兼记者布拉西亚克（Brasillach，1909—1945），在他的这部小说中，纳粹军队的集结仪式、操练步伐以及他们的旗帜都是让人迷恋不已的。② 不过，最让布拉西亚克出名的还是他于 1937—1943 年间在《我无处不在》（*Je suis partout*，1930 年创办）报社做编辑的那段岁月，在此期间，他在报上发表了大量文章，主张在法国实行纳粹政策。

其次是中间派的“改革文学”：这一派具有比较浓厚的天主教色彩，其基本特征是既怀疑个人主义又崇尚领袖政治，既厌恶金钱世界又憎恨议会民主。他们认为，目前的这种“自由文明”已病入膏肓。该派的代表人物是哲学家兼作家艾玛纽埃尔·穆尼埃（Emmanuel Mounier，1905—1950）。1932 年，他创办了一份名曰《精神》（*Esprit*）的杂志。在这本杂志上，他不断撰文以规劝天主教徒们脱离那些保守的政党。而且，他还制定出一项庞大的计划，试图使法国人在精神上重新恢复青春活力。在这里，我们不妨提前引用几句他在战争爆发以后才发表的一份改革宣言：“我们向金钱世界宣战”；“我们要恢复良好的工作习惯”；“我们要重整指挥与集体纪律意识”；“我们是快乐青年”；“一个健康的民族既是一个工作忙碌的民族，也是一个充满节日、喜庆和娱乐活动的民族”。二战爆发后，穆尼埃曾认为纳粹的胜利对法国大有“益处”，而且还为维希政权的诞生高声欢呼。不过，他最终还是转变立场，加入抵抗运动。③

弗朗索瓦·莫里亚克（François Mauriac，1885—1970）是与穆尼埃有着相似

① 德里约是二战期间法国知识分子当中与纳粹德国“合作”的典型人物之一。1944 年巴黎解放后，德里约只得东躲西藏。1945 年 3 月 15 日，德里约在巴黎自杀身亡。关于德里约的思想观念，参阅 William R. Tucker, “Fascism and Individualism: The Political Thought of Pierre Drieu La Rochelle”, *The Journal of Politics*, No. 1 (1965), pp. 153–177。

② 布拉西亚克之所以将书名叫作《七彩》，是因为在这部作品中，作者前后使用了七种不同风格的文体，即叙述体、书信体、日记体、格言体、对话体、文献体以及演说体。另，布拉西亚克在战后被判处死刑，虽然有众多的文化界名人为之求情，但戴高乐拒绝给他签署特赦令，参见 Jean-Luc Barré, “Brasillach, Robert (1909–1945)”, *Dictionnaire de Gaulle*, Paris: Éditions Robert Laffont, 2006, p. 147。

③ 参阅 J. W. Hellman, “Emmanuel Mounier: A Catholic Revolutionary at Vichy”, *Journal of Contemporary History*, No. 4 (1973), pp. 3–23。

政治经历的另一位天主教徒作家，其成名作是《和麻风病人亲吻》（*Le Baiser au lépreux*，1922 年）。该书的主人公是一位富有、多情但长相却极端丑陋的外省资产阶级青年，他的婚姻一直是有名无实，因为他的妻子吻他仅仅是出于可怜他，这使他永远无法接受。莫里亚克的代表作是《蝮蛇结》（*Le Nœud de vipères*，1932 年），它描写的是一个年迈的律师由憎恨家庭、爱财如命到最后幡然悔悟的婚姻悲剧。1940 年，莫里亚克也与维希政权发生一段暧昧关系，但随后便失望地退了出来。不久，他发表了自己的思想告白书《黑色笔记本》（*Le cahier noir*，1940 年），其中写道：基督教徒必须“在人类的身上去寻找上帝”，必须“在那些遭受迫害之人的身上去寻找上帝”，“不论他们是基督教还是异教徒，也不论他们是共产党还是犹太人”。

第三类是左翼的“抗争文学”：超现实主义是以反传统的面目出现的，因此，它在形式上可以找到一些与共产主义革命观念相似的结合点。也正因如此，法国共产党诞生不到一个月，即 1921 年 1 月，反传统的文学青年布列东、阿拉贡等人就萌生了加入共产党的念头。接待他们的一个粗胖男子告诉他们：共产党员“有时必须下到群众中去，同他们打成一片，一起流汗。”他们随即犹豫起来，阿拉贡的反应就是：“我们看了看这个粗胖的男子，我们可不想跟他一起流汗。”[①] 不过，几年之后，即 1927 年，他们还是加入了法共。布列东在法共中待了几年后又退了党，而阿拉贡则坚持到了生命的终点，而且阿拉贡还公开放弃超现实主义信条，转而走上现实主义道路，这一转变从他的 4 卷本“长河小说”《现实世界》（*Le Monde réel*，1934—1944）中可以得到明确的感受。

马尔罗

两次大战期间最为重要的左翼作家是马尔罗（Malraux，1901—1976）。马尔罗生于巴黎，21 岁时在柬埔寨因盗窃文物而入狱，西班牙内战爆发后，他曾组

① ［法］贝尔纳－亨利·雷威著，曼玲、张放译：《自由的冒险历程：法国知识分子历史之我见》，北京：中央编译出版社 2000 年版，第 72 页。

织一支飞行中队，以支持西班牙的人民阵线政府。马尔罗虽与共产党保持密切联系，但最终成为戴高乐的坚定追随者，二战后曾任戴高乐手下的情报部长、新闻部长和文化部长。两次大战期间马尔罗的主要作品有：反映中国五卅运动以及省港大罢工的《征服者》（*Les Conquérants*，1928 年）、以 1927 年上海工人武装起义为背景的《人类的命运》（*La Condition humaine*，1933 年）以及以西班牙内战为主题的《希望》（*L'Espoir*，1937 年）。关于马尔罗个人的道德品质，后人曾有不少争执，多数人认为他是一个工于造假、善于虚张声势的文化政客。关于他的作品，左翼文化人曾有不少颂扬的词句，但更多的人则持相反的看法。法国当代著名作家、1985 年诺贝尔文学奖得主克洛德·西蒙（Claude Simon，1913—2005）对马尔罗有这样的评论："我觉得马尔罗是属于平庸之类"；"长篇大论不着边际"；"他这边所有的人都是美好的，所有的人都是可爱的。真是见鬼了"！①

与以纸张为媒介的文学作品相比，电影在传播现代主义文化思潮方面拥有更为特殊的优势。法国的现代主义电影也有众多的流派，如印象派、先锋派以及不太"先锋"的诗意现实主义派等等。冈斯（Gance，1889—1981）是印象派最为著名的导演之一。在一战结束前后，他已执导了十余部电影，其中 1919 年拍摄的《我控诉》（*J'accuse*）曾给观众留下强烈的心灵震撼，影片的结尾场景更是成为电影史上的经典一瞥：数百名已经战死的士兵在战场上又神奇地爬了起来。冈斯的巅峰之作是场面宏大的《拿破仑》（*Napoléon*，1927 年），这部作品的最伟大之处是三面银幕的使用。当影片展现波澜壮阔的大场景时，三部放映机会同时将不同的场景投影到并置的 3 个银幕上。原籍西班牙的布努埃尔（Bunuel，1900—1983）则是先锋派的著名导演，他于 1929 年执导的《一条安达鲁西亚狗》（*Un chien andalou*）创造出一系列至今仍然让人不寒而栗的视觉镜头，例如手掌心变成了蚂蚁窝，眼球被剃刀割成了两半，等等。他的另一部作品《黄金时代》（*L'Âge d'Or*，1930）也是充满了超现实主义气息，在影片中，奶牛迈着方步走进了卧室，主教一下子变成了面目可憎的骷髅。

诗意现实主义电影的代表人物是让·雷诺阿（Jean Renoir，1894—1979），此人是印象主义绘画大师奥古斯特·雷诺阿（Auguste Renoir）的儿子。1937 年和 1938 年，雷诺阿执导的两部电影《大幻觉》（*La Grande Illusion*）和《马赛曲》

---

① ［法］贝尔纳－亨利·雷威著，曼玲、张放译：《自由的冒险历程：法国知识分子历史之我见》，北京：中央编译出版社 2000 年版，第 11 页。

(*La Marseillaise*)相继问世，前者描述的是三位出身不同的法国人（贵族、犹太人和技工出身的军人）齐心协力与一个德国贵族周旋的“爱国故事”，后者讲述的则是资产阶级、农民和工人联合起来与无能国王路易十六进行斗争的“正义篇章”。但是，雷诺阿在二战前执导的最后一部电影《游戏规则》(*La Règle du Jeu*, 1939)则传递出一种与前不同的情绪：精英们与仆人们玩着一模一样的游戏。在这部电影中，那些富人们并没有像《大幻觉》中的主人公们那样去捍卫祖国、恪尽职守，而是一心一意地忙于那些蝇营狗苟的性游戏，他们已经忘记了还有什么祖国、正义和事业。雷诺阿后来解释说：“我描绘的是一些快乐且讨人喜欢的角色，只不过我是将他们放在一个正在瓦解的社会中加以展示的。”这部电影于1939年7月7日在巴黎首映，而当时的战争气氛已经极为浓重。观众对《游戏规则》的反应相当激烈，起哄和嘲笑之声响成一片。在首映现场，一位观众甚至燃起手中的报纸，扬言要把电影院给烧掉。1939年9月初，这部电影终被政府禁演，其罪名是“败坏道德”、“涣散人心”。[①] 影片虽被打入冷宫，但法兰西的“瓦解”却还是将如期而至。

四、无原则的绥靖与战争风云的再起

当众多的法国人被前卫艺术家们的潜意识、超现实弄得分不清东西南北之时，一个比“超现实”还要现实的战争幽灵正在向法国靠近，这就是对一战中的失败耿耿于怀、对“扩大生存空间”如饥似渴的纳粹德国。局势的发展已有足够的理由让法国人坐立不安。然而，这时的法国却是超乎寻常的不急不躁：德国军队蹑手蹑脚地开进莱茵非军事区后，法国的反应仅仅就是一纸软绵绵的抗议书；为了检验新型战机的性能，德国将飞机开往西班牙对其平民进行狂轰滥炸，法国对此亦是视若无睹；1938年3月11—12日，希特勒以闪电般的速度将自己的老家奥地利并入德意志的版图，对于这一惊世之举，法国更是毫无动静，这不只是

① 参阅 Penelope Gilliatt, *Jean Renoir: Essays, Conversations, Reviews*, New York: McGraw Hill Book Company, 1975, p. 59。雷诺阿的这部影片在1940年上半年被解禁，但是，等到法国在二战中溃败之后，该影片再次被禁。二战期间，影片的原始胶片在盟军空袭中严重损毁。20世纪50年代，雷诺阿等人对胶片进行修复，《游戏规则》得以重现银幕。如今，《游戏规则》被视为电影史上最为优秀的影片之一，甚至被称为电影中的“万王之王”。

因为这时的法国无意于“干预”他国之事，而且还因为这两天的法国恰恰处于前内阁已经倒台而新内阁尚未组成的无部长、无总理的“无政府”时期。

从这几年的历史中可以看出，当纳粹德国一帆风顺地向外扩张之时，法国的反纳粹空气是相当稀薄的，法国人的普遍情绪就是：只要战火不烧到法国人身上，管它德国在外面干什么事。而且，在许多人的心目中，东方的斯大林（1879—1953）是比希特勒更加危险的潜在敌人，正因如此，一些右翼集团公开喊出口号：“宁要希特勒，也不要斯大林”；“宁要希特勒，也不要勃鲁姆”。这一时期的不少报刊也连续登载文章，认为法国不应当去扮演“欧洲的宪兵”，而应当精心去关照自身在地中海、非洲和其他地区殖民地的利益。[①] 正是在这种自保心理迷漫全国之时，1938 年 4 月 10 日，达拉第出任政府总理。从此，达拉第就与“绥靖政策”挂上了钩。法国溃败之后，人们纷纷将怨气发泄到达拉第身上。实际上，法国的对外政策绝非达拉第的个人行为，推行明哲保身的绥靖政策是绝大多数法国人的集体意识。可以说，在当时的情况下，只有被撞得头破血流，法国才有可能重现生机，那些原本人微言轻的主战派才有可能在一定程度上唤发起人们的抗争斗志。

达拉第上台后面临的首要问题就是如何处理与捷克斯洛伐克的关系问题。早在 20 世纪 20 年代，法捷两国就已签订了以德国为靶心的军事互助条约。在吞并奥地利之后，纳粹德国便将目标对准了捷克斯洛伐克，其理由听起来是冠冕堂皇的：与德国接壤的捷克西北边境的苏台德（Sudètes）地区居住着 300 多万讲德语的日耳曼人，而这些人正生活在苦难之中，因此德国有义务“解民倒悬”。1938 年 4、5 月间，希特勒准备以武力解决苏台德问题，达拉第随即宣称准备全面动员以援捷抗德，希特勒于是退却。但是，达拉第进行的只是一场“神经战”，虽然他已清楚意识到，纵容希特勒的最终结果必然是殃及法国自身，但自信不足的法国此时仍要唯英国的马首是瞻。[②] 达拉第在一次内阁会议上曾说：“如果来自英国的直接帮助连一点把握也没有，那么就没有一个法国人会同意让自己的国家同德国和意大利对抗。”而此时的英国正是“绥靖政策”最为热心的兜售商，法国跟在英国后面跑，德国也就放心了。1938 年 9 月 12 日，希特勒再次以激动而颤

---

① 参阅 Gordon A. Craig, “High Tide of Appeasement: The Road to Munich, 1937–38”, *Political Science Quarterly*, No. 1 (1950), pp. 20–37。

② William Shirer, *The Collapse of the Third Republic: An Inquiry into the Fall of France in 1940*, New York: Da Capo Press, 1969, pp. 339–340.

抖的声音宣称，要在10月1日之前“收回”苏台德。德捷关系随之紧张，法国又一次陷入矛盾之境。墨索里尼“挽救”了法国，他出面调停，建议由德、意、英、法四国首脑开会协商苏台德问题的处理办法，至于当事国捷克斯洛伐克以及与之结有互助盟约的共产主义苏联则无权参加会议的“讨论”。

希特勒同意“调停”，并通知英法意三国首脑于1938年9月29日中午赶到慕尼黑开会，达拉第的心情变得豁然开朗起来。除共产党等少数人之外，法国社会对“和平解决”捷克问题均表现出巨大的热情，社会党的《人民报》写道：“若使谈判破裂或者无法举行，那将是对人类的犯罪。慕尼黑会议是在圣炉的火焰即将熄灭的当口投入其中的一抱干柴。”1938年9月29日中午，希特勒、墨索里尼、张伯伦和达拉第准时齐聚到慕尼黑的元首大厦。30日凌晨，四人在没有捷克代表在场的情况下达成分割捷克的《慕尼黑协定》（*Accords de Munich*）：捷克必须将苏台德地区割让给德国，交接事宜必须在随后的10天之内完成，英法两国为即将形成的德捷新边界提供担保。除了苏台德这一核心问题之外，《慕尼黑协定》还作出其他一些决定，如：捷克政府应在四周内释放苏台德政治犯；有关政府须在三个月内解决捷克境内的波兰和匈牙利少数民族问题；对于捷克境内的“存疑地区”（即无法立即确认日耳曼人是否占当地人口多数的地区），将由“国际委员会”占领，然后举行公民投票来决定其归属。出卖捷克的《慕尼黑协定》签署之后，心里并不踏实的达拉第立即命人去向捷克总统解释说，不让捷方代表参加会议并不是他达拉第的主意，他本人“无力”主导会议的具体安排。在“盟友”的胁迫下，捷克斯洛伐克被迫接受了《慕尼黑协定》。①

达拉第当初担心自己回国后会遭到国人的怒骂和围攻，但迎接他的却是鲜花与欢呼。对于这一场景，达拉第曾悄悄地对自己的助手说了一句：“唉，一群傻瓜！”（“Ah, les cons!”）除极个别人之外，法国政界大都对达拉第的慕尼黑“成果”恭维备至：避免了流血，安慰了德国，而且通过为捷克提供新的“担保”而多少保住了法国的面子。右翼政客们兴奋不已，认为“高瞻远瞩、勇担大任的领导人战胜了‘战争派’”。社会党领袖、前总理勃鲁姆也撰文说，是达拉第和张伯伦使“每个人都能高枕无忧，享受秋天绚丽的阳光了”。另一位前总理弗朗丹（Flandin，1934年11月至1935年5月任总理）甚至向希特勒发去一封贺电，称

---

① 参阅 Susan Bindoff Butterworth, “Daladier and the Munich Crisis: A Reappraisal”, *Journal of Contemporary History*, No. 3 (1974), pp. 191–216。

颂他挽救了和平。在一片颂扬声中，达拉第对自己的“丰功伟绩”也逐渐开始信以为真，他认为是自己和张伯伦奠定了“百年和平”，而且他还“感谢”自己和希特勒、墨索里尼以及张伯伦一道以“巨大的聪明才智，奇异地避免了一场战争，使光荣的和平在全世界人民中有了保证。”①

当然，也并不是所有人都对慕尼黑会议那么看好。1938 年 10 月 4 日，法国众议院以 535 票对 75 票的绝对多数批准了《慕尼黑协定》，而 75 张反对票中，有 73 票是共产党议员投的。法国驻德大使库隆德（Couloudre）在私下写道：“慕尼黑会议敲响了法兰西的丧钟，宣告了法国的覆亡。”英国政治家丘吉尔也发表演说：“我们处在头等巨大的灾祸中”；“所有中、东欧国家都将一个接一个地落入纳粹政治体系之中。不要以为这是结束，这仅仅是开始”！事实证明，靠绥靖得来的和平是虚幻的。占领苏台德仅 5 个月之后，即 1939 年 3 月 15 日，德国便出兵占领了捷克斯洛伐克全境。至此，达拉第终于又重新开始有了醒悟，在参议院的一次秘密会议上他曾说：“看样子，如果法国不认真对付”，还对德国“存有幻想”，那么，“新的侵略将要落到我们头上，我们面临着灭顶之灾”。事实又将证明，法国的“对付”的确还不“认真”。

将苏台德和整个捷克斯洛伐克收入囊中之后，从 1939 年 3 月下旬起，对“生存空间”有着无限欲望的希特勒又将进攻方向转向面积更大的波兰。与波兰订有军事互助盟约的英法两国似乎开始警觉起来，这时它们想到了可以与东方的苏联一起来遏制纳粹德国的扩张势头。但是，出于对共产主义的憎恶和恐惧，英法两国政府对于同苏联的联合一直显得三心二意，而且它们还经常设想，如能让纳粹德国去攻打苏联，那将是最好不过的事情。因此，英法与苏联的接触也就自然变成了马拉松式的扯皮。1939 年 3 月 18 日，苏联邀请英法等国商讨组建“和平阵线”以阻止希特勒的侵略，英国外交大臣哈利法克斯（Halifax，1881—1959）回答说“英国大臣们都没有空去开会”，法国政府的官员们当然也有许多“更为紧迫”的事情要处理。当获悉德国将于 9 月 1 日进攻波兰这一惊人消息之后，英法政府又向苏联派去一个没有任何决断权的代表团以恢复军事商谈。这个代表团乘坐轮船于 8 月 5 日启程，用了 6 天时间才到达莫斯科（而达拉第当年赴慕尼黑去出卖捷克的时候坐的是飞机）。

在与苏联谈判过程中，对于一些关键性问题，英法代表团的回应要么是“不

---

① 参阅 Roger Eatwell, “Munich, Public Opinion, and Popular Front”, *Journal of Contemporary History*, No. 4 (1971), pp. 122–139。

知道”，要么是“没权限”。同时也应注意到，苏联对英法也并非真心实意。早在1939年3月10日，斯大林就在苏共第十八次代表大会上指出，英法在“策动德国人东进”，苏共“决不要让我们的国家陷进战争贩子们挑起的冲突中”。从5月开始，苏德展开秘密接触。就在与英法代表团扯皮之际，苏联在另外一栋房子里与纳粹德国达成了协议。1939年8月23日，《苏德互不侵犯条约》在莫斯科正式签署，此外，双方还签订了一份秘密议定书，即瓜分波兰并划定双方在欧洲的势力范围。[①] 仅此一举，斯大林便将“祸水”推回了西方。对于这一爆炸性事件，达拉第起初并不相信，他认为这肯定是“新闻界搞的一场恶作剧”。

解决了苏联这个东顾之忧，希特勒对波兰的行动便顺利许多。而这时的法国国内仍然喧嚣着各种不同的声音。有人认为，希特勒只会大喊大叫，他不敢真正发动大规模的战争。还有人认为，“希特勒无比善良”，“他用一只手向群众致敬，用另一只手向上帝效忠”。也有人认为，法国应当立即抛开波兰，“为波兰流血丧命毫无意义”。1939年8月26日，达拉第还动之以情地给希特勒写了一封信，信中说：你我25年前都是士兵，深知战争的恐怖和灾难。但是，一切都已枉然。1939年9月1日凌晨，希特勒以70个师、500辆坦克和3000多架飞机的优势力量对波兰不宣而战。即便到了这时，达拉第仍然没有忘记和平，在参、众两院特别会议上，他发言说：“如果平心静气的谈判仍能举行，法国政府为了世界和平的利益将不遗余力地保证它的成功”。不过，希特勒并没有理睬达拉第的好言规劝。于是，1939年9月3日，英法两国对德宣战。作为追随者的象征，法国的宣战时间比英国推后了6个小时。第二次世界大战由此爆发，但此时的法国再也不见了1914年时的那种群情激越的“爱国热忱”。

第三节　二战中的“合作”与抵抗

第二次世界大战是今天的许多法国人不愿提及的一段历史，在这几年中，法国

① 参阅 Aron Shai, “Was There a Far Eastern Munich?” *Journal of Contemporary History*, No. 3 (1974), pp. 161–169。

不仅经历了可悲的军事失败，而且经历了一场民族精神的分裂与坍塌。在“绥靖”思维的惯性推动下，法国与纳粹德国在宣而不战的状态下“奇怪”了8个多月。当德国不再需要法国的“绥靖”而对之发动飞机加坦克的机械化“闪电战”之后，对“奇怪战争”已习以为常并认为坦克不如马匹灵活、飞机毫不中用的法国军队在短短40多天之内便溃不成军，溃败速度之快，就连进攻的发动者德国方面都感到迷惑不解。[①] 以贝当和赖伐尔等人为首的“合作派”（collaborationnistes）不仅为他们所厌恶的议会制共和国送了终，而且还以实际行动力争与纳粹德国进行“合作”（collaboration）。不过，让后来的法国人感到欣慰的是，“合作”并不是历史的全部，一部分法国人在艰难的环境下还是与纳粹展开了不屈的抗争，这就是在海外坚持斗争的由戴高乐领导的“自由法兰西”（Françaises Libres；后改称“战斗法兰西”，Françaises Combattantes）[②] 和在国内进行斗争的“抵抗运动”（la Résistance）。正是在戴高乐的奔走呼号下，法国才逐步走出维希政权的阴影并争回了“大国”地位。

一、“奇怪战争”与法国沦丧

法国是为“支援”东线战场上的盟国波兰而对德宣战的，按常理说它应在西线发动攻势以缓解波兰的压力。然而，法国仅仅做了一个小而又小的样子。1939年9月7—11日，法军在5天之内向东部边境的萨尔小心翼翼地推进了几公里，占领了20个早已空无一人的村寨，然后便迅速撤军，躲进坚不可摧的马其诺防线后面，由此开始长达8个多月的人不犯我、我不犯人的“奇怪战争”（la drôle de guerre）。[③]“奇怪战争”实际并不奇怪，它是法方“绥靖政策”的继续，当时

① 参阅 Saul K. Padover, “France in Defeat: Causes and Consequences”, *World Politics*, No. 3 (1950), pp. 305–337。

② “自由法兰西”是“自由法兰西军”（Forces Françaises Libres）的简称，“战斗法兰西”则是“战斗法兰西军”（Forces Françaises Combattantes）的简称。由于语义上的模糊，“Forces”在有些情况下也不一定专指军队，对于这一时期的法国而言，不论是个人，还是团体，只要是继续与“轴心国”斗争的，都可算作是“自由法兰西”或“战斗法兰西”中的“有生力量”。

③ 关于二战初期西线的这种“战而不战”的荒唐现象，不同国家赋之以不同的名称，其中，以法国人所用的“奇怪战争”这一说法最为常见，此外，美国人和英国人通常称之为“冒牌战争”（Phoney War，法文 fausse guerre），德国人通常称之为“静坐战争”（Sitzkrieg，法文 guerre assise），波兰人通常称之为“令人震惊之战”（Dziwna Wojna，法文 guerre étonnante）。参阅 Max Lagarrigue, *La France sous l’Occupation*, Montpellier: CRDP, 2007, p. 2。

的许多法国人依然坚持认为，为波兰去卖命并不值得，只要能守住本国的防线，就没有必要去冒险。而当时的纳粹德国并没有做好向西进攻的一切准备，因此也就乐于暂时维持“西线无战事”。既然西线平静如水，我们也就有闲暇来看一看“战争时期”前方后方的非战争生活。

法军士兵在采花

德军没有大举西进的迹象，法军也没有向东进攻的兴趣，因此，所谓的“前线”在氛围上与内地相比似乎没太大的差别。原本是来浴血奋战的士兵在这里的主要任务就是修工事、挖战壕。为了解除士兵们的苦闷，许多兵营设立了“娱乐中心”，城里的剧团戏班也经常前来举行慰问演出。百无聊赖的士兵经常喝得酩酊大醉，因此不少营地都特设了收容醉鬼的醒酒室。为了让士兵振作精神，总理达拉第为前线送去一万个足球，而且还特别规定，为“作战”部队生产的扑克牌可以免税。面对静悄悄的战场，有人还别出心裁地提议，发动士兵在马其诺防线上遍栽玫瑰花，以美化当地的环境。为避免士兵闲极滋事，军方后来将大约 100 万士兵分派各地去支援农场和工厂的生产。1940 年春，国防部又发布通知，前线士兵可以请假一个月回家春耕。

当“战场”一片祥和之时，军政领导内部却是别有洞天。68 岁的总司令甘末林（Gamelin，1872—1958）在一战中曾是霞飞的主要助手，尽管他的只会纸上谈兵的毛病日益显露，但仍深得达拉第的信任，达拉第曾不止一次地颂扬甘末林是“精力旺盛”的“伟大的军事领袖”。在慕尼黑已经上当受骗的总理达拉第如今开始宣称“决不放下武器”，他认为，“每隔六个月就要受到一次威胁”，实在让人心神不宁。不过，他在对德宣战后着力操办的大事就是于 1939 年 9 月 26 日解散一味紧跟苏联的法国共产党，然后又于 1940 年 1 月 19 日将法共议员赶出议会。除此之外，达拉第当然还要按部就班地带着情妇到乡下度周末，结果从马上摔下，造成骨折，不理政务达几个星期。就在“奇怪战争”还在继续“奇怪”的时候，1940 年 3 月 20 日，失去多数信任的达拉第下了台，不过，在下一届政府中他还是保留着国防部长一职。

接着出任总理的是原财政部长保尔·雷诺（Paul Reynaud，1878—1966），与达拉第一样，他也主张对德作战，但是，比自己年轻一半的情妇却经常使他处于疲于应付的境地。当雷诺生病时，这位情妇甚至代他主持政务会议，而且还不时地跑到雷诺的卧室宽慰他："放心，我们干着呢！"① 在"奇怪"战争已近尾声之时，德军与英军在海上发生交火。总理雷诺从媒体上得到消息后，征询甘末林和海军司令达尔朗（Darlan，1881—1942）的看法，但二人却惊讶地问雷诺："你是从哪里得知这一消息的？"随后，德军轻松占领了挪威和丹麦，雷诺再次让甘末林拿出对策，而甘末林则说："你要是激动那就糟了"，"我再一次请求你：不要着急"。

法国就是在这样一种懒懒散散的状态中度过了"奇怪战争"，同时又在高度乐观的气氛下迎来了空前的溃败。1940 年 5 月初，希特勒最终决定将于 5 月 10 日向荷兰、比利时和法国发起进攻。法国军方事先已获悉这一情报，但他们没有当真，希特勒的进攻计划一改再改，因此法方认为这又是一次"狼来了"的神经游戏。5 月 9 日晚，前线的军官们照样去看了一场"非常有趣的戏"；有些基层军官曾呼吁将正在休假的官兵紧急召回，但上级军官的回答却是："急什么？明天又不打仗。"然而，恰恰是在"不打仗"的 5 月 10 日，纳粹德国向鼾梦正浓的荷、比、法三国发动了强劲攻势。② 国防部长达拉第命令甘末林发起反攻，但甘末林却回答："我用什么反攻呢，没有后备部队！"仅仅几天时间，法军已呈土崩瓦解之势，尽管马其诺防线依旧安然无恙。

面对危殆形势，急于扭转战局的总理雷诺作出两项意在鼓舞士气但却适得其反的重大决策。一是改组政府：5 月 18 日，他让达拉第转任外交部长，同时将 84 岁高龄的一战英雄贝当元帅从驻西班牙大使的职位上召回，让其出任副总理兼国防部长。③ 第二天，政府要员鱼贯进入巴黎圣母院，集中向上帝乞求保佑。④ 二是更换军事统帅：5 月 19 日，甘末林被撤职，改由时年 73 岁、一战期间曾是

① 这位情妇后来跟雷诺一起撤往波尔多。1940 年 6 月 28 日，二人从波尔多前往乡间别墅，途中发生车祸，情妇当场死亡，雷诺则受了重伤。

② 参阅 Jeffery A. Gunsburg, "The Battle of Gembloux, 14–15 May 1940: The 'Blitzkrieg' Checked", *The Journal of Military History*, No. 1 (2000), pp. 97–140。

③ 参阅 Jacques Szaluta, "Marshal Petain's Ambassadorship to Spain: Conspiratorial or Providential Rise toward Power?" *French Historical Studies*, No. 4 (1974), pp. 511–533。

④ ［美］威廉·夏伊勒著，尹元耀等译：《第三共和国的崩溃》，海口：南海出版公司 1991 年版，第 7 页。

福煦助手的“卓越将军”魏刚出任法军总司令。战局并没有随一战英雄们的上台而有所好转，相反倒是进一步恶化。5 月 25 日，魏刚即在总统勒布伦（Lebrun，1871—1950）主持的军事委员会会议上得出结论：“我们必须立即停止这场战争”，否则，法军“将被全部消灭”。

就在军政领导层为战局而争执不休之时，灾难性事件终于发生。在德军的重压之下，数十万英法盟军一路向海边溃退，最终聚集到敦刻尔克（Dunkerque）周围的狭小地带。缩在这里就意味着坐以待毙，因此，1940 年 5 月 26 日至 6 月 4 日之间的 10 天之中，近 34 万盟军（其中 21 万多英军，12 万多法比军队）丢弃辎重，征用各式船只，史诗般地撤至英伦三岛。另有 4 万多名法军没有来得及上船，结果成为德军的战俘。“敦刻尔克大撤退”对英国来说是失败的终结，而对法国而言却是毁灭的开端。

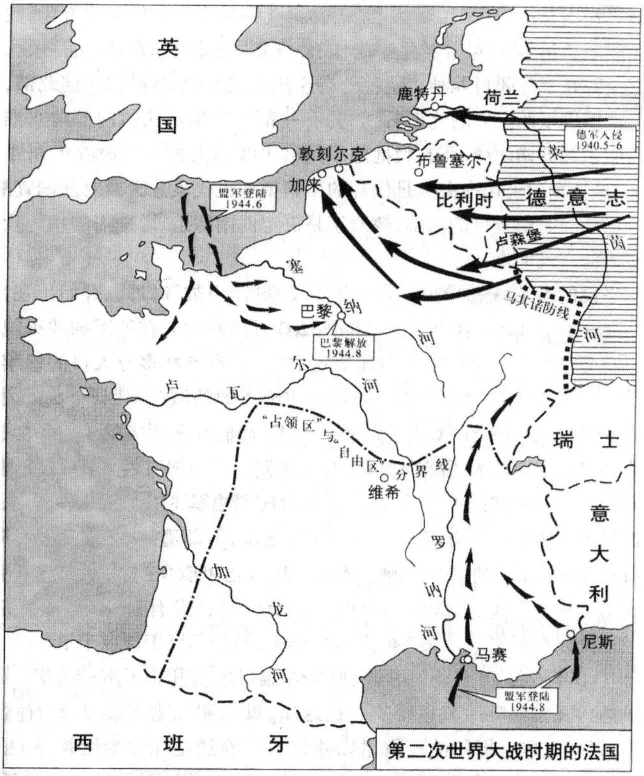

第二次世界大战时期的法国

敦刻尔克溃退之后，雷诺再次改组政府。达拉第被彻底赶出政府，但他强烈抗议并声言自己“问心无愧”。刚刚升任“临时”准将（brigadier général）并以筹办机械化部队而闻名的主战派人物戴高乐则被任命为国防部次长。① 失败主义情绪仍然占据主导地位。总司令魏刚不断地将法军战败的消息送到雷诺办公室，而且还从政治

① 从 1940 年起一直到终老，戴高乐的军衔一直是准将，参阅 Bernard Ledwidge, *De Gaulle*, London: Weidenfeld and Nicolson, 1982, pp. 50–52。

高度对之作出总结:“我们正在为20年的说谎和政治煽动付出代价”。在军事会议上,“精力旺盛”、“仪表堂堂”的贝当经常是一言不发,有时甚至趴在桌上闭目养神。也就是在这几天,德国军队横扫法国北部,一部分德军进抵西南方的比斯开湾(Biscaye),另有一部分德军从法国内部向东推进并占领了马其诺防线,还有大批德军则沿中线向南挺进。1940年6月10日,对希特勒的前途抱有十足信心的墨索里尼(Mussolini,1883—1945)也代表意大利对法国宣战。由于巴黎随时都有可能沦陷,政府于是决定向南撤退,由此引发一场壮观而凄惨的官民大逃亡。

平民的大逃亡从1940年5月德军发动“闪电战”时即已开始,法国东北部的200万居民和法国北侧的200万比利时人在德军的战火威胁下纷纷南逃。法国政府作出南迁决定之后,拥有500多万人口的巴黎立即乱作一团,大约有400多万人挤出了水泄不通的城门。因此,法国大地上一时间出现了一支大约800万人的逃难大军,他们并无明确的目的地,只知向南跑可以保命。为了减少累赘,有的医院干脆弄死了生活不能自理的危重病人。在逃难过程中,平民们不时遭到德军飞机的轰炸和扫射,夹杂在难民中的散兵游勇有时向德军开枪还击,但却遭到群众的责骂:“抵抗有什么用?到处都是卖国贼。不惹德国人还可能少挨炸呢。”时任内政部长的主战派芒代尔(Mandel,1885—1944)慨叹道:“没有人愿意作战,整个法兰西民族都瓦解了。”①

1940年6月10日晚,法国政府开始了南逃历程,第二天到达卢瓦尔河畔的城市图尔(Tours)。在这里,贝当和魏刚继续要求“已经走到尽头”的法国立即停战。雷诺则建议将政府迁至北非继续领导抗战,但遭到魏刚等人的强烈反对。6月14日,眼看图尔不保的政府又迁到波尔多。安顿下来之后,战和之争终于有了结果。在此期间,曾多次出任总理、如今身为参议院议员的赖伐尔作了大量准备将第三共和国“唾弃”掉的密谋工作。当时,许多人都被这一场突如其来的灾难弄得手足无措、心神不定,然而,赖伐尔却是“处于最佳的竞技状态”。②6月16日,主张抗战的雷诺被迫辞去总理职务,以贝当为首的停战派当天晚上便组成自己的新政府,84岁高龄的贝当由此成为法兰西第三共和国的最后一任

① 参阅 Pierre Cot, “Morale in France during the War”, *The American Journal of Sociology*, No. 3 (1941), pp. 439–451。

② [美] 威廉·夏伊勒著,尹元耀等译:《第三共和国的崩溃》,海口:南海出版公司1991年版,第1195页。

总理。

停战谈判尚未开始，德军仍在向南逼近，因此，两院议长提议还是要将政府迁往北非，但贝当和魏刚坚持要和法兰西“生死与共”。最终的妥协方案是：贝当和魏刚等人留在本土，总统、议长、部长及部分议员则迁往北非。6月21日，包括达拉第、芒代尔以及孟戴斯－弗朗斯（Mendès-France，1907—1982）在内的27名议员（其中众议员26名，参议员1名）乘坐“马西利亚号”（Massilia）轮船离开波尔多，6月24日抵达摩洛哥港口城市卡萨布兰卡（Casablanca），但未及上岸便在贝当政府的安排下过上了囚禁生活，其罪名是“叛国”；后来，芒代尔等人被维希政府的保安队杀害，孟戴斯－弗朗斯等人则成功出逃。① 总统、两院议长、部长和部分参议员原本计划转道另一港口开赴北非，但被贝当政府阻止。赖伐尔曾带领一帮人向总统勒布伦发起讨伐：“你一定不能走，我们不会允许一个继续在北非进行一场已经无法打下去的战争的政府对我们进行欺骗。”曾经在律师界混迹多年的赖伐尔对总统的“挽留”还有另一层特殊用意，他说：“共和国总统掌管着公章，他一走就把政府也带走了。”

扣住了“政府公章”，贝当政府便可以名正言顺地执行公务了，其要务主要有两件：一是对德停战，二是了结议会共和制。新政府成立的当天晚上，贝当即派人向希特勒政府转达法国政府的停战意向。第二天中午，即1940年6月17日，贝当在波尔多发表广播讲话，要求全国军民“必须停止战斗”。等到希特勒答应停战之后，包括魏刚和副总理肖当等在内的军政要员却没有一人愿意去接受他们盼望已久的停战条款。无奈之下，贝当任命某集团军司令翁齐格将军（Huntziger，1880—

用于签订停战协定的卧铺车厢

① 参阅 Richard J. Champoux, “The Massilia Affair”, *Journal of Contemporary History*, No. 2 (1975), pp. 283–300。

1941，后任维希政府陆军部长，1941 年死于飞机失事）前去“领旨”。1940 年 6 月 22 日，法国代表团与希特勒德国在巴黎东北的贡比涅签订停战协定。这一地点是由希特勒亲自选定的，而且他还派人将一战时法国元帅福煦的专用卧铺车厢从展览馆拉出来作为签订停战协定的历史见证。1940 年 6 月 25 日，停战协定正式生效，法国一分为二，北部为德国控制下的“占领区”（Zone occupée，约占法国领土的 3/5）；南部为“自由区”（Zone libre），法国政府可以在这里行使“适当的”政府职能。① 也就是在这一天，贝当向全国人民宣布：“新秩序已经开始”。

赖伐尔

实现“和平”之后，贝当即着手“对法国的政体进行改革”。为了给自己留有回旋余地，贝当相中了他虽然不喜欢却感觉有用的赖伐尔，而用贝当的话说，赖伐尔也是“死皮赖脸地缠住”他，向他要官做。1940 年 6 月 26 日，刚被擢升为国务部长的赖伐尔发表讲话：不能由议会治理国家，必须修改宪法，废除现行的政治体制，向纳粹德国看齐，以便取得希特勒的认同。由于波尔多已划入德国“占领区”，因此贝当政府于 1940 年 7 月 1 日辗转迁到法国中部的温泉胜地维希（Vichy）。到了维希之后，赖伐尔立即拟定出一套法律草案，其中规定，制宪权、立法权和行政权统归贝当一人行使。赖伐尔还走门串户，力劝议员们对法律草案投赞成票。他还让人暗中放风：“白天不投赞成票，晚上就不可能睡在自己床上。”

1940 年 7 月 10 日，两院联席会议对政府提交的改制草案进行表决，在 666 名与会议员中，569 人支持，80 人反对（其中 62 人为激进党和社会党成员），17 人弃权。不顾性命安危而毅然投出反对票的 80 位斗士议员后来被称为“维希 80

① 参阅 Charles Williams, *Pétain*, London: Little Brown, 2005, pp. 332–336。“占领区”和“自由区”的地域划分只存在约两年半时间，1942 年 11 月，法国全境都成了“占领区”。

人”（the Vichy 80 ；法文“le vote des quatre-vingts à Vichy”，意为“80位议员在维希的抉择”）并被共和派奉为英雄。不过，他们的抗争并未能够改变共和国的命运，根据投票结果，存在了70年的法兰西第三共和国就此被“合法”地“割断了喉咙”。赖伐尔为这次历史性会议致了闭幕词：“我以贝当元帅的名义，为了法国而感谢你们!”[①] 不过，并不是所有人都承认这一事实，以戴高乐为首的反对派认为，不论从程序上看，还是从法定的最低与会人数上说，7月10日参、众两院联席会议所作的表决都不合法，共和国一直存在着，维希政权的一切法令均属无效。[②]

二、维希政权：“合作”的法国

不论其法令最终是否“有效”，以贝当为“国家元首”（chef de l'État）的维希政权的的确确在法国存在了4年多时间（1940年7月—1944年8月），法国的历史并不存在什么“空白”。从1940年7月至1942年11月的两年多里，维希政权在法国南方的“自由区”（即“非占领区”）保持着形式上的相对独立。在“占领区”，除了东北边境的阿尔萨斯－洛林地区由德国方面直接管理之外，其他地区的行政事务一般也是由地处南方的傀儡政权负责管理，占领区的行政官员绝大多数也是由傀儡政权负责任命，其前提条件是：在占领区，德国的法律居于优先地位。在此时期的法国政界，贝当以其崇高的声望而拥有不可动摇的至高地位，他既可以以元首的身份颁布宪政法令，又可以以总理的名义主持内阁会议。在此情形下，渴望权力的其他政客便只能以成为“元首继承人”和出任副总理（实质上的总理）作为最高奋斗目标。

在赖伐尔主动且坚决要求之下，维希政权成立之初，即1940年7月13日，贝当便无可奈何地以宪政法令的形式确定赖伐尔为“法定继承人”，而且还将操纵行政大权的副总理职位送给了他。由于赖伐尔蹿上跳下，急于“继承”，贝当极为反感，因此，5个月之后，即1940年12月13日，他剥夺了赖伐尔的“继承人”

① 参阅张忠其：《略论法兰西第三共和国灭亡的社会政治原因》，载《法国研究》1992年第2期，第110—120页。

② Jean-Pierre Azéma, *De Munich à la Libération*, Paris: Le Seuil, 1979, p. 82.

资格并将之关押起来。[①] 同一天，贝当任命弗朗丹（Flandin，1889—1958）为副总理兼外交部长。德国方面对这一安排并不满意，因此，不到两个月时间，弗朗丹便被赶下台。[②]1941 年 2 月 9 日，海军上将达尔朗（Darlan，1881—1942）被认定为“元首继承人”并获得副总理职位，同时还兼任内政部长、国防部长和外交部长等要职。但是，贝当和达尔朗等人在对德政策方面有些阴晴不定，因此，一年多以后，德国对贝当施压，要求撤换达尔朗。1942 年 4 月中旬，具有“机会主义”色彩的达尔朗被迫交出绝大部分权力，而只保留陆军总司令一职（这一年 12 月，达尔朗被君主派分子暗杀）。[③] 在德国方面的主导下，1942 年 4 月 18 日，被关了一年多的赖伐尔重出江湖，再次成为维希政权的实际主角。1942 年 11 月，盟军在北非登陆，作为维希军队首脑的达尔朗又与盟军签订了停战协定。德国实施报复，干而脆之地占领了“自由区”。此后，赖伐尔继续充当德国人的走卒，而贝当则成为不闻不问的挂名首脑。1944 年 8 月 17 日，赖伐尔在维希主持了最后一次部长会议。由于盟军节节胜利，1944 年 8 月 20 日，德军将贝当和赖伐尔等维希要员带到贝尔福（Belfort）“避难”；9 月 7 日又把他们送到德国西南部的锡格马林根城（Sigmaringen），在这里，他们建起了“流亡”的“临时政府”。1945 年 4 月，这个“流亡政府”彻底瓦解。

对于维希政权这一段历史，法国人的认识经历了一个痛苦的转变。法国解放以后，贝当等维希政要因对德“合作”问题而受到审判。贝当在其最后声明中宣称：“如果说我未能做你们的剑的话，那么我也是在努力做你们的盾。”法国的大救星戴高乐也曾说过：“法国总是需要两套办法来解救危难。1940 年 6 月，它既需要贝当，也需要戴高乐。”出于可以理解的心理，大多数法国人都乐于接受这类左右逢源的说法，“戴高乐是剑，贝当是盾”这一经典归纳也就因此在战后法国广泛流传了 20 多年。但是，20 世纪 60 年代末 70 年代初，法国人的“剑盾”大坝最终被一群“好事者”掘开。1969 年，由出生在德国、后入美国籍但长期

---

① 贝当之所以把赖伐尔赶下台，与这两个人的行为风格差别太大也有一定关联。贝当是军人出身，他很看不惯赖伐尔那种邋里邋遢、整天叼着烟卷到处吞云吐雾的作派。参阅 Yves-Frédéric Jaffré, *Les Derniers Propos de Pierre Laval*, Paris: Andre Bonne, 1953, p. 164。

② 参阅 Milton Dank, *The French against the French*, London: Cassell, 1974, p. 365, p. 338。在第三共和国时期，弗朗丹曾多次出任工商部长、财政部长、外交部长以及不管部长等职务，1934 年 11 月至 1935 年 5 月间任政府总理。

③ 关于达尔朗，可详阅 George Melton, *Darlan: Admiral and Statesman of France 1881–1942*, Westport, CT: Praeger, 1998。

在法国工作的影片制作人马塞尔·奥夫斯（Marcel Ophüls，1927年生）执导的反映维希“阴暗面”的黑白纪录片《悲伤与怜悯》（*Le chagrin et la pitié*）在法国公映；1971年，该片的英文版（*The Sorrow and the Pity*）在美国上映，当年即获奥斯卡最佳纪录片提名。从这部纪录片中，人们不难看出，当年的绝大多数法国人不仅甘愿接受德国人的占领，而且对德国占领下的生活还颇为享受，不仅如此，当年的很多法国人对“抵抗运动”是极为痛恨的，并且认为它是一种邪恶的行为。正是由于这部“具有里程碑意义”的电影纪录片的出现，在对“合作”问题的认识上长期躲躲闪闪的法国人不得不开始重新面对那一段暧昧的历史。[①]

在奥夫斯的《悲伤与怜悯》已经把法国人那一蛰伏的敏感神经搅动起来之后，1972和1973年，美国学者帕克斯顿（Paxton，1932年生）的论著《维希法国：老卫兵与新秩序，1940—1944年》先后以英文和法文出版，他以大量的德国档案材料证明：“合作是由法国人倡议但最终被希特勒拒绝的一种东西”。[②]换言之，维希法国曾一相情愿地要求与德国进行“平等的合作”，但希特勒要的却是奴仆而不是伙伴，因此，维希政权最终扮演的也就只能是奴仆的角色。帕克斯顿的基本观点如今已经得到史学界的广泛认同，而且法国社会也因此掀起了一次又一次的反思浪潮，一些政界名人也不断地被事无巨细地揭“老底”。[③]有鉴于此，在这里还是有必要对维希政权的历史作一基本分析。

维希政权的性质是一个不可回避的问题。维希政权建立后，“主权在民”原则不再被提及，议会民主制度更是遭到废弃，这是事实。但是，这个政权究竟属于什么性质，人们有不同的认识，有人认为它是温和右翼的集权主义政权，有人则认为它是法西斯主义政权。以上观点孰是孰非，关键问题取决于对法西斯主义的认识。从词源上说，“法西斯主义”（fascism）源于拉丁语“fasces”（意为“束棒”）。所谓“束棒”，就是捆在一起的一束棍棒，中间插着一把斧头。在古代罗

① 在西方电影史上，《悲伤与怜悯》被视为“经典纪录片”。参阅 Philippe Carrard, “From the Outcasts' Point of View: The Memoirs of the French Who Fought for Hitler”, *French Historical Studies*, No. 3 (2008), pp. 477–503; John F. Sweets, “Hold That Pendulum! Redefining Fascism, Collaborationism and Resistance in France”, *French Historical Studies*, No. 4 (1988), pp. 731–758。

② 详阅 Robert Paxton, *Vichy France: Old Guard and New Order, 1940–1944*, New York: Alfred A. Knopf, 1972, p. 51。该书的法文版：Robert O. Paxton, *La France de Vichy, 1940–1944*, Paris: Le Seuil, 1973。为对帕克斯顿表达敬意，法国政府于2009年4月向他授予法兰西“荣誉军团”勋章。

③ 关于帕克斯顿的著作所引发的效应，可参阅 Moshik Temkin, “‘Avec un certain malaise’: The Paxtonian Trauma in France, 1973–74”, *Journal of Contemporary History*, No. 2 (2003), pp. 291–306。

马，束棒是权力和威信的标志，它象征着民众团结一致并服从一个意志、一个权威。从内涵来看，20世纪前期出现的法西斯主义是多种思潮的杂糅，它包含有社团主义、工团主义、独裁主义、种族主义、极端民族主义、中央集权形式的社会主义、军国主义、反无政府主义、反自由放任的资本主义以及反自由主义等等内容，可以说是一种以高度极端且变态的民族集体主义为表现形式的专制主义。[①] 从统治形式上看，法西斯主义是专制君主制的变种，但是，由于20世纪前期资本主义世界的总体环境以及某些资本主义国家的特殊背景，以元首政治为形式的法西斯统治又具有与以往的专制君主制不同的时代特征。

以德国和意大利为典型的法西斯政治在理论上主要包括以下几个方面的内容。第一，国家至上论：墨索里尼认为，“法西斯主义的基础是国家观念”，“国家是绝对的，所有的个人与团体，同它比起来都是相对的”。第二，领袖权威论：希特勒在《我的奋斗》中写道，应由“最有头脑的人才”来做“全国最有权威的领袖”，“真正的天才总是先天的，从来不需要培养，更谈不上学习了”。第三，以种族论为基础的民族主义：日耳曼人是“高级人种”，曾经创造过罗马帝国辉煌史的意大利人也是“高等民族”，而其他人都属于“劣等人种”或“劣等民族”。第四，生存空间论：希特勒认为，“德国的前途完全取决于如何解决生存空间的需要”。[②] 用以上这些基本特征来比照维希政权，就不难看出，维希政权具有浓厚的法西斯主义色彩，在这个政权中，“祖国”的利益“高于一切”，领袖的地位至尊至圣，犹太人的生命一文不值。但是，在其他方面，维希政权又与德意法西斯政权有着明显差异，在这里，自身难保的维希政权根本谈不上去扩展“生存空间”，意志消沉的法兰西人也谈不上什么“民族主义”。由此大致可以认为，维希政权是比德意法西斯政权稍逊一筹的“准”法西斯政权。

维希政权的追随者是极为广泛的。这些人原本分属各不关联的三教九流，但维希政权却出神入化地将他们聚合到一起。在维希政权的支持者中，有些人属于左翼，他们对和平主义或不抵抗主义最感兴趣，在他们看来，一切流血都是无谓的牺牲；有些人属于传统的保守派，如老政客弗朗丹，他曾任维希政权的副总理和外交部长；有些人属于极右的反犹势力，如“法兰西行动”的精神领袖、著名作家莫拉斯，他曾将维希政权称为“天赐奇迹”；有些人属于明确的法西斯主义

---

① Robert O. Paxton, *The Anatomy of Fascism*, New York: Alfred A. Knopf, 2004, p. 218.

② 关于“法西斯主义”，可详阅朱庭光主编：《法西斯体制研究》，上海：上海人民出版社1995年版。

者，如前文提及的作家塞林以及德里约·拉罗歇尔等人。除此之外，还有一些机会主义者，他们的目标就是要在社会动荡中捞钱攫利、升官发财。

在维希政权的支持者中，人数最多的还是“骑墙派”，他们之所以为维希政权喝彩，是因为他们认为法国的失败是决定性的，一个以德意志人为主导的纳粹秩序不久将在欧洲建立，因此，力求与德国“合作”的维希政权也就代表着法国的未来。但是，当这些骑墙派们看到维希形势不妙之后，他们便会义无反顾地倒戈。著名作家克洛代尔（Claudel，1868—1955）虽不应算作“骑墙派”，但他对“合作”和“抵抗”的前后选择却不乏一定的典型意义。开始的时候，克洛代尔曾热烈欢迎维希政权的建立：“我们有希望从普选权和议会制度中解放出来”，“权威已经恢复了”。① 但过了一年多以后，他便对维希政权失去信心，于是转而参加抵抗运动。他于1940年写成的拍马之作《贝当元帅颂》（*Paroles au Maréchal*）流传颇广，这让他多少有些难堪；但结果还算不错，1944年，反应敏捷的76岁高龄的克洛代尔又写了一篇情真意切的《戴高乐将军颂》（*Ode au général de Gaulle*）。

维希政权得以建立的基础是法国的军事失败、士气的普遍低落以及贝当的个人威望。与墨索里尼和希特勒那种靠发动群众运动来制造个人声势的情形不同，贝当的威望是由其“辉煌”的历史造就的，人们对这位“凡尔登英雄”的崇拜具有一定的自发性。出生于阿尔萨斯的抵抗运动英雄夏尔·巴莱斯（Charles Bareiss，1904—1961）后来回忆说：“所有阿尔萨斯人都认为，那个停战协定只有元帅才能弄到手”，“是他挽救了法兰西”。有人分析道：“如果在1940年举行公民投票”，“90%的法国人会把选票投给贝当”。维希政权建立之后，大大小小的报刊更是充斥着对贝当的颂扬之词：“凡尔登的胜利者”“将再次成为永恒法兰西的复兴者”；“在万丈深渊之边缘，他挽救了一个受伤但仍活着的法兰西”；“他是希望的标志，是新明天的希望”。在每个市政厅，共和国的象征玛丽亚娜（Marianne）雕像都被移走，代之以贝当的半身塑像。贝当的肖像被印到了邮票和硬币上②，贝当《语录本》也是到处散发。来自全国各地的个人或团体纷纷前往维希，恳请

① Richard Griffiths, *Marshal Pétain*, London: Constable, 1970, p. 305.

② 参阅 William A. Hoisington, Jr., “Politics and Postage Stamps: The Postal Issues of the French State and Empire 1940–1944”, *French Historical Studies*, No. 3 (1972), pp. 349–367。邮票和硬币上的人物一般都是已经作古之人。活着时就已上了邮票和硬币的，除了贝当之外，此前就只有拿破仑三世一人而已。21世纪初，法国邮政部门推出“个性化”服务，只要愿意掏钱，什么人都可以上邮票。

贝当接见。拜见贝当时，受恩者一般都要献上一份礼品，其中大都是地方特产或地方手工艺品。贝当“王朝”垮台后，人们发现，贝当竟收受了几千根精美别致的拐杖。贝当出巡也是激动人心的大事，也是制作新闻纪录片的电影摄影师们最为忙碌的时刻。[①]1940 年 11 月，他到里昂考察,15 万里昂市民夹道欢呼。在这里，他为一座桥梁破土奠基，此桥的名字也就被定为“腓力蒲·贝当桥”。

在推动对贝当的个人崇拜的过程中，天主教会也是发挥得淋漓尽致。1940 年 11 月，在里昂大教堂，里昂大主教热利埃（Gerlier，1880—1965）宣称：“贝当就是法国，法国就是贝当。”为了取代“五一”国际劳动节同时也为了取悦贝当，教会决定从 1941 年开始，在 5 月 1 日要大张旗鼓地过“圣腓力蒲节”。[②] 在 1940 年圣诞节前夕，马赛主教发表讲话：“元帅肩上的七颗星”“构成了光辉的星座，就像伯利恒上空的那颗星一样，为我们指引前进的方向。”1941 年初，教会对贝当的奉承达到了登峰造极之境，其标志是，教会炮制出一篇以贝当为主角的祈祷经文，并登在教会杂志上，以让全国天主教徒们做弥撒时诵读，其中写道：“我们的父亲，我们的领袖，您的名字就已使您神圣。您的王国来临了，您的意志在尘世贯彻，于是我们得以生活下去。您给了我们这一天，您给了我们以生计。您使得法兰西重获生命。让我们不要再陷入愚蠢的梦想与谬误之中，将我们从邪恶中拯救出来吧。啊，元帅！”[③] 但是，值得注意的是，法国社会对贝当的自发崇拜并没有维持太久，随着战争的继续进行和生活的日渐困苦，1941 年下半年，贝当的支持率就已开始下降。1941 年 7 月 10 日，一个警察局的密探报告说：“对国家元首有着深深的不满。”维希政府的对策就是增加警力、取缔政党、禁止集会。

贝当以及整个维希政府也清楚地认识到，失败与投降并不光彩，但他们决意要“忍辱负重”，要“有所作为”，正如贝当于 1940 年 7 月初所言，“这次痛苦所结出的果实将是法兰西的再生”。从内政来看，这次“再生”的核心内容就是要在全国范围内进行一场“民族革命”（Révolution nationale），其口号是“劳动、家庭、祖国”（travail, famille, patrie），其理想境界是“以互助取代竞争，以共同

① 参阅 Brett Bowles, “Newsreels, Ideology, and Public Opinion under Vichy: The Case of La France en Marche”, *French Historical Studies*, No. 2 (2004), pp. 419–463。

② “腓力蒲”在这里有一箭双雕之功用。圣腓力蒲（St. Philippos，亦译“圣腓力”）是耶稣的十二使徒之一，其传统祝日恰好是每年的 5 月 1 日。贝当的名字也是“腓力蒲”（Philippe）。

③ Peter Davies, *France and the Second World War*, London and New York: Routledge, 2001, p. 28.

的幸福取代个人的贪婪”。①“民族革命”的前提就是要尽可能地消除那种以“自由散漫”、“个人主义”为特征的共和观念，教育改革也就成为当务之急。自费里时代以来，“师范学校”就一直是培养共和观念的中心，从这里走出来的毕业生将共和价值带到了法兰西的每一个角落，因此维希政府毫不犹豫地关闭了这类师范学校。维希政府的教育改革还包括：对中小学的课程设置进行全面修改，加强古典学、道德伦理和手工制作等方面的教育；重新规定“公立中学”必须收费，以使各类学校可以“公平竞争”；废除费里当年制定的对宗教团体办教育的禁令，鼓励地方政府资助教会学校。②

维希政权对农业和手工业领域中“有形劳动”极为看重，其中，尤为重视农业劳动。1940 年 6 月 25 日，贝当发表讲话，要求人们“回到土地上去”，因为和金融投机、金钱至上的资本主义不一样，土地“是不会说谎的”。③ 为了让年轻人学会“不会说谎的”农业劳动、矫正他们已有的共和观念，同时也是为了将失业的年轻人从城市里请开，维希政府在全国广泛推行风餐露宿、上山下乡的“青年劳动营”(Chantiers de la jeunesse) 制度，这一制度起初具有一定的弹性。但是，从 1941 年初开始，参加劳动营成为年轻人的必修课，“修炼期”为 8 个月。设立劳动营的公开目标是：用野外的营火取代城里的“开胃酒”，让年轻人接受准军事化纪律的约束。④“青年劳动营”制度似乎并没能够激发起年轻人太大的爱国热情，而且，从 1943 年开始，参加劳动营的年轻人往往被政府成批地送往德国去从事强制性劳动，因此，劳动营中的逃跑现象日渐增多。⑤

在维希政权的“民族革命”中，家庭观念居于中心地位。然而，与许多大力鼓吹家庭观念的领袖人物一样，贝当本人在这方面也不是一个节制安分的道德楷模。他有过无数的艳遇私情，不过，他善于谨慎从事，他的情妇们也愿意配合他遮遮掩掩。维希政权有关家庭关系的规定很多，如提高对大家庭的补贴额度，强

① James Shields, *The Extreme Right in France: From Pétain to Le Pen*, London and New York: Routledge, 2007, pp. 15–17。关于“民族革命”的内容及性质问题，可参阅 Eugen Weber, “Revolution? Counterrevolution? What Revolution?” *Journal of Contemporary History*, No. 2 (1974), pp. 3–47。

② Robert Paxton, *Vichy France: Old Guard and New Order, 1940–1944*, New York: Alfred A. Knopf, 1972, p. 151.

③ Nicholas Atkin, *Pétain*, London: Longman, 1998, p. 66.

④ Robert Paxton, *Vichy France: Old Guard and New Order, 1940–1944*, New York: Alfred A. Knopf, 1972, p. 207.

⑤ 参阅 W. D. Halls, “Young People in Vichy France and Forced Labour in Germany”, *Oxford Review of Education*, No. 3 (1978), pp. 295–314。

化对"禁止离婚法"的执行，限制已婚妇女的工作权利，等等。维希政权还规定，医生在对元首宣誓的效忠词中必须有"反对堕胎"这一条，而且助人堕胎者可被处以死刑。① 在对妇女作出种种限制的同时，维希社会开始逐渐树立起对男子汉大丈夫的崇拜，有人开始强调，必须以男子气概取代原有的阴柔之气，在他们看来，正是这种"阴柔之气"导致了法国的失败。在维希政权的"民族革命"中，还有一个重要内容，即"阶级合作"。从 1940 年 8 月开始，政府在各个经济部门设立由资本家和专家负责的"组织委员会"，试图以这类委员会为基础来建立协调合作的经济模式，其目的在于消除阶级斗争。维希政权的"民族革命"并未取得实质性成果，理想中的家庭妇女并未出现，阶级矛盾也并未消解。不过，它在"阶级合作"试验中任命的一批专家和官僚人员却保留了下来，他们在战后法国的"经济计划"中成为中坚力量。

在二战爆发初期，许多法国人心中的偶像似乎只有两个人，一个是贝当，另一个就是将他们打得落花流水的德国元首希特勒。1940 年 7 月 9 日，亦即维希政权正在呼之欲出之际，著名作家纪德便不无嘲讽地写下了自己的观感：假如说德国人的占领和统治意味着丰衣足食，那么，9/10 的法国人将愿意接受之，而且 3/4 的法国人将会笑容满面地接受之。在这种心态下，维希政权外交政策的重中之重就是要请求希特勒允许法国在"新秩序"中与德国合作。"合作"（collaboration）这一提法原本在法德停战协定中就已出现，随后维希方面又多次作出名为"友好"实为低声下气的姿态，最终促成 1940

贝当与希特勒在蒙图瓦尔会面

① 1943 年 7 月 30 日，助产婆玛丽－露易丝·吉罗（Marie-Louise Giraud，1903—1943）即因私自帮人堕胎（共 27 宗）而被送上断头台。由克劳德·夏布洛尔（Claude Chabrol，1930—2010）执导的影片《妇女的故事》（*Une affaire de femmes*，英文片名为 *Story of Women*，1988）即以此事为主题。为吸引某些有"特殊癖好"之人的注意力，中国人竟然将这部有着深刻批判内涵的影片名称翻译为"《女人韵事》"。

年 10 月 24 日希特勒与贝当在小城蒙图瓦尔（Montoire，位于维希市的西北）举行“历史性”的会面。贝当提出，要在法德之间建立一种永久的和平，而且这种和平要“有利于那些努力争取重头开始的人”；他还对希特勒说，“戴高乐只是法国军官团体中的一个煞风景的污点”。贝当与希特勒握手的照片迅速登上了大报小刊的头版头条。1940 年 10 月 30 日，贝当就“合作”问题发表演讲并对法国民众呼吁：“跟我来吧！”然而，希特勒经过一段时间犹豫之后却放弃了与法国建立伙伴关系的想法。德国虽然要法国人在经济上给予“配合”，但在希特勒看来，法兰西人依旧是低等民族，不适合参加“新秩序”。尽管如此，维希政府还是缠着要与纳粹德国签订各式各样的“合作”协议。在这种情况下，所谓的“合作”实际上已经变成一种有去无回的“单向流通”，已经变成向德国送钱、送物、送人的“纳贡”。

描绘一幅完整的“纳贡图”并不容易，在这里只能列举一些数字。① 在金钱方面：德军在法国的“占领费”最初定为每天 4 亿法郎，不久降为每天 3 亿法郎；1942 年 11 月盟军登陆北非后，德军对法国实行全境占领，占领费随之上升至每天 5 亿法郎。据统计，维希法国总共向德国“上交”了 6320 亿法郎，占法国这一时期财政总收入的 58%。在物品方面：维希法国每年向德国提供的粮食在 48.5 万吨至 71.5 万吨之间，提供的肉类在 14.6 万吨至 25.3 万吨之间，总计起来，法国生产的全部产品有 1/3 是供给德国的。另外，为了给德国提供军需材料，维希法国将全国各地许多具有历史象征意义的铜像送进了冶铸厂，很多地方的大钟也都被收缴上来。② 在人力方面：德国要求维希政府为德国工厂提供大量的劳动力，赖伐尔便于 1942 年 4 月征召“青年志愿者”前往德国干活，到 1943 年 2 月，已有近 32 万法国工人去了德国。1943 年 5—6 月，赖伐尔又向德国送去 60 万名法国工人。临近战争结束时，有 200 多万法国人（包括战俘）在德国从事强制性劳动。维希法国的“纳贡”延长了纳粹德国的肆虐时间，同时也给法国人自身带来了深重的苦难。③ 法国人的食品消费量被削减 1/3 以上，其定量供应标准是：每人每星期可购买两公斤面包、200 克肉和 4—6 公斤土豆。1942 年 5 月，以“长河小说”

---

① 关于维希政权在人、财、物方面对德国的具体贡献，可参阅张忠其：《试析维希法国的“新秩序”》，载《杭州大学学报》1991 年第 2 期，第 104—112 页。

② 参阅 Elizabeth Campbell Karlsgodt, “Recycling French Heroes: The Destruction of Bronze Statues under the Vichy Regime”, *French Historical Studies*, No. 1 (2006), pp. 143–181。

③ 参阅 Louis Baudin, “An Outline of Economic Conditions in France under the German Occupation”, *The Economic Journal*, No. 220 (1945), pp. 326–345。

而闻名的作家马丹·杜迦尔（Martin du Gard，1881—1958）在写给纪德的信中说，他的体重已经掉了19公斤。正是在德国无望获胜而维希仍在死心塌地地追随德国的情况下，越来越多的法国人神秘地消失在深山老林之中，成为神出鬼没的游击队员（即“马基”，maquis）。[①]

真正使得维希政权具备浓厚法西斯色彩的，既不是它的领袖崇拜，也不是它的俯首称臣，而是它对“低级种族”犹太人以及吉普赛人[②]的疯狂残害，其中尤以犹太人受害最深。维希政权是在没有纳粹德国施压的情况之下自主采取排犹政策的。到20世纪20年代时，政治上的反犹现象在法国几乎已经消失，但是，社会生活中的反犹情绪却依然绵延不绝。在30年代的苦难状况下，包括一些著名知识分子在内的极右势力又重新燃起排犹之火，这把火一直烧至维希而不绝。维希政权建立之后，便立即展开对犹太人的“清理”，其目的在于向德国表明，法国靠自己的力量也能够进行种族纯洁行动，以此来证明法国完全可以成为纳粹“新秩序”中的一个合格的伙伴。可以看出，维希的排犹政策一方面是源于法国自身的反犹历史，另一方面是出于想获得纳粹德国接纳的愿望。

维希政权建立仅一个星期之后，便颁布一项法令，禁止父辈不是“法兰西人”的法国居民进入行政部门工作；这一禁令很快便扩及到医生和律师等行业。1940年10月3日和4日，维希先后颁布两份“犹太人条例”。第一份条例施用于“有法国国籍的犹太人”，这类人在法国不得从事与政治、法律、军事、新闻等相关的职业；第二份条例施用于“外来的犹太人”，这类人将立即被软禁在家里以等候拘捕。随着拘捕行动的升级和拘捕范围的扩大，法国在全国各地建起了越来越多的犹太人集中营，其中影响最大的是1941年8月在巴黎北郊德朗希（Drancy，在圣德尼镇附近）所建的集中营。应德国人的要求，1942年3月27日，第一列塞满犹太人的火车从德朗希驶出，开往波兰的奥斯维辛（Oswiecim），他们将在这里被“最后解决”。从1942年8月开始，许多犹太少年儿童兴高采烈地挤上了

① “马基”源于科西嘉语，原意为“丛林”，二战时转意为“游击队”，其成员称为“马基扎尔”（maquisards，意即“游击队员”）。“马基”是法国抵抗运动的重要力量之一。另，为对付日益强盛的“抵抗运动”，1943年1月，维希政府专门成立了“法兰西民兵队”（Milice française，简称“民兵队”Milice）。

② 关于吉普赛人的遭遇，可参阅Shannon L. Fogg, "'They Are Undesirables': Local and National Responses to Gypsies during World War II", *French Historical Studies*, No. 2 (2008), pp. 327–358。在维希政权期间，惨遭迫害和屠杀的不仅有犹太人和吉普赛人，而且还包括共济会成员、共产党员以及普通的外来移民，另外，同性恋者也在严厉打击之列。参阅（英）阿诺德·托因比等编，孙基亚译：《第二次世界大战史大全：希特勒的欧洲》，上海：上海译文出版社1995年版，第587页。

"旅游专列"，他们并不知道前往奥斯维辛意味着什么。

随着纳粹德国"最后解决"方案的正式启动，从1942年下半年开始，法国的所有犹太人也都被纳入"解决"范畴，维希政府对此没有异议，普通官员和警察（个别人除外）更是积极参与，其中比较有名的有警察总长布斯凯（Bousquet，1909—1993）、年轻的吉伦特省省政府秘书长巴蓬（Papon，1910—2007）以及保安队首领杜维埃尔（Touvier，1915—1996）。[①]1942年7月初，维希政权与德国人决定在德占区合作搞一次大规模的围捕行动，目的在于为7月16日开往奥斯维辛的火车提供"货物"。法国出动9000名警察，此外还有数百名极右的反犹"志愿者"。德方要求的定额是2.8万人，但由于走漏消息以及个别法国警察"不可靠"，这次围捕行动"只完成"1.3万人的捉拿任务。为了补上"缺口"，布斯凯又从南方的"非占领区"弄来了1万名犹太人。这些犹太人中，有一半被关在了巴黎的维尔迪夫（Vél d'hiv'，原为赛车场，后改为难民营）；另有一半被直接送往德朗希，这也就意味着这部分犹太人将更快地在奥斯维辛死去，因为德朗希是"死亡列车"的始发站。布斯凯等人的捕犹热情是极度高涨的，虽屡遭"挫折"，但他仍竭力信守对德国人许下的诺言。1944年8月17日，即巴黎解放前夕，最后一列满载犹太人的列车仍准点从德朗希开向奥斯维辛。4年多的维希统治使至少7.5万犹太人死于非命，而战前法国犹太人的总数也就只有30万人左右。这就是"民族革命"的维希，这就是乞求"合作"的维希。[②]

三、内外两线：抵抗的法国

在兵败如山倒的军事灾难面前，贝当的追随者显然不计其数，但是，终究并不是所有的法国人都跟着贝当跑。就在1940年6月17日贝当以第三共和国总理

---

① 上述三个人在二战结束后的人生经历均具有比较浓厚的传奇色彩。布斯凯与总统密特朗有着密切关系，巴蓬则与戴高乐以及吉斯卡尔·德斯坦有着特殊关系。20世纪八九十年代，布斯凯和巴蓬均被控犯有"反人类罪"。1993年6月8日，距预定的审判还有几个星期，布斯凯遭枪击身亡。参阅Pascale Froment, *René Bousquet*, Paris: Fayard, 2001。关于巴蓬和杜维埃尔，可参阅本书第九章第四节和第二节相关内容。

② 关于维希政权时期法国犹太人问题，可参阅张庆海：《维希政府迫害犹太人问题研究》，载《世界历史》2006年第6期，第26—35页；Jacques Adler, "The Jews and Vichy: Reflections on French Historiography", *The Historical Journal*, No. 4 (2001), pp. 1065–1082。

的名义要求法国军民放下武器之时，法国发生了三件几乎无人关注的“小事”：1940 年 6 月 17 日，时年 50 周岁的戴高乐带着刚刚被迫辞去总理职务的雷诺给他的 10 万法郎，乘坐英国的小飞机孤孤单单地到了伦敦。也是在 1940 年 6 月 17 日，在一个不知名的法国小城，一位名曰埃德蒙·米什莱（Edmond Michelet，1899—1970）的当地名人向周围各地散发传单，号召人们不要投降，一个抵抗团体随之成立。[①] 还是在 1940 年 6 月 17 日，德国军队开进了巴黎西南方的厄尔-卢瓦尔省（Eure-et-Loir），省长让·穆兰（Jean Moulin，1899—1943）拒绝与德军合作，于是遭到毒打并被关进囚牢；后来，他在牢房中发现了一些玻璃碎片，便用之割破喉咙以示与德国人没有“共同语言”，但被德国人及时发现，伤口亦被治好；不久他成功越狱，后于 1941 年前往伦敦，成为戴高乐与国内抵抗运动之间最为得力的联系纽带。由此可以看出，当“合作”的法国拉开帷幕之时，抵抗的法国也一天不差地宣告诞生。对于那些不愿接受纳粹德国和维希政权统治的法国人来说，有两条道路可供选择，一是在国内进行地下抵抗运动，二是到境外投奔戴高乐的“自由法兰西”。这两种方式都造就了自己的英雄和自己的烈士，而且二者也都经历了各种挫折和失望。在创建新法国的过程中，内外两条战线最终兵合一处，争回了被维希政权卖掉的荣誉和地位。

让·穆兰

对于上述所言的法国在二战中的抵抗运动，其历史真实性并无人怀疑。但是，关于抵抗运动的深度和广度，学术界则存在着巨大分歧。造成人们在这一问题上困惑不已的一个关键性历史现象是：1940 年，对贝当元帅的崇拜和对维希政权的支持（至少是默认）似乎是一种普遍现象；但到了 1944 年 6 月盟军登陆之时，又几乎没有人再继续支持维希政权，对抵抗运动的支持和对戴高乐的欢呼又似乎成为一种普遍现象。高达数千万人的这种一身而二任的“创造者”究竟是应当被归入“合作”阵营还是应当被归入抵抗行列？不同的归类法得出了殊然不同的结论。

① 1943 年，埃德蒙·米什莱被捕并被关进纳粹德国的位于慕尼黑市的达豪（Dachau）集中营。1946 年，戴高乐委任他为临时政府陆军部长。1959—1961 年，米什莱任司法部长。关于米什莱的早期经历，可参阅其自传：Edmond Michelet, *Rue de la Liberté: Dachau, 1943–1945*, Paris: Seuil, 1983。

有人认为，不论是欣然同意的还是被迫低头的，对维希政权持默许态度的“随大流的人”都是“合作者”，真正从事抵抗运动的只占法国总人口的2%。有人则认为，以是否扛枪拿刀对德开战或以是否撰文对维希开口大骂作为衡量是否抵抗的标准过于狭隘，因为有更多的法国人以比较实际、比较灵活的方式参加了某一形式的抵抗运动，这样算下来，抵抗者将占法国总人口的5%—10%。这种“扩大化”的观点还认为，除了这5%—10%的抵抗者之外，还有更多的法国人以各种不同的方式对抵抗运动成员给予了同情或支持，如有些教士为他们提供庇护、有些医生为他们治病疗伤、有些官员为他们提供情报、有些警察放他们悄悄溜走、有些朋友为他们提供食宿，等等。所有这类行动都为法国挤入“战胜国”阵营奠定了基础。虽然“战胜国”地位的取得有戴高乐的莫大功劳，但是，如果没有法国民众的抵抗运动，戴高乐也将难有作为。这是“人民创造历史”的观点，也是许多法国人愿意接受的观点。①

在维希政权初期，不论是在“占领区”还是在“自由区”，法国国内就已出现为数不少的小规模抵抗组织，它们的目标就是：开展破坏行动、收购枪支弹药、出版地下报纸、暗助盟军士兵并秘密重建政党和政治团体。“沉默共和国”的勇士们尽其所能地与纳粹德国进行斗争，因此不断有人遭到逮捕、拷打乃至枪杀。在对德斗争过程中，地下共产党的重要性日益增强。当然，法共对斯大林仍是惟命是从，因此，在苏德关系处于和平状态时，法共继续跟着斯大林一起反对肮脏的“帝国主义战争”，提出“既不要德国兵，也不要英国兵”的民族解放的口号。1941年夏，苏德战争爆发，法共随即“明白”过来。在法共领导下，地下“民族阵线”组建起来，其目的是要在法国全境联合并扩大抵抗运动，法共由此成为国内抵抗运动最为耀眼的星座。另外，不少法国妇女也没有遵循贝当的甘做“贤妻良母”的教导，她们出生入死地参加到抵抗运动中来。

国内抵抗运动最有成效的大联合是由来自伦敦的“自由法兰西”的代表最终促成的。国内抵抗运动的“左翼”色彩比较浓厚，它原本不是戴高乐救国方案的组成部分，因为戴高乐要的是法兰西国家而不是一场左派革命。但是，抵抗运动既然已经兴起，戴高乐也就只能接纳它，不过，必须将之置于自己的权威之下。1942年1月1日，戴高乐最为信任的助手让·穆兰乘飞机返回法国南方，在阿

① 参阅 Steven Zdatny, “Collaboration or Resistance? French Hairdressers and Vichy’s Labor Charter”, *French Historical Studies*, No. 4 (1997), pp. 737–772。

维农附近的一座小山上空跳伞落地。随着抵抗运动的发展，穆兰不停地奔走于南北各地，逐渐赢得众多抵抗团体的信任。1943 年 5 月 27 日，包括南北各主要抵抗团体在内的“全国抵抗运动委员会”（Conseil National de la Résistance）在巴黎秘密成立，穆兰当选为主席。在这次成立大会上，委员会作出决议：维希政府所颁法令全部无效，共推戴高乐为“法兰西民族利益”的“指导者”。然而，3 个星期之后，穆兰和“全国抵抗运动委员会”的许多其他领导人在里昂被德国秘密警察捕获，穆兰在遭受 3 天酷刑之后英勇就义。[①]

穆兰的牺牲对戴高乐而言是一个巨大损失，而且继任抵抗运动委员会主席职务的乔治·皮杜尔（Georges Bidault，1899—1983）与戴高乐的关系并不融洽。不过，这并没有影响抵抗运动的迅速发展壮大。正是在这一时期，越来越多的政府官员和军官开始意识到维希政府将好景不长，于是他们主动与抵抗运动成员联系并为之提供情报。由此也就出现了一个庞大的“灰色地带”，那些在维希政权中一直保有职位的人在战后几乎异口同声地表白：他们曾经帮助过抵抗运动。许多人的确帮助过，但许多人也的确“合作”过，客观地说，更多的人是两方面都有份。年轻的未来左派领导人弗朗索瓦·密特朗（François Mitterrand，1916—1996）即属这种类型。

在 20 世纪 30 年代，密特朗在政治上属于右翼。1940 年 6 月，密特朗在对德作战中被俘。1941 年 3 月和 11 月，他先后两次试图逃跑，但未能成功。1941 年 12 月，密特朗第三次出逃，终于获得成功。逃回法国之后，密特朗随即在自由区找到了一份公务员工作，而且不久就因工作出色而获得维希政权颁发的最高荣誉的象征“法兰克战斧勋章”（Francisque），勋章中心印有贝当的肖像。按照密特朗本人的说法，从 1942 年中期开始，他便为抵抗运动组织提供情报。1943 年底，他前往伦敦，后又去了阿尔及尔，最终公开出现在反维希阵营之中。由于密特朗有这样一个转变过程，后来有人给他“封了”个头衔，叫作“从维希转来的抵抗运动成员”（Vichysto-résistant）。[②] 对以密特朗为代表的这一群体及其行为

① 参阅 James V. Milano, and Patrick Brogan, *Soldiers, Spies, and the Rat Line: America's Undeclared War against the Soviets*, Potomac Books, 2000, p. 202。关于是谁出卖了让·穆兰及其同伴，学术界存在很多争议，有人认为是另一名抵抗运动成员勒内·阿尔蒂（René Hardy，1911—1987）出卖了穆兰及和他一起开会的同伴，也有人认为此事为法国共产党所为。另，在今天的法国，穆兰已经成为爱国主义教育中的一面旗帜，其遗骸已于 1964 年安葬在先贤祠。

② 参阅 Philip Nord, “Pierre Schaeffer and Jeune France: Cultural Politics in the Vichy Years”, *French Historical Studies*, No. 4 (2007), pp. 685–709。

进行事后评价是极为困难的，在这里，套用一下常用的评价公式或许能让难题一了百了："革命不分先后"。不过，有一点还是应当客观交代：国内抵抗运动的范围不论有多么广泛，它在事实上的确没有能够让美国接纳法国作为自己的盟国，最终为法国挽回面子的还是要靠不屈不挠的戴高乐。

在二战期间的法国，贝当是黑暗中的"北斗七星"，而戴高乐却是象征光明的"启明星"。但是，与老上司贝当不同，戴高乐的领袖地位是在"一片沧海，两眼茫茫"的境地中一点一滴磨出来的。1940 年 6 月 17 日飞往伦敦时，他已不是国防部次长，这一小小的职位已因前一天雷诺政府的辞职而转到了他人之手。他随身带来的只有一个无兵无卒的准将头衔，准将是所有将军等级中级别最低者，而且雷诺在 1940 年 5 月为他授衔时还在"准将"之前加上了"临时"一词。在此时期，戴高乐的唯一靠山似乎只有与自己有过几次接触的英国首相丘吉尔，而丘吉尔也认定只有戴高乐才能担当起领导法国人抗战杀敌的大任。在后来撰写的《回忆录》中，丘吉尔曾这样评价戴高乐："这才是法国的元帅。"不过，除了丘吉尔以及军界一些人物之外，认识并认可这位"元帅"的人并不多。在整个二战期间，戴高乐的根本任务就是要树立自己在法国人中的权威地位和领袖形象，同时通过力所能及的军事配合以挤进盟军阵营。

戴高乐的基本做法就是要在海外创建一个与维希政权对抗的"流亡"的"自由法兰西"，然后再将这个"自由法兰西"搬回法兰西本土，而"自由法兰西"的开场白就是事后影响比当时更大的"六·一八演说"（l'Appel du 18 Juin）。1940 年 6 月 18 日晚，在丘吉尔的支持下，戴高乐在英国广播电台（BBC）以"戴高乐将军"的名义宣读了《告法国人民书》，号召法国人民继续抵抗下去，其中说道："我，戴高乐将军，我现在在伦敦。我向目前正在英国领土上和将来可能来到英国领土上的持有武器或没有武器的法国官兵发出号召，向目前正在英国领土上和将来可能来到英国领土上的所有军事工业的工程师和技术工人发出号召，请你们和我取得联系。无论发生什么事，法兰西抵抗的火焰不能熄灭，也绝不会熄灭。"在一片混乱的法国，几乎没有多少人听到他的这次广播讲话，按照他的号召而采取行动的人则更是少之又少。BBC 也没有对这次讲话进行录音，它只是给后人留下一份常规记录："时间：4 分钟。无酬金。播送时间：19 时。"然而，正是凭借这次"无酬金"的讲话，戴高乐开启了道义权威和政治领袖的塑造历程。正是在这"4 分钟"的时间里，戴高乐创造出一个"自由法兰西"神话，塑造出一个不仅没有投降而且还在继续抗争的"法兰西国家"形象。

“自由法兰西”的起步是充满艰辛的。“六·一八演说”之后，戴高乐立即呼吁成立一个“法兰西杰出人士委员会”，但是却没有人回应他的号召。贝当的维希政权是法国的合法政权，而且得到包括英美在内的绝大多数国家的承认。丘吉尔对戴高乐的支持也是有一定限度的，他的目的是想多搞一支与纳粹德国对抗的军事力量，而不是要让戴高乐去组建另外一个政府。美国政府则根本没拿戴高乐当回事，而且很快就对他表现出极端的厌恶和不信任。戴高乐后来曾回忆说：“站在我这一边的，连一支军队或一个组织的影子都没有”，“但是，正是这种一贫如洗的困境向我展示了我的行动路线。只有毫不妥协地进行民族复兴大业，我才能获得权威”。

对于戴高乐来说，要想“获得权威”，其第一要务就是“铸剑”，“没有剑，就根本不会有法兰西。建立一支战斗军，这是最为紧迫之事。”[①] 尽管说1940年7月底戴高乐宣称已经统率着一支7000人的队伍，但这很难说是一把“剑”，凭借它，还不足以去建立一个“自由法兰西国家”。于是，戴高乐将目光转向广阔的法属殖民地。乍得（Chad）总督埃布埃（Éboué，1884—1944）首先归向戴高乐，双方于1940年8月宣布：“乍得就是自由法兰西”。[②] 继乍得之后，非洲和太平洋上的许多法属殖民地都与戴高乐结成了联盟。与此同时，戴高乐还充分利用英国之力来铸“自由法兰西”之剑。1940年8月7日，他与丘吉尔达成协议：“成立和维持法国军队所需的一切费用”由英国提供，这些军队由戴高乐担任最高统帅，并且“尽可能地在最大限度上”使之保持“法国军队的特色”。[③] 这是“自由法兰西”锻造历程的第一步。接下来的重要一步是在1941年6月苏德战争爆发以后迈出的。在苏联的支持下，1941年9月24日，戴高乐宣布成立“法兰西民族委员会”，“流亡政府”开始运转。两天以后，苏联宣布承认这个“政府”。英国的态度依旧是不冷不热，而与维希政权仍然保持外交关系的美国则对之持敌视态度。

既有“利剑”又有“政府”的戴高乐如今就是要尽其所能地展示力量、展示权威，就是要见缝插针地参与盟军的军事行动。1942年6月，“自由法兰西”军队在北非战役中与盟军合作，成功击退一支规模庞大的德国军队。戴高乐为此激动地流下了眼泪。尽管美国方面不情愿看到戴高乐“跟着掺和”，但“自由法兰西”

---

① 关于戴高乐到达伦敦之后最初几天中的无助窘境，详阅［法］夏尔·戴高乐著，陈焕章译：《战争回忆录：召唤（1940—1942）》，北京：中国人民大学出版社2005年版，第72—78页。

② 1944年，埃布埃因心脏病突发死于开罗。后来，他的遗骸被安葬在先贤祠。

③ Bernard Ledwidge, *De Gaulle*, London: Weidenfeld and Nicolson, 1982, p. 76.

的军队终究以一支独立的力量开始与盟军并肩前进了。1942 年 7 月 14 日，也就是在“国庆节”这一天，“自由法兰西”改称更具威力的“战斗法兰西”。的确，戴高乐还要不断地“战斗”下去，不仅要与德军战斗，而且要与美国战斗。①

1942 年 11 月 8 日，在美国总统罗斯福（Roosevelt，1882—1945）的坚持下，盟军瞒着戴高乐的“战斗法兰西”而在法属北非登陆，美军迅速获得对这一地区的控制权。戴高乐闻后大吼：“希望维希方面的人把他们赶到海里去！他们总不能打洞破墙进法国吧！”然而，维希没有赶美军入海，而是与美军“合作”了。当时，维希政府的外交部长、曾经做过一段贝当“继承人”的海军上将达尔朗正好到阿尔及利亚探望儿子，他与盟军签署了停火协议，美国则将他指派为“北非高级专员”。达尔朗与纳粹德国的勾结已是尽人皆知，丘吉尔也说过“达尔朗应该被枪毙”之类的话，而美国则坚持这一安排，其基本目的就是为了阻止戴高乐掌权并阻止他使用阿尔及利亚作为活动基地。美国为此事而遭到多方的嘲讽和怒斥，不过，一个偶然事件“解脱”了美国。一个多月之后，即 1942 年 12 月 24 日，达尔朗被人暗杀。即使如此，美国旋即又委任曾经做过戴高乐上司的吉罗将军（Giraud，1879—1949）② 为北非的军政首脑，以阻止戴高乐的前进步伐。

随着盟军的节节胜利，美国对战后法国的处理方案也日益明确。1943 年 5 月 8 日，罗斯福致信丘吉尔，建议对法国实行“由英美将军负责的军事占领”，并建议甩掉戴高乐，将他送到远离欧洲的马达加斯加去当总督。但是，实力渐强的戴高乐不会听任摆布。1943 年 5 月 30 日，戴高乐结束近 3 年的流亡生活，离开伦敦，抵达当时被视为法国领土的阿尔及利亚。1943 年 6 月 3 日，由戴高乐和吉罗共同担任主席的“法兰西民族解放委员会”（Comité français de libération nationale）正式成立。一个多月之后，吉罗即被挤到一个无足轻重的位置，戴高乐有效地控制了权力。③ 罗斯福虽不满意，但也只能面对现实。1943 年 8 月 26 日，

---

① 参阅 Julius W. Pratt, “De Gaulle and the United States: How the Rift Began”, *The History Teacher*, No. 4 (1968), pp. 5–15。

② 二战开始的时候，昂利·吉罗（Henri Giraud）是法国最高军事委员会成员，曾反对戴高乐提出的作战方略。1940 年 5 月，在对德作战中，吉罗被俘。1942 年 4 月，吉罗从德国监狱中成功出逃，随后来到维希。他支持贝当和维希政府，但反对与德国合作，并力劝贝当起兵抵抗纳粹德国。吉罗是盟军登陆法属北非之事的最初策划人之一。虽然他反对戴高乐前来“抢夺果实”，但几经权衡，还是决定与之合作。参阅 G. Ward Price, *Giraud and the African Scene*, New York: MacMillan, 1944, p. 260。战后，吉罗参与了第四共和国宪法的制定工作。

③ Harold Macmillan, *The Blast of War*, New York: Macmillan, 1967, p. 412.

美英苏等国均从外交上承认了“法兰西民族解放委员会”。不过，美国的承认是有限的，它只是承认该委员会对法属北非的控制，而对战后法国的地位还是避而不提。民族解放委员会实际上已经相当于一个政府，1943 年 9 月 17 日，它出面组织了一个政治协商会议，以担当临时议会之职。正是在阿尔及利亚期间，这个临时议会完成了一件大事：1944 年 3 月，临时议会通过提案，给予法国妇女与男子同样的选举权。①

1944 年上半年，盟军已经胜利在望。而在此时，戴高乐的民族解放委员会尚局促在北非一隅，而罗斯福依然对戴高乐持敌视态度。由于估计到盟军将很快攻入德军占领下的法国本土，1944 年 6 月 3 日，即盟军登陆诺曼底的 3 天前，戴高乐及时地将“法兰西民族解放委员会”改称为“法兰西共和国临时政府”（gouvernement provisoire de la République française，1944—1946），由他本人担任临时政府主席（Président）。从这时开始，戴高乐的核心工作之一就是要阻止盟军对法国的“军事占领”，法兰西的领土必须由法兰西人自己来接管。实际上，美国已经准备把法国作为战败国来处理，而且已经印制好了“法国法郎辅助货币”（Supplemental French Franc Currency）以供“盟国占领军军政府”在占领时期使用。②1944 年 6 月 6 日，盟军在诺曼底成功登陆，攻进法国本土，于登陆前一天方被告知行动计划的戴高乐再一次被排除在盟军行动之外。于是，戴高乐只能以自己的行动来争取主动。在没有告知盟军的情况下，6 月 14 日，他到达了盟军登陆后解放的第一座法国城市拜约（Bayeux，位于卡昂市西面）。在此之前，美军委托维希政权的一位副省长在这里主持工作，在理论上他应归美军指挥。戴高乐将此人召来，宣布将之解职，然后任命当地的一位抵抗运动领导人取而代之。以此为开端，在获得解放的其他城镇，原任官员均相继让位于抵抗运动领导人。在此基础上，戴高乐果断下令：“战斗法兰西”的军队必须寻找一切机会投入战斗，“法兰西必须尽其一切能力为拯救自己而作出贡献”。“战斗法兰西”的

① 在西方主要国家中，法国女权运动开始得最早，但妇女获得选举权的时间却最晚。最早赋予妇女选举权的是新西兰（1893 年，当时是英属殖民地）。至 20 世纪 20 年代，除法国而外，西方主要国家的妇女都获得了选举权。

② 二战结束之后，盟军在包括意大利、奥地利、德意志、日本以及丹麦等战败国都发行了货币，统称为“盟军军事货币”（Allied Military Currency）。尽管法国最终摆脱了“战败国”身份，但戴高乐的临时政府还是不得不接受“盟军军事货币”。在法国发行的这种货币有两套。第一套即是上文提到的 1944 年发行的“法国法郎辅助货币”。1945 年 6 月，又发行了第二套“军事货币”，即“法国法郎临时货币”（Provisional French Franc Currency）。这两套货币都是在美国印制的。1948 年，“军事货币”在法国退出流通领域。

军队为此付出了巨大代价，但是戴高乐的决断却是英明的：由法国人自己来“解放”而不是由盟军来“占领”，这对于修补法国人的民族自尊心具有不可估量的作用。①

在打破盟军“占领”企图的同时，戴高乐的另一核心任务就是要控制国内秩序，树立自己的权威形象。而要做到这一点，关键取决于如何处理与国内抵抗运动的关系。面对这一难题，戴高乐的行动是坚决的。1944 年 6 月 9 日，即盟军登陆 3 天之后，戴高乐即下令将抵抗运动委员会控制下的“内地军”（Forces Françaises de l’Intérieur，成立于 1944 年 3 月）纳入自己的统一指挥之下。1944 年 8 月 19 日，抵抗运动成员在巴黎、马赛以及其他一些城市发动起义，与德国驻军展开激烈战斗。戴高乐闻讯后立即调派得力干将勒克莱尔·德·奥特克劳克（Leclerc de Hauteclocque，1902—1947）率领第二装甲师“驰援”巴黎起义。② 当勒克莱尔率军抵达时，巴黎已基本获得解放。但是，戴高乐的“铁军”进驻巴黎还是具有非同寻常的意义，它使得盟军将不得不承认他的政府（正式承认是在 1944 年 10 月 23 日），而且还使得巴黎免于陷入 1870—1871 年那样的“革命”状态。

戴高乐（右）与皮杜尔（左）

尽管如此，巴黎的局势还是相当微妙的。1944 年 8 月 25 日上午，“全国抵抗运动委员会”发布

① 参阅 Robert Aron, “The Political Methods of General de Gaulle”, *International Affairs*, No. 1 (1961), pp. 19–28。

② 勒克莱尔·德·奥特克劳克，出身贵族世家，圣西尔军校（École spéciale militaire de Saint-Cyr）毕业，二战之初，即赴伦敦投奔戴高乐，深得戴高乐赏识。1947 年，勒克莱尔因飞机失事身亡。1952 年，勒克莱尔被追封为法兰西元帅。参阅 Michael D. Hull, *Leclerc and Liberation*, World War II History, July 2011, pp. 22–27。

一份有关巴黎解放的宣言，而宣言中却避免提及戴高乐。8月25日下午，戴高乐进入巴黎，他注意到，许多人都希望他前往“革命圣地”市政厅去宣布共和。皮杜尔亦以全国抵抗运动委员会主席的名义要求他宣布成立共和国，但戴高乐严词拒绝，他说：“共和国从未消失。自由法兰西和战斗法兰西”“一直是它的化身”，“我本人就是共和国总统①，我为什么还要去宣布它呢？”②8月26日，巴黎举行大规模游行，庆祝巴黎解放。戴高乐一个人走在游行队伍的前面，身后跟着全国抵抗运动委员会的成员。戴高乐突然注意到皮杜尔赶了上来，开始与他并排前行。这样，境内抵抗和海外抵抗的两位领袖似乎“平起平坐”了。但是，在戴高乐看来，法兰西只有一个领袖，这就是戴高乐。因此，看到皮杜尔趾高气扬地在自己身旁信步向前时，身高超过两米的戴高乐低下头对他说：“先生，请您稍微往后一点。”③

四、战争终结与社会重建

1944年8月25日首都巴黎的光复常被视为法国获得解放的一个重要标志，法国从此也就开始进入解放后的重建时期。但是，法国边境的一些地区仍在德军控制之下，法国以外的各大战场也尚未平静下来。因此，法国在进行自身重建的同时，还要在战场上与德军展开最后的拼杀。1944年11月，勒克莱尔率军攻克斯特拉斯堡，阿尔萨斯地区获得解放。1945年5月初，驻守在敦刻尔克的德军宣布投降，法国全境至此全部解放。在境内清剿德军残余势力的同时，法国军队还奉戴高乐之命而与盟军合作。1945年1月，他们越过莱茵河，参与盟军的军事行动。1945年5月8日德国投降之后，法国终于进入“战胜国”行列之中，这在当时是出乎许多人预料的。尽管法国仍然受到其他一些战胜国的冷落和讥讽，尽管战胜国在举行某些重要会议时故意不让戴高乐参加，但是在戴高乐的力

① 在法文中，“总统”和“主席”都称“président”，戴高乐此前已是“法兰西共和国临时政府”主席，当然他也就可以用同一个词来表明自己是“总统”了。

② 参阅 John E. Sawyer, “The Reestablishment of the Republic in France: The De Gaulle Era, 1944–1945”, *Political Science Quarterly*, No. 3 (1947), pp. 354–367。

③ 这是皮杜尔本人于1971年6月23日回忆的。参见 Charles Sowerwine, *France since 1870: Culture, Politics and Society*, New York: Palgrave, 2001, p. 225。关于戴高乐的身高，参见菲利普·戴高乐、米歇尔·托里亚克著，梁贵和等译：《我的父亲戴高乐》，北京：中国人民大学出版社2005年版，第360—361页。

争下并在注重欧陆均势的英国的斡旋下，法国最终还是成为联合国安理会五个常任理事国之一，而且还以战胜国的身份参加了对战后德国的军事占领。

在国内重建方面，戴高乐最为关注的仍然是秩序和权威问题。1944 年 8 月 28 日，戴高乐会见全国抵抗运动委员会成员，在向他们表示感谢和祝贺之后，戴高乐宣布：所有内地军全部编入正规军；而且，全国抵抗运动委员会如今“已经成为光荣的解放史中的一个部分，但是，作为一个行动机构，它已没有任何理由再继续存在下去了”。委员会主席皮杜尔虽在两天前的游行时受到戴高乐的奚落，但戴高乐还是将他请进政府并让其出任外交部长。另外一个需要解决的难题是如何处理法共控制下的游击队（“马基”）。游击队没有被纳入军队系列之中，而法共又不愿放弃对游击队的控制权。戴高乐从仍然担任法共总书记的多列士那里找到了解决办法。多列士于 1940 年大战之际“开小差”跑到了苏联，后国内军事法庭以“叛逃罪”缺席判处多列士 6 年徒刑。戴高乐与斯大林商谈之后，决定对多列士实行特赦。1944 年 10 月底，多列士重返法国，而且带来了斯大林的命令：“与戴高乐合作”。在法共的配合下，1944 年 12 月，戴高乐顺利地将游击队与维希政权时期的“好警察”合并，组成“共和国保安部队”（Compagnies Républicaines de Sécurité，简称 CRS）。①

法兰西的重建还包含一个不言而喻的重要内容，即与黑暗的维希政权划清界限，把曾与纳粹德国“合作”过的那些“坏法国人”清洗掉，这既是戴高乐和国内抵抗运动成员的共同心声，同时也是重塑法兰西新面貌的重要前提。在这个问题上，法国经历了一个由“自发清洗”到“依法审判”的过程。在巴黎解放之前，许多为德国

对“女法奸”进行羞辱性惩罚

① 参阅 Simon Kitson, “Rehabilitation and Frustration: The Experience of Marseille Police Officers after the Liberation”, *Journal of Contemporary History*, No. 4 (1998), pp. 621–638。保安部队不久便发挥其“重要作用”，即控制群众，破坏罢工。1968 年“五月风暴”时，学生喊出了“CRS = SS”的口号（即“共和国保安部队”等于“纳粹德国党卫军”；“SS”是“Schutzstaffel”的缩写）。

人办事的法国人（“法奸”，traîtres à la France）就已被抵抗运动成员追杀得东逃西窜，被打者难计其数，被处决者亦达7000人以上。[①] 巴黎解放后的一段时期内，又有约4000名“法奸”被群众私下处死。1942—1945年间，未经法律程序而被处死的“德国走狗”超过1.5万人。在这场自发的报复行动中，一些与德国人有瓜葛的法国妇女也成了泄愤对象，一些曾“陪过”德国人的法国女子被剃了光头之后还要被迫游街，有时甚至还被扒光衣服示众。有人认为，这是“虚弱的”法国男子试图重建“男子汉权威”的一种变态行为。在此阶段，那些在维希时期从事黑市交易之人也被冠以“战争奸商”（profiteurs de guerre）之名，人们还给这类人起了个外号叫作“包夫”（BOF）。[②] 这些“包夫”们不仅受到诸般羞辱，其非法所得最终也大都被没收充了公。[③]

戴高乐对于“法奸”问题的认识或许更具战略家的眼光。早在1944年4月4日，戴高乐就已发表广播演说，其中讲到：“有一些叛徒”当然是在“直接为敌人效劳”；“有极少数的胆小鬼也可能是心甘情愿地与那些卑鄙无耻的头头们合作”；“但是，广大的法兰西民众……只是不幸的兄弟，他们肯定是战斗者，必须将他们团结在一起以挽救祖国”。[④] 卖国者是例外情况，爱国者是绝对多数，这就是戴高乐为民族团结而创造的“抵抗主义神话”。当然，要使这一神话有效运转，就必须有一次真正的“清洗”（Épuration），因为对“一小撮叛国者”的清洗有助于表明其他所有人都不是叛国者。在巴黎解放之前，即1944年6月26日和27日，戴高乐就已下令组建“清洗特别法庭”（Commissions d'épuration），负责对“法奸”进行审判。但是，巴黎解放之后，民众自发的“野蛮清洗”（épuration sauvage）现象依旧非常普遍。在戴高乐的急切要求下，1944年11月，临时议会成立一个特别法庭，专门审理“法奸”的罪行，至此，自发的处决行动开始让位于“依法清洗”（Épuration légale）。

维希政权的行政官员是清洗的重点，共有1.1万余名公务员受到惩罚，但总

---

① 参阅 Perry Biddiscombe, “The Last White Terror: The Maquis Blanc and Its Impact in Liberated France, 1944–1945”, *The Journal of Modern History*, No. 4 (2001), pp. 811–861。

② “包夫”（BOF）是“黄油”（Beurre）、“鸡蛋”（Oeuf）和“奶酪”（Fromage）这三个法文单词首写字母的合成词，意指在德国占领期间，由于投机奸商操纵市场、哄抬物价，这类物资的价格已经高到令人无法忍受之地步。

③ 参阅 Kenneth Mouré, Fabrice Grenard, “Traitors, ‘Trafiquants’, and the Confiscation of ‘Illicit Profits’ in France, 1944–1950”, *The Historical Journal*, No. 4 (2008), pp. 969–990。

④ Charles de Gaulle, *Discours et messages*, Paris: Plon, 1970, I, p. 394.

体而言，惩罚是比较宽大的：约4000人被解职，但这些人都领到了抚恤金；其余之人则受到轻微的处罚，如调动岗位、降级使用或暂停职务等等。布斯凯虽在围捕犹太人过程中为德国人“屡建奇功”，但他却拿出“充分的证据”证明自己曾经帮助过抵抗运动，于是对他的判刑被取消。另一位捕犹高手巴蓬则继续红下去，后来做了巴黎警察局局长，甚至还做了政府的预算部长（1978—1981）。当然，罪大恶极的赖伐尔被判处死刑并于1945年10月15日被枪毙。在审判庭上，赖伐尔曾对法官们和公诉人大加讽刺：你们与我一样，都曾为政府服务过；如果我是卖国贼，你们也都好不到哪里去。临刑时，赖伐尔还叼着一支香烟，并高呼“法兰西万岁！”（Vive la France!）对于赖伐尔之死，戴高乐在自己的《回忆录》中有这样的描述：赖伐尔“挺起身子，以坚定的步伐走上刑场，勇敢地死去了”。除了行政机构以外，军队也在“清洗”之列，不过，只有约700名军官被解职，军队的总体构成并未发生变化。当然，有一名著名的军官必须受到指控，这就是元帅贝当。在法庭上，贝当曾以他那被传为经典的辩解方式阐述自己的“双面游戏”理论：“一天又一天，匕首架在我的喉咙上，但我还是努力斗争以反对德国人的要求。”1945年8月15日，最高法院判处贝当死刑，但同时决定不予执行。两天之后，戴高乐“不顾一切地”签发特赦令，将之改判为终身监禁，监禁地点是在大西洋岸边的风光秀丽的耶岛（Île d'Yeu）上。1951年7月23日，贝当以95岁高龄死在了耶岛，其尸骨至今仍安葬在那里。①

特别法庭总共审理了12.8万宗“合作案”，但只有767人真正被执行枪决，有3.8万人被判刑，其中2702人被处终身监禁。不过，被囚禁者后来大都被特赦。有些学者认为，与丹麦、荷兰、挪威以及比利时等国相比，法国新政权对“合作者”的处罚是相当温和的，这为日后法国极右势力的回潮留下了巨大的隐患。但是，也有一些学者认为，采取宽大的“灰色处理法”是必要的，因为如果“对卷入‘占领’之事的人进行过分严厉的审判，那将意味着对每个人都要审判。”不管怎么说，法国舆论很快出现反“清洗”的呼声，原先对“法奸”恨之入骨的人也纷纷改变立场。随着战争的结束，许多人都希望忘掉过去，不再提它。戴高乐也曾表态说，对维希政权首脑们作出判决之后，法国就已经“彻底清算了背叛

① 贝当死后，其崇拜者不断要求把贝当的遗骸安葬在凡尔登，让他和一战期间阵亡将士同眠在那片“光荣”的土地上。参阅 Milton Dank, *The French against the French: Collaboration and Resistance*, Philadelphia: Lippincott, 1974, p. 361。

民族的政策”。[①] 不过，并不是所有人都愿意忘记过去，几十年以后，旧事还将重提。

由于共产党、社会党等左翼组织是国内抵抗运动的中坚力量，因此他们在解放初期的法国社会政治生活中拥有重要的发言权。在他们的倡导和督促下，法国沿着当年“人民阵线”的改革路线继续向前迈进，新一轮的生产资料国有化运动蓬勃展开。在这个问题上，左翼组织并未花太多的周折就获得了包括戴高乐在内的保守派们的支持。在戴高乐看来，国家强大是根本目的，资本主义只不过是为达到这一目的的手段之一。而且，戴高乐对那些资本家、大商人也没有什么好感，因为在他最需要援助的时刻，那些资本家们却将成批的汽车、飞机送给了德国人。法国的这一次国有化改革涉及范围颇为广泛。1944 年 9 月，政府开始接管煤矿，一年多以后，成立了囊括所有煤矿的国有煤炭公司。1945 年 6 月，各家航空公司被收归国有并与法国航空公司合并。1945 年 12 月，国家接管法兰西银行和四大储蓄银行，即兴业银行、里昂信贷银行、国民工商银行以及巴黎国民贴现银行。1946 年 4 月，国有的法国电力公司和法国煤气公司宣布成立。1946 年 4 月，34 家保险公司（占该部门资本的 60%）也宣布国有化。在推行国有化的同时，临时政府在社会福利改革方面也迈出重大步伐。1945 年的一系列法律规定，所有的雇主和雇员都必须参加社会保险。也就是从这一时期开始，法国成为世界上福利制度实施最广泛且最稳定的“福利国家”之一。[②]

社会重建的最为重要的一项工作是政治制度的抉择。第三共和国那种国无宁日的议会制是一个沉重的教训。早在战争时期，戴高乐就已明确表示，战后法国“决不走回头路”。他主张，国家元首和政府应当掌握实权，国家的命运和政府的重大决策不应当由因党派利益而倾轧不休的议会来决定。那些老牌政客一开始也对原来的政治体制公开表示厌恶，而且他们也曾信誓旦旦地保证要“紧密地团结在戴高乐的周围”。1945 年 5 月，刚从纳粹集中营获释的社会党领袖勃鲁姆（Blum）发表声明：“我们有了一位戴高乐将军真是万幸。我从身陷囹圄之时起就希望我的党能够支持他。整个法国都信赖他。有了他，我们国内团结一致就有了唯一的保证。”激进党领袖赫里欧（Herriot）被苏联红军解救出来之后在莫斯科

① ［法］夏尔·戴高乐著，陈焕章译：《战争回忆录：拯救（1944—1946）》，北京：中国人民大学出版社 2005 年版，第 249 页。

② 参阅 Henry P. De Vries, Berthold H. Hoeniger, “Post-Liberation Nationalizations in France”, *Columbia Law Review*, No. 5 (1950), pp. 629–656。

电台发表讲话："我确信，我国人民已经团结在夏尔·戴高乐的周围。我将毫无保留地听从他的指挥。"深受感动的戴高乐用自己的专机派人将他接回了巴黎。

然而，随着战争氛围的消退，职业政客们重新活跃起来，法国政坛也一下子热闹许多。各政党本能地怀念起第三共和国时期那种由政党操纵议会、议会操纵总统和政府、政府只对议会负责的传统政治体制。1945 年 5 月 20 日，回国才几天的勃鲁姆便公开宣布："谁也无权要求执政，但我们自己却有权不对任何人感恩戴德。"当戴高乐向社会各界宣布自己的政治主张时，一些政客已开始毫不留情地指责他是想搞独裁、是想做君主。无党无派的戴高乐与各政党政治理念的矛盾已经日益表面化。1945 年 10 月，法国举行战后第一次议会（制宪议会）选举，年满 18 岁的女性也参加了投票，这是法国妇女有史以来第二次走向投票箱。① 共产党、社会党和成立于 1944 年 11 月的"人民共和运动"（Mouvement Républicain Populaire，皮杜尔为该党领袖）在选举中占据优势。而各右翼政党则落得惨败，其主要原因在于，它们曾"深深地卷入了维希的'民族革命'之中，而又惹人注目地在抵抗运动中缺席"。②

选举结果出来后，获胜的各政党随即重开"抢座位"的老游戏，但结果谁也未能获得多数支持，最终还是由无党派的戴高乐出面担任总理。1945 年 11 月 21 日，戴高乐组成由共产党、社会党和人民共和运动三党联合的临时政府。但是，戴高乐终究无法忍受这种与自己的政治主张背道而驰的乱哄哄的政治局面，仅仅两个月之后，即 1946 年 1 月 20 日，戴高乐突然宣布辞职，他在辞职声明中写道："排他性的党派制度又要卷土重来了。我是不赞成这个的。但是，除非用武力建立一个我所不能同意的、无疑也不会有好结果的独裁政权，我就无法制止这种尝试，因此，我必须告退。"戴高乐的本意是要维护自己的政治资本，而不要因为陷入党派之争而坏了自己的"清白之身"。他还认为，当议会和政府乱到不可收拾之时，人们还是要把他请回来。不过，这一等就是漫长的 12 年。1966 年，他曾对自己的朋友坦承，他当时没有料到"多党统治……会持续如此之久"。③

送走了戴高乐之后，类似于第三共和国时期的那种政治游戏进一步繁盛起来。1946 年 10 月 13 日，为第四共和国设定政治框架的宪法草案交付全民表决。

---

① 1945 年 4 月 21 日，法国举行地方性的市镇选举，法国妇女首次参加了投票。

② Jean-Pierre Rioux, *The Fourth Republic, 1944–1958*, Cambridge: Cambridge University Press, 1987, p. 77.

③ Alain Peyrefitte, *C'était de Gaulle*, Paris: Fayard, 1994, Tome I, p. 32.

由于投票活动过于频繁，对于这一次表决，竟有800万选民干脆待在家中不予理会。在参加投票的1700万选民中，投赞成票的约900万人，投反对票的约800万人。弃权者与反对者合起来占选民总数的近2/3。1946年宪法虽在民主精神方面超越了第三共和国的1875年宪法，但在政治结构的设计方面，二者却基本相同。总统由两院联合选举产生，任期7年，这仍是一个荣誉性职位；上院称"共和国参议院"（亦译"共和国参政院"或"共和院"，Conseil de la République），它只具咨询功能；下院称"国民议会"（Assemblée Nationale），它是一切权力的源泉，在其产生后的18个月之内不得被解散；两院合称"议会"（Parlement），议员均按地区原则选举产生，参议院议员由间接选举产生，国民议会议员由直接选举产生；总理由总统提名，但必须得到国民议会的绝对多数认可方能就职，国民议会可随时推翻政府。[①]1946年11月，法国依照新宪法举行第四共和国第一届国民议会选举。1947年1月，社会党人奥里奥尔（Auriol，1884—1966）当选为总统。第四共和国正式驶上了崎岖之路。正如勃鲁姆所言，这时的法国已经从"临时的共和国"转变成为"危殆的共和国"。

第四节 "旧制度"下的第四共和国

从1947年1月奥里奥尔出任新政权第一任总统到1959年1月第二任总统科蒂（Coty，1882—1962）任期未满而提前交权，第四共和国在艰难的政治环境中熬了12个年头。与此前的第三共和国相似，从第四共和国诞生之日起，许多法国人就对"议会治天下"这种反复无常的政治体制不抱好感，但是，出于对"更多的自由、更多的平等、更多的博爱"的向往，许多法国人又不约而同地担心，"强权政治"会导致专制独裁，会剥夺他们宝贵的"发言权"。因此，同样与第三共和国相似的是，在第四共和国时期，只是到现行体制在重大危机面前变得无法

① 1946年宪法并未明确规定每届议会的任期。1948年9月，议会通过法律，确定参议员每届任期为6年。1951年5月，议会又通过法律，规定国民议会议员每届任期为5年。第四共和国的参议员、国民议会议员和总统的任期由此就形成了5年、6年和7年这样一个完全不同步的格局。关于1946年宪法，可参阅郭华榕：《法国政治制度史》，北京：人民出版社2005年版，第512—521页。

运转之时，人们才认识到“领袖”的作用。与政局动荡形成鲜明对比的是，法国经济在这一时期却在相对有序的状态下迅猛发展，普通民众的生活条件有了较大改善。不过，老百姓似乎并不满意，他们照样悲观不已，他们照样罢工游行。

一、新生政权与旧式混乱

1944年，罗斯福曾就法兰西第三共和国历史上的政局无常现象感慨地对戴高乐说：“我这个美国总统，在战前甚至有时连法国内阁总理的名字都想不起来！”[①] 假如罗斯福能够活着看到法兰西第四共和国的政府更迭，他将依旧茫然下去。从第四共和国开始到1958年戴高乐复出之前，法国共经历20届政府。在这里一一罗列那些让“总统”看了也记不住的政府首脑的名字似乎没有太大的意义，重要的倒是应当考虑一下国民议会究竟是如何让一届又一届的政府不得安身的。维希政权结束之后，法国重新成为政党遍天下的“自由世界”。一个政党或团体，不论它“左”到何种程度，也不论它“右”到何种地步，都可以参加议会选举。在议会中，几个党派可以串通一气来将他们所不喜欢的党派排除在政府之外，但是，他们却无权将那些“讨厌”的民选议员赶出议会。如果在议会中能有一个占据绝对优势的大党，由它派生出来的政府方可保持相对稳定；但是，在绝对多党制条件下，“绝对大党”几乎没有可能出现。只有依靠党派联合，议会中才能出现一个多数派阵营。而党派联合往往具有很大的不确定性，一个小小的政策分歧即有可能导致联盟破裂，议会一质询一投票，失去基础的政府便会应声倒台。[②]

1946年11月，法国依据新宪法举行第一届国民议会选举，产生于抵抗运动的三大党派在选举中占据优势：共产党获167席，另有各党归附来的19席；人民共和运动获166席；社会党获103席。激进党（包括归附者）获70席。戴高乐辞职后，其追随者组成“戴派联盟”（Union gaulliste），但它仅获9个议席。其他各右翼政党由于在维希政权时期不清不白而形象不佳，因此在选举中一败涂地，在议会中也就没有多少发言权。在此情形下，共产党、社会党和人民共和运

① ［法］夏尔·戴高乐著，陈焕章译：《战争回忆录：拯救（1944—1946）》，北京：中国人民大学出版社2005年版，第261页。

② 参阅 John D. Huber, Cecilia Martinez-Gallardo, “Cabinet Instability and the Accumulation of Experience”, *British Journal of Political Science*, No. 1 (2004), pp. 27–48。

动三大党派的联合就成为政府相对稳定的关键，而共产党的入盟则更是关键之中的关键，1947 年 1 月产生的第四共和国第一届政府就是这样一种三党联合政府。

但是，法国已经投身到了美国的“自由世界”阵营，随着冷战的开始，这种联合势必不能长久。1947 年 3 月，美国总统杜鲁门（Truman，1884—1972）称：“世界已经分裂为两个阵营，自由的和不自由的。……每个国家都要作出抉择。”[①] 法国在经济上有求于美国，于是立即作出“抉择”，在 1947 年 5 月将法共这一“不自由”的象征从政府中扫地出门。不过，法共议员的资格却不可剥夺，法共因此也就成为议会中的最大反对党。从此，一届届政府在变化不断的中左派政党联盟中幻生幻灭。这种政党联盟的主要目标是：既要打击左边的共产党，又要遏制右边的戴高乐追随者。但是，这种联盟无法掩盖各党的政策分歧，所谓的不左不右的“第三力量”（Troisième Force）政府并未显示出什么“力量”。在此届国民议会任期内，法国先后经历 9 届政府。

就在这一届国民议会为政府的组成而吵闹得颠来倒去之时，不甘寂寞的戴高乐又在院外掀起一场针对第四共和国政治体制的讨伐运动。1947 年春，戴高乐从其乡村隐居地科隆贝双教堂村（Colombey-les-Deux-Eglises）[②] 复出，继而在斯特拉斯堡发表演说，号召人们加入由他创建的“法兰西人民联盟”（Rassemblement du peuple français）。戴高乐声明，他的这个联盟并不是一个政党，因为他欢迎除共产党之外的一切法国人入盟。他希望：修改宪法，设立掌握实权的总统职位，总统有权任命总理；创建“雇主与雇员协会”以取代只知罢工不知协作的工会，这些协会将与政府机构紧密结合在一起；加强法国的国防力量，使得法国在和平的欧洲发挥领导作用。戴高乐为联盟的壮大而东奔西走，而且多次举行声势浩大的火炬集会。在不满与饥饿交织的 1947 年夏天，“该组织就像野火一样燃烧起来”。在 1947 年 10 月的市镇选举中，法兰西人民联盟这个并不是“政党”的政党获得了约 40%的选票。不久，该组织便宣称拥有 100 万成员，其规模比共产党还要大。

1951 年 6 月，法国举行第二届国民议会选举。尽管既反左又反右的“第三力量”政党在选举方式上费尽心思，但“第三力量”还是未能彻底击败左右两翼。

---

① Gary B. Nash, et al., *The American People: Creating a Nation and a Society*, New York: Pearson Education, 1994, p. 903.

② 科隆贝双教堂村，简称“科隆贝”。该村庄位于巴黎东南方向，在上马恩省（Haute-Marne）西部。有些著作有“科隆贝双”这一说法，不确。“双”应与后面的“教堂”连在一起，意为“两座教堂”。

戴高乐的法兰西人民联盟获 118 席，成为议会中的第一大党；共产党获 103 席；社会党获 104 席；激进党获 94 席；人民共和运动获 85 席；戴派以外的其他各右翼政党共获 98 席。由于 6 个集团的势力大致相当，人们便依法国本土的形状而将这一届议会戏称为“六边形议会”。这届议会中，中间势力继续联合，把左右两端的共产党和法兰西人民联盟排斥在政府大门之外，而这两个政党在选举中所获选票分别高达 25.9%和 20.4%（选票数与议席数不是简单的正比例关系），因此，中间派政府在社会上很难获得民众的热心支持。面对议会中的左右反对派，事事难办的政府只能频频倒台。①

在这一时期政党政治中，有两个现象值得关注。一是戴高乐“消失”。法兰西人民联盟虽然起初声势不小，但其成分复杂，难以采取统一行动。因此，1953 年 5 月，戴高乐宣布与之脱离关系，法兰西人民联盟议员可以“自由行动”。而他本人则再次“隐居”到了科隆贝，在这里，他还将再默默地等待 5 年。二是“普雅德运动”（le mouvement Poujade）。二战结束后，法国在经济领域掀起现代化浪潮，大企业显著增多，现代销售方式层出不穷。这种趋势虽然有利于国家总体经济实力的提高，但却使小企业、小作坊、小农场、小店主们陷入经济上的困境，这种情况在比较贫穷落后的法国中南部地区表现得尤为明显。1953 年 7 月，生活在贫困地区洛特省② 的经营纸张的小批发商皮埃尔·普雅德（Pierre Poujade，1920—2003）发动一些同病相怜者举行示威游行。就如 19 世纪 80 年代小店主、小作坊主联合起来反对工业化那样，普雅德旋即于 1954 年发起一场反对“现代化”的运动，从而形成所谓的“普雅德主义”（poujadisme）。③

普雅德主义的主要内容是：反对外国人尤其是美国人，因为让他们变穷的“现代化”就是从美国传过来的，而其他外国人的涌入又抢了法国人的工作机会；反对城市化，因为越来越多的人流向城市，乡村小店的顾客越来越少，生意越来越难；反对知识分子，因为有许多“现代化”方案都是专家们想出来的。1954 年 6 月至 1955 年 2 月间担任总理职务的孟戴斯－弗朗斯（1907—1982）成为普雅德分子仇视的主要目标，因为这位总理是现代化的积极推动者，而且他还是一位

① 参阅 David M. Wood, “Responsibility for the Fall of Cabinets in the French Fourth Republic, 1951–1955”, *American Journal of Political Science*, No. 4 (1973), pp. 767–780。

② 洛特省（Lot）位于中央高原西南边缘。

③ 参阅 Richard L. Nolan, Rodney E. Schneck, “Small Businessmen, Branch Managers, and Their Relative Susceptibility to Right-Wing Extremism”, *Canadian Journal of Political Science*, No. 1 (1969), pp. 89–102。

犹太人。普雅德运动吸引了不少排犹主义者以及那些对维希时代留有怀旧之情的人。1955 年，普雅德又模仿希特勒的《我的奋斗》而写出一本小册子《我选择了斗争》（*J'ai choisi le combat*），使得他领导的这场运动更加具备极右的法西斯色彩。①

由于现有议会无法使政府正常运转，因此，根据宪法特别条款，1956 年 1 月，法国提前半年进行第三届国民议会选举，但结果还是没有产生一个能占绝对多数的议会政党。共产党获 145 席，再次成为议会中的第一大党。社会党、人民共和运动以及一分为二的两个激进党等 4 个集团各获 80 个左右的议席。右翼的法兰西人民联盟（一些人拒绝接受戴高乐的解散令）获 17 个议席。一个惊人的现象是，第一次参加议会选举的“普雅德运动”（其政党名称是“商人工匠保卫联盟”，Union de Defense Commerçants et Artisans，简称 UDCA）竟获得 11.6%的选票，在议会中占据 53 个席位，其中一位议员就是时年 28 岁的让－马利·勒庞（Jean-Marie Le Pen，1928 年出生，当时是法国最年轻的议员）。虽然普雅德本人很快就不再积极从事政治活动，但勒庞却将极右大旗坚持不懈地扛进了 21 世纪。如果将右翼和极右翼合在一起算作一个混杂集团的话，那么这一届议会又是一个不太规则的“六边形议会”。与从前的情形一样，左右两端仍然被排除在政府之外。

从第四共和国的历史中可以看出，在议会操纵政府的这种体制之下，没有共产党这个议会大党的参加，政府便无法正常运作；但是，在冷战局势下，让共产党参加“自由世界”的政府又是不可想象的。因此，中间派的政府只能是个弱势政府。在国家没有遇到重大危机的情况下，政府倒了也就倒了，即使长期选不出一位合适的总理（如 1953 年上半年，内阁危机长达一个多月），共和国仍可以糊里糊涂地存在下去。但是，到了 1957、1958 年，阿尔及利亚问题已将共和国弄得四分五裂，而此时的国民议会却仍在为总理人选而争吵不休。1957 年下半年，法国又一次出现长达一个多月的内阁危机，1958 年春又出现将近一个月的内阁危机。政府已经无法履行职能，第四共和国的政治体制也就走向了尽头。

---

① 参阅 Seymour M. Lipset, “Social Stratification and ‘Right-Wing Extremism’”, *The British Journal of Sociology*, No. 4 (1959), pp. 346–382。

二、经济繁荣与生活"变糟"

与第三共和国相似，在第四共和国时期，中央政府的政治混乱虽对普通行政管理机构的运转造成一定影响，但终究没有带来灾难性的无序，这也就给战后法国经济的复苏提供了一个最为基本的社会环境。首先应当明确的是，二战对法国造成的直接破坏是相当惨重的。据粗略估算，在 90 个省中，有 74 个省遭到战火蹂躏，有 5 万家厂房和 30 万处住房被毁。交通设施的受损情况更为严重，在 4 万公里铁路中，尚能使用的只剩 1.8 万公里，大多数公路及桥梁亦被炸毁。不过，也应当注意到，"战争破坏的程度要比人们预想的要轻一些；与战前水平相比，80% 的工业生产能力幸存了下来。德国人由于匆忙撤退，来不及带走他们的全部储备物资"[①]。不管怎么说，法国经济的恢复是极为迅速的，经过几年的努力，到 1948 年，法国的工业生产指数就已超过战前的 1938 年。关于法国经济的恢复和发展，其原因当然是多方面的，但有两大推动因素却不能不提，这就是美国的经济援助和法国自身的经济计划。

美国对法国的经济援助在二战期间即已开始。戴高乐虽然在政治上与美国总统罗斯福有过许多不愉快的交往，但他还是毫不犹豫地接受来自美国的物资援助。戴高乐"退隐"之后，贫困的法国与富有的美国在政治上"不再有什么分歧"。1946 年 5 月，法国临时政府派遣代表团前往华盛顿，美国方面慷慨决定，将法国在战争期间的欠美债务大部分予以免除，少部分转为无息贷款，以支持法国的战后重建。冷战开始以后，美国更是从意识形态和长远经济利益双重角度考虑西欧的战略地位，于是在 1948 年开始实施规模庞大的"欧洲复兴计划"（European Recovery Program），由于该计划的首倡者是美国国务卿马歇尔（Marshall，1880—1959），故又称"马歇尔计划"（Marshall Plan）。法国从这一援助计划中受惠丰厚，1948—1952 年，共获得约 28 亿美元的资助，其中大部分是无偿赠款，另有一些则是低息乃至无息贷款。在"马歇尔计划"实施最高峰的 1949 年，法国从中所得的净收益竟占到法国当年 GDP 的 10%。[②] 按照美国的要求，援助款

① ［法］让·莫内著，孙慧双译：《欧洲之父——莫内回忆录》，北京：国际文化出版公司 1989 年版，第 14 页。另参阅 Jacques W. Walch, "A Survey of the Problems of Reconstruction Facing the Fourth Republic", *The Journal of Business of the University of Chicago*, No. 2 (1947), pp. 67–83。

② Alan S. Milward, *The Reconstruction of Western Europe, 1945–1951*, London: Methuen, 1984, p. 97.

项大部分被用于基础设施的重建和改造，这就为法国经济的快速发展奠定了比较坚实的基础。

与美援相比，更重要的是这一时期法国制定了目标明确且可行的全国性经济发展规划。在这一方面，于1944—1946年间担任临时政府商业部长而后来又为西欧联合作出杰出贡献的莫内（Monnet,1888—1979）功不可没。作为忧国忧民的“国有商人”，莫内对法国人的积习有着清醒的认识。他认为，他的同胞们已经相当“缺少事业心”，因而也就“严重地忽视生产投资和现代化”。法国机械设备的更新周期平均为25年，而美国只有5—6年。在战争结束之初的法国，“最新式”的冶金设备是1906年在洛林建成的，而且还是德国人留下来的（当时洛林仍在德国控制之下）。1945年8月，莫内向戴高乐进言：“为了恢复过去的声誉，法国必须实现现代化，必须提高生产率，生产更多的产品；必须从物质的角度来改造国家。”在戴高乐的大力支持下，1946年1月初，临时政府正式设立由160人组成的计划总署（Commissariat Général du Plan），并责令其“在六个月之内制定出法国本土和海外领地的第一个现代化和经济设施的总体规划”。计划总署署长由政府总理兼任，具体工作由总署专员负责，莫内理所当然地成为计划总署的第一任专员。[①] 为了不让计划总署受到政府频繁倒台的连累，莫内及其继任者们少不了与政府进行各式各样的周旋，其结果是令人满意的：在随后20年中，政府更迭28次，计划总署专员仅易人3次。[②] 关于其中奥妙，莫内曾总结道：在当权者面临困境、没了主意之时，只要你默认你的建议是由掌权者们想出来的，他们就会怀着感激的心情欣然接受你提出的任何意见。

莫内

① 有的法国史著作称莫内是首任计划总署“署长”（directeur），此说不准确。莫内的头衔是“专员”（commissaire），即由政府委任的“特派员”。总署由总理直接领导并兼任署长，其意义相当重要，这有利于它和各个部门的沟通与协作。

② 计划总署存在了60年（1946—2006）。2006年3月6日，计划总署被新成立的“战略分析中心”（Centre d’analyse stratégique）取代。

1947年1月，法国政府开始实施预期为四年的《现代化与装备计划》（*Le Plan de Modernisation et d'Equipement*，又称《重建计划》（*Le plan de reconstruction*），或《莫内计划》（*Le Plan Monnet*），其主体内容是：着眼长远，避免短视；暂时抑制普通民众的普通消费需求，而将大量的资金投入到基础设施建设方面，优先发展煤炭、电力、钢铁、水泥、农机和交通等关键部门。尽管《莫内计划》受到社会舆论的一些批评指责（如轻视住房建设等），但其总体成就却是有目共睹的，因此，政府决定将这一原定于1950年到期的建设计划延长至1952年。随后，法国又开始进入第二期国家计划（1953—1957），在继任专员艾田·伊尔什（Étienne Hirsch，1901—1994）的带领下，计划总署制定出新一轮的工农业发展目标。① 特别值得一提的是，针对偷税逃税这一久治不愈的历史难症，伊尔什团队成功发明出一个新税种，即不久便闻名遐迩的"增值税"（TVA，Taxe à la valeur ajoutée）。这种从最初生产到最终消费环环相扣的征税方式虽然极为繁琐，但却可以相当有效地防止偷税逃税。更为重要的是，法国政府将增值税的征收作为一种调控手段，成功地将市场经济条件下的工农业生产引向预定的轨道。1954年4月10日，法国政府及议会讨论通过了增值税这一新税种。有关部门随后又对增值税的征收程序进行修改和完善，1955年4月30日，其基本结构得到法律确认。

到20世纪50年代中期，法国的现代化发展规划开始出现明显的成效。经济以每年近5%的增幅向前迈进。与1951年相比，1958年的GDP增长了33%，工业产值则上升了54%。而且，失业率一直保持在2%以下。农业现代化也迈出了重要一步。1945年，全国共有拖拉机3.7万台，1959年则增至62.5万台。在农业生产率大幅度提高的同时，农业人口却越来越少。在二战前，17.5%的人口从事农业，1954年降至12.1%，到第五共和国初期的1962年，农业人口更是降至8.4%。工农业经济的发展使人们的生活条件发生显著变化。1949年，登记在册的私家车数量为125万辆，1959年时已超过500万辆。不过，由于战后初期经济建设的重心倾向于国民经济的关键部门，因此居民的住房建设显得有些滞后。②1951年的一项调查表明，由于住房紧张、洁净水供应不足以及洗浴设施缺

① 参阅 Shepard B. Clough, "Economic Planning in a Capitalist Society: France from Monnet to Hirsh", *Political Science Quarterly*, No. 4 (1956), pp. 539–552。

② 参阅 Jacques H. Drèze, "Some Postwar Contributions of French Economists to Theory and Public Policy", *The American Economic Review*, No. 4 (1964), pp. 2–64。

乏等方面的原因，在受访者中，在 25% 的人从不刷牙，有 39% 的人一个月才洗一次澡。也正是从 1951 年起，政府开始逐步关注住房建设，1953 年一年之中即新建了 10 万套住房。然而，与欧美其他国家相比，法国人的住房在设施配备方面仍显得简陋。1954 年，在法国家庭中，能用上自来水的占 58.4%，拥有室内卫生间的占 26.6%，拥有浴缸或淋浴设施的只占 10%。但是，这些问题在随后几年的住房建设中都将得到缓解。①

从总体上说，法国经济已经成功起飞，法国人的生活水准也在不断提高。根据 1956 年底的统计数字，此前一年中，人均实际收入增长了 6%。但是，此间有关机构就“生活是变好了还是变坏了”这一问题进行过一次民意调查，结果竟有 92% 的受访对象回答说“变坏了”。关于这一矛盾现象，有两方面的因素值得关注。第一是心理方面的传统定势。经济建设所带来的变化往往是在不知不觉中产生的，经过多年的经济停滞以及那么多的创伤性苦难，没有多少人能够清醒地意识到经济会在短时期内繁荣起来。第二是经济发展的不平衡。这种不平衡涉及许多层面，如城乡不平衡、地区不平衡、阶层不平衡以及行业不平衡等等。正是这种明显的不平衡使得许多人产生一种感觉：只是富人变得更富了，而自己的生活则是“变坏了”。② 因此，法国社会仍然弥漫着一种强烈的斗争情绪。

三、旧格局的转变与新欧洲的起步

战后初期的法国虽然在戴高乐的努力之下获得一定的外交收益，但其国际形象仍然不佳，维希政权的阴影很难从外人的大脑中立即清除。战后法国面临的国际关系也变得更为复杂，其中最难决断的问题集中在三个方面。一是与德国的关系：长期以来德国就一直是法国的冤家对头，如今德国再次成为战败国，那么，是让它永远“败”下去，还是与它言归于好？二是与苏联的关系：苏联的势力正在急剧扩张，已经成为东欧世界的霸主；而法国国内最为强大的政治势力是在抵

---

① 参阅 Wallace C. Peterson, “Planning and Economic Progress in France”, *World Politics*, No. 3 (1957), pp. 351–382。

② 实际上，这一时期的法国在社会福利方面已经走在世界前列。1956 年，法国 GDP 中的 18% 用于公共事业，其中包括失业救济、医疗保险、住房建设和教育事业；而在二战前的 1938 年，用于公共事业的资金只占 GDP 的 2%。

抗运动中崛起的法国共产党，它又一直将斯大林奉为自己的精神导师，那么，法国究竟应与苏联保持何种关系？三是与美国的关系：法国虽然在二战中受到美国的不少冷眼，但是，美国的经济和军事援助又让捉襟见肘的戴高乐法国舍之不能；而且，戴高乐坚信，与美国站在一边（不论美国的白眼多么让人不舒服），法国就能在战争中取胜。对于这样一个国家，法国究竟应当保持一种什么样的距离？

在二战后期以及战后最初一两年中，东西方的关系尚处于相对友好状态，加之戴高乐那种特立独行的个性，法国外交还具有较大的独立性。在此期间，法国的外交方略仍具有浓厚的传统特色，即军事结盟、打击敌国之思维仍占据主导地位，其主要表现是：1944 年 12 月，戴高乐访问苏联，签订了为期 20 年的《法苏互助同盟条约》；1945 年德国败降之后，法国立即将肢解德国当成头等大事，它向盟国建议，必须严格限制德国的工业生产水平，使之永远无法复活其军事力量；甚至到了 1947 年 3 月，法国外长皮杜尔还在莫斯科发表讲话，认为“新的德国必须保持权力分散且软弱的状态”。与此同时，法国与美国仍然保持比较密切的联系，派往华盛顿的法国使团仍不断地将美国资金运回法国。这样，法国似乎就成功建立起一种左右逢源的所谓“等距离”外交，既不得罪美国，又不惹恼苏联。但是，这种外交是以美苏两个大国“和平共处”为前提的，一旦失去这一前提，继续维持“等距离”将意味着同时被两头所抛弃。因此，冷战开始以后，出于意识形态方面的权衡特别是经济利益方面的驱动，法国倒向了美国的“自由世界”阵营。①

法国投向美国阵营的一个重要行动就是促成并加入北大西洋公约组织（简称北约）。这一组织是以西欧国家已经形成的军事盟约为基础的。1947 年 3 月，英法签订为期 50 年的防卫联盟。随后，英法希望扩大安全互保范围，1948 年 3 月，比利时、荷兰和卢森堡三国与英法签订《布鲁塞尔公约》，防卫联盟由此扩大为西欧五国。为向美国表示诚意，英法又主动提议与美国结成军事联盟。1949 年 4 月 4 日，美国、加拿大、意大利、葡萄牙、挪威、丹麦、冰岛以及布鲁塞尔公约五国共 12 个国家在华盛顿缔结《北大西洋公约》，并依此成立以“自卫”（其实就是与苏联对抗）为目的的北约组织。法国虽是北约的创始国之一，但它在北

① 参阅 David Reynolds, “From World War to Cold War: The Wartime Alliance and Post-War Transitions, 1941–1947”, *The Historical Journal*, No. 1 (2002), pp. 211–227。

约中的地位却是不上不下，对北约的实际控制权基本掌握在美国以及与美国步调一致的英国之手。因此，在北约成立后的近 10 年时间里，法国所扮演的角色只不过是一个小随从。及至戴高乐重返政治舞台之后，法国才鼓起勇气挺了一下腰杆。

法国投向美国阵营的另外一个重要行动是对德和解。出于对抗苏联的需要，美国希望由美英法三国占领下的德国西部地区尽快强盛起来，而且，在 1948 年 4 月，美国就正式将德国西部占领区纳入“马歇尔计划”的援助范围。法国虽心存疑虑，但也只能听从美国的安排。1948 年 6 月，法英美三国在伦敦达成协议，决定将三国占领区合为一体，并着手建立西德政府。1949 年 5 月，德意志联邦共和国宣告成立。为与西方抗衡，在苏联的支持下，1949 年 10 月，在苏占区成立了德意志民主共和国。德国就此一分为二，东德和西德分别归向了东西两个阵营。对于法国来说，对德和解虽是在美国压力下而采取的无奈之举，而且法国政府在这个问题上也遭到国内仇德派人物的严厉指责，但是，从长远来看，这一和解具有非同寻常的历史意义，它标志着“欧洲统一”有了一个和平的基础。在欧洲走向统一的起步阶段，一个关键人物就是为法国现代化作出特殊贡献的莫内。

国家间的联合并不是莫内的突发奇想。从拿破仑到白里安，欧洲历史上不少政治人物都曾想象过欧洲统一的美景。1940 年，即在法兰西第三共和国垮台前夕，受聘为英国筹办军需物资的莫内曾向丘吉尔提供一个方案，即：把英法两国合并为一个统一的国家，共同抗击纳粹德国。明知不可行的丘吉尔抱着不妨一试的态度去与法国领导人商谈合并事宜，结果遭到法国人的痛骂。后世许多人都将此事看作是丘吉尔的“野心外露”，而忽视了其中的背景：出此主意的是法兰西爱国人士莫内。[①] 二战结束以后，莫内的联合思想更趋明确。他认为，西欧各国均是领土狭小之邦，只有将之联合起来，才能提高欧洲人的生活水平，才能维护这一地区的和平。但是，联合却又是一件难而又难之事，因此必须选择一个恰当的突破口。与一般人的想法恰恰相反，莫内认为，必须从阻力最大、矛盾最多、最容易犯历史错误的地方做起；回顾欧洲历史，一个重要的问题就是法德矛盾，而法德矛盾的焦点又是阿尔萨斯、洛林、鲁尔以及萨尔问题，即煤钢争夺问题；如果能够超越国界，把两国的煤钢合并在一起，两国间的世仇也就可以得到化

① 参阅 Avi Shlaim, “Prelude to Downfall: The British Offer of Union to France, June 1940”, *Journal of Contemporary History*, No. 3 (1974), pp. 27–63。

解。因此，抓住了煤钢问题，也就抓住了欧洲问题的实质。

当然，莫内本人没有能耐直接出面把西欧各国召集起来进行谈判，于是他将这一充满创造性的方案“送给”了“没了主意”而又急需荣誉的前总理、时任外交部长的政治家舒曼（Schuman，1886—1963）。1950 年 5 月 9 日，舒曼以记者招待会的形式将信息传递出去，他宣读了一份由莫内事先拟定好的演讲稿，郑重建议成立“欧洲煤钢共同体”。名传后世的“舒曼计划”（Le plan Schuman）由此诞生。① 响应这一建议的除倡议国法国以外，还有西德、意大利、荷兰、比利时和卢森堡。英国拒绝参加有关谈判，其驻法大使明确表示：“过去曾在鼓乐声中成立过许多国际组织，最后都以失败告终，这是有案可查的。”② 尽管如此，在莫内主持下，六国还是展开了认真的谈判，并于 1951 年 4 月签约③，同意成立“欧洲煤钢共同体”，欧洲统一进程迈出了艰难而坚实的一步。在煤钢联营的基础上，莫内等人继续努力扩大六国经济合作范围。1957 年 3 月，六国代表在罗马签署两项协定（合称《罗马条约》*Traités de Rome*），宣布成立“欧洲经济共同体”和“欧洲原子能共同体”，这样就为欧洲的进一步联合开辟了新的前景。④ 可以说，在欧洲统一运动的发起和发展过程中，法国起了一个主导作用。当然，与其他所有事情一样，在欧洲统一问题上，从一开始，法国国内就有不少对政府进行严厉挞伐的问罪之师，其中反应最为激烈的是被排除在政府之外的左边的法共和右边的戴派。法共曾发表声明，称“舒曼计划”“视劳动者为牲畜，可以随便放逐到国外；视劳动力为廉价商品，可以随便出卖。”戴高乐更是认为国家主权不能出卖，联营之事纯属“不伦不类”、“毫无希望”。⑤ 不过，戴高乐重新上台之后还是发现，

---

① 参阅 A. W. Lovett, “The United States and the Schuman Plan”, *The Historical Journal*, No. 2 (1996), pp. 425–455。

② 参阅 John W. Young, “Churchill’s ‘No’ to Europe: The ‘Rejection’ of European Union by Churchill’s Post-War Government, 1951–1952”, *The Historical Journal*, No. 4 (1985), pp. 923–937。

③ 煤钢共同体条约的文件制作别具匠心，颇有象征意义：荷兰提供纸张，西德提供油墨，法国负责印刷，比利时和卢森堡负责装订，最后由意大利配上文件飘带。

④ 莫内因其特殊贡献而获得“欧洲之父”（Pères de l’Europe）之称。1976 年 4 月，欧共体各国元首和政府首脑一致同意，授予莫内“欧洲荣誉公民”称号。1979 年，莫内去世，享年 91 岁。1988 年，法国举行莫内诞辰 100 周年纪念活动，其遗骸被迁入先贤祠。另，1957 年《罗马条约》的签订被视为迈向“欧洲共同体”（1967 年成立）的一个关键性步骤，也是如今的“欧盟”（1993 年成立）得以形成的一个里程碑事件。为纪念《罗马条约》签订 50 周年，2007 年 4 月 10—13 日，中国华南师范大学与中国法国史研究会、法国巴黎第一大学、巴黎第四大学以及法国人文科学之家等单位合作，在华南师范大学举办了“亚欧对话：区域一体化建设的历史经验——纪念《罗马条约》签订 50 周年”国际学术研讨会。

⑤ 参阅 H. S. Chopra, *De Gaulle and European Unity*, New Delhi: Abhinav Publications, 1974, pp. 28–33。

欧洲联合不无益处。

四、道德哲学的盛衰与现代化下的文化失落

二战之前，传统文化已经被达达主义、超现实主义等所谓的“现代主义”挤到了一个无足轻重的角落。从总体上说，二战以后，以清算历史、清算传统等面目出现的新观念、新理论、新体系开始以更为强劲的势头再一次将西方世界搅得浪涛迭起，西方文化进入比现代还要现代的“后现代主义”时期。[①] 法国是西方世界的一员，当然它也要来一阵子轰轰烈烈的“后现代主义”。但是，文化离不开社会，法国在二战期间以及战后初期的特殊国情使得它的文化呈现出特殊的法国色彩，这种特殊国情集中表现在两个方面。首先是二战期间法国蒙羞，全境落入德国人之手，正是在这种氛围下，存在主义哲学（existentialisme）开始兴盛而且还将在战后初期风靡一时。其次是战后法国进行现代化建设，结果使得法国滚进了美国的怀抱，由此就产生两个相关的文化现象，一是反美情绪，二是反现代化情绪。

一般来说，存在主义是与哲学家、小说家、剧作家让－保尔·萨特（Jean-Paul Sartre，1905—1980）的名字紧密联系在一起的，不过，存在主义哲学并不是萨特个人的发明创造。[②] 在两次大战期间，德法两国已先后出现以“存在”为基本命题的哲学流派，但是这种哲学在当时并未引发人们的信奉狂潮。要想使一种哲学为大众所接受，一方面当然需要民众自身必须具备一定的文化底蕴，但更为重要的是这种哲学必须能够在比较广泛的层面上切实解决普通大众的思想困惑。二战期间的法国恰恰普遍存在着一种思想困惑，在纳粹的阴影下，政治抉择和道德选择成为法国人生活中萦绕不散的重大问题。而经过萨特改造的存在主义哲学正是以“人生选择”作为中心论题的，它及时迎合了法国人的心理需求。正是由于萨特的存在主义与二战期间法国的特殊氛围联系在一起，因此，这种哲学必然具备道德哲学、良心哲学和政治哲学的色彩。

---

① 参阅 Malcolm Bradbury, “What was Post-Modernism? ”, *International Affairs*, No. 4 (1995), pp. 763–774。

② 参阅 Herbert Dieckmann, “French Existentialism before Sartre”, *Yale French Studies*, No. 1 (1948), pp. 33–41。

萨特

要准确理解萨特的“选择”理论，就必须了解他的政治取向。在20世纪30年代，萨特对政治生活的态度比较淡漠，他虽对“人民阵线”发表过一些同情的议论，但在大选时他却连选票也懒得去投。但是，二战改变了他对政治的态度。他参加了对德战争，但很快便被德国人俘虏。后来他假装身体不好，于是被遣返。1941年3月，萨特回到巴黎，随后即准备组建自己的抵抗组织并将之取名为“社会主义与自由”，但当他与巴黎的地下抵抗组织联系时却被泼了冷水，对方明言：萨特太爱说话，从事地下活动不可靠。1941年夏，萨特又骑着自行车南下“自由区”去寻找真理，但当地的抵抗组织告诉他：“还是把谍报工作留给那些懂行的人去做吧。”于是，萨特又回到德军占领下的巴黎，继续从事其最懂行的职业：写作。1943年，奠定其理论基石的巨著《存在与虚无》(*L'Être et le Néant*) 正式出版。① 在通过文化斗争来参与抵抗运动的过程中，萨特与共产党保持着紧密联系，自称是共产党的“同路人”，而且他还公开宣称“每个反共分子都是条狗”。对于中国人，萨特也是大加赞赏：“中国人，他们可一点也不粗暴，他们直到搞革命也是极安详的人。”不过，著名作家克劳德·西蒙对萨特的评价是：此人讲过“无数蠢话”。② 后来，苏联在东欧做了许多“老子党”的事情，萨特深表失望并通过自己的文学作品发出一句拗口的哀叹：“假如共产党没有使我们不能成为共产党员该有多好”。

了解了萨特的价值取向，再来看他的存在主义哲学观点似乎可以轻松一些了。萨特的存在主义涉及众多层面，但其基本思想可以归纳为几个方面。第一，存在先于本质（L'existence précède l'essence）：任何一个人，其最初的产生和存在全属偶然；然后，每个人又通过自己的选择而造就出属于自己的本质。这是人

① 参阅 Herbert Marcuse, “Existentialism: Remarks on Jean-Paul Sartre's *L'Etre et le Néant*”, *Philosophy and Phenomenological Research*, No. 3 (1948), pp. 309–336。

② ［法］贝尔纳-亨利·雷威著，曼玲、张放译：《自由的冒险历程：法国知识分子历史之我见》，北京：中央编译出版社2000年版，第297、15页。

与其他一切事物相区别的根本所在，因为人以外的万事万物都是“本质先于存在”。通俗来说，萨特所言的“存在先于本质”，其含义大致就是：对于人而言，除了生存（“存在”）之外，并没有什么天经地义的道德或体外的灵魂；道德和灵魂都是人在生存过程中人为创造出来的；人没有义务遵守某个道德标准或宗教信仰。第二，绝对自由观：从“存在先于本质”这一基本原理出发可以推导出，人能够不受外界的干扰而作出自由选择，能够依照自己的真实意愿而作出自由选择。这种自由是绝对的，不受任何约束。任何一个人都拥有进行选择的自由，但这并不表明他最终选择的是自由。第三，行动哲学：人的唯一希望存在于他的行动之中，行动是人活下去的唯一内容。此外，萨特的存在主义还强调对人的重视（即“哲学就是人学”），强调人道主义，而且还试图对马克思主义进行补充和完善，如此等等。

通过“存在”、“选择”和“行动”来为自己定位，这正是二战时期法国人生活神经中的一根主线，萨特的思想因此得以流传。当然，“选择”是“自由”的，一部分人选择了阴暗面，做了“法奸”；但是大多数人还是自由地选择了抵抗运动（至少他们自己这样认为）。战争结束之后，选择论更是为“抵抗运动神话”提供了一个极其圆润的理论说明，几乎所有人（不论他与抵抗运动有多少联系）都声称自己作出了正确的“选择”，作出了正确的“行动”。仅仅就是“存在”、“选择”和“行动”这几个词就足以使得萨特能够成为法国人的偶像。① 正因如此，萨特在巴黎的住所变成了众星捧月的“宫廷”。但是，几年之后，人们开始渐渐淡忘（或故意忘却）维希政权给他们造成的道德困境，因此，20 世纪 50 年代初，萨特的存在主义就已不再时髦。尽管萨特还受人尊敬，尽管他还在写作、还在呐喊、还在完善自己的理论，但他的学术思想体系却已不再能够唤起民众的狂热激情。

谈论萨特，就不能忽略在生活上与他保持特殊关系、在学术上与他并驾齐驱（至少女权主义者这么认为）的存在主义女作家波伏娃（Beauvoir，1908—1986）。二人初为同学，1929 年起开始生活在一起。不久，萨特提议结婚，但被波伏娃拒绝，她认为，要结婚就要像模像样地操办一下，女方就应按传统方式为夫家带来一笔财礼（嫁妆），但她家却因买了倒霉的俄国股票而变得经济拮据。

① 参阅 Jacques Guicharnaud, Kevin Neilson, “Those Years: Existentialism 1943–1945”, *Yale French Studies*, No. 96 (1999), pp. 42–62。

萨特找到一个解决办法，即，与波伏娃签订一份“为期两年的租约”。这种不断续签的“租约”也曾出现过严重危机。1947年，波伏娃去美国讲学，在那里深深迷恋上美国著名作家阿尔格兰（Algren，1909—1981）；而且相貌丑陋的萨特又有明显的同性恋倾向。不过，波伏娃最终还是坚守对萨特的承诺，保持着与萨特在生活和学术上的伙伴关系，一直至萨特1980年去世为止。波伏娃作品丰富，其中最为著名的作品就是在她感情生活极度矛盾时期写成的《第二性》(*Le Deuxième Sexe*，1949年)。评论界认为，她的这本书“是对存在主义最深刻且最实际的运用”，因为此书并不是仅仅是从男女不平等以及性别差异等一般层面上去论述女性受压迫问题，而更多的是探讨女性为何不能承担起“选择”的重担、女性为何没有感觉到要对这个世界负责。她认为，女性要实现自我，就必须制定出具体方案，就必须紧紧抓住这个世界并采取积极行动。而且，她还对同性恋特别是女同性恋现象作了细致的辩护。此书极其畅销，但与之同来的却是各种各样的批判和羞辱。波伏娃去餐馆吃饭，认出她的那些人会窃窃耻笑。一些人更是在报刊上发表评论，认为能在书中写出如此这般的内容，其作者必定是个荡妇。不过，随着女权主义运动在战后的渐趋兴起，这类责难也就逐渐减少，《第二性》成为女权主义者的“圣经”，波伏娃也成为女权主义者心目中的“圣人”。①

与存在主义并行于二战初期法国的另一文化现象是对“现代化”和“美国化”的惶恐。通过慷慨的“马歇尔计划”，法国人的物质生活现代了起来，不少法国人为此的确对美国心存感激。但另一方面，法国人的这种现代化和物质繁荣却有着明显的“美国制造”的烙印，这就让一部分人感觉到，法国已经被“美国化”了，财富分配越来越不公，原来属于法国特有的东西正在不断失落。因此，在法国政府为法美合作忙前跑后的同时，法国老百姓却发起对美国的讨伐。1950年，在法共支持下，1500万法国公民在一份国际呼吁书上签名，谴责美国的核垄断并要求美国放弃核武器。在文化领域，对美国进行猛烈攻击的来自左中右各个集团。以扩大社会公正为奋斗目标的社会天主教徒作家皮埃尔·埃马纽埃尔(Pierre Emmanuel,1916—1984)②在《世界报》上称，美国只知“实利主义”而没有“灵魂”。法国著名法学家、社会学家莫里斯·杜维热（Maurice Duverger,1917年生）

① 参阅 Deirdre Bair, “Simone de Beauvoir: Politics, Language, and Feminist Identity”, *Yale French Studies*, No. 72 (1986), pp. 149–162。

② “皮埃尔·埃马纽埃尔”是笔名，这位作家的本名是诺埃尔·马迪厄（Noël Mathieu）。

也在《世界报》上撰文说：尽管“美国威胁”的危险性要小于苏联，但“从长远看，就像克格勃的文明一样，《读者文摘》的文明将会扼杀欧洲精神”。对美国电影和美国爵士乐有着浓厚兴趣的萨特和波伏娃一开始是置身于反美浪潮之外的，但是，1953 年，美国用电刑处死两个“间谍”（据称这两个“间谍”将美国科技秘密出卖给苏联），此事对两位作家震动很大。萨特写道：“美国患有狂犬病”，欧洲必须切断与它的联系，以免被感染。①

当然，在这一时期，并不是所有的法国文化都是向美国人或现代化开火的，但是，所有的文化却都是越来越明显地传递出在现代化袭击下一切价值观念急剧失落的矛盾情感，其中最典型的表现是“新戏剧”的大红大紫。② 具有代表性的“新戏剧”作家主要有两位，即尤内斯库和贝克特。尤内斯库（Ionesco，1912—1994）于 1950 年创作出最初被喝倒彩后来却长演不衰的荒诞作品《秃头歌女》（*La Cantatrice chauve*），其中最为有名的场景是：两个陌生人相遇并开始聊天，结果相继了解到，两个人生活在同一座城市、每天都乘同一列火车去上班、居住在同一幢房子里而且两人都已结婚；进一步聊下去又有新的发现，两人都有一个女儿，而且都是棕色头发，长着一只白眼、一只红眼，但是一个女儿的红眼在左，另一个女儿的红眼在右。现代生活造成的疏远由此尽显无遗。尤内斯库的另外两部代表作《椅子》（*Les Chaises*，1952 年）和《犀牛》（*Rhinocéros*，1959 年）也都是以极度夸张和荒诞的手法描绘了人们在现代社会中的无奈与失望。③

在描绘现代人“无望之中还在望”那种茫然心情方面，贝克特（Beckett,1906—1989）的荒诞剧《等待戈多》（*En attendant Godot*,1952 年）则是达到了一种极致，其基本剧情是：两个流浪汉在一棵大树底下等待一个名曰戈多的人，似乎戈多来了就可以改变他们的悲惨境遇。这两个苦命人相互说着一些无聊而又令人费解的话，做着一些无聊而又好笑的事（如把鞋子脱了又穿上、穿上又脱下），全剧就是在这种无聊之中无聊地向前发展，到舞台落下帷幕时，那个叫戈多的人还是没

---

① Richard F. Kuisel, *Seducing the French: the Dilemma of Americanization*, Berkeley: University of California Press, 1993, p. 50.

② “新戏剧”（nouveau théâtre），亦称“反戏剧”（anti-théâtre），20 世纪 60 年代初开始称“荒诞剧”（théâtre de l'absurde）。参阅 Robert Geller, “The Absurd Theater: No Taste of Honey, but-”, *The English Journal*, No. 5 (1967), pp. 702–707。

③ 参阅 J. S. Doubrovsky, “Ionesco and the Comic of Absurdity”, *Yale French Studies*, No. 23 (1959), pp. 3–10。

有出现。[①] 这就是人类的精神状态，一种与丰富的物质生活形成剧烈反差的贫困的精神状态。

五、殖民地难题与戴高乐再起

第四共和国继承了旧时的议会制政治体制，同时它也继承了法国先人在过去几百年中抢来的一大笔“不义之财”，这就是以殖民地、保护国以及托管地等形式散布于世界许多地方的“海外领地”，其面积约为 1200 万平方公里，领地人口达 6800 万左右。对于法国而言，这些海外领地具有无法忽视的特殊价值。一方面，它是法国的重要财富源泉：1931 年，法国举办了规模庞大的殖民地产品博览会，博览会会址中心是一个巨型喷泉，作为共和国的象征，玛丽亚娜雕像手持一条撑开的布裙，四位殖民地臣民源源不断地向其中倾洒着金币。[②] 另一方面，它也是法国在二战后得以成为“战胜国”的一个重要支撑：戴高乐的“自由法兰西”就是以这些海外领地作为基地而与纳粹德国进行抗争、与盟军进行协作的。

但是，二战以后，这些“金币”很快就成为法国政府既不愿舍弃但又感觉越来越沉的包袱。一方面，许多殖民地一直没有放弃民族独立的努力，起义、暴动时有发生，法国政府时时刻刻要在这些地区进行扑火消防，但火种遍地，灭而不绝。另一方面，在二战期间，不论是出于拉拢人心之考虑，还是出于维护民族平等的一时心血来潮的“公心”，欧美国家曾以集体或单独的名义作出不少许诺。1941 年 8 月，罗斯福和丘吉尔联合发表《大西洋宪章》（*The Atlantic Charter*），其中宣称：“各民族中的主权和自治权有横遭剥夺者，两国俱欲设法予以恢复。”1944 年 1 月，戴高乐在非洲布拉柴维尔（Brazzaville）允诺，法国保证那些土著居民将来可以“在他们自己的国家有权管理自己的事情”。但是，二战结束之后，许诺者却纷纷变卦。即便是戴高乐，其心里也是充满矛盾的，只是到了殖民事业的确大势已去之时，他才真正确定要走“放弃”路线。不过，他早早就隐居乡间，而且其思想也是深藏不露，因此当时并没有多少人知道他的真实想法。

---

① 参阅 Robert J. Nelson, “Two Frances: Impressed and Suppressed Voices in French Literature from ‘The Song of Roland’ to ‘Waiting for Godot’”, *Journal of Aesthetic Education*, No. 2 (1996), pp. 93–118。

② 关于殖民地对于法国的经济意义，学术界有不同看法，参阅 Edward Peter Fitzgerald, “Did France’s Colonial Empire Make Economic Sense?”, *The Journal of Economic History*, No. 2 (1988), pp. 373–385。

正是在这种一方力求独立、另一方能拖则拖的状态下，法兰西的“海外帝国”经历了一场苦难的崩溃过程，大部分领地相继脱离对法国的臣属关系，此即战后出现的“非殖民化运动”(le mouvement de décolonisation)。[①]1946 年，法军撤出叙利亚和黎巴嫩。1950—1954 年，法国在印度的五个殖民据点通过当地居民的投票而先后加入印度。1956 年，摩洛哥和突尼斯先后结束了被法国“保护”的历史。1957 年初，马达加斯加成立半自治共和国，3 年后正式独立。进入 20 世纪 60 年代以后，独立浪潮还将进一步高涨。这些国家的独立过程都不是一帆风顺的，有谈判也有战火。对于法国而言，每一份“家产”的失却当然都会在不少人心中引发一阵哀痛，不过，以上所述地区的剥离似乎都还在法国人的神经承受极限之内。相比之下，越南和阿尔及利亚的独立斗争却使法国人的精神遭到更为严重的打击，前者使得法国陷入近 8 年的殖民战争而终无所获，而后者则将第四共和国送上了不归之路。

越南战争从 1946 年正式开始，但在描述这场战争之前，还需对此前的背景略作交待。二战爆发后，日本于 1941 年对法国殖民地越南实行军事占领，但日本仍将越南的行政管理权交给维希政权，就是在此时期，越南共产党领袖胡志明(1890—1969）从中国回到越南，成立“越南独立同盟”（简称“越盟”)，以北越为基地，号召“推翻日本人和法国人”。1945 年 8 月日本投降之后，越盟发动起义，很快控制整个越南。法国所拥立的傀儡皇帝保大（阮福晪，1913—1997）将象征着权力的玉玺和佩剑交给越盟，自己则成为胡志明的“最高顾问”。美国总统罗斯福建议由中国政府接管整个印度支那，但蒋介石予以拒绝。[②]1945 年 9 月，胡志明在河内宣布越南独立，但没有任何一个国家承认这个新政权。就在日本人撤出军队之后，戴高乐即已派人前往越南，以维持法国对这里的控制权。法国军队在不长时间内便重新征服越南南部，但北部则仍在越盟掌控之下。胡志明力主通过和平谈判解决争端，而且亲赴他曾旅居多年的巴黎，与法国政府展开交涉；但是，年轻的人民军总司令武元甲（生于 1911 年）则坚决主张采取强硬路线。和谈因法国政局动荡及内部意见分歧而进展不畅。1946 年 12 月 19 日，声言“不能再等下去了”的武元甲下令向法军要塞发起进攻，打死约 200 个法方士兵。第

① 参阅 Tony Smith, “A Comparative Study of French and British Decolonization”, *Comparative Studies in Society and History*, No. 1 (1978), pp. 70–102。

② Barbara Wertheim Tuchman, *The March of Folly: from Troy to Vietnam*, New York: Knopf, 1984, p. 235.

二天，法国临时政府末任总理勃鲁姆在议会宣布“秩序必须得到重建”并随即派出增援部队，漫长的越南战争由此爆发。

法国并没有能够在越南恢复“秩序”，正如武元甲所言：法国“为了赢得战争而不得不拖延战争；但它却并不拥有……打长期战争的心理和政治手段”。法军总参谋长在1949年视察前线后也坦言：“没有任何人知道我们为什么要打这一仗。”① 这场耗资巨大的战争旋即使法国财政陷入困境，于是法国不得不向美国乞援。美国最初有些犹豫，但当它“悟出”这场战争是在打共产党而不是打民族主义者之后，便立即向法国提供1.6亿美元的贷款以支持其在越战争。从1950年起，美国开始直接为法国提供越战经费。1952年，美国承担一半费用，1954年则超过3/4。美国为法国的这场越战总共支付近30亿美元，比法国从“马歇尔计划”中所得数目还要多。在越战的最初几年，法国在战场上的确赢得了一些胜利，但越盟从未真正失去对越南北部的控制。即使在南方，越盟也在农村地区牢牢扎根，到了晚上，城市街道也往往成为越盟游击队的天下。1952年，法国国内舆论开始谴责这场“肮脏的战争”（la sale guerre），但是，有了美援的法国政府却坚持继续打下去，而且拒绝回应胡志明的和平姿态。②

1953年底至1954年初，法军在河内以西200多公里处的小村奠边府（Diên Biên Phu）集结整编，准备将越盟军队引出打一场“真正的战役”。到1954年2月，奠边府已集中了1.3万名法军，而且配有“由越南和阿尔及利亚妇女组成的野战妓院”。武元甲将约5万人的军队派往奠边府周围的小山，民工们将800门大炮拆成散件用自行车将之秘密运到山上。1954年3月13日，武元甲下令向奠边府发起炮击。一位幸存的法军士兵后来回忆说：“面对如此强大的炮火，我们全被惊呆了，我们在想，越南人是从哪里弄来这么多枪炮的。”③ 绝望之中，法国再次向美国求援，但美国拒绝直接派兵。时任法国外长的皮杜尔后来说，美国国务卿杜勒斯（Dulles，1888—1959）要送给法军两颗原子弹，但皮杜尔没敢要并说：“它们也会把法国人炸死的呀。”1954年5月7日，法军投降，奠边府战役结束，法国的越南战争亦随之结束。在近8年的战争中，法军共损失17.2万人，

---

① Georgette Elger, *La République des illusions, 1945–1951*, Paris: Fayard, 1969, p. 468.

② 参阅 Geoffrey Warner, “Escalation in Vietnam: The Precedents of 1954”, *International Affairs*, No. 2 (1965), pp. 267–277。

③ 这些大炮是中国在朝鲜战争中缴获的，中国将之送给了越南人。关于中国与这场越南战争之间的关系，可参阅 Qiang Zhai, “Transplanting the Chinese Model: Chinese Military Advisers and the First Vietnam War, 1950–1954”, *The Journal of Military History*, No. 4 (1993), pp. 689–715。

其中包括 4.3 万越南人，他们以一种极度扭曲的心态为法国献出了生命。越南人的损失更为严重，据估计，包括平民在内，越南至少有 75 万人因这场战争而丧身。

不论战争是否正义，战场上的失败对于法国人来说终究是羞辱性的，法国政府也就因此垮台。1954 年 6 月 19 日，孟戴斯 – 弗朗斯出任总理。在此之前，此人一直被排斥在政府之外，因为他过于“耿直”（有些人则说他过于“刻板”）。而到了这个时刻，政客们却乐于让他来收拾残局。孟戴斯 – 弗朗斯随即前往日内瓦，与越南的两大靠山苏联和中国进行有关越南命运的谈判。1954 年 7 月 21 日，法、苏、中以及越南的南北两方终于达成《日内瓦协议》，其中规定：以北纬 17 度线为界，胡志明的政府控制北部，保大的政府控制南部；南北两方将于 1956 年 7 月进行选举，以决定由何方来统治统一的越南。① 尽管越南问题并没有真正解决，而且越南随后又陷入了更为艰难的战争，但法国却从此置身事外，把越南战争的后半段让给了美国。不过，法国并未就此得以安宁，就在《日内瓦协议》签订的当年，法国又跳进了历时近 8 年的阿尔及利亚战争的火坑。

如果说有些法国人对越南战争曾发出“不知道为什么要打这一仗”之类的感慨，那么，对于法军在阿尔及利亚的行动，则几乎所有法国人都清清楚楚明明白白，打这场战争就是要把阿尔及利亚“留住”。法国之所以不惜以武力和屠杀来“挽留”这块土地，除了经济利益、战略地位等等诸如此类的大而化之的因素以外，更为直接的原因可以从两个方面来看。首先，经过 100 多年的殖民统治，阿尔及利亚已基本被纳入“大法兰西”统治结构之中，不论它给法国社会带来多少麻烦，法国本土居民大都已从心理上认定，近在咫尺、隔海相望的阿尔及利亚就是法兰西的一个组成部分，它是法国本土的一个延伸。其次，从法国本土迁居阿尔及利亚的那些人也没有“出国”的感觉，他们当然也坚决反对阿尔及利亚独立，否则，由穆斯林在当地建立政权，他们这些“外来人”不仅可能要倾家荡产，而且还有可能被赶出阿尔及利亚。

但是，阿尔及利亚土著居民同样不惜以武力来拒绝法兰西的“挽留”，其原因当然也可以从土著居民的“民族意识”这一具有普遍意义的角度去理解，但更重要的是要考察土著居民在“大法兰西”中所处的地位。到 20 世纪 50 年代，大

① 参阅 Zhai Qiang, “China and the Geneva Conference of 1954”, *The China Quarterly*, No. 129 (1992), pp. 103–122。

约有 100 万来源于法国、意大利和西班牙等欧洲国家的人（以下简称“欧源人”）生活在阿尔及利亚，尽管他们来源不同，但他们都已自视为法国人。除此而外，这里还生活着约 900 万土著居民，其中主要包括阿拉伯人和柏柏尔人（以下泛称“土著阿人”）。

在阿尔及利亚，欧源人和土著阿人的地位存在天壤之别。从经济上看，1954 年，欧源人占有土地 1.237 亿公顷，而土著阿人仅拥有 1160 万公顷。很多土著阿人没有自己的土地，因此只能为欧源人干活以养家糊口。从总体上看，普通欧源人的收入是土著阿人的 30 倍，他们的生活水准高于土著阿人自不必说，而且还远远高于地中海对岸的“正宗”的法兰西本土居民，因此，他们拼命反对阿尔及利亚独立也就不难理解。从政治上看，法国在阿尔及利亚成立了地方议会，而且赋予土著阿人以选举权，但是，在欧源人的操纵下，所有议席几乎全部落入欧源人或由政府提名的土著阿人手中。此外，种族上的直接侮辱和歧视似乎让土著阿人更加难以容忍。欧源人通常用“你”（tu）来指称土著阿人，但却要求对方在与欧源人说话时用“您”（vous）。有一位欧源人法官更是以羞辱性的言辞来大骂土著阿人：“虽是个阿拉伯，但穿得却像个人。”

为了成为货真价实的“人”，土著阿人当然要起来反抗，但由于长期缺乏严密而统一的组织，斗争成效也就极为有限。1954 年 5 月，以土著阿人政治家本贝拉（Ben Bella，1918 年生[①]）等人为核心的激进民族主义者组成“具有历史意义的九人团”（不久更名为“民族解放阵线”Front de Libération Nationale，简称“民阵”），随后在阿尔及利亚迅速形成遍布城乡的斗争网络。1954 年 11 月 1 日，民阵下令在阿尔及利亚全境共 70 个地点对警察局及其他一些政府机关同时发起进攻。而且，民阵通过开罗广播电台向世界宣布：“在伊斯兰教原则的框架之内，……通过恢复阿尔及利亚国家以取得民族独立。”阿尔及利亚战争由此开启。在阿尔及利亚战争的最初几年，法国政府的基本方针就是要在“大法兰西”之内解决阿尔及利亚问题，一方面决心铲除民阵，打击激进民族主义者及其武装，另一方面准备进行改革，给予土著阿人以更多的权利。但是，这些设想在具体实施过程中全部化为泡影。

面对防不胜防的游击战，本来以民阵为打击目标的军事行动往往导致不分

① 在有些资料中，本贝拉的出生年份被写成 1916 年。本贝拉的实际出生时间是 1918 年 12 月 25 日。他的父亲为了让他早点结束学业以便帮家里干农活，将他的出生年份改成了 1916 年。

青红皂白的大屠杀。1955 年 8 月 20 日，民阵发动一次空袭，共杀死 123 人，其中 71 个是欧源人，52 个是亲法的土著阿人。法国军队随后实施报复行动，据负有“铲除”和“改革”双重使命的阿尔及利亚新任总督、著名人类学家苏斯戴尔（Soustelle，1912—1990）呈给政府的报告，法国军队共杀死 1273 名土著阿人；但民阵方面却列出了 1.2 万被害人的姓名和住址。不论具体数字到底有多少，苏斯戴尔的结论是“血流成河”。因此，最终结果只能是激起土著阿人对法国政府、法国军队以及欧源人的更大仇恨。另外，法国政府的改革计划也是左右碰壁。民阵要的是独立，而不是留在“大法兰西”中等待改革。欧源人对政府的怨恨也在不断升级，在他们看来，改革就是剥夺欧源人的特权，这样的政府对他们是一种威胁。1956 年 2 月 6 日，时任政府总理的摩勒（Mollet，1905—1975）飞抵阿尔及尔，在这里，他遭到了欧源人用烂西红柿发起的突然袭击。

当法国政府已被阿尔及利亚问题弄得焦头烂额之时，1956 年下半年发生的两个事件则使之陷入更为严重的困境。一是本贝拉事件：1956 年 10 月 22 日，民阵领导人本贝拉乘民航班机由摩洛哥飞往突尼斯（这两个国家均已成为独立的主权国家），中间要经过阿尔及利亚上空。获悉情报的法国军方强令飞机在阿着陆，随后逮捕了本贝拉（1962 年获释）。拦截外国民用飞机是违背国际法的事情，因此法国政府竭力隐瞒真相。但是，美国《纽约时报》的一名记者也乘坐这次航班，他的客观报道使得法国政府的形象越描越黑，国际舆论对法国政府的谴责之声随之迭起，摩、突两国也因受到冒犯而开始支持民阵进行武装斗争。二是苏伊士运河事件：1956 年 7 月，埃及宣布将运河收归国有，原由法英控制下的运河公司解体，这对法英商业利益当然是个打击。另外，以色列认为，埃及的这一行动威胁到了它的商业生命线。因此，三国决定联合对埃及进行军事打击。1956 年 10 月 29 日，以色列首先发起进攻，按照密约，英法于一周后行动。在美苏两国的严厉敦促下，英国立即停止行动，法国也只能相随。从开始到结束不到 40 个小时，法国军队便撤了回来。这次军事冒险产生了深远的影响。它表明，法国乃至整个欧洲已经失去国际支持；它也向民阵以及北非各国表明，两个超级大国将会支持民族独立斗争。对于法国政府来说，这一事件更为直接、更为可怕的后果是，法国军方对政府的态度已经由失望转变为讨厌甚至憎恨。

经过几年狼狈不堪的表演，第四共和国政府已经失去各方的同情和支持，其彻底崩溃只是迟早之事。最终点燃导火索的事件是法军的一次军事行动。1958 年 2 月 8 日，法军对阿尔及利亚边界之外、地处突尼斯一侧的小村庄萨基埃特

(Sakhiet，据称是民阵的一个基地）进行轰炸，造成约80人死亡，其中有许多妇女和儿童。突尼斯总统随即前往联合国控告法国的侵略行为。美英两国出面调停并表示要促成阿尔及利亚独立。法国政府当时正急于向美国借钱，于是接受调停。法国军方、欧源人以及法国本土的“挽留派”认为，接受调停将是阿尔及利亚走向独立的第一步，这样的政府完全是一个“卖国”政府。正是在这种形势下，军方产生了以武力更替政权的念头。也正是在这种形势下，在公开场合保持沉默、在私下里面也很暧昧的老领袖戴高乐重新成为众多派别关注的焦点人物。危机时刻需要权威，戴高乐就是绝大多数法国人愿意接受的特殊权威，而且多数人都相信戴高乐不会“卖国”。

1958年4月中旬至5月初，在“调停问题”上的尖锐分歧使得法国竟找不到一位合适的总理人选。5月5日，共和国总统科蒂在绝望之中请求戴高乐出面组织政府，但遭拒绝。戴高乐认为，只有让危机发展到顶点，他的介入才有实际价值，他才能借机实现自己的政治理想。5月8日，科蒂转求人民共和运动领袖弗林姆兰（Pflimlin，1907—2000）出任总理，而此人不久前曾呼吁通过谈判解决阿尔及利亚问题。5月13日，戴高乐认为的“危机顶点”终于揭开序幕。在阿尔及尔，军方领袖发动游行示威，随后冲进总督府，并在此成立“救国委员会”，驻阿伞兵司令马絮（Massu，1908—2002）[①]被推举为委员会首脑，但马絮随即把其上司萨朗将军（Salan，1899—1984）请来主持这个委员会。5月15日，在马絮的极力敦促下，萨朗发表讲话并高呼（尽管并不是充满激情）：“戴高乐万岁！”(Vive de Gaulle!）当天的《世界报》也发表评论说：“叛乱首领已是破釜沉舟，准备吁请一个军官来推翻合法政府。”

戴高乐开始与军方一唱一和。1958年5月17日，他通过《世界报》发出信息：“我已准备担负起共和国的权力。”5月19日，他又举行记者招待会并明确表示：如果需要，他将接管权力，而且要把第四共和国的政治结构“一扫而光”。萨朗心领神会，5月24日，从阿尔及利亚来的伞兵部队占领科西嘉。而且，萨朗下令，准备向法国本土发起代号为“复兴行动”的军事进攻。总统科蒂认识到，在这种

① 马絮是法国现当代史上最有名也是最有争议的军界人物之一。他曾参加戴高乐的“自由法国”并亲自率军参加解放巴黎的战斗，在后来的越南战争、空袭苏伊士运河以及阿尔及利亚战争中也都少不了马絮以及他的伞兵部队。马絮的最大劣迹是在阿尔及利亚战争中对土著阿人滥用酷刑。但是，马絮夫妇在1958年却又收养了两个阿尔及利亚小孩。马絮后来还说，他一直认为，法国人和阿尔及利亚人是可以生活在一起的。2002年10月26日，马絮去世，享年94岁。

时刻，避免战乱的唯一出路是让戴高乐“接管权力”。在科蒂的逼迫下，弗林姆兰于5月29日辞职，但是，共产党、社会党以及不少中间派分子反对戴高乐重返，而且当天下午巴黎出现了50万人的示威游行以抗议戴高乐复位。科蒂发出威胁，如果国民议会不接受戴高乐，他本人就将辞职。不过，真正起作用的是萨朗的登陆计划，在迫在眉睫的危机面前，国民议会最终以329 ∶ 224的多数票而将戴高乐请了回来。1958年6月1日，戴高乐成为第四共和国最后一任总理。①

“我理解你们！”

戴高乐上台后面临的大事主要有两件，一是解决阿尔及利亚问题，二是“清扫”第四共和国的政治结构，其中前者最迫切，后者最根本。对于阿尔及利亚问题，戴高乐也并没有什么神奇的咒语，他只能以渐进的方式慢慢处理这一棘手难题。1958年6月4日，他前往阿尔及利亚，面向人山人海的崇拜者，他伸出双臂做出一个“V”字形姿势，同时说了一句最模糊但又最有效的名言：“我理解你们！”（Je vous ai compris!）说者有心，听者有意。欧源人热泪盈眶，土著阿人相互拥抱，军方也认定选对了效忠对象。正是“你们”这一涵盖所有听众的字眼使各个派别的人都得到了“理解”。不过，在随后几个月中，戴高乐通过合法的程序，将他所不信任的官员一一调离了阿尔及利亚。1958年10月，他又来到这块是非之地并对萨朗竭力进行吹捧，同时他还暗示将让萨朗担任高官（军队总司令一职除外）。1958年12月，沐浴在戴高乐春风中的萨朗飞回巴黎出任“国防总检查官”。仅仅两个月之后，即1959年2月10日，这一官职却被戴高乐取消了。

在革除“旧制度”方面，戴高乐进展得比较顺利。1958年6月3日，国民

① 参阅 Philip Williams, “How the Fourth Republic Died: Sources for the Revolution of May 1958”, *French Historical Studies*, No. 1 (1963), pp. 1–40。

议会赋予戴高乐为期半年的特别权力以起草一部新宪法，当天，这届仅存在两年多的国民议会便彻底散去。1958 年 7 月，基本（只是基本）能够体现戴高乐“领袖权威”思想的新宪法草案大体成型。总统不再简单地由两院议员投票定夺，而改由两院议员、省参议员、市参议员和市长组成的大选举团（约 8 万人）选举产生；总统也不再是“虚位元首”，他有权任命和罢免总理，有权就重大问题举行公民投票，而且，在紧急情况下，总统可以独揽全部权力。总理仍然掌握较大的实权，他仍要“向议会负责”，但是，总理如果仅仅因为某项具体措施而未获议会多数支持，他并不一定必须要辞职。议会分上下两院，下院仍称国民议会，上院则由“共和国参议院”（Conseil de la République）改回了“参议院”（Sénat）这一旧称。国民议会权力被削弱，它无权质询部长，而且无权自行决定开会的会期以及议事日程。参议院的权力更为有限，当两院出现分歧时，决定权仍在国民议会。①

1958 年 9 月 4 日，即第三共和国诞生纪念日（1870 年 9 月 4 日），戴高乐以极为隆重的方式在共和国广场宣布将宪法草案提交公民讨论。在 9 月 28 日的公民投票中，有近 80% 的人对新宪法投了赞成票。② 继这一成功之后，戴高乐的支持者（“保卫新共和国联盟”，Union pour la Nouvelle République）在 1958 年 11 月的国民议会选举中取得重大胜利。最后，1958 年 12 月 21 日，大选举团以 6.2 万比 1.7 万的多数选举戴高乐为总统。1959 年 1 月 8 日，戴高乐正式出任总统，法兰西第五共和国宣告诞生。当天下午，他依照传统与卸任总统科蒂前往凯旋门，向无名战士表达敬意。然后，他独自走向总统专用的大轿车，将第四共和国末任总统科蒂留在了蒙蒙细雨之中。

---

① 关于 1958 年宪法，可参阅郭华榕：《法国政治制度史》，北京：人民出版社 2005 年版，第 542—553 页。

② “Sweeping Vote for General de Gaulle – 4:1 Majority says ‘Yes’ to new Constitution”, *The Times*, 29 September 1958.

第九章

新体制的调适与完善

（1959—2012）

对于戴高乐利用政治危机来迫使政客们交权并进而将旧制度“一扫而光”这一震荡性事件，反对派一直是大加挞伐。有人将戴高乐比作拿破仑三世，认为他也是在搞军事“政变”，或者至少说他是在默许乃至怂恿军队采取行动从而达到他本人的“篡权”目的。实际上，戴高乐自己后来也曾向老朋友、著名作家莫里亚克（François Mauriac，1885—1970）说过，他就是要“在不使用 12 月 2 日方式的前提下达到 12 月 2 日之结果”。① 也有人将他比作贝当，认为他是要在国将不国的时刻乘机建立自己的独裁政权。上台前夕，戴高乐曾表示，他“已经 67 岁”，不准备“开始独裁者的生涯”。② 但是，反对派们随即大呼小叫：贝当开始独裁生涯是在 84 岁！

且不论诸如此类的指责是否在情在理，也不论戴高乐的政治本意究竟如何，1958 年政治危机的客观结果就是：戴高乐制定了新的宪法，建立了新的共和国，而且这个共和国已经稳步地迈进了 21 世纪。尽管戴高乐加强了总统的权力，但是，法国并没有因此出现传统意义上的那种独裁政权，“对议会负责”（至少是形式上的“负责”）的政府总理仍然享有不少的实际权力，由此形成独具法国特色

---

① “12 月 2 日方式”指 1851 年 12 月 2 日路易·波拿巴通过政变的方式解散议会之事。Jean Lacouture, *Charles de Gaulle*, Paris: Seuil, 1984–1986, II, p. 679.

② “Party System has Failed State and People – General de Gaulle Explains his Views”, *The Times,* 20 May 1958.

的“半总统半议会”型的政治体制。[①] 不过，总统有了权并不意味着一了百了，法国政治还要在矛盾和摩擦中不断向前摸索。而且，在此过程中，被冠以“半总统半议会”之名的法国政治体制本身也经历了一系列嬗变，戴高乐上台之初的“半总统”与执政几年之后的“半总统”不一样，希拉克（Chirac，1932 年生，1995 年当选总统）第一任期时的“半总统”与其第二任期时的“半总统”不一样，萨科奇（Sarkozy，1955 年生，2007 年出任总统）当选总统时的“半总统”与他主政一年多之后的“半总统”也不一样。为了更好地理解第五共和国的历史进程，在对之进行具体描述之前，有必要对这一时期法国政治所表现出来的两个比较鲜明的特点作一简要交代。

第一，总统的权力经历了一个从不断膨胀到渐受制约的发展过程。依据 1958 年宪法，第五共和国的总统已经摆脱了第三、第四共和国时期那种“既不统，也不治”的“政治木偶”形象。但是，由于受制于法国的传统政治文化，1958 年宪法并没有能够完整地体现戴高乐的政治理想，选举总统之事还是未能完全绕过议会。1962 年，在戴高乐的强力推动下，法国通过宪法修正案，将总统的产生方式由间接选举改为直接普选，总统的地位和权威由此不再受到议会的牵制。正如戴高乐本人所言：“选举总统的人民已经把国家不可分割的权力完全赋予总统。除了由总统授予并维护的权力以外，不存在任何其他的权力。”[②] 时隔 38 年之后，即 2000 年 6 月，总统希拉克提出宪法修正案，建议实行总统五年任期制；同年 9 月，法国通过全民公决的方式确定了这一修正案。从形式上看，总统任期少了两年，这对恋栈权位的总统似乎不是什么好事，但是，从政治结构的配置来说，这却是增强总统权势的重要一环。按照这一修正案以及随后制定的相关法律，总统与国民议会议员任期一致，两者的选举被安排在同一时期的前后两个时段。这样，总统便可以借助于自己的胜选来推动自己所在的党派（或党派联盟）在国民议会选举中取得多数席位，总统也就因此成为议会多数党的实际领袖，从而也就成为行政权的实际操纵者。而作为总统，他又不必对议会负责。

以总统为核心的行政权的强化是在社会动荡时期得以实现的。不过，在戴

---

① 西方学术界一般把这一体制称为“半总统制”，也有人将之称为“双头体制”。参阅 Maurice Duverger, “A New Political System Model: Semi-Presidential Government”, *European Journal of Political Research*, 8 (1980), 52–69; Steven D. Roper, “Are All Semipresidential Regimes the Same? A Comparison of Premier-Presidential Regimes”, *Comparative Politics*, No. 3 (2002), pp. 253–272。

② 国际关系研究所编译：《戴高乐言论集》，北京：世界知识出版社 1964 年版，第 482 页。另参阅 Sofia Näsström, “The Legitimacy of the People”, *Political Theory*, No. 5 (2007), pp. 624–658。

高乐时代之后，法国一直处于没有太大动荡的和平年代，而和平年代既不需要权威，也造就不了权威。正是在这样一种社会政治环境下，左左右右的许多政治派别开始怀念起那一已经失却多年的“发言权”，而且，这种怀念之情呈愈演愈烈之势。前总理法比尤斯（Fabius，1946 年生）曾言：“法国需要对自己的机构进行一次彻底的检修，特别是要加强议会的作用和使总理获得更大的独立性。法国的制度仅仅依靠总统的统治地位，而总统没有责任向任何人述职，也没有任何力量可以与他抗衡，这样的制度是有点腐败的。”① 著名学者、政治家巴丹泰（Badinter, 1928 年生）认为，如今的法国已经出现了“超级总统”(hyperprésident)，法国现行的政治体制已经成为“国家权力集于个人一身的独裁制度”。②2007 年，社会党总统候选人赛戈莱娜・罗亚尔（Ségolène Royal，1953 年生）则倡言，结束第五共和国，开创第六共和国，重建以议会制为特征的法兰西共和国。正是在国内多方政治压力之下，2008 年 7 月，法国对 1958 年宪法进行大规模修订，其主要内容包括：控制总统权力，扩大议会权力，增设公民权利。通过这次对宪法的修订，法国议会似乎在政治架构中找到了属于自己的那“一半”的位置。不过，在有些人看来，这一“半议会制”仍是徒有其名的表面文章。

第二，法国政坛经历了多次以“左右共治”而闻名全球的政治现象。在第五共和国政治体制之下，最为引人注目的政治现象或许就是左右“共治”（cohabitation，本意为“同居”）问题。所谓“共治”，就是左翼总统配一个右翼总理，或右翼总统配一个左翼总理。这种“同居”虽然合法但却不合情理，它是一种以选举为大棒的强迫“同居”。③ 有不少人认为，法国人乐于看热闹，乐于看这种“强扭的瓜”。也有人认为，法国人富有创造精神，左右共治是一种政治“新意”。实际上，这类表面化解释明显忽视了共治现象之所以出现的内在动因。第五共和国自立国之日起就在无意之中从宪法上为左右共治埋下了伏笔，总统任期每届 7 年，国民议会每届任期 5 年，时间上的这种不对称显然可以促成选民在不同的时期作出不同的选择。

但是，在第五共和国最初 20 多年中，共治现象并未出现，总统和总理职位均由右翼控制，其原因当然相当复杂，但最为根本的原因是法国经济在这一时期

① 殷叙彝：《法比尤斯谈欧盟宪法公决和欧洲左翼政策》，载《国外理论动态》2005 年第 8 期，第 19 页。

② Robert Badinter, “Non à l’hyperprésidence”, *Le Monde,* 2008–7–21 (D12).

③ 参阅 Jean V. Poulard, “The French Double Executive and the Experience of Cohabitation”, *Political Science Quarterly*, No. 2 (1990), pp. 243–267。

有过一段辉煌的发展，大多数选民当然不会想到去换总统、换政府。20 世纪 70 年代中期，世界经济开始进入长时期的危机和萧条，法国经济问题久治而不愈。老百姓自然将罪过归诸掌权者，于是，在野的左翼乘势而上。然而，不论是左还是右，任何人都没有使法国经济真正走出困境，因此，选民们总是满怀希望地把台下的选到台上，过了几年无望岁月之后，他们又满怀新的希望把被赶下去的再迎回来。由于总统和议会任期不同，结果也就导致了别别扭扭的左右“共治”。在这种情况下，比较切实可行的办法就是修改宪法，让总统与国民议会任期相同且基本同步。正是在此背景下，2000 年的修宪行动应运而生。2002 年上半年，总统和国民议会两大选举先后进行，左右共治局面亦随之结束。

从已经过去的半个多世纪历程可以看出，法兰西第五共和国在政治上已经体现出较强的稳定性特征，在强势总统的支撑下，法国没有重新出现内阁频繁倒台的现象。即便出现内阁更迭，除极个别情况而外，其动因也基本上是出自总统的意志，或大选之后因执政党的变换使然，在此问题上，议会的发言权居于次要地位。另外，从第五共和国诞生到 2012 年大选结果出炉为止，法国先后有 7 人出任总统，他们分别是：戴高乐（1959—1969 年在任）、蓬皮杜（Pompidou，1969—1974 年在任）、吉斯卡尔·德斯坦（Giscard d’Estaing，1974—1981 年在任）、密特朗（1981—1995 年在任）、希拉克（1995—2007 年在任）、萨科奇（2007—2012 年在任）和奥朗德（Hollande，2012 年 5 月上任，任期持续到 2017 年 5 月）。在这 7 位总统中，仅有密特朗和奥朗德二人出自左翼党派（社会党），其余皆出自右翼党派。由于总统掌握实权，因此，在其任期之中，法国的社会政治生活往往也就带有较为明显的当任总统治国理念和执政风格所留下的烙印。正是基于这一缘由，本章将以总统任期作为时间断限，分几个阶段对第五共和国建立以来的法国历史进行描述和分析。

第一节　戴高乐时代

戴高乐成为总统后的第三天，即 1959 年 1 月 10 日，以原司法部长、新宪法主要起草人米歇尔·德勃雷（Michel Debré，1912—1996）为总理的第五共和国第一届政府正式成立，新体制开始正常运转。[①] 从成为爱丽舍宫新主人（1959年1月8日）到第二届任期未满而退隐（1969年4月28日），戴高乐做了约10年总统。在这10年期间，法国既出现了兴旺繁荣的景象，也尝尽了艰难时势的苦涩，而首先要让第五共和国面对的仍是那桩分不清是属于内政还是属于外交的阿尔及利亚问题。

一、从藕断丝连到彻底解脱

从1958年6月戴高乐接任第四共和国末任总理到第五共和国成立后的1959年9月，在一年多时间里，阿尔及利亚问题并未取得实质性进展。很多法国人是由于害怕失去阿尔及利亚才想到了戴高乐，也才有了戴高乐的上台。在这种民众心态下，不论戴高乐本人心中做何想法，其抉择和行动都将是相当艰难的。戴高乐面临的是双重困境。一方面是来自土著阿人的困扰：1958年9月19日，民阵正式宣布成立"阿尔及利亚共和国临时政府"，这个政权很快就得到大多数阿拉伯国家、非洲的许多国家以及包括中国在内的其他一些国家的承认。与此同时，民阵继续进行暴力斗争，1958年9月，民阵在法国本土发起约400次恐怖袭击，甚至将炸弹放到了埃菲尔铁塔上。另一方面是来自法国"挽留派"的困扰：已经取代萨朗而成为驻阿法军总司令的莫里斯·夏尔（Maurice Challe，1905—1979）一直在严厉打击民阵，其战略是将土著阿人赶进集中营以切断民阵与其后方的联系。面对两难处境，1958年10月3日，戴高乐呼吁各方停止暴力行动，实现"勇敢者的和平"（paix des braves）。

1959年9月是一个初步的转折点。戴高乐认识到，花费如此代价，即便获得"成功"也没有意义。1959年9月16日，他发表广播电视讲话指出，"难办的血腥的阿尔及利亚问题仍未解决"，而解决办法将是：首先恢复和平，然后将给予阿尔及利亚以自决权。戴高乐的这一让步显然使"挽留派"大失所望，因为

---

① 1958年宪法体现的是戴高乐的思想，但作为宪法主要起草人，德勃雷通常被视为"1958年宪法之父"。德勃雷是犹太人，早年曾任巴黎大学法学教授。1962年卸任总理职务之后，德勃雷还曾出任过财政部长、外交部长、国防部长等职。1981年，德勃雷参选总统，但惨败。关于德勃雷与1958年宪法，参阅 Nicholas Wahl, "The French Constitution of 1958", *The American Political Science Review*, No. 2 (1959), pp. 358–382。

让土著阿人自决（自决意味着独立）恰恰是他们要竭力阻止的。驻阿伞兵司令马絮发表言论称，他怀疑在把戴高乐推上台这一行动中“军队是否犯了一个错误”。暴怒的戴高乐于是将马絮调回并送给他一个羞辱性的职位，让他到边境城市梅斯看守一个要塞。

欧源人以及驻阿军队认定戴高乐已经“背叛”了他们，1960 年 1 月 23 日，他们在阿尔及尔发动暴乱，并高呼要“绞死戴高乐”。[①]1 月 29 日，身着军装的戴高乐出现在电视荧屏上，他坚持认为，阿人自决是“唯一可能的结果”，政府绝不会向发动暴乱的“罪人”低头。两天后，“罪人”低了头，其头目被关进监狱。但在随后几个月中，阿尔及利亚问题还是处于僵持状态。戴高乐坚持在“大法兰西”之内通过投票解决问题，而已经建起了临时政府的民阵却坚持进行国与国之间的“对等”谈判。与此同时，国际国内形势也发生巨大变化，美英等国向法国施压，迫其让步；国内的反战呼声也日益高涨，包括萨特、波伏娃等在内的 121 位文化界名人在 1960 年 7 月联名签署《121 人宣言》（*Manifeste des* 121），呼吁民众抵制这场战争并号召法国士兵弃阵回逃。[②]

备受困扰的戴高乐决意以强权方式推进问题的解决。1961 年 1 月 8 日，法国举行公民投票，75%的人同意给予戴高乐处理阿尔及利亚问题的全权。在阿尔及利亚，欧源人和驻军却激烈反对。1961 年 4 月 21 日，以夏尔（时年 55 岁）和萨朗（时年 61 岁）等人为首的反对派军队占领阿尔及尔市，不久便传言他们要向法国本土发起进攻。4 月 23 日晚，时年 71 岁的戴高乐再次身着二战期间的那套将军服发表电视讲话，谴责这次叛乱以及那些卖身于此事的“退休将军们”，他号召“每个法国人、特别是每一位士兵”不要执行暴乱军官们的“任何命令”。戴高乐的演说果真发挥了作用，驻阿士兵开始拒绝执行上司的命令。4 月 24 日，叛乱崩溃，夏尔和萨朗躲了起来。[③]

戴高乐全权处理阿尔及利亚问题的障碍似乎基本消除。1961 年 5 月 20 日，法阿双方在日内瓦湖南岸的法国小城埃维昂（Évian）开始谈判。法国要求维持

---

① 参阅 Richard D. Challener, “The French Army: From Obedience to Insurrection”, *World Politics*, No. 4 (1967), pp. 678–691。

② 参阅 Martin Harrison, “Government and Press in France During the Algerian War”, *The American Political Science Review*, No. 2 (1964), pp. 273–285。

③ 夏尔、萨朗等人的这次军事行动后来被称为“阿尔及尔暴乱”（Putsch d’Alger）、“阿尔及尔政变”（Coup d’ État d’ Alger）或“将军们的暴乱”（Putsch des Généraux）。参阅 George A. Kelly, “Algeria, the Army, and the Fifth Republic (1959–1961)”, *Political Science Quarterly*, No. 3 (1964), pp. 335–359。

对撒哈拉的占有（那里已发现有巨量石油资源），但阿方坚持撒哈拉应成为阿尔及利亚的组成部分。双方互不相让，1961 年夏，谈判中断。与此同时，恐怖活动又在不断升级。欧源人在绝望之中组成以萨朗为名义首领的“秘密军组织”。1961 年 5、6 月间，他们发起恐怖行动，杀死数十名“卖国”官员。1961 年 9 月 8 日，他们用 30 公斤炸药试图炸死正乘车出行的戴高乐夫妇，结果未遂。1962 年 1 月的一个晚上，“秘密军组织”连续制造 18 次爆炸袭击。随后，他们又搞了两次伤及无辜的爆炸行动，一枚巨型炸弹本来是用于炸死萨特的，但却误炸了萨特楼上的那家住户；另一枚炸弹本是“送给”文化部长马尔罗的，但却炸瞎了一位 4 岁女童的眼睛。1962 年 2 月 8 日，巴黎民众示威游行，反对恐怖活动。警察驱赶示威者，造成 8 名示威者在地铁站防护栏中被挤死。法国人在精神上已经陷于崩溃边缘。

在这种形势下，法国政府的唯一希望仅剩“脱身”二字，戴高乐也明确决定放弃一切要求。法阿双方随即在日内瓦附近的一个汽车修理厂重开秘密谈判，并迅速达成总体协议。双方代表回到埃维昂继续谈判，于 1962 年 3 月 18 日最终签署《埃维昂协议》(*Les accords d'Évian*)，其中规定：由阿尔及利亚人举行全民投票，以决定自己的命运；如果阿尔及利亚独立，那么，在阿的欧源人在 3 年之内享有法阿双重国籍，然后必须作出选择。法国人终于体会到彻底解脱所带来的集体宽慰。1962 年 4 月 8 日，法国举行公民投票，91% 的法国人赞同《埃维昂协议》。1962 年 7 月 1 日，阿尔及利亚人举行公决，99% 的人选择了独立。两天以后，法国正式承认阿尔及利亚独立。当然，法国国内的局势并没有因此而立即平静下来，恐怖袭击仍不断发生，“回到”法国的约 75 万欧源人也给法国带来了一系列新的问题。[①] 但是，正如戴高乐在 1966 年敦促美国从越南撤军时所说的那样，法国摆脱了阿尔及利亚问题，也就摆脱了一种特殊的苦难，“而且是远远地离开了”这种苦难。然而，这种“解脱”历程终究是一场悲剧，一场由殖民而带来的历史悲剧。

---

① 参阅 Jennifer Hunt, “The Impact of the 1962 Repatriates from Algeria on the French Labor Market”, *Industrial and Labor Relations Review*, No. 3 (1992), pp. 556–572。独立后的阿尔及利亚更是经历了长期的苦难。甚至在《埃维昂协议》签署 20 年后，即 1982 年，阿尔及利亚独立运动英雄、独立后出任第一任总理随后又当选首任总统的本贝拉发表讲话说，独立的最终结果是“完全否定的”，国家“一片废墟”，农业被“扼杀”，“我们一无所有，没有工业——只有生铁”，阿尔及利亚所有东西都“彻头彻尾腐烂了”。

二、个人的权威与国家的“伟大”

第五共和国的最初10年是戴高乐的10年，在许多领域，法国都被打上了戴高乐的烙印。戴高乐既是军人和政治家，同时也是作家和历史学家。在这里，不妨透过他的作品来窥视一下他的个人性格以及他对法兰西国家的看法。在1932年出版的《剑刃》（*Le fil de l'épée*）中，戴高乐写道：“性格刚强的人总是迎难而上，因为只有在同困难搏斗中，他才有用武之地。”在第一次退隐之后所写的《战争回忆录》（1954—1959年出版）中，他借四季更替来暗示自己的不息之斗志：春天，它向我高歌：“不管过去发生过什么事，现在我又复苏了！”夏天，它向我宣布：“光荣属于美丽富饶的大自然！……将来是属于我的！”秋天，它向我叹息：“我的任务接近完成了，……但是，总有一天，在我这一无装饰的躯体上，仍会重新开放青春的花朵！”冬天，它向我呻吟：“你看我荒凉又寒冷，……难道说命运已经注定了吗？……我虽然在黑暗里静眠不动，却已预感到光明和生命复始的美妙前景！”同样是在这部《战争回忆录》中，戴高乐对法兰西及其人民作出这样的评价：“唯有丰功伟业才能弥补法国人民天性中的涣散。……总之，法兰西如果不伟大，那就不成其为法兰西。”① 可以说，个人的权威与法国的“伟大”一直就是戴高乐为之奋斗的两大目标。

戴高乐虽然说过总统负责做大事、总理负责办杂事之类的话，而且他的办公室连电话也不安（怕杂事琐事影响自己思考国家大事），但他非常清楚，实权离不开“杂事”。因此，与第三、第四共和国时期的总统不同，戴高乐最为重要的日常工作之一就是在爱丽舍宫主持召开每周一次的内阁会议，总理只能坐在他的对面聆听吩咐并做一些辅助工作。在一些涉及全局的大问题上，戴高乐通常会要求在座的每位部长都要发表看法。但在平时，戴高乐则有规定：部长们的任务就是做好自己的分内之事。1958—1960年间担任财政部长一职的安托万·比内（Antoine Pinay，1891—1994）② 曾反对戴高乐在北约问题上的激烈做法，于是戴

① ［法］夏尔·戴高乐著，陈焕章译：《战争回忆录》，北京：中国人民大学出版社2005年版，第三卷：“拯救（1944—1946）”，第285页；第一卷：“召唤（1940—1942）”，第1页。

② 比内是现代法国政治家中有名的长寿老人之一，他活了103岁。比内在第四共和国时期曾出任总理、财政部长和外交部长，对法郎的稳定以及战后法国经济的复苏贡献颇大。参阅 James M. Laux, “M. Pinay and Inflation”, *Political Science Quarterly*, No. 1 (1959), pp. 113–119。另外，比内还做了48年圣夏蒙市（Saint-Chamond）市长（1929—1977）。

高乐故作惊讶地问他："难道财政部长先生对外交政策问题也感兴趣？"虽然戴高乐自己给人以神秘莫测之感，但他却反对别人那种诡诡秘秘的做派。一位部长在内阁会议上说，他要讲的是个机密，让大家不要外传。戴高乐当即打断："那你就别说了！"第五共和国还规定，政府成员非议员化，原为议员者被任命为部长或总理之后必须辞去议员职务，这就大大削弱了议会对政府的牵制。由于以上各种做法，戴高乐较为充分地控制了决断权。

戴高乐追求个人权威的另一重大举措就是推行总统直接普选制。在起草 1958 年宪法时，他就主张总统由全民普选产生。德勃雷虽是他的亲信，但在这个问题上，德勃雷却坚持不让，他认为，普选总统那就使法国变成了总统制国家，法国应当保持议会制这一传统。阿尔及利亚问题解决之后，议会制的苗头重新显露；戴高乐也越来越感觉到，议会有可能会操纵"大选举团"请他下台。为显示权威，1962 年 4 月 14 日，戴高乐解除德勃雷的总理职务，然后任命连议员也不是的蓬皮杜（1911—1974）接任总理一职。这一做法激起议员们的一阵骚乱，他们认为，总统有权任命总理，而推倒总理却是议会的权力。但是，戴高乐继续前进。1962 年 9 月 12 日，他提出一份宪法修正案，建议实行总统普选制。在美国人看来，普选总统乃天经地义之事。但在当时法国的许多政治人物看来，这却是对民主的一种侮辱，他们认为，普选议会是民主的，因为选民们选的是纲领和政策；而普选总统则是违背民主本旨的，因为选民们选的是个人，只有像拿破仑三世那样的独裁者才会直接诉诸普选。但是，举行公民投票是宪法赋予总统的特权，议会无权干预。1962 年 10 月 29 日，宪法修正案在公民投票中以 62% 的支持率而获得通过。1965 年 12 月，法国举行拿破仑三世以后的第一次总统普选，经过两轮投票，75 岁的戴高乐勉强战胜了 49 岁的密特朗。

追求个人权威的戴高乐时刻没有忘记要把法兰西建成一个"伟大"的国家。"伟大"的支柱当然是经济的发展。在戴高乐统治时期，法国经济在 50 年代的基础上又有进一步的繁荣，GDP 年均增长率为 5.8%，其增速仅次于日本；失业率仍保持在 2% 以下；通货膨胀率每年不超过 4%。居民生活质量明显提高。1960 年，30% 的家庭拥有汽车，1970 年时则提高至 70%。1967 年，约 2/3 的家庭拥有冰箱，约 2/3 的家庭拥有电视，约 1/2 的家庭拥有洗衣机；不过，同时拥有这"三大件"的家庭只占家庭总数的 1/4。工人的工资也在不断增长，1954—1968 年，实际工资增加 2.5 倍。但是，贫富差距仍是个严重问题，全国财富的近一半（45%）

掌握在5%的人手中。在经济繁荣时期，这种不平等的长期存在将成为导致社会不满的一个重要因素。

协和飞机试飞

在雄厚经济实力的基础上，法国启动了一系列能够展示国家“伟大”的大型高科技工程。1962年11月29日，法英签署协议，联合开发“协和”（Concorde）超音速客机；其第一次试飞是在1969年3月2日。[①] 戴高乐支持法国的卫星发展计划，其第一颗卫星于1965年上天，使法国成为继美苏之后第三个航天大国。戴高乐对核武器的研究更是有着特殊的偏好。早在二战临近结束之际，戴高乐就已开始认为，只有那些拥有原子能的国家才能跻身于超级大国的行列。他重新上台之后，便将原子弹的研制置于“绝对优先地位”。有些法国人对此不理解，甚至认为法国有美国的“核保护”，因此不必劳民伤财。戴高乐回答：“美国会置纽约于不顾而冒险来救巴黎吗？一个独立的国家难道要靠依阿华的选民投票来支持美国为欧洲采取行动吗？”[②]1960年，法国原子弹在撒哈拉成功爆炸；1968年，法国又在南太平洋成功完成了氢弹试验。这些试验引起不少国家的抗议浪潮，但在法国国内却是欢声雷动。

戴高乐的外交政策也是建立在“伟大”和独立基础之上的[③]，其主要表现是：

① 参阅 Donald Alfred Nelson, “Concorde: International Cooperation in Aviation”, *The American Journal of Comparative Law*, Vol. 17, No. 3 (1969), pp. 452–467。超音速客机虽然“伟大”，但在经济上却没有取得成功。美国于1963年开始研制这种飞机，但因技术难题而于1971年放弃这一研制计划。苏联在此方面起步较早，但后来在巴黎航展时，其超音速客机坠毁。因此，1976年协和飞机开始商业运营时，完全是一家独秀。出于商业竞争考虑，美国联合许多国家，以噪音污染严重超标为由，抵制这种飞机在其领空飞行。另外，协和客机在安全方面亦存在较大问题。2000年7月25日，法航一架协和客机在巴黎北郊上空坠毁，造成110多人死亡。参阅 A. Barnett, “Air Safety: End of the Golden Age?” *The Journal of the Operational Research Society*, No. 8 (2001), pp. 849–854。此后，协和客机的运载率急剧下滑。2003年，法航和英航的协和客机先后停运。

② 参阅 Jeanne Fagnani, Jean-Paul Moatti, “The Politics of French Nuclear Development”, *Journal of Policy Analysis and Management*, No. 2 (1984), pp. 264–275。

③ 参阅 Alfred Grosser, “General De Gaulle and the Foreign Policy of the Fifth Republic”, *International Affairs*, No. 2 (1963), pp. 198–213。

第一，抵制美国霸权。1958 年 9 月，戴高乐致函美英两国首脑，就改组北约问题表明自己的看法。他认为，在北约组织中，法国拥有的是风险和义务，但却没有决策权。他建议，在北约内部成立一个由美英法三国组成的理事会，三国在理事会中拥有同等的发言权。当这一建议遭到冷遇之后，戴高乐通知北约：请它不要指望靠法国地中海舰队去打仗了。1959 年，法国收回对地中海舰队的指挥权；1960 年，法国收回空军指挥权。1966 年，法国正式退出北约一体化军事指挥系统。不过，戴高乐并没有走向极端，法国依然作为北约的一个成员国而存在。第二，主张多极政治。法国终究只能算是一个中等强国，因此，戴高乐力图以多极政治取代苏美两极格局，只有如此，法国才能在国际事务中发挥自己的影响。为达到这一目的，戴高乐将意识形态方面的分歧放到了一边。1963 年，法国承认中华人民共和国，次年 1 月 27 日，两国正式发表建交公报。1964 年，戴高乐对拉美多个国家进行巡回访问，并多次对卡斯特罗（Castro，1926 年生）在古巴领导的革命行动表示支持。1966 年，他又前往柬埔寨，在金边的一个大型体育场发表演说，谴责美军对柬埔寨和越南的轰炸，并敦促美国撤军。

戴高乐的对外政策中还有一个重要成就，即加强与德国的联系，推动欧洲共同体的发展。① 在上台之前，戴高乐对欧洲联合是持反对态度的。1957 年，为“欧洲共同体”开辟道路的《罗马条约》签署之后，对联合同样持抵制立场的德勃雷前往科隆贝，向戴高乐谈起这一“可怕”的条约。戴高乐曾说：“这些条约，只要我们重新掌握政权，我们就能把它撕毁”。上台之后，戴高乐却发现，于 1959 年 1 月正式开始运作的欧洲共同体在加强法国乃至整个西欧实力以对抗美国方面具有特殊的功能。为了使欧共体能够真正“独立”，戴高乐在德国的支持下坚持将英国排除在外。在戴高乐看来，英国缺乏必要的政治诚意，它并不想成为欧洲大家庭的一个部分，而且，英国是美国的走卒，是美国安放在欧洲的“特洛伊木马”。正因如此，1963 年和 1967 年，英国的两次入伙申请均被戴高乐否决。英国的第一次申请是由当时担任首相职务的哈罗德·麦克米伦（Harold Macmillan，1894—1986）负责的，而且他还亲自到法国与戴高乐进行了会谈。事后，戴高乐

① 1962 年 9 月，戴高乐访问西德，成为拿破仑时代之后第一位访问德国的法国元首。参阅“Germans Give General de Gaulle a Hero’s Welcome”, *The Times*, 6 September 1962。1963 年 1 月，法德两国在巴黎签署友好条约。Aidan Crawley, *De Gaulle*, London: The Literary Guild, 1969, p. 422。

曾说："他在动身回国时是多么的凄惨，我真想对他说：'老爷，不要哭！'"①

三、思想新潮与文化"爆炸"

戴高乐虽然崇尚"权威"，但他并没有将"权威"思想搬进文化管理领域，在这一时期，法国的思想文化继续沿着独特的轨迹放纵无碍地向前发展，而且以其独特的方式展示并证明了法兰西的"伟大"。不过，这种"伟大"与戴高乐所追求的"伟大"有着根本的不同，它的任务不是去颂扬法国送上去多少颗人造卫星、爆炸了多少颗原子弹、建起了多少座摩天大楼，恰恰相反，它是要把对现代文明的失望和批判推向极致。可以说，这一时期的法国文化就是通过充分贬抑戴高乐所追求的那种物质上的"伟大"而成就了其自身的"伟大"。这就是法国的"后现代主义"。

从表现形式上来看，后现代主义在总体上不再具有当年现代主义所表现出的那种激烈的战斗色彩，而是在相当程度上以灰色幽默和玩世不恭的面目呈现在人们面前。这一现象看似怪诞，其实不难理解。现代主义文化在19世纪晚期开始出现的时候，以进步和理性为核心的传统价值观念仍然占据统治地位，因此，现代主义必然具有"进攻型文化"之特征。到了20世纪中叶，现代主义已经取得绝对胜利。因此，在新时代里，那些沿着现代主义路线（逐渐被称为"后现代"路线）继续前进的新的思想家们已经没有必要摆出战斗者的姿势，后现代主义与传统价值观念之间已经形成了"猫戏老鼠"的局面。在这场游戏中，法国的后现代主义文化取得了三大标志性成果，即哲学上的结构主义、文学上的"新小说"和电影上的"新浪潮"。

结构主义（structuralisme）虽然有"主义"之称，但它最初只是作为一种研

---

① 参阅 David Thomson, "General de Gaulle and the Anglo-Saxons", *International Affairs*, No. 1 (1965), pp. 11–21。戴高乐所说的"老爷，不要哭"这句话以及他所描述的麦克米伦回国时的"凄惨"之状，均与法国女歌唱家埃迪特·皮阿夫（Édith Piaf，1915—1963，死于肝癌）的歌曲有关，其中一首是《不要哭》（英文名 *Don't Cry*，法文名 *C'est de la faute à tes yeux*），另一首是《没事的，生活并不凄惨》（*Non, la vie n'est pas triste*）。戴高乐是在内阁会议上闲聊时讲这番俏皮话的，但第二天，"老爷，不要哭"的故事却登上了《法兰西晚报》。英国"老爷"并没有哭，只是变得更加恼火。参阅 Richard Davis, "The 'Problem of de Gaulle': British Reactions to General de Gaulle's Veto of the UK Application to Join the Common Market", *Journal of Contemporary History*, No. 4 (1997), pp. 453–464。

究方法而出现的，其源头是20世纪初瑞士语言学家费迪南·索绪尔（Ferdinand Saussure，1857—1913）所创立的结构语言学。索绪尔认为，任何一种语言都有其自身的内部结构，语言有自己的规律，不受外部条件的影响。首先将索绪尔的结构理论运用到其他研究领域的是法国文化人类学家列维–斯特劳斯（Lévi-Strauss，1908—2009），他从20世纪40年代后期即已开始发表相关论著，但其研究成果真正引起学术界关注是在他1958年出版《结构人类学》（*Anthropologie structurale*）之后。在此基础上，他于1962年又发表了另一部结构人类学的经典著作《野蛮人的思想》（*La Pensée sauvage*）。1964年，他的4卷本《神话学》（*Mythologiques*,1964—1971）也开始陆续出版。

列维－斯特劳斯

列维－斯特劳斯的结构主义理论有一个直接的批判目标，这就是由萨特发扬光大并在战后法国占据统治地位的存在主义。就基本层面而言，存在主义的哲学根基就是强调人的理性思维、主体地位和主体意识，在此基础上，探讨人的存在、人的本质、人的历史性以及人的自由等。在存在主义看来，对于从意识中产生的问题，对其所作的解释也只能从意识中产生。结构主义则认为，存在主义存在巨大偏颇，它没有意识到，“非理性和无意识”也是人类心灵的重要组成部分。[①] 在列维－斯特劳斯看来，不同群体的人类在文化表象上看起来似有不同，但是，创造文化表象的人类心灵世界却是一致的，其基础就是人类以二元对立为创造模式的非理性、无意识。因此，野蛮人之间以及野蛮人与文明人之间在心理和文化上具有同构性，而且这种“同构”是一种相对稳定的结构体系。[②]

对于西方哲学来说，结构主义具有颠覆性意义，正是由于它的出现，西方哲

① 参阅Ino Rossi, “The Unconscious in the Anthropology of Claude Lévi-Strauss”, *American Anthropologist*, No. 1 (1973), pp. 20–48。

② 参阅尚杰：《他在顶峰，在最高处独自享受着孤独——写在伟大人类学家列维－斯特劳斯逝世之际》，载《世界哲学》2010年第1期，第5—8页；黄松杰：《文化与心灵——评列维－斯特劳斯的结构人类学》，载《学术月刊》1993年第2期，第28—34页。

学在认识论上开始转向，占据传统高地的“理性—意识范式”第一次让位于“非理性—无意识范式”。在列维－斯特劳斯的影响下，20 世纪 60 年代，法国的众多学科领域先后掀起了“结构狂潮”，精神分析学家雅克·拉康（Jacques Lacan，1901—1981）要运用结构主义去寻找“人类无意识”的共同模式，文学批评家巴尔特[①]（Barthes，1915—1980）要运用结构主义去创建文学评论的基本模式，以读马克思著作而闻名的阿尔都塞（Althusser，1918—1990）要运用结构主义来实现马克思主义的“现代化”。

结构主义漫天飞舞起来以后，其基本理论也就逐渐演变成为一种世界观。不难看出，这种世界观是与传统的理性价值观完全不同的，它是一种决定论。结构是一个封闭的圈，不论时间之河如何向前流淌，人类也永远无法跳出这个结构之笼，因此，人类不断进步之类的观点纯属幻想。尽管法国人对理性和进步已毫无把握，但他们还是感觉到结构主义是一种文化上的恐怖主义，因此，结构主义流行之日也就是它遭到批判之时。虽然列维－斯特劳斯等人仍在著书立说来维护自己的观点，但其市场渐失已是不可扭转的事实。20 世纪 70 年代以后，列维－斯特劳斯甚至开始讨厌别人在他面前提到结构主义这个话题，相反，谈论二战期间他在美国做播音员之类的往事时，他却显得兴致勃勃。[②] 当然，一些新生代的学者如社会历史学家福柯（Foucault，1926—1984）和以文辞晦涩而闻名的哲学家德里达（Derrida，1930—2004）等人试图对结构主义进行改良，创立所谓的“后结构主义”，但其影响终属有限。

与结构主义相似，“新小说”（Nouveau Roman）也是将传统价值观念抛到九霄云外去的后现代主义文化典例。与 19 世纪现实主义作家不同，“新小说”作家们并不试图去反映什么现实；与 20 世纪早期现代主义作家也不一样，“新小说”作家们对挖掘人物之类的老技法是嗤之以鼻的。从总体上看，他们力图展示的是

① 巴尔特的学术著作及其影响主要局限在自己的学科领域，但他的其他一些社会政治观却引起人们的普遍关注，比如，他认为，包括他本人在内的所有知识分子都是“无用但危险”的“社会渣滓”，“是严格意义上的渣滓”，“就根本而言，渣滓是无用的。从某种意义上说，知识分子毫无用处。”这种观点与 19 世纪晚期开始形成的知识分子是“社会中坚”的观念有着天壤之别。见［法］贝尔纳－亨利·雷威著，曼玲、张放译：《自由的冒险历程：法国知识分子历史之我见》，北京：中央编译出版社 2000 年版，第 386 页。

② 尽管说列维－斯特劳斯的一些观点遭到围攻，但他在文化人类学方面的开创性杰出贡献却是无法抹杀的。20 世纪 90 年代初，法国学术界开始重新审视他的学术贡献。参阅江小平：《C. 列维－斯特劳斯的结构人类学再度成为法国学术界关注的重点》，载《国外社会科学》1992 年第 2 期，第 58 页。2009 年，列维－斯特劳斯去世，享年 101 岁。

世界的不确定性和不可知性。他们的作品并没有告诉读者究竟发生了什么，而是要让读者一直去揣摩是否发生了什么。同样，这类作品并没有着意地去刻画人物，而是要让读者在“这个人物是否存在”这样一种迷茫中永远徘徊下去。① 进行“新小说”创作试验的先锋人物是法国犹太女作家娜塔莉·萨洛特（Nathalie Sarraute，1900—1999），1947 年，她便发表了以欲念取代人物的小说《陌生人的肖像》（*Portrait d'un inconnu*），萨特为此书作序，称之为“反小说”（anti-novel，这一术语比后来出现的“新小说”之称似乎更准确）。在其随后创作的新小说中，如《马尔特罗》（*Martereau*，1953 年）、《天象仪》（*Le Planetarium*，1959 年）以及《黄金果》（*Les Fruits d'or*，1963 年）等，萨洛特更是将事件和人物置于可有可无之境。②

从 20 世纪 50 年代中期开始，一批热衷于文学试验的作家汇聚到了萨洛特的“新小说”旗帜之下，其中比较著名的有：米歇尔·布托尔（Michel Butor，1926 年生），其主要作品是《米兰之行》（*Passage de Milan*，1954 年）、《时间的运用》（*L'emploi du temps*，1956 年）和《改变》（*La modification*，1957 年）等；罗伯-格里耶（Robbe-Grillet，1922—2008），其最为杰出的作品是《嫉妒》（*La Jalousie*，1957 年）；克洛德·西蒙（Claude Simon，1913—2005），其代表作有《佛兰德尔公路》（*La Route des Flandres*，1960 年）、《宫殿》（*Le Palace*，1962 年）和《历史》（*Histoire*，1967 年）等，尽管西蒙于 1985 年获得诺贝尔文学奖，但评论界对其作品的评价却并不是很高。1999 年，“新小说”旗手萨洛特以 99 岁高龄去世，于是评论界有人哀叹“新小说”正式“死亡”。实际上，从 20 世纪 70 年代开始，“新小说”就已经新不下去了，许多“新小说”派作家已经更换门庭而开始写起传统作品来了。

与“新小说”一道，“新浪潮”电影也让人切身感受到后现代主义文化的特殊冲力。“新浪潮”（nouvelle vague）本是女作家（后来从政当了妇女部长）弗朗索瓦兹·吉鲁（Françoise Giroud，1917—2003）于 1958 年写的有关青年人的一本书的名称，不久，这一名称便被借用过来，用指那些以“名导演理论”为基础的新潮电影。“名导演理论”的首倡者是年轻影评家、后来成为“名导演”的特吕弗（Truffaut，1932—1984，死于脑癌）。1954 年，22 岁的特吕弗在《电影

---

① 参阅 Edouard Morot-Sir, “The ‘New Novel’”, *Yale French Studies*, No. 31 (1964), pp. 166–174。

② 参阅 Jean-Paul Sartre, Beth Brombert, “The Anti-Novel of Nathalie Sarraute”, *Yale French Studies*, No. 16 (1955), pp. 40–44。

手册》(*Cahiers du cinéma*)杂志上发表文章，认为导演应该成为电影的真正作者。他指出，在好莱坞，制作棚、工作室和电影厂占据主导地位，因此也就只能拍出老一套的程式化的电影。他认为，应当更自由地选择拍摄场地，应当让演员有更大的空间在导演的意图之内发挥发展。更为重要的是，他希望，电影应当表现出生活的复杂性和不确定性，而不应像好莱坞电影那样把一切问题都解决得干净利落、井井有条。新浪潮电影遵循了特吕弗的这些法则，因而也就以其高度视觉化的特殊风格参与了对现代文明的批判。①

新浪潮电影的第一位名导演是瓦尔达（Varda，1928 年生），她是“新浪潮”导演团体中的唯一一位女性，其第一部作品是《近点》(*La Pointe Courte*，1954 年)，随后她又陆续完成了 6 部新潮影片。② 她的这些作品每一部都不卖座，但每一部都因其艺术性而受到评论界的称颂。在瓦尔达的影响之下，一批男导演也开始了自己的艺术试验，其中取得突出成就的主要有：雷乃（Resnais,1922 年生)，其最为有名的作品是《广岛之恋》(*Hiroshima mon amour*，1959 年）和《去年在马里安巴》(*L'Année dernière à Marienbad*,1961 年)；特吕弗，其名作有《四百下》(*Les Quatre Cents Coups*，又译《四百击》，1959 年)、《向钢琴家开枪》(*Tirez sur le pianiste*，1960 年）以及《茹尔与吉姆》(*Jules et Jim*，1962 年）等。

具有更为特殊影响力的新浪潮电影导演当数戈达尔（Godard，1930 年生)，1960 年，他以一部《精疲力竭》(*À bout de souffle*）而声誉鹊起；1967 年，他又以血腥的《周末》(*Week End*）而更红更紫。在此间的 8 年中，戈达尔总共执导了 24 部影片，平均每年 3 部，而且他还在 13 部影片中担任了多种角色。戈达尔的影片虽然具有高度的艺术实验性，但却极具匠心，能够得到大多数观众的接受，从而也就成为“名导演理论”获得成功的一个标志。更为不寻常的是，戈达尔一直自认为是一位马克思主义者，他认为社会变革具有其必然性。1968 年 5 月，当法国社会已经乱作一团之时，戛纳电影节还是如期开幕，在戈达尔和特吕弗等人的强烈抗议下，5 月 15 日，电影节草草闭幕。戈达尔等人这样说道：“当我们的同志在巴黎的街垒前倒下时，我们不能再继续过节了！”

---

① 参阅 William Earle, “Revolt against Realism in the Films”, *The Journal of Aesthetics and Art Criticism*, No. 2 (1968), pp. 145–151。

② Richard Neupert, *A History of the French New Wave Cinema*, Madison: University of Wisconsin Press, 2007, p. 57.

四、五月风暴与社会“爆炸”

相比之下，电影节的确“无关紧要”，因为整个法国都已进入一种比电影节还要令人亢奋许多的“节庆”状态。在1968年5月整整一个月时间里，法国社会在街垒遍地、烽烟四起之中度过了一段长假。在此时期，统治权威破产，社会规范解体；人与人之间的冷漠、距离与藩篱突然消失，原本不相识的人也变得亲近起来，当时即已有言：“存款越来越少，朋友越来越多。”这就是由大学生首先发起，中学生、工人、农民以及公务员随后加入其中，各方面政治力量乘机介入的“五月风暴”。①

关于法国之所以在1968年5月出现这场全民运动，人们往往从经济出现危机、失业人口增多等方面进行剖析。的确，在1968年之前的几年中，法国经济出现了一定的波动；但是，在此期间，法国经济并未停止增长，国内生产总值的增长率1965年为4.8%，1966年为5.9%，1967年为5%，即使有两个月停工停产的1968年，其增长率也达到了4.3%，这一水平远远高于同时期的德、美等国。另外，失业人口增多也是事实，1965年约有16万，1967年约有45万，1968年初达到50万，但这些数字都没有超过公认的危机线。与20世纪70年代以后出现的经济停滞和失业人口剧增（200万乃至300万）相比，60年代的经济问题和失业问题似乎不足挂齿，如果这类“小危机”已足以让法国陷入崩溃状态的话，那么，20世纪70年代以后出现的那种灾难性经济危机和居高不下的失业率就更有理由让“革命怒火”把法国社会烧得寸草不留了。

与各国一样，20世纪60年代的法国社会也存在着各种各样的紧张关系，但从总体上说，60年代中期的法国政府仍然是一个志得意满的政府，戴高乐在国内拥有不可动摇的地位，在国际上也享有不同寻常的声望。法国经济在二战以后经历了前所未有的快速发展，即使有一些失业人口，完善的社会保障体系也可使问题暂时得以化解。60年代的法国年轻人正是在这样一种充满着物质希望的环

① 中国学术界通常将这场运动称为“五月风暴”，但在法国，人们一般直接称之为“68年5月”（Mai 68）、“1968年5月”（Mai 1968）或“5月运动”（le mouvement mai）。关于这场运动，法国有许多研究成果，可参阅 Pierre Hempel, *Mai 68 et la question de la révolution (1968–1988)*, Paris: Presses de l'Ecole nationale supérieure de Fontenay aux roses, 1988; Daniel Cohn-Bendit, *Forget mai 68*, Paris: Editions de l'Aube, 2008。另可参阅［法］洛朗·若弗兰著，万家星译：《法国的“文化大革命”》，武汉：长江文艺出版社2004年版。

境中长大成人的，他们希望能够找到合适的工作，希望能够在更为公平的社会中超越父辈而找到地位更高的职业。当期望值与现实及其趋势出现反差之时，戴高乐的法国也就失去了安宁。

如果从更广的社会政治层面去考察的话，当时的法国还隐藏着另外一个潜在的危险因素，这就是戴高乐那一"不可动摇的地位"。自近代以来，特别是自"启蒙运动"以来，法国人的精神血液中就已流淌着浓浓的崇尚自由的因子，尽管在国难当头的时候他们也还会渴望"权威"来救他们于水火，但是，一旦风平浪静之后，他们就会觉得，在"权威"阴影下畏畏缩缩地喘息，是那么的压抑、那么的没有自由，而戴高乐及其政权恰恰就是这样一个巍然耸立在法国人民头上的"权威"。法国已经和平太久，法国已经厌倦权威。在启蒙运动时期，启蒙思想家们的口号是"敢于求知"（Ose savoir），而在"五月风暴"期间，人们则喊出了"敢想，敢说，敢干"（Oser penser,oser parler, oser agir）之类的口号。因此，有学者认为，"五月风暴就是为长期被压抑的主体的回归而寻求一条自由与民主的出路，和启蒙运动一样，也是一场资产阶级的民主文化运动。"[①] 除了以上所述的因素之外，其他的一些社会政治问题以及特殊的国际环境也对法国的社会大动荡起了推波助澜的作用。正因如此，法国的这场巨型风波首先表现为教育危机，随后发展为社会危机，最终则演变为政治危机。

二战以后，法国教育事业的大众化趋势明显加强。1946—1968 年，中学生人数增加了两倍，只要通过"业士学位考试"（baccalauréat，简称 bac，大致相当于"中学毕业会考"）[②]，中学生即可获得进入大学的资格，因此大学生人数也急剧上升，由 12.9 万增至 54 万。1968 年，大学文科毕业生比 1958 年多 5 倍。教育发展本是一件好事，但由于各大学在短时期内大幅度扩招，随之而来的问题也

---

① 详阅于奇智：《五月风暴与哲学沉思》，载《世界哲学》2009 年第 1 期，第 152—158 页。关于对"五月风暴"的评价，学术界有很多不同的看法，参阅李兴耕：《关于 1968 年法国"五月风暴"的评价问题》，载《当代世界社会主义问题》1988 年第 1 期，第 61—65 页；郑春生：《对法国"五月风暴"的再思考》，载《世界历史》2003 年第 6 期，第 36—43 页。

② "业士学位"（baccalauréat）是法国特有的一种初级学位，由拿破仑一世于 1808 年设立，获得这一学位，才有上大学的资格。在法国，高中分为普通高中（lycée général）、技术高中（lycée technologique）和职业高中（lycée professionnel），其学生通过考试之后，可分别获得普通高中业士文凭（baccalauréat général）、技术高中业士文凭（baccalauréat technologique）和职业高中业士文凭（baccalauréat professionnel）。从理论上说，这几类证书是等值的，获得证书者可以向各类高等学府申请入学资格。参阅 Marie Duru-Bellat, Annick Kieffer, "Du baccalauréat à l'enseignement supérieur en France: Déplacement et recomposition des inégalités", *Population*, No. 1 (2008), pp. 123–157。

日趋严重。首先是配套措施滞后且某些做法过于保守：1956—1965 年，教育经费增加一倍，但这些钱大都用于基建方面。为了将大学生从巴黎市区分流出去，教育部决定在外省兴建四个大学校区，并在巴黎郊区开建两个新校园。这些新校区大都设计糟糕，常被师生称作是“没有灵魂”的地方。已经习惯于市区浮华生活的学生如今面对的环境是，没有咖啡馆，没有夜总会，没有任何社会化设施。位于巴黎西北郊的巴黎大学楠泰尔校区（Nanterre，始建于 1964 年，五月风暴之后改制为独立的巴黎第十大学）是这类新校区的一个典型。① 在完工以前，该校已经招进了 1.5 万名学生，而且已经超过其设计规模。特别引起学生强烈不满的是，男女生宿舍严格分离，年满 21 岁或有家长特别许可的女生可以去男生宿舍，而男生则无论如何不得进入女生宿舍。学生们的不满是有充分“理由”的，因为在外面租房子住的学生根本不受此类清规戒律的约束，而且，在 20 世纪 60 年代的西方，道德方面的陈规已经弛废，伦敦和巴黎街头在 1965 年就已出现了“伤风败俗”的超短裙。面对禁令，学生们只能在宿舍外墙贴写标语以示抗议：“自由在此停止”。

其次是高校体制不平等：法国的高等教育结构是由拿破仑一世于 19 世纪初确立的，其后便一直没有出现什么根本性的变化。“大学”（universités）并不是高等教育系统中地位最高的学府，真正为法国培养“精英”的是“大学校”（或称“高等专科学院”，grandes écoles）。与大学不同，“大学校”对生源的要求很严格，通过选拔性考试者方可入学，1968 年，这类学生只有 8.9 万人。“大学校”的毕业生大都可以找到称心如意的职业，实际上，国家高级行政部门中的高级岗位几乎都被各类“大学校”毕业生所垄断（今天仍是

科恩－邦迪

① 1968 年“五月风暴”之后，原先的巴黎大学被分为 13 所各自独立的大学，新独立的大学各自有其正式的名称，同时也有“数字代号”，分别称为巴黎一大、巴黎二大，等等，直至巴黎十三大。关于“五月风暴”之后的法国大学变革情形，参阅 Raymond Boudon, “The French University since 1968”, *Comparative Politics*, No. 1 (1977), pp. 89–119。

如此）。在大学中，许多学生原本也是报考“大学校”的，只是在名落孙山之后，他们才退而求其次，进了不被社会所看重的大学。

大学生的不满首先是从“没有灵魂”的巴黎大学楠泰尔校区开始爆发的。1967年11月17日，社会学系学生开始罢课，且得到许多教师的支持，在随后10天中，学校陷于瘫痪状态。①1968年1月，青年与体育部长弗朗索瓦·米绍夫（François Missoffe，1919—2003）前来参加一个游泳馆的竣工典礼，情况出现戏剧性转折。社会学系德籍学生丹尼尔·科恩－邦迪②（Daniel Cohn-Bendit，1945年生）向米绍夫发问：“我读过你的书，六百页的瞎扯淡，我们的性问题你连碰都不碰一下。”科恩－邦迪的本意是指男女生宿舍分离之事，但恼火不已且自作聪明的部长却回答：“难怪，从你脸上就看出有这类问题，可以跳到游泳池中去败败火。”大学生于是高喊“打倒性别隔离区”之类的口号开始了游行示威。③

当大学生的风暴还在酝酿之时，法国社会和世界局势也在风云变幻。在过去的十几年中，法国知识界对现代社会的批判和嘲讽已经到了无以复加的地步，人们的感觉就是，法国已经变成一个堕落的社会，在这里，空洞取代了现实，购买取代了生活，欣赏美人图取代了真正享受人生。因此，尽管人们可以喝到上等咖啡、能够开上新款轿车，但他们对这个社会并无好感。与此同时，世界范围内的反战活动（反对美国入侵越南）以及一些国家的“革命”形势也给法国人特别是法国年轻人以特别的鼓舞。1966年，中国开始“文化大革命”，造反派和红卫兵大显风采，年轻人似乎变成了社会的主人。1967年10月，美国首都华盛顿发生50万人反战大游行，示威者向五角大楼发起冲击。1968年3月，意大利的大多数大学发生大规模学潮，罗马大学被迫关闭达12天之久。在法国，反战当然也

---

① 参阅 François Crouzet, “A University Besieged: Nanterre, 1967—1969”, *Political Science Quarterly*, No. 2 (1969), pp. 328–350。

② 科恩－邦迪，活跃于德法两国的德国政治家，1945年4月4日生于法国南部城市蒙托邦（Montauban），父母为德籍犹太人。他在少年时代回德国读书并入德国国籍，1965年重返法国并就读于巴黎大学楠泰尔校区社会学系。1968年5月21日，法国政府将之驱逐出境（但月底他又秘密返回巴黎）。1978年，法国政府恢复他在法国的居留权，但他仍决定留在德国。1984年，科恩－邦迪加入“绿党”，1994年入选欧洲议会。1999年，他又代表法国“绿党”（Les Verts）而成为欧洲议会议员。科恩－邦迪现为欧洲议会“欧洲绿党”和“欧洲自由联盟”党团双主席之一。“五月风暴”期间，他的外号是“红色丹尼”（Dany le Rouge，因为他的头发和政治信仰都是“红色”的）；如今，他的外号则是“绿色丹尼”（Dany le Vert，因为他在为环保和生态而奔走）。

③ 参阅［法］安琪楼·夸特罗其、汤姆·奈仁著，赵刚译：《法国1968：终结的开始》，北京：三联书店2001年版，第10—11页。

是政治生活的主要内容之一，但很快它便与人们对社会的新仇旧怨混杂在一起，从而把法国推进世界风暴的中心。

1968 年 3 月中旬，美国在法的不少企业就已受到炸弹的威胁，学生还砸了美国捷运公司（American Express Company）办公室的窗户，有几名学生被警方逮捕。3 月 22 日，楠泰尔校区的学生占领本校行政大楼以抗议政府的逮捕行动。随后，各式各样的学生组织在巴黎乃至全国纷纷涌现。3 月 29 日，由文科大学生组成的松散团体“大学生行动运动”夺占并控制了巴黎大学本部（索邦）的黎塞留大礼堂。政府事前曾试图阻止，但最后还是准许学生在此集会。此举表明政府并无明确的行动方案，由此也就开始了镇压、让步、再镇压、再让步这样一种螺旋式循环。5 月 2 日，楠泰尔校区局势又趋紧张，学生们占领了一个演讲厅，并放映一部有关古巴革命者格瓦拉（Guevara，1928—1967）的影片。当局遂宣布关闭楠泰尔校区，同时责令科恩—邦迪等 6 名“积极分子”必须在 5 月 6 日到巴黎接受“纪律委员会”训话。戴高乐不愿过问学生的吵吵闹闹，这类小事应由总理去处理。但是，总理蓬皮杜也没有将之当回事。对于学生运动，蓬皮杜曾说过一句“名言”：对于学生骚乱之类的事情，最危险的做法莫过于大人们对之太当真。就在 5 月 2 日这一天，蓬皮杜开始对伊朗和阿富汗进行为期 10 天的国事访问。

5 月 3 日，学生运动开始真正呈现“风暴”之特征。楠泰尔和巴黎市区的大学生汇聚到索邦校园，抗议当局关闭楠泰尔校区。索邦校长下令关闭校园，并召请警察进入校园进行强制性清场。当不少学生被警方塞进收容车时，旁观的学生开始与警察发生打斗。学生随后进行游行示威，其中不少人还手拿铁棍向警察发动进攻。当时的巴黎街道仍是用不大不小的石块（每块都在 1 公斤以上）铺成的，铺路石于是成为学生唾手可得的武器。在铁棍和石块的打击下，警察开始暴怒而且见人就打。警察的失控行为使得事态进一步恶化。在随后几天中，越来越多的学生加入到向警察掷石块的战斗，而且女学生也涌了出来，她们与男生肩并

被撬起的铺路石

肩、呼口号、扔石头、筑街垒、建路障。5月6日，政府增加警力，并调用共和国保安部队（CRS）前来与学生周旋。在这种情况下，学生们就成功地将一场普通的游行示威转变成反抗政府镇压的运动，从而也就获得了社会上的广泛同情。认识到学生已经赢得民心之后，那些原先一直在旁边充当看客的政党、政客们开始纷纷加入反暴力大合唱。

5月9日，学生领袖与工会领导层官员举行会谈。不论工会与学生的分歧有多大，也不论会谈的成果有多少，这一消息总归是对工人的一种鼓舞；而且它也促使学生在第二天（5月10日）举行更大规模的游行示威，结果有460人被捕，367人严重受伤。5月11日，蓬皮杜出访归来，当晚便发表讲话，宣布重开索邦校园，并暗示将释放学生。[①] 不过，蓬皮杜对“孩子们”的调和措施未能奏效，相反，舆论认为，政府正在败退。5月13日（即导致戴高乐上台的阿尔及利亚暴动10周年纪念日），巴黎出现了由教师、工人及学生联合而成的80万人游行队伍，法国各地也都出现类似活动。示威者的口号有：“58—68，十年了，够长了”；“别了，我的将军”；“把戴高乐送进博物馆”；等等。然而，戴高乐仍然轻视这一事件，5月14日，他飞往罗马尼亚进行国事访问。[②] 戴高乐的离开加剧了上层权力真空感，也给下层群众发起进攻大开方便之门。学生有了更大的自由和更高的激情，马克思、列宁、毛泽东、托洛茨基以及卡斯特罗的画像和语录在校园中随处可见，反映学生自己想法的标语也是数不胜数，如“任何事情都是可能的”、“把愿望变成现实”、“禁止是被禁止的”等等，甚至有人把革命和性爱联系在一起，喊出了“我越做爱就越革命”之类的口号。与此同时，工人开始占领工厂，各行各业先后举行大罢工。

5月18日，戴高乐回国，但他仍不准备干预总理的“事务”。直至5月24日，戴高乐才发表电视讲话，他建议举行公民投票，以决定大学改革和经济改革的方略。但是，公众对他的讲话毫无反应。蓬皮杜则试图通过经济上的慷慨来平抑社会动荡,5月27日，他宣布，全面提高工资，改善工作条件，缩短工作时间，增加家庭补贴。但是，基层工会并不领情。社会上已经出现口号：“今天，革命是可能的。”在野的政客们显然也是这么认为的。5月28日，密特朗举行记者招

① ［法］洛朗·若弗兰著，万家星译:《法国的“文化大革命”》，武汉：长江文艺出版社2004年版，第129—131页。

② ［法］安琪楼·夸特罗其、汤姆·奈仁著，赵刚译:《法国1968：终结的开始》，北京：三联书店2001年版，第86页。

待会，宣布准备成立临时政府。共产党也表示，要成立一个“人民政府”。戴高乐的政治生命似乎真的要终结了。

5月29日早晨，总统府宣布，戴高乐将前往其乡村住地科隆贝。人们普遍认为，77岁的戴高乐已经认输。但是，戴高乐并没有回老家，而是去了西德，在那里与驻德法军司令马絮达成交易。[①] 在得到军队支持后，戴高乐返回巴黎。5月30日凌晨4点多，他再次发表电视讲话：“我不会辞职，我有来自人民委托的权力。”他说，如果政局继续动乱，“我将采取其他步骤”。戴高乐已经暗示，他有军队支持，法国不会有和平的权力转移；那些试图夺权的人如果继续对抗，法国将进入战争状态。人们一旦明白这一点，动乱也就结束了，因为几乎没有人（即使有，也是寥寥无几）曾准备以武力方式夺权。毫无疑问，戴高乐可以将军队和坦克直接调进巴黎来达到同样的目标（就如苏联人随后不久在布拉格采取的行动那样），但是，他却成功地用语言而不是流血就达到了这一目标。5月30日下午，在政府紧急动员和组织下，巴黎举行大规模的拥护戴高乐的游行活动，人们高唱《马赛曲》（此前造反派唱的是《国际歌》）并高喊“法兰西回去工作”和“把索邦打扫干净”等口号。既然“国王”已经复辟，秩序也就应该得到恢复，“快活了一个月”的狂欢就要结束了。不过，有些学生还是在墙上留下标语：“我们会回来的”。

从5月31日开始，风暴趋于平息，汽油、电力、煤气等物资供应恢复正常，百货公司开门营业。当然，此后还有一些零星的打斗。6月10日，标致汽车厂的工人与共和国保安部队发生械斗，两名工人被打死。美术学院的学生继续罢课，且一直坚持到6月27日。在广播电视公司，对政府干预新闻自由的抗议持续到7月，最后有100多名记者被辞退，理由是他们对学生的同情“过了分”。五月风暴虽然结束，但它给法国的社会、政治、文化乃至民众心理都带来了难以估量的影响。右翼虽然控制了政局，但左翼各派却透过这场风暴重新看到了民众的力量。

五月风暴的平安解决表明政府最终有能力化解突发性危机，因此，在1968

① 关于戴高乐此行，有各式各样的猜测和分析。不过，他与马絮达成口头协议应当没有疑问。五月风暴结束后不久，戴高乐便履行了诺言。1968年6月14日，萨朗以及“秘密军组织”的其他头目均被从监狱中释放；7月14日，政府又颁令，对一切被指控与当年阿尔及利亚问题有牵连的人实行大赦。参阅 Charles G. Cogan, “The Break-up: General de Gaulle’s Separation from Power”, *Journal of Contemporary History*, No. 1 (1992), pp. 167–199。

年 6 月下旬举行的国民议会选举中，求稳心态促使大多数选民将选票投给了当政的右翼政党，已经担任 6 年总理的蓬皮杜声望大增。[①] 尽管戴高乐与蓬皮杜有着漫长且融洽的合作经历，但戴高乐要的是执行命令的仆从，而不是与总统比美的“政治明星”。1968 年 7 月初，戴高乐“接受”蓬皮杜的辞职，另行委任没有党派色彩的外交家、经济学家顾夫·德姆维尔[②]（Couve de Murville，1907—1999）为总理。即便如此，戴高乐还是觉得自己没有大权在握。他认为，五月风暴已将他的权威形象打破。因此，他决意要再搞一次公民投票来重建自己神圣不可侵犯的权威形象。他提交给公民表决的建议包含两个方面内容。一是下放权力，组建大区；二是改革参议院，将之重建为一个咨询机构。公民投票于 1969 年 4 月 27 日举行，在此前两天，戴高乐明确表态：投票结果将决定他的去留。实际上，戴高乐不应在这个时候挑选麻烦问题来进行公民投票；即便投票，也没有必要与辞职问题直接挂钩。投票结果是：47% 的人赞同，53% 的人反对。1969 年 4 月 28 日零点，戴高乐发布一则简短的公告（只有 17 个法文单词）：“我停止行使共和国总统之职。本决定自今天中午起生效。”戴高乐时代由此结束。

戴高乐再次退隐到科隆贝。1970 年 5—6 月，他偕同夫人一起到爱尔兰和西班牙度假。回国后，他开始撰写另一部回忆录，他计算，将在 84 岁时完成这部作品。但是，五月风暴已经使他过早地耗尽心神。1970 年 11 月 9 日，戴高乐因突发心脏病而去世。第二天，法国政

戴高乐去世

① 在这次选举中，左翼虽然积极活动，但收效不大。参阅 Frank L. Wilson, “The French Left and the Elections of 1968”, *World Politics*, No. 4 (1969), pp. 539–574。

② 顾夫·德姆维尔全名是莫里斯·顾夫·德姆维尔(Maurice Couve de Murville)，本姓顾夫。1925 年，他的父亲获得“德姆维尔”（de Murville）这个贵族姓氏。因此，和后来出任总统的吉斯卡尔·德斯坦的情况相似（本姓吉斯卡尔），顾夫·德姆维尔的姓氏要么称顾夫，要么称顾夫·德姆维尔。

府发表戴高乐于 1952 年立下的遗嘱，其中写道：不要国葬，不要哀乐，不要军号，不要教堂的钟声，不要在议会里念悼词。① 但是，法国人民“违背”了他的遗愿。1970 年 11 月 12 日，全法国 4 万多个教堂钟声齐鸣；法国政府在巴黎圣母院举行隆重仪式；数十万群众在巴黎冒雨游行以寄托哀思。总统蓬皮杜在电视讲话中称：“法国失去了亲人。……戴高乐将永远活在我们心中。”曾激烈反对戴高乐、后来也将出任总统的密特朗称：“谁也不比戴高乐更加热爱法国”；谁想“抹杀戴高乐将军的业绩”，“谁就会自食恶果”。②

第二节 蓬皮杜和吉斯卡尔时代

戴高乐的统治是以个人威望为基础的集权式统治，虽然在他当政的时候，法国人曾高喊要把他“送进博物馆”，但他的中途退隐却使得众多法国人的心理在很长一段时间里处于一种莫名的失落状态，而这种状况也在相当程度上促使大多数选民倾向于选择政治上比较稳健的右翼政权。③ 在戴高乐去职后的约 12 年中，先后出任总统的是戴派领袖蓬皮杜（1969—1974 年在任）和戴派不太忠诚且最终反目的年轻盟友吉斯卡尔·德斯坦（1974—1981 年在任）。但是，也应当看到，右翼政权是在全国大动荡之后继续执政的，1968 年五月风暴的冲击波仍然久久回荡在法国的社会政治生活之中，学生、工人和知识分子仍时常会搬出五月风暴时的标语口号向政府发起抗议活动。因此，右翼政权并不可能真正挡住社会的变革趋势，其政策也不可能完全无视新的社会要求（且不论这些要求是否符合正常的社会伦理规范，例如同性恋者强烈要求同性恋“婚姻”合法化）。正是在这种氛围下，在野的左翼力量重新组合并不断壮大，这对右翼政权显然是一个巨大的挑战。更为严重的是，经济生活在此时期发生历史性转折，1973 年西方世界的

① 戴高乐遗嘱的全文，详见［法］阿兰·德布瓦西厄著，余德全、金森等译：《跟随戴高乐将军：1946—1970》，北京：世界知识出版社 1985 年版，第 290—291 页。

② ［法］弗朗索瓦·密特朗著，孙胜英译：《密特朗总统谈戴高乐》，载《法国研究》1990 年第 1 期，第 56—60 页。

③ 参阅 Frank L. Wilson, “Gaullism without de Gaulle”, *The Western Political Quarterly*, No. 3 (1973), pp. 485–506。

石油危机使得法国的经济繁荣终于告一段落。面对严峻的经济衰退和剧增的失业人口，右翼政权长期束手无策。正因如此，许多选民最终抱着“不妨一试”的心态把表面上信心十足的左翼推上了政治前台。

一、蓬皮杜时代：繁荣的尾声

蓬皮杜

戴高乐辞职之后，参议院议长、中间派政治家阿兰·波埃①（Alain Poher，1909—1996）依据宪法规定而代行总统之职，同时他还宣布参加总统竞选。58岁的前总理蓬皮杜早在戴高乐下台之前的几年中就曾表示随时准备参加总统职位的角逐。第一轮总统选举于1969年6月1日进行，蓬皮杜得票率为43.9%，波埃得票率为23.4%；左翼各政党各自为战，均遭败绩，法共候选人杜克洛（Duclos，1896—1975）一人独得21.5%的选票，而法共以外的其余四位左翼候选人总计才获得10.9%的选票。由于无人获得超过半数的选票，1969年6月15日，得票率占前两位的蓬皮杜和波埃进行第二轮角逐，结果蓬皮杜获得57.6%的选票，成为法兰西第五共和国的第二位总统。

蓬皮杜在任不足五年，其间先后出现两位总理。第一位是曾长期担任国民议会议长的戴派实力人物沙邦－戴尔马②（Chaban-Delmas，1915—2000）。他于1969年6月走马上任，其基本思路是：在政策上既要保持连续性，但同时又要有所创新；必须与年轻人搞好协调关系，而且还要进行适当的改革。为此，他提出以建立“新社会”（nouvelle société）为目标的施政方案。但是，他的“自由化”思路与蓬皮杜的主张存在明显分歧。另外，蓬皮杜逐渐感到，沙邦－戴尔马在全局管理上显得缺乏章法；而且，这位总理又因偷税漏税问题而被告上了法庭。因

① 波埃在法国当代史上是一位独特人物，1946—1995年间任参议员，其中，1968—1992年间任参议院议长，而且在1969、1974年两次出任代总统。

② 1958—1969年、1978—1981年和1986—1988年，沙邦－戴尔马担任国民议会议长。

此，在蓬皮杜的坚定“请求”下，沙邦－戴尔马于 1972 年 7 月 5 日极不情愿地辞了职。同日，蓬皮杜任命曾长期担任陆军部长（1960—1969）的皮埃尔·梅斯梅尔（Messmer，1916—2007）为新一任总理。梅斯梅尔在政治上并无出色表现，但他却能做到对总统忠心耿耿，因此其总理职位一直保持到新一任总统上台为止。

蓬皮杜和沙邦－戴尔马的统治政策虽然以继承和创新相结合作为初衷，但在具体施政过程中，他们却往往显得有些力不从心，因此，不论在继承方面还是在创新方面，他们都未能取得令人满意的成果。例如，对左派的政策：沙邦－戴尔马曾许诺要协调好社会政治关系，但是，在五月风暴中产生的“革命”精神依然具有相当活力，数十种极左派报纸仍然在市面上广泛流传。新政权最终忍受不了极左派的“煽动性”言论，于是从 1970 年开始采取镇压措施，试图审查或取缔那些极左派报纸。为了保证让这些报纸继续发行，对“革命”抱有极端热情的文化界名人萨特和波伏娃被革命派邀请出山，担任了数十份报纸的主编职务。他们不仅在法庭上为这些报纸辩护，而且当政府逮捕 30 位卖报的年轻人时，他们二人便亲自走上街头叫卖那些被禁报纸。面对这两位惹不起的世界名人，尚能坚守民主底线的政府只能退缩。

再如，对待维希历史的政策：随着戴高乐的离职特别是在戴高乐去世以后，“抵抗运动”的神话趋于解体，但蓬皮杜却试图维持这一神话。德国人巴尔比（Barbie，1913—1991）曾是驻里昂盖世太保（Gestapo，国家秘密警察）司令官，是杀害抵抗运动英雄穆兰的元凶，人称“里昂屠夫”。专门刊登讽刺新闻的周刊《被缚的鸭子》（亦译《鸭鸣报》，*Le Canard enchaîné*）披露了巴尔比在玻利维亚的行踪，但蓬皮杜并未采取行动，巴尔比又逍遥了 10 年之久。① 另外，蓬皮杜还于 1971 年赦免了臭名昭著的维希政权“保安队”首领杜维埃尔（Touvier，1915—1996），结果引起不少法国人的一阵喧闹。②

又如，对于扩大欧洲共同体的政策：为了创造一个不同于戴高乐的开放而积

① 密特朗当政后，巴尔比终被引渡到法国，1987 年被处终身监禁，1991 年死于狱中。关于对巴尔比的审判，参阅 Guyora Binder, “Representing Nazism: Advocacy and Identity at the Trial of Klaus Barbie”, *The Yale Law Journal*, Vol. 98, No. 7 (1989), pp. 1321–1383。

② 杜维埃尔在二战期间曾听命于巴尔比，致多人于非命。此人不仅善于躲藏，而且精于逃脱。战后他被法国当局缺席判处死刑。1947 年，杜维埃尔被抓获，但旋即逃脱。1971 年，蓬皮杜赦免之，引起公众不满。1973 年，杜维埃尔被法庭起诉，但他再次“失踪”。1989 年 5 月，他终于在尼斯的一家修道院中被捕获。1994 年 4 月，杜维埃尔因“反人道罪”被判终身监禁，1996 年 7 月死于前列腺癌。

极的形象，蓬皮杜于1972年4月23日举行有关接纳英国、爱尔兰、丹麦和挪威加入欧洲共同体的公民投票，参加投票者中有68%的人投了赞同票。但是，有约40%的选民根本未参加投票，有7%的选民投了空白票。在一个政治文化传统高度发达、投票参与率一直很高（通常约为80%）的国度里，只有53%的选民参加这次公投，这对于蓬皮杜的政治形象不能不说是一次贬抑。

手持玫瑰的密特朗

当执政的右翼在政治上平平淡淡之际，在野的左翼则出现了新的变化。密特朗在五月风暴期间表现得不太雅观，结果被支持政府的人士怒斥为“江湖骗子”，因此，在风波平息后的一段时期，密特朗几乎成了无人理睬的孤家寡人。不过，他很快便振作起来，而且在政治方向上作出历史性的回车。在青年时代，密特朗在政治上属于右翼；从第四共和国开始，他则变成了不左不右的中间派。随着政党政治两极趋势的发展，密特朗意识到中间派已经没有前途，但是，他的种种表现已经使右翼对之大为厌恶，因此，挤进右翼阵营并不可取。政治技艺日臻成熟的密特朗于是作出准确判断：他的未来靠左翼。当时的社会党（正式名称是“工人国际法国支部”）正处于极度衰败之中，1969年，加斯东·德费尔（Gaston Defferre，1910—1986）代表社会党参加总统竞选，但仅仅获得5%的选票。[①] 因此，社会党内部人心涣散、思变心切。密特朗乘机于1971年6月促成自己的小党“共和制度大会党”（Convention des institutions républicaines）与社会党合并，而且，在合并之前还不是社会党党员的密特朗在合并完成之时便被选为第一书记。密特朗为改组后的社会党选定了“拳头握玫瑰”徽标：用玫瑰吸引妇女，以拳头象征决心。密特朗虽然反对共产主义，但他却需要共产党的选票，因此，为了换取最高权力，他竭力推进社会党与共产党的联合，最终于1972年达成“左翼共同纲领”。虽然密特朗离爱丽舍宫还有近10年的行程，但此间的转向及磨炼却是其日后成功的重要基础。

① 1981年密特朗当选总统之后，德费尔成为政府的重要成员，1981—1984年任内政部长，1984—1986年任规划部长；在任内政部长期间，德费尔主持实施了“权力下放”改革。

在经济方面，蓬皮杜在总统任期内相对比较幸运，他赶上了西方经济繁荣期的最后几年时光，而且当时西方世界正在兴起以计算机、通讯以及服务业为中心的“第三次产业革命”。蓬皮杜亲自督促全国经济发展计划的制定与实施，大规模增加对核能、通讯和信息技术等方面的投资。在 1973 年石油危机[①] 之前的几年中，法国的工业生产率年均增长达 7%，GDP 的增长率达到 5.8%。与此同时，法国农业也继续繁荣。一方面，农业人口持续减少，1962 年为 12.1%，1968 年为 8.4%，1975 年为 6.3%。另一方面，农业生产率迅速提高，农业总产量在 1962—1975 年间增长了 26%。到蓬皮杜去世的 1974 年，法国已经成为世界上仅次于美国的第二大农产品出口国。在蓬皮杜任期内，住房建设也取得了极为明显的成果，每年新建住房达 50 万套。到 1973 年，在所有住户中，97% 有自来水，70% 有室内卫生间，65% 有洗浴设施，49% 有中央供暖系统。法国人住宅平均有 3.5 间，人均住房面积已达 30 平方米。即使是普通工人，人均住房面积也达到了 20 平方米。

如果说蓬皮杜在政治和经济等方面基本上是属于守成者的话，那么，他的一些名言还是让他显示出某些“创新精神”，比如，他曾有言：“要想毁掉一个人，有三个途径：女人、赌博和技术专家。最舒畅的自毁途径是和女人混，最快捷的自毁途径是去赌博，但是，最最十拿九稳的自毁途径就是和技术专家泡在一起。”除此而外，他的“总统工程”更是给法国留下了他的鲜明的个人印记。蓬皮杜对现代艺术和现代建筑有着特殊的偏好，其最为得意且最为倾心的建筑工程是“文化艺术中心”（即“蓬皮杜国家文化艺术中心”，位于巴黎市政厅北面）。1969 年 12 月，蓬皮杜宣布其酝酿已久的设想，即兴建一座现代建筑用以收藏和展出现代艺术作品。这座建筑在蓬皮杜去世以后方才完工，共耗资约近 10 亿法郎。对于这一充满现代主义气息的文化艺术中心（1977 年对外开放），不同的人有着不同的评价。有人认为它是一座“夸张别扭、装腔作势、故作新奇的建筑”，有人则欣赏该建筑将其内部结构外在化的别致创意。不论怎么说，蓬皮杜文化艺术中心如今已成为巴黎市的标志性建筑之一。

蓬皮杜对摩天大楼亦有着浓厚的兴趣，在他的坚持下，具有浓郁历史风光的巴黎市区冒出了几座 200 多米高的大楼，结果遭到舆论界不少责难。蓬皮杜对巴

① 参阅 G. John Ikenberry, “The Irony of State Strength: Comparative Responses to the Oil Shocks in the 1970s”, *International Organization*, No. 1 (1986), pp. 105–137。

黎的现代化改造还有一个更为激进的方案，即在塞纳河左岸（南岸）修筑三条高速公路。1974 年初，高速公路已经打好基础。蓬皮杜的这一规划招致许多法国人特别是文化界人士的竭力反对。有人认为，高速公路建成之后，人们将只能在浓浓的汽车尾气中模模糊糊地眺望他们的巴黎圣母院了。就在这场争执毫无结果之际，1974 年 4 月 2 日，蓬皮杜因患白血病而死于总统任上，终年 63 岁。一些人不无苛刻地讽言道："上帝出面干预，挽救了巴黎。"

二、吉斯卡尔时代：衰落的开始

蓬皮杜的猝然去世使得法国总统职位在不到 5 年时间里第二次出现空缺，参议院议长波埃再次代行总统之职。1974 年 5 月 5 日，共有 12 名候选人参加第一轮总统职位竞选，58 岁的密特朗获得 43.3% 的选票，48 岁的吉斯卡尔・德斯坦[①]（Giscard d'Estaing,1926 年生）获得 32.6% 的选票，沙邦–戴尔马的支持率则为 15.1%。这三个人的得票率总计达 91%，因此其他 9 名候选人（包括极右翼政党"国民阵线"领导人、46 岁的勒庞）的竞选战绩几乎不值一提。[②]5 月 10 日，第一轮得票额占前两位的候选人进行电视辩论（模仿美国的做法）。密特朗虽是一位"天生

吉斯卡尔・德斯坦

① 在中国，人们通常将这位政治家称为"德斯坦"，这种称呼并不准确。此人本姓是吉斯卡尔（Giscard），但他的父亲对带"德"（de）字的贵族姓氏非常向往，因此，20 世纪 20 年代初，这位老吉斯卡尔将自己的姓氏改成混合型的带有贵族色彩的"吉斯卡尔・德斯坦"（Giscard d' Estaing）。"德斯坦"这个贵族姓氏本来与吉斯卡尔家族几乎没有什么联系，只不过吉斯卡尔的母系先祖是 18 世纪后期法国海军上将德斯坦伯爵（1729—1794，死于雅各宾派的断头台）的远亲。因此，对于这个家族的姓氏，要么全称为"吉斯卡尔・德斯坦"，要么简称其原姓"吉斯卡尔"，而不应想当然地称之为"德斯坦"。

② 这是国民阵线领导人勒庞第一次参选总统，得票率约为 0.75%。虽然说他在这一次竞选中的战绩微不足道，但在后来的 4 次总统竞选中，他的得票率却有大幅度提高：1988 年为 14.38%；1995 年为 15.00%；2002 年第一轮投票为 16.86%，第二轮为 17.79%；2007 年为 10.44%。

的”作家而且能说会道，但他在经济方面却是一知半解，因此事前突击做了不少经济方面的卡片。而吉斯卡尔·德斯坦则以善于“理财”著称，他自称是“世界上屈指可数的财政金融权威之一”。在辩论中，密特朗曾几次列举一些经济数字，但吉斯卡尔翻一翻自己的卡片后却一口认定密特朗的数字有误并加以纠正。密特朗窘迫不堪，莫知所从。事后人们发现，吉斯卡尔翻弄的是空白卡片，而且密特朗的数字是准确的，不过，到这时，总统选举已经结束了。5 月 19 日，在第二轮投票中，吉斯卡尔以 50.8% 的支持率险胜密特朗，从而成为第五共和国历史上的第三位总统。①

吉斯卡尔出身于富裕的资产阶级家庭，他先是就读于巴黎理工学院，然后又进入国家行政管理学院。获得两张“大学校”毕业文凭之后，1954 年，28 岁的吉斯卡尔当上了财政部督察。在戴高乐时代和蓬皮杜时期，他曾出任财政部长。吉斯卡尔竞选总统时提出的口号是“无风险变革”。为了赢得年轻选民的支持，他穿上时尚的 T 恤衫，而且还会在大庭广众之下弹弹手风琴。此外，他还作出两项承诺：第一，让女性进入政府，在堕胎问题上进行改革；第二，废止蓬皮杜在巴黎准备搞的几项极具争议的工程。所有这些都为吉斯卡尔的成功当选增添了砝码。不过，吉斯卡尔也有一些让人传为笑谈的做法。在家里，他仍是遵循旧式大资产阶级的习俗，要求子女称父母为“您”（vous），而父母则称子女为“你”（tu）。

在吉斯卡尔的 7 年总统任期内，法国也先后出现两位总理。第一位总理是在总统竞选过程中给予吉斯卡尔以莫大支持的戴派政治家、时年 40 出头的希拉克（Chirac，1932 年生），其任期从 1974 年 5 月 27 日开始，但两年多以后，即 1976 年 8 月 25 日，希拉克却主动辞去总理职务。希拉克辞职当然与经济危机久久无法消解有关，但更为重要的原因在于，当时的希拉克在经济主张上与总统存在明显分歧。吉斯卡尔主张在法国应当实行一种国家较少干预、更为自由的资本主义经济。而当时的希拉克则自视为戴高乐遗产的忠诚卫士，他认为，一个强大的国家必须要拥有受国家控制的独立的国有经济。② 为了反对以总统吉斯卡尔为

① 有些法国史著作认为，48 岁入主爱丽舍宫的吉斯卡尔·德斯坦是“法国历史上最年轻的总统”，此说不准确。路易·波拿巴（1808 年出生）在 1848 年 12 月当选为法兰西第二共和国总统时年仅 40 周岁，尽管他后来做了皇帝，但他终究是法国第一位民选总统。

② 参阅 Monica Prasad, “Why Is France So French? Culture, Institutions, and Neoliberalism, 1974–1981”, *The American Journal of Sociology*, No. 2 (2005), pp. 357–407。

首的经济自由派，1976年12月，希拉克将戴派重新组合，成立“保卫共和联盟”(Rassemblement pour la République)。[1] 另外，在1976年初，吉斯卡尔不顾希拉克的反对而决定在巴黎重设市长一职（巴黎从1800年开始不设市长）。辞职后的希拉克宣布参加市长竞选并大获成功，在随后的18年中（1977—1995），希拉克一直担任巴黎市长。希拉克辞去总理职务之后，吉斯卡尔任命雷蒙·巴尔（Raymond Barre，1924—2007）为总理。巴尔曾被认为是“法国最优秀的经济学家”，尽管他未能根本解决法国的经济难题，但他的总理职位还是一直保持到1981年右翼政权下台时为止。[2]

吉斯卡尔就任总统以后的确履行了自己的一些诺言。他下令终止了塞纳河左岸高速公路建设工程，同时宣布对几处原计划拆除的历史古迹加以保护，而且他还保证不再在巴黎市区兴建高层建筑以维护巴黎的古都风貌。在政府组成方面，吉斯卡尔也迈出了重要步伐，共有5名女性担任了部长职务。在吉斯卡尔时期，最为重要的社会改革还是在堕胎方面。经过激烈的议会辩论之后，新的堕胎法于1975年1月17日颁布，其中明确规定，堕胎属于合法行为。这是20世纪70年代法国女权主义运动所取得的最为重要的成果之一。[3]

在经济方面，吉斯卡尔试图开创的“新纪元”局面却难以变为现实。1973年开始的石油危机在蓬皮杜当政末年已经对法国经济造成了严重的冲击。法国是一个不产石油的国家，而汽车、化工等行业又极度依赖石油。随着油价的不断提升，法国开始出现通货膨胀，1974年超过10%。与此同时，经济开始严重衰退，失业人口急剧上升，1975年中期，失业人口突破100万。巴尔取代希拉克成为总理之后，法国政府为恢复经济而采取了各种各样的措施，但失业人口仍维持在100多万这一高位上。到了吉斯卡尔当政末年，由于阿拉伯产油国家再次以减少原油出口来制裁西方国家，法国经济更是一蹶不振。1980年，法国失业人口达到151万。1974—1979年，GDP平均增长率还能维持在3.1%这样一个差强人意的水准，但1980年则降至1.1%，1981年更是降到了0.2%。没有繁荣的经济

---

① 2002年4月，“保卫共和联盟”和其他几个支持希拉克的政党合并，成立“总统多数派联盟”(Union pour la majorité présidentielle)。2002年11月，“总统多数派联盟”更名为“人民运动联盟”(Union pour un mouvement populaire)，希拉克和萨科奇等人都是其成员。

② 1988年，巴尔参加总统竞选，事前的民意调查显示他居于优势地位，但由于右翼分裂，巴尔在第一轮投票中出局。1995—2001年，巴尔任里昂市长。2007年8月，巴尔在巴黎去世。

③ 参阅 Rebecca J. Cook, Bernard M. Dickens, “Human Rights Dynamics of Abortion Law Reform”, *Human Rights Quarterly*, No. 1 (2003), pp. 1–59。

作支撑，吉斯卡尔的政治统治也就失去了基础。

在国际关系的处理上，吉斯卡尔也未能使自己赢得法国民众的好感。戴高乐和蓬皮杜对法国前殖民地上的独裁政权一直持保留态度，但吉斯卡尔却竭力支持中非共和国的独裁者博卡萨（Bokassa，1921—1996）。博卡萨于 1965 年发动政变，1966 年出任中非共和国总统。1975 年，吉斯卡尔前往中非进行国事访问。1976 年，博卡萨将中非改称帝国，自己则称博卡萨一世。1977 年，吉斯卡尔派政府部长前往“中非帝国”参加博卡萨的加冕典礼。后来，博卡萨对法国的要求越来越多，而且有关博卡萨吃人肉、大屠杀之类的故事也到处流传，因此，1979 年 9 月，吉斯卡尔又默许甚至是纵容他人将博卡萨政权推翻。博卡萨于是进行报复，揭露说吉斯卡尔曾收受过大量的礼物，其中包括至少价值 4 万法郎的钻石。1979 年 10 月 10 日，讽刺周刊《被缚的鸭子》披露了这一内幕，结果在法国民众中引起一阵轰动。①

在吉斯卡尔不断失分的同时，在野的密特朗却正在精心包装自己的左翼形象。1980 年，他命手下人马依据他的意见写成《80 年代法国社会主义计划》并将此书到处散发，其中宣称，法国将与资本主义“彻底决裂”。对于深受经济危机困扰的法国民众来说，密特朗为法国设计的美妙蓝图显然具有一定诱惑力。1980 年的民意调查显示，密特朗的支持率不是很高但却不断上升，而吉斯卡尔的支持率虽然不是很低但却不断下降。1981 年初，密特朗将社会党总书记的职务转交给时年 44 岁的若斯潘（Jospin，1937 年生），他本人则集中精力准备参加总统竞选。为了使自己的形象更加符合选民的口味，密特朗忍痛换掉了自己的两颗虎牙。当然，政敌们并没有放弃对他的攻击，而且嘲讽他说：已经输了两次了（1965 年败给戴高乐，1974 年败给吉斯卡尔），还想再败第三次，实在“令人惊讶”。时年已经 65 岁的密特朗对此不以为然，他以自己在二战中从德国战俘营中逃跑的经历作为论据：“我是第三次逃跑才成功的。”

竞选总统的第一轮投票于 1981 年 4 月 28 日举行，共有 10 名候选人参加角逐，在任总统吉斯卡尔得票率为 28.3%，密特朗为 25.8%，希拉克为 18%，法共总书记马歇（Marchais，1920—1997）为 15.3%。希拉克不愿看到吉斯卡尔取胜，因此在第一轮投票结果出来之后发表声明：“作为个人，我只能投吉斯卡尔·德

① 参阅 Ari Adut, “Scandal as Norm Entrepreneurship Strategy: Corruption and the French Investigating Magistrates”, *Theory and Society*, No. 5 (2004), pp. 529–578。

斯坦的票”；至于“保卫共和联盟”的党员和其他选民，“人人都必须凭良知去投票”。1981 年 5 月 10 日，在第二轮投票中，密特朗以 51.8% 的得票率将吉斯卡尔从爱丽舍宫赶走。当天晚上，数十万巴黎民众在象征革命的巴士底广场庆祝密特朗的胜利。《世界报》上出现了醒目的标题：“巴士底再次陷落”。1981 年 5 月 21 日，密特朗就任总统。为了让自己的支持者满意同时又让富人放心，他在先贤祠举行一个特别的庆祝仪式。他在 3 位“先贤”的墓前敬献了玫瑰花，此三人是：饶勒斯、让·穆兰以及 19 世纪中叶为殖民地奴隶的解放而奔走呼号的舍尔歇（Schoelcher，1804—1893）。在先贤祠外，巴黎交响乐团演奏着以“众人皆兄弟”为主题的《欢乐颂》。当密特朗从先贤祠走出时，世界级的西班牙男高音歌唱家多明戈（Domingo，1941 年生）则唱起了激情洋溢的《马赛曲》（而不是《国际歌》；竞选成功的当晚，密特朗夫妇曾放声大唱《国际歌》）。[①] 密特朗的这些举动似乎是要向法国民众表明：他看重的是民主自由，而不是“社会主义”，尽管他打着“社会主义”大旗。[②]

第三节　密特朗时代

不论密特朗对社会主义的信念究竟如何，他毕竟是高呼着“社会主义”的口号迈进总统府大门的，因此，上台伊始，他便着手履行他对法国民众许下的社会主义诺言。但是，他的社会主义试验并没有真正为法国社会带来青春活力，相反，他却在相当程度上促成了极右翼组织“国民阵线”的发展和壮大，同时也造成了左翼总统和右翼总理同台唱戏的“共治”局面。对于将权力置于信仰之上的密特朗来说，“共治”虽然让他感到别扭但并未让他过分为难，他正是利用这样一种局面使得自己变成了“超越党派”的各方利益的仲裁者，有些人甚至将他称为“国父”。正因如此，在社会党不为社会所看好的形势下，“国父”密特朗却于 1988 年成功地连选连任。密特朗担任总统达 14 年之久（1981—1995），他是自

① 参阅杨尧鑫：《密特朗传》，北京：东方出版社 1998 年版，第 106—111 页。

② 参阅 Wayne Northcutt, “François Mitterrand and the Political Use of Symbols: The Construction of a Centrist Republic”, *French Historical Studies*, No. 1 (1991), pp. 141–158。

拿破仑三世以后执掌国家最高权力时间最长的法国领导人。① 另外，密特朗上任不到半年即于 1981 年 11 月初被确诊患有前列腺癌，医生认为他还能活几个月至 3 年时间，但他却奇迹般地活到了两届总统任期届满后的 1996 年。

一、"社会主义"试验

如果按照正常的政治运转程序，密特朗上台之时也就是左右共治之始，因为 1978 年 3 月选举产生的右翼占多数席位的国民议会要到 1983 年 3 月才任期届满。但是，根据宪法有关条款，密特朗还是名正言顺地立即解散了国民议会并于 1981 年 5 月 22 日任命里尔市市长、社会党成员莫鲁瓦（Mauroy，1928 年生）为过渡政府总理。面对社会党人担任总统这一既定现实，更因为社会党的宏伟蓝图充满诱惑，在 1981 年 6 月 14 日和 21 日的议会选举中，选民们给予社会党以大力支持：在491个议席中，社会党一党即获得283席。突然之间，"社会主义者"和"社会党人"成为法国最为时兴的政治标签。《被缚的鸭子》报道说：入党申请书的洪水冲破了社会党的大门；政府机关的大小官僚更是趋之若鹜，纷纷加入社会党。1981 年 6 月 22 日，密特朗正式任命莫鲁瓦为政府总理。社会党在国民议会中占有绝对多数，因此可以不要法共加盟，但密特朗还是信守承诺，法共在内阁中获得 4 个部长职位（交通部、卫生部、职业培训部和行政管理改革部）。

法国的富裕阶层对社会党的执政是抱有畏惧心理的。有些商人还有一种特殊想法：虽然共产党占了几个部长职位，但在内阁中占有绝对多数的社会党人还是会"讲道理的"。也就是说，社会党政府不会死守以前的诺言，不会搞什么国有化。但是，1981 年 7 月 8 日，总理莫鲁瓦宣布，政府将全面推行社会党在大选前所制定的社会改革纲领，特别是要完成既定的国有化方案。社会党政府在国有化方面的决心是可以理解的，因为"国有化"一直是左翼各政党得以团结统一的基石，也是社会党能够获得其他左翼政党支持的一个基本要素。莫鲁瓦宣布其政纲之后，法国陷入一阵恐慌，不少人甚至预言法国将发生"内战"。尽管如此，涉及化学、电子、有色金属、玻璃、电力、钢铁、军火、航天航空、银行以及保

① 2000 年宪法修正案规定，总统每届任期由原来的 7 年改为 5 年。2008 年宪法修正案又规定，总统任职不得超过两届（即最多可以做 10 年总统）。

险等行业的一些关键性大企业还是按计划转变成为国有企业。“内战”没有爆发，但政府却背上了包袱，它不仅要掏赎金，而且在赎金未付清之前还要支付巨额利息（预计 15 年内要付 390 亿法郎利息）。另外，国有企业的效益和效率也逐渐成为严重的问题。

除了国有化这一轴心问题之外，密特朗和莫鲁瓦政府在当政后的最初几个月中还进行了一系列重要的改革。1981 年 9 月 18 日，在司法部长巴丹泰(Badinter，1928 年生，后于 1986—1995 年任宪法委员会主席）的积极努力下，法国正式废除死刑。①1981 年 10 月 29 日，议会通过新的移民法，放宽对外来人口进入法国的各种限制，同时赦免了 13 万已经来到法国的非法移民；在这个问题上，密特朗的态度比较明确，他曾说：“移民到了法国就是到了家。”②1982 年 1 月 13 日，政府决定将每年的带薪假期由 4 周延长至 5 周；每周的工作时间由 40 个小时降为 39 个小时，但工资不减。1982 年 7 月 27 日，议会又通过多项法律，强令所有企业成立工人委员会，委员会有权检查企业账务，有权参与讨论与工人有关的一切问题。为了体现新闻自由，1982 年 7 月 29 日，社会党政府决定，广播电视行业向私营公司开放。在莫鲁瓦政府的各项改革中，最受欢迎的要数 1982 年 3 月正式启动的权力下放改革（décentralisation），其主要内容是：扩大大区（région）、省（département）和市镇（commune）民选机构在行政和财政方面的自主权；原由中央政府直接任命的省长（préfets）改称“共和国专员”（commissaire de la république，1986 年希拉克任总理后又将这一称谓改回“省长”），其职权大为削弱。③

莫鲁瓦政府的社会改革受到普通民众的欢迎，但是，法国的经济并未出现

① 参阅 Jack Greenberg, “Capital Punishment as a System”, *The Yale Law Journal*, No. 5 (1982), pp. 908–936。

② Jean Jacques Becker et Pascal Ory, *Crises et alternances, 1974–1995*, Paris: Seuil, 1998, p. 367.

③ 法国行政区划中，“大区”级行政单位总共有 27 个，其中，21 个在本土，5 个在海外，另有一个科西嘉“地方行政区”（la collectivité territoriale，享有更大的自治权；有时人们也将科西嘉视作法国本土的一个地区，因此，如果不太追求术语的精确，则可以说法国本土共有 22 个“大区”）。大区建制出现于 20 世纪 50 年代（其地域范围与大革命之前的行省有较强的对应关系），但当时的大区只是区内各省行政权的联合。20 世纪 80 年代，大区开始发展成为拥有自己的议会和独立预算的地方行政区域。法国地方行政区划中存在的主要问题是：大区和省在很多方面存在着权力重叠和交叉现象，市镇的数目过于庞大，行政效率依然不高。参阅 Vivien A. Schmidt, “Unblocking Society by Decree: The Impact of Governmental Decentralization in France”, *Comparative Politics*, No. 4 (1990), pp. 459–481。萨科奇当选总统之后，法国着手改革地方行政体制。按照右翼政府的方案，从 2014 年开始，大区机构和省级机构将被合并，将由地方行政区议员（conseillers territoriaux）取代现在的大区议会议员和省议会议员，且人数将大大缩减。但是，由于萨科奇未能连任，这一改革的前景也就出现了较大的不确定性。

好转，1981 年 10 月，失业人口又创新高，超过了 200 万人，社会上的不满之声不绝于耳。因此，经济体制改革进行了 4 个多月之后，1981 年 11 月 29 日，财政与经济部长德洛尔（Delors，1925 年生）宣布："在进一步改革之前，有必要暂停。" 尽管新的改革"暂停"了，但是，已经实施了的改革仍要维持下去，为国有化而向原有股东支付的赔偿金仍要支付下去，因此，政府财政出现严重困难。1983 年 3 月，政府决定，大幅提高个人所得税、汽油税和公共交通费用；另外还决定对国有企业实行大裁员，即在 3 至 5 年内，船厂（员工 1.5 万人）裁员 5000，采矿业（员工 5.7 万人）裁员 3 万，钢铁厂（员工 9 万人）裁员 2.5 万。因此，在 1983 年整个春季，罢工连续不断。

在备受经济难题困扰的同时，教育部长萨瓦里（Savary，1918—1988）又给莫鲁瓦政府增添了麻烦。1984 年 5 月 22 日，萨瓦里提交一份教育改革草案，其设想是：允许私立中小学独立，而且私立学校可以享受国家补贴；同时，私立学校中必须设国家代表，必须执行国家颁布的教学大纲。萨瓦里的提案受到左右两个方面的围攻，左翼要求将私立学校完全"世俗化"；而右翼则反对国家对私立学校的干预，而且右翼准备在巴黎举行大规模游行示威。1984 年 6 月 17 日，密特朗撤销了这一教育法案。但是，总统是不愿承担任何责任的。1984 年 7 月 17 日，教育部长萨瓦里辞职，执政 3 年多的莫鲁瓦也辞去了总理职务。①

法比尤斯

莫鲁瓦辞职的当天，年仅 38 岁的法比尤斯（Fabius，1946 年生）被密特朗任命为政府总理。在一年多的任期中，法比尤斯政府虽然使法国经济稍有起色，但失业问题仍是阴影不散，而且，海外发生的一系列事件也使法比尤斯政府疲于应付。首先是新喀里多尼亚（Nouvelle-Calédonie）独立问题。新喀位于澳大利亚以东大约 1500 公里处，是隶属于法国的一个岛屿。1984 年 9 月，岛上土著居民成立"民族社会主义解放阵线"，不久之后，解放阵线宣布成立临时政府，当地社会骚乱不断。法比尤斯政府颇费周折才暂时稳定

① 参阅 Hans N. Weiler, "The Politics of Reform and Nonreform in French Education", *Comparative Education Review*, No. 3 (1988), pp. 251–265。

了岛上的秩序。[①]

刚刚扑灭新喀这场独立之火，法比尤斯又碰上了更为棘手的“彩虹勇士号”事件。1985年7月10日，国际绿色和平组织的船只“彩虹勇士号”（Rainbow Warrior）在新西兰奥克兰港（Auckland）被炸沉，船上一名摄影记者被炸死。两天之后，两名与爆炸案有关的法国人在新西兰被捕。绿色和平组织的环保行动包括反对法国在南太平洋进行核试验，而且“彩虹勇士号”船只在被炸前一直与法国海军纠缠以图阻止法国的核试行动。工于政治谋略的密特朗于9月13日飞往南太平洋试验基地并宣称：这次爆炸是“有罪且荒谬的”，但同时，阻止绿色和平组织的纠缠行为“又是再合法不过的了”。《世界报》很快证实，“彩虹勇士号”是法国特工炸沉的。9月22日，法比尤斯被迫在电视里承认，此事的确是法国政府的特工所为，而且是“根据命令”行事的。国防部长因此而辞职，而法比尤斯和密特朗都否认自己知道那道“命令”。[②] 据西方史家判断，法比尤斯讲的是真话，而密特朗却说了谎。然而，密特朗凭自己的高调讲话而显得很“爱国”，而法比尤斯却因拒绝承担责任而显得对国家大事“漠不关心”。在法比尤斯政府还没有从“彩虹勇士”的阴影中走出来时，1986年3月，法国又迎来了国民议会选举，法比尤斯的总理生涯也就随之结束。不过，法比尤斯并未就此得以轻松。几年之后，“血门”事件将再次使他成为社会舆论（尤其是反对派）的靶子。

二、“国民阵线”的兴起

在20世纪70年代，法国人对渔民家庭出身的让－马利·勒庞（Jean-Marie Le Pen）及其于1972年创立的以反犹排外为特征的极右政党“国民阵线”（Front National）就已不太陌生。作为20世纪50年代“普雅德运动”的残留人物，勒庞一直没有放弃政治活动，1974年参加总统竞选虽然一败涂地，但通过这一政治活动，勒庞却成功地将自己及其国民阵线的影响逐步推向全国，而70年代中后期的经济危机也有助于国民阵线的滋长壮大。1981年，勒庞再次准备参加总

① 参阅 Stephen Henningham, “The Uneasy Peace: New Caledonia’s Matignon Accords at Mid-Term”, *Pacific Affairs*, No. 4 (1993–1994), pp. 519–537。

② 参阅 Michael Pugh, “Legal Aspects of the Rainbow Warrior Affair”, *The International and Comparative Law Quarterly*, No. 3 (1987), pp. 655–669。

统竞选，但重新规定的总统候选人资格（1976 年 6 月 18 日以法律形式确定）将之挡在竞选大门之外：候选人需要有 500 名各类当选者（如参众两院议员、省议会议员、市长）签名支持，而此前只需 100 名；签名支持者至少要来自 30 个省，而此前的规定是 10 个省。对于处在初步发展阶段的勒庞及其国民阵线来说，这一新规定当然可以起到遏制作用；但对于法国政府来说，这毕竟只是一种权宜之策，社会经济问题解决不好，国民阵线就会有立足的土壤。而且，尽管总统选举可以有各种各样的资格限定，但是，在地方选举、议会选举等方面，以民主自由为口号的法国政府却不可能作出与历史传统相违背的限制性决定。

尽管法国政府对于极右或极左势力采取过一些孤立和打击的对策，但是，进入 20 世纪 80 年代以后，由于社会经济形势长期不见好转，再加上二战以后法国人对法西斯思想的清肃并不彻底，勒庞及其国民阵线还是发展成为“右翼主流旁边的一条小阴沟”，而且国民阵线“获得了其前辈们试图获得但均未获得的战果”。加入这一阵营的人在成分上相当复杂，包括“一切纠结在一起的不同政见者、传统主义者与保守的天主教徒、怀念‘法兰西行动’之人、新纳粹分子、新普雅德分子、反犹分子、民族主义者、害怕社会经济变革的小人物、害怕青少年犯罪增多之人以及害怕城市社会暴力之人”。① 可以说，所谓的“勒庞现象”以及国民阵线问题实际上是法国诸多社会问题的一种极端反映。

在 20 世纪 80 年代初期，国民阵线的进攻目标主要有三个。一是移民：移居法国的移民人数 1982 年约为 423.4 万人，占法国总人口的近 8%。勒庞等人将失业问题与移民联系在一起，他们认为，“200 万人失业，200 万移民就太多了”，然而，“移民却仍像老鼠一样在繁殖扩散”。他们喊出了口号：“移民们，滚回你们的棚屋中去吧。”二是犹太人：反犹是法国极右势力的传统做法。②《世界报》的两名记者曾旁听了国民阵线的一次会议，在会上有人发言说：“有人还假装认为，（二战期间对犹太人进行大屠杀的）所有罪过都在基督徒这一边，而犹太人那一边就毫无过错。……我本想多说一点，但是不公正的（反种族主义的）法律却阻止我说下去。”极右作家安德烈·费格拉斯（André Figueras，1924—2002）在 1982 年以侮辱性的言辞写成《那个流氓德雷福斯》（*Ce canaille de Dreyfus*）；

① Edwy Plenel et Alain Rollat, *L’Effet Le Pen: dossier*, Paris: La Découverte et journal Le Monde, 1984, p. 9.

② 参阅 Richard C. Vinen, “The End of an Ideology? Right-Wing Antisemitism in France, 1944–1970”, *The Historical Journal*, No. 2 (1994), pp. 365–388。

1987年，他又出版了《别了，犹太人》(*L'adieu aux Juifs*)。[①] 三是同性恋：20世纪80年代初，艾滋病开始成为令西方世界惶恐不安的一种新的灾难，而同性恋又是导致艾滋病的一个重要渠道。勒庞将同性恋、艾滋病、火葬场连成一线，引起一些民众在心理上的共鸣。

国民阵线虽然遭到不少人的抵制和反对，但它终究吸引了一部分对法国社会极度不满的选民。在1983年的市镇选举中，国民阵线获得了对德勒市（Dreux）的控制权。德勒市位于巴黎以东约60公里处，人口约3万，此地严重依赖工业，因而受失业问题的影响也极为明显，国民阵线为当地居民找到了一条"泄愤"的途径。应当看到，在这一时期，相当多的法国人还没有真正意识到国民阵线是个危险因素。在地方选举中，希拉克的保卫共和联盟和吉斯卡尔·德斯坦的法兰西民主联盟甚至与国民阵线结成竞选同盟。让法国人真正感到震惊的是1984年6月17日举行的欧洲议会选举[②]，在法国所占的81个议席中，勒庞领导的国民阵线竟与法共取得同等战绩，二者均获10个议席。按照西方学术界的说法，勒庞及其国民阵线从此成为法国"所有政治家面临的最大问题"。另外，这次欧洲议会选举对于执政的社会党政府也是一个不祥的征兆。社会党在若斯潘领导下，仅获20个议席；而右翼的保卫共和联盟和法兰西民主联盟采取联合政策，共获41个议席。社会党政府与选民的"蜜月旅行"已经结束。

三、左右"共治"的首航

社会党政府在政治经济的漩涡中挣扎了几年，结果并没有使法国民众过上玫瑰香满园的社会主义天堂生活。1986年3月16日的国民议会选举表明，大多数选民已经抛弃了社会党。希拉克和吉斯卡尔领导的两大右翼政党联合竞选，共获291个议席；社会党获得216席，法国共产党和勒庞的国民阵线各获35席。右翼在议会中取得绝对多数，而左翼总统密特朗的任期还有两年才届满。这种左右同

---

① 参阅 Paula Hyman, "The Dreyfus Affair: The Visual and the Historical", *The Journal of Modern History*, No. 1 (1989), pp. 88–109。

② 1957年的《罗马条约》已提出由全民投票直接选举欧共体议会的设想，但戴高乐拒绝这一方案。吉斯卡尔·德斯坦是"欧洲议会"普选制的积极推动者，在他的努力下，欧洲议会的第一次直接选举于1979年6月7日举行。

台的情况在第五共和国的历史上还是首次出现。有人劝密特朗提前下台，但遭严辞拒绝。许多人则认为密特朗会任命一个中间派人士担任总理。几乎没有人想过密特朗会照章办事，但他却偏偏这样做了，他要从议会多数派（右翼）中选择政府总理。密特朗首先想到的人选是曾在蓬皮杜时期担任过政府总理的沙邦–戴尔马，但希拉克坚决反对。希拉克以前就曾嘲讽沙邦－戴尔马“没有一天不说蠢话，没有一天不做蠢事”。密特朗继而去找前总统吉斯卡尔·德斯坦，但由于希拉克再次反对，该方案同样未果。1986 年 3 月 20 日，法比尤斯递交政府辞呈，随后，密特朗任命反对派公认领袖、前总理希拉克为新一届政府总理，并向希拉克提出了一系列要求，其中之一就是：“不能对总统进行羞辱”。两年多的“共治”由此开始。[①]

由于密特朗和希拉克都瞄准着两年后（1988 年）的总统竞选，因此两人在公开场合都力求谨慎行事，即使出现严重争执，也都能以一方让步而了结。但是，在私下，两个人的相互评价却是相当尖刻的。密特朗曾这样贬损希拉克：“他紧贴着大地前进，贴着高低不平的地面前进，看不到500米以外的地方”；“希拉克跑得很快，但不清楚他要去哪儿”；“希拉克一边上楼梯，一边考虑问题，一边跟人握手，一边讲话。他应该好好坐下来”。而希拉克则从人品上对密特朗进行羞辱：“我念念不忘蓬皮杜总统一再对我说过的话：‘别信密特朗那一套。不论他对你说什么，您千万别信以为真。’”“每当我同密特朗面对面谈话时，我总是拿定主意：别信他那一套。”

希拉克力图证明，右翼政府做的要比此前社会党政府好，但是，希拉克的许多做法并未能够收到预期的效果。例如移民问题：为了将国民阵线控制下的选民争取到自己的旗帜之下，希拉克对移民（特别是非法移民）采取严厉政策。1986 年 9 月，101 名马里人（Maliens）被强行赶进飞机遣返回国。法国多家报刊和电视台报道了这一事件，结果引起国内主流意见对希拉克政府的不满，而且支持国民阵线的选民也没有转而支持希拉克。又如反恐问题：在社会党执政时期，恐怖袭击已经成为法国社会的一大公害。希拉克政府曾许诺遏制恐怖主义活动，但问题却愈发严峻。就在希拉克就任总理的当天，巴黎发生一连串的爆炸案。1986 年 9 月，来自中东的恐怖组织在法国连续发动 6 次袭击，造成 9 人死亡，160 人受伤。法国民众开始感觉到，右翼政府在反恐问题上与左翼政府一样束手无策。

① 参阅杨尧鑫：《密特朗传》，北京：东方出版社 1998 年版，第 181—182 页。

再如教育改革问题：希拉克政府试图加强教授在各大学委员会中的权力，引起教辅人员和学生的抗议（教授是保守势力的象征，1968年五月风暴期间学生曾打出“教授，您老了”之类的标语）。从1986年11月17日起，全国各地的大学生开始罢课，中学生也群起响应。12月4日，约50万大中学生在巴黎举行抗议活动。左翼总统密特朗置身于年轻人一边，在接受电台采访时他宣称：“我发觉自己与学生们处在同一个波段上。”既然如此，希拉克只能退缩。

希拉克曾将最大的希望寄托在经济复苏上。他在上任后不久便宣布，要把法国从中央集权下的经济统制中解放出来。对于一直以戴高乐传人自居的希拉克来说，这是一个重大的转变，因为戴高乐的思想精髓就是“强大的国家高于一切”。但是，希拉克力图推进的经济自由化和企业私有化进展并不顺利，因为私有化靠的是市场，而市场的吸收能力在一段时期内是有一定限度的。与此同时，希拉克的私有化方案也遭到密特朗的抵制，希拉克曾对下属官员说：“我以辞职威胁密特朗，可他毫不在乎，大出我意外。”尽管经济自由化取得一些成果，1987年的经济增长率也达到了2.2%，但是，与20世纪70年代以来大多数西方国家一样，选民们对这类抽象的数字已经不感兴趣，因为现实生活并没有让他们明显感到经济增长给他们带来了什么转机：1987年底，法国的失业率为10.4%，失业人口为256.2万。

两年的总理生涯似乎证明希拉克并不强于密特朗，希拉克的心急火燎与密特朗的宁静致远形成鲜明对比。正如戴高乐当年设想的那样，在第五共和国的宪政体制下，总理的形象和声誉最难保证，而总统最终可以扮演“好人国王”的角色。当总理希拉克不得不为各种问题和危机而四处奔波之时，总统密特朗却可以悠闲地发表各种动听的符合选民心理需求的声明。在1988年总统选举之前，密特朗发表一封约2万字的“致全体法国人的信”，其主题就是“稳定”，“既不是新的国有化，也不是新的私有化”。在1988年4月24日和5月8日的两轮总统选举中，密特朗第一轮获票率为27.2%，希拉克为15.9%，值得注意的是，国民阵线领袖勒庞的得票率为11.5%，而法共候选人仅获5.4%；在第二轮选举中，密特朗以54%的支持率击败希拉克，成为继戴高乐之后第二位连任总统。与1981年一样，密特朗再次提前解散右翼政党占优势的国民议会并进行新的议会选举，第一次左右共治随之结束。

四、左翼乏力与“共治”重演

1988年6月，法国举行国民议会选举，在577个议席中，社会党以276席而成为议会第一大党，包括法国共产党在内的其他左翼政党已经处于无足轻重之地位。[①] 在本党总统密特朗的树荫下，社会党政府开始为期5年的艰难岁月。社会党内部民意调查显示，1974年加入社会党的法国“民主社会主义”代表人物米歇尔·罗卡尔（Michel Rocard，1930年生）是最具人望、最为合适的总理人选。尽管密特朗和罗卡尔一直是貌合神离，但就如在1986年那样，密特朗还是公正行事，罗卡尔被任命为总理。罗卡尔政府的中心工作是试图解决因10年高失业率而导致的社会问题，其中尤为迫切的又是社会福利和社会保险资金不足的问题，因此，政府决定，额外征收1.1%的个人所得税。结果可想而知。1989年秋季，罢工成为法国全民运动，电台电视台职员、狱警、公交车司机甚至护士都开始拒绝为政府工作，其中约8万人于1989年10月13日在巴黎举行游行示威。

西方学者认为，罗卡尔政府的唯一亮点是教育的发展，而这一方面的成就主要应归功于教育部长若斯潘。在历史上，中学会考（业士学位考试）的通过率一直有严格的限制，1970年为21%，1980年也仅有29%。1989年6月9日，议会通过由若斯潘提交的一份法律草案，中学会考开始向大众化、民主化方向发展。到1995年，中学会考通过率达到61%，若斯潘的目标是2004年达到80%。随着中学会考的要求放宽，法国高等教育的大众化也在逐步变为现实。[②]

密特朗与罗卡尔仍然处于相互猜忌状态之中，三年来的合作共事“并没有使二人的心变得柔情一些”。1991年5月15日，密特朗罢免罗卡尔，代之以曾任农业部长的女经济学家埃迪特·克勒松（Edith Cresson，1934年生）。在密特朗的早年小党“共和制度大会党”内，以言辞尖刻而著称的克勒松就曾担任秘书工作。作为法国历史上的第一位女总理，克勒松的出现起初是受到民众欢迎的，男性的权力场上终于吹进了女性之风；但不久便有评论说，克勒松的上台凭的是关

---

① 自1958年国民议会选举开始，法国共产党的地位一落千丈，在随后数十年中，虽偶尔稍有起色，但总体呈没落之势。参阅 David Bell, Byron Criddle, “The Decline of the French Communist Party”, *British Journal of Political Science*, No. 4 (1989), pp. 515–536。

② Jacques Guin, “The Reawakening of Higher Education in France”, *European Journal of Education*, No. 2 (1990), pp. 123–145.

系而不是实绩。[1] 做了总理之后，克勒松的尖酸风格并未有所收敛，她把英国人称作“同性恋者”，又把以身材矮小为特征的日本人称作“蚂蚁”，从而引发一次又一次的外交风波，不到一年的总理任期也就变成了她的一场噩梦。即便在自己的老本行农业方面，克勒松也未能消除农民的愤怒。面对境外廉价肉食品大量涌入法国市场的竞争压力，1991 年秋季，农民们不断游行示威，甚至发生骚乱。1992 年 4 月 2 日，密特朗将克勒松请出了总理府，代之以自己的老朋友贝雷戈瓦（Bérégovoy，1925—1993）。

贝雷戈瓦的任期也不到一年，而且其处境比克勒松还要悲惨。他上任之初便碰上了“塔皮事件”。贝尔纳·塔皮（Bernard Tapie，1943 年生）是贝雷戈瓦任命的城市事务部长，此人在 20 世纪 60 年代是位摇滚歌手，70 年代成为马赛足球俱乐部董事长。出任部长不到一个月，即 1992 年 5 月，塔皮便因被指控犯有金融罪行而辞职。塔皮的问题并未就此终结,1995 年 5 月，他因操纵足球比赛(通过“黑哨”而使马赛队获冠军）而被判处两年监禁，塔皮也因此被体育界贬称为“法国足球的败类”。

贝雷戈瓦政府尚未从塔皮事件中恢复镇静，另一场风暴又接踵而至。1992 年 7 月 24 日，国家输血中心主任受审，原因是：1985 年接受过输血的病人中有约 4400 人感染上了艾滋病毒，而且约有 40% 的人已死于艾滋病；1985 年，法国已经拥有新的更为准确的血液检测手段，但国家输血中心却迟迟没有采用新的检测方法，结果酿成大祸。此即“血门事件”（亦即“污血丑闻”,le scandale du sang contaminé）。有人认为，当时的社会党政府总理法比尤斯及其手下的卫生部长和社会问题部长在这一事件中犯有渎职罪。在随后的几年中，法比尤斯为此事多方奔走，终获清白（当然还不是特别的清白），但是，对于在任的贝雷戈瓦政府来说，这一事件却是致命的，因为在许多选民看来，社会党政府即便不是草菅人命的凶手，那也至少是助纣为虐的帮凶。[2] 贝雷戈瓦政府还有其他一些难以解决的问题。1992 年 11 月，法国失业人口超过 300 万。1993 年 2 月 3 日，《被缚的鸭子》又抖出一桩秘闻：总理贝雷戈瓦在 1986 年曾从一位商人那里获得一笔 100 万法郎的无息借款。贝雷戈瓦无法证明自己已经还了这笔巨款。借钱不还等

---

① 参阅 Erik Melander, “Political Gender Equality and State Human Rights Abuse”, *Journal of Peace Research*, No. 2 (2005), pp. 149–166。

② 参阅 Violaine Roussel, “Changing Definitions of Risk and Responsibility in French Political Scandals”, *Journal of Law and Society*, No. 3 (2002), pp. 461–486。

于索贿，贝雷戈瓦及其社会党政府已是斯文扫地。

相对于苦苦挣扎的社会党政府来说，社会党总统密特朗在总体上还是能够置身于是非之外。他仍然掌控着外交和国防大权。为了防止统一后的德国节外生枝，密特朗认为必须要将德国纳入一个一体化程度更强的欧洲之中，因此，他竭力倡议建立一个拥有统一货币的“欧洲联盟”。1992 年 2 月 7 日，欧共体成员国首脑在荷兰小镇马斯特里赫特（Maastricht）签订《欧洲联盟条约》（*Le traité sur l'Union européenne*；通常亦称《马约》，*Le traité de Maastricht*），其中规定：政治联盟（“欧盟”，Union européenne）将于 1992 年底启动，货币同盟（“欧元”，Euro）将于 1998 年底开始运作。除此之外，密特朗还有一些重大举动，例如：1992 年 4 月，暂停法国的核试验，除中国而外，当时所有有关国家均暂停了核试验；1993 年 2 月，访问越南，宣布对越援助增加一倍，并取消越南欠法国的债务；1993 年 10 月，以国家元首的规格欢迎阿拉法特（Arafat，1929—2004）访法；1994 年 1 月，恢复与中国正常的外交关系（1989 年中国六四事件之后，法国以人权问题为由对中国进行制裁）。

与蓬皮杜一样，密特朗也在巴黎搞了一些大型的“总统工程”，其中最为有名的作品是由美籍华裔设计师贝聿铭[①]（Ieoh Ming Pei，1917 年生）设计的卢浮宫玻璃金字塔（Pyramide du Louvre，1988 年 10 月竣工）。在工程进行过程中，不少法国人愤怒抗议贝聿铭对巴黎的“亵渎”；但是，金字塔于 1989 年向公众开放之后，一切指责似乎都消失了。密特朗的“总统工程”有的则不太成功，其中最不成功的是国家图书馆新馆（现名密特朗图书馆，Bibliothèque François Mitterrand）。[②]1988 年 7 月 14 日，密特朗宣布，法国将建成“世界上最大最美的图书馆”。但是，新馆的空间虽然超大，但结构却不合理，因此，人们给了新馆一个讽刺性的外号，叫作“TGB”（Très Grande Bibliothèque，英文 Very Large Library）。[③] 在新馆全面投入使用的 1998 年，图书馆员工几乎没有上班，其相当

---

① 贝聿铭 1917 年 4 月 26 日生于中国广州，1919 年随父母迁居香港，1935 年开始在美国生活。贝聿铭通常被誉为现代建筑大师。

② 法国国家图书馆（Bibliothèque nationale de France，简称 BnF）在大革命之前是王家图书馆，1792 年 9 月改称“国家图书馆”。参阅 Paul M. Priebe, “From Bibliothèque du Roi to Bibliothèque Nationale”, *The Journal of Library History*, No. 4 (1982), pp. 389–408。另，新馆（密特朗图书馆）建成以后，旧馆里的藏书大都转运至新馆，但旧馆依然保留。

③ 这个外号是对法国高速铁路系统名称的模仿。法国高铁是个成功的项目，其简称是“TGV”（très grande vitesse，英文 very high speed）。

一部分时间都用于罢工了。

密特朗虽然掌握着最高权力，但他的声誉却因其暧昧的历史而受到严峻的挑战，这也就给社会党的形象造成严重的冲击。1993 年 2 月，《被缚的鸭子》又爆秘闻：在每年的第一次世界大战停战日（11 月 11 日），密特朗都要去贝当墓地敬献花圈。密特朗申辩说，他崇敬的是凡尔登的胜利者而不是维希政权的领导人。此后，有关密特朗年轻时代在维希政权中供职的文章书籍不断出现在法国市面上。密特朗被迫在电视上一再解释，但结果只能是越描越黑。1993 年 11 月 8 日，总统发言人宣布，密特朗总统将不再向贝当墓送花圈。[①] 不过，这种表态已为时太晚，社会党的政治统治已经崩溃。在 1993 年 3 月 21 日和 28 日的两轮国民议会选举中，执政的社会党遭到灾难性失败。保卫共和联盟获 242 席，法兰西民主联盟获 207 席，而社会党仅仅获得 67 席。在密特朗总统任期的最后两年，法国再次出现共治局面。刚刚卸任的前总理贝雷戈瓦因无法辩解的借款案而陷入绝望，于 1993 年 5 月 1 日开枪自杀。

社会党在国民议会选举中惨败之后，密特朗再次秉公办事，他将从右翼政党中任命一位总理，但是，右翼公认的领袖人物希拉克由于有着前一次共治的不愉快经历，而且他已决心参加 1995 年总统职位的角逐，因此他拒绝再次出任共治总理。1993 年 3 月 29 日，密特朗任命希拉克的挚友（后来在 1995 年总统竞选时与希拉克反目）巴拉迪尔（Balladur，1929 年生）为总理。巴拉迪尔原籍土耳其，出生后不久随父母移居法国。他曾任蓬皮杜总统府秘书长，又曾在希拉克手下担任经济、财政和私有化部长。与第一次共治相比，第二次共治显得相对比较平静。1992 年 9 月和 1994 年 7 月，密特朗两次做手术，身体已相当虚弱，尽管他还尽量出现在公众视野中，但他已无力且不愿对政事进行全面干预。而且，经过多年的试验，密特朗的思想观念又发生了明显的变化，他曾说："前些年搞国有化，对我们又有何用？"另外，左翼政党在议会中已处于绝对劣势，对政府已不能发挥制衡作用，因此，巴拉迪尔政府得以享有较为充分的自主权。

在经济方面，巴拉迪尔政府稍有成就，民众逐步恢复对法郎的信心，国债发行出现超额认购的积极现象。巴拉迪尔还进一步推动私有化进程，到 1995 年大

---

① 参阅 John Hellman, "Wounding Memories: Mitterrand, Moulin, Touvier, and the Divine Half-Lie of Resistance", *French Historical Studies*, No. 2 (1995), pp. 461–486。

选之际，法国本土共有65万国有企业雇员被巴拉迪尔推进了“自由市场”。[①] 但是，在解决失业问题上，巴拉迪尔政府并未取得任何成效。1994年1月，法国失业人口又创新高，达到342.6万人。除此而外，巴拉迪尔政府的某些决策也招致许多人（特别是左翼）的不满和抗议。例如移民问题：针对高失业率问题和来自国民阵线的压力，内政部宣称要在法国实现“零移民”，此言一出，舆论大哗，于是内政部立即将之改称为“零非法移民”。新移民法于1993年6月24日通过，使得外国难民很难以人道缘由移居法兰西。1993年11月19日，议会又通过法律，限制外国人以政治避难为由进入法国。再如教育问题：19世纪中叶的教育法案曾规定，地方政府对教会学校的财政补贴不得超过学校经费预算的10%，如今右翼势力要求取消这一限制，而且政府的确向议会提交了修正法案。尽管宪法委员会宣布修正法案无效，左翼政党还是按原定计划于1994年1月18日举行游行示威，约有60—90万人走上了巴黎街头。此外，巴拉迪尔政府亦深受丑闻之困扰。由于被指控有腐败行为，1994年10—11月，通讯部长，工业、外贸与邮电部长以及发展援助部长先后辞职，而且通讯部长因受贿额高达540万法郎而于1995年被判处5年徒刑，这是自19世纪20年代以来第一位在任部长入狱。

巴拉迪尔早已深藏不露地做好参选总统的打算，但是，1995年2月，一系列丑闻却让巴拉迪尔民望大跌：政府警察部门非法使用电话进行有关窃听活动，2月18日，巴拉迪尔被迫承认是自己亲自授意进行电话窃听的；与此同时，又有传言说，巴拉迪尔在国民议会任职期间还保留着多个有利可图的董事职位；他每次出任部长或总理之时，都要利用特殊信息将手中的股票全部出手，以获巨额收益。当巴拉迪尔处于困境之时，希拉克却以“局外人”的形象开始竞选活动，他以“团结”（而不是经济）作为竞选口号，并且宣称，绝不能让法国变成“一个自我主义滋生的国家，一个不平等加剧的国家”。在竞选过程中，最让希拉克不悦的事情之一就是自己的“得意门生”尼古拉·萨科奇（Nicolas Sarkozy，1955年生）的“叛变”。萨科奇是在希拉克的树荫下成长起来的，在希拉克的关照和培养下，1988年，33岁的萨科奇出任保卫共和联盟全国书记，1991年又升任该党副总书记。由于两个人关系密切，人们曾将萨科奇戏称为希拉克的“政治女婿”（朱佩则被戏称为希拉克的“政治儿子”）。1993年至1995年，萨科奇在巴拉迪

---

① 参阅 Robert F. Durant, Jerome S. Legge, Jr., “Politics, Public Opinion, and Privatization in France”, *Public Administration Review*, No. 3 (2002), pp. 307–323。

尔政府中担任预算部长并兼任政府发言人，他感觉巴拉迪尔的胜算更大，于是，在大选过程中，他便抛弃自己的“政治岳父”希拉克，而开始鞍前马后地为巴拉迪尔摇旗呐喊起来。[①] 当巴拉迪尔和希拉克为竞选之事大闹矛盾之时，社会党内部也是混乱如麻，1995 年开始之时，社会党还没有确定自己的候选人，到了 2 月，10.3 万名社会党党员以投票方式终于将若斯潘推上竞选舞台。

总统选举的第一轮投票于 1995 年 4 月 23 日举行，若斯潘的支持率为 23.3%，希拉克为 20.8%，巴拉迪尔则比希拉克低 3 个百分点而被淘汰。国民阵线领袖勒庞竟然获得 15% 的选票，而法共候选人罗贝尔·于（Robert Hue，1946 年生）仅获 8.6%。有评论认为，勒庞得票率的大幅上扬“标志着国民阵线将具有长期的挑战性，标志着极右政治力量合法化进入一个新的阶段”。1995 年 5 月 7 日举行的第二轮投票中，分裂的右翼各派重新联合起来，结果 63 岁的希拉克以 52.6% 的得票率击败若斯潘，成为第五共和国历史上的第 5 位总统。[②]

1995 年 5 月 18 日，带病在任 14 年的密特朗离开总统府。半年多后，即 1996 年 1 月 8 日，密特朗在巴黎去世。法国政府在巴黎圣母院为密特朗举行隆重的追悼仪式。枢机主教吕斯蒂热尔（Lustiger，1926—2007）在追悼仪式上动情地颂扬密特朗，但他颂扬的不是政治家密特朗，而是与病魔顽强抗争的密特朗。密特朗的遗体安葬在其家乡雅纳克镇（Jarnac，位于法国西南部的夏朗德省境内）。密特朗的夫人以及密特朗的“第二家庭”的两位成员（情妇安娜·潘若 Anne Pingeot 以及他们 21 岁的女儿马扎利娜·潘若 Mazarine Pingeot）参加了葬礼。当这 3 位特殊女性在墓地旁的一组照片刊登出来之后，许多法国人

密特朗的情妇及女儿

① 希拉克当选总统之后，萨科奇又开始忙于修补自己和“岳父”的关系。2002 年大选时，萨科奇全力支持希拉克连任总统，不过，他的意图很明显，即希拉克获胜之后，可能会任命他出任政府总理。但是，萨科奇的希望再次落空。

② 参阅 Michael S. Lewis-Beck, Kevin Chlarson, “Party, Ideology, Institutions and the 1995 French Presidential Election”, *British Journal of Political Science*, No. 3 (2002), pp. 489–512。

的心灵受到了震撼，他们并不是去痛斥密特朗的“不忠”，而是为密特朗夫人的“宽容”而感佩；而且，一些法国人还将之与美国领导人的婚爱生活作了对比，以此证明法国人“受到过更好的教育”，法国人更懂得“人情世故”。

第四节　希拉克时代

与密特朗的那种由右翼跳到左翼的情形刚好相反，第三次角逐总统职位终获成功的希拉克则经历了由左翼逃往右翼的过程。在20世纪50年代读大学时，希拉克曾参加社会主义大学生组织，由于觉得“社会党太保守”，他又参加共产党的一些组织活动，但随后便溜之大吉了。从左翼中“逃跑”之后，希拉克转而成为戴高乐的信徒，不久便进入蓬皮杜的总理府。希拉克的“恩师”蓬皮杜对希拉克曾有这样的评价：“假如我告诉希拉克，有一棵树遮住了我的阳光，他准会在5分钟内把树砍掉。”虽然希拉克在戴派阵营中找到了立足之地而且自视为戴高乐事业的继承人，但在担任总理期间，他却朝着“经济自由主义”的方向前进过一段时间，然而，这一政策并未能让法国的经济形势好转起来，于是，其治国理念又重归“统制经济”（dirigisme）的轨道。

出任总统之后，希拉克尽管对英式的“极端自由主义”表示反对，但在国内，他的经济政策还是具有“自由主义”倾向。实际上，不论遵循什么样的治国路线，法国经济的低迷状况都没有出现根本转机。正因如此，希拉克担任总统仅两年之后，右翼政党的全面执政便早早地让位于时近5年的“左右共治”。不过，在若斯潘主持下，社会党政府并没有将“玫瑰加拳头”的社会主义旗帜扛下去，而是顺着右翼的“自由主义”路线继续向前，与此同时，失业问题并未得到根本解决，社会治安问题也变得越来越严重。[①] 因此，希拉克的第一届总统任期（1995—2002）给法国带来的政治结果就是：以总统希拉克为代表的右翼政党在民众面前失去了吸引力，以总理若斯潘为代表的左翼政党也没有能够赢得选民们的足够好感。

① 参阅 Harvey B. Feigenbaum, Jeffrey R. Henig, “The Political Underpinnings of Privatization: A Typology”, *World Politics*, No. 2 (Jan., 1994), pp. 185–208。

正是在此情形下，一直以反对派形象出现的极右翼政客勒庞一跃而成为全球关注的政治“巨星”。希拉克最终以极为悬殊的得票率挫败勒庞而蝉联总统，但是，用法国媒体的话来说，许多选民是“带着手套并捏紧鼻子”将选票勉勉强强地投给了希拉克。在第二届总统任期内（2002—2007），希拉克在内政外交方面都曾做过不少努力，以图重拾法兰西的大国地位。在外交领域中的某些方面，比如在推动欧盟东扩以及反对美国对伊拉克动武等问题上，希拉克为自己赢得了一些掌声；但是，在国内事务的处理上，希拉克却经常处于进退失据的尴尬境地，地区性的骚乱、全国性的罢工以及政府要员的丑闻等等难题往往让他疲于应付。正因如此，希拉克在任末年，其民众支持率不断下滑。2006 年 10 月，英国《经济学家》（*The Economist*）周刊称，希拉克已经成为法兰西第五共和国历史上最不受欢迎的总统。① 与此同时，一度颇得希拉克赏识但后来又把关系闹僵的萨科奇却乘势把自己造就成广受法国民众欢迎的政治明星。然而，当希拉克于 2007 年淡出政治舞台之后，法国人却又满怀眷恋地咀嚼起希拉克时代的“美好时光”。2010 年的一项民意调查显示，最受敬重的法国政治家是希拉克，而正在台上艰难跋涉的在任总统萨科奇则排在了第 32 位。

一、两载右翼政权

希拉克当选总统之后，立即任命了比自己年轻 13 岁的“自由主义”政治家阿兰·朱佩（Alain Juppé，1945 年生）② 为总理。1995 年 5 月 23 日，朱佩将内阁成员名单提交国民议会并获通过。朱佩在此前的希拉克政府（1986—1988）中曾担任预算部长并兼任政府发言人，在巴拉迪尔政府（1993—1995）中曾任外交部长，1995 年又被选为波尔多市长。人们一般认为，朱佩

朱佩

① “What France needs”, *The Economist*, 26 October 2006.

② 在希拉克时代结束之后，朱佩还将继续活跃于政治舞台上。2011 年 2 月，朱佩再次出任外交部长。

出任总理之事表明，希拉克已经由原先的以中央集权、统制经济为特征的戴高乐主义进一步向更具英美特色的“自由主义”转变。

作为右翼总统，希拉克当然要努力表现出与其前任、左翼总统密特朗的不同之处。法国人仍然没有忘却维希政权的那一段可悲的历史，而与维希政权有着复杂关系的密特朗很难平心静气地正视这一问题。相比之下，希拉克则没有这种历史包袱，在维希政权建立的1940年，希拉克还只是一个不谙世事的8岁儿童。1995年7月16日，希拉克以元首的身份发表讲话，对法国在二战期间围捕犹太人之事进行忏悔，他说：“的确，（德国）占领军的罪恶的疯狂举动得到了法国人民的支持，得到了法兰西国家的支持”，而且，“法国警察和宪兵在其领导人的授权下，响应了纳粹的号召”；“在那一天，法兰西却犯下了无可挽回的罪行”。法国著名律师、在调查纳粹罪行方面成效卓著的克拉斯费尔德（Klarsfeld，犹太人，1935年生于罗马尼亚）对希拉克的讲话颇为欣赏，因为这位总统“有勇气、无条件地采取了反维希的立场”。枢机主教吕斯蒂热尔也认为希拉克的讲话“非常公正，有勇气”，而且这一讲话是“为了法国，为了这个民族的历史”。①

对于希拉克来说，进行一次成功的忏悔是相对容易的，但是，在具体的内政外交工作方面，希拉克和总理朱佩却陷入连续不断的危机之中。一是核试验问题：1995年6月，希拉克宣布，法国将在南太平洋重新开始核试验。南太平洋各国随即掀起抗议风暴，法国在澳大利亚帕思市（Perth）的领事馆被炸；在墨尔本，1995年的法国国庆活动被迫改在昔日的墨尔本监狱（已成为历史古迹）中秘密进行。面对一片讨伐之声，1996年1月29日，希拉克草草宣布核试验“成功”结束。② 二是公房丑闻：希拉克当选总统之后便辞去巴黎市长职务，接任者是让·蒂贝里（Jean Tibéri，1935年生）。③ 从1995年6月开始，《被缚的鸭子》接连报道：与其前任希拉克一样，新市长蒂贝里仍在用巴黎市的公有住房拉关系、送人情。三是恐怖活动：法国的治安问题长期以来一直难有起色，希拉克当政后也不例外。1995年7月27日，以阿尔及利亚为基地的恐怖组织在巴黎的圣米歇尔车站炸毁一节满载乘客的车厢，造成4人死亡，95人受伤，其中60人重

---

① 参阅 Mark J. Osiel, “Ever Again: Legal Remembrance of Administrative Massacre”, *University of Pennsylvania Law Review*, No. 2 (1995), pp. 463–704。

② 参阅 Miriam Kahn, “Tahiti Intertwined”, *American Anthropologist*, No. 1 (2000), pp. 7–26。

③ 参阅 “Jean Tiberi a été mis en examen dans le dossier des faux électeurs”, *Le Monde*, 21 March 2005。蒂贝里是法国的“资深议员”，1995—2001年任巴黎市市长。2000年10月，蒂贝里被希拉克的保卫共和联盟开除出党。

伤。四是社会改革："马约"早有规定，加入新货币（欧元）集团的所有国家都必须将其财政赤字控制在 GDP 的 3% 以内。1995 年 10 月 26 日，希拉克发表电视讲话，声称他已无力履行在竞选时提出的"团结"纲领。为降低赤字，总理朱佩随后提出一系列改革方案，如：提高个人所得税，削减医疗补贴，降低国有企业雇员的退休金，等等。

以减轻国家财政负担为目标的朱佩改革方案成为法国社会危机的一根导火索。1995 年 11 月 24 日，铁路工人首先开始罢工。公共服务部门的其他一些行业紧随其后，大学生和一些大学教师亦走上街头。朱佩的最初反应就是：可以就改革方案的"必要性"向民众作出解释，但是却没有谈判的余地。既然政府不妥协，罢工规模也就进一步扩大。私营企业的工人虽然担心会因参加罢工而丢掉饭碗，但他们还是在全国各地举行声势浩大的游行示威，马赛有 10 万人上街，图卢兹有 8 万人游行，甚至在朱佩担任市长的波尔多[①]，上街抗议者亦有 5 万之众。面对全国各行各业陷于瘫痪之威胁，1995 年 12 月，朱佩终于步步退让，他首先允诺大幅度增加教育经费以改善学生的生活和学习条件，接着又撤回降低退休金的方案，最后又撤回整个改革方案。这场自 1968 年以后规模最大的罢工浪潮表明，法国民众仍然拒绝走英美式的"自由市场"道路，他们仍然执著地要求维持一个由国家支撑的强大的安全网络和保险体系。无视这一传统而操之过急，希拉克和朱佩在"全球化"道路上只能无功而返。

当朱佩政府尚在"疗伤"之际，新的政治炸弹又相继引爆。首先是金钱丑闻：法国各地的某些行政部门往往会为一些"有用之人"虚设职位，结果形成在编而不在岗、不干活却拿工资的现象。1996 年 6 月，反腐官员突击搜查巴黎市长蒂贝里的住所以寻找有关证据。1996 年 12 月，蒂贝里的妻子被控犯有此类罪行。1997 年 3 月，蒂贝里本人亦受到类似指控。其后不久，希拉克本人亦卷入"虚设公职案"之中。1998 年 5 月，媒体披露，希拉克在任巴黎市长期间，在公职设置上存在徇私舞弊行为。司法部门认定，从 1992 年 10 月到 1995 年 5 月，即希拉克担任巴黎市长最后两年多时间里，巴黎市政厅为 21 人虚设了公职。[②] 其次

① 朱佩在 1995 年当选波尔多市长，2004 年因官司问题辞职，2006 年再次当选。

② 参阅 "Le tribunal examine le scandale de corruption des HLM de Paris, naguère affaire d'Etat", *Le Monde*, 25 January 2006。2007 年 5 月，希拉克卸任总统职务之后，法国司法部门随即对之展开调查。2009 年 9 月，司法部门决定以"挪用公款"和"滥用信任"等罪名起诉希拉克以及其他 9 名涉案人员。2011 年 12 月，巴黎轻罪法庭最终判处希拉克两年有期徒刑，但缓期执行。对于这一判决，希拉克发表书面声明称，他虽然不会提出上诉，但他"绝不认同该判决"。

是移民问题：1996 年 8 月，数百名来自非洲的非法移民占领巴黎的一座教堂。对峙几个星期之后，政府最终动用警察采取强制行动。法国各类媒体对警察的暴行作了详尽报道。朱佩政府随后又制定一项新的移民法案，其中规定：家中住有移民者，房主必须将有关情况通报给警方。政府的这一决策引发不少法国人（特别是文化界人士）的义愤，但议会还是在 1997 年 3 月 26 日通过了这一移民法案。另外，朱佩政府在私有化方面亦遭到不少指责。1996 年，朱佩决定将国营的汤姆生（Thomson）多媒体公司（世界上电视设备主要生产厂家之一）卖掉，但国内无人愿买，朱佩决定将之卖给韩国的一家公司，而且说汤姆生多媒体公司"只象征性的值一个法郎"。朱佩此举对法国人的民族自豪感是一种伤害，朱佩政府的形象也因此大为失色。

朱佩政府执政两年，法国经济并未复苏，社会矛盾并未缓解。总统希拉克认为，如果这种局势继续发展下去，右翼政党在 1998 年（上一届国民议会选举是在 1993 年 3 月）的议会选举中将很难保住多数地位，因此，应该在局面尚未发展到不可收拾之时提前进行国民议会选举。希拉克意识到民众对右翼政府有些不满，但他没有准确估算出民众对右翼政府的不满程度。在总统府秘书长多米尼克·德维尔潘（Dominique de Villepin，1953 年生）的建议和策划下，1997 年 4 月 21 日，希拉克宣布解散国民议会，他说，法国需要一个"有办法有能力的绝对多数"。① 新的国民议会选举于 1997 年 5 月 25 日和 6 月 1 日举行，结果大大出乎希拉克的预料，选民们又把在野的社会党请了回来。社会党获 266 席，加上法共 37 席以及绿党和极左各党 17 席，左翼共获 320 席，远远超出组建政府所需的 288 席。对于这一逆转，《世界报》曾有分析：选民们普遍感觉到，希拉克之所以下令提前大选，目的就是要加强自己的力量以实施英美式的自由市场政策（法国人将之称为"全球化"政策），而这种政策恰恰是许多法国人所不愿接受的。希拉克只能自食其果，1997 年 6 月 2 日，他任命议会多数派领袖、社会党人若斯潘为政府总理，长达近 5 年的"左右共治"由此开始。

---

① 德维尔潘是希拉克颇为器重的心腹，1995—2002 年任总统府秘书长，2002—2004 年任外交部长，2004—2005 年任内政部长，2005—2007 年任总理。德维尔潘与萨科奇存在尖锐矛盾，2010 年 6 月，他创建"团结共和"（République solidaire）政党，并准备参加 2012 年总统竞选。参阅 David Gauthier-Villars, "De Villepin Plans New Party", *The Wall Street Journal*, 26 March 2010。2012 年 3 月，由于未能集齐所需的 500 个民选代表的签名支持，德维尔潘不得不宣布退出 2012 年总统竞选。

二、五年“左右共治”

若斯潘

重新上台执政的社会党在新的形势下开始出现新的变化，正如若斯潘在5年共治结束前夕(2002年3、4月）表白的那样：“我的党名曰社会主义党，但我的竞选纲领无论如何不能说是社会主义纲领。”从支持者成分的变化中，人们可以明显感受到社会党本身的变化。社会党的票源原来主要是来自工人阶级，而如今则主要来自中高级职员和小业主；1995年，在工人群体中，支持社会党的尚有25%，而到了2002年，支持者则陡降至12%。社会党当然不会公开步入右翼阵营，但是它又与传统的左翼有着不小的差异，这种不伦不类的状态虽然是时世所迫、顺应潮流的结果，但对社会党的生存和发展却是一个危险的信号。当然，若斯潘上台的1997年是世界经济形势总体上趋于好转的一年，法国的GDP增幅为2.5%，且无通货膨胀的压力，失业人口有所下降。在此情形下，若斯潘的处境要比其前任朱佩好一些，但是，在若斯潘政府的政策当中，却包含着许多与法国普通民众的心理需求不相一致的地方。不过，并不能因此就认为若斯潘的主张是错的，也不能因此就认为若斯潘政府一无是处，问题的关键在于，若斯潘政府面对的是一个习惯于“背靠大树好乘凉”的法兰西民族。

维希政权的历史仍然是法国人心中难以抹去的阴影，对“合作主义”的反思和悔罪仍在继续进行。令人注目的是，天主教会也开始勇敢地解剖自己在“合作”方面的不良记录。1997年9月30日，圣德尼大教堂主教以法国天主教会的名义宣读一份“忏悔声明”，其中有言：在纳粹占领期间，“面对法国政府通过的反犹立法，……面对将外国犹太人拘押在集中营里的决定，……法国的主教们并没有公开表明自己的态度，而是对这些疯狂践踏人权的行为保持沉默，从而也就变成了默许”。几天之后，即1997年10月8日，时年87岁的巴蓬（Papon，1910—2007）终于在波尔多受审，对他的指控是：1942—1944年间，他曾协助纳粹，先后抓捕1560名犹太人，其中包括223名犹太儿童。1998年4月2日，巴蓬被判有罪，并以“同谋参与反人类罪行”而被处以10年监禁。巴蓬在自我辩护时声称，他当时只是为政府办事，而且他还“协助许多地下反纳粹活动，救人无数”。入狱之后，巴蓬曾抗议说监狱的条件太差。2002年9月，右翼政府又以“人道”方面的理由将92岁高龄的巴蓬从监狱中放了出来。①

如果说若斯潘政府对维希历史的“重审”受到了绝大多数法国人特别是战后出生的法国人的欢呼，那么，在其他许多方面，若斯潘政府则不得不承受无休无止的或左或右的围攻。若斯潘是一个坚定的“欧洲主义者”，为了将法国的财政赤字控制在“马约”规定的标准以内，他就必须要开源节流，其中最为重要的措施就是沿着前右翼政府开创的“私有化”道路继续前进。1997年10月，法国电信实现部分私有化，仅此一宗买卖，若斯潘政府即获得420亿法郎财政收入。若斯潘上任两年后，政府在出售国有企业方面共获利1750亿法郎。《世界报》曾为此发表一幅漫画：若斯潘在进晚餐，口里叼着雪茄，面前是一个胀得往外流钱的保险柜，上面写着“私有化”；而希拉克则在一边无可奈何地望着。到2002年下台之前，若斯潘在其任期内卖掉的国有企业共值2400亿法郎，比过去六届政府在此领域所得的总和还要多。

除此之外，若斯潘政府对国营企业员工实行下岗分流政策，同时还默许并配合私营企业实施“减员增效”计划。当被减下来的工人向社会主义总理请愿时，若斯潘的回答是：“我无权干涉股东的决定”。在若斯潘政府的苦心经营下，法国的财政赤字终于控制在欧盟规定的标准之内。2002年1月1日，欧元在法国正式上市；2月17日，法国告别与他们相伴近6个半世纪的法郎，完全进入“欧元时代”。② 据2002年2月17日公布的一项调查显示，有近40%的法国人对法郎最终“退位”感到依依不舍。不论若斯潘政府的用心和愿望是多么良好，私有化和欧洲一体化在一定时期内还是给不少法国人造成不小的心理上的冲击。

若斯潘政府试图解决更多的社会问题，但其结果却是褒贬不一。例如35小时工作制：这是让若斯潘名扬四海并准备“向全世界推广”的“得意之作”。“为了减轻在岗工人的负担，同时给失业工人创造机会”，1999年12月15日，议

① 参阅 Fabrice Leroy, “Le scandale Papon en images: L’exception de Pierre La Police ou l’art de l’anti-caricature”, *Contemporary French & Francophone Studies*, Issue 3 (2008), pp. 341–348。

② 最初使用欧元的国家有11个，即奥地利、比利时、法国、德国、芬兰、荷兰、卢森堡、爱尔兰、意大利、葡萄牙和西班牙，由此形成“欧元区”，后来，希腊、斯洛文尼亚、塞浦路斯、马耳他、斯洛伐克和爱沙尼亚亦先后加入欧元区。目前（2012年9月），欧盟共有27个成员国，其中，使用欧元的有17个国家。

会通过政府提案，将每周39小时工作制缩减为每周工作35小时。这一制度从2000年起开始全面实施。据称，实施此法的两年中（2000—2001），法国至少增加了40万个就业机会。但是，也有不少人对此表示怀疑，他们认为，35小时工作制与扩大就业之间并无必然联系，雇主们一定会想尽办法让雇员在35小时之内完成39小时的工作量。① 再如“同性恋法”：1998年10月，若斯潘政府建议制定一项法律，准许同性恋者依据“合同”组建自己的“同性家庭”，这种“家庭”可以像正常家庭一样享受社会福利和医疗补助。1999年7月，“同性恋法案”经过激烈的辩论终获通过。② 对于若斯潘政府尊重“人权”的这一举措，右翼政党和许多教会人士竭力反对，他们认为，同性恋是导致艾滋病的祸首之一，而世纪之交的法国每年约有5000个新增艾滋病病例。

若斯潘政府还面临着一个进退维谷的难题，即久拖不决的科西嘉问题。从1768年法国从热那亚手中购得科西嘉以后，岛上的民族主义分子和地方分离主义分子从未停止过活动，以科岛独立为目标的政治暗杀事件层出不穷。③ 若斯潘当政后的几年中，岛上平均每天要发生两起炸弹爆炸事件（不包括“普通”的枪击事件），1998年2月，科西嘉省省长在街上被两名分裂主义分子打死。而且，从20世纪90年代中期开始，科岛分离主义者将恐怖活动延伸到法国本土，南方城市马赛、波尔多等地的公共建筑经常成为其袭击目标。他们还发出威胁要“血洗巴黎，然后进攻欧洲议会所在地斯特拉斯堡”。对于这个每年需要中央政府补贴100多亿法郎的贫困之岛，法国社会各界的看法不尽一致，有些人认为此岛是法国财政的一大负担，干脆让它独立；但更多的人则不愿看到它从法国版图中分离出去，民意调查显示，80%的科岛居民和60%的法国本土居民希望科岛继续留在法国之内。

① 参阅 Christopher A. Pissarides, “Unemployment and Hours of Work: The North Atlantic Divide Revisited”, *International Economic Review*, No. 1 (Feb., 2007), pp. 1–36。确立“35小时工作制”之后，关于这一制度的存废问题一直处于激烈争执之中，执政者一而再、再而三地下决心要废除之，但每一次都在民众的声讨声中告吹。2002年，希拉克在总统大选和国民议会选举时承诺，一旦执政，要给“35小时工作制”制定更为宽松的实施细则。2008年初，萨科奇宣布，他要在年底彻底终结“35小时工作制”。2011年7月初，法国执政党“人民运动联盟”领导人宣布，如果萨科奇在2012年大选中成功连任，他将会取消“35小时工作制”。可惜，萨科奇未能连任。

② 参阅 Patrick Festy, Godfrey Rogers, “Legal Recognition of Same-Sex Couples in Europe”, *Population*, No. 4 (2006), pp. 417–453。

③ 参阅 Roger V. Gould, “Collective Violence and Group Solidarity”, *American Sociological Review*, No. 3 (1999), pp. 356–380。

若斯潘上台后信心十足，他声称要在2000年暑假结束之前解决科西嘉问题。若斯潘的方案是：科岛将在2004年实现部分自治，自治的内容主要包括，科西嘉人可以自行制定更多的法律，当地学校可以开设科西嘉本地语言课程。但是，若斯潘的这一方案遭到希拉克的强烈指责，他认为，让科岛自治等于是在分裂祖国，“我们不能让法兰西共和国一点一点被蚕食”，“法国的法律应在法国全部的领土上实施，这样才能保证国家的统一和民族的融洽”。在内部分歧极为严重的情况下，若斯潘的科岛方案只能搁浅。早在2001年，法国媒体就有分析指出：“若斯潘的科西嘉政策向科西嘉分离主义分子开了绿灯，最后可能要搬起石头砸自己的脚”，“弄不好，科西嘉问题没能解决，总统梦也难圆”。

若斯潘的总理任期是与法国民众的游行罢工一路打斗过来的。游行罢工在法国并不新奇，但若斯潘时期的游行罢工有着自身的特点，这就是国有企业的员工最为积极，而且是越来越积极。1999年，国企罢工数量比1998年激增43%。2000年9月，运输行业的抗议行动使全国交通运输几近瘫痪。2002年1月30日，国有企业发起全国总罢工，参加者不但有医护人员、铁路航空调度员、飞行员、消防员，而且还有法院和监狱的官员。在巴黎市郊的雪铁龙汽车厂，工人们已经喊出口号：“投谁的票也不投社会党的票”。关于民众对政府的不满，法国著名学者布迪厄（Bourdieu，1930—2002）在1998年就曾有过分析，他认为，法国老百姓害怕“新自由主义”，因为它是一种“可以进行无限制剥削的乌托邦”，是“一个达尔文式的世界”。[①] 然而，若斯潘却处变不惊，而且自我感觉良好，他已准备向爱丽舍宫进军。

希拉克的7年总统任期（1995—2002）于2002年结束，依据2000年的宪法修正案，法国将选出第一位任期5年的新总统。由于当年希拉克贸然提前举行议会选举，任满5年的国民议会也将于2002年换届。这一由希拉克一手促成的时间上的巧合有利于结束左右共治局面。因此，不论是左翼还是右翼，双方都把预定在2002年4月21日和5月5日举行的两轮总统选举看作是“全面夺权”的关键战役。与历届总统大选一样，这次报名参选者当中也不乏凑热闹者和愤世嫉俗者，其中有一名幽默艺术家，其竞选口号是“取消一切法律，取消一切税收”。还有一名脱衣舞娘，其竞选纲领是，打造“极乐法国”，在监狱设置妓院，让妓

① 参阅 Carla Freeman, “The ‘Reputation’ of Neoliberalism”, *American Ethnologist*, No. 2 (2007), pp. 252–267。

院合法化，每个星期设一天“做爱日”，建设一个公园供人裸体晒太阳，如此等等。参选人以各种方式表达自己的政治观点，而且对竞争对手特别是那些人望很高的竞争对手进行嬉笑怒骂。左翼党派“公民运动”（Mouvement des citoyens）候选人舍韦内芒（Chevènement，1939 年生）用一部系列电影的名字来贬抑两位热门人物，他称希拉克是《我说假来便是真》，若斯潘则是《我说假来便是真(续集)》。①

2002 年 4 月 4 日，法国选举委员会公布，符合法定条件的总统候选人共 16 位。这是法国总统选举史上合格候选人人数最多的一次。舆论普遍认为，真正的角逐必然在希拉克和若斯潘之间进行，正因如此，二人的相互争斗与攻击也最为激烈、最为引人注目。若斯潘喊出的口号是“当不一样的总统”。2002 年 3 月 1 日，若斯潘为竞选造势的谈话录《回答的时刻》正式出版。在书中，若斯潘首先声明不对希拉克进行人身攻击，“我们在一起总是彬彬有礼”，但随后若斯潘便说，希拉克易变、不关心整体利益、不光明正大、不负责任，“我们的总统爱讲话，爱表现激动，以引起舆论轰动效应，但他不考虑自己讲话的自相矛盾之处”。3 月 10 日，若斯潘对媒体说，希拉克“既衰老又疲惫”，“现在是他引退的时候了”。对于若斯潘的攻击，希拉克平心静气地回应道：“他这个人，我知道。”当然，希拉克也在还击，他说，法国在世界上的竞争力下降，政府是唯一责任者；而且，法国治安形势恶化，2001 年的案件数目创下“绝对的历史纪录”，首次突破 400 万起。与此同时，希拉克夫人也为自己的丈夫助威，她说：“对于一位 70 岁的人来说，他显得还是那么帅。他完全有能力继续和别人赛跑。”

在希拉克和若斯潘为虚拟的未来进行实战之时，法国舆论似乎并没有把“大右派”、国民阵线领袖勒庞放在心上。2002 年 3 月底 4 月初，法国媒体一再报道说，勒庞在征集 500 人签名过程中遇到“空前困难”。然而，在最后时刻，勒庞还是凑齐了 500 个签名。即便如此，舆论仍然认为“勒庞进入第二轮的希望不大”。不过，法国媒体也注意到，左右翼主流政党对勒庞的态度不太一样。最不希望勒庞成为正式候选人的是希拉克，因为将勒庞排除在外，那些倾向于右翼乃至极右的选民就有可能将选票投给希拉克。相反，最希望勒庞正式参选的是若斯

① 在若斯潘政府中，舍韦内芒曾担任内政部长（1997—2000）。在 2002 年总统竞选中，舍韦内芒提出“既反希拉克又反若斯潘”、“两个人都不要”之类的口号，在第一轮投票中，他获得约 5% 的选票。很多社会党成员认为，正是由于舍韦内芒搅局，才导致若斯潘败选。参阅 Charles Bremner, “Left out in the cold after worst defeat in decades”, *The Times* (UK), 17 June 2002, p. 14。

潘，因为勒庞参选可以分散右翼的选票。不论人们如何分析形势，勒庞在投票之前的最后演说中的确宣称，他“准备参加有生以来第一次大选第二轮投票”。

勒庞

在第一轮投票前夕，舆论几乎是一致的，即，“若不出意外，现任总统希拉克和总理若斯潘将是5月5日第二轮决斗的最后两位对手”。然而，民意测验有误，“意外”情况发生。在2002年4月21日的第一轮投票中，希拉克的得票率为19.9%，勒庞为16.7%；而若斯潘位居第三（16.2%），惨遭淘汰。对于社会党候选人的失败，可以暂且不论，勒庞在第一轮中的胜出倒是有必要作一分析。勒庞的竞选纲领是取消欧元、退出欧盟、恢复死刑和驱逐大部分移民，而这些内容涉及的都是普通民众感到焦虑的社会问题。选票的分布或许更能说明问题。原先属于传统左翼阵营的工人、农民、手工业者以及小商人大批倒向极右势力，30%的工人支持勒庞，20%的农民也投了勒庞的票，手工业者和小商人中有19%选择了勒庞，这就充分显示出法国社会底层对贫困和失业现象的不满情绪。另外，74%的勒庞支持者声称，社会治安恶化是他们投勒庞票的主要原因；而且，在失业者选民中，有30%的人投了勒庞的票。可以说，失业危险和治安问题是促成勒庞胜出的两大主要原因，所谓的“勒庞现象”并不是简单地用一顶“法西斯主义”大帽子就可以盖棺论定的。①

勒庞进入第二轮与希拉克一争高下，这一事件引起法国国内和国际社会的极大关注。法共认为，第一轮投票的结果使法国“经历了一场政治地震”。绿党认为，这一结果引起的“震动是全面的，人们现在必须觉醒起来”。而欧洲各大报纸则不约而同地将勒庞胜出的这一天称为法国的“耻辱日”。英国销量最大的《太阳报》(*The Sun*）在其社论中指出：“法国发生的事情令人恶心”。《泰晤士报》(*The Times*）则认为，法国的选举结果使人们怀疑法国选民是否真的在致力于实现“文

① 参阅 Claire Durand, André Blais, Mylène Larochelle, “The Polls in the 2002 French Presidential Election: An Autopsy”, *The Public Opinion Quarterly*, No. 4 (2004), pp. 602–622。

化多元化”。2002年5月1日，法国各地有130多万人举行游行示威，反对勒庞的极端民族主义和排外主义主张。实际上，勒庞本人几乎从未想过自己能够取得最后的胜利。5月3日，他在记者招待会上表示：“当你像小老鼠一样对抗一头大象时，能得25%的票已经非常好了。”不过，他又补充一句给自己留有余地的老话：“如果我获得51%的选票，我不会感到惊讶。”

法国舆论也不认为勒庞能最终得胜，大多数人只是希望“他的得票越少越好”，以维护法兰西民族的声誉。因此，社会党、共产党和绿党等左翼政党均呼吁选民将票投给他们的“政敌”希拉克。在2002年5月5日的第二轮投票中，希拉克终于以82.5%的得票率战胜勒庞。在短短半个月时间里，希拉克创造了第五共和国总统选举史的两项纪录：在任总统第一轮选举得票率最低者和历届候选人中第二轮选举得票率最高者。2002年5月6日晚，希拉克发表了颇具戴高乐风格的电视讲话，他说：“我听见了，我理解法国人民的召唤。”不过，勒庞宣称，希拉克的连选连任“是一个苏维埃式的可疑的胜利，对法国人的希望是一个巨大的打击”。左翼财经部长、前总理法比尤斯的说法或许更为准确：82.5%不是希拉克的得分，而是民主制度的得分，以右翼总统为象征的这个巨大胜利应该归功于左翼。[①]2002年5月6日，时年65岁的若斯潘黯然辞职，历时近5年的“左右共治”以左翼的败选而宣告结束。

三、亦成亦败的第二任期

对于2002年总统大选而言，在第一轮选举结果出来之后，第二轮选举就已不存在什么的悬念。因此，在第二轮选举之前，总理人选之争就已在右翼政党内部展开，其中，呼声最高的就是以敢说敢干著称的时年47岁的尼古拉·萨科奇。由于1995年总统选举中的“倒戈”事件，萨科奇原本已被希拉克“抛弃”，然而，凭借个人的不懈拼搏，萨科奇不仅得以东山再起，而且在“保卫共和联盟”中博得很高的支持率，并一度担任该党的总书记职务。不过，让谁做总理，这却是总统希拉克的职权。因此，不论是出于个人恩怨，还是为了“回报”左翼选民在第

① 参阅 Éric Bélanger, et al., “Party, Ideology, and Vote Intentions: Dynamics from the 2002 French Electoral Panel”, *Political Research Quarterly*, No. 4 (2006), pp. 503–515。

二轮大选中对自己的支持，希拉克都会把右翼色彩浓厚的强硬派代表人物萨科奇排除在总理人选之外。正是在这种微妙的政治氛围下，形象温和、为人低调的让－皮埃尔·拉法兰（Jean-Pierre Raffarin，1948 年生）开始进入希拉克的视野。拉法兰是“中间派”色彩比较浓厚的自由民主党（Union pour la Démocratie Française）[①] 成员，与希拉克不属同一政党，但他却是坚定的“希拉克派”，希拉克 1995 年和 2002 年两次竞选总统都得到他的鼎力相助。

拉法兰

在若斯潘正式递交辞呈的当天，即 2002 年 5 月 6 日，希拉克任命拉法兰为过渡政府总理。当然，希拉克也无法做到无视萨科奇在党内以及法国社会中日益攀升的人气，因此，在过渡政府中，萨科奇获得了权重但责大的内政部长职位（后转任财政部长）。另外，在这个政府中，还有几位在随后几年中将担当重要角色的政治明星，如外交部长多米尼克·德维尔潘（后转任内政部长，2005 年出任总理）以及劳工部长弗朗索瓦·菲永（François Fillon，1954 年生，后转任教育部长，2007 年出任总理）。2002 年 6 月 9 日和 6 月 16 日，法国举行国民议会选举，以原保卫共和联盟为骨干的“总统多数派联盟”[②] 在 577 个议席中获得 355 席，加上其他右翼小党，右翼共获 399 席。这一结果表明，绝大多数选民不愿再看到那种同床异梦、效率低下的左右共治局面。2002 年 6 月 17 日，拉法兰正式出任政府总理，原过渡政府亦相应转变身份而成为正式的政府，右翼政党全面控制了政局。和从前一任又一任的总理不同，拉法兰来自基层，其脚踏实地的工作风格更为鲜明。然而，在经济长期萎靡、福利传统深厚、罢工罢课乃

① 自由民主党成立于 1978 年，属于中间偏右政党。2007 年底，该党解散，其成员和财产转归新成立的中间党派“民主运动”（Mouvement démocrate）。“民主运动”的领导人是在 2007 年总统第一轮选举中有不错战绩（得票率 18.6%，排名第三）的弗朗索瓦·贝鲁（François Bayrou，1951 年生）。

② 2002 年 11 月，“总统多数派联盟”更名为“人民运动联盟”。

“天赋人权”的法兰西，不论是什么样风格的总理，最终恐怕都难以全身而退。从拉法兰政府（2002 年 5 月—2005 年 5 月）的 3 年治理历程来看，右翼政权依然是在泥潭沼泽中艰难地向前跋涉。

首先，经济发展依旧前景不明。拉法兰当政的第一年，即 2002 年，法国经济增长率为 1.2%，一至四季度国内生产总值增长率分别为 0.7%、0.4%、0.3% 和 0.2%，可以明显看出，经济增长在逐次递减。2003 年第二季度，法国经济甚至出现了负增长。纵观 2003 年全年，经济增幅仅为 0.9%，增长率创 1993 年以来的最低。2004 年初，劳工部长菲永宣称，法国经济必将走出困境，而且他与经济回升已经“定了约会”。在这一年，法国经济的确显现出一些准时“赴约”的迹象，全年增幅达到 2.1%。然而，进入 2005 年之后，经济增速再度下滑。与乏力疲软的经济相伴，失业率也是居高不下。2003 年 12 月，失业人口达到 245 万，比 2002 年增加 6%。随着 2004 年经济的恢复性增长，失业率有所降低，但 2005 年 3 月公布的统计数据表明，失业率依然高达 10.2%，其中，年轻人失业率更是高达 23%。对于法国社会而言，如此之高的失业率一直是个巨大的潜在威胁，稍有风吹草动，这一潜在的威胁就有可能转化为随时可以引爆的社会炸弹。

其次，社会治安尚无实质性改善。2002—2004 年，萨科奇担任内政部长。在此期间，他曾采取一系列强硬措施，将宪兵队划归内政部管理，重整各地治安组织体系，更新警务设备，大量增设警察科技部门。萨科奇的铁腕治理在短期内的确具有较为明显的效果。2003 年，法国的各类治安及刑事案件约为 397 万件，比 2002 年减少约 3.4%，这是过去六年来犯罪率的首次下降。但是，案件的绝对数字依然庞大惊人，民众的安全感并没有明显的增加，而且政界名人要员的遭遇反而使治安问题更显突出。2002 年 7 月 14 日，总统希拉克在国庆阅兵式上险遭暗杀。2003 年底至 2004 年初，新当选的汝拉省省长（属于“移民”）数度遭到炸弹袭击。实际上，治安方面的“顽疾”是法国社会中诸多矛盾的集中反映，采取高压手段虽然可以起到一时之效，但终究属于治标之举。只要法国社会的内部关系不顺，治安问题就会一如既往地遍地开花，就会一如既往地让法国政府疲于奔命。

再次，社会经济改革依旧困难重重。拉法兰是以“减税”（将个人所得税征收额逐步减少 1/3）为旗帜而入主总理府的，但减税的直接后果就是国家财政收入的降低。为了维持法兰西国家这部大型机器的运转，政府只能不断地借钱以弥补财政收入的不足。法国政府称，法国的公共债务几乎以每秒钟 5000 欧元的速度在递增。据统计，截止 2004 年底，公共债务累计已达 10670 亿欧元，占 GDP 的比例高达 64.7%。而欧盟规定的标准是，公共债务的比例不得超过 GDP 的 60%。与此相伴，财政赤字亦是政府面临的严峻问题。欧盟规定，财政赤字不得高于当年 GDP 的 3%，然而，2003 年法国公共财政赤字总额高达 658 亿欧元，占当年 GDP 的 4.1%。2004 年，虽然经过压缩，公共财政赤字依然高达 598 亿欧元，占 GDP 的比例虽然回落至 3.7%，但依然没有达到欧盟的规定。除了借钱度日之外，为了减缓政府的财政压力，拉法兰政府进一步推动国营企业的私有化进程，同时又裁减国营企业的员工，另外还对医疗费用、失业救济金、养老金的支付进行调整并作出严格限定，社会福利的惠及面和恩泽度由此“缩水”，已经习惯于享受高福利待遇的法国民众自然产生激烈的反应。①

在拉法兰主政时期，法国政府还在与金钱无关的其他一些社会领域推行了一系列改革，其中，在国际社会引起轩然大波的就是所谓的《头巾法》。2003 年 7 月，法国政府成立一个由 20 位专家组成的专门委员会，由该委员会对法国政教分离原则执行情况以及国家世俗化维护情况展开调查并提出改进建议。在此基础上，2004 年 2 月 10 日，国民议会以 494 票赞成、36 票反对、31 票弃权的压倒性优势，通过政府提出的有关禁止宗教饰物进校园的法案。3 月 15 日，希拉克签署该法案，从而使之成为正式的法律，并决定于 2004 年 9 月 2 日(即中小学新学期开始之日)正式实施。该法律规定，在法国的公立中小学，禁止师生穿着或佩戴具有明显宗教象征意义的服装或饰物。虽然说该法案适用于包括基督教、伊斯兰教、犹太教以及锡克教等等法国境内的所有宗教派别，基督教徒的面纱和十字架、穆斯林的头巾、犹太教徒的小帽以及锡克教徒的裹头巾等等都在被禁之列，但是，由于此前多年中法国曾一再发生穆斯林女生披戴头巾进校被罚事件，加之穆斯林是法国最大的“异教”群体（约有 600 万人），人们也就自然而然地将这部法律视作是针对法国穆斯林的“歧视性”法律。②

在拉法兰担任总理的 3 年中，右翼政要的个人形象亦是有光无彩。总统希拉克在当年担任巴黎市长期间的“虚设公职”以及“公款吃喝”等问题依旧被媒体炒来炒去。2003 年夏，法国有一万多人死于持续的高温天气，而此时的希拉克

① 参阅 Paul Clay Sorum, “France Tries to Save Its Ailing National Health Insurance System”, *Journal of Public Health Policy*, No. 2 (2005), pp. 231–245。

② 参阅 Harry Judge, “The Muslim Headscarf and French Schools”, *American Journal of Education*, No. 1 (2004), pp. 1–24。

却悠闲地在凉爽宜人的加拿大度假。希拉克也由此落得“最会享受而不顾国民死活”的名声。前总理、“人民运动联盟”首任主席（2002—2004）阿兰·朱佩曾是希拉克最为看好的下届总统人选，然而，2004年1月，朱佩却因滥用公共资金之类的前朝旧账而被判处一年半有期徒刑（缓刑），而且，在10年之内不得参加政治竞选。朱佩提出上诉，刑期终被减为一年零两个月，禁止参选的时间亦被缩减为一年。尽管朱佩后来又重新登上政治舞台，但在拉法兰主政时期，朱佩事件却给在野的左翼政党提供了不少评头论足的谈资。对于朱佩的“遭遇”，拉法兰在接受电视台采访的时候曾表示“吃惊”，结果被在野党们斥之为“干扰司法”，最后，拉法兰不得不前往议会，当着议员们的面，把权威词典里“吃惊”一词的含义从头到尾背了一遍，以此讨回自己的清白。客观而论，拉法兰的确也有出言不慎之类的小毛病。当上总理之后不久，拉法兰曾说，“法国距离天堂还有一段路要走，因为这中间还隔着一个社会党”，结果引起社会党的愤怒，拉法兰也不得不向社会党正式表示“道歉”。

尽管说在拉法兰上台之初不少法国人认为希拉克选择了“一位很不错的总理”，而且，拉法兰本人也在尽心竭力地协调法国社会的各种关系，但是，和历任总理一样，拉法兰最终还是被当作法国民众泄愤的对象。在其当政期间，社会抗议此伏彼起，罢工浪潮接连不断。对于拉法兰政府而言，真正引发社会震动的抗议行动来自科技界。2004年1月，5000多名科研人员联名上书，抗议政府拖欠科研经费、冻结科研基金以及大量削减科研岗位等误人害国的做法。2004年3月9日，2000余名科研主管（976位实验室负责人和1110位科研项目负责人）更是以集体辞职的决然举动来抗议政府的“应对迟缓、态度僵硬和空头支票”。尽管拉法兰随即宣称“有很多钱就摆在谈判桌上”，但此事对政府造成的冲击和压力却是巨大的。正是在一波未平一波又起的滚滚浪涛中，2004年3月21日和28日，法国进行了大区议会选举。在包括科西嘉在内的本土22个大区中，左翼政党竟赢得21个大区选举的胜利（只有阿尔萨斯大区除外）。拉法兰的民意急剧下滑，有59%的法国人希望他立即下台。

虽然民意可以影响政治，但拉法兰是否下台最终还是要由总统希拉克定夺。在希拉克的挽留下，拉法兰又在总理的位置上坚持了一年多时间。最终促使希拉克作出换将决定的是2005年5月在法国发生的给整个欧洲带来剧烈震动的《欧盟宪法条约》（*Traité établissant une Constitution pour l'Europe*）公投事件。作为由各成员国让渡部分主权而形成的欧盟，在运行过程中并不顺畅。为了保证欧盟的有效运作并推动欧洲一体化进程，在法德等国的推动下，2004 年 10 月，欧盟各成员国领导人在罗马签署《欧盟宪法条约》，其主要内容包括：界定欧盟与其成员国之间的权限，赋予欧盟以法人资格；设立常设的欧洲理事会主席（相当于“总统”），以取代半年轮值主席国制度；设立欧盟外交和安全政策高级代表（相当于“外交部长”），由其全面负责欧盟的对外政策；改革表决机制，除外交和防务等领域仍采取“一致通过”这一传统的表决机制而外，在其他大多数领域，则采用“有效多数表决制”；等等。按照约定，该条约必须得到所有成员国的批准方可生效，批准的方式可以是全民公决，也可以是议会投票。为给现右翼政权增添民意基础，法国方面决定放手一搏，准备以全民公决的方式获得法国民众对《欧盟宪法条约》的认可。

在对《欧盟宪法条约》的宣传方面，法国政府投入大量精力，每个选民家里都收到了宪法文本和宣传手册。对该条约持积极态度的政治精英们也是利用各种机会来向民众推销“欧盟宪法”，他们反复强调，如果《欧盟宪法条约》在法国遭到否决，法国在欧洲的影响力就会被大大削弱，欧洲一体化的进程就会停滞不前。一些政治家甚至以“中国飞速崛起”作为依据，来论证批准《欧盟宪法条约》的紧迫性。2005 年 5 月底，刚刚访华回国的经济、财政与工业部副部长帕特里克·戴维江（Patrick Devedjian，1944 年生）发表言论说：“在中国人眼里，法国不过是个摩纳哥大公国[①] 而已，如果我们不和欧洲一起奋斗，那我们就完蛋了。”“法兰西民主联盟”主席弗朗索瓦·贝鲁（François Bayrou，1951 年生）则声称：“如果我们还想与中国匹敌，只有欧洲可以做得到。有了宪法，欧洲可以比今天做得更好。”

与白领精英们这些抽象的“大局观”不同，人数更多的“蓝领”民众想到的却是，以自由竞争、穷国入盟（特别是土耳其入盟）为近期目标的欧盟政策将给他们的切身利益和生活方式造成直接伤害。[②] 对此，法兰西运动党（Mouvement pour la France）主席菲力浦·德维利埃（Philippe de Villiers，1949 年生）曾说道：“你就等着瞧吧，乡村、集市、咖啡馆都会投反对票。”2005 年 5 月 29 日，法国就《欧盟宪法条约》举行全民公决，其结果是：在参加投票的 2689 万法国公民中，

① 摩纳哥是个“袖珍国家”，三面被法国国土包围，南临地中海。摩纳哥东西长约 3 公里，南北最窄处仅 200 米，总面积为 1.95 平方公里。

② 参阅 Henry Milner, "'Yes to the Europe I Want; NO to This One.' Some Reflections on France's Rejection of the EU Constitution", *PS: Political Science and Politics*, No. 2 (2006), pp. 257–260。

投反对票的有 1450 万人，占投票人总数的 55.5%，投赞成票的只有 1166 万人，占投票人总数的 44.5%。《欧盟宪法条约》在法国被否决，欧盟制宪进程严重受挫。虽然说这次公投是由希拉克决策的，但他却不用为此负责。2005 年 5 月 30 日，拉法兰辞去总理职务。

早在《欧盟宪法条约》公投之前，人们就已料到，不论公投结果如何，"缺乏活力"的拉法兰都将下台。最为民众看好的新总理人选仍旧是希拉克的"逆婿"、时任人民运动联盟主席的萨科奇。另一可能的人选则是希拉克的忠实追随者、时任内政部长的德维尔潘。2005 年 5 月 31 日，希拉克再次将萨科奇排除在总理府大门之外，而任命颇具诗人气质、一副艺术家外表的铁腕书生政治家德维尔潘为新一任总理。和 3 年前的情形一样，希拉克再次将萨科奇安排在内政部长这一既重要又难做、既容易引发众怒又容易博得声望的岗位上。在德维尔潘上任之初，人们就拿他和其前任拉法兰作过各式各样的对比，比如：走了一个现实主义者，来了一个理想主义者；走了一个坐在钱柜后面昏昏欲睡的"小老板"，来了一个无所畏惧、风风火火的"长枪手"。对于其火暴性格及浪漫气质，则有人这样评论：他这种性格的人当然也可以做个好总理，但需要有个条件，那就是在战争时期。此外，还有一位美国记者曾对"剑胆琴心"的德维尔潘作过这样一番精彩的描绘："他就像文艺复兴时期的活化石，满腔热血、博学多才。……要是活在两百年前，他可能是一个剑客、一个才情喷薄的火枪手。"①

德维尔潘

在任命德维尔潘为总理之后，希拉克曾向人们解释这一抉择的缘由，他认为，德维尔潘"有必要的威信、能力和经验"来进行法兰西的"就业之战"。正是基于希拉克的这一厚望，上台仅一个星期之后，即 2005 年 6 月 8 日，誓言"要在 100 天内恢复民众信心"的德维尔潘发表了以解决就业问题为核心的施政报告，

① 李宗陶：《德维尔潘：我将参加 2012 总统大选》，载《南方人物周刊》2010 年第 12 期，第 76—78 页；小蒙：《剑胆琴心，临危受命：法国总理多米尼克·德维尔潘》，《世界博览》2005 年第 9 期，第 52—55 页。

其主要内容包括：简化企业用人手续，减轻企业财税负担；设立总额为45亿欧元的就业专项资金，用于资助相关就业者和创造新的就业岗位；采取合适措施，激发中小企业的用工潜力，让小企业担当就业之战的“尖兵”；通过经济和法律手段来减少失业，打击滥用失业身份行为，对于三番屡次不接受政府所荐工作之人，将予以严惩；采取有选择的、有数量限制的移民政策，防止欧盟东扩之后移民(特别是土耳其人）的大量涌入，以保证国内的饭碗和福利不被外来人口抢去。

然而，当德维尔潘政府还在继续构筑那一尚无起色的“就业大厦”之时，一个看似偶然的突发事件却让法国进入了一段狼烟四起的混乱时期。2005年10月27日晚间，在巴黎东郊的克里希苏布瓦镇（Clichy-sous-Bois，简称“克里希”），3名北非裔移民少年为躲避警察盘查而仓促躲进一家变电站，其中，两人触电身亡，一人身受重伤。克里希是外来移民及其后裔非常集中的地区，事发当晚，当地移民便与警察发生严重的暴力冲突。在随后三天时间里，矛盾继续升级。当地居民聚集到市政厅门前以及两少年遇难地点进行默哀和游行；在追捕躲入清真寺的滋事青年时，警方向清真寺这一穆斯林眼中的神圣之地发射了催泪弹，旋即引发当地穆斯林采取大规模的集体暴力对抗行动，由治安事件引起的社会问题由此又夹带上了宗教问题。①

在矛盾已经愈发激烈之际，内政部长萨科奇的一番言论使得局势变得更加不可收拾。10月31日，颇具市井风格的萨科奇前往巴黎东北郊的阿让特伊镇（Argenteuil）视察并发表讲话。他说，那些滋事者尽是一些“人渣”（racaille），都是“小流氓”（voyous），政府一定要对策动骚乱的这些“人渣予以严厉清洗”。在萨科奇誓言“清洗”之后，迎接他的便是漫天飞舞的石块和瓶子。当晚，德维尔潘接见遇害少年的家人，承诺对事件展开全面调查。然而，骚乱的事态已经势不可当，在接下来的一个星期时间里，骚乱不断地向外围扩散，包括巴黎周边市镇和巴黎城区在内，东到第戎、南到马赛、北到鲁昂，全国近300个城镇陷入骚乱之中。面对这一乱局，有人感慨：法国真是一个适合“革命”的地方。② 在此过程中，手机短信以及网络博客之类的现代化媒介也给骚乱者提供了便利的串联途径。他们通常是昼伏夜出，游东击西，让因循传统作业方式的警方防不胜防。在巴黎，焚烧汽车的现象极为严重，已经没有多少人还敢在马路边停车，因此，有人说：

---

① 参阅 Didier Fassin, “Riots in France and Silent Anthropologists”, *Anthropology Today*, No. 1 (2006), pp. 1–3。

② 参阅 David Wright, “Away, Running: A Look at a Different Paris”, *Callaloo*, No. 1 (2009), pp. 47–56。

"困扰巴黎多年的占道停车问题终于解决了。"

面对失控的局势，11 月 8 日，希拉克宣布，法国进入"紧急状态"，授权各地方政府实施宵禁并禁止公共集会。随后，政府开始实施软硬兼施政策。德维尔潘发表谈话，承认政府在对待移民问题上存在失误，承诺政府将采取措施以消除社会歧视。萨科奇则下令将参与骚乱的 120 名外国人驱逐出境，并对"敏感地区"进行隔离和盘查。此后，局势开始趋于缓和。11 月 13 日，欧盟决定向法国提供 5000 万欧元，帮助解决法国城郊社会治理问题。当天晚上，巴黎市民举行集会，要求政府采取果断措施以尽快平息骚乱。11 月 14 日，希拉克发表电视讲话，承认此次骚乱源于法国社会内部存在严重的认同危机，承诺政府将采取大规模的综合措施解决对少数族裔的歧视问题。11 月 17 日，官方宣布，骚乱已经平息。有人指出，经过这场骚乱，希拉克的政治生命已基本完结。亦有人指出，这场骚乱表明，法国对外来移民实行的"共和同化"政策已经完全失败。

即便被全国大骚乱拖累到精疲力竭之境，德维尔潘也没有忘记失业问题，尤其是年轻人（16—25 岁）的失业问题。在此时期，大约有 23% 的年轻人处于失业状态，在移民相对集中的城镇，年轻人的失业率甚至高达 50%。在法国，企业解雇员工，有一套严格的规章制度，必须出具解雇证明，而且要写明具体的解雇理由和动机，言辞表述稍有不慎，被解雇者就有可能将企业主告上法庭。因此，大大小小的各级各类企业普遍不太愿意雇佣没有工作经验的年轻人。正是基于这一现实问题，德维尔潘决意要为企业松绑，以鼓励企业大胆雇佣年轻人。然而，这一充满着"良好愿望"和"光明前景"的改革篇章刚刚拉开帷幕，德维尔潘便被推上了前无去路的悬崖峭壁。

对于年轻人的就业问题，德维尔潘的解决之道就是准备送给他们一部《首次雇佣合同法》（*Contrat Première Embauche*，简称 CPE），其主要内容是：20 人以上的企业在雇佣年龄不满 26 岁的雇员时，可在头两年（即试用期）内自由终止合同，无需给出具体的理由；两年之后，雇主可以和雇员签订长期正式合同；遵循这一法律的中小企业可以享受税务优惠，而且不需缴纳相应的社会分摊金。2006 年 1 月 16 日，德维尔潘向议会提交《首次雇佣合同法》法律草案。在国民议会中，以社会党为主的反对派议员对草案提出激烈的反对意见，但性情刚烈的德维尔潘援引宪法的有关条文，并依仗占绝对多数的右翼议员的支持，拒绝对草案作任何的修改。经过一个多月的对垒和博弈，国民议会和参议院分别于 3 月 8 日和 3 月 9 日通过了该法案。

虽然说德维尔潘这部《首次雇佣合同法》的潜台词是“中小企业你们就放心雇佣年轻人吧”，但年轻人却将眼睛盯在了“不满 26 岁”和“自由终止合同”等字眼上。另外，办起事来雷厉风行的德维尔潘认为年轻人的就业问题拖不得，因此，在制定该法律草案过程中，既没有做好相应的舆论宣传和征求民意工作，也不给反对派以讨价还价的余地。受到“怠慢”的民众和受到“侮辱”的反对党因此指责德维尔潘是在“闭门造车”。早在《首次雇佣合同法》法律草案处在议会辩论期间，全国各地的年轻人（主要是高中生和大学生）就已开始游行和罢课，呼吁议会否决这一草案。随着议会表决日期的临近以及议会表决结果的公布，抗议浪潮更是有如海啸一样，向着政府猛扑而来，最终导致和 1968 年“五月风暴”不相上下的“三月惊雷”。①

2006 年 3 月 7 日，即国民议会对草案进行表决的前一天，大学生已在全国发起一场百万人大游行。第二天，全国共有 40 多所大学开始同时罢课，其中，部分大学的学生开始占领和封锁学校，禁止外人入内。3 月 11 日，巴黎警方派出防暴警察，强行攻入巴黎索邦大学（巴黎四大），驱散聚集在那里的 300 多名大学生，抗议活动由此演变为暴力事件。随后一个星期时间里，在全国各地，被学生占领和封锁的大学继续增多，示威抗议的规模和次数有增无减，学生和警方的暴力冲突愈演愈烈。仅 3 月 16 日一天，就有 58 名警察受伤，其中 10 人重伤；在示威者中，当天大约有 300 人被捕。就在放纵无忌的学潮已让政府忙得东奔西跑之际，工人组织又不失时机地加盟到学生的抗议行列之中。3 月 18 日，工会团体发出通牒，要求政府在 48 小时之内撤销《首次雇佣合同法》，否则将发动全国总罢工。德维尔潘坚信自己在这个法案的制定上没有做错什么，因此对于工会的“通牒”不予理会。48 小时“限期”过后，德维尔潘再次表示，他“既不撤销、也不终止、更不改变《首次雇佣合同》的性质”。

既然德维尔潘拒绝妥协，等待他的只能是滂沱山雨。3 月 28 日，在全国约 200 个城市中，大约有 300 万人同时开始罢工和游行。在这一天，2/3 的高速列车和一半的地方列车停运，巴黎两大机场的 1/3 航班被取消，巴黎地铁和郊区铁路有一半停止运营；教育和税收两大部门中有 40% 的员工参与罢工，电力和邮电部门的罢工人数亦接近 15%。也是在这一天，《费加罗报》、《世界报》以及《解

① 参阅 J. Barbier and O. Kaufmann, “The French Strategy against Unemployment: Innovative but Inconsistent”, in Werner Eichhorst, ed., *Bringing the Jobless into Work?* Berlin: Springer, 2008, pp. 69–120。

放报》等全国性大报也都不见了踪影，其原因很简单：印刷工人集体罢工。参与罢工罢课者成群结队地走上街头。单是在巴黎，就有约 70 万人参加了游行示威。游行者从“意大利广场”出发，一路高喊“撤销 CPE”、“砸碎埋葬大学生的棺材”、“停止对青年人的侮辱”、“打扫总理府”、“德维尔潘下台”等口号。

在游行过程中，游行者与警方发生了不少冲突。在受到纷至沓来的石块、瓶子、金属栏杆等物品的袭击之后，警方则以催泪弹和高压水枪予以还击。对于学生和个人的游行示威，内政部长萨科奇曾向警方发出指示，要求他们必须维持好秩序。同时，在当天的新闻采访中，萨科奇非常严肃地告诫罢工民众要遵守法律，并要求学生尽早停止罢课。不过，在当晚，法国电视 4 台（即著名的“Canal+”电视台）播出了以讽刺萨科奇为主题的“木偶新闻剧”，对萨科奇的“内心世界”作出解读：首先，“萨科奇”面向电视机前的观众发表了一段和白天的言论几乎一样的严肃认真的讲话；接着，镜头一转，“萨科奇”便偷偷跑到正在向政府扔石块的学生背后，然后也拣起几块石头朝政府砸了过去。①

在学潮和工潮的重压下，政府内部开始分化。德维尔潘继续坚持强硬立场，而萨科奇则公开要求他暂停《首次雇佣合同法》的实施。3 月 31 日，希拉克发表了一份似是而非的声明：他将签署该法案，但在其生效之前，必须在另外一部新法律中对该法案进行重要修订。4 月 5 日，工会再次发布“最后通牒”称，如果政府在 4 月 15 日之前不撤销《首次雇佣合同法》，他们将组织更大规模的示威游行和罢工运动。面对不可料想的局面，在工会规定的最后期限到来之前，希拉克领衔投降。4 月 10 日，希拉克宣布，政府将使用“帮助困难青年就业机制”取代“首次雇佣合同”。持续一个多月的罢工、罢课和游行示威活动终于以政府的妥协而告终。有分析认为，法国青年之所以对这部法案产生如此过度的反应，是在失业率居高不下的形势下法国青年焦躁不安、对前途没有信心的一种极端表现。

① 参阅叶天乐：《永不消停的萨科奇》，载《检察风云》2008 年第 23 期，第 44—45 页。“Canal+”(Canal plus）是法国第四家电视台，成立于 1984 年 11 月 4 日，其名称的含义是“可以为观众提供更多节目的电视台”。“木偶新闻剧”是该电视台的一个深受观众欢迎的品牌栏目。在希拉克第二任期这几年中，萨科奇与希拉克之间的恩怨以及萨科奇对最高权力的渴望等话题一直是“木偶新闻剧”的核心内容之一，这里可以再举一例：有一天，希拉克坐在爱丽舍宫叹息道：“累死我了！”一直暗藏在角落里的内政部长萨科奇听到之后马上跑了出来并激动地说：“啊，希拉克死了！”萨科奇手脚麻利地把正在闭目养神的希拉克装进棺材，然后大步流星地将棺材抱进自己的专车，开到一个墓地，迅速挖了一个坑并将棺材放了进去。此时，《马赛曲》响起，站在墓地上的萨科奇宣誓就任法兰西第五共和国总统。就在萨科奇如痴如醉之时，脚底下却传出了敲棺材的声音。不一会儿，希拉克从棺材里坐了起来，给这个匈牙利移民的儿子上起了法文课：“萨科奇先生，我说‘累死我了’，其实只是‘我很疲惫’的一种文学表达而已……”

德维尔潘的目标原本是2007年的总统大选，然而，2005年的全国大骚乱以及2006年的《首次雇佣合同法》事件已经让他的政治声望受到严重损害。除此而外，在他担任总理的这一年多时间里，给他造成无休无止困扰的还有一件让他有口难辩的“清泉门事件”（l’affaire Clearstream）。尽管这一事件最初发生在德维尔潘出任总理职务之前，但其后续的故事却连连不断。2004年5—10月，以精于调查政治和金融腐败案件而闻名的法国预审法官范伦贝克（Van Ruymbeke，1952年生）先后4次接到匿名举报材料，其反映的问题是，法国有一大批政界和商界要人在卢森堡的“清泉金融公司”（Clearstream Banking，初创于1971年，2000年改组）开有秘密账户，用以逃税和洗钱。举报材料还附有多达895个秘密账户名单，其中包括时任财政部长萨科奇、前总理法比尤斯以及前财政部长施特劳斯－卡恩（Strauss-Kahn，1949年生）① 等名人。

范伦贝克随即展开调查，2005年11月，他宣布，秘密账户名单是伪造的。进一步的调查结果显示，早在2004年1月（甚至更早），德维尔潘就已知道有这么一份秘密账户名单；而且，这一名单当时已被法国的情报机构认定是捏造的。但是，当范伦贝克就秘密账户问题进行调查时，德维尔潘并没有告之相关信息。2006年，司法部门继续就这一事件展开细查。2006年6月，德维尔潘的好友、欧洲航空公司前副总裁让－路易·热尔戈兰（Jean-Louis Gergorin，1946年生）承认自己是匿名材料的发出者，但他坚持认为自己是出于公心，而且，他当时认为那份秘密账户名单是真的。且不论在这一事件的背后隐藏着政治对手之间多少的恩怨，其结果就是，反对党议员在议会中严厉指控德维尔潘的“不道德行为”并要求他辞职。与此同时，萨科奇的支持者则利用这一事件对德维尔潘发动进攻，说他是在擅用公权打击并蓄意“抹黑”自己的竞争对手。尽管这一官司在2007年总统大选之前尚未了结，但已落得“不义”之名的德维尔潘已无力在党内与萨科奇争夺总统候选人资格。②

---

① 施特劳斯－卡恩，社会党成员，巴黎政治学院教授，著名经济学家、律师。他于1991—1993年任工业部长，1997—1999年任财政部长，2007年出任国际货币基金会总裁，2011年5月18日因“性侵”问题而辞职。施特劳斯－卡恩原本是2012年法国总统大选的热门人选之一，但随着性侵事件的发生，其政治前途已经渺茫。参阅 Gerry Mullany, “Dominique Strauss-Kahn Resigns From I.M.F.”, *New York Times*, 19 May 2011。

② 2008年11月，总统萨科奇针对德维尔潘提起诉讼，声称要把“罪犯”“挂到屠夫的钩子上去”。2009年9月，司法部门开始审理此案，德维尔潘被控共谋诽谤罪。2010年1月28日，法庭宣判，德维尔潘无罪，理由是“犯罪证据不足”。通过这一番争斗，德维尔潘反而成了招人同情的“受害者”，萨科奇则成了抢先告状的“恶人”。

作为德维尔潘的"政治导师"，总统希拉克也未能逃脱"清泉门事件"的牵连。按照司法机关调查之后得出的结论，早在 2002 年，希拉克就曾与德维尔潘在私下里商讨如何从声誉上搞垮萨科奇。尽管希拉克一直坚称自己是清白的，但在这个问题上，他的角色毕竟颇为尴尬。[①] 在过去十余年中，希拉克曾培养过几个"接班人"，如朱佩、萨科奇和德维尔潘等人，其中，朱佩因自身的官司而提前出局，德维尔潘也因接二连三的麻烦事而声望大跌。至于萨科奇，虽因当年的"叛变"而被希拉克"抛弃"，但他终究早已被希拉克培养成了政治明星，这个"甩不掉的政治弃儿"因而也就成为希拉克挥之不去的"心灵包袱"。

对于第二任期里的总统希拉克，人们曾给予或褒或贬的评价，其中，博得人们诸多称颂之词的就是他在第二任期之初明确反对美国对伊拉克发动战争。2002 年下半年，美国声称，伊拉克萨达姆政权是恐怖主义的支持者。随后，美国准备对伊拉克发动武力清洗。对于美国的做法，希拉克坚决予以反对，并表示，"不能靠装甲车来出口民主"，"不论出现什么情况，法国绝不会同意联合国安理会通过一项授权对伊拉克动武的新决议"。希拉克的政治立场也顺便带红了与他有着相同观点的时任外交部长德维尔潘。作为法兰西政治立场的传递者，2003 年 2 月，在联合国安理会的讲台上，德维尔潘以诗一般的语言发表了讲话："战争之路并不比核查之路短，也不能通向一个更安全、更公正、更稳定的世界。战争的结果历来是失败。在当前情况下，使用武力毫无道理。在联合国，我们是理想的守护神，我们是良知的捍卫者，那属于我们的沉重责任和无限荣誉应该引导我们给和平地解除武装以优先权。"[②]

尽管法国最终并未能够阻止美英等国对伊拉克发动武力进攻，但是，希拉克、德维尔潘以及作为一个国家的法兰西还是赢得很高的国际声望，包括中国在内的世界上许多国家都对希拉克的反战立场给予积极评价。当然，中国对希拉克报以好感，还有另一层原因，即，希拉克是法国历史上"最为亲华"的领导人。尽管在法国国内有人指责希拉克是个为经济利益而"放弃原则"的"实用主义者"，但不管怎么说，希拉克当政的十余年是中法关系发展最快且最为密切的一段时期。另外，希拉克对于东方文化特别是中国传统文化有着浓厚的兴趣。在担任总

① Charles Bremner, "Caught in deep water: Chirac swims against a tide of scandal", *The Times*, 11 May 2006.

② 参阅 David M. Edelstein, "Occupational Hazards: Why Military Occupations Succeed or Fail", *International Security*, No. 1 (2004), pp. 49–91。

统期间，他曾对一任又一任的法国驻华大使交代过：中国文化太好了，而其精髓在西安，一定要去西安看看。对于当代中国文化面临的问题，希拉克也有其独到的思考，他认为，“现代中国与伟大哲人比如孔子、老子和庄子传承下来的智慧渐行渐远”。

与在外交领域的光彩形象相比，希拉克在内政治理方面却没有赢得多少喝彩。法国国内经常有人这样评价希拉克：他对政治权力永不满足，但是，有了权力之后，却又不知道应该如何运用权力。在他当政时期，法国的经济依旧未能走出低谷，失业、移民、社会治安、贫富分化以及民族极端主义等等问题不仅没有得到解决，反而有进一步恶化的迹象。因此，尽管希拉克依旧具有独特的人格魅力，尽管他还是“法国人最想与之共进晚餐的政治家”，但是，绝大多数法国人也就仅仅是希望和他吃顿饭，而不希望他继续当总统。①2007年初，《费加罗报》以“对希拉克总统的信心指数”为题做了一次民意调查，结果显示，“比较没信心”和“完全没信心”两者相加，占到75%。极右势力的代表人物勒庞更是把希拉克贬得一无是处，他说，“希拉克是法国最差的一个总统”，“他根本没有能力把法国治理好，但愿上帝会原谅他！”不过，面对积重难返的社会现实，法国人自身也陷入迷茫之中：人人都说希拉克不是个好总统，但“谁又会是好总统呢？”②2007年3月11日晚，希拉克向全国发表电视讲话，宣布在即将到来的总统大选中不再竞选连任。③

2007年总统大选的两轮投票定在4月22日和5月6日举行。和历届大选一样，报名参选的人员在背景方面依旧是色彩斑斓。经过资格认定，最终有12人达到候选人条件，其中，影响较大且民调得分较高的有4人。第一位是右翼政党“人民运动联盟”主席、有着“头号警察”之称的萨科奇。他的竞选口号是“团结起来，一切皆有可能”以及“和过去的法国平静地决裂”。在竞选宣传中，萨科奇提出一系列治国思路，如：要减征收入税，削减加班费；对于能够找到工作但却不想工作的法国人，政府将减少向其发放失业救济补助金；制定严格的移民政策，根据申请人的技术和工作能力，有选择地接纳移民；等等。对于法国和中国的关系，萨科奇声称，他“不相信强权政治”，他不会为了拿到“订货合同”

① John Leicester, “Chirac Leaving Stage Admired and Scorned”, *Associated Press*, 11 March 2007.

② 参阅唐惠颖：《法国人眼中的希拉克》，载《环球人物》2007年第7期，第27—28页。

③ 此时的法国对总统连任的届数尚无限制，因此，已经担任两届总统的希拉克有权继续谋求第三任期。2008年修改后的宪法规定，总统任职不得超过两届。

而“放弃自己的价值观”。第二位是来自社会党的左翼候选人、有“美女政治家”之称的赛戈莱娜·罗亚尔[①]（Ségolène Royal，1953 年生），其竞选口号是“渴望未来”。她声称，如果她当选总统，法国女性将因此“翻开法国历史的新篇章”。

另两位拥有较高支持率的候选人分别是中间派弗朗索瓦·贝鲁（François Bayrou）和极右派勒庞。农夫家庭出身的贝鲁主张放弃左右之争，其竞选口号是“走第三条道路”。在竞选宣传照片中，贝鲁展示了自己在农场开拖拉机的形象。作为极右政党国民阵线的总统候选人，时年 79 岁的勒庞已是第 4 次参加竞选，其竞选纲领是“右行到底”。勒庞主张，取消“每周 35 小时工作制”；向辞去工作、专心在家带孩子的女性发放津贴；减税 50%，以促进消费，拉动内需。在移民政策上，勒庞主张，要把所有的社会福利留给法国人，外国劳工不得拖家带口地前来法国务工，所有非法移民都要被赶回老家，而且，不再接纳外国移民。[②] 对于前 3 位候选人，勒庞一一予以批判。他说，在移民政策上，萨科奇显然是在“盗用”他勒庞的极右立场；而罗亚尔是在用“温柔的脸蛋来推销”自己的纲领，她那一直不结婚但却孩子一大串的生活方式是“毫无章法的”；至于贝鲁，则是个“墨守成规先生”，其政治主张毫无新意。

尽管大选本身充满变数，但在投票之前，很多咨询公司或媒体还是乐于预测结果。在第一轮投票前两天，有关机构公布了民意调查，其结论是：在所有候选人中，萨科奇的胜算最大；在第一轮投票中，萨科奇和罗亚尔将分别以 28% 和 22% 的得票率排名前两位；在第二轮投票中，萨科奇将以 57% 的得票率击败罗亚尔。虽然说在具体数据上这一预测不算非常精确，但就其结果而言，却并没有出现 2002 年总统大选时的那种滑铁卢般的闪失。在第一轮投票中，萨科奇的得票率为 31.2%，罗亚尔为 25.9%，贝鲁为 18.6%，勒庞为 10.4%，其他 8 位候选人的得票率均低于 5%，最低的只有 0.34%。在 2007 年 5 月 6 日举行的第二轮投票中，萨科奇最终以 53.1% 的得票率战胜罗亚尔而当选新一任的法国总统。时隔 10 天之后，即 2007 年 5 月 16 日，驰骋政坛近半个世纪的 74 岁的希拉克在爱

---

① 赛戈莱娜·罗亚尔是当代法国较为活跃的左翼女政治家，毕业于国家行政学院（École Nationale d'Administration），与德维尔潘以及弗朗索瓦·奥朗德（François Hollande，1954 年生）等人是同班同学。奥朗德在 1997—2008 年间任社会党第一书记，他与罗亚尔同居达 30 年，并生育有 4 个孩子。2007 年 6 月，两人分手。另外，德维尔潘和奥朗德虽是老同学，但两人关系却非常紧张。德维尔潘曾在议会里一再骂奥朗德“卑鄙”，随后又不得不在大庭广众之下向奥朗德正式表示“道歉”。

② 参阅 Vincent Anesi, Philippe De Donder, “Party Formation and Minority Ideological Positions”, *The Economic Journal*, No. 540 (Oct., 2009), pp. 1303–1323。

丽舍宫与52岁的萨科奇举行了权力移交仪式。尽管萨科奇对总统府并不陌生，但按照惯例，希拉克在离开之前，还是领着这位新总统在爱丽舍宫巡视了一圈。

第五节 萨科奇时代

作为法兰西第五共和国的第6位总统，以特立独行著称的萨科奇和前5位总统的确不太一样，他的体内并没有多少“法兰西人的血液”，其父亲原是匈牙利人，二战之后流落到巴黎；他的母亲则是法国犹太人，其祖上原本生活在希腊。对于有着浓厚“民族门第”观念的法国人来说，萨科奇原本似乎并不应该成为法国民众的选择。然而，选民们终究还是把这位放言无忌、作风强悍的移民之子送进了总统府。对于当代法国的各种弊端，法国人自己既有切身感受，也有清醒认识。在这个只有靠丰沛的财源才能支撑下去的国度里，弥漫着对国家实力一直起着消减功能的两大“主义”，一方面是旁若无人、放浪形骸、敢咬敢斗的犬儒主义，另一方面则是不思进取、抱残守缺、私大于公的享乐主义。正因如此，有人发出警告：这两种相互交织且根深蒂固的生活观念“正在启动这个老牌文化帝国的安乐死程序”。对于法国人“语言多于行动”、“愿想不愿干”的这种集体特色，克里斯蒂娜·拉加德（Christine Lagarde，1956年生）[①]曾予以痛批，她说，“法兰西是个思考的国家”，“已经没有哪一种思想还没有被我们给予过理论化的阐述。我们图书馆里的书籍够我们讨论几个世纪的”，“思考得够多了，现在该是我们卷起袖子一起干的时候了！”[②]

虽然说法国在当代世界格局中的地位已经明显居于二线，但是，法国人并不愿意像英国人那样“优雅而平静”地接受现实。他们需要英雄来重整法兰西的河山，他们渴望有一位像拿破仑一世那样的铁腕人物来重塑法兰西的辉煌。然而，当萨科奇真的像很多法国人所希望的那样对社会顽疾开始发起进攻的时候，长期靠依附于这些社会顽疾而苟活的诸多民众却又呼起了“倒萨”的口号。他们需要

① 2005—2007年，拉加德在德维尔潘政府中担任贸易部长；在随后的菲永政府中，她先是担任农业部长，随后转任财政部长。2011年7月5日，拉加德出任国际货币基金会总裁。

② 参阅肖云上：《论萨科齐的政治改革》，载《国际观察》2007年第6期，第14—19页。

的不是推土机，而是既能够解决问题但又不需要他们付出代价的慈善家。与萨科奇在内政方面的受欣赏度不断走低的行情相似，在外交方面，以起伏不定和“善于制造意外”来博取关注度的萨科奇也让国际社会难以慷慨地送给他太高的荣誉。萨科奇有着一套看起来既符合法国国情也符合世界形势的“相对大国理论”，但在践行这一理论的过程中，他的手法却显得有些举张失措，其结果就是，他不仅未能像拿破仑一世那样成功地将自己的“体系”强加到别国的头上，在某些方面反而却像拿破仑三世那样落得不少嘲讽。当然，在法兰西政治文化熏陶之中成长起来的萨科奇并不是特别在乎别人的脸色。在接受法国电视 4 台（“Canal+”）的采访时，他曾声称：政治人物、政府官员要有责任和胆量面对公众，如果忍受不了批判和讥诮，那就安心去过自己的私生活好了。既然萨科奇宣称自己能够“忍受”，加上他又不爱隐藏自己的“秘密”，法国媒体也就不再遵循过去那种“对在任总统的私事尽量予以回避”的潜规则，萨科奇一家老小也就由此成为各种媒体窥视不休、报导不止的“娱乐明星”。

一、强硬主义内政

在入主爱丽舍宫的第二天，即 2007 年 5 月 17 日，萨科奇便任命比自己年长一岁的弗朗索瓦·菲永（François Fillon，1954 年生）作为为期一个月的过渡政府总理。菲永曾在拉法兰政府中先后担任劳工部长和教育部长。2005 年 5 月底，拉法兰辞职，菲永亦随之离职。在随后两年中，菲永担任萨科奇的政治顾问，积极支持萨科奇备战总统大选。和拉法兰一样，菲永也是深谙在第五共和国政治体制下总理的角色定位和职责。菲永形象儒雅，性格温和，既勇于改革，又善于对话，因此被左翼阵营视为萨科奇团队中“最不让人讨厌的”一位。不过，在独一无二的法兰西政治文化氛围下，不论是谁，都很难永远不被人们找出点“劣迹”来，在这方面，放纵无羁的萨科奇自不必说，不事张扬的菲永也

菲永

未能完全幸免。

在政府成员的组成配置上，萨科奇的做法与其前任希拉克有着鲜明反差，甚至说与第五共和国此前历任总统都不太一样。在刚刚卸任的德维尔潘政府中，共设有16个部长职位，另有15个部长级代表职位。而在新组建的菲永政府中，部长共有15位，部长级代表的职位则被一律取消，而代之以低级别的国务秘书或高级专员。在15个部长职位中，女性占了7个，这种性别结构在法国政治史上尚属首次。更令法国政界侧目的是，在萨科奇的策划下，当代法国爆出了新版“米勒兰事件”，来自左翼的社会党成员贝尔纳·库什内（Bernard Kouchner，1939年生）获邀出任右翼政府的外交部长。①

此外，在与内阁无关但与政治有涉的几项人事安排上，萨科奇的做法再次超出了“普通人的想象”。2007年7月8日，萨科奇力荐社会党出身的前财政部长施特劳斯－卡恩竞争国际货币基金组织新一任总裁职位。尽管后来施特劳斯－卡恩在总裁职位上因为“性侵”问题栽了跟头而使其政治前途渺茫，但从2007年时的情形来看，他却是社会党内行情最被看好的下一任总统候选人，因此，萨科奇高调送他出国，也就可以理解。另外，萨科奇还将社会党的著名元老雅克·朗(Jack Lang，1939年生)② 请入“宪法修订委员会”，让他与右翼元老巴拉迪尔(1929年生）共同出任宪法修订委员会主席。

在政府架构搭建完成之后，萨科奇面临的一大任务就是，要争取让右翼党派在2007年6月10日和6月17日的国民议会两轮选举中获得多数席位。在选举之前，不少民调机构都对右翼党派的选情给出了高度乐观的预测结果。不过，最

---

① 库什内在国际国内均享有较高知名度，他是“无国界医生”组织（Médecins Sans Frontières）和“世界医生”组织（Médecins du Monde）创始人之一。他曾数次在左翼政府中担任卫生部长职务。2003年，美国对伊拉克进行军事打击，库什内是少数几个公开支持美国军事行动的法国政治家之一，他曾声明：他尽管反对战争，但他也反对萨达姆政权。萨科奇邀请库什内加入右翼政府，当然有分化左翼阵营之考虑，但同时也与他即将展开的“亲美”外交有着密切关系。库什内加入右翼政府之后，社会党对其表示谴责，并随即将之开除出党。参阅“France New's Government – A study in perpetual motion”, *The Economist*, June 23, 2007。2010年11月，菲永政府改组，库什内丢官。

② 雅克·朗曾在左翼政府中长期任职，1981—1986年和1988—1992年间任文化部长，1992—1993年和2000—2002年间任教育部长。对于萨科奇倡导的修宪一事，社会党是坚决抵制的。而萨科奇把雅克·朗拉进自己的队伍，而雅克·朗又甘愿效劳，当然也让社会党内部产生动荡。2008年7月21日，在对宪法修正案进行议会表决时，社会党议员中，唯有雅克·朗投了赞成票。参阅 Henry Samuel, “Leading French Socialist dumped for supporting Nicolas Sarkozy reforms”, *The Daily Telegraph*, 21 July 2008。此后，雅克·朗继续与萨科奇保持密切关系，曾作为萨科奇的特使而出访古巴和朝鲜等国。2011年6月，雅克·朗传出“性侵”丑闻，据称他曾在摩洛哥与一群儿童搞过“混乱的性派对”。

终的选举结果并没有预想的那么振奋人心。经过两轮投票，以“人民运动联盟”为首的右翼阵营（即“总统多数派”）共获345个议席，远远没有达到民调机构事前所预测的470个；以社会党为首的左翼阵营则获得227个议席；其余5个议席则被其他3个哪个阵营也不参加的小党派获得；和2002年一样，极右翼的国民阵线在这次议会选举中仍然未能取得任何战果。虽然说右翼阵营的议席数占有绝对多数（超过50%），但是，按规定，一些重要的法律草案或提案必须得到2/3以上议员的赞成（即至少获得385票）方能通过。因此，从这一意义上说，在总统萨科奇主导下的以菲永为总理的右翼政府在某些时候还将是个“跛足”政府，而不可能像德维尔潘当年那样可以在议会中公开地“恃强凌弱”。①

在社会经济领域，最为棘手的难题仍旧是社会福利制度改革问题。在这个高难度的“政治游戏”中，“谁改革，谁下台”似乎已经成了一条屡试不爽的法兰西定律。在萨科奇当政之初，国家财政用于退休金、医疗保障和教育的资金已占税收总额的50%以上，如果继续按照原有体制运行下去，国家财政必将崩溃。2007年9月，萨科奇决定从层次复杂、国营部门和私营企业所循标准极不对称、一般行业和特殊行业相差悬殊的退休金制度入手，试图将之纳入一体化和公平化的轨道。这一方案随即便引来在野党以及相关民众的激烈反对，但萨科奇政府还是于当年11月推出以取消不对称优惠为基本内容的特殊行业退休金改革计划。改革计划随即引发铁路、地铁、交通、能源等部门的大罢工，教师、公务员、剧院工作人员、法院职员以及学生也纷纷宣布罢工或罢课。对此，萨科齐明确表示，“我们不会屈服，不会退缩。让我们把话说清楚，需要做的事情一定要做，需要完成的事情一定要完成。”② 面对政府的强硬态度，罢工的组织者工会方面最终妥协。

继特殊行业退休金制度改革之后，萨科奇政府又继续推进此前曾屡次提出但屡次失败的退休制度改革。2010年7月，内阁会议通过了有关退休制度改革的法律草案，其中规定，将法定退休年龄从60岁推迟到62岁；改革将按照渐进原则进行，即，从2011年7月算起，将退休年龄每年延长4个月，到2018年，法定退休年龄将增至62岁。2010年9月和10月，国民议会和参议院分别表决通过该法案。2010年11月10日，由萨科奇在前一天深夜签署的退休制度改革法

① 在2002年产生的国民议会中，以“人民运动联盟”为首的右翼阵营共获得399个议席，超过议席总数的2/3。

② 参阅丁建定、白洪刚：《萨科齐能赢否》，载《中国社会保障》2008年第1期，第32—34页。

案正式生效，由此成为正式的法律。当然，这一次改革过程中也同样少不了罢工罢课和各种抗议行动，但是，萨科奇只是告诉民众，他深知大家的“焦虑情绪”，但是，改革必须进行，只有改革，才能“拯救法国的退休制度传统”，才能“保证法国人民的退休生活及退休后的养老金水准”。虽然说大部分法国人也都意识到退休制度不改不行，而且也从内心深处理解政府的改革措施，但是，当改革之剑真的砍下来的时候，很多人还是难以接受。就在这项改革法案木已成舟之时，媒体公布了一项最新民调结果：萨科奇的支持率已经跌至 29%。

在限制移民方面，萨科奇政府也有不少举动，其中，影响最大且饱受争议的当数所谓的“5·31 通函”(*Circulaire du 31 mai*，或称“盖昂通函”*Circulaire de Guéant*)。为保证“本国人优先就业”，2011 年 5 月 31 日，内政部长克洛德·盖昂（Claude Guéant，1945 年生）和劳工部长克萨维埃·贝特朗（Xavier Bertrand, 1965 年生）向全国各大区区长和各省省长联署下达“关于控制职业移民的通函”，要求严格审查“工作许可申请”和“身份更换程序”；对于已经毕业的在法留学生，要严控“临时居留许可证”的发放数量；留学生在获得硕士以上文凭之后，如想继续留在法国工作，则必须改变原来的学生身份，在获得“受薪者”(salarié) 居留证之后，还须成功申请到工作许可证。在经济低迷、失业严重的背景下，萨科奇政府推出这类举措，应该说有其无奈之苦衷，但是，它却引起留学生群体、高校以及企业的群起抗议。2011 年 12 月，包括著名物理学家、诺贝尔奖得主阿尔贝·费尔（Albert Fert，1938 年生）在内的法国文化科技界名流联名发起请愿，要求政府撤销“5·31 通函”，他们认为，这个通函“从道德上讲是令人鄙视的，从经济上讲是自杀式的”。在野的社会党更是将之作为靶子予以猛轰，社会党总统候选人奥朗德本人也多次表示：只要他当选总统，就一定废除“5·31 通函”。①

在社会治安方面，萨科奇及其政府继续奉行高压政策，并为此实施了一系列强硬的治安新政，其中，有许多措施也还是和移民问题直接相关。2010 年夏，法国政府出台多项有关规范罗姆人（Roms，即吉普赛人）等“旅居者”居留情况的措施，取缔其非法居住地，并将数千名罗姆人遣回原住国罗马尼亚、保加利亚和斯洛伐克。2010 年 7 月 30 日，萨科齐提议，为了加大打击犯罪力度，应该

---

① 参阅春光:《奥朗德：我当选就废除对外国留学生限制令》，载《欧洲时报》2012 年 2 月 17 日。另，2012 年 5 月 31 日，即“5·31 通函”颁布一周年之际，刚刚上台执政的法国新政府宣布将之废除，以此实现奥朗德在竞选期间所作的相关承诺。

剥夺那些原籍外国、存在故意伤害公职人员生命的犯罪者的法国国籍。随后，法国移民部又提议，生于法国而自动取得国籍的第二代移民，若出现累犯情况，也将会被取消国籍。虽然说有人认为这些做法“有违”《法兰西宪法》和法国《民法》，但在法国国内，政府的这类举措却得到广泛认同。另外，萨科奇政府认为，《申根协定》也是导致法国社会混乱的重要因素之一。因此，2012 年 3 月，萨科奇提出，在随后的一年内，如果“欧盟无法在控制非法移民方面取得进展”，“法国将暂时退出《申根协定》”。①

不过，法国的治安顽疾并未得到明显改观，暴力事件及各类刑事案件的数量仍然居高不下，监狱依旧人满为患。截止到 2012 年 3 月 1 日，在押的囚犯人数已接近 6.7 万，创下历史新高。在萨科奇当政 5 年间发生的各类刑事案件中，引发普遍关注的是“图卢兹枪击案”。2012 年 3 月 11 日，在法国西南部城市图卢兹，一名士兵遭到射杀身亡。3 月 15 日，在图卢兹北面不远的蒙托邦，又有两名士兵被射杀，另有一名士兵中弹受伤。3 月 19 日，在图卢兹一所犹太人学校，又有 4 人遭枪击身亡，其中有 3 名是儿童。警方认定，3 起案件均为阿尔及利亚裔法国青年穆罕默德·梅拉赫(Mohamed Merah,1988—2012）一人所为。3 月 22 日，梅拉赫终被警方击毙。在受害者中，既有穆斯林，又有犹太人，因此，人们自然而然地将这起连环枪击案与种族主义、极端势力以及恐怖主义联系在一起，从而加剧了法国社会的紧张氛围。尽管治安事件频发，但萨科奇政府依然宣称法国的治安问题已经有所改善，而在野的社会党则认为，萨科奇治下的法国治安“糟糕得让人难以忍受”，人们的“日常生活还不如 2002 年的时候那么安全”。

在政治制度领域，法兰西总统的“独裁”倾向早已遭到朝野上下的诸多谴责。因此，萨科奇上任之初，便履行自己的竞选诺言，着手旨在平衡总统与议会权力的修宪工作。2007 年 7 月 19 日，宪法修订委员会② 正式成立。在修宪讨论阶段，有人主张法国改行总统制，有人主张回归议会制，有人则主张保留现有的半总统制。在萨科奇以及菲永等人的坚持下，半总统制得以保留，即，这次修宪的基本原则是，不触及既有宪法中有关总统地位、总统与总理关系、政府与议会关系等

① 1985 年，法国、德国、荷兰、比利时和卢森堡五国在卢森堡边境小镇申根（Schengen）签署《关于逐步取消共同边界检查的协定》（通常被称为《申根协定》*Schengen Agreement*）。据此协定，《申根协定》成员国取消相互之间的边境检查，持有任意成员国身份证或签证的人可以在所有成员国自由旅行。如今，欧盟 27 个成员国中，除英国和爱尔兰外，其他成员均加入了《申根协定》。

② 这个宪法修订委员会的正式名称是“对第五共和国制度的现代化及其重新平衡进行反思并提出建议委员会”。

方面的条文。因此，修宪工作将在第五共和国现有制度框架内进行。10 月 29 日，宪法修订委员会完成修宪报告。经征询各界意见并重新修正，2008 年 3 月 19 日，总理菲永在内阁会议上提交了修宪法律草案，其主要内容包括如下几个方面。第一，对总统的某些权力进行规范和限制：总统连续任期不得超过两届，总统不再享有“大赦权”；但另一方面，总统有权在参众两院大会上发表讲话。第二，加强立法权对行政权的监督：政府提交的法律草案必须首先接受议会专门委员会审查，然后才可提交大会讨论；议会有权安排自己的部分日程，而不再由政府全权操纵；不经议会表决而直接通过法律草案的情况限定在财政范围之内，超出该范围者，每年只能使用一次。第三，赋予公民新的权力：在诉讼中，公民有权要求法院将所适用的法律提请宪法委员会进行“合宪审查”；在有 1/5 议员提议并得到全国 1/10 选民支持的情况下，可启动全民公决程序。

经过约一年的反复斟酌和博弈，2008 年 7 月 21 日，参、众两院在凡尔赛宫举行决定宪法修正案命运的联席会议。按照规定，修正案必须得到“2/3 以上”多数票赞同方可通过。两院议员人数相加，有投票权的共有 905 人。当天的有效选票共 896 张，按既定规则，其 2/3 票数则为 537 张，亦即，通过修正案所需的多数票最低应达到 538 张。计票结果是：赞成票 539 张，反对票 357 张。该法案终以比规定多数票多一票的微弱优势获得通过。在总统多数派的右翼阵营中，有 8 名议员对修正案投了反对票；而在社会党议员中，只有一人（即前文提及的雅克·朗）投了赞成票。萨科奇声称，宪法修正案的通过使得议会的权力得到了加强。但是，以社会党为首的反对派则认为，这个修正案恰恰是“对独裁体制的巩固”，其突出表现是，总统有权到议会发表讲话，这不仅是对总理的贬抑，而且践踏了总理与议会之间的关系，甚至还是对议会独立性的干扰和破坏。① 对于这一修正案，总理菲永给出了一个颇能体现其个人风格但又蕴义丰富的评价：在该修正案中，“没有任何一处修改可以显示出民主在倒退”。

在萨科奇的世界里，尽管充斥着永远也处理不完的罢工游行和永远也没有尽头的政场搏斗，但这并没有妨碍他以惬意的心情去构思他那幅既有蓝天白云又有茵茵绿草的美妙图画。在法兰西第五共和国历史上，历任总统多多少少都要在巴黎建上一些标志性建筑以纪念自己的历史存在，但是，和萨科奇相比，他们的手

① 参阅贝特朗·马修著，张丽娟摘译：《改变第五共和国而不背离——法国宪法修改的内在一致与前景展望》，载《国家行政学院学报》2009 年第 5 期，第 118—122 页。

笔只能算是含蓄有余的业余爱好。2009 年 4 月，萨科奇向外界公布了他所构想的绿色“大巴黎”（Grand Paris）宏伟蓝图。按照他的设想，整个巴黎及其周边地区的形象要重新进行规划设计，要将巴黎和巴黎市郊融为一体，结束巴黎城区的“孤岛”状态，最终将“大巴黎”建成绿色环保、安逸舒适、交通便利的 21 世纪“模范城市”。在这一规划中，最为浩大的工程将是交通设施建设，即，在“大巴黎”地区，将再建 130 公里的地铁并兴建环保型有轨电车，把市中心和戴高乐机场以及凡尔赛等地连接在一起。此外，还要兴建大量的屋顶花园和错落有致的农产园区；在戴高乐机场周边，将造就一圈植有上百万株树木的人造森林；在“大巴黎”地区，每年新建的房屋将达到 7 万套；如此等等。如果萨科奇的这一规划能够变为现实，他也就将成为继拿破仑三世之后第二个让巴黎面貌出现翻天覆地变化的国家元首。按照规划，这一“向诗歌般的巴黎倾注美丽”的庞大工程在 2012 年启动，预计在 2030 年完成，预算投资将达到 350 亿欧元。在法国经济状况并不乐观的今天，萨科奇能否如愿地成为第二个“拿破仑三世”，目前还是一个和“350 亿欧元从哪里来”一样缥缈的未知数。

就在萨科奇脑海中那个既绿又美的“大巴黎”尚无眉目之际，既善于发现“丑闻”又善于挖掘“丑闻”的法国媒体又将法国政府拖进了“丑闻”漩涡之中。在这一系列“丑闻”中，首当其冲的就是悬疑重重的“贝当古案”（L’affaire Bettencourt）。贝当古是指法国女富豪莉莉亚娜·贝当古（Liliane Bettencourt，1922 年生），她是世界著名企业“欧莱雅”集团（L’Oréal）前总裁。2010 年 6 月，法国媒体爆出既与贝当古有关又与政府高官有着密切牵连的几大秘闻。其一，为了逃税，贝当古曾将近亿欧元的财产藏匿于瑞士银行。其二，劳工部长埃里克·维尔特（Éric Woerth，1956 年生）[①] 在担任预算部长期间，曾请求贝当古给他的妻子安排工作，结果如愿以偿，他的妻子从此开始为贝当古负责财产管理。其三，在任预算部长职务期间，维尔特曾大张旗鼓地打击偷税漏税行为，然而，也就是在此期间，贝当古从政府手中领到了 3000 万欧元的退税款。[②]2010 年 7 月，媒体又爆秘闻：包括萨科奇在内的右翼政客经常去贝当古家中做客，并经常接受贝当古送出的“红包”；2007 年 3 月，贝当古一次就给了维尔特 15 万欧元的现金，

① 维尔特是萨科奇的重要助手之一，曾长期担任人民运动联盟的财务总管。2007 年 5 月—2010 年 3 月，维尔特在菲永政府中担任预算部长。2010 年 3 月，维尔特转任劳工部长。2010 年 11 月，维尔特辞职。

② 参阅 “Butler’s tapes threaten Sarkozy”, *The Globe and Mail*, 7 July 2010; “Can Sarkozy Survive the Bettencourt Scandal?” *Vanity Fair*, 6 July 2010。

用作萨科奇的竞选资金。① 尽管萨科奇和维尔特都坚称自己是遭到了诬陷，但其真实内幕依旧被媒体猜来猜去，直至萨科奇下台，此事也未能平息。

除了还在继续发酵的“贝当古非法政治献金”这一丑闻之外，萨科奇团队还在其他许多方面接连遭到打击。2010 年 6 月，媒体揭露，副部长级的国务秘书克里斯蒂安·勃朗（Christian Blanc，1942 年生）利用职务之便，在 10 个月之内动用 1.2 万欧元（相当于一个普通工人一年的工资）公款给自己买雪茄。2010 年 7 月 4 日，勃朗主动辞职，并全额归还了买烟钱。同一天，另外一位国务秘书阿兰·茹瓦扬代（Alain Joyandet，1954 年生）也递交了辞呈，其辞职原因也是金钱问题：为了参加在马提尼克举行的一次国际会议，他曾动用 11.65 万欧元公款雇佣了一架私人飞机。继两位国务秘书辞职之后，外交部长阿里欧 – 玛丽（Alliot-Marie，1946 年生）也成为众矢之的。2011 年 1 月，北非国家突尼斯爆发“茉莉花革命”，总统本阿里（Ben Ali，1936 年生）出逃。此后，法国媒体披露，在“革命”前夕，法国的这位女外长曾乘坐突尼斯总统一位富翁朋友的飞机去突尼斯旅游。反对派随即声称，外交部长的这一行为已不单纯是其个人的操守问题，而是表明她对政治毫无敏感性。虽然总理菲永出面为阿里欧 – 玛丽辩护，但是，阿里欧 – 玛丽还是于 2011 年 2 月 27 日宣布辞职。

在外长辞职之后，总理菲永深感不妙，因为就在 2010 年圣诞假期期间，即 2010 年 12 月 26 日至 2011 年 1 月 2 日，他曾和家人一起去了埃及，在埃及期间的食宿全由埃及时任总统穆巴拉克（Mubarak，1928 年生）买单，而且，穆巴拉克还给菲永一家提供飞机，让他们在埃及各地观光旅游。而几个星期之后，“埃及风暴”爆发，穆巴拉克被赶下台。菲永意识到，对于去埃及度假这件事，与其等媒体来炒作，倒不如自己早点把它公之于众。不过，在菲永主动说明有关情况之后，在野的左翼政党并没有就此罢休，绿党要求菲永辞职，法国共产党则既兴奋又得意地说：“本阿里的班机刚开走，又冒出穆巴拉克的班机，啊，我们明白了为什么菲永要抢救外交部长”。“度假门”风波刚刚平息几个月，菲永政府内部又爆丑闻。2011 年 5 月 29 日，在预算部中负责公务员事务的副部长乔治·特隆（Georges Tron，1957 年生）因“性丑闻”而宣布辞职。他过去的两名女下属指

① 参阅 “Nicolas Sarkozy at centre of criminal investigation over ‘illegal donations’”, *Daily Telegraph*, 7 July 2010。另，为防止富人操纵或买断选举，法国选举法规定：个人向候选人捐款时，总额不能超过 4600 欧元；向政党捐款时，最多不得超过 7500 欧元；捐款时，现金部分不得超过 150 欧元，超过此限者，必须使用支票捐赠。当时，维尔特担任“人民运动联盟”财务总管，负责为萨科奇筹集竞选资金。

控称，在2007—2010年间，特隆以给她们做“足底按摩”为由，对她们多次进行性骚扰。特隆声称自己是受到了诬陷，他说，这两个女员工是因为被解雇而心生不满，而且，这个事应该是老勒庞的女儿马丽娜·勒庞（Marine Le Pen，1968年生，国民阵线新一任主席）在从中使坏。①

和接连不断的政坛丑闻一样，萨科奇的个性特征、情感生活、家庭变迁以及日常生活中的琐事杂事等等方面也都是法国媒体深入挖掘的领域。② 在一段时期中，以萨科奇私人生活为主题的各种报导已经成为法国各种媒体娱乐版块中的核心内容，有人认为，“娱乐化”的萨科奇已经成了媒体中的“公害”。虽然说和萨科奇私人生活有关的报导并不像丑闻那么“丑”，但肯定算不上“美”，这里仅举几例以窥其貌。萨科奇经常为自己的身高（1.65米）而恼火，走路要穿增高鞋，发言要站增高垫，和别人说话时也会像拿破仑那样踮起脚尖。在婚姻殿堂中，萨科奇已是梅开三度。在和药商之女玛丽–多米尼克·居里奥利（Marie-Dominique Culioli）结婚多年并生了两个儿子之后，萨科奇又从别人手中挖来了第二任夫人塞西莉亚·西加内–阿尔贝尼茨（Cécilia Ciganer-Albéniz），而这次婚姻却经常处于预警状态，塞西莉亚三番五次跟着情人私奔，并最终抛弃“第一夫人”的头衔而再也没有回头。2008年2月，即萨科奇“守鳏”仅3个多月之后，以畅言说自己更喜欢一夫多妻制或一妻多夫制而闻名的前为模特后成歌手的卡拉·布吕尼（Carla Bruni）又成了萨科奇的闪婚伴侣。布吕尼有“男人杀手”（man-eater）之称，被媒体曝光的情人就有多位，其中，既有高官、富商，又有影星、歌手，而且还有一对文人父子。有人预言，萨科奇“这场激情四射的婚姻可能只是下一个需要收拾的烂摊子的开始”。

在萨科奇身上，比“婚变”更具娱乐色彩的或许要数他和法国市民的对骂。2008年2月23日，萨科奇出席“巴黎国际农产品展销会”。在展销会大厅，萨科奇像往常一样，热情的手伸向一只只渴望的手。然而，在一个男子面前，萨

---

① “Junior minister resigns after claims of sexual harassment”, *France 24*, May 30, 2011.

② 在萨科奇的诸多“家丑”中，有一些并不是由媒体挖出来的，而是由其家人自己抖出来的，比如萨科奇的老父亲帕尔·萨科奇（Pal Sarkozy，1928年生于布达佩斯）的“艳情史”就是由“艳情史”主角本人公之于众的。2010年3月，82岁高龄的“最爱画裸女”的“超现实主义画家”帕尔·萨科奇出版自传《如此生活》（*Tant de Vie*, Paris: Plon, 2010），在书中，他说自己先后结过4次婚，并坦言说自己在11岁的时候便和自己家的保姆有了“亲密接触”。对于自己在寻花问柳方面的癖好，他不以为然地写道：“这就跟酒瘾一样，有的人可能因为想要得到内心的平静，最终就努力把酒给戒了。但是，我没有那种毅力，或者说，我根本就不想有那种毅力。”

科奇的手却悬空了。该男子对萨科奇说道："噢，不！别碰我！"（Ah non, touche-moi pas!）萨科奇立即回应说："那就滚蛋。"（Casse-toi, alors.）这个男子又继续喊道："你会弄脏了我的手！"（Tu me salis !）萨科奇则和他对骂："那就滚蛋，蠢驴，滚！"（Casse-toi alors, pauv'con, va!）对于萨科奇和这个男子之间的这场市井式的斗嘴，正在现场采访的《巴黎人报》（*Le Parisien*）的一位记者将之完整地摄入了镜头，不久便传遍全球。[①] 几个月之后，即 2008 年 8 月 28 日，一位来自西北部小镇拉瓦尔（Laval）的名曰埃尔维·艾翁（Hervé Eon）的法国人参加一场以萨科奇为反对目标的游行示威，在他高举的口号牌上，写的就是出自萨科奇之口的"滚蛋，蠢驴"（Casse-toi, pauv'con）。艾翁随即被刑拘，检察官要求对之罚款1000欧元。不过，法院并未采纳这个意见，最终只是象征性地罚了他30欧元，而且还是属于缓罚，即，如果他下次再打出这样的口号牌，那就真罚他。[②] 虽然说萨科奇在随后几年中试图通过培养对集邮的兴趣以养君子风度，但积习毕竟难改。2012 年 3 月，法国一家钢铁厂的 100 多名工人前往萨科奇位于巴黎的竞选总部示威抗议，警方施放催泪气体对之进行镇压。其后，有记者向萨科奇问及此次冲突，萨科奇随口反问："傻瓜，你想让我说什么？"尽管萨科奇随即换成笑脸并向记者道歉，但他依旧被社会党总统候选人奥朗德斥之为"粗俗"之徒。

二、机会主义外交

如果说在内政治理方面萨科奇已经显示出与其前任希拉克明显有别的强硬作风的话，那么，在外交方面，萨科奇所作出的一系列举动也让国际社会切切实实感受到法兰西换了统帅。从其当政之后几年中的外交行动可以看出，萨科奇往往不按人们事先预想的"常人套路"去行事。比如，对于被西方视为独裁者和恐怖主义者的利比亚领导人卡扎菲（Gaddafi，1942—2011），事前没有多少人意识到萨科奇会成为他的"好朋友"；而卡扎菲也几乎没有意识到，3 年多前结交的这个"好朋友"到了 2011 年却派军队对利比亚进行狂轰滥炸，因此，卡扎菲曾绝望地说："我的这个朋友一定是疯了"。又如，在萨科奇当选总统之初，中国绝大多数

① "Premiers pas mouvementés de Sarkozy au salon de l'agriculture", *Le Parisien*, 23 February 2008.

② Anne-Claire Poignard, "'Casse-toi, pauvre con!': quatre mots à 1000 euros", *Le Monde*, 24 October 2008.

媒体都预言，他将会沿着希拉克开创的中法友好之路继续前行，然而，在随后一两年中，萨科奇的种种做法却让视法国为朋友的中国人接连“伤心”。与性格儒雅且深谙东方文化的希拉克相比，萨科奇的确显得稍缺稳重，其个性特征在内政管理方面已有鲜明的体现。作为同一个人，在处理对外事务的时候，他也不可能脱胎换骨变成一个老成持重的外交家。

不过，这只是问题的一个方面，除此而外，尚有两点值得注意。其一，萨科奇的教育背景及早期职业生涯对其办事风格具有潜移默化的影响：在大学及研究生阶段，萨科奇先后主攻私法和商法专业。随后，他又进入巴黎政治学院继续攻读博士学位，但由于外语（英语）水平不达标，最终未能毕业。后来，萨科奇成为一名专门替人打官司的律师。① 虽然说在萨科奇的思想中毫无疑问也包含有西方文化中的基本价值观念，但是，作为律师，他更为看重的是输赢。至于是非观念，在他那里往往居于次要地位。其二，萨科奇的外交政策在实质上并没有背离法国的传统外交目标：第五共和国建立之后，以独立自主、与美国保持若即若离关系为基本特征的戴高乐主义成为法国外交的最基本思路。随着萨科奇亲美外交的实施，在野的反对党开始指责他是戴高乐主义的叛徒，社会党更是把他称作是美国的哈巴狗。实际上，不论是戴高乐主义，还是萨科奇主义，二者的目标是一样的，都是要把法国塑造成为在国际舞台上拥有重要地位的“大国”。至于亲谁疏谁、拉谁打谁，则都只是为达到目的而采用的手段，只不过萨科奇太爱冒险（他本人有言“不冒险才是最大的冒险”、“大胆的行动比谨慎行事更谨慎”），而且，他的冒险手段太过没有“秘密”，结果让人太容易抓住他那“国际机会主义”和“外交实用主义”的把柄。

对于现今世界格局，萨科奇有着自己的一套分析，他认为，如今的世界已进入一个“相对大国时代”（une ère de puissance relative）。有基于此，人们把他的这一说法称作“相对大国时代论”或“相对大国论”。2008 年 1 月，萨科奇首次提出这一说法。随后，在 2008 年 8 月和 2009 年 2 月，他又对之作了进一步阐述。就其要点，萨科奇的“相对大国论”主要包含这样几个方面内容：西方世界已无法继续独自为世界事务定调，中国、印度、巴西和俄罗斯等国已经成为“相对大国国际合唱团”中的重要成员；在各相对大国之间，竞争更加凸显，私利倾向更为显著；在各相对大国关系方面，虽有动荡、角逐和碰撞，但通过妥协还是可

① “Berlusconi: le ‘bon Nicolas Sarkozy’ a été mon avocat”, *Le Nouvel Observateur*, 29 June 2009.

以建立持久而牢固的合作关系；作为相对大国之一，法国要回归“西方大家庭”，要通过改善法美关系，来为法国争取更大的国际影响力。① 不难看出，萨科奇深信他的国家是“相对大国”之一，而且他还要让他的这个“相对大国”发挥影响力。

和内政相比，总统在外交事务上拥有更大的更为独立的决断权，因此，萨科奇在把他的“相对大国”理念付诸实践过程中也就拥有比较自由的空间，这一时期的法国外交也就自然带有浓厚的萨科奇色彩。对于萨科奇来说，首先需要解决的一个既算内政又算外交的难题就是2005年《欧盟宪法条约》在公投中被法国民众否决之后所留后遗症问题。在萨科奇当政之前，人们普遍认为他不是欧盟一体化的积极推动者，其突出表现就是，萨科奇对土耳其加入欧盟之事极为不满。然而，萨科奇意识到，法国如果在欧盟一体化问题上继续制造障碍，那么，等待法国的只能是在欧盟中被边缘化。

因此，作为实用主义者，萨科奇上台之初便开始积极推进欧盟制宪进程。2007年6月，欧盟首脑会议决定，将制定一部简化的条约以取代此前的《欧盟宪法条约》。同年10月，欧盟非正式首脑会议在葡萄牙首都里斯本通过了新的欧盟一体化条约，此即《里斯本条约》（*Treaty of Lisbon*）。该条约删去了一切带有宪法意味的表述，并略去盟旗、盟歌等内容，不过，其核心内容依旧和此前的《欧盟宪法条约》基本相同。为了能让《里斯本条约》顺利通过，法国政府决定不再进行全民公决，而是采取议会投票这种相对容易把握的表决方式。2008年2月7日和8日，国民议会和参议院先后通过《里斯本条约》，法国在欧盟内的“发动机”角色和“相对大国”地位也就因此得以保留下来。②

在解决了欧盟内部的问题之后，萨科奇将外交视野扩展到更为广阔的“西方大家庭”当中，其最令国际社会瞩目的行动就是带领法国重归阔别40余年的北约军事一体化组织。法国原本就是北约创始国之一，1966年，为了反对美国的霸权，戴高乐宣布，法国退出北约军事指挥系统，但法国在北约中保留政治成员身份。时隔近半个世纪之后，新任总统萨科奇终于决意要让法国放弃这一具有标志意义

---

① 参阅沈孝泉：《萨科齐“相对大国”论内涵》，载《瞭望新闻周刊》2008年第4期，第58页；陈新丽：《“萨科齐主义”（Sarkozysme）评述》，载《法国研究》2011年第1期，第68—71页。

② 在欧盟内部，《里斯本条约》的批准过程仍是一波三折。在27个成员国中，只有爱尔兰一个国家采用全民公决的方式来决定《里斯本条约》的命运。2008年6月，爱尔兰举行全民公决，结果否决了《里斯本条约》，欧盟一体化进程再次受挫。经过一年多的宣传解释工作，2009年10月，爱尔兰再次举行全民公决，《里斯本条约》终于获得通过。2009年12月1日，《里斯本条约》正式生效，欧盟的首位“总统”和首位“外长”也正式上任，欧盟的政治联盟色彩更趋加强。

的“孤立主义”政策。萨科奇的这一决策有个认知前提，即美国已经不是一个“绝对大国”，它已成为为数不算太少的“相对大国”当中的一员。因此，法国重归北约军事一体化组织，不仅可以缓和法美关系，而且可以为法国带来实际利益。2009年3月11日，萨科奇发表讲话，他认为，如果法国要想在全球安全事务中发挥影响力，就必须摈弃“旁观者”的立场，就应该成为北约军事决策的“圈内人”。

作为总统和武装力量总司令，萨科奇本来有权独自决定法国重返北约军事一体化组织，但为了争取更多的支持并使这一行动更具“民意”色彩，他还是将“重返方案”交由国民议会表决。2009年3月17日，国民议会最终以329票支持、238票反对的结果，通过了重返北约军事一体化组织的决定。虽然萨科奇和菲永等人一再表明重归绝不等于做美国的仆从，但反对派则对之疑虑重重并愤怒声讨。前总理、社会党成员法比尤斯认为，政府在这件事上一意孤行，必将带来无穷后患。法国民主联盟主席贝鲁则认为，萨科奇的这一决定无疑就是在“自我截肢”。实际上，对于萨科奇的举动，美国虽然表示欢迎，但它也非常清楚，萨科奇并不是“持有法国护照的美国人”。当美国在北约框架内无法使唤法国之时，或者当法国感到在北约框架内没有获得它想获得的东西之时，二者之间的关系将只能再次陷于尴尬。

除了要在“西方大家庭”中打开局面之外，萨科奇还要在地缘政治方面开创一个“萨科奇时代”，这就是以把北非和中东等地中海沿岸诸国纳入法国势力范围为目标的“地中海联盟”(Union pour la Méditerranée，2008年成立，简称“地盟”)。然而，正是这个“地盟”惹怒了利比亚总统卡扎菲，也正是这个被惹怒了的卡扎菲惹恼了法国总统萨科奇，加上之前和此后的一些其他问题，也就有了2011年法国军事打击利比亚的热门新闻。[①] 对于这一可以更加鲜明体现出萨科奇处事风格的复杂事件，首先需要

萨科奇（左）与卡扎菲（右）

① 参阅郑若麟、张燕：《萨科齐为何打响“奥德赛黎明”第一枪》，载《人物画报》2011年第8期，第28—31页。

厘清两条基本线索。

第一条线索是“卡扎菲成了萨科奇的朋友”：卡扎菲1969年主政利比亚，在随后几十年中，法国和利比亚的关系经历多次反复。2004年，两国关系正常化。2005年，时任内政部长的萨科奇已决意竞选下一任法国总统，但他当时的政治处境相当尴尬。为了扭转局势，萨科奇通过各种手段来让外国首脑（包括中国国家主席胡锦涛）“破格”接见他，以此来增加他在国内的政治分量。卡扎菲后来说，虽然他“很不情愿”，但还是接见了他。2007年7月，即当选总统仅两个月之后，萨科奇便访问了利比亚，此间，他不仅向卡扎菲兜售法国的核电项目，而且还积极推销法国的先进武器。2007年12月，卡扎菲带着他的帐篷回访法国，萨科奇对他的款待则是热情有加，不仅在宾馆后花园给他支了帐篷（不过，卡扎菲并没有睡帐篷，因此人们说卡扎菲是个“搭起帐篷睡宾馆”的总统），而且还陪着卡扎菲一起去郊外打猎。对于萨科奇的友好和热情，卡扎菲则回赠以巨礼，即价值100多亿欧元的购买军火和核反应堆的合同。

对于这一收获，萨科奇很有成就感，不过，包括执政党在内的法国各界对萨科奇这种“一切向钱看”的“超现实主义”作风多持批判立场。菲永内阁中的最年轻成员、外交事务及人权问题国务秘书拉玛·雅德（Rama Yade，1976年生）对萨科奇的做法深表不满，她说，“某些外国领导人和恐怖分子差不多，他们的双脚沾满了罪恶的鲜血，而我们国家并不是他们用以蹭拭双脚的门垫。”尽管萨科奇一再声称卡扎菲不是“坏人”，但他终究还是为自己有这么一位“朋友”而背上挥之不去的心理包袱。

第二条线索是“地中海成了萨科奇的目标”：不论是从地缘政治角度来说，还是从能源经济角度而言，地中海地区对于法国的重要性都是不言而喻的。出于“重返非洲”这一战略目标，在竞选过程中，萨科奇就已宣称，如果他当选总统，他会立即着手组建一个“涵盖南欧、北非和部分中东国家的地中海联盟”。他认为，法国既是欧洲国家，也是地中海国家，法国要像当年建设欧洲联盟那样推进地中海联盟的建设。而且，萨科奇并没有掩饰（当然也掩饰不了）他的意图，他强调，建立地中海联盟，就是要让法兰西重新成为实力雄厚的地中海大国。① 从他的这一构想可以看出，地中海联盟就是以法国为首的环地中海沿岸国家的一个

① 参阅陈沫：《地中海联盟的由来与前景》，载《西亚非洲》2008年第10期，第46—51页；王玉婷：《地中海联盟中的法国因素》，载《学习月刊》2009年第14期，第8—9页。

合作组织。

在其当政之后，萨科奇再次提出这一方案，但遭到德国、捷克等非地中海国家的抵制，这些国家认为，萨科奇此举是在为法国谋取地区霸权，而且将会造成欧盟的分裂。后经法德两国协商和相互妥协，地中海联盟的成员国数目大为增加，欧盟 27 个成员国全部加入，与地中海沿岸其他非欧盟国家共同组成一个大“地中海联盟”。随后，法国便开始筹备“地中海联盟”峰会，并向相关国家的首脑发出与会邀请。2008 年 7 月 13 日，由法国总统萨科奇和埃及总统穆巴拉克共同担任会议主持的“地中海联盟”成立大会在巴黎举行，出席此次峰会的有欧盟 27 国首脑和 16 个非欧盟国家首脑。在环地中海所有国家中，这次峰会的唯一缺席者便是萨科奇的“朋友”、石油大国利比亚总统卡扎菲。对于萨科奇热衷于建立“地盟”的用意，各国首脑其实都很清楚，只不过他们的反应没有表现得像卡扎菲这么激烈。在峰会召开之前，卡扎菲曾发表言论说，“地盟”是西方殖民主义的一种新形式，“这个联盟与当年的罗马帝国毫无二致，法国的目标是要重塑法兰西帝国的威风。殖民统治的那一页，非洲人民已经翻过去了，我们决不能让历史重演”[①]。

不论是和卡扎菲“交朋友”这档旧事，还是卡扎菲拒绝加入“地盟”这笔新帐，它们都已成为萨科奇难解的心结，但是，要想重塑自己在利比亚以及卡扎菲问题上的形象，萨科奇还得等待合适的时机。与此同时，萨科奇的 5 年总统任期已经只剩一年多一点的时间，各派政治力量都已开始展开竞选前的准备工作，而民意看跌的萨科奇显然还想争取连任，因此，如果能够成功地制造一次“意外”，或者成功地来一次对外“冒险行动”，对自己的声望或许能够有所助益。2011 年 2 月中旬，利比亚发生骚乱，随后发展为政府军与反政府军之间的暴力对抗。利比亚的局势终于给萨科奇提供了大显身手的机会。

2011 年 3 月 10 日，法国率先正式承认由利比亚反对派成立的“全国委员会”为利比亚的合法政府。3 月 19 日，法国又再次率先发动对利比亚卡扎菲政权的军事打击行动。然而，在随后几个月中，法国不仅未能取得预期的速战速决之效，反而陷入战争泥潭。到了 7 月中旬，法国宣布，将在利比亚继续采取军事行动，但卡扎菲的下台问题将采取政治方式来解决。在战争期间，卡扎菲及其家

① 参阅 Frédéric Allemand, “Union for the Mediterranean, or Nicolas Sarkozy’s Voluntarism in International Relations”, *The Constantinos Karamanlis Institute for Democracy Yearbook Series*, 2009, pp. 47–53。

人对萨科奇出尔反尔的做人准则大加痛斥，他们还宣称，当年萨科奇竞选总统，他们是出了钱的，如今应该让这个“小丑”把钱“还给利比亚人民”。虽然说卡扎菲最终惨死，但萨科奇却也因此而陷入另一场沸沸扬扬的“非法政治献金案”，其通过把卡扎菲赶下台来为自己加分的意图并未取得成功。

在全球化时代，萨科奇的外交当然也是全球性的，除了西方大家庭以及地中海世界之外，在与法国既无亲缘关系又无地缘关系的其他地区，也少不了“相对大国”法兰西的身影，其中，远隔千山万水的中国也是萨科奇无法忽略的一个国家。自 2007 年 5 月就任总统之后，萨科奇于 2007 年 11 月、2008 年 8 月和 10 月、2010 年 4 月、2011 年 3 月以及 2011 年 8 月先后 6 次访问或“路过”中国。对于萨科奇的对华立场，中国方面曾给予厚望，而且，萨科奇本人也一再显示出诚心诚意的姿态。2007 年春节，即当选总统前夕，萨科奇曾邀请 300 多位华人华侨到他所在的内政部做客，当时，他曾说：“我是中国人民的朋友，对中国怀有深厚的感情。感谢中国政府在我仕途处于最困难、思想最低落时，邀请我访问中国。”不过，在随后几年当中，中法关系却出现巨大波动，其中，对中法关系造成严重影响的主要就是西藏问题。2008 年 4 月，巴黎市议会通过决定，授予达赖“荣誉市民”称号；在随后几个月中，包括萨科奇在内的一些法国人又以西藏问题为由，对北京奥运会发起抵制活动。2008 年 12 月，萨科奇又在波兰会见达赖。①

对于法国方面的举动，中国作出激烈反应，不仅推迟了原定于 2008 年 12 月初在法国举行的中欧领导人会晤，而且，在 2009 年 1 月，中国总理温家宝又对瑞士、德国、西班牙和英国作了一圈“环法之旅”，而偏偏不进法兰西的大门。对于萨科奇等人的行为，法国方面曾作出过不少解释，称萨科奇根本无意于惹恼中国。法国驻华大使苏和（Hervé Ladsous，1950 年生，2010 年 10 月离任）甚至调侃道：欢迎外国领导人与法国科西嘉岛独立分子接洽。在“达赖事件”过去几个月之后，即 2009 年 4 月 1 日，萨科奇在伦敦向胡锦涛当面承诺：“我坚持认为只有一个中国，台湾和西藏都是中国领土不可分割的一部分。”随着萨科奇态度的转变，中法关系重新走上正轨。2011 年 3 月底，萨科奇在赴日本访问途中，“路过”中国，在与中国官方接触时，萨科奇希望在利比亚问题上能够得到中国的理解和支持。2011 年 8 月下旬，在欧洲主权债务问题（即“欧债危机”）愈演愈烈

① 参阅仲志远：《萨科齐想做怎样一枚棋子?》，载《世界博览》2009 年第 1 期，第 17 页。

以及法国主权信用评级前景堪忧之际，萨科奇在前往法国海外属地新喀里多尼亚的途中再次“路过”中国，以寻求中国的更大支持。①

当萨科奇还在为法国社会经济危机问题而苦苦挣扎并为践行其“相对大国论”而在全球到处试验之时，2012 年的总统大选已经近在眼前。虽然说这次大选依旧热闹非凡、精彩纷呈，但是，由于失业率居高不下、社会治安依旧严峻、欧元危机旷日持久、主权信用评级遭遇下调、腐败丑闻接连不断、提升国家经济状况的承诺远未实现以及萨科奇本人具有过度张扬、华而不羁之弱点，早在大选之前，人们就已普遍认为，2012 年的总统大选已经没有什么悬念可言。经过资格审查，2012 年 3 月 19 日，宪法委员会宣布，共有 10 人获得 2012 年总统候选人资格，除了在任总统萨科奇和社会党前第一书记弗朗索瓦·奥朗德之外，还有国民阵线新一任主席马丽娜·勒庞、民主运动主席弗朗索瓦·贝鲁、左翼阵线领导人让－吕克·梅朗雄（Jean-Luc Mélenchon，1951 年生）以及其他几个小党派候选人。

2012 年 4 月 22 日，约有 79.5% 的登记选民参加了总统选举第一轮投票，奥朗德和萨科奇的得票率排在前两位，分别获得 28.63% 和 27.18% 的有效选票。玛丽娜·勒庞获得 17.9% 的有效选票，梅朗雄和贝鲁分别获 11.1% 和 9.13% 的有效选票，其他候选人得票率均不超过 3%。2012 年 5 月 6 日，在第二轮对决中，奥朗德最终以 51.8% 的得票率战胜萨科奇（48.2%），成为法兰西第五共和国历史上的第二位社会党总统，而萨科奇则成为法国 31 年来首位未能成功连任的总统。2012 年 5 月 15 日，奥朗德在爱丽舍宫宣誓就职，成为法兰西第五共和国的第 7 位总统。同一天，奥朗德提名国民议会社会党领袖、精通德语且谙熟德国文化的让－马克·艾罗（Jean-Marc Ayrault，1950 年生）出任总理。法国由此进入由社会党控制政局的“奥朗德时代”。

在大选之前，萨科奇曾多次悲情地表示，如果不能连任，他将彻底退出政坛。有人认为，对于萨科奇的这番表白，不必信以为真，其真正的想法是，在退隐一段时间之后，他将于 2014 年参加巴黎市长职位的角逐，在社会党总统任期届满的 2017 年，他会再次参选总统。不过，至于法国在未来的岁月中究竟如

① 不过，欧盟的经济危机以及法国自身的主权信用评级问题并没有因为萨科奇的穿梭外交而得以化解。2012 年 1 月 13 日，美国评级机构标准普尔公司 (Standard & Poor’s Corp) 宣布，下调法国的 3A 主权信用评级，将之降为 AA +。在主权信用评级系统中，3A 级表示一个国家的偿债能力极强，具备这一级别的国家在金融市场借贷时只需支付较低的利息。

何发展演化，似乎不宜提前作这样那样的“预测”。尽管从理论上说历史学工作者有义务“展望”未来的形势，但正如布罗代尔所言，“我们却几乎总是闭着眼睛向前走”。1942 年，一位人口学家曾经预言，法国人口到 1982 年将为 2900 万，但实际数字却为 5400 万。20 世纪 80 年代的一位人口学家预言，法国人口到 2100 年将只剩 1700 万，但这样的预言又有谁能相信？[①]2002 年总统大选之前，几乎所有人都预测勒庞进不了第二轮投票，但历史的进程偏偏与人们的“预测”倒着走。萨科奇与歌手布吕尼结婚之后，有占星家预测，这二位将于 2009 年 9 月离婚，但是，时至本书写作已经收尾的 2012 年 9 月，他们俩还是过在一起。不过，有一点还是明确的：不论巴黎圣母院的外墙被清洗得多么洁净，巴黎圣母院依旧是巴黎圣母院；同样，不论法国怎样演变，法国还是法国，法兰西民族还是法兰西民族。

① ［法］费尔南·布罗代尔著，顾良、张泽乾译：《法兰西的特性·人与物》（上），北京：商务印书馆 1995 年版，第 164 页。

译名对照及索引

（按汉语拼音排序）

B

C

D

G

H

J

K

L

N

O

P

Q

R

S

T

W

X

Y

Z

大事年表

约 180 万年前	法国进入旧石器时代
约公元前 5000 年	法国进入新石器时代
约公元前 700 年	法国进入铁器时代
约公元前 500 年—公元前 1 世纪中叶	“独立”时期的高卢
公元前 1 世纪中叶—公元 5 世纪	“罗马化”时期的高卢
481 年	克洛维继任法兰克人首领，墨洛温王朝开始
496 年	克洛维皈依基督教
6 世纪初	《撒利克法典》初步形成
7 世纪初	经济重心逐步由南方向北方转移
639—751 年	“懒王”时期，宫相主政
751 年	矮子丕平被“推举”为国王，加洛林王朝开始
768 年	查理（查理曼）登基，与其兄共治
800 年	查理曼在罗马加冕称帝
843 年	《凡尔登条约》签订
987 年	于格·卡佩被“推举”为国王，卡佩王朝开始
1066 年	诺曼底公爵征服英国
1200 年	巴黎大学成立
1302 年	法王召开三级会议
1328 年	腓力六世继位，瓦洛亚王朝开始
1337—1453 年	英法百年战争
1345—1348 年	黑死病（鼠疫）大流行
1431 年	贞德在鲁昂被处以火刑

1494—1559 年	意大利战争
1562—1598 年	雨格诺战争
1589 年	亨利四世继位，波旁王朝开始
1598 年	亨利四世颁布《南特敕令》，实行宗教宽容
1610 年	亨利四世遇刺身亡，其子路易十三继位
1624 年	黎塞留入选国王参政院，成为实际上的首相
1643 年	路易十三去世，其子路易十四继位，马札然辅政
1648—1653 年	“投石党”运动
1661 年	马札然去世，路易十四亲政
1685 年	路易十四废除《南特敕令》，新教徒大逃亡
1715 年	路易十四去世，其曾孙路易十五继位
1716—1720 年	约翰·劳的“泡沫经济”由繁华到崩溃
1756—1763 年	七年战争
1768 年	法国以 200 万锂的价格买入科西嘉岛
1774 年	路易十五去世，其孙路易十六继位
1789 年 5 月 5 日	三级会议开幕
7 月 14 日	巴黎民众攻克巴士底狱
8 月 26 日	制宪议会通过《人权与公民权宣言》(《人权宣言》)
1791 年 6 月 20 日	路易十六试图出逃，最终未果
1792 年 8 月 10 日	巴黎民众起义，国王停职，吉伦特派掌权
9 月 22 日	法兰西第一共和国宣告成立
1793 年 1 月 21 日	路易十六以“叛国罪”被处决
6 月 2 日	吉伦特派垮台，雅各宾派开始血腥专政
1794 年 7 月 27 日	热月政变，雅各宾派的统治被推翻
1795 年 10 月 26 日	国民公会解散，督政府成立
1799 年 11 月 9—10 日	波拿巴等人发动雾月政变，执政府成立
1801 年 7 月	法国与教廷达成《教务专约》
1804 年 3 月	《民法典》(《拿破仑法典》) 颁布
5 月 18 日	法兰西第一帝国成立，拿破仑为皇帝
1814 年 4 月 11 日	拿破仑签署“退位”条约，波旁王朝复辟
6 月 4 日	路易十八颁布宪法 (《1814 年宪章》)

1815 年 3 月 20 日	拿破仑开始其“百日政权”
1824 年 9 月	路易十八去世，查理十世继位
1830 年 7 月 5 日	法军占领阿尔及尔
7 月末	七月革命，复辟王朝被推翻
8 月 9 日	路易·菲力浦即位，七月王朝建立
1848 年 2 月下旬	二月革命，七月王朝被推翻，第二共和国成立
12 月 10 日	路易·波拿巴当选为第二共和国总统
1851 年 12 月 2 日	路易·波拿巴发动政变
1852 年 12 月 2 日	法兰西第二帝国建立
1853 年	法国政府开始对巴黎进行大规模改造
1870 年 7 月 19 日	法国对普鲁士正式宣战
9 月 2 日	拿破仑三世以个人名义在色当投降
9 月 4 日	巴黎民众革命，第三共和国成立
1871 年 2 月 17 日	梯也尔出任“法兰西共和国行政首脑”
2 月 26 日	法德签定《预备和约》
3 月 18 日	巴黎民众起义
5 月 28 日	“巴黎公社”被梯也尔政府血腥镇压
8 月 31 日	梯也尔成为“法兰西共和国总统”
1873 年 5 月 24 日	梯也尔辞职，麦克马洪继任总统
11 月 20 日	国民议会通过“总统七年任期法”
1875 年 1—7 月	国民议会通过“1875 年宪法”
1879 年 1 月 30 日	麦克马洪辞去总统职务，共和派控制政局
1879 年 10 月	法国工人党成立
1882 年 3 月	费里义务初等教育法颁布
1886—1889 年	布朗热运动
1892—1893 年	巴拿马运河丑闻
1894—1906 年	德雷福斯事件
1905 年 3 月	第一次摩洛哥危机
4 月 25 日	法国统一社会党成立
12 月	《政教分离法》获得议会通过
1911 年 4—5 月	第二次摩洛哥危机

1914年8月3日	法国对德宣战，正式卷入第一次世界大战
1918年11月11日	德国接受协约国拟订的停战条款
1919年1月18日	巴黎和会开幕
6月28日	《凡尔赛条约》签订
1920年12月	法国共产党成立
1923年1月	法国联合比利时占领德国鲁尔区
1925年10月	《洛迦诺公约》签订
1930年底	法国卷入世界性经济危机
1935年7月	左翼“人民阵线”诞生
1936年6月	勃鲁姆组建第一届“人民阵线”政府
1938年9月30日	《慕尼黑协定》签订
1939年9月3日	法国对德宣战，卷入第二次世界大战
1940年5月10日	德国在西线发动全面进攻，“奇怪战争”结束
5—6月	法国军民大逃亡
6月16日	贝当出任总理
6月18日	戴高乐在伦敦发表《告法国人民书》
6月22日	法国与德国在贡比涅签署停战协定
6月28日	英国承认戴高乐为“自由法国”领袖
7月1日	贝当政府迁到维希
7月10日	贝当获得“全权”，第三共和国灭亡
1941年9月24日	戴高乐成立“法兰西民族委员会”
1942年7月14日	“自由法兰西”更名为“战斗法兰西”
1943年6月3日	“法兰西民族解放委员会”成立
1944年6月3日	“法兰西共和国临时政府”成立
6月6日	盟军在诺曼底登陆
8月25日	巴黎解放
11月	特别法庭开始审判“法奸”
1945年5月初	法国全境获得解放
8月15日	贝当被处死刑，两天后改判终身监禁
10月15日	赖伐尔被处决
1946年1月20日	戴高乐辞职

10 月 13 日	公民投票通过新宪法，第四共和国成立
1947 年 1 月	法国开始实施《现代化与装备计划》(《莫内计划》)
1949 年 4 月 4 日	法国参加北大西洋公约组织
1951 年 4 月 18 日	“欧洲煤钢共同体”成立，欧洲统一开始起步
1953—1956 年	普雅德运动
1954 年 5 月 7 日	奠边府战役结束，法军投降
7 月 21 日	《日内瓦协议》签署，法国从越战中脱身
11 月 1 日	阿尔及利亚起义，法国再陷殖民战争漩涡
1958 年 5 月 13 日	驻阿尔及利亚法军叛乱，成立“救国委员会”
6 月 1 日	戴高乐组建第四共和国最后一届政府
9 月 28 日	公民投票通过新宪法，第五共和国成立
12 月 21 日	戴高乐当选第五共和国第一任总统
1959 年 1 月 1 日	“欧洲经济共同体”正式运作
1962 年 3 月 18 日	《埃维昂协议》签署，阿尔及利亚问题得以解决
1964 年 1 月 27 日	法国与中华人民共和国建交
1965 年 12 月	法国进行总统普选，戴高乐连任总统
1966 年 6 月 1 日	法国退出北约一体化军事组织
1968 年 5 月	五月风暴，戴高乐最终化解危机
1969 年 4 月 28 日	戴高乐辞职
1969 年 6 月	蓬皮杜当选总统
1971 年 6 月	社会党改组，密特朗当选为第一书记
1974 年 4 月 2 日	蓬皮杜因患血癌在任上去世
5 月 19 日	吉斯卡尔·德斯坦当选总统
5 月 27 日	希拉克出任总理
1976 年 8 月 25 日	希拉克辞去总理职务
1977 年 3 月 25 日	希拉克当选为巴黎市市长
1981 年 5 月 10 日	密特朗当选总统
9 月 18 日	法国正式废除死刑
1984 年 6 月 17 日	“国民阵线”在欧洲议会选举中获 10 个议席
1986 年 3 月 16 日	国民议会选举，执政的社会党失败
3 月 20 日	希拉克出任总理，开始第一次左右“共治”

1988年5月8日	密特朗击败希拉克，连任总统
6月	国民议会选举，社会党获胜，“共治”结束
1993年3月	国民议会选举，执政的社会党惨败
3月29日	巴拉迪尔出任总理，开始第二次左右“共治”
1995年5月7日	希拉克击败若斯潘而当选总统，“共治”结束
5月23日	朱佩出任总理
1997年5—6月	国民议会选举，执政的右翼政党失败
6月2日	若斯潘出任总理，开始第三次左右“共治”
1999年12月15日	议会通过“35小时工作周”法案
2000年9月24日	公民投票，赞同将总统任期由7年改为5年
2002年1月1日	欧元在法国正式上市
2月17日	法郎在法国正式“退位”
4月21日	总统选举第一轮投票，勒庞挤进第二轮
5月5日	希拉克击败勒庞，连任总统
2004年3月15日	希拉克签署“头巾法”
2005年5月29日	法国公投否决《欧盟宪法条约》
10月27日	法国进入为期20天的大骚乱
2006年4月10日	《首次雇佣合同法》在事实上被废止
2007年5月6日	萨科奇当选总统
2008年1月	萨科奇发表“相对大国论”
2月	法国议会通过《里斯本条约》
7月13日	“地中海联盟”宣告成立
7月21日	议会通过宪法修正案，规定总统任期不得超过两届
12月	萨科奇与达赖会面，中法关系陷入困境
2009年3月	法国决定重返北约军事一体化组织
4月	萨科奇宣布“大巴黎”建设设想
2010年6月	媒体开始追踪“贝当古案”
2011年3月19日	法国率先对利比亚卡扎菲政权发起军事打击
2012年3月	图卢兹发生连环枪击案
2012年5月6日	奥朗德当选总统，社会党控制政权

主要参考书目

一、中文部分

沈炼之主编:《法国通史简编》,人民出版社 1990 年版。

张泽乾:《法国文明史》,武汉大学出版社 1997 年版。

张芝联主编:《法国通史》,辽宁大学出版社 2000 年版。

高毅:《法兰西风格:大革命的政治文化》,浙江人民出版社 1991 年版。

孙娴:《法兰西第二共和国史》,社会科学文献出版社 1995 年版。

郭华榕:《法兰西第二帝国史》,北京大学出版社 1991 年版。

楼均信主编:《法兰西第三共和国兴衰史》,人民出版社 1996 年版。

沈坚:《当代法国》,贵州人民出版社 2001 年版。

洪波:《法国政治制度变迁》,中国社会科学出版社 1993 年版。

郭华榕:《法国政治制度史》,人民出版社 2005 年版。

[法] 费尔南·布罗代尔:《法兰西的特性》3 卷本,顾良、施康强译,商务印书馆 1994—1997 年版。

[法] 瑟诺博斯:《法国史》,沈炼之译,商务印书馆 1964 年版。

[法] 皮埃尔·米盖尔:《法国史》,蔡鸿滨等译,商务印书馆 1985 年版。

[法兰克] 格雷戈里:《法兰克人史》,寿纪瑜、戚国淦译,商务印书馆 1981 年版。

[法兰克] 艾因哈德:《查理大帝传》,戚国淦译,商务印书馆 1979 年版。

[法] 基佐:《法国文明史》四卷本,沅芷、伊信译,商务印书馆 1993—1995 年版。

[法] 伏尔泰:《路易十四时代》,吴模信等译,商务印书馆 1982 年版。

[法] 托克维尔:《旧制度与大革命》,冯棠译,商务印书馆 1992 年版。

[法] 乔治·勒费弗尔:《法国革命史》,顾良等译,商务印书馆 1989 年版。

[法] 索布尔:《法国大革命史》,马胜利等译,中国社会科学出版社 1989 年版。

[法]雷吉娜·佩尔努:《法国资产阶级史》，康新文等译，上海译文出版社1991年版。

二、外文部分

Agulhon,M., *La République, 1882–1987*, Paris, 1988.

Antonetti, Guy, *Louis-Philippe*, Paris, 2002.

Arnold, Edward J., *The Development of the Radical Right in France: from Boulanger to Le Pen*, New York, 2000.

Barret-Kriegel, F., *Les chemins de l' état*, Paris, 1986.

Bastid, *Les Institutions politiques de la monarchie parlementaire*, Paris, 1954.

Becker, J.-J. et Ory, Pascal, *Crises et alternances: 1974–1995*, Paris, 1998.

Bernard, Philippe & Bubief, Henri, *The Decline of the Third Republic, 1914–1938*, Cambridge, 1988.

Bernstein, S., *La France des années 30*, Paris, 1988.

Bonewits, Isaac, *Bonewits' s Essential Guide to Druidism*, New York, 2006.

Bonney, Richard, *The Limits of Absolutism in ancient régime France,* Aldershot, 1995.

Canpbell, Stuart L., *The Second Empire Revisited: A Study in French Historiography*, New Brunswick, 1978.

Caron, François, *La France des patriotes de 1851 à 1918*, Paris, 1985.

Censer, Jack, & Hunt, Lynn, *Liberty, Equality, Fraternity: Exploring the French Revolution*, Pennsylvania, 2001.

Chamberlin, Russell, *The Emperor Charlemagne*, Stroud, 2004.

Chapsal, J., *La vie politique sous la Ve République*, Paris, 1984.

Collins, J., *The state in early modern Franc*e, Cambridge, 1995.

Collis, John, *The Celts: Origins, Myths & Inventions*, Gloucestershire, 2003.

Conklin, *A mission to Civilize: the republican idea of empire in France and West Africa, 1895–1930*, Stanford, CA, 1997.

Doyle, William, *Venality: The Sale of Offices in Eighteenth-Century France*, Oxford, 1996.

Doyle, William, *The Oxford History of the French Revolution*, Oxford, 1989.

Drew, Katherine, *The Laws of the Salian Franks*, Philadelphia, 1991.

Dreyfus, F.-G., *Histoire de Vichy*, Paris, 1990.

Drinkwater, J. F., *Roman Gaul: The Three Provinces, 58 BC-AD 260*, London, 1983.

Duby Georges, et Mandrou, Robert, *Histoire de la Civilisation Française*, Paris, 1958.

Dupeux, George, *French Society, 1789–1970*, London and New York, 1976.

Dupuy, R., ed., *Les resistances à la Révolution*, Paris, 1987.

Durand, Y., *La France dans la 2e guerre mondiale*, Paris, 1989.

Dutton, Paul Edward, *Charlemagne's Mustache: And Other Cultural Clusters of a Dark Age*, New York, 2008.

Furet, François, *Revolutionary France: 1770–1880*, Oxford, 1995.

Gildea, R., *The Past in French history*, London, 1994.

Green, Miranda J., ed., *The Celtic World*, London and New York, 1996.

Green, Miranda, *Animals in Celtic Life and Myth*, London and New York, 1992.

Goff, J. Le, *L'état et les pouvoirs,* Paris, 1989.

Haine, W. Scott, *The History of France*, Westport, 2000.

Hibbert, Christopher, *The Days of the French Revolution*, New York, 1980.

James, E., *The origins of France, from Clovis to the Capetians, 500–1000*, London, 1982.

Jones, C., *The Cambridge illustrated history of France*, Cambridge, 1994.

Jong, Mayke De, *The Penitential State: Authority and Atonement in the Age of Louis the Pious, 814–840*, New York, 2009.

Kerr, David S., *Caricature and French Political Culture, 1830–1848,* Oxford, 2000.

Knapton, Ernest John, *France: an interpretive history*, New York, 1971.

Kaplan, Steven Laurence, *Farewell, Revolution: Disputed Legacies, France, 1789 / 1989*, Ithaca and London, 1995.

Knecht, Robert J., *The Valois: Kings of France, 1328–1589*, London, 2004.

Knecht, Robert J., *The Rise and Fall of Renaissance France*, London, 1996.

Knecht, R. J., *The French Wars of Religion, 1559–1598*, Pearson Education Limited, 2010.

Kuisel, Richard, *Seducing the French: the dilemma of Americanization*, Berkeley, CA, 1993.

Littlewood, Ian, *France*, London, 2002.

Lemarignier, J.-F., *La France médiévale. Institutions et société*, Paris, 1970.

Major, J. Russell, *From Renaissance Monarchy to Absolute Monarchy: French Kings,*

Nobles & Estates, Baltimore & London, 1994.

Mayeur, J.-M., *La vie politique sous la 3e République, 1870–1940*, Paris, 1984.

Mollier, Jean-Yves et George, Jocelyne, *La Plus longue des républiques: 1870–1940,* Paris, 1994.

Mousnier, Roland, *La Vénalité des offices sous Henri IV et Louis XIII*, Paris, 1971.

Parker, D., *Class and state in ancien régime France*, Paris, 1996.

Paxton, Robert, *Vichy France: old guard and new order, 1940–1944*, New York, 1972.

Pilbeam, Pamela, *French History since Napoleon*, London, 1999.

Powell, T., *The Celts*, London, 1980.

Potter, David, ed., *France in the Later Middle Ages, 1200–1500*, Oxford, 2003.

Price, Munro, *The Perilous Crown: France between Revolutions*, London, 2007.

Price, R., *Napoléon III and the Second Empire*, London, 1997.

Price, Roger, *A Concise History of France*, Cambridge, 1999, 2005.

Rajsfus, Maurice, *La Police de Vichy: Les Forces de l' ordre françaises au service de la Gestapo, 1940–1944*, Paris, 1995.

Rankin, H. D., *Celts and the Classical World*, London and Sydney, 1987.

Reade, W. Winwood, *The Veil of Isis; or The Mysteries of the Druids,* London, 1861.

Rioux, Jean-Pierre, *The Fourth Republic, 1944–1958*, Cambridge, 1987.

Rivet, A., *Gallia Narbonensis: with a chapter on ALPES MARITIMAE*, London, 1988.

Roche, D., *La France des lumières*, Paris, 1995.

Rosanvallon, P., *L' état en France de 1789 à nos jours*, Paris, 1993.

Roueché, Charlotte, *Aphrodisias in Late Antiquity*, London, 1989.

Salzman, Michele, *The Making of a Christian Aristocracy: social and religious change in western Roman Empire*, Cambridge, Mass., 2002.

Schama, Simon, *Citizens: A Chronicle of the French Revolution*, London, 2004.

Sowerwine, Charles, *France since 1870: Culture, Politics and Society*, New York, 2001.

Spielvogel, Jackson J., *Western Civilization: 1300 to 1815,* Beverly, 2008.

Stead, I. M., *The Gauls: Celtic antiquities from France,* London, 1981.

Tombs, Robert, *France 1814–1914*, London, 1996.

Vinen, Richard, *France, 1934–1970*, London, 1996.

Wallace-Hadrill, John, *The Barbarian West, 400–1000*, 3rd ed., London, 1967.

Williams, Charles, *Pétain*, London, 2005.

Wood, Ian, *The Merovingian Kingdoms, 450–751*, London and New York, 1994.

Wright, Gordon, *France in Modern Times, 1760 to the Present*, London, 1962.

第一版后记

当落笔撰写本书“前言”的时候，我就想着什么时候能把“后记”画上句号。这倒不是因为“后记”有什么特殊的价值，而是因为按照八股文的套路，涂完了“跋”，就可以交差了。然而，当今天终于轮到写这篇“后记”时，我却变得麻木起来。如今我想做的事情已是简单至极，这就是：忘掉法兰西，当然不是因为它不美丽；忘掉法国史，当然也不是因为它不精彩。

本书的写作是在“内忧外患”中艰难进行的。所谓“内忧”，实际上就是我本人对这一任务的恐惧。一般来说，通史著作不同于专题论著，它需要作者对一个国家上下几千年中的方方面面都要有一个通盘的考察和研究。这本属正常之事，但对于我这样一个经常显得有些愚笨的普通人来说，它却变成了一件难事，因为在此之前，我只是挑选自己感兴趣的课题作一些探讨，而对于与我的学术兴趣不相干的其他许多问题，我会毫不介意地将之抛诸脑后。因此，在写作过程中，我曾实实在在地后悔当初应允写这么一本坑害自己（而且还有可能会坑害读者）的法国通史。我之所以能够坚持下来，一方面当然是因为不能随便对出版社食言，另一方面也是因为我的夫人康宛竹女士为我找到一条出路，她曾对我允诺：如果书写砸了，放到市场上没人要，那么她会出资把所有剩书买回来，然后摆满书架，将之作为我的“耻辱标志”。

“外患”则来自对本书的写作一直保持密切“追踪”的人民出版社责任编辑杨美艳女士。自从不幸被选中之后，我就一直处于小杨女士的严密监控之中，不仅在开会见面时遭到她的盘查，而且还经常接到她的电话“问候”。小杨曾向我通报，某某出版社新出了一本法国通史，还有某某出版社也要推出一部法国通史，如果我的这本书拖到牛年马月，恐怕就没有市场了。我只能安慰她说：只要不是文抄公，每个人写出的法国史都是不一样的，他们有他们的长处，我们有我们的优点，出书早晚与市场占有率的多少并不存在必然的正比例关系。话虽如此，我还是要全力以赴，还是要全心全意地整天去琢磨一个又一个的法国史问题。在本书写作之前，小杨女士曾以别人的例子告诫我说：如果约定一年交稿，作者却一拖就是两年，那么下次肯定就要把这个作者“废掉”。谢天谢地，我为这部书稿忙前忙后已经超过了两年。

忘掉法兰西不容易，忘掉在本书的写作中指点我、帮助我的师友则更不容易。在此，首先要感谢的是我的导师朱寰教授。是朱先生将我带上了治史道路，他的严谨的治学风格一直深深地鞭笞着我，他的宽宏的学术视野一直深深地督促着我。虽然获得博士学位已是八年前的事，但如果没有朱先生对我的言传身教，就不会有这本《法国史》。朱先生虽然知道我并不聪慧，但他还是对我说：“你应该写这么一本书，关键是要写出自己的特色。”其次要感谢的是我的家人。自从当年做博士学位论文之时起，我就养成了一个毛病：文章写成一段之后，就要念给夫人康宛竹女士听一听，让她提出修改意见；这个毛病至今未改，尽管她有自己的繁重的教学科研任务和杂乱的家务琐事，但她还是一如既往地（好像不是装出来的）接受着我的这个毛病，而且经常对我的文字大加讨伐。我的还在上幼儿园的女儿宇涵也学会了一些鼓励话语，看着我的那一沓书稿，她曾说：“爸爸真厉害，会写那么多字。”

需要感谢的人还有很多。我的同事、图片史专家黄牧航先生为我提供了大量珍贵的图片资料，而且亲自为本书绘制了地图；张庆海先生不仅为我提供资料，而且分担了我的许多其他方面的日常工作；香港中文大学的温伟耀教授以及我的研究生时代的同学袁丽君女士（现旅居加拿大）亦慷慨地给我寄来了各种相关图书；世界史专业研究生黎英亮先生、莫翠鸾女士和何永祥先生为书稿的打印花费了不少心血，而且对每一章节都进行了深入的讨论并提出许多富有见地的修改意见和建议。不论此书写得如何，对上述诸位亲朋好友的感激都是真诚的。面对这本书稿，我如今所能做的事情就是：等待批判。谁让我自己也经常说这篇文章写得不好、那本著作写得糟糕呢？

陈文海

2004年4月2日于广州华南师范大学历史系

修订后记

在几乎什么人都能弄出个“专著”的这个年代，写书似乎已经越来越成为不怎么光鲜的一件事。或许正因如此，在我所知的不少高校的科研成果评价体系中，花费几年乃至更多时间写成的一部几十万字的著作在“价值”上已经比不上一篇几千字的小论文或小杂文，甚至已经变成“体系”之外的不予评价的自娱自乐型的非正规产品。既然生活在体系之内，比较实在的活法或许就是遵从游戏规则，多做点“体系内”的事情。正是基于这种庸俗的实用主义方面的考虑，在2004年写完这本《法国史》之后，我就再也没有想过有朝一日还要回过头来再看它一眼。然而，体系外的人却常常惦记着体系内的人。时隔八年之后，《法国史》要出第二版，出版社要我对初版内容进行修订。尽管我们的“体系”不拿这种事情当回事，但对于我个人来说，这本书毕竟是出自于我的手，如果对之不修不改而直接拿去重印并在封面上煞有介事地标上“修订版”或“第二版”字样，那就只能是自欺欺人、掩耳盗铃之举了。

为了使修订工作能够有所针对，我特意在网上查阅了一下过去这几年读者对这本《法国史》的评论，因为和报刊杂志上的那些“正规”书评不同，网络上的匿名评价或许更能反映读者的真实感受。在我所见到的诸多评论中，大都是鼓励性的，但也有个别的嘲讽之词。例如，在“当当网”上，有一位标注身份为“建筑师”的来自湖南长沙的女读者却把这本《法国史》说得一塌糊涂。她认为，这本《法国史》从配图到内文都太可怕了，作者非常瞧不起法国人，其民族主义已经过了头。这位“建筑师”还推断：假如让这本《法国史》的作者移民去法国，保证他跑得比谁都快，而且连老娘都不要了。从我本人的思想来说，我似乎并未觉得我有什么民族主义情绪，而且，即便在内心深处，我也没有认为中国人就怎么怎么好，更没有认为法国人就怎么怎么坏。至于移民去法国这类事情，整天在建筑工地上奔波的“建筑师”大概应该更加具有天然的体力优势，即使背上她的老娘，肯定也比我跑得快。我也曾在法国的一些地方转悠过，说实话，法兰西的风土民情还真的没有让我产生“离开它就不想活”的情丝。且不论把“民族主义”这顶帽子扣在我的头上是否合适，也不论究竟谁跑得快，修订工作终究慢不得，因为我不想长期在“体系外”晃荡。

和从前一样，在修订《法国史》过程中，我还是要向我的夫人康宛竹女士报告每天的工作进展情况，如果哪一天我忘了主动汇报，她也会适时询问。对于补写的那部分内容，她也是从头到尾细细地校阅了一遍。我的女儿宇涵如今已是读初三的“大学生”，她似乎已经看透了写书这种劳心劳力的无聊行当。她不再羡慕她的爸爸“会写这么多字”，她感兴趣的主要就是书中的配图。她曾说，在法国古代史部分，那些插图里的人物怎么都长得那么像？最让她乐得手舞足蹈的是卷首彩页中萨科奇的照片，她说：萨科奇怎么那么不像总统？这句话说过没几天，已经做了五年总统但却“不像总统”的萨科奇就被法国民众选下了台。不过，在奥朗德竞选总统期间，前总理法比尤斯有言：“坦白说，你能想象弗朗索瓦·奥朗德当总统的样子吗？做梦去吧。”然而，没有“总统样子”的奥朗德最终还是如愿以偿，法比尤斯也乐此不疲地做起了奥朗德手下的外交部长。看来，以貌取人，说不准哪天会失算。

本书的撰写和修订工作得到教育部“新世纪优秀人才支持计划”(项目批准号：NCET-11-0919）和“广东省高等学校珠江学者岗位计划资助项目 (2012 年)”的支持，在此表示衷心谢忱。

陈文海

2012 年 9 月 15 日于广州华南师范大学历史文化学院

责任编辑：杨美艳
封面设计：石笑梦

图书在版编目（CIP）数据

法国史／陈文海 著．2版（修订本）—北京：人民出版社，
2014.1（2022.4重印）
（国别史系列）
ISBN 978－7－01－012784－2

I. ①法… II. ①陈… III. ①法国－历史 IV. ① K565

中国版本图书馆CIP数据核字（2013）第263709号

法国史（修订本）
FAGUO SHI（XIUDINGBEN）

陈文海　著

人民出版社 出版发行
（100706　北京市东城区隆福寺街99号）

北京盛通印刷股份有限公司印刷　新华书店经销

2014年1月第2版　2022年4月北京第2次印刷
开本：710毫米×1000毫米 1/16　印张：39.5　插页：7
字数：703千字

ISBN 978－7－01－012784－2　定价：118.00元

邮购地址 100706　北京市东城区隆福寺街99号
人民东方图书销售中心　电话（010）65250042　65289539